... ET LA MER
N'EST PAS REMPLIE

ELIE WIESEL

... ET LA MER N'EST PAS REMPLIE

Mémoires
2

ÉDITIONS DU SEUIL
*27, rue Jacob, Paris VIe*

CRÉDITS PHOTOGRAPHIQUES

Elirion Associates Inc. : 1 haut, 1 bas gauche, 2 haut et bas, 4 bas, 6 haut, 7 haut.
Gamma/J.-C. Francolon : 1 bas droite.
Gamma : 3 haut et bas.
Ciric/A. Pinoges : 4 haut.
Sipa-Press : 5 haut.
N. Silverstein/Elirion Associates Inc. : 5 bas.
A. Archer/Elirion Associates Inc. : 6 bas.
Coll. part. : 8 haut et bas.
White Stone Photo/ Elirion Associates Inc. : 7 bas.

ISBN 2-02-029642-X

Tous les fleuves vont à la mer, et la mer n'est pas remplie. Le lieu vers lequel ils se dirigent, c'est là qu'ils veulent aller. Elles sont dures, les choses de la vie. Aucune parole ne peut les décrire, l'œil ne se rassasie pas de voir, ni l'oreille d'écouter.

Jette ton pain à la surface des eaux, car avec le temps tu le retrouveras ; donnes-en une part à sept ou même à huit personnes, car tu ne sais pas quel malheur peut arriver sur la terre...

... Quand les nuages sont lourds de pluie, ils la répandent sur la terre ; et si un arbre tombe, au midi ou au nord, il reste à la place où il est tombé.

L'Ecclésiaste

CHANGEMENTS

Continuons, voulez-vous ?

La chronique raconte que le célèbre Rabbi Shnéour-Zalmen de Ladi, dénoncé par un adversaire du mouvement hassidique comme agitateur contre le tsar, fut arrêté et enfermé dans la prison de Saint-Pétersbourg.

Un jour, le directeur de la prison vint le visiter dans sa cellule solitaire et lui dit :

« On m'informe que vous êtes un Rabbi, un Maître. Vous connaissez donc les textes sacrés, la Bible. Expliquez-moi un passage que je ne comprends pas dans le Livre de la Genèse. Il y est dit qu'après avoir mordu dans le fruit interdit Adam prit la fuite et se cacha, si bien que le Seigneur dut lui demander : "*Ayéka* – où es-tu ?" Est-il possible, même concevable, que le Créateur du monde ait ignoré où se trouvait Adam ? »

Alors le Rabbi, en souriant, lui répondit :

« Le Seigneur, loué soit son Nom, le savait ; Adam, lui, ne le savait pas. »

Et le Rabbi Shnéour-Zalmen de poursuivre :

« Croyez-vous que la Bible est un livre sacré ?

– Oui.

– Et qu'il s'adresse à tous les êtres, de toutes les époques, donc aussi à la nôtre ?

– Oui, je le crois.

– Dans ce cas, je vais vous expliquer le vrai sens de la question que Dieu posa à Adam. "*Ayéka*" signifie : où es-tu donc dans ce monde ? Quelle est ta place dans l'Histoire ? Où en es-tu de ta vie, Adam ? Ces questions fondamentales, chaque être humain doit, un jour ou l'autre, les affronter. »

Pour chacun de nous, le livre de la vie remonte jusqu'à Adam.

Le mystère du commencement, c'est lui qui l'incarne. Mais c'est à nous tous que Dieu s'adresse par le mot *« Ayéka »*.

... Écrire, écrire sur soi-même, sur son passé et son poids de mémoire, c'est un peu cela : garder présente cette première question de la Bible.

En relisant mes carnets, j'interroge l'homme qui les traverse, souvent projeté de page en page, d'événement en événement. A quel carrefour se trouve-t-il ? Guetté par quel péril, attiré par quelle voix ? Comment et où le saisir : dans son goût pour la solitude ou dans son besoin de s'en évader ?

J'essaie de m'orienter dans ma vie : je sais qu'il s'agit de continuer.

Devant moi, toujours, la photo de la maison où j'ai grandi. La porte qui donne sur la cour. La cuisine. J'ai envie d'y entrer, mais j'ai peur. Je regarde la maison. Je veux la regarder, même de loin. Avec tout ce qui m'arrive, il m'est absolument indispensable de me souvenir d'où je viens.

Dans le premier tome de mes Mémoires, j'ai tenté de raconter à voix basse la vie secrète, presque effacée, d'un jeune talmudiste devenu écrivain au retour des camps de la mort. Mon enfance paisible, mon adolescence turbulente et ma formation pleine d'imprévus. Arrêts et départs. Errances, égarements, retours en arrière. Années marquées par des rêves et des défis messianiques, des chutes et des deuils, des séparations et des retrouvailles. Une petite fille aux cheveux d'or, une mère intelligente et souriante. Un père malade et malheureux, sans défense. Moshe le fou, Kalman le kabbaliste, Shoushani et ses mystères, Saul Lieberman, le Rabbi de Lubavitch. Sighet, Auschwitz, Paris, New York : étapes déterminantes. Je me suis arrêté le 2 avril 1969 à Jérusalem : une fois de plus ma vie bascule ; cette fois, c'est vers l'espérance. Vers Marion, avec Marion. Je me marie.

Changement de vie ? De mode d'existence. Œuvrer dans l'imaginaire ne m'a jamais suffi. La mémoire, la mémoire : comment la protéger sinon par l'action qui en est le jaillissement concret ? Je vais devenir militant. Et enseigner. Partager. Témoigner. Révéler et diminuer la solitude des victimes. En d'autres termes : je vais devenir plus actif. Donc plus visible ? Un homme public, comme on dit ? Même si je n'en raffole pas, je n'ai pas le choix.

Ces temps-ci, je rêve beaucoup, plus qu'avant. Tout me revient avec une clarté inattendue que la peur de l'éveil rend âpre et douloureuse. Un immense jardin, en fleurs. C'est le printemps. Je regarde le ciel bleu et rouge. Une fenêtre s'ouvre et mon grand-père y apparaît. J'entends sa voix qui ordonne au soleil de descendre car les hommes l'attendent. Il sait se faire obéir, grand-père. C'est l'aube et soudain le jardin est transformé en Maison de prière. Une foule nombreuse, immobile, attend en silence que commence l'office.

J'ai peur d'avoir oublié le premier verset de la première prière. Je cherche un visage familier. Tous sont voilés, éteints. Je sens la panique me gagner. A reculons, je me dirige vers la sortie, mais une voix me traverse : il ne faut pas, il ne faut pas. Qu'est-ce qu'il ne faut pas ? Je n'en sais rien. Il ne faut peut-être pas se réveiller.

Brusquement, le temps accélère son rythme. Les journées traînent, mais les années s'enfuient. De plus en plus occupé, débordé, je travaille sur deux ou trois projets à la fois. L'écriture devient une course d'obstacles. Est-ce dû à un sens de l'autocritique plus aigu, à une plus grande rigueur ? Auparavant, je récrivais mes textes trois fois : maintenant, il m'arrive de plancher – comme on dit aujourd'hui – sur la même page des heures et des heures avant de la déchirer dans un accès de colère lucide.

Années fiévreuses, convulsives, faites de tentatives avortées et de recommencements exaltés. Ma vie se situe désormais sous le double signe du changement sur le plan pratique et de la fidélité au niveau de la mémoire. En moi, bonheur et détresse semblent allumer un feu à la fois sombre et lumineux. Aurais-je peur d'être heureux, tout simplement heureux ?

Je fais beaucoup de choses, mais l'écriture reste une priorité. En dépit de mes hésitations, malgré mes doutes par rapport au langage, et peut-être à cause d'eux, je plonge de plus en plus profondément dans le tourbillon des mots que je m'efforce de capter et d'apaiser. Je m'accroche à l'idée qu'au commencement était le verbe ; et le verbe est l'histoire de l'homme ; et l'homme est l'histoire de Dieu. Si prier est un acte de foi en Dieu, écrire est une marque de confiance en l'homme.

J'écris, j'écris plus qu'avant, plus difficilement qu'avant. Je m'arrête à chaque page : ce que je viens d'écrire, ne l'ai-je pas dit déjà ailleurs ? La répétition m'est insupportable. J'écris parce que je ne peux pas faire autrement.

J'ai une femme que j'aime et j'écris non sur l'amour, mais sur la solitude ; j'ai un foyer plein de chaleur et j'écris sur la misère des condamnés. Autour de nous, le cercle d'amis s'élargit. Je boycotte moins les dîners en ville. Avec des romanciers, nous discutons politique, avec les politiciens nous parlons peinture. Miraculeusement, je ne souffre pas du « blocage mental » dont certains écrivains se plaignent. Je ne crains jamais de manquer de sujets.

La folie, le rire : thèmes constants dans ma recherche et mes travaux. Depuis Moshe le fou et son chant, je ne souhaite ni ne parviens à m'en libérer.

Les fous mystiques de Sighet, les mendiants porteurs de secrets, le rire des dieux, leur grandeur et leur décadence : attirés par la malédiction, tous traversent mes récits romanesques et j'ai peur de les suivre trop loin, hors de moi et en moi.

Pour leur échapper, mais aussi pour leur faire face, je travaille, je n'ai jamais tant travaillé. Essais sur la Bible et le Talmud, analyses des contes hassidiques, nouvelles, ébauches de romans. J'insiste là-dessus : l'écriture reste la priorité des priorités. Certes, je ne suis pas immunisé contre les doutes et il n'est pas toujours facile ni sage de les chasser. Sous leur influence, je suis moins sûr de moi-même. Suis-je allé trop loin pour changer de direction ?

Je voyage moins, je n'en ai plus envie ; je préfère rester à la maison et étudier. Autrefois, je redoutais la vie familiale – donc sédentaire ? – comme un obstacle à la création littéraire. A voix basse, je me disais : on ne peut être à la fois bon mari et écrivain consciencieux. Eh bien, il m'incombe de prouver le contraire. A présent, je comprends mieux l'expression *« Ezer kenegdo »* – c'est Dieu qui, dans le Livre de la Genèse, l'emploie lorsqu'Il exprime le souhait de créer Ève pour servir de « secours oppositionnel » à Adam. Je dois beaucoup à Marion. Elle sait suggérer, corriger, critiquer textes et décisions en leur donnant un éclairage personnel. Sur ce plan-là, tout va bien.

Cependant, les pressions et les exigences extra-littéraires ne tarderont pas à se faire sentir. D'ailleurs, toutes ne sont pas mauvaises.

Avec Saul Lieberman, je continue à étudier la richesse des textes talmudiques ; avec Abraham Yeoshua Heschel, je partage la beauté des contes hassidiques. Nous visitons Hilda en France et Béa à Montréal. Le reste du temps ? Des événements graves et même tragiques se passent dans le monde tandis que, dans ma vie privée, je découvre la vraie joie, vulnérable mais éblouissante, celle qu'éprouve l'homme en recevant le premier sourire de son enfant.

Eh oui, elles courent vite, les années soixante-dix.

Peut-être est-ce le moment d'ouvrir des parenthèses : ce volume est différent du précédent dans sa démarche aussi bien que dans son intention.

Jusqu'ici, l'auteur tentait de raconter surtout ce qu'il voyait en lui-même ; à partir de maintenant, il lui incombe de porter aussi son regard sur ceux qui l'observaient, lui.

Si le premier tome, pour l'auteur, est une espèce de livre de formation, le second évoluera sous le signe de ses combats. Or combat signifie opposition de deux camps. Que le lecteur ne s'attende donc pas à une attitude discrète et passive de la part de l'auteur. Aussi l'introverti cédera devant l'extroverti. Il ne pourra plus s'abriter derrière sa volonté de vous obliger à deviner plus qu'à être guidé.

Là encore, je ne dirai pas tout. J'omettrai des choses trop privées, trop personnelles. Je ne parlerai pas encore de certains amis – vrais ou faux – et d'autres personnages dont la rencontre, en bien et en mal, m'a marqué depuis les années soixante-dix. Tout cela, j'espère l'inclure dans un recueil à part sur « Mes Maîtres et mes amis ».

En revanche, je vais rompre un vœu que j'avais fait dans *Tous les fleuves vont à la mer* : je prendrai position à l'égard de quelques adversaires ou opposants qui, il me semble, ont dépassé les bornes du dialogue, ayant choisi la confusion comme arme et la « démonisation » comme but. Dans la plupart des cas, il ne s'agit pas de ma personne ; mais dans d'autres, moins nombreux, c'est moi la cible, soit comme symbole de quelque chose (rôle que j'ai toujours refusé), soit comme témoin précis et connu dont le témoignage dérange. D'ailleurs, le mot « symbole » me dérange quand on l'applique à un homme. L'homme est un être humain et non pas un symbole. Les symboles, des gens peuvent facilement les répudier ou même les effacer impunément. L'homme, c'est autre chose ; l'homme reste toujours autre chose. L'homme est dans la réaction autant que dans l'action.

Ce que j'ai dit précédemment, je le répète à présent : j'ai horreur de la polémique, mais il arrive un moment où l'on n'a pas le droit de l'esquiver. « *Shtika ke-hodaya dami*, dit le Talmud – le silence peut facilement devenir acquiescement. »

Il faut donc répondre. Il faut savoir dire non. Non au mensonge, non à la rancœur. Vais-je réussir à être moins méchant que les méchants, moins perfides qu'eux ? Je l'espère.

J'ai appris à ne pas répondre à la grossièreté. Pourquoi s'abaisser à ce niveau-là ? Insulter est facile. N'importe qui est capable d'y arriver. Nul besoin d'être cultivé ; il suffit de céder à la méchanceté.

Un Maître m'a conseillé jadis de ne jamais utiliser une hache dans les ripostes. S'il est absolument indispensable de répondre, un bistouri est plus efficace.

Fermons les parenthèses.

Nous nous sommes quittés le mardi 2 avril 1969 après une cérémonie de mariage, dans la vieille ville de Jérusalem ; restons-y un moment encore.

En fait, nous avions d'abord pensé nous marier la veille mais, à la dernière minute, Marion préféra remettre la cérémonie d'un jour : « Le 1er avril ne fait pas sérieux, me dit-elle en riant. Nos amis croiront à un poisson d'avril. »

Lundi libre ? Tranquille ? A Jérusalem, on est rarement tranquille. Pourquoi l'appelle-t-on Ville de paix ? Quelle idée ! C'est un lieu où l'on ne vous laisse jamais en paix. Même pas le jour de vos noces. Amis et inconnus, sans se faire annoncer, viennent frapper à votre porte pour vous demander si vous ne vous ennuyez pas trop, si vous avez besoin de quelque chose, si vous n'auriez pas envie de rencontrer un marchand mystique à Méa Shéarim ou un fou exotique près du Mur. Refuser serait un manque de politesse : cela ne se fait pas à Jérusalem.

Le lendemain, à 6 heures, je suis brutalement réveillé par Teddy Kollek. Le maire dynamique de la capitale m'invite à prendre le petit déjeuner avec lui. A moitié endormi, je lui réponds que, pareil au jour du Kippour, le jour de son mariage, il est interdit au fiancé de manger et de boire avant la cérémonie. « Viens quand même, dit Teddy. J'ai à te parler. C'est urgent. » Avec lui, tout est urgent puisque tout concerne sa ville. Or, y a-t-il au monde une cité qui vive plus dans l'urgence que Jérusalem ?

Cette fois-ci, le maire se trompe et me leurre. L'entretien pourrait attendre. Il est préoccupé par l'actualité. Qui ne l'est pas ? Lui semble l'être plus que quiconque, plus que nécessaire. Il craint une initiative hostile des Nations unies visant à internationaliser la Ville sainte. Il souhaiterait prendre les devants en créant une commission ou une association mondiale pour la défense de l'universalité de Jérusalem, la capitale d'Israël. Voilà pourquoi il me sort de mon lit le jour de mon mariage. Je lui réponds que son idée me paraît bonne mais que rien ne presse et que de toute façon il faudrait changer le nom de son association. Celui auquel il pense est trop long. Maniaque du raccourci, je suggère : « Le Comité international pour Jérusalem ». Accepté. Maintenant je peux remonter dans ma chambre ? Il est 7 heures, la cérémonie est prévue à 11 heures, j'ai besoin de me préparer. Eh bien non, Teddy n'en a pas encore fini avec moi. Il lui faut des noms de personnalités importantes pour ce comité. Lesquels ? A moi de les trouver. Je cours chercher mon carnet d'adresses, lui connaît le sien par cœur. A 9 heures, il me permet enfin d'aller me préparer pour le mariage. Mon neveu Steve – le fils de Béa – me rejoint dans ma chambre où je me rase et change de costume. Vingt-cinq ans plus tard, je lui tiendrai compagnie pendant toute la journée de son mariage.

Pessah inoubliable : dans un hôtel ultra-kasher de Jérusalem, ma proche famille réunie célèbre le Séder dirigé par mon Maître et ami Harav Saul Lieberman. Béa est là avec son mari Len et leurs deux enfants, Sarah et Steve. Hilda aussi, avec son fils Sidney. Je lis le récit de l'Exode, Lieberman nous éblouit par ses commentaires, mais j'ai du mal à rester concentré. Journée longue et lourde. Mentalement épuisante. La présence des uns, l'absence des autres. Laquelle pèse davantage ? Je songe à mon dernier Séder à la maison, au loin.

Commence une brève période agitée, agaçante. Le téléphone ne cesse de sonner. Non, ce n'est plus Teddy. Ce sont des confrères. Chacun a une idée, un projet à me proposer. Un papier sur la littérature juive américaine ? A en croire mon interlocuteur, il y va du destin culturel d'Israël sinon du Dieu d'Israël. Je n'ai pas le temps ? Bon, alors un entretien sur le même sujet, hein ? Des interviews pour la radio, pour un journal du matin, et du soir. Haïm Yavin, la vedette de la télévision nationale, homme jeune, sobre et qui ne sait pas encore sourire, tient à ce que je sois l'invité de son émission hebdomadaire. Je serai interrogé par quatre intellectuels dont le poète Haïm Gouri, le traducteur de *La Nuit*. Quand ? Le surlendemain. Cela ne prendra pas longtemps, me promet-il. Je me renseigne ; mes amis sont pour. Soit, allons-y. Questions faciles, commentaires habituels. Le but de l'écrivain ? Témoigner. Dire « Amen » qui signifie : « C'est ainsi, c'était ainsi. » Je cite Malraux : « Laisser une écorchure sur la surface de la Terre. » Tout se passe bien. Pas de piège, pas de flèche. Quand viendront-elles ?

Quelques minutes avant de terminer, Haïm Yavin se décide enfin à me provoquer : « Que ressentez-vous, vous dont la mémoire déborde de souvenirs, que ressentez-vous quand vous rencontrez des enfants arabes dans la vieille ville ? » Je sens le sang affluer et refluer dans ma tête. Heureusement, la télévision n'est pas encore en couleurs ; le téléspectateur ne me voit pas blêmir. Je m'efforce de ne pas trahir ma gêne en répondant : « Il m'arrive, en effet, de croiser des gamins et des gamines arabes. Ils me demandent l'aumône ou du chocolat. Mais il arrive aussi qu'ils ne demandent rien, ils veulent seulement que je les regarde. Ils veulent que le Juif en moi, donc le vainqueur, affronte leur défaite. Alors, devant leur souffrance, devant leur humiliation, je baisse les yeux. »

L'émission suscite éloges et critiques. Le député communiste Moshe Sné m'arrête dans un hôtel pour me dire tout le bien qu'il pense de mes propos. Ses paroles m'émeuvent. C'est qu'à mes yeux il représente une énigme vivante. Comment ce leader sioniste polonais, cet ancien chef de la Hagannah, cet esprit brillant, ce Juif fervent, a-t-il pu, à l'ahurissement général, devenir stalinien ? L'opinion publique le traite de renégat, si ce n'est pire. J'aimerais passer une heure avec lui pour l'interroger, pour mieux le connaître et peut-être le comprendre. Mais je n'ose pas le déranger. Reviendra-t-il au milieu des siens ? Retrouvera-t-il la voie qui le conduirait vers ses racines ? Plus tard, il donnera pour instruction à son fils Ephraïm, jeune général et futur ministre d'Yitzhak Rabin, de réciter le kaddish sur sa tombe.

Marion et moi comptions rester encore une semaine ou deux en Israël, mais nous changeons nos plans. Trop de gens à voir, trop d'endroits à visiter, trop d'invitations à décliner. Ici, dire oui ou non est également éprouvant. Marion me rappelle que je ne suis plus célibataire ; et que si je ne désire pas le redevenir tout de suite, j'ai intérêt à l'emmener ailleurs.

Auparavant, nous rencontrons Paula et Noah Mozes, Dov et Léa Judkowski, Ruth et Eliahu Amiqam (tous de « mon » journal, *Yedioth Ahronoth*). Ils tombent amoureux de Marion. Heures agréables. Je rends visite à Binyamin Halévy qui est juge à la Cour suprême. Nous nous connaissons. Sa fille Ofra, l'une des jeunes beautés de Jérusalem, était l'amie de Nicolas, mon copain depuis Ambloy.

Bel homme, le juge. Visage expressif contrastant avec son regard doux. Cultivé, élégant. Je l'ai interrogé plus d'une fois sur les deux procès où la Tragédie occupait une place centrale, ceux de Rudolf Kastner et d'Adolf Eichmann. Halévy présida le premier et participa au second. Je me souviens de ses conclusions retentissantes concernant le leader sioniste qui, à Budapest, « a vendu son âme au diable ». Et de ses questions posées en allemand à Eichmann.

Mais aujourd'hui, j'ai envie d'aborder avec lui des questions religieuses. C'est que, en plus de l'estime que je lui porte sur le plan professionnel, il m'intrigue humainement. Juif pratiquant, il commença à diriger les débats du procès Kastner la tête couverte d'une kippa. Puis, tout d'un coup, vers le milieu du procès, il apparut tête nue. Ma question : la crise religieuse que révélait ce geste, à quand remonte-t-elle ? Qu'est-ce qui l'a provoquée ? Une parole de l'accusé, un geste du procureur, les larmes d'un survivant, un argument de l'avocat, le jeune Shmuel Tamir, ancien officier de l'Irgoun et futur ministre de la Justice de Menahem Begin ?

Cependant, lui aussi a une question pour moi : en grand secret, Menahem Begin lui propose un siège à la Knesset. Que faire ? Abandonner la justice pour la politique ?

Qui suis-je pour le conseiller ? Le sceptique en moi se méfie de la politique et plus encore des politiciens. Le juge cédera à la tentation. Et le regrettera plus tard.

La Côte d'Azur. J'aime cet endroit béni des cieux, le climat, l'ambiance, l'esprit ouvert des habitants. Nous reviendrons souvent passer quelques jours ou quelques semaines dans les petits villages autour de Nice, Monaco et Cannes. Lectures, promenades, concerts. Le proverbe est juste : on peut vivre comme Dieu en France, c'est-à-dire pas trop mal.

Nous nous installons pour l'été dans une maison que Marion a dénichée à Roquebrune. J'y travaille sur *Le Serment de Kolvillag* en même temps que je prépare mes leçons hassidiques. Manès et Jenka Sperber passent avec nous des moments paisibles. J'ai déjà dit ce qui me liait à Manès. J'aime l'écouter et lui adore instruire. Adler, Trotski, Silone : il sait tout sur tous les sujets. Grâce à lui, je fais des progrès considérables en œnologie. C'est aussi à Manès que je dois tout ce que je sais sur le comportement des moustiques. Mais j'ignore toujours pourquoi, même au milieu d'une foule, je reste leur cible préférée. « Consolez-vous, dit Manès. Ce sont toujours les femelles qui piquent. Ensuite elles meurent. » De bonheur ?

Marion a découvert une villa voisine de la nôtre, « la Souco », où André Malraux vécut pendant l'Occupation. Elle brûle de l'acheter. Je lui demande : avec quoi ? Je la décourage, et j'ai tort. Je m'en rendrai compte souvent : son instinct est bon, ses intuitions infaillibles. Si nous les avions toujours suivis, son époux serait aujourd'hui multimillionnaire.

Pour nous dépayser, nous faisons un saut à San Remo où Yossele Rosensaft et son entourage de rescapés de Belsen accueillent leurs amis israéliens, anglais et américains. Ils chantent et rient, rient et chantent, même en évoquant leurs souvenirs sombres de jadis.

Je me lève avant tout le monde, vers 6 heures, pour aller à la piscine de l'hôtel Royal : un maître nageur me donne des leçons dont j'ai désespérément besoin. Je me dis que si j'ai un fils un jour, ce sera mon devoir, selon la règle de Rabbi Akiba, de lui apprendre à nager ; mieux vaut y être préparé. Mauvais élève, je prends la fuite dès que j'entends des pas approcher. Si bien que je ne sais toujours pas nager.

Le passé refait surface. Je me rappelle le jour où j'ai découvert la Côte d'Azur. L'immensité de la mer. Bandol. Le Grand Arenas. Mon premier déplacement comme journaliste. Les émigrants venus des camps pour Personnes déplacées. Une jeune fille nommée Inge. Ma timidité maladive. C'est loin. C'était en 1949. Mon premier voyage en Israël.

Marion est impatiente de rentrer, moi aussi. Il nous faut retrouver New York où la petite Jennifer nous attend, anxieuse et souriante. Elle est souvent triste, la fille de Marion, mais il est facile de changer son humeur, tellement facile.

Me voilà homme marié. Chargé de famille. Pour la première fois, à 40 ans, je vis le quotidien avec une femme. Autrefois, à Sighet, on se mariait à 18 ans. Une femme de 25 ans était considérée comme vieille fille et, à 30 ans, un homme qui n'avait pas encore fondé un foyer passait pour un célibataire endurci. Pourquoi cette précipitation ? Avaient-ils assez de maturité pour aborder si jeunes une existence indépendante ? Pour moi, la découverte de la vie de couple constitue une série de défis et d'avatars. Il me faut me défaire de certaines habitudes, en acquérir d'autres, apprendre à unir deux réseaux d'amitiés, souder deux natures, cohabiter, inventer une complicité. Problèmes d'adaptation innombrables, insolubles ? L'amour les résoudra. Ce qui nous arrive arrive à tout le monde. Le mari a toujours froid quand l'épouse tient à brancher le climatiseur. Elle est capable de passer plusieurs heures dans un magasin, lui commence à s'énerver au bout de cinq minutes. Il fréquente la synagogue avec assiduité, elle ne s'y rend que rarement. Elle adore les films, lui, noyé dans les bouquins, accepte de « se sacrifier » pour l'accompagner au cinéma. Qu'à cela ne tienne ! Ils s'aiment. Les désaccords sont sources de surprises. La vie commune ne signifie-t-elle pas découverte et partage ? Tout ce qu'ils entreprennent, ils le font ensemble, dans l'harmonie parfaite. Même leurs disputes futiles et, Dieu merci, peu fréquentes servent à quelque chose : elles rendent la réconciliation plus stimulante.

Autour de nous, nos amis sont heureux de nous voir, de nous savoir heureux. C'est qu'ils ont dû attendre assez longtemps pour que je me décide à sauter le pas. Le Rabbi Menahem-Mendel Schneerson de Lubavitch me l'a souvent reproché de vive voix, citant l'Écriture : « Il n'est pas bon pour l'homme de rester seul. » Parmi les lettres que j'ai reçues de lui avant mon mariage, j'en conserve une qui m'avait fait sourire. Trois pages fortes sur des sujets théologiques – « peut-on croire, sans croire en Dieu ? » – suivies, presque sans transition, d'une question simple « qui n'a rien à voir avec la théologie : Pourquoi ne vous mariez-vous pas ? ». Je lui ai répondu : elle a beaucoup à voir avec la théologie.

Saul Lieberman, lui aussi, me poussa au mariage à sa manière, en analysant le destin souvent tragique des célibataires dans la littérature talmudique. Abraham Yeoshua Heschel, discret, se contenta de quelques allusions. Connaissant Marion, il lui accordait sa confiance avec la chaleur qui le caractérisait. Puis, le moment venu, lui et son épouse Sylvia offrirent un dîner en notre honneur. Merveilleusement courtois, Heschel courut jusqu'à l'autre bout de la ville acheter des orchidées pour la nouvelle mariée.

Et moi ?

J'essaie de me rappeler pourquoi j'avais tellement peur de « perdre ma liberté », comme on dit. Peur de me détacher du passé et de ceux qui le hantent ? Peur d'une stabilité que j'imaginais trop proche de la complaisance stérile ? Tout cela est sans doute vrai mais d'importance secondaire et n'explique pas ma résistance à l'idée qu'il est un temps pour vivre seul et un autre pour partager sa vie avec une femme. Pourquoi donc ai-je attendu si longtemps pour bâtir un foyer ? Certes, je craignais de ne pouvoir subvenir aux besoins de ma famille, mais était-ce la seule raison, l'unique crainte, ou bien un manque de confiance en l'avenir ?

Autrefois, on aurait dit que j'attendais mon *« zivvoug »*, l'être qui m'était destiné dans les registres, là-haut.

Une histoire, pourquoi pas :

Lorsque le célèbre philosophe juif allemand Moïse Mendelssohn atteignit l'âge de se marier, on lui trouva naturellement la fille la plus riche, la plus belle, la plus cultivée du pays. Des deux côtés, les parents se déclarèrent enchantés et ne crurent pas nécessaire de consulter leurs enfants. On se mit d'accord sur le jour du mariage auquel fut convié tout ce qui comptait dans la bonne société et dans les milieux rabbiniques. Suivant la coutume, le fiancé prononça un discours que ses amis interrompaient par des chants appropriés. Dans une autre pièce, la fiancée et ses amies se laissaient divertir par les meilleurs musiciens de la région. Vint le moment où le fiancé dut aller soulever le voile de sa future épouse. Il la vit et fut ébloui par sa beauté. Malheureusement, par la même occasion, elle l'aperçut aussi et s'évanouit. C'est que le philosophe était célèbre autant pour son savoir que pour sa disgrâce physique. Petit, bossu, nez trop pointu, sourcils trop épais, yeux dissemblables : on comprend la réaction de la fiancée. Dès qu'elle retrouva ses esprits, elle fit appeler son père et lui dit : « Plutôt mourir que de l'épouser. » Le père eut beau la supplier d'être sage, patiente et obéissante, rien à faire. La mère vint au secours de son mari ; en vain. Tous deux se lamentèrent : quel scandale, quel scandale, tous ces invités, les oncles, les tantes, que diront-ils ? La fiancée s'obstina. Et le malheureux père de Moïse dut se rendre auprès de son fils et lui annoncer que… Le fiancé n'était pas philosophe pour rien : il devina tout. « Je comprends, murmura-t-il. Qu'on explique à la fiancée que je ne lui en veux pas. En échange, j'aimerais qu'elle m'accorde un quart d'heure. Je souhaite lui parler en tête à tête. Après, elle sera libre de retourner chez ses parents. » Bien qu'à l'époque une telle requête parût inconcevable – quoi ? deux jeunes gens seuls, avant le mariage ?! –, étant donné les circonstances, les rabbins présents donnèrent leur autorisation. Un quart d'heure, pas plus. Mendelssohn accueillit la jeune fille en esquissant un sourire. Il la pria de s'asseoir. Et de l'écouter : « Je vais vous raconter une légende talmudique. Avant de descendre sur Terre, l'âme est accompagnée par un ange. Ensemble ils quittent les cieux, tandis qu'une voix divine annonce : untel fils d'untel et d'unetelle sera l'époux de telle fille née de tel et telle… Eh bien, quand j'ai entendu cette voix, je me suis tourné vers l'ange et je lui ai dit que j'aimerais connaître ma future épouse ! “Impossible, répondit l'ange ; c'est strictement interdit.” Comme j'étais déjà philosophe, je savais comment défendre ma cause. “Écoute, répliquai-je, si tu ne me la montres pas, c'est bien simple : je refuse de descendre sur Terre.” Là-dessus, l'ange paniqua : “Tu ne peux pas faire ça, l'ordre vient de Dieu Lui-même. Ignores-tu que c'est Lui qui garde les âmes dans un coffre que nul autre ne peut ouvrir ? – Tant pis, dis-je. Ou bien tu me la montres, ou je reste ici.” Peut-être l'ange n'était-il pas trop intelligent, car il céda, tout en me faisant jurer que jamais je ne le trahirais. J'ignore comment il s'y prit, mais il me montra la femme que le Seigneur, dans un moment d'inattention peut-être, avait choisie pour moi. Et sous le choc, je me suis évanoui. Dire qu'elle manquait de beauté et de grâce serait charitable… Bossue, le nez crochu, mieux vaut ne pas en parler… Fou de dépit et de colère, je me mis à hurler : “Je ne la veux pas, tu m'entends, je ne la veux pas ; plutôt mourir que de vivre un jour à ses côtés !” L'ange se mit à pleurer : c'était sa faute, geignait-il, il n'aurait pas dû céder, il serait puni, et le châtiment infligé aux anges est le pire de tous… Pris de pitié, je lui proposai un marché : je consentais à descendre et à épouser la jeune fille, mais à une seule condition : sa laideur, je la ferais mienne. »

Et la belle fiancée le crut. Et son mariage avec le philosophe fut célébré dans l'allégresse.

Peu à peu, je me détache du journalisme professionnel qui ne me satisfait plus. J'ai envie de changer non pas de métier mais de lieu de travail et d'emploi du temps. Je fréquente encore les Nations unies où, faute de grands orateurs, discours et ambitions manquent autant de hauteur que d'esprit. Je dois me faire violence pour « couvrir » l'actualité politique et diplomatique, dont les acteurs sont plus que souvent inintéressants, pour ne pas dire médiocres. Bref : le cœur n'y est plus. Même les scoops ont fini par ne plus m'obséder. Je propose à Gershon Jacobson, mon confrère yiddish lié au mouvement hassidique de Lubavitch, de s'en charger. Dov Judkowski, mon patron de Tel-Aviv, est d'accord. Mais comment vais-je me débrouiller financièrement ? J'envoie encore des papiers hebdomadaires à *Yedioth*, et des articles de circonstance au *Forverts* où j'ai depuis pas mal de temps cessé de travailler à la rédaction, mais j'en ai assez de répéter les mêmes formules tout en modifiant les noms. « Monsieur X s'est entretenu hier soir avec l'ambassadeur Y… Il paraît que… On nie que… » Il me semble que mon vocabulaire s'appauvrit de jour en jour. Heureusement qu'il y a l'étude avec Lieberman, les promenades avec Heschel.

Pourtant, pour un journaliste passionné par son métier, les sujets ne manquent pas. Si autrefois la place ne m'était attribuée qu'avec parcimonie dans *Yedioth*, je pourrais aujourd'hui l'occuper à ma guise. Noah Mozes est heureux : le journal a vu sa pagination, son tirage et son influence augmenter. Je pourrais y écrire trois fois par semaine ; les rédacteurs seraient preneurs. Mais Dov me conseille d'abandonner ma chronique plutôt légère et parfois amusante. Il pense qu'un romancier comme moi gagnerait à être plus grave, plus « sérieux ». Au *Forverts*, mes patrons, plus indulgents, seraient satisfaits de mes articles, fussent-ils consacrés à la dimension théologique de la gastronomie chinoise.

On vit une période traversée non de frémissements mais de séismes. A tous les niveaux, les événements se font de plus en plus dramatiques. Sursauts de liberté suivis d'interventions brutales. Le malheureux Printemps de Prague : « Réveille-toi, Lénine ! Tes enfants sont devenus fous ! » Un jeune détraqué australien met le feu à la mosquée El Aqsa à Jérusalem. Richard Nixon s'empêtre dans la sale guerre au Viêt-nam, malheureux héritage reçu de ses prédécesseurs. Deux cent cinquante mille manifestants convergent sur Washington pour crier leur colère. Le nom sanglant de My-lai gicle sur les manchettes des journaux : comment un lieutenant portant l'uniforme américain a-t-il pu de sang-froid ordonner le massacre d'une centaine d'hommes, femmes et enfants ? Un officier explique que parfois l'on est obligé de sauver un village du communisme en le détruisant. Triste bilan. En technologie aussi ? Au-dessus de l'Atlantique, c'est le triomphe de Concorde : l'homme moderne court vite sans savoir à quoi employer le temps qu'il gagne. En France, dans un ultime accès de dédain, le général de Gaulle quitte le pouvoir en claquant la porte. Le juge Abe Fortas démissionne de la Cour suprême pour avoir reçu un pot-de-vin de 20 000 dollars d'un homme d'affaires véreux. Survient la tragédie de Chappaquiddick : la mort de la jeune Mary Jo Kopechne signifie-t-elle la fin des rêves présidentiels de Teddy Kennedy ? Quant à la marche du premier homme sur la Lune : j'ai passé une nuit blanche, sur la Côte, à attendre le moment historique... Je disais à Marion : « Un jour, nous aurons peut-être un enfant ; il nous demandera ce que nous faisions alors que le premier homme avait "conquis" ou "libéré" la Lune ; que dirons-nous ? Que nous avons dormi ? » Le réveil de la jeunesse : quatre cent mille jeunes réunis à Woodstock. C'est l'ivresse et l'extase de la révolte collective. La joie, l'amour et la liberté réunis... Le bonheur d'apprendre que Samuel Beckett a reçu le prix Nobel de littérature : et Godot là-dedans ? J'aimerais pouvoir déchiffrer leur dialogue muet... La fuite des cinq vedettes de Cherbourg : encore une victoire du Mossad ? Georges Pompidou se référant à Israël : « Il n'y a plus d'abonné au numéro que vous avez demandé ! » Entre la France et Israël, rien ne va plus...

Après mon changement d'état civil et de domicile, je change aussi d'éditeur américain. Par l'intermédiaire de Lily Edelman, la directrice des programmes éducatifs au B'nai B'rith, je fais la connaissance de Jean Ennis et de Jim Silberman. Jim est le directeur littéraire de Random House et Jean la responsable de la publicité. Ils me font rencontrer le PDG de la maison, Robert Bernstein, un grand rouquin attachant que Marion prend pour une réincarnation de Huckleberry Finn. Me voilà devenu leur auteur. Lily se propose de traduire *Le Mendiant de Jérusalem* avec l'aide de Nathan, son mari, professeur d'études romanes à l'université Columbia. Le résultat ne satisfait pas Jim. Je reprends le manuscrit, je le retravaille de mon mieux, mais mon anglais n'est pas à la hauteur. Celui de Marion l'est. Elle met au point l'ensemble de la traduction.

1970 : la parution du *Mendiant de Jérusalem* chez Random House se passe plutôt bien. Est-ce à cause des répercussions du prix Médicis ? Critiques enthousiastes dans le *New York Times* et le *Washington Post*, les journaux de Chicago, Denver, Detroit et Los Angeles. C'est la première fois qu'un de mes livres a droit à pareil accueil. De plus, les libraires sont contents. Comme en France. Dans l'un de mes accès de lucidité, je me taquine moi-même. C'est étrange quand même. Deux de mes ouvrages ont rencontré la faveur du public : beaucoup de gens ont lu *La Nuit* sans l'acheter, tandis que beaucoup de gens ont acheté *Le Mendiant* sans le lire.

Il me faut bien avouer que ce roman n'est pas de lecture facile. Je l'ai conçu comme une sorte de collage. Dans mon esprit, je voyais chaque chapitre comme un conte à part ; ensemble, ils devaient contenir plus que la somme des fragments. Peut-être y ai-je mis trop de thèmes, trop d'idées, trop d'événements. En un sens, mon propos fut de condenser dans ce récit de nombreux éléments de base de l'histoire juive, en plus de la mienne. Pour raconter la guerre dite des Six Jours, j'ai fait appel aux personnages de mes romans précédents pour accompagner sinon entourer mes héros principaux aux prises avec les périls des affrontements et les pièges des victoires. Figures bibliques et Maîtres hassidiques, fous mystiques et visionnaires errants : à eux tous j'ai fixé rendez-vous près du Mur de Jérusalem. J'ai même invité un dénommé Joshua de Nazareth à y prendre place : Shlomo l'aveugle l'a rencontré, au début de sa vie, et lui a révélé son avenir, c'est-à-dire ce que les adeptes feraient de son enseignement. Et le fils de Joseph le charpentier se mit à pleurer, disant : « Ce n'est pas ce que je veux, non, ce n'est pas le but de mes efforts. » Mais il était trop tard.

Ai-je réussi à communiquer tout cela en moins de trois cents pages ? Plus d'un lecteur m'a fait savoir qu'il ne lui était pas facile de mordre là-dedans. De tous mes romans, c'est le moins accessible. Il nécessite des explications que je me sens incapable de fournir.

Rentrés d'un voyage en Israël, des touristes américains m'ont écrit pour se plaindre : ils étaient allés au Mur mais n'y avaient pas rencontré « mes » mendiants...

Dans *Entre deux soleils*, publié en France en 1970, je reviens sur la guerre des Six Jours, qui est restée dans la mémoire collective de plus d'un peuple.

J'y rapporte une conversation avec le colonel Motta Gur, le libérateur de la vieille ville de Jérusalem, à propos d'une émission de radio qu'il venait de faire et qui connut un tel retentissement dans le pays qu'il fallut la diffuser plusieurs fois. Je lui demande s'il est religieux. Il feint l'étonnement :

« Religieux, moi ? Bien sûr que non ! Diable, pourquoi le serais-je ?

– Votre récit avait pourtant un accent religieux. »

Il me scrute d'un air faussement exaspéré : qu'allais-je chercher là ? Du coup, les rôles sont renversés ; c'est lui qui va m'interroger :

« Ai-je parlé de Dieu ?

– Non.

– De la Bible ?

– Non plus.

– Ai-je soulevé des problèmes autres que ceux ayant trait au combat ? Ai-je prêché la foi, cité la Torah ?

– Non.

– Alors ! Vous voyez ? Votre question ne tient pas debout. Posez-la à qui vous voulez, pas à moi. Moi, je n'ai fait que raconter une histoire. La mienne. »

Certes. Mais quelle histoire ! Elle relève du délire prophétique. J'ai déjà tenté de la noter mais je la rappelle, j'ai besoin de m'en souvenir. Les parachutistes, sous ses ordres, se mirent à courir dans la vieille ville, d'une rue à l'autre, d'une tourelle à l'autre, mus par une force irrésistible, implacable. Course folle, exaltée, insensée. Chaque soldat savait obscurément qu'il n'avait vécu que pour cet instant-là, pour cette course-là. Et soudain, au milieu du fracas fulgurant de la bataille, on entendit le colonel Motta Gur crier son rapport à l'état-major : « Le mont du Temple est entre nos mains ! » Et partout, sur tous les fronts, dans toutes les demeures, dans toutes les entreprises, dans toutes les *yeshivot*, officiers, soldats, enfants et vieillards s'embrassèrent en pleurant. Et il y avait dans ces larmes, dans cette explosion d'émotion, quelque chose d'irréel qui en faisait une histoire à part, une histoire qui a changé ceux qui l'ont vécue, et les autres aussi.

Motta Gur a un haussement d'épaules :

« Vous rendez tout cela trop poétique, je ne marche pas.

– Ce n'était donc pour vous qu'un épisode de guerre, une bataille parmi tant d'autres ?

– Je n'irai pas si loin. Tout de même, Jérusalem n'était pas seulement un objectif militaire. C'était autre chose. Jérusalem est… Jérusalem.

– Qu'est-ce qui fait que Jérusalem est Jérusalem ?

– Son histoire, parbleu ! Elle est juive, non ? Elle me touche, elle me pénètre !

– Jéricho aussi a un passé qui rejoint le nôtre. Et Hébron. Et Gaza. Et Bethléem.

– Vous m'embêtez avec vos comparaisons. Jérusalem ne se compare pas. »

Je ris en moi-même : il est tombé dans le piège. Le voilà qui s'exprime en mystique.

« C'est étrange, me dira-t-il pour conclure. Commencée comme une opération strictement militaire, la conquête de Jérusalem changea de nature. Tout à coup, nous nous battions différemment, comme dans un état second. Envahis par un sentiment à la fois inconnu et ancestral, nous comprîmes que notre objectif véritable n'était plus d'occuper telle position stratégique ou telle voie de communication, mais de libérer l'Histoire elle-même… »

Mais surtout ne lui dites pas qu'il s'exprime non en militaire mais en conteur, ne lui dites pas que son conte est inspiré, il se mettrait en colère :

« Vous êtes fou, ma parole ! Inspiré, moi ? Je ne suis même pas religieux, sûrement pas pratiquant, combien de fois dois-je vous le répéter ? Il est vrai que de temps en temps il m'arrive d'aller à la synagogue. Et après ? Mes enfants y vont, je les accompagne. Qu'est-ce que cela prouve ? Rien. Sauf que j'accomplis mon devoir de père… »

Je le rencontre quelques années plus tard. Il feint de se rembrunir et il plisse le front :

« Qu'est-ce que j'ai eu comme histoires à cause de vous… »

Ses proches racontent qu'après les combats il est rentré chez lui pour se reposer auprès de son épouse et de leurs enfants. Et qu'il passa plusieurs jours et plusieurs nuits à sangloter.

Sans dire pourquoi.

En 1995, atteint d'un cancer, redoutant le déclin inévitable de ses facultés, il se suicide : Israël tout entier le pleure.

Dans la Bible, une génération représente quarante ans. Mais les textes qui composent *Entre deux soleils*, je les ai réunis et publiés vingt-cinq ans après l'Événement. C'est ainsi que parfois j'appelle l'Holocauste, car ce nom ne me semble pas approprié.

Des chercheurs affirment que j'ai été le premier à m'en servir, ou du moins à lui assurer un sens moderne en l'introduisant dans le vocabulaire contemporain. Pourquoi avais-je choisi ce mot plutôt qu'un autre ? Je n'en sais rien. Je sais seulement qu'il fut vite adopté. Je rédigeais alors un essai sur l'*Akéda*, le sacrifice d'Isaac ; le mot *« ola »* – traduit comme « offrande brûlée » ou « holocauste » – m'a frappé. Je l'ai employé dans un article sur la guerre. Est-ce parce qu'il suggère un anéantissement total par le feu et l'aspect sacré et mystique du sacrifice ? Reste qu'il est devenu si populaire qu'on en use à tort et à travers. On s'en sert pour décrire n'importe quoi. Ainsi sa vulgarisation est-elle devenue aberrante.

En vérité, je l'ai dit et je le répète, il n'y a pas de mot pour dire l'indicible. « Shoah » ? Ce nom biblique, adopté en Israël, me semble également inadéquat. Il s'applique à un accident, à une catastrophe naturelle frappant une communauté : ainsi a-t-il figuré dans les discours officiels aussi bien que dans la presse depuis le début des persécutions antijuives en Europe nazifiée, et bien avant la mise en œuvre de la Solution finale. Or le mot qui décrit un pogrom ne peut pas valoir pour Auschwitz. Après la libération, les survivants parlant yiddish disaient simplement « la guerre » ou *« Khourban »* qui signifie destruction et rappelle la mise à sac du premier et du second Temple de Jérusalem. Mais plus j'avance dans ma recherche, plus je suis persuadé qu'aucun mot n'est assez fort ni assez vrai pour parler de Treblinka. Et pourtant.

On me dit aussi que je fus parmi les premiers (dans *La Ville de la chance*) à diviser la société d'alors en trois catégories : les tueurs, les victimes et les spectateurs. Et (dans ma première allocution à la Maison-Blanche) à remarquer qu'il nous est interdit de tuer les victimes une seconde fois en les reléguant dans l'oubli.

Ce que j'ai tenté de dire en 1970 reste à mes yeux valable aujourd'hui. Les années passent et le témoin se sent de plus en plus fatigué. Fatigué de corriger les experts en tout genre, d'essayer d'endiguer la banalisation d'une mémoire assaillie, fatigué de secouer l'indifférence du public, fatigué de vouloir déposer pour un avenir incertain.

A l'époque où ce volume fut composé, je pris la résolution de ne plus traiter un thème que les médias et une certaine littérature ont plus galvaudé qu'exploré en profondeur.

Aveu d'échec ? Notre témoignage n'a pas été reçu. La preuve : le monde est resté semblable à lui-même. Haines raciales, guerres de religion, conflits ethniques, violence collective, montée de la xénophobie et de l'antisémitisme : et nous qui croyions que les démons sanguinaires et meurtriers n'auraient plus l'audace ni la force d'aboyer dans la nuit !

D'où le sentiment oppressant qu'une erreur grave, un malheureux dérapage ont été commis. Peut-être avions-nous tort de faire confiance à l'homme. Tort d'espérer vaincre la mort en restant fidèles à ses victimes. Peut-être aurions-nous mieux fait de nous taire, de ne pas violer le secret que les morts nous avaient confié. Peut-être avions-nous eu tort d'exposer le mystère d'Auschwitz aux profanations inévitables auxquelles on nous oblige à assister de plus en plus souvent, en invoquant faux alibis et prétextes mensongers.

Une génération après l'Holocauste, nous vivons et nous œuvrons toujours dans l'ombre de ses ombres, et trop de gens refusent d'écouter, de regarder, de sortir de leur carapace.

Mon grand-père continue d'envahir mes rêves. Les mains nouées dans son dos, il se promène dans le Béit Hamidrash comme s'il cherchait quelqu'un. Il est seul. Pas tout à fait : je lui tiens compagnie. Mais il est quand même seul. De temps en temps, il s'arrête devant un pupitre, s'empare d'un livre et le feuillette d'un air concentré. Il le remet à sa place et alors, à mon tour, je l'ouvre. Un frisson me parcourt : toutes les pages sont blanches et fanées. Je pousse un cri d'effroi, mais mon grand-père me fait signe de me taire. Et de m'approcher. Il se tient devant l'arche sainte. A l'intérieur, des êtres humains remplacent les rouleaux sacrés. Je crie : « Mais ils sont morts, grand-père, ils sont tous morts. » Mon grand-père hoche la tête, comme pour dire : eh oui, nous sommes tous morts. « Mais les rouleaux sacrés, grand-père, où sont-ils ? Chez les morts ? » Mon grand-père ne répond pas. Sous le coup de la panique, je fais demi-tour et m'apprête à prendre la fuite. Je cours vers la sortie, mais elle est bouchée. Je me précipite vers la fenêtre, elle donne sur un mur. Un inconnu l'a escaladé, puisqu'il est assis là-haut. Les yeux écarquillés, j'essaie de l'identifier. C'est mon grand-père. Dans ses bras, des rouleaux sacrés. Il les berce, comme s'ils étaient ses petits-enfants. Je me penche pour capter son chant, et je tombe, ou plutôt je me sens tomber, mais je me retrouve à la place où mon grand-père était assis. Je ne sais pas comment, ses rouleaux sacrés, maintenant c'est moi qui les tiens, je veux les bercer, mais je ne connais pas l'air qui venait de remplir mon rêve.

En cette année 1970, l'attention du monde juif est une fois de plus braquée sur le Moyen-Orient. Certes, la guerre continue de sévir au Viêt-nam, suscitant de nouvelles vagues de protestations dans les campus. Mais ces émeutes finissent par fatiguer l'Amérique. Il y aussi l'aventure de l'espace : la NASA lance une troisième mission vers la Lune. Mais, pendant que des Américains marchent là-haut en titubant, personne ne s'arrête plus dans la rue pour lever la tête et contempler les étoiles. Là encore, les gens cèdent à la routine.

En Israël, la routine n'existe pas. La guerre dite d'usure fait des ravages. A Munich, où un avion d'El Al est attaqué par des terroristes arabes, laissant un tué et onze blessés, le centre juif communautaire est incendié. Un avion de la Swissair explose : quarante-sept personnes, passagers et équipage, y perdent la vie. La violence gagne en fréquence, en intensité aussi. Détournements d'avions. Massacre de Palestiniens par l'armée jordanienne et naissance du mouvement Septembre noir. Une rumeur étrange parcourt le pays : le docteur Nahum Goldmann, président du Congrès juif mondial, informe Golda Meir d'une invitation que le président égyptien Gamal Abdel Nasser lui aurait transmise, plusieurs mois auparavant, à venir le rencontrer au Caire. Refus catégorique de Golda : Israël est déterminé à rester l'unique interlocuteur des dirigeants arabes. Cinq ans plus tard, elle adoptera la même attitude avec moi : je serai obligé de décliner une invitation du président

Anouar al-Sadate à venir passer une semaine dans sa famille. D'ailleurs, à Jérusalem, l'opinion publique est préoccupée par un sujet qui n'a rien à voir avec la politique : il s'agit de définir l'identité du Juif. Sur quels critères doit-on se baser ? Ethno-religieux ou ethno-culturels ? En Israël, il ne manque jamais de sujets de dispute.

Un soir, invités chez Golda Meir, Marion et moi la trouvons accablée. Tsahal vient d'abattre cinq Migs soviétiques qui violaient l'espace aérien d'Israël. Et Golda redoute des représailles. « Ah, ces Russes, se plaint-elle tout en fumant selon son habitude cigarette sur cigarette. Que nous veulent-ils ? Pourquoi se dressent-ils toujours contre nous, du côté de nos ennemis ? A quoi servent leurs provocations ? Notre existence les gêne-t-elle à ce point ? Est-ce la guerre qu'ils cherchent ? Avec un petit État comme le nôtre ? Rien que d'y penser, c'est épouvantable ! »

Le lendemain, au restaurant de la Knesset, nous bavardons avec Ezer Weizmann, ancien commandant de l'armée de l'air, ministre sans portefeuille dans le gouvernement de Golda et futur président de l'État d'Israël. « Tout le monde est inquiet, lui dis-je. Pas vous ? » Non, pas lui. Comme dirait le général de Gaulle, l'enfant terrible de la politique israélienne est « sûr de lui-même » et de Tsahal. « La prochaine guerre ne durera pas six jours, mais six heures, nous déclare-t-il. Les plans sont prêts ; succès garanti. » Mais alors, pourquoi Golda est-elle tellement perturbée ? Weizmann ébauche un geste, comme pour dire : que peut-on attendre d'une femme qui n'a jamais fait son service militaire ?

Une heure plus tard, nous prenons le café avec le général Haïm Bar-Lev. J'ai déjà rencontré ce brillant commandant en chef de l'armée à New York où il faisait des études supérieures à l'université Columbia. C'est quelqu'un de bien. Loyauté totale envers ses amis. Sobriété et réserve, intelligence raffinée. Le débit lent, très lent, l'œil pénétrant, ce stratège ingénieux inspire confiance et courage là où ils manquent. Les militaires l'admirent, les politiques le respectent. De partout, on nous dit : on peut et on doit se fier à lui.

Avec lui aussi, nous discutons des tensions qui dominent l'actualité. Et lui aussi est optimiste. Comme le ministre Weizmann ? Presque autant que lui. Il sort sa plume et commence à écrire des chiffres sur une serviette en papier, tout en les commentant : « Bien sûr, dit-il de sa voix basse et traînante, il y a des gens qui ont peur.

Pas des Arabes, naturellement, mais des Russes. Ils sont puissants, les Russes. Et nombreux. Mais ils sont loin. Le danger existe seulement s'ils nous entraînent dans une guerre d'infanterie et de blindés... Si l'Armée rouge envoie cent mille soldats, cela risque de poser problème... Mais, il leur faudra des avions de transport. Leurs pilotes sont bons ? Les nôtres sont meilleurs... »

J'avoue qu'avec son calme il a réussi, lui, à m'effrayer. Je me disais : le monde entier a peur de l'URSS, lui non ! La France craint les Russes, Washington redoute les Russes, la Chine s'en méfie, mais la petite nation israélienne n'a pas peur ! Si le général Bar-Lev s'était appuyé sur l'intervention divine, et non sur des arguments stratégiques, j'aurais mieux compris son calme !

La guerre du Kippour aura lieu trois ans plus tard.

Et Israël frôlera la catastrophe.

Restons un moment encore avec *Entre deux soleils*, titre suggéré par Manès Sperber. Que signifie-t-il ? C'est le crépuscule, l'heure mystique adorée par les rêveurs hassidiques. En cette heure, le premier vendredi de la Création, dix choses ont été introduites dans l'Histoire humaine, selon *L'Éthique de nos pères* : le gouffre qui engloutit Kora'h et ses complices ; le puits de Miriam qui accompagna les enfants d'Israël dans le désert pour les guérir de leurs maux ; la bouche de l'âne qui répondit à Biléam ; l'arc-en-ciel au temps de Noé ; la manne ; la canne par laquelle s'accomplissaient les miracles bibliques en Égypte pharaonique ; le *shamir*, ce ver minuscule qui fendait les pierres ; la forme rectangulaire des lettres gravées dans les tables de la Loi, leur capacité d'être lisibles sous quatre angles différentes, et les tables elles-mêmes. Certains sages y ajoutent les démons, eux aussi créés en cette heure d'entre le soleil du jour et celui des ténèbres. Et la tombe de Moïse. Et le bélier qu'Abraham sacrifia à la place de son fils Isaac sur le mont Moriah. Et la matrice de toutes choses.

Ce titre rend moins bien compte que le titre américain – « Une génération après » – du contenu de cet ouvrage où je traite déjà, en filigrane, du conflit des générations, et aussi du sort des enfants de survivants, de leur dramatique confrontation avec le passé de leurs parents, de leur crainte de ne pouvoir l'extraire de leurs cauchemars. Pauvres et merveilleux « enfants ». Des psychothérapeutes me racontent mille épisodes émouvants à leur sujet. Une cousine lointaine du Queens me bouleverse : son fils, âgé d'une vingtaine d'années, étudiant en lettres, nourri de rêves littéraires, s'est levé un matin, a pris sa machine à écrire et s'en est allé se perdre dans la mer.

Une histoire tirée de ce recueil :

> Hier, une jeune fille belle et d'une conduite exemplaire vit par la fenêtre le crépuscule qui approchait, comme pour s'emparer d'elle. Son cœur se mit à battre sourdement. Elle se tourna vers son père qui lisait tranquillement son journal et lui dit :
> – Je t'aime beaucoup, père. Tu le sais. N'est-ce pas que tu le sais ?
> – Naturellement, répondit-il, absorbé par la lecture. Tu es adorable. Je suis fier de toi.
> Elle posa son regard sur sa mère qui mettait la table :
> – Toi aussi, maman. Je t'aime beaucoup. Je ne te l'ai pas souvent dit. Ce n'était pas nécessaire. Mais sache que c'est la vérité.
> La mère leva sur elle des yeux étonnés :
> – Je l'espère bien ! Une fille doit aimer ses parents. Nous aussi, nous t'aimons. Nous n'avons que toi.
> Et, l'expression béate, elle continuait d'arranger les assiettes, et les fourchettes, et les couteaux, sans oublier les serviettes. La jeune fille se rappela son fiancé et son âme se déchira : toi, nous. Nous allons vaincre le mal, recréer le monde, avoir des enfants et je les aimerai, je les aimerai de toutes mes forces, comme j'aimerai aussi les enfants que nous n'aurons pas.
> Dans la rue, en bas, vêtu d'ombre, un étranger changeait de trottoir, examinait un immeuble aux rideaux tirés, puis s'éloignait d'un pas lent.
> – Toi aussi, étranger, lui dit la jeune fille, je te fais don de mon amour. Que tes pas te conduisent vers le but à atteindre et non vers l'exil. Que ton espoir te libère de la peur qui l'a fait naître. Que l'amour en toi ne tue pas la joie, que la joie en toi soit terre de refuge et non de sang.
> Elle lui parla jusqu'à ce qu'il ait tourné le coin. Alors, d'une voix où ne perçait ni reproche ni regret, elle s'écria :
> – Que faire, mon Dieu, que faire ? J'aime tout le monde, c'est moi seule que je n'aime pas !
> Et la jeune fille sage et belle se jeta du haut de sa fenêtre.

Des années après la publication de ce recueil, je suis invité à faire une communication lors de la première réunion de La Seconde Génération, c'est-à-dire les enfants des survivants. Face à ces jeunes hommes et femmes, certains devenus pères et mères à leur tour, tous pris entre la mémoire blessée de leurs parents et leurs espérances couvertes de cendres, je dissimule mal mon émotion. C'est qu'ils appartiennent à mon paysage intérieur, et certains en sont conscients : je les regarde et je les vois avec les yeux du passé. Certains parmi eux ont été mes élèves à l'université. Ils me bouleversent parce que, chaque fois que je les vois, je ne peux m'empêcher d'apercevoir à travers eux, derrière eux, d'autres enfants, marchant au loin vers des abîmes enflammés.

Je regarde ces jeunes et je me dis, et je leur dis, que ce sont eux que visait l'ennemi ; ce sont eux qu'il comptait anéantir. Ils étaient son obsession. En tuant des Juifs, il espérait empêcher leurs enfants de naître.

Je songe à la colère qui sans doute habite ces jeunes. Et à la foi qui, sûrement, animait leurs parents. Je leur raconte la légende talmudique de Rabbi Shimon bar Yohai et de son fils Rabbi Eléazar. Traqués par les Romains, ils se réfugièrent dans une caverne où ils restèrent pendant douze ans. Lorsqu'ils en sortirent, ils ne purent réprimer leur ahurissement : au-dehors, le monde n'avait pas changé. Dans leur colère, leur regard brûla tout ce qu'ils voyaient. En conséquence de quoi, une voix céleste les fit réintégrer leur caverne pour une année supplémentaire ; au terme de celle-ci, le fils était toujours en colère, mais pas son père. Et le Talmud de commenter : « Ce que le regard du fils blessait, le regard du père le guérissait. »

Je songe aussi au merveilleux tableau de Rembrandt montrant Abraham et Isaac, après l'épreuve, s'embrassant avec une tendresse qui dut émouvoir le Créateur et ses anges.

Existe-t-il tendresse plus profonde, plus grave, plus humaine que celle qui lie les survivants à leurs enfants ? A quoi pense le fils qui discrètement observe son père en prière ou fixant du regard le vide devant lui ? Que ressent la fille qui devine la douleur de sa mère à qui les bourreaux ont pris deux enfants en bas âge ? Sait-on que, à un certain moment, les enfants deviennent les parents de leurs parents ?

C'est encore vers eux qu'iront mes pensées lorsque j'écrirai *Le Cinquième Fils* et *L'Oublié*. Je m'adresse à eux même quand je crois parler à d'autres.

Je les regarde, et je regarde ceux qui se tiennent derrière eux, et je leur dis à ma manière que grâce à eux notre mémoire ne mourra pas avec nous.

Dans *Entre deux soleils*, j'amorce une tentative littéraire nouvelle. J'en ai parlé dans *Tous les fleuves vont à la mer*. Mon désir : raconter l'essentiel sous forme uniquement dialoguée. Dialogues entre des êtres que la mort – ou la vie – sépare. Questions brèves et réponses sèches, style dépouillé, désincarné, des mots de part et d'autre, des mots simples qui remplacent noms et identités, corps et âmes, visages et destins. Des mots qui résument la substance des histoires, leurs chants inaudibles, leurs cris étouffés, leurs souvenirs noyés dans le silence des étoiles gelées. Ces « dialogues », je les voulais anonymes. Des voix, seulement des voix. Même pas : des échos qui nous parviennent de loin, de très loin. C'est comme si je tendais l'oreille pour capter la dernière conversation entre un jeune garçon et sa petite sœur morte, entre un homme et sa mère, un hassid et son grand-père, tous morts. C'est un témoin qui capte les bribes de dialogues entre le mort qui l'habite et le mort qu'il a quitté. Il veut que chaque mot contienne une phrase, chaque phrase une page, chaque page un livre, une vie, une mort, et leur histoire commune.

– *Hé toi ! On dirait que tu pries !*
– Erreur.
– *Tes lèvres ne cessent de remuer !*
– Affaire d'habitude sans doute.
– *Tu priais donc tant que cela ?*
– Tant que cela. Et bien plus encore.
– *Que demandais-tu dans tes prières ?*
– Rien.
– *Le pardon ?*
– Peut-être.
– *La connaissance ?*
– Possible.
– *L'amitié ?*
– Oui, l'amitié.
– *La possibilité de vaincre le mal et de t'allier au bien ? La certitude de vivre dans la vérité, ou de vivre tout court ?*
– Peut-être.
– *Et tu appelles cela rien ?*
– Parfaitement. J'appelle cela rien.

*

– *Tu te souviendras de moi ?*
– Je te le promets.

– Comment pourras-tu ? Tu ne sais pas qui je suis, moi-même je ne le sais pas.
– Peu importe : je me souviendrai de ma promesse.
– Longtemps ?
– Le plus longtemps possible. Toute ma vie peut-être. Mais… pourquoi ris-tu ?
– Pour que tu te souviennes de mon rire ainsi que de mon regard.
– Tu mens. Tu ris parce que tu deviens fou.
– Parfait. Souviens-toi de ma folie.
– Dis-moi… Est-ce moi qui te fais rire ?
– Pas seulement toi. Non, mon petit, pas seulement toi.

Premier voyage en Norvège, pays qui deviendra important dans ma vie d'écrivain et de militant.

Dois-je mentionner le fait, peut-être embarrassant, qu'à Sighet j'ignorais tout de ce pays et de ce peuple ? La Norvège, pour moi, c'était un de ces lieux dont je ne savais même pas que je n'en savais rien. Allez comprendre les ruses qu'emploie le destin pour se divertir…

Invité par l'éditeur Ascheoug pour présenter *Les Juifs du silence*, c'est plutôt sceptique que je m'y rends. A peine débarqué, un journaliste me conseille de rencontrer Johan Borgen. Qui est-ce ? Et pourquoi devrais-je faire sa connaissance ? Le journaliste me dit que *La Ville de la chance*, parue quelques années auparavant chez le même éditeur, a obtenu la faveur de la critique grâce à un article élogieux de ce grand écrivain, doyen révéré des lettres norvégiennes. « C'est notre Mauriac à nous, me dit le journaliste. Nul doute qu'il vous a pris sous sa tutelle. » Ce qui explique la présence de si nombreux journalistes lors d'une rencontre avec la presse locale organisée par Max Tau, directeur de collection chez Ascheoug. Je parle du sort des Juifs russes, de leur combat non violent mais acharné, de leurs espoirs nourris par leur soif d'identité autant que par leur besoin de liberté. Je sens que l'écoute est bonne. Le peuple norvégien est toujours du côté des victimes. N'est-ce pas l'un des rares pays à avoir ouvert ses portes aux « personnes déplacées » malades, repoussées par les grandes puissances occidentales à la fin de la guerre ? On s'attache facilement à ce pays, à ces gens plutôt renfermés, respectueux de votre humeur, de votre besoin de solitude ou d'amitié. Pareils aux Britanniques, ils pratiquent l'*understatement*, le sous-entendu, c'est-à-dire l'art d'éviter la phraséologie, la grandiloquence, l'hyperbole. La pudeur, en Norvège, est une vertu nationale. (Connaissez-vous l'histoire du jeune Norvégien qui était tellement amoureux d'une femme qu'il finit par le lui dire ?)

Pour moi, une ville, un pays, c'est d'abord un visage. Oslo en possède plusieurs.

Le professeur Leo (ses amis l'appellent Shua) Eitinger est l'auteur d'une étude importante sur les effets psychosomatiques de l'Holocauste sur les survivants ; je parle de lui dans *La Nuit* : il assista à l'opération de mon genou au KB de Buna. C'est un homme d'allure distinguée et fine. Regard franc, voix ferme : « J'ai lu votre témoignage, me dit-il. Je crois que nous venons du même endroit. » Je m'étonne : « De Sighet ? » Non. D'un lieu qu'on pourrait nommer anti-Sighet. Je baisse la voix : « Auschwitz ? Buchenwald ? » Les deux. Tout d'un coup, une image me revient : l'infirmerie. La voix, je reconnais la voix. « C'est vous qui… ? » Il sourit : « Possible. » Je lui dis que je conserve envers lui une dette de reconnaissance. « Pour vous avoir soigné ? – Non. Pour m'avoir prouvé que l'on pouvait avoir confiance en l'homme même *là-bas*. »

Pendant le même voyage, je retrouve quelqu'un qui, lui, est bel et bien originaire de Sighet. Mieux : nous fréquentions le même Héder. Surpris, je lui lance : « Qu'est-ce que tu fais ici ? » Il s'esclaffe et réplique : « Et toi ? » Haïm-Hersh Kahan est parti par le premier transport, en même temps que les rabbins de la ville et mes deux complices fous, disciples de Kalman le kabbaliste. Après la libération, il rentra à Sighet *via* Vienne et Budapest. Comment s'est-il installé à Oslo ? Pareille à toutes les histoires de rescapés, la sienne tient beaucoup du hasard. Voulant émigrer en Amérique, il se trouvait en transit en Scandinavie lorsqu'il rencontra une belle fille juive du pays, Esther dont le cousin était avec moi à Buna. Il se lança dans les affaires et fit fortune. Naturellement, il joue un rôle important dans la communauté juive. Il chante comme autrefois et raconte des histoires dont nous sommes seuls à nous souvenir.

Ainsi, la mort n'a pas triomphé partout. Et le mal non plus. Des liens anciens se renouent. Et de nouveaux se forment.

Max Tau, mon éditeur, est un type original. Petit, agile, les yeux furtifs, toujours aux aguets, on dirait qu'il a constamment peur de rater quelque chose, une rumeur, une pensée, une rencontre. C'est à lui que je dois la publication en langue norvégienne de mes premiers livres. Il me présente à ma future traductrice, Gerd Heyerdahl, poétesse et professeur à l'université d'Oslo. Écrivain, émigré juif d'origine allemande, Max est tombé amoureux d'une Norvégienne, Tove (plus grande et moins loquace que lui), et de la société norvégienne dont il connaît toutes les composantes.

Comme j'ignore sa langue et lui la mienne, il utilise un allemand raffiné et moi un yiddish germanisé. En société, il feint de tout comprendre, alors qu'il n'entend rien, pour la simple raison qu'il est sourd. Cela ne l'empêche nullement de participer à la conversation. Il rit au bon moment, s'extasie ou devient grave quand il le faut. Qu'est-ce qui le chagrine en moi ? Mon refus de « pardonner ». Germanophile, c'est lui qui a introduit les grands écrivains allemands en Norvège et s'est fait le chantre de la réconciliation avec l'Allemagne. Il m'obtiendra un prix littéraire allemand et ne me cachera pas sa peine quand je lui dirai ne pas me sentir le droit de l'accepter.

Nous avons la même admiration pour Nikos Kazantzakis qu'il a connu et célébré pendant des années. Et sur lequel il me raconte mille anecdotes et aventures.

Et puis, Johan Borgen. L'allié, l'ami. Je lui dois en Norvège ce que je dois à François Mauriac en France. Il habite à deux heures de distance de la capitale où il se rend rarement. Maison isolée, protégée. Des fleurs partout. Plusieurs grandes chambres lumineuses. Quelques pièces minuscules – on dirait d'anciennes cellules monacales – sont réservées aux visiteurs.

Amitié instantanée. Dès le premier contact, nous allons droit à l'essentiel. Sans préliminaires. Échange sur l'écriture et la mort, l'éternel dans l'instant. Le verbe et le désespoir.

Long, maigre, presque émacié, Borgen donne une impression de rigueur et de caractère sans faille : rien – ni les honneurs, ni l'adversité – ne le fera plier. Intelligence raffinée, exigeante.

Sa femme, Martha, est étrange. De tous côtés, on me dit qu'elle était l'une des femmes les plus belles d'Oslo et qu'un jour elle ne l'a plus supporté. Pourquoi tient-elle à s'habiller en sorcière ? Pour chasser les démons, auxquels elle croit et que, afin de conjurer leur pouvoir maléfique, elle abrite dans certains lieux secrets de son jardin envoûté ? Elle ne vit que pour protéger son mari. Contre les vivants, bien sûr. Et les démons. Après ma deuxième visite, elle me l'avouera : son amour pour Johan est absolu et elle fera tout pour le garder intact. Autrement dit : elle voit un adversaire sinon un ennemi en chaque être que son mari pourrait aimer. Bref, elle est jalouse de tout le monde, donc de moi aussi.

Ils ont une fille, Anne. Romancière et mariée, elle habite Oslo. Son frère, Espe, ne quitte pas son père. Johan me raconte qu'il a été victime d'un accident grave. Corps brisé, cerveau atteint, des jours et des jours sans reprendre connaissance. Les médecins déclarèrent leur impuissance : jamais il ne récupérera, disaient-ils. Mais Johan récusa leur verdict. Le mot « jamais » ne lui convenait pas. Ne quittant plus le chevet de son fils, il lui tenait la main. Jour et nuit, il gardait la main de son fils mourant dans la sienne. Comment expliquer la transfusion d'énergie et de force qui se produisit ? Lentement, très lentement, Espe revint à la vie.

Et le voilà devant moi, souriant en dévisageant son père. Entre eux s'est créé un rapport de tendresse, de confiance et de sagesse que je suis fier de pouvoir capter.

Johan est déjà malade lors de notre première rencontre. Comment fait-il pour être plus fort que le cancer qui le ronge ? C'est en silence qu'il souffre. Et quand nous nous promenons sur la plage, nous parlons d'autre chose. Il n'est pas religieux mais les mots dont nous nous servons le sont. Le mal du corps, on dirait qu'il sait comment l'apprivoiser. Mais le mal qui s'acharne contre l'âme, le mal inhérent à la vie, comment le chasser sans nier la vie elle-même ? Les saints posséderaient-ils là-dessus des secrets inaccessibles, impénétrables au commun des mortels ? Serait-ce cela la sainteté : l'art d'être dépouillé de toute tentation, donc de toute trace humaine ?

Avant de mourir, me dit-on, il réclama une coupe de champagne. Il la leva en l'honneur des siens, tourna son regard vers les absents et peut-être vers l'absence, puis la vida après avoir prononcé le « *skol* » coutumier.

Ce fut sa dernière parole.

Marion et moi aimons venir en Norvège. Le colloque sur « L'anatomie de la haine » que nous y organiserons, en coopération avec le gouvernement et le comité Nobel, restera parmi les plus réussis. J'en parlerai plus tard.

En 1970, le monde libre est outré, indigné et révolté par les procès de Leningrad.

Aventure rocambolesque et naïve en même temps qu'héroïque ? Nul n'en doute. Des jeunes Juifs russes audacieux décidèrent de détourner un avion commercial d'Aeroflot vers la Scandinavie. De là, ils comptaient se rendre en Israël. Leur projet faisait partie d'un plan plus vaste mis au point à Jérusalem dans le but d'attirer l'attention du monde sur le sort des Juifs soviétiques. Idée excitante, dramatique, mais dangereuse : on ne jouait pas sans risque avec le KGB. A quel moment fallait-il agir ? Le groupe attendait le feu vert des autorités israéliennes. Mais un mouchard infiltré dans le mouvement dissident les dénonça. Les membres du groupe furent arrêtés, emprisonnés, jugés et condamnés par un tribunal à Léningrad. Plusieurs sentences de mort furent prononcées, suscitant des vagues de protestations dans toutes les capitales occidentales. La plus grande manifestation eut lieu à Bruxelles en février 1971, réunissant huit cents délégués de trente-huit pays. A la tête de la délégation israélienne, David Ben Gourion. Présence imposante, auguste mais mélancolique, pénible, pathétique. Trop vieux, le lion de Judée était combatif mais peu cohérent. Plusieurs parmi nous regrettèrent que les organisateurs de la conférence aient cru utile de le déranger.

Dans ma brève intervention, je raconte une histoire hassidique : Le Rabbi Ouri de Strelisk frappe à la porte de son ami le Rabbi Moshe-Leib de Sassov et lui demande son aide : il collecte des fonds pour permettre à une jeune fille pauvre de se marier. Or, ne fréquentant que les démunis, il n'est pas parvenu à réunir la somme requise, malgré ses efforts épuisants. Rabbi Moshe-Leib peut-il lui offrir conseil ou secours ? Et celui-ci de répondre : « Moi aussi, frère bien aimé, je ne rencontre que les nécessiteux ; je ne connais pas les riches ; je ne peux donc pas te donner d'argent ; tout ce que je peux faire pour toi, c'est danser, cela devrait te suffire. »

Les jeunes Juifs de Moscou, dis-je pour conclure, je les ai vus danser ; et cela me suffisait.

J'évoque leur courage admirable et contagieux partout où je vais. A Paris, je suis assis à la tribune à côté de Claude Lanzmann et d'un jeune cinéaste, Efrem Sevella, qui arrive de Moscou. Dans un yiddish savoureux, il raconte le combat du savant Mikhaïl Sand face au régime soviétique, expliquant que ses camarades et lui se sont cotisés pour lui permettre de « monter » vers Israël. Sevella parle bien. Avec émotion et conviction. Quelques années plus tard, il publiera en France un réquisitoire féroce intitulé *Adieu Israël*. Tout le mal qu'on peut dire de l'État juif s'y trouve recensé...

Cependant, ces manifestations de solidarité ne furent pas vaines. Elles aboutirent à la commutation des peines capitales. Puis, avec le temps, tous les accusés finirent par débarquer en Israël.

De ces événements me reste le manuscrit d'un roman inédit intitulé *Le Procès de Krasnograd*. Il se trouve, avec mon journal intime, dans ma Genizah privée. Mais je mettrai bientôt en chantier l'histoire de Paltiel Kossover, héros fier et malheureux de mon *Testament d'un poète juif assassiné*. Le thème est puisé dans l'expérience communiste et non dans l'Holocauste. Eh oui, en général, je tiens parole. Je m'écarte du « thème » interdit [1]. Le mot Holocauste, c'est à peine si je le prononce ou l'écris. En ce moment, le vrai travail qui m'occupe, c'est *Célébration hassidique*. Ce livre, je l'ai d'abord vécu, puis raconté dans la joie. J'y ai mis tout ce que j'avais reçu de mon grand-père, reb Dodye. Son amour d'Israël, sa passion pour les chants et les contes. Tout en écrivant, je le revois, je le vois le vendredi soir ; il entre à pas dansants dans la maison illuminée. Il chante et je chante avec lui jusque dans mes prières et mes silences. C'est en songeant à lui et à sa fille cadette, ma mère, que je compose mon Cantique des cantiques en l'honneur de la tradition hassidique : c'était la leur et elle demeure mienne. Ainsi comprendra-t-on pourquoi cet ouvrage occupe une place à part dans mes travaux et dans ma vie.

Non seulement il représente le fruit de recherches approfondies s'étendant sur de nombreuses années, mais, plus que mes récits romanesques, il est relié à ma vie d'avant, à mon enfance. Je l'ai dit, je le répète : le hassidisme est mon monde à moi ; il contient mes rêves égorgés mais aussi mes efforts pour les faire revivre.

Comment définir le hassidisme ? Groupe en rébellion contre l'establishment que menaçait de sclérose la rigueur talmudique ? Secte mystique ? Mouvement religieux à consonance sociale ?

Dans mes romans, il sert de cadre et de repère ; le Besht ou

1. Voir *Tous les fleuves vont à la mer*, Éditions du Seuil, Paris, 1994, p. 432.

Rabbi Lévi-Itzhak viennent au secours de mes personnages, de la même manière qu'ils répondaient à mes appels jadis.

Étrange destin que celui du mouvement hassidique. Il a survécu à l'Holocauste, alors que la majorité de ses adeptes en furent victimes. Les tueurs réussirent à assassiner des millions de hassidim, mais non l'idée et l'idéal du hassidisme, redevenu populaire, surtout auprès de la jeunesse.

Apothéose d'un humanisme en mutation, le hassidisme met l'accent sur l'importance et le caractère sacré de l'homme et de ce qui le rend humain. Dans une société dominée par la redoutable magie des machines, des jeunes découvrent avec émerveillement dans l'enseignement beshtien que le mystère de l'univers est dans l'homme, de même que le secret de la vie est dans la vie même...

Et puis, ne négligeons pas les éléments socio-philosophiques : notre génération ressemble à celle du Baal-Shem-Tov. Comme à son époque, il s'agit aujourd'hui de bâtir sur des ruines, de s'accrocher à un être, à une foi, à une certitude, afin d'échapper à la tristesse envahissante et souvent confortable. Le hassidisme ? Un antidote à la résignation. Que dit-il à ses adeptes ? Que malgré la nuit qui l'entoure, il est donné à l'homme de s'élever par son chant jusqu'aux étoiles pour s'imprégner de leur lumière. Chanter est difficile ? Et après ! C'est parce qu'il est difficile sinon impossible de chanter, de prier, d'espérer, qu'il faut s'y employer. Vivre dans un monde déshumanisé par sa propre culpabilité est difficile ? Et après ! Qu'un être, un seul, tende la main à un mendiant, à un fugitif, à un déraciné, et la vie prendra un sens pour les autres, tous les autres. Le mal existe ? La mort triomphe ? Et après ! Rien n'est aussi entier qu'un cœur brisé, disait Rabbi Nahman de Bratzlav. Aux anarchistes et autres nihilistes à la recherche d'aventure et d'appartenance, le hassidisme offre non pas un discours ou une machinerie idéologique, mais une camaraderie et une histoire.

On trouve dans le hassidisme un appel à la beauté de la nature, une ouverture sur ses secrets. Dans sa jeunesse, le Besht était tuteur. Il accompagnait les enfants au Héder. Il leur apprenait non seulement à chanter, mais aussi à regarder. Il les empêchait de marcher trop vite. Regardons cet arbre, leur disait-il. Et ce ciel. Et ces montagnes. Alors que les enfants juifs avaient coutume de hâter le pas – redoutant une attaque des voyous antisémites –, le Besht les faisait ralentir. Pour observer la beauté du paysage. Un homme dans l'univers de Dieu, cela est beau.

Eh oui, j'aime célébrer le mouvement qui signifie célébration.
En fait, célébration de quoi ? De la Torah ? Oui. De Dieu ? Oui encore. De la vie ? Même si elle est faite de pauvreté, de misère, de souffrance ?

Questions troublantes que je traite dans un deuxième volume : *Contre la mélancolie*. J'y raconte les défis que les grands Maîtres ont lancé à la tristesse et au désespoir dans lesquels ils vivaient, eux et leurs disciples. Comment ont-ils réussi à surmonter le chagrin qu'ils devaient éprouver en recevant une femme stérile, un père accablé de dettes, les parents d'un enfant mourant ? Comment pouvaient-ils maintenir leur foi intacte devant les injustices qui frappaient leurs adeptes, et l'ensemble du peuple juif ?
Ma génération avait besoin d'entendre leur réponse, et de suivre leur exemple.

Grâce à mes contes hassidiques, il m'est possible de parler en public avec moins d'appréhension. Je mets en valeur la sagesse et l'humour dont ils se nourrissent. Pour me défaire de l'image que l'on se fait de moi – le messager revenu de *là-bas* –, je m'efforce de susciter le sourire, et même le rire. Autant je n'ai jamais aimé discourir sur la Tragédie, autant j'ai du plaisir à ouvrir les portes du jardin hassidique. A ma grande surprise, il existe un public pour ce genre de pèlerinage. Sans doute apprécie-t-il plus histoires et anecdotes qu'analyses et études. Alors, j'essaie de combiner les unes et les autres en suscitant la réflexion des auditeurs sans trop les ennuyer.
L'inconvénient : je n'aime pas quitter Marion, notre appartement sur Central Park West, ma bibliothèque. C'est toujours sous une sorte de contrainte que je me déplace ; j'accepte les invitations plus ou moins rémunératrices des universités et des centres communautaires d'abord parce que j'en ai besoin, ensuite parce que j'ai l'impression de faire œuvre pédagogique utile. Je tiens à ce que l'on sache savourer la portée du message hassidique en particulier et celle de l'attente messianique en général. Je me sens à l'aise en évoquant la ferveur et la richesse d'un conte de Rabbi Nahman, d'une parabole de Rabbi Mendel de Kotzk. Là, je n'ai pas besoin de me censurer. Je crains moins de révéler ce qu'il ne faut pas, ce qu'on ne peut pas montrer. Aucun danger de blasphé-

mer. Les mots à dire, je les connais : je n'ai qu'à répéter ce que j'ai entendu de la bouche de mon grand-père.

– Chante, grand-père. Je t'en supplie. J'ai besoin de t'entendre chanter.
– *J'en suis incapable.*
– Fais un effort. Essaie. Essaie, grand-père. Tu m'as toujours dit qu'on a le droit d'échouer, mais non de ne pas essayer.
– *Je ne peux plus. Je ne peux même plus essayer.*
– Je t'aiderai.
– *Tu ne peux plus m'aider.*
– Tu m'interdis d'essayer, moi ?
– *Je ne t'interdis rien, mon petit. Je te dis seulement que je ne peux plus chanter.*
– Même pas pour moi ?
– *Pour personne.*
– Pour Dieu ? Le Dieu que tu as aimé ?
– *Pas même pour Lui.*
– Pourquoi, grand-père ?
– *C'est ainsi, nous n'y pouvons rien. Ni toi, ni moi.*
– Est-ce ta punition ?
– *Non. Il ne s'agit pas de punition.*
– Mais alors, de quoi s'agit-il, grand-père ?
– *Je suis mort, mon petit. Les morts ne chantent plus.*
– Mais moi, grand-père…
– *… Toi quoi ?*
– Est-ce que, moi, je peux chanter pour les morts ?

Dans la tradition juive, c'est par l'étude que l'on peut et que l'on doit honorer la mémoire des morts. On répète une Mishna, on approfondit un problème halakhique, une légende midrashique et, en le faisant, on confirme notre attachement à ceux qui nous ont précédés sur cette voie.

Est-ce pour cela que ma passion pour l'étude ne s'atténue jamais ? Au contraire, elle ne fait que croître. Le roi Lear se trompe : on n'est jamais trop vieux pour apprendre. Retrouver un texte ancien, c'est le célébrer. Le célébrer dans sa diversité, dans sa beauté intemporelle. Célébration prophétique, talmudique, philosophique, poétique, éthique ; bref, il s'agit d'aborder la tradition juive par son côté exaltant. La présenter à travers ses fondateurs illustres et inspirés.

C'est ce que j'essaie de faire dans ma première *Célébration biblique*. L'ouvrage est basé sur des conférences données à la

YMHA de la 92e Rue à New York, à l'université de Boston et au centre Rachi de Paris. Adam ou le mystère du commencement, Caïn et Abel ou le premier meurtre, le sacrifice manqué d'Isaac, le retour de Joseph, la métamorphose de Moïse, l'épreuve et le triomphe de Job : chaque chapitre me coûte des mois de recherche. Là encore, Saul Lieberman m'est d'un secours fondamental, indispensable. Je lui soumets chaque étude, je sollicite ses remarques critiques, j'en tiens compte. Je ne dis rien, je ne publie rien qui n'ait obtenu son *haskamah*, son consentement.

Dans mon carnet, j'écris :

> Enfant, je lisais les récits bibliques avec un émerveillement mêlé d'angoisse. J'imaginais Isaac sur l'autel, et je pleurais. Je voyais Joseph prince d'Égypte, et je riais...
>
> L'histoire juive se joue au présent. Niant la mythologie, elle affecte notre vie et notre rôle dans la société. Jupiter est un symbole, mais Isaïe est une voix, une conscience. Zeus est mort sans avoir vécu, mais Moïse reste vivant. Ses appels, lancés jadis à un peuple en voie de libération, se répercutent de nos jours, sa Loi nous engage. N'était sa mémoire qu'il veut collective, le Juif ne serait pas juif, ou plus simplement ne serait pas.
>
> Si le judaïsme, plus que toute autre tradition, manifeste pareil attachement à son passé, qu'il maintient vivant, c'est qu'il en a besoin. Grâce à Abraham dont l'audace nous guide, grâce à Jacob dont le songe nous intrigue, notre survie, prodigieuse à maints égards, n'est pas dénuée de mystère ni de signification. Si nous avons la force et la volonté de parler, c'est parce que tous ces précurseurs s'expriment à travers chacun de nous ; si les yeux du monde semblent si souvent braqués sur nous, c'est parce que nous évoquons un temps qui n'est plus et un destin qui le dépasse. *Panim* en hébreu s'emploie au pluriel : l'homme a plus d'un visage. Le sien et celui d'Adam. Le Juif est hanté par le commencement plus que par la fin. Son rêve messianique, c'est au royaume de David qu'il le rattache. Il se sent plus proche du prophète Élie que de son voisin de palier.
>
> Le Juif, c'est quoi ? Somme, synthèse, réceptacle. Tout ce qui a frappé ses ancêtres l'atteint. Leurs deuils l'accablent, leurs triomphes le portent. C'est qu'ils étaient des êtres vivants, non des icônes. Le plus pur, le plus juste d'entre eux connaissait des hauts et des bas, des moments d'extase et d'égarement, et on nous les décrit. Leur sainteté se définissait en termes humains. Aussi le Juif se souvient-il d'eux et il les voit aux carrefours de leur existence : inquiets, exaltés, marqués ; ce sont des êtres humains, des personnes, non des dieux. Leur démarche s'inscrit dans la sienne et pèse sur ses choix. L'échelle de Jacob déchire ses nuits. Le désespoir d'Israël alourdit sa solitude. Il sait que raconter Moïse, c'est le

suivre en Égypte et hors d'Égypte. Quiconque refuse de le raconter reste en arrière.
Cela vaut pour tous les ancêtres, et pour toutes les aventures. Si le sacrifice manqué ne concernait qu'Abraham et son fils, leur épreuve se limiterait à leur propre souffrance. Mais elle nous concerne...
Quelque part un père et son fils se dirigent vers un autel enflammé ; quelque part un garçon rêveur sait que son père va mourir sous le regard voilé de Dieu ; quelque part un conteur se souvient et il se sent envahi d'une tristesse ancienne et sans nom ; il a envie de pleurer. Il a vu Abraham et il a vu Isaac s'en aller vers la mort ; l'ange, occupé à chanter les louanges du Seigneur, n'est pas venu les arracher à la nuit noire et muette.

Quatre Maîtres hassidiques et *Cinq Portraits bibliques* – qui font partie des *Célébrations* – sont confiés en Amérique à Jim Langford, l'éditeur de Notre-Dame Press. C'est que je suis proche de l'université catholique de Notre-Dame et de son président libéral, Theodore Hesburg. Nos dialogues, privés ou publics, sont œcuméniques et fraternels. Pas de triomphalisme ni d'agressivité dans nos débats. Tous deux, nous sommes attachés au même principe de tolérance ; je respecte sa foi comme il respecte la mienne, et le combat contre le fanatisme religieux et politique n'a jamais manqué de nous réunir. Face aux marchands de haine, nous sommes toujours du même bord. Nos signatures figurent au bas de nombreuses pétitions en faveur des droits de l'homme. Plus tard, je l'accueillerai dans la Commission présidentielle de l'Holocauste créée par Jimmy Carter. Ted Hesburg est un croyant du genre que j'aime : nul ne peut espérer avoir meilleur interlocuteur et plus fidèle allié.

Pour l'instant, n'appartenant à aucune organisation ou mouvement, je me sens libre. Mes prises de position n'engagent que moi. Certains les acceptent, d'autres non, tant pis. Parfois j'ai raison, plus souvent il m'arrive de me tromper – et après ? Je profite de mes échecs pour apprendre. Davantage de discipline et de rigueur intellectuelles, voilà le but. Etre plus exigeant envers moi-même. Et envers autrui ? Problème : je n'aime pas polémiquer, j'ai peur de blesser. Quand cela arrive, je me sens mal dans ma peau, mais tant pis, je recommence. Quand il s'agit de sujets pour moi essentiels, je me contrôle mal, je m'emporte, quitte à le regretter aussitôt. Mais je ne comprends pas mes hôtes. Pourquoi m'invitent-ils ?

Pourquoi tiennent-ils à m'entendre dire des choses qui vont sûrement leur déplaire ? Allez savoir…

M'adressant à une importante organisation féminine, je contiens difficilement ma déception. Les responsables m'ont demandé de diviser mon discours en deux parties : l'une consacrée à l'Holocauste et l'autre aux Juifs russes. Le jour de la conférence, elles s'inquiètent : « S'il vous plaît, ne soyez pas trop long ; nous avons prévu, en plus de votre discours, de consacrer quelques heures aux réceptions offertes par nos délégations régionales. » Bizarre : plus je me fâche, plus je dérange, plus je manifeste mes exigences et mon mécontentement, plus on m'applaudit. Je prononce des propos qui choquent et font mal, qui devraient empêcher les participants d'avaler leur repas, et on m'applaudit et on me félicite… après le repas.

Eh oui, allez comprendre.

Je ne comprends pas, mais je ne me sens pas capable de me dérober aux invitations et sollicitations diverses qui me parviennent par l'entremise de Lily Edelman. Mes amis se moquent de moi : « Dès qu'un Juif te réclame, tu dis oui. » Ce n'est pas tout à fait faux. J'aime me sentir utile. Le suis-je ? J'en doute. Cependant, je me laisse facilement persuader. Toujours ce sacré sentiment de « devoir » quelque chose à mon peuple.

C'est ainsi que j'accepte l'invitation du Conseil des fédérations juives charitables qui regroupe toutes les organisations communautaires du pays. Son assemblée annuelle, qui constitue un événement important car s'y rencontrent donateurs et responsables venus de tous les horizons, se tient chaque année dans une ville différente. En 1971, elle a lieu dans un grand hôtel de Kansas City. Ma communication est programmée pour le samedi soir.

Je décide d'y passer le Shabbat. Pour jauger l'ambiance, étudier les problèmes soulevés, rencontrer les différentes commissions, bref : apprendre ce qui préoccupe les dirigeants de la vie juive en Amérique du Nord. Ainsi mon intervention pourra-t-elle coller à l'actualité.

Pourquoi ne pas l'avouer ? Un sentiment de dépaysement m'envahit aussitôt. C'est comme si j'assistais à un gigantesque rassemblement de syndicalistes ou d'assistants sociaux. On ne parle que budgets et collectes de fonds, méthodes anciennes et modernes, statistiques et prévisions. Chacun est spécialiste en quelque domaine. Comment fait-on pour aborder le millionnaire qui se tient à distance ? qui faut-il lui envoyer, et quand, le matin au bureau, ou le soir à la maison ? Et moi qui m'attendais à baigner dans une atmosphère de spiritualité !

Le vendredi soir, l'immense salle à manger est partagée en deux. Dans un coin, quelques tables kasher ont été réservées aux pratiquants.

Le lendemain, dans un petit salon, j'assiste à l'office de Shabbat le plus bizarre, le plus exotique de ma vie : en plus de la récitation des prières et de la lecture de la Torah, nous avons droit à un spectacle de ballet où de très belles jeunes filles exécutent des danses sans doute religieuses. Habitué à un style de prière différent, je me sens un peu exclu de ce programme.

Pendant tout l'après-midi, je suis assailli par des délégations qui font du « lobbying » : chacune me demande « au nom de ce qui nous est cher » de citer dans ma présentation le projet qu'elle est venue défendre. Juifs russes, soutien à Israël, jardins d'enfants, éducation juive dans les écoles secondaires, maisons de retraite, associations culturelles… Ils sont drôles, tous ces émissaires, militants ou fonctionnaires de causes justes ou farfelues, aux yeux de qui je serais un intercesseur, un médiateur, un avocat – bref, un homme influent, un Juif important. Je ne le suis pas, et j'en ai conscience. Mais eux font semblant de l'ignorer. Comment le leur expliquer ? Bah, ils finiront bien par s'en rendre compte.

Vient le soir. Les pratiquants chantent la Havdalah, la prière qui célèbre la séparation du temps profane du temps sacré et la fin du Shabbat. Puis c'est l'heure du dîner, trop bruyant à mon goût. Trois mille personnes dans la salle. On s'appelle, on s'interpelle, on quitte sa place pour aller saluer une connaissance : les garçons ont du mal à assurer leur service. A la table d'honneur sont assis tous les anciens présidents du Conseil des fédérations. Ma place est à la droite du président en exercice, Max Fisher, industriel richissime de Detroit et proche des présidents Richard Nixon et Gerald Ford.

Soudain, je perçois des chuchotements fiévreux dans mon dos. Poli, je fais semblant de ne pas entendre. Des délégués s'approchent de Max Fisher, essaient en vain de le convaincre de quelque chose. J'ignore de quoi il s'agit, mais je commence à m'inquiéter : je sens l'imminence d'une crise dont la nature m'échappe. Intrigué, j'interroge mon voisin de droite. « Oh, ce n'est rien », me répond-il. Là-dessus, un groupe de jeunes s'approche de la table. « Nous sommes étudiants, me dit leur chef. Nous tenons à vous demander de ne pas nous en vouloir : nous quittons la salle pour protester, non pas contre vous, mais contre les dirigeants de cette organisation. – Que leur reprochez-vous ? – Nous sommes pratiquants et, après le repas, nous souhaitons réciter en commun la « Birkat hamazon », l'action de grâce coutumière, mais on nous l'interdit. » J'interroge le président de la soirée : « Est-ce vrai ? – Oui, répond Max Fisher, imperturbable. – Mais pourquoi ce refus ? – Parce que leur prière ne figure pas au programme. » Un moment, je reste sans voix. Puis j'essaie d'expliquer à l'industriel et leader juif qu'il devrait être content plutôt qu'agacé : après tout, ces jeunes étudiants, que demandent-ils ? Le pouvoir de contrôler le budget du conseil ? Non, ils ne demandent qu'à chanter une prière qui durera de trois à cinq minutes. Inflexible, le bonhomme : « J'ai pris une décision, je l'ai annoncée à mes collègues ; je ne peux pas y renoncer sans me déconsidérer. » Je persévère. Je lui fais remarquer que si cela se sait, et cela se saura inévitablement, il se rendra ridicule aux yeux de toute la communauté. Mais… je comprends sa situation : il ne peut pas perdre la face. Donc, voici ma proposition : qu'il annonce, lui, que l'invité d'honneur a sollicité le privilège de réciter la prière traditionnelle. Ce serait discourtois de le lui refuser… Max accepte, au soulagement général ; l'incident est clos et la « crise » religieuse, Dieu merci, évitée.

Après le dîner, il m'invite à prendre un verre en tête à tête. « J'ai une dette envers vous, dit-il. Quels sont vos désirs ? » C'est le moment de jouer à l'intercesseur en faveur des délégués qui sont venus me voir l'après-midi. Je répète leurs doléances : plus de spiritualité pour ce genre de rassemblement, plus de respect pour les religieux, priorité à l'éducation juive, à la mémoire juive, un budget initial de 100 000 dollars pour fonder un Conseil pour les Juifs soviétiques… Max Fisher prend des notes. Tout m'est accordé. Des années plus tard, nous nous affronterons lors de l'affaire Bitburg. N'empêche que, à Kansas City, c'est grâce à une simple prière sauvée *in extremis* que l'organisation juive la plus importante d'Amérique est devenue plus judaïsée.

L'hiver de 1972, nous le passons à Miami. Marion est enceinte et voyage moins. Moi, je n'ai pas le choix. Des engagements pris de longue date m'obligent à de fréquentes navettes entre la Floride, New York et autres lieux.

C'est à cette époque que je me trouve impliqué dans un incident politique aussi absurde que vain (et qu'aujourd'hui encore je regrette) mais qui fait du bruit en Israël. Involontairement, je suis opposé à Abba Eban, ministre des Affaires étrangères dans le gouvernement de Golda Meir.

Peut-être est-ce utile de le rappeler : il fut un temps où nos relations professionnelles étaient correctes, sinon amicales. J'admirais son savoir, ses dons. Jeune ambassadeur à Washington et aux Nations unies, il suscitait respect et admiration chez ses collègues. Brillant orateur, excellent commentateur, grand intellectuel, Abba Eban savait convaincre même quand lui-même n'était pas convaincu.

On raconte que, au milieu des années cinquante, David Ben Gourion lui demanda de défendre la position israélienne sur un dossier délicat. Bien qu'Eban ne fût pas d'accord avec ladite position, il la défendit si bien que Ben Gourion lui dit : « En vérité, moi-même j'avais des doutes, mais j'ai lu vos arguments et vous m'avez convaincu. »

Bref, c'était un grand diplomate qui représentait son gouvernement avec talent et intelligence. Il faisait honneur à l'État d'Israël et au peuple d'Israël. J'étais attiré par son humour acerbe, j'appréciais sa culture judaïque et classique, j'admirais ses prestations télévisées, ses analyses lucides de la situation internationale, j'aimais ses mots d'esprit et sa manière élégante d'esquiver les questions délicates. C'était quelqu'un de bien, quelqu'un que j'aurais souhaité mieux connaître, plus intimement.

Mais il y a eu l'incident...

En fait, le mot incident est trop faible. Scandale politique serait plus exact.

En voici la genèse : revenant d'une tournée de conférences dans le Middle West, je passe la journée dans notre appartement de Manhattan à éplucher le courrier amassé depuis une semaine. Soudain, le téléphone sonne. Le consul général d'Israël, nommons-le Saül, est en ligne. « Il s'agit du ministre Eban, m'informe-t-il. Êtes-vous au courant de ce qui lui arrive ? » Non, je ne le suis pas ; j'étais absent de New York. Peut-il m'éclairer ? Il le peut, il le fait. Dans une émission du fameux interviewer britannique David Frost,

Eban aurait répondu à la question « Que pensez-vous des criminels nazis qui sont encore en liberté ? » que, après le procès Eichmann, le problème ne le préoccupait plus ou ne l'intéressait plus, ou quelque chose de semblable. Il aurait répété cela plusieurs fois. « Vous imaginez le tollé en Israël, me dit Saül. Menahem Begin et toute l'opposition lui reprochent son insensibilité et réclament sa démission ; Golda est furieuse. Une motion de censure a été déposée au Parlement. D'après Eban, seule une déclaration venant de vous pourrait calmer la tempête. » Je réponds que, n'ayant pas vu l'émission, je suis mal placé pour intervenir dans le débat. Saül me comprend et transmet ma réponse au ministre. Une heure plus tard, il me rappelle. Le ministre suggère que je lise la transcription de l'interview ; peut-être me suffira-t-elle pour témoigner en sa faveur. J'accepte, tout en faisant remarquer qu'il y a une différence fondamentale entre la parole dite à l'écran et celle qu'on reçoit sur la page. Un « non » écrit risque de se transformer, sur scène ou à la télévision, en « oui ». Saül insiste pour que j'essaie. Soit, j'essaie. Je lis, que dis-je là, j'analyse, j'étudie la transcription et je suis consterné : le ministre, qui n'est pourtant pas novice en la matière, a tout simplement dérapé ; il a manqué de prudence, de sagesse politique. J'appelle Saül et lui répète mon regret de ne pouvoir aider son patron. « Mais, ajouté-je, il est inconcevable qu'un homme comme Eban, qu'un Juif comme lui, qu'un Juif quelconque, se montre indifférent à la mémoire juive et à ceux qui lui restent fidèles. » En d'autres termes : il ne pense pas ce qu'il a dit ; pour une fois, il a dû mal s'exprimer. Je suggère qu'on diffuse l'émission en Israël. Le public jugera. Saül dit qu'il transmettra mes regrets et que, une fois de plus, il me comprend.

Quelques jours plus tard, comme je me trouve chez le consul général israélien Jack Monbaz, à Toronto où je suis venu donner une conférence à l'université, Marion me téléphone et me dit que, de nouveau, Saül cherche à me joindre d'urgence. En présence de son collègue au Canada, je le rappelle. Il prend un ton officiel : « Je suis chargé par mon ministre de vous communiquer le message suivant… » Et il me donne lecture d'une déclaration qu'Eban va rendre publique dans l'heure qui suit – déclaration fort élogieuse à mon égard, me remerciant d'être venu à son secours et ainsi de suite. Tout en écoutant Saül, je sens que le sang me monte à la tête. J'ai horreur d'être manipulé. Comment réagir ? Protester ? Crier au mensonge ? Ma colère et ma nervosité me rendent muet. Saül, inquiet, demande :

« Vous m'entendez ? Vous êtes là ? » Je ne réponds pas. Il répète ses questions ; je reste silencieux. Ce n'est qu'après une longue pause que la parole me revient. « Saül, vous savez la vérité, vous ; je n'ai jamais dit quoi que ce soit qui pourrait être interprété comme une défense... » Saül ne le nie pas. Mon indignation ne le surprend pas, mais il ajoute : « Essayez de le comprendre, lui ; il se bat pour sa survie politique. » Il a vu juste, Saül. La déclaration d'Eban, s'appuyant sur ma « défense », lui a évité d'être censuré à la Knesset. Le gouvernement Golda Meir, avec une majorité remarquablement faible (deux-trois voix ?), restera au pouvoir.

En vérité, je pourrais faire publier un rectificatif, ne serait-ce que *« for the record »*, comme on dit, pour mémoire. Mais j'y renonce. Premièrement, il se peut qu'Eban ait agi de bonne foi : comment savoir si son consul, par loyauté et pour le flatter, n'a pas déformé mes propos ? Et puis, pourquoi faire du mal à un homme constamment surmené, qui plaide pour notre peuple depuis tant d'années et avec tant de distinction ? Il mérite des égards. On s'est servi, ou il s'est servi, de mon nom sans mon consentement ? On ne condamne pas un homme qui, acculé, a un comportement que, en d'autres circonstances, lui-même désapprouverait. Et puis, on ne condamne pas un homme pour une seule faute. Une parole de Rabbi Nahman, citée dans le premier tome de mes Mémoires, me revient à l'esprit : on a tort de penser qu'un grand homme est incapable de commettre un acte condamnable ; et que, l'ayant accompli, il cesse d'être grand. Or Eban occupe une place d'honneur dans l'histoire diplomatique du nouvel État juif : il a, depuis sa jeunesse, représenté le mouvement sioniste d'abord, l'État d'Israël ensuite, avec zèle et talent. Donc ? Passons outre. Aux amis qui me téléphonent d'Israël, étonnés sinon choqués que j'aie pris sa défense, je réponds : les raisons du cœur sont parfois aussi importantes que la raison d'État. On n'accable pas quelqu'un qui se noie. Tournons la page.

L'ambassadeur israélien à Washington, le général Yitzhak Rabin, n'est pas proche d'Eban, c'est connu. Néanmoins, il approuve ma conduite. De même que Gidéon Rafael, l'ancien ambassadeur d'Israël aux Nations unies, promu par Eban directeur général de son ministère. En voyage officiel aux États-Unis, Golda me félicite aussi : « Tu sais que je n'aime pas le bonhomme, mais Begin et sa bande étaient féroces avec lui ; tu as bien fait de le défendre. » Ma tolérance ayant des limites, je lui résume ce qui s'est passé : je n'ai pas défendu Eban et ne mérite aucune félicitation. Elle ne paraît pas surprise : « Tu as quand même bien agi. »

Cette conversation a lieu lors d'une réception donnée en son honneur par ses représentants diplomatiques à New York. Soudain, j'aperçois Eban. Il a dû me voir en train de discuter avec Golda ; il ne s'est pas approché. Un peu plus tard, il m'aborde. Il me serre la main avec une chaleur qui ne lui est pas coutumière. Lui aussi me remercie. Il ajoute quelques mots sur les accusations scandaleuses que l'opposition avait portées contre lui. Et il me remercie pour mon soutien. Que puis-je répondre ? Je ne dis rien.

Une semaine ou deux après cette réception, je lis dans *Yedioth* un long entretien avec lui sur sa politique étrangère. Il parle de choses et d'autres et, brusquement, passant presque du coq à l'âne, il raconte qu'il vient de me rencontrer à New York et que je lui aurais dit mon indignation devant ce que ses adversaires lui ont fait subir. Il va jusqu'à « citer » des phrases entières de ma prétendue condamnation implacable de ses adversaires. Stupéfait, je relis l'article. Quelque chose là-dedans m'échappe : puisque l'incident est clos, pourquoi le rouvre-t-il ? Et pourquoi met-il dans ma bouche des mots que je n'ai jamais prononcés ? Sa carrière politique n'est plus en jeu, le gouvernement n'est plus en danger, pourquoi cette nouvelle provocation ?

Mon confrère et ami Eliahu Amiqam se trouve à New York. Je lui montre l'interview qui le choque autant que moi. Il me demande de lui accorder un entretien où j'éclaircirai tout. J'hésite : je déteste les polémiques. Les contre-attaques qui suscitent des contre-attaques, ce n'est pas mon genre. Et puis, malgré tout ce que je peux reprocher à Eban, il reste en moi une admiration profonde pour le porte-parole d'Israël. Eliahu comprend mes arguments mais revient sur les siens : la vérité doit être rétablie. Je finis par me rendre à ses raisons. L'entretien est publié. Dans la presse, c'est un tourbillon délirant de déclarations, de commentaires, d'explications. L'affaire revient au centre des conversations. Le scénario se répète. Nouvelle tempête à la Knesset. Nouvelle motion de censure déposée par l'opposition. La bagarre rappelle les mauvais jours des querelles politiques entre blocs et groupes fanatisés. Le gouvernement risque de tomber. Golda elle-même intervient. Dans son allocution, elle parle de l'affection qu'elle me porte, de l'amitié qui nous lie, mais elle défend son ministre. Naturellement, elle gagne. Sa coalition représente une majorité solide. Eban est réhabilité. A présent, son entourage fait donner l'artillerie lourde contre moi. Les attaques dont je suis l'objet arrivent de côtés inattendus. On me fait payer erreurs passées et fautes oubliées : je n'ai pas répondu à une lettre, célébré la parution d'un livre, réagi à un appel. Les masques tombent. Je ne m'étais pas rendu compte que tant de personnes en Israël m'attendaient au tournant. Mes « amis » restent neutres, les neutres deviennent hostiles et les hostiles joyeux.

Avec le recul, je me dis que j'ai peut-être été injuste à l'égard d'Abba Eban : comment savoir en effet si l'un de ses subordonnés n'a pas « embelli » mes propos pour se faire valoir ? Et, faute d'une mise au point immédiate de ma part, Eban pouvait interpréter mon silence comme un acquiescement.

Nous nous réconcilierons en 1985. Sa lettre de soutien, au moment de l'affaire Bitburg, effacera beaucoup de blessures.

Je l'ai revu plusieurs fois, avec sa femme Suzy, chez des amis communs, Nizza et son mari, le producteur de films John Heyman. Eban n'est plus ministre. Pourquoi ses anciens alliés politiques l'ont-ils écarté de la vie politique ? Pourquoi l'ont-ils trahi ? Ils lui avaient pourtant fait des promesses. Israël serait-il Terre de promesses plutôt que Terre promise ?

Abba Eban s'est vite recyclé dans la télévision. Ses programmes – sur l'histoire juive et celle du sionisme – sont populaires. Ses livres se vendent bien. Il n'est jamais à court de projet. J'aime l'écouter quand il raconte ses années de guerre en Grande-Bretagne et au Caire. Et ses souvenirs teintés d'ironie sur ses rencontres avec les grands acteurs de l'histoire américaine de ce demi-siècle.

Depuis son arrivée aux États-Unis en 1947, il a eu l'occasion d'évoluer dans tous les milieux de la société américaine. Truman, Eisenhower, Kennedy. Sénateurs, écrivains, savants. C'est lui qui transmit la proposition de David Ben Gourion à Albert Einstein de venir vivre à Jérusalem où il serait sûrement élu président de l'État d'Israël. Sagement, le savant légendaire de Princeton refusa. La raison invoquée ? Il ne connaissait pas l'hébreu.

Eban connaît l'hébreu, lui. Et l'arabe. Et le français. Comme analyste et présentateur de la politique d'Israël, nul ne l'a encore égalé.

Dans un tout autre domaine, je pourrais en dire autant d'un homme qui ne lui ressemblait en rien : en matière de collecte de fonds, nul n'a égalé Meyer Weisgal.

Personnage pittoresque et attachant, fou d'énergie et bouillonnant d'imagination, il est impossible de ne pas l'aimer. Avec sa chevelure blanche, il rappelle Ben Gourion ; mais il reste proche de Weizmann dont il fut le bras droit, le chef de cabinet et l'homme à tout faire. Le prestigieux institut scientifique Weizmann à Rehovot, c'est lui, Meyer, qui l'a fait construire. Roi des quémandeurs ou quémandeur des rois, une anecdote ou un mot d'esprit lui permettaient d'obtenir des riches des sommes que nul autre ne pouvait leur arracher.

Meyer Weisgal considérait Weizmann – le légendaire scientifique anglais devenu chef du mouvement sioniste mondial avant d'être élu premier président de l'État d'Israël – comme son dieu, son Rabbi (laïc, bien sûr), son guide, son maître à penser, son employeur et son sauveur. Possessif à l'extrême, il n'aimait pas ceux qui n'aimaient pas assez « le Patron ». Mais ceux qui le vénéraient ? Il mesurait infailliblement leur degré de sincérité. Meyer n'était jamais dupe.

On dit qu'il était moins admiratif devant Mme Weizmann qu'il trouvait trop maniérée et aristocrate. De Vera, il disait qu'elle était snob et ne daignait parler qu'au Bon Dieu, et là encore, seulement quand elle avait envie de parler à quelqu'un…

D'une femme qui venait de perdre son mari célèbre, il remarquait : « Comme épouse, elle n'était pas tellement à sa place, mais comme veuve, elle reste la meilleure… »

Son autobiographie est un petit chef-d'œuvre : j'en ai fait l'éloge dans le *New York Times*. Plus tard, déjà malade et désespéré, Meyer retrouvera sa volonté de vivre quand je le persuaderai de rédiger un second volume de souvenirs. « Tu m'aideras ? – Bien sûr, Meyer, je vous aiderai. » Deux fois par semaine, je vais chez lui avec un petit magnétophone. Il parle, je lui pose des questions, il répond, fouillant dans sa mémoire pour y retrouver des anecdotes, des histoires de sa jeunesse et de ses années passées auprès de Weizmann. Malheureusement, beaucoup de ce qu'il avait à dire, il l'a déjà publié. Je m'enthousiasme quand même en enregistrant quelques détails inédits. Je ne regrette pas ces semaines, ces mois que je lui ai consacrés. Au contraire, j'y songe avec un sentiment de plénitude. Aurait-il survécu deux ans sans ce projet fantôme qui nous unissait ?

Je travaille sur *Le Serment de Kolvillag*, roman qui prend pour thème un meurtre rituel imputé à un Juif et à sa communauté au début du siècle.

Et les jours passent, et les mois aussi. Et les rêves, les souvenirs. La mémoire s'enrichit-elle ou, au contraire, se rétrécit-elle à mesure que l'être s'éloigne de ses premières expériences ? Qu'est-ce qui la fait courir en arrière ? Pour ramener quoi, dans quel état et dans quel but ?

Comment fait-on pour la suivre dans ses soubresauts ? Et pour assimiler les traces qu'elle laisse derrière elle ? Durée, temps, chronologie : quel est leur rôle ?

Tout ce qui touche à la mémoire me fascine par la force mystérieuse qu'elle dégage. Elle veut tout embrasser, tout retenir, et n'éclaire que des fragments. Pourquoi celui-ci plutôt que tel autre ? Autrement dit : qu'advient-il de tout ce que j'ai déjà oublié ?

Et puis : quels sont les rapports entre la mémoire individuelle et la mémoire collective ? Laquelle enrichit l'autre, et à quel prix ?

La mémoire est l'un des mots clés de mes travaux et de mes quêtes et, en vérité, j'ignore toujours ce qu'elle est et de quoi elle est faite.

La mémoire est pour moi ce que la poésie fut pour Aristote : plus que l'Histoire, c'est elle qui contient la Vérité. Je sais qu'elle m'est indispensable. Pour écrire. Pour enseigner et partager. Sans elle, que serais-je ? Sans elle, la vie n'a ni sens ni destin.

6 juin 1972 : naissance d'Elisha. Une aurore à nulle autre pareille. Elle marquera mon avenir. Ce petit bout d'homme dans les bras de sa mère va illuminer notre vie en la faisant basculer dans une joie et dans une paix inconnues. Je le regarde, je le regarde et je sens que je ne suis pas seul à le regarder, à vouloir le protéger.

Huit jours plus tard : la Brit-mila.

« Chantons, je vous ordonne de chanter ! » hurle le vieux hassid de Guèr, reb Leibel Cywiak. Trapu, visage carré, yeux farouches, il respire à la fois la force physique et la volonté spirituelle. C'est lui qui, dans son oratoire hassidique de la 103e Rue, avait improvisé un *Aufruf* le samedi précédant mon mariage. A présent, trois ans plus tard, il veut que tout le monde connaisse son bonheur. Il avale verre sur verre, serre des mains, rit à gorge déployée ; tout son être est enflammé. Il semble comblé, reb Leibel. Et il tient à ce que tout le monde le soit. Ce n'est pas tous les jours qu'on assiste à une Brit-mila, à une circoncision. Placé sous le signe de notre ancêtre Abraham, l'événement est d'une telle signification que le prophète Élie lui-même se dérange pour y être présent en tant qu'invité d'honneur. C'est sur « son » fauteuil que le nourrisson âgé de huit jours est circoncis.

Sont présents des hommes et des femmes qui, en apparence, appartiennent à des mondes différents. L'ancien secrétaire de la communauté de Varsovie, le docteur Hillel Seidman, et le violoniste Isaac Stern ; l'éditeur Jim Silberman et le rabbin Abraham Yeoshua Heschel ; des intellectuels proches de l'assimilation et des militants sionistes. Et, naturellement, les émissaires spéciaux du Rabbi de Lubavitch qui, de sa résidence de Brooklyn, m'écrit que son cœur et son âme débordent de joie. De Jérusalem, Saul Lieberman appelle pour dire à quel point il participe à notre fête : je ne l'ai jamais entendu si excité.

La maman est dans une pièce à côté : la Loi, pour la ménager, exige qu'elle ne soit pas présente pendant que son fils donne son sang pour entrer dans l'Alliance.

Un messager fait le va-et-vient et lui rend compte de la situation.

Là encore, comme pour l'Aufruf et la cérémonie de mariage, le père semble préoccupé, perturbé. Absent ? Dans quelles rêveries erre-t-il ? Qui cherche-t-il à joindre, à concilier ? « Il ne faut pas, lui dit reb Leibel, en le secouant aux épaules. Vous m'entendez ? Il ne faut pas céder à la mélancolie, pas aujourd'hui ! N'oubliez pas : un nom nous est revenu ! Celui de votre père, désormais votre fils le portera ! Voilà ce qu'il faut célébrer ! »

Eh oui, on l'a rarement vu si allègre, si vigoureux, si exalté, reb Leibel. Il entraîne les hommes à danser avec lui, plus fort, plus fort, plus vite encore, encore plus vite : que le monde entier tremble sous leurs pieds, qu'il apprenne, le monde, qu'on ne peut pas, qu'on ne pourra jamais éteindre une lignée juive, un nom juif…

Et aux parents, il hurle : « Il vivra jusqu'à la venue du Messie, nous vous le souhaitons, nous vous le promettons ! Chantez donc, parents juifs ! Ne pas chanter aujourd'hui est un péché, c'est la Loi qui vous l'ordonne ! Et moi aussi ! »

La fête continue pendant des heures. Et, année après année, chaque fois que je pose mon regard sur mon Elisha (qui porte le nom de Shlomo-Elisha), j'entends le chant de cette cérémonie se réverbérer en moi.

Aviva Kaufman, la veuve de l'ancien directeur de B'nai B'rith, raconte dans sa lettre de félicitations l'histoire d'une femme solitaire, rescapée d'Auschwitz, qui venait tous les jours à la maternité de l'hôpital Mont-Sinaï. Elle était volontaire pour aider les mamans et leurs nouveau-nés. Un jour, Aviva l'a aperçue, dans une chambre, seule avec un bébé dont la maman s'était absentée pour quelques instants. La femme souleva l'enfant très haut et, comme si elle s'adressait à des foules invisibles, à des générations disparues et futures, elle s'écria : « Regardez, regardez donc ! Nous avons un nouveau petit Juif parmi nous ! »

« Chantez ! hurle reb Leibel. Ouvrez-vous donc à la joie ! A elle seule ! Qu'elle soit entière et pure ! »

Facile à dire. Pour ma génération, aucune joie ne peut être entière. Je regarde mon fils qui ne connaîtra jamais ses grands-parents paternels dont je souhaiterais tant incarner la présence. En silence, je les implore de protéger celui qui vient d'être appelé à assurer leur descendance. Grâce à lui, la lignée ne s'éteindra pas. Elle remonte loin, cette lignée. Jusqu'au Sh'la. Et au Tossafot Yom Tov. Et à Rachi, donc jusqu'au roi David.

Protégez-nous, ancêtres bien-aimés. Voyez donc, je ne suis pas le dernier de la chaîne ; un nouveau maillon vient de s'y ajouter.

Protégez votre descendant Shlomo-Elisha ben Eliézer ben Shlomo Halévi. Faites qu'il aille dans le droit chemin. Et qu'il vous rende fiers du devenir de son âme. Protège ton petit-fils, maman. J'ignore où tu reposes, mais penche-toi sur son berceau et aide-moi à lui chanter des berceuses. Raconte-lui tes histoires merveilleuses et étranges qui m'ont fait dormir en paix. Et toi, père, protège ses rêves. Aide-le à vivre sa vie d'enfant. Aide-moi.

« Puisse ce petit grandir pour entrer dans l'étude, le mariage et les bonnes actions… » C'est Heschel qui récite cette prière d'usage.

Ancêtres bien-aimés, répondez donc : Amen.

Me voilà responsable d'une famille. Père. Plus encore qu'avant, je songe au mien. Saurai-je suivre ses traces ? Toute sa vie, il s'est efforcé d'aider les nécessiteux, les angoissés, les humiliés. Et, lorsque ce fut la fin, nul ne vint le consoler, pas même son fils en qui il avait placé son espérance.

Il avait tout fait, dans les limites de ses pauvres possibilités, pour sauver ses frères et sœurs, pour que le monde autour d'eux soit plus accueillant, plus chaleureux. Je te plains, père. Je t'admire, je t'aime, mais je te plains : comme tu étais naïf, comme tu étais innocent. Pensais-tu vraiment que la société cesserait de se renier en te reniant ? Que l'homme pouvait, que l'homme pourrait transcender sa condition ?

L'échec de mon père et tout ce qu'il symbolisait m'ont longtemps fait redouter d'avoir un enfant. J'étais convaincu que le monde, indifférent et cruel, indifférent dans sa cruauté, ne méritait pas nos enfants. Exprimant cette crainte lors d'une émission radiophonique, je m'étais fait violemment réprimander par Georges Lévitte, ce merveilleux intellectuel humaniste, ce chercheur érudit, intègre et secret à qui tant d'écrivains juifs et chrétiens doivent beaucoup.

Marié, j'ai changé. C'est Marion qui m'a convaincu. Il ne fallait pas donner une autre victoire aux tueurs. Il ne fallait pas que la longue lignée dont je suis issu s'arrête avec moi.

Marion avait raison.

Et maintenant ?

C'est grâce à mon père et à mon fils que, sans pour autant abandonner la réflexion, je choisis l'engagement. Je me lance, comme dirait Sartre, dans l'épuisant combat pour les droits de l'homme et le respect de la dignité.

CICATRICES

Cesse donc de rêver, me dit une voix dans mon rêve ce matin. Il est temps d'agir. La voix répète le dernier mot : agir. J'ai envie de demander : ne peut-on agir et rêver en même temps ? Mais je n'ose pas ouvrir la bouche. J'ai peur de me réveiller. Je préfère rêver. D'où vient cette voix qui rompt les murailles protégeant mon sommeil ?
A qui appartient-elle ? Elle s'est tue, mais je l'entends encore. Voix d'homme.
Celle de mon père ? Trop dure. De mon grand-père ? Trop tranchante.
Soudain, je me rappelle : c'est la voix d'un mendiant que j'ai voulu suivre, jadis. J'étais jeune. Encore enfant. Il riait et je lui demandai pourquoi. « Pour te faire rire », répondit-il. Puis il changea d'avis et se mit à hurler : « Tu préférerais peut-être que je te fasse pleurer ? » Et, me faisant tout petit, je lui dis : « Ce que j'aimerais vraiment, c'est que tu me fasses rêver. »

Qu'est-ce qui vaut mieux, demande le Talmud ; qu'est-ce qui est essentiel : l'étude (la pensée) ou l'action ? Les avis sont partagés mais, finalement, tous les Maîtres s'accordent : l'étude prime l'action, car l'étude incite à l'action.

Juif, je m'interroge sur le rôle de l'écrivain juif : être une voix pour dire quoi ? pour inciter le lecteur à verser une larme de plus dans l'océan ? Que doit-il exprimer, quand et dans quel but ? quelle histoire raconter ? et à quel public ? L'écrivain ou l'intellectuel juif n'a-t-il pas d'autres obligations envers la cité ? Certains sont convaincus qu'il doit se consacrer exclusivement à ses écrits ; que son influence et son pouvoir résident plus dans son art que dans ses actes. Idée peut-être valable en d'autres temps, elle ne l'est plus de nos jours. Nous l'avons vu, nous le constatons encore : la poésie n'empêche pas le tortionnaire de frapper sa victime, le meilleur roman du monde reste impuissant devant le fanatique de la haine, le plus grand chef-d'œuvre ne peut rien contre la haine du fanatique. Il ne suffit pas de chanter la mémoire ; il est nécessaire d'agir pour la féconder et l'aiguillonner vers l'action.

Nécessité donc d'agir. Mais dans quel domaine ? et par quels moyens ? et par où commencer ?

Naturellement, le combat contre l'antisémitisme reste prioritaire. N'est-il pas le plus ancien préjugé collectif de l'Histoire ? Comment expliquer non seulement sa virulence, mais aussi sa capacité de survie ? On le dit aussi vieux que le peuple juif lui-même. Le Talmud en décèle les premiers signes lors de la révélation au Sinaï. Déjà dans l'Antiquité, la haine des Juifs faisait des ravages, surtout dans les hautes sphères de la société. Pourquoi Cicéron et Sénèque détestaient-ils les Juifs ? Apion le Grec, à en croire Flavius Josèphe, reprochait aux Juifs d'appartenir à une tribu de lépreux capables sinon désireux de contaminer le monde entier. Tacite leur en veut de nourrir entre eux « un attachement obstiné, une active commisération contrastant avec la haine implacable qu'ils portent au reste des hommes. Jamais ils ne mangent avec des étrangers, jamais ils ne vivent avec des femmes étrangères ». Apion et Démocrite les accusent de commettre des meurtres rituels. Depuis, l'antisémitisme n'a fait que se moderniser, tout en retenant les mêmes arguments irrationnels. Il suffit de comparer ceux des conseillers du Pharaon dans la Bible à ceux d'Aman dans le Livre d'Esther, de Torquemada, Hitler et Staline : leurs fantasmes sont les mêmes. Tous étaient convaincus que les Juifs sont partout, toujours affamés d'argent, de domination politique et religieuse, déterminés à contrôler les affaires du monde. Aux Juifs qu'ils voient partout, ils confèrent des pouvoirs occultes effroyables. En même temps, ils méprisent ceux qui en sont privés. Autrement dit : les antisémites détestent les Juifs parce qu'ils les croient forts, mais ils les méprisent quand ils les pensent affaiblis.

L'antisémite en veut au Juif pour ce qu'il est en même temps que pour ce qu'il n'est pas. Il lui en veut d'être trop riche ou trop pauvre, nationaliste ou cosmopolite, trop croyant ou pas assez. En vérité, il lui en veut tout simplement d'exister.

Pour un Juif, l'antisémitisme reste donc l'ennemi.

Mais il n'est pas le seul.

D'autres haines et d'autres exclusions existent, visant d'autres communautés humaines. Sur tous les continents règnent la misère, la faim, l'ignorance, l'intolérance, les conflits ethniques, les oppositions politiques bâillonnées dans les prisons, la prolifération nucléaire : lequel de ces défis réclame notre intervention immédiate ?

Et je n'ai pas mentionné la guerre, les guerres que l'humanité semble incapable de juguler ou du moins de freiner, cinquante ans après le deuxième conflit mondial. La guerre, c'est quoi ? Manque pervers d'imagination, de mémoire ? Fascination de la fin, de la mort ? Comment comprendre cette folie qui traverse l'Histoire en creusant des tombes ?

En Inde, on dit que le Bouddha avait promis aux singes qu'ils deviendraient des hommes s'ils se conduisaient bien ; c'est pourquoi tous les soirs ils espèrent, et tous les matins ils pleurent. La légende n'en dit pas plus, mais peut-être pouvons-nous la prolonger : les singes se conduisirent bien et se réveillèrent hommes. Et désormais ils ne cessent de pleurer et de faire pleurer, plaçant leur espoir dans la violence.

La guerre fait partie de l'héritage « culturel » des hommes. Constat déplorable, mais nul n'a encore trouvé le moyen de l'éliminer. C'est que toute guerre commence non sur le champ de bataille, mais dans le cœur et l'esprit des hommes. Le Talmud dit : c'est de la forêt elle-même que sort la hache du bûcheron qui la décimera.

Et pourtant. Il faut commencer quelque part.

Ayant pratiquement abandonné le journalisme – non sans chagrin : j'y tenais à mes précieuses cartes de presse ! –, je me reconvertis dans l'enseignement.

Comme cela est arrivé chaque fois que je me suis trouvé à la croisée des chemins, c'est au hasard que je dus ma nomination en tant que « *distinguished professor of jewish studies* » à l'université de la Ville de New York. Je ne l'ai pas sollicitée, je ne savais même pas que le poste existait.

Un soir, dans un hôtel de Manhattan, à la sortie d'une conférence en faveur des Juifs russes, le rabbin-professeur Yitz Greenberg me prend à part : c'est en qualité de chef du département d'études juives du City College de l'université qu'il s'adresse à moi ; il souhaite me recruter. Pour enseigner quoi ? N'importe quel sujet. Textes hassidiques, littérature juive et de l'Holocauste, sujets talmudiques : « Des choses que, de toute façon, vous traitez dans vos ouvrages. »

J'ai beaucoup de sympathie pour Yitz. Je le connais depuis le début des années soixante. A l'époque, il enseignait à la Yeshiva University. Grand, maigre, agile comme un joueur de basket ; l'esprit vivace et ouvert ; langage aigu mais non agressif. Tandis qu'il essaie de me convaincre, je songe que, si j'accepte, je serai devenu le même mois père et professeur.

J'accepte.

Le surlendemain, je le retrouve dans le bureau du jeune doyen Ted Gross qui a abandonné ses cours de littérature anglaise pour l'administration. Il semble content, moi aussi. Tout est allé très vite. Le contrat est rédigé ; il ne nous reste qu'à le signer. Sourires, poignées de main, félicitations. Me voilà doté d'un titre et d'une chaire prestigieuse.

Je suis fier, je ne le nie pas. City College, ce n'est pas n'importe quelle université. Elle compte parmi les meilleures. On la compare à Yale et Harvard. Et me voilà tout au sommet de la hiérarchie, sans avoir dû franchir les étapes réglementaires. Mais alors pourquoi cet air assombri que, tout d'un coup, je suis sûr de revêtir ? C'est bête mais, sans raison aucune, je pense à Heidelberg, la fleur des universités allemandes. Rabbi Yehouda Héhassid, dit-on, avait interdit aux Juifs de résider dans cette ville. Où donc ai-je lu qu'elle fut bâtie sur les lieux du quartier juif confisqué par l'Église ? Yitz s'aperçoit que j'ai changé d'humeur. Inquiet, il me demande si quelque point du contrat me gêne : « Vous n'avez pas l'air content », me dit-il. Je le rassure. Le poste que je viens d'accepter me fournit un sentiment de sécurité que je n'ai jamais connu.

Nouvelle carrière ? Vocation nouvelle ? Disons : nouvelle voie. Le but, lui, ne changera pas.

Je m'y prépare en étudiant, en reprenant des textes que, à tort, je croyais connaître et comprendre à fond.

En même temps, je mets la dernière main au *Serment de Kolvillag* qui doit paraître en 1973 au Seuil.

Au programme aussi, c'est inévitable, quelques voyages. Avec Elisha, naturellement. En Israël, nous retrouvons des amis du journal auquel j'ai collaboré depuis 1950. Dov et Léa, Noah et Paula, Eliahu et Ruth : heures paisibles, réconfortantes. Et nostalgiques.

Elisha, à Jérusalem. Comment dire mon bonheur, ma fierté de

le porter dans mes bras en avançant avec Marion dans les ruelles de la vieille ville ? et de mettre sa petite main sur le Mur ?

A Tel-Aviv, la rédaction vit dans un climat stimulant : le tirage augmente de semaine en semaine ; les salaires aussi. Je fais rire les copains en leur faisant remarquer mon manque de chance en tant que journaliste : depuis que je l'ai quitté, *Yedioth* est devenu meilleur et sûrement plus riche.

Conséquence de la « guerre d'usure », l'atmosphère dans le pays devient lourde. La sécurité de l'État n'est pas encore mise en doute, mais l'euphorie de 1967 s'est dissipée. Cinq ans ont passé et l'on parle de plus en plus du terrorisme palestinien. Personne n'a oublié l'attentat commis par le Japonais Kozo Okamoto, lié à l'OLP, à l'aéroport de Lod : vingt-cinq tués dont un savant de renommée internationale, le professeur Aharon Katzir. C'était fin mai.

Début septembre, pendant les Jeux olympiques qui se tiennent à Munich, des terroristes palestiniens appartenant au groupe Septembre noir assassinent onze athlètes israéliens. Le public suit le drame en direct à la télévision.

Les jeux reprendront dès le lendemain. Et tout le monde applaudira.

Dans un discours difficile, pénible, prononcé quelques semaines plus tard devant Irving Bernstein et les responsables de l'Appel juif unifié, je ne dissimule ni ma tristesse ni mon dépit.

Sans vouloir atténuer l'implacable condamnation que nous devons tous porter contre les assassins, je reproche aux athlètes israéliens d'avoir participé à la cérémonie d'ouverture des Jeux un jour de Shabbat et aux compétitions pendant les Grandes Fêtes. Et, puisqu'ils se trouvaient à Munich, ils auraient dû se rendre tous ensemble à Dachau : des quarante membres de la délégation, seuls quatre éprouvèrent le besoin d'aller s'y recueillir. D'ailleurs, la presse israélienne, outrée, réclama le rappel de toute la délégation.

Munich n'est pas seulement la capitale de la Bavière, mais aussi un symbole. Il ne faut jamais l'oublier. Munich signifie l'échec et la lâcheté de l'Occident, son abdication devant la puissance du mal. C'est le triomphe du paganisme, des dieux de la violence, du fanatisme et de la mort. Munich, c'est la honte. En 1938, les accords de Munich préfiguraient Dachau, les ghettos de la faim et de la peur et la rampe de Birkenau.

Est-ce du masochisme ? Faisant écho à une parole talmudique, je me réjouirais presque d'être du côté des victimes plutôt que dans les rangs des tueurs.

L'année juive commencée en septembre 1972 s'annonce donc sous de mauvais auspices. Pour Israël en général, pour moi et les miens aussi.

Eh oui, le destin a décidé de montrer sa face dure, sombre. Menacé, mon bonheur familial.

Un matin, au milieu d'un cours sur Rabbi Nahman de Bratzlav, une secrétaire entre en courant et m'avertit qu'un appel urgent m'attend au bureau. Je sens, je sais que je vais apprendre un malheur. Qui va mourir, qui est mort ? Je m'empare de l'appareil, j'ai peur de respirer, peur de dire le premier mot qui m'obligera à écouter la suite. A l'autre bout, mon beau-frère reste muet comme moi. Puis il m'annonce la nouvelle : Béa est malade, gravement malade ; on vient de l'opérer ; elle a un cancer. Il sanglote, Len. Figé, je reste un long moment silencieux. Jamais je n'ai entendu mon cœur battre si bruyamment. Je me laisse choir sur une chaise et demande : « Que peut-on faire ? » Le médecin en Len s'est ressaisi : « Rien, malheureusement rien. » Je lui demande si Béa le sait. Non, elle ne le sait pas. D'ailleurs, elle est encore en réanimation.

Je retourne à mon cours. Mes élèves, perplexes, me regardent. Comment contrôler l'expression de mon visage ? Ils se rendent compte de mon désarroi. Je leur dis : « Continuons, voulez-vous ? » Mais ils me regardent et se taisent. Je ne sais pas comment, mais je les fais parler. « Où étions-nous ? » Je ne le sais pas et, apparemment, eux non plus. Heureusement que le moment de conclure est venu.

De retour à la maison, Marion met le petit Elisha dans mes bras. Pour me consoler. Je le couvre de baisers, mais l'apaisement refuse de venir.

Commence une série de navettes entre New York et Montréal. Béa n'a pas été informée de la gravité de son état. Elle sait qu'elle a une tumeur mais pense qu'elle est bénigne ; et qu'on a réussi à la lui enlever. Elle me le dit, elle me le répète.

Mais alors, pourquoi cette sombre lueur dans son regard, celle d'une panique mal réprimée ?

Et le destin frappe son deuxième coup, cette fois sur Hilda : elle a perdu son mari. Nathan : homme doux, infiniment bon, assoiffé de bonheur.

Hilda me raconte : ils étaient sur la route, en voiture ; Nathan conduisait ; soudain, il s'arrêta et demanda un bonbon – lui qui, depuis son enfance, n'en avait plus goûté. L'instant d'après il était mort.

Né à Tarnów en Pologne, émigré en France entre les deux guerres, ce sioniste fervent rêvait de vivre en Eretz Israël. Il y reposera.

Béa m'appelle de Montréal : elle ne se sent pas de taille à aller aux obsèques, il faut que je la comprenne ; elle a peur. Je la comprends, bien sûr : le cancer fait peur, les cimetières font peur, même à une personne aussi courageuse que ma sœur malade. « Explique à Hilda que... » Pas besoin d'expliquer. Hilda aussi comprend. Je l'accompagne en Israël ; je suis à ses côtés au cimetière.

Toute la famille israélienne, les cousins et les cousines sont là. Qui les a prévenus ? Dans ce pays, c'est de bouche à oreille que ce genre d'information se transmet. Par hasard, à l'entrée du cimetière, je tombe sur Moishele Kraus, l'ancien chantre de Sighet. A ma demande, devant la tombe ouverte, il chante la prière pour les morts. Un parent lointain prononce une brève oraison funèbre. C'est la première fois que j'assiste à une mise en terre. J'ignorais qu'ici, en Israël, c'est enveloppé dans son seul *talit*, sans cercueil, que l'homme est enterré. C'est aussi la première fois que j'entends le kaddish qu'on y récite, si différent de celui que l'orphelin dit tous les jours de la première année de deuil. Il semble plus lourd, plus dur.

Il fait peur.

Je suis content que Béa ne soit pas venue.

Aux États-Unis, la campagne pour l'élection présidentielle bat son plein. Bruyante, comme toujours. Onéreuse. Spectaculaire. Et, cette fois-ci, méchante.

Robert Bernstein, le patron de Random House, tient à ce que je fasse la connaissance de l'un des candidats du Parti démocrate, le sénateur du Dakota du Sud George McGovern. Avec Marion, nous sommes invités à dîner dans un restaurant calme.

Le sénateur nous fait bonne impression. Honnête, intègre, obsédé non par le pouvoir mais par l'usage qu'il en ferait. Il s'exprime sans élever la voix, sans que bouge un muscle de son visage. Je lui pose une question naïve :

« Pourquoi tenez-vous tant à vous faire élire président des États-Unis ? La campagne est éprouvante ; elle vous esquinte. Or vous êtes un sénateur influent et respecté : ne serait-il pas plus sage de rester où vous êtes et d'y fortifier une position unanimement respectée ?

– Il faut battre Richard Nixon, car il incarne le mal. Or, je suis le seul à pouvoir y arriver. »

Innocent McGovern. Il ne se rendait pas compte qu'il était le seul à ne pas pouvoir battre Nixon.

D'ailleurs le président en exercice se porte plutôt bien. Le scandale du Watergate est encore loin. La politique étrangère domine l'actualité. Certes, des avions bombardent Hanoi et Haiphong, mais n'est-ce pas Nixon qui (avec Henry Kissinger, son conseiller aux affaires de sécurité nationale) se rend en Chine et à Moscou ? Les élections, il les gagnera ; mieux : il triomphera.

Le soir où les résultats ont été annoncés, j'ai vu des jeunes étudiants pleurer.

C'est en 1973 que paraît *Le Serment de Kolvillag* : roman sombre, vidé d'espérance. *L'Oublié* excepté, c'est sans doute le récit romanesque le plus déprimant que ma plume ait consigné pour mémoire. En y travaillant, je nageais dans une dépression qui, en apparence, ne semblait pas justifiée, du moins pas en ce qui me concernait. Sur le plan professionnel et personnel, tout allait bien : devenue ma traductrice, Marion accomplissait des merveilles, le sourire de notre fils d'un an me rendait heureux, l'enseignement me passionnait, mes livres étaient achetés par un nombre croissant d'éditeurs, sinon de lecteurs, à l'étranger. Les invitations se faisaient plus fréquentes, voire plus insistantes. Ici et là, des étudiants éprouvaient le besoin de m'écrire pour me dire l'influence de mes ouvrages sur leurs travaux. Robert McAfee Brown à l'université Stanford, John Roth à Claremont, Harry Cargas à Saint Louis, Lawrence Langer à Boston, Irving Halperin à San Francisco les incorporaient dans leurs programmes. Et pourtant. Je respirais le malheur. L'écrivain Cynthia Ozick me dira : « C'est comme si, dans votre roman, vous aviez pressenti la guerre du Kippour et l'exaspérante solitude d'Israël. » Jamais l'État juif, en effet, n'aura été si proche de la catastrophe.

Pourquoi ai-je situé l'action de ce roman au début du XXe siècle ? Pour le détacher de mon expérience personnelle et de l'Histoire, pour l'éloigner du temps de *La Nuit* ? Autrement dit, pour tenir ma promesse et, en même temps, obéir à mes censeurs qui en avaient assez de lire mes propos sur le temps de l'Épouvante ?

Le thème : un jeune étranger souhaite mourir et il appartient à un vieillard nomade nommé Azriel de l'en dissuader. Que peut-il lui dire pour lui faire retrouver la volonté de vivre ? Il lui raconte une histoire, la sienne, celle qu'il avait juré de garder secrète.

Dans cette histoire, Azriel raconte la vie et le destin implacable d'une bourgade juive anéantie. Tout y est évoqué : l'amitié et la haine, le fanatisme et la terreur, les chroniqueurs et leur sort, les tensions entre sociétés, religions et générations, le témoignage et le silence, le silence surtout, le silence à la fois comme moyen et comme but.

> … Quelque part dans les Carpates, il était une fois, il y a longtemps, une petite ville au passé mystérieux ; elle s'appelait Kolvillag (*Kol*, en hébreu, signifie tout ; *villàg*, en hongrois, veut dire : monde). Ne la cherchez pas sur la carte ; elle n'y figure pas. Elle n'existe que dans la mémoire de son dernier survivant, Azriel, et dans son « Pinkas », la chronique communautaire dont il avait la charge.

Comment et pourquoi la ville a-t-elle été détruite ? Un garçon chrétien, Yancsi, avait disparu et, comme au temps médiéval, ce sont les Juifs que les chrétiens haineux accusèrent de meurtre rituel. Pour sauver les siens, un fou nommé Moshe se déclara coupable, prêt à souffrir et expier à leur place. Seulement son sacrifice s'avéra vain. Un pogrom en règle éclate. La meute déchaînée est assoiffée de sang et de mort. Édifices et maisons du quartier juif sont pillés, incendiés, leurs habitants massacrés. Mais une fois allumé, le brasier échappe au contrôle de ses auteurs. C'est l'apocalypse : le feu quitte le quartier juif et fait irruption dans les immeubles voisins. Bientôt la ville tout entière est la proie des flammes. Un seul homme, Azriel, en réchappe et sauve le Livre de Chroniques. Restera-t-il fidèle à son serment ? C'est que, avant la destruction, la communauté se réunit pour écouter Moshe une dernière fois et, à sa demande, chacun fit le serment solennel de ne jamais révéler la vérité sur les ultimes épreuves et l'agonie de Kolvillag. Aussi Azriel parcourait-il la planète à la recherche de l'homme qui aurait l'autorité de le libérer de son serment. Soixante ans plus tard, il se parjure afin de sauver le jeune homme qui cherche à se donner la mort : il lui raconte la fin de Kolvillag avant de conclure :

> Le cimetière brûlait, la gendarmerie brûlait, les berceaux brûlaient, les bibliothèques brûlaient. Cette nuit-là l'œuvre de l'homme se soumettait au pouvoir et au jugement du feu. Et soudain je compris avec toutes les fibres de mon être pourquoi je frémissais à cette vision d'épouvante : je venais d'entrevoir l'avenir.

Azriel a dit au jeune étranger : « Maintenant tu es en possession de mon histoire ; tu n'as plus le droit de mourir. » Comme s'il voulait lui faire comprendre que ce qui arrive aux Juifs affecte les autres hommes, tous les autres. Le bon Karl Marx n'a pas toujours tort. N'est-ce pas lui qui disait que si une seule nation était opprimée, il n'y aurait de socialisme nulle part ? Mais je préfère toujours avoir recours au Talmud ; le paraphrasant, je fais figurer cette épigraphe : « Si les peuples et les nations avaient su le mal qu'ils se faisaient à eux-mêmes en détruisant le Temple de Jérusalem, ils auraient pleuré plus que les enfants d'Israël. » Autrement dit : il faut voir dans notre histoire une sorte d'avertissement sinon de préfiguration. On a tort de croire que l'on peut anéantir une communauté juive impunément ; après les Juifs vient le tour des Gentils. C'est ainsi et l'on n'y peut rien : l'ennemi des Juifs est l'ennemi de l'humanité. Et inversement. En tuant les Juifs, le tueur tue plus que des Juifs. Il commence par les Juifs ; il s'en prendra ensuite inévitablement aux autres ethnies, religions ou groupes sociaux. Même s'il faut beaucoup de temps pour s'en apercevoir.

Un autre personnage habite le roman : Paritus le borgne. Un philosophe humaniste désabusé qui s'exprime par métaphores, proverbes et maximes.

Chose amusante : plusieurs étudiants m'ont écrit, réclamant références et détails biographiques à son sujet. Ils se proposaient de le prendre comme sujet de recherche pour leurs thèses. D'où venait-il ? avait-il laissé des enfants ? des disciples ? comment définir sa contribution à la pensée philosophique contemporaine ?

J'imagine le sourire moqueur de ce bon vieux Paritus. A son tour, il paraphraserait peut-être la Bible pour me prévenir que l'homme ne vit pas seulement d'imagination.

Quant à moi, en cette période d'accablement, j'ajouterai : que faire, l'homme ne vit pas éternellement non plus. On ne vit pas pour l'éternité mais contre elle. Vivre c'est mourir, disent les Anciens. Pour Platon, la philosophie, c'est l'art de se préparer à mourir. Le Rabbi Bounam de Pshiskhe disait à peu près la même chose. Vivre, ce serait donc être conscient de la mort ? Rien de plus ? Rien d'autre ?

5 octobre 1973. La guerre du Kippour, terrible et foudroyante. C'est durant l'office que nous apprenons la nouvelle. Le vieux rabbin Joseph Lookstein, vêtu de blanc comme jadis le grand prêtre, demande à la communauté de prier avec une concentration accrue. Au milieu du Moussaf, on vient me chercher : je dois appeler d'urgence la délégation israélienne aux Nations unies. J'ôte mon *talit* et me rends au bureau de la synagogue. Un diplomate souhaite un renseignement ; il en a besoin pour sa déclaration à la presse : est-ce vrai que les Allemands ont souvent choisi cette fête juive, ce jour de pénitence et de pardon, pour brutaliser les habitants effrayés dans les ghettos ? En général, je me méfie des analogies quand il s'agit de l'Holocauste, mais aujourd'hui je ne pense pas à cela. Je réponds : oui, les Allemands connaissaient le calendrier juif et s'en servaient contre nous. Est-ce le moment de lui conseiller de ne pas se laisser aller à une phraséologie facile ? Je retourne à mon siège. L'assemblée recueillie, unie par l'angoisse, récite l'Amidah. Je pense : c'est la première fois depuis la libération que j'ai violé la sainteté de ce jour, le plus saint et le plus solennel de l'année.

L'année qui vient de s'écouler comportait plus de mauvais présages que de promesses. Yasser Arafat – encore peu connu comme prophète de la haine et de la mort – est réélu à la tête de l'OLP. Au Chili, le Premier ministre démocratique Salvador Allende est assassiné par les ennemis de la démocratie. Dans le Sud-Est asiatique, la guerre continue : des tonnes et des tonnes d'explosifs tombent sur le Laos et le Cambodge. A Paris, les négociations entre Henry Kissinger, représentant le président Nixon, et Le Duc Tho, émissaire de Hô Chi Minh, semblent piétiner. En Amérique, le grand public suit les nouvelles des différents fronts avec apathie et résignation. Au début, on regardait les images à la télévision et l'on s'arrêtait de manger, de boire ou simplement de bavarder. Maintenant, devant les mêmes images, le dîner et les conversations ne sont plus interrompus. Mais on commence à s'intéresser au scandale du Watergate. Et à la démission forcée du vice-président Spiro Agnew, inculpé pour avoir accepté des pots-de-vin d'entreprises privées. Les affaires sensationnelles prennent d'assaut l'homme de la rue qui ne sait plus où donner de la tête.

Et maintenant, c'est la guerre contre Israël.

Celle-là ne ressemble pas aux autres. Les autres, c'est Tsahal qui, passé maître dans l'attaque-surprise, leur imposait son rythme et sa stratégie. Dans celle-là, l'adversaire a su frapper le premier coup, lançant une offensive fulgurante contre l'armée israélienne, pourtant la meilleure de la région.

Journées déprimantes, nuits oppressantes. Difficulté de me concentrer devant mes élèves. Rabbi Nahman et ses princes, le Besht et ses légendes n'arrivent plus à accrocher ma pensée qui, tourmentée, vagabonde vers Suez et le Golan en feu. A tout moment, envie d'appeler des cousins, des amis, des connaissances. Accablantes, les nouvelles d'Israël. Mais que faire, comment l'aider ? Écrire des articles, prononcer des discours ? On n'en est plus là.

Comme toujours quand Israël connaît un événement grave, quand il est éprouvé, je suis le conseil du poète médiéval Rabbi Yehouda Halévi qui disait que son cœur était en Orient, alors que lui-même vivait loin, à l'ouest. J'habite au centre de Manhattan, j'y mange, j'y dors, j'y travaille, ou plutôt je m'y efforce, mais ma vie est ailleurs, au-delà des océans, au pays dit de nos ancêtres.

Je passe des heures à écouter la radio, à lire les journaux, à regarder la télévision. Je joue avec Elisha, je lui chante ses airs yiddish favoris, je m'imprègne de son sourire, mais même lui ne parvient pas à me tirer de mon cafard. Un jour, je devrai lui raconter cette menace, cette guerre aussi.

Comment lui expliquerai-je que l'armée d'Israël, la mieux équipée du Moyen-Orient, si motivée, si fermement commandée, aidée par le Mossad (les services de renseignements), qui suscitait partout envie et crainte, se laissa si bêtement surprendre ? Trop sûr de lui-même, Israël ? Trop arrogante, sa confiance en son moral et en la puissance de ses armes ?

Mille et une rumeurs circuleront plus tard. Peu avant le début des hostilités, des terroristes palestiniens avaient attaqué en Autriche un train transportant des émigrants juifs russes : était-ce une diversion préméditée ? L'incident obligea Golda Meir à faire un saut (selon elle désagréable) à Vienne pour rencontrer Bruno Kreisky qui, toujours selon elle, ne lui offrit même pas un verre d'eau... Autre rumeur : un espion israélien infiltré dans les milieux les mieux informés d'Égypte aurait envoyé une information codée selon laquelle une invasion syro-égyptienne se préparait. Les services compétents étaient-ils trop préoccupés par la crise de Vienne pour examiner la situation aux frontières ? Troisième rumeur : le même espion ou un autre agent haut placé du Mossad, considéré comme fiable et sûr, aurait envoyé, la veille du Kippour, un renseignement plus précis, d'une portée plus grave, selon lequel l'offensive serait déclenchée dans l'après-midi du jour du Grand Pardon. Un officier subalterne aurait-il pris l'initiative d'indiquer 18 heures comme l'heure H, c'est-à-dire quatre heures trop tard, retardant ainsi l'arrivée sur le front de tous les commandants ? Le bruit courut que les officiers généraux de l'état-major se trouvaient encore auprès de Golda et Dayan lorsque l'artillerie égyptienne ouvrit le feu sur les fortins tout le long du canal de Suez.

Vraies ou non, à l'époque ces rumeurs ne furent pas connues en Israël, en tout cas pas du grand public. Accaparée par la gravité des nouvelles venues des champs de bataille, la population se sentait, une fois de plus, pratiquement isolée et abandonnée.

Décevante, l'Europe occidentale. Pas un gouvernement – pas même la France, la Grande-Bretagne ou l'Allemagne – n'autorisa les avions américains géants bourrés d'armement à faire escale sur leurs aéroports. Refus impardonnable. Pourtant, en ce temps-là, Israël était en mauvaise posture. Sur tous les fronts, les batailles favorisaient les agresseurs. Combats atroces sur le Golan, retraite sanglante au Sinaï. Sur terre et dans les airs, Tsahal subissait des pertes sans précédent en matériel et en vies humaines. Et le monde, comme on dit, laissait faire. Est-ce à dire que les gouvernements européens étaient prêts à assister à la défaite, donc à la disparition de l'État juif ? Comment expliquer ce revirement par rapport à 1967 ? Est-ce parce que la guerre des Six Jours rappelait la détresse juive d'Auschwitz, tandis que 1973 évoquait les victoires israéliennes en 1967 ?

Autre rumeur, persistante celle-là : Israël aurait pris des mesures nucléaires, au cas où… On dit que Golda aurait donné l'ordre de préparer l'option ultime… Voilà pourquoi la Maison-Blanche aurait subitement cédé aux supplications du gouvernement israélien et décidé d'établir un pont aérien à usage militaire entre l'Amérique et Israël… Pour empêcher le premier conflit nucléaire depuis Hiroshima et Nagasaki… Certes, officiellement, Israël a toujours nié être en possession d'armes atomiques. Mais…

Un leader socialiste m'a raconté qu'il avait assisté, à Londres, à la réunion des chefs de l'Internationale socialiste convoqués d'urgence sur la demande de Golda Meir peu après la guerre du Kippour. Un silence glacial régna dans la salle quand elle prit la parole pour régler ses comptes avec ses camarades idéologiques et politiques : comment avaient-ils pu trahir le seul État démocratique du Moyen-Orient et tourner le dos au seul gouvernement socialiste de la région ? Elle conclut en lançant quelques mots qui firent passer un frisson dans l'auditoire : « Que pensiez-vous donc ? Que, acculé à la mort, Israël serait le seul à sombrer ? Eh bien, détrompez-vous… » Selon ma « source », personne n'applaudit Golda. Nul ne vint la saluer. Elle quitta la tribune et la salle sans qu'un seul ami ou collègue ait tenu à lui serrer la main. Leur avait-elle fait honte ? Ou peur, en faisant allusion aux possibilités nucléaires d'Israël ?

Fondées, ces hypothèses ? Comment savoir… Ce qui est sûr, c'est qu'après les revers tragiques des premiers jours Tsahal stupéfie le monde par son génie militaire. Les armées des envahisseurs sont mises en déroute. Ayant traversé le canal de Suez, les tanks d'Ariel Sharon avancent vers Le Caire. Dans le nord, les troupes israéliennes parviennent à 37 kilomètres de Damas.

Et pourtant. L'ambiance en Israël est oppressante. Le soir, la télévision montre les visages beaux et heureux des soldats et officiers tombés au combat. Israël n'a jamais subi tant de pertes. L'agression-surprise de Sadate a secoué l'État juif jusque dans ses profondeurs : désormais, il va falloir vivre avec l'idée que, même dans la forteresse qu'est Israël, le pire est possible.

Avec Sigmund, mon ami-survivant du Connecticut pour qui Bendin reste aussi vivant que Sighet l'est pour moi, nous décidons dès le début des hostilités d'organiser le voyage en Israël d'un groupe de Juifs américains influents afin de manifester notre solidarité avec ce que les propagandistes appellent « nos frères et sœurs ». Et par la même occasion, apporter des médicaments pour l'armée ; d'après la presse, elle en manque. Nous dressons une liste de cent noms, parmi les plus riches et les plus respectés de la communauté. Quarante répondent non tout de suite. Vingt promettent d'y réfléchir. Trente disent : peut-être. A la fin, Sigmund et moi nous retrouvons seuls. Marion, elle, n'a fait aucune objection. Elle comprend. Pourtant, j'ai charge d'âme. J'ai un fils, âgé d'un an. A quoi servirai-je en Israël ? A rien. Les Israéliens n'ont pas besoin de visiteurs désœuvrés et encombrants ; ils n'ont pas la tête à s'occuper de touristes. A la limite, ce n'est pas pour eux que j'y vais, mais pour moi-même. Visite éclair de vingt-quatre heures.

Pour masquer notre désarroi, nous n'avons prévenu personne. Le vol d'El Al est plein. Des Israéliens rentrant à la maison. Les premières rangées sont occupées par Abba Eban et son entourage. Ils travaillent pendant toute la traversée. De temps en temps, un membre de l'équipage leur apporte des messages radio.

Un silence lourd précède l'atterrissage. Formalités policières vite remplies. Un vieux chauffeur nous amène dans son vieux taxi à Tel-Aviv. Sigmund court chez des parents à lui, des enfants de survivants. Il sonne. La porte s'entrouvre, un cri traverse le couloir. Ne s'attendant pas à sa visite, ils manquent de tomber à la renverse. Un peu à l'écart, je les entends mentionner des noms : le fils d'untel est dans le Sinaï, un autre en route vers le Golan. Moi, je ne vais voir personne ; je n'appelle aucun cousin, aucun ami. J'aurais honte de leur dire que je ne suis venu que pour un seul jour, une seule nuit.

Nous descendons dans un Hilton presque vide et entièrement noir. Le matin, nous rejoignons un convoi de journalistes étrangers se rendant sur le front du Nord. Notre accompagnateur : un jeune officier que je connais de nom, le professeur et futur ministre Amnon Rubinstein. Dans le bus, quelqu'un m'interpelle. Je lève les yeux et m'écrie : « André ! » Voilà que nous rejouons la scène de nos retrouvailles en 1967[1]. Étrange fantaisie du destin : nous sommes toujours ensemble, André Schwarz-Bart et moi, dès qu'il

1. Voir *Tous les fleuves vont à la mer*, p. 513.

s'agit de témoigner pour ceux qui nous habitent. En harmonie totale, André et moi, quand l'histoire juive connaît l'une de ses convulsions habituelles.

Impressions déroutantes, inquiétantes : je les chuchote dans mon magnétophone de poche à l'intention de mon Elisha. S'il écoute bien, il entendra le tir de mortiers tout proches.

J'aurais voulu monter à Jérusalem pour me recueillir devant le Mur (je le fais chaque fois que je visite le pays). Impossible. Faire un saut dans le Sinaï ? Impossible. Faire intervenir des amis ? Mobilisés sans doute. La seule visite improvisée de notre voyage éclair sera à l'hôpital militaire Tel-Hashomer. Pour remettre les médicaments au docteur Bolek Goldman, codirecteur de l'illustre établissement et ami de Yossi Ciechanover dont j'aurai l'occasion de parler plus loin. Le médecin nous fait visiter quelques salles. Devant les grands blessés, Bolek nous décrit leurs faits d'armes. Il me présente à un officier tankiste. Entre ses bandages, ses yeux me scrutent. Il chuchote des mots incompréhensibles. Bolek se penche sur lui, se redresse : « Il sait qui vous êtes, me dit-il. Il a lu vos livres. Il souhaite vous serrer la main. » Je suis figé par l'émotion. « Allez-y », me pousse Bolek. Je fais un pas en avant. « Allez-y », insiste Bolek. Encore un pas. Je saisis ce qui ressemble à une main et fais semblant de la serrer doucement. Les lèvres du blessé remuent, il veut me dire quelque chose. Deux mots : « *Kol hakavod* – bravo. » Sorte de compliment mêlé de remerciement. Peu d'éloges m'ont autant ému. Le nœud dans ma gorge, je le sens encore maintenant, en écrivant ces mots.

De retour à New York, je suis attentivement les séquelles de cette guerre que la presse a nommée *« Hamekhdal »*, la guerre de l'incompétence. La population est en colère. Golda gagne les élections mais perd la confiance de son propre parti, si bien qu'elle devra démissionner pour laisser la place à son jeune ambassadeur à Washington, le général Yitzhak Rabin.

Les blessures d'un conflit si mal commencé et qui s'acheva dans une espèce de gloire tragique restent mal cicatrisées. Dirigée par le juge Agranat, président de la Cour suprême, une Haute Commission d'enquête composée de cinq membres irréprochables a été nommée pour mesurer les carences et les responsabilités de ceux qui n'ont pas su prévoir et empêcher l'agression. Cette commission répond à un besoin réel. Le pays, démoralisé, est confronté à une véritable crise de confiance. Chaque jour, une nouvelle « affaire » le secoue. Des politiciens qui s'accusent entre eux, des généraux qui se justifient. Israël ne fait plus confiance à ses dirigeants comme avant ; ne serait-il plus fier de son armée ?

Deux ans plus tard, nouveau voyage en Israël. Je suis descendu, avec Marion et Elisha, à l'hôtel Hasharon, au bord de la mer, à Herzliya. Un jour, je reçois un appel du général Dado Eleazar. Je l'ai déjà rencontré chez Haïm Bar-Lev, son prédécesseur et compagnon fidèle, pendant la guerre des Six Jours, mais je le connais mal. La guerre du Kippour marqua la fin de sa carrière militaire, pourtant glorieuse. La commission Agranat l'a forcé à démissionner du commandement en chef de l'armée. « Vous aussi, vous m'évitez ? » me demande-t-il. Je proteste : « Comment pouvez-vous penser cela ? Je respecte votre vie privée, c'est tout. Je suis sûr que tout le monde vous accapare, alors que vous avez droit à quelques mois de tranquillité. » Il exprime le souhait de me rencontrer. « Quand ? – N'importe quand. Même tout de suite. – Je vous attends dans le hall. »

Dado arrive une demi-heure plus tard. C'est la première fois que je le vois en civil. Visage franc, traits marqués, regard ouvert et dur. Nous prenons place dans un coin isolé du hall. « J'ignore si vous êtes informé de tout ce qui se passe ici, dit-il, entrant tout de suite dans le vif du sujet. Mais j'aimerais que vous le soyez. » Tirant de sa serviette une dizaine de dossiers, il les dispose sur la table : « Voici quelques éléments. Tous ultra-confidentiels. Si l'un d'entre eux m'avait été soumis en ce temps-là, j'aurais eu une vue plus claire de la situation. Et du danger. » Il s'agit d'informations reçues durant les jours et les semaines qui précédèrent l'ouverture des hostilités. « Toutes ont été interceptées par des subordonnés aux Renseignements militaires qui les jugeaient peu crédibles, car, selon la "conception" de leur chef, le général Eli Zeïra, les Arabes n'étaient ni prêts ni capables de se lancer dans une nouvelle guerre contre Israël. Je ne dis pas qu'il faut le blâmer, lui et son équipe ; j'étais leur supérieur, j'assume l'entière responsabilité de ce qu'ils ont fait. Mais pourquoi mes supérieurs à moi ont-ils été innocentés ? »

Et pourquoi oublie-t-on les faits d'armes de la carrière de Dado Eleazar ? Après tout, si l'on a eu raison de le blâmer pour ses premiers échecs, ne devrait-on pas le féliciter pour les revirements triomphaux qui les suivirent ?

Pendant une, deux, trois heures, il plaide devant moi. Il plaide et finit par éclater en sanglots. Après son départ, je dis à Marion : « Je viens de voir un homme au cœur brisé. » Je me mets au lit. Pendant une semaine, je suis malade, secoué par un violent accès de fièvre. Le corps endolori, je délire. De quoi est-ce que je souffre ? Bolek Goldman, devenu un ami dévoué, accourt de Tel-Hashomer, m'examine mais ne trouve aucune explication médicale précise à mon mal. Souffrance psychosomatique ? Il vient me voir tous les jours. Sa présence me fait plus de bien que ses médicaments.

Peu de temps après, en nageant dans sa piscine, Dado est victime d'une crise cardiaque. Mort instantanée. Funérailles militaires quasiment nationales. Les responsables politiques de l'État se sont-ils soudain sentis coupables ? En Israël comme partout, on croit à tort pouvoir se racheter par des discours de circonstance à titre posthume.

Plus tard, j'interrogeai des membres de la commission d'enquête : pourquoi avaient-ils été si sévères avec Dado, et si indulgents avec ses supérieurs ? A les croire, la charte de la commission – établie par Golda ? – leur interdisait de sortir du domaine militaire et de toucher aux politiques. Terrain dangereux, miné. J'insistai : « Était-ce juste ? Était-ce équitable ? » La réponse embarrassée de mes interlocuteurs ne me sembla point satisfaisante.

Quant à Golda, je ne l'ai revue qu'une seule fois. Amère, aigrie, physiquement diminuée, elle ne pardonnait pas à ceux qui l'avaient évincée du pouvoir.

En général, Golda ne pardonnait jamais. Voici comment Jacques Derogy et Hesi Carmel la décrivent dans leur excellent livre *Le Siècle d'Israël*[1] :

> Tout ce qu'elle soutient est blanc, tout ce qu'elle rejette est noir. Elle moralise toujours à partir d'un postulat : les Juifs sont bons, les *goyim* sont mauvais. Elle a horreur des plans à long terme, de l'opposition vouée pour elle à rester minoritaire, des manifestations de rue. Les Palestiniens ? « Ça n'existe pas. » …

Tombée très bas de très haut, s'attendait-elle à ce que je prenne sa défense contre ses adversaires politiques ? Ils furent nombreux et peut-être injustes. Mais, fidèle à mes principes, n'étant pas

1. Fayard, Paris, 1994.

citoyen d'Israël, je ne pouvais pas me mêler de ses affaires intérieures. Et puis... Golda ne m'avait pas convaincu. Sans doute n'était-elle pas la seule responsable de la débâcle des premiers jours ; mais sa responsabilité avait tout de même été engagée et la commission Agranat n'aurait pas dû blanchir le gouvernement. J'ai dit un jour à Golda : « Pourquoi n'avez-vous pas, à la fin de la guerre, le jour même de la victoire, offert symboliquement votre démission ? Le peuple d'Israël est bon, il pardonne vite ; il vous aurait portée sur ses épaules pour vous ramener au pouvoir. » Golda n'était pas d'accord. Elle m'en voulait. De toute façon, depuis l'affaire Eban, nous étions moins proches.

J'ai posé la même question au général Moshe Dayan : était-il d'accord avec les conclusions de la commission Agranat ? Oui, il l'était. Et ne se sentait-il pas responsable de ce qui était arrivé ? Non, il ne se sentait pas coupable. Et, après un moment de réflexion, il ajouta tout bas : « Si je m'étais senti coupable, je me serais tiré une balle dans la tête. »

Moshe Dayan me resta étranger tant qu'il était commandant en chef ou ministre de la Guerre. C'est seulement après qu'un lien se tissa entre nous. C'est ainsi : à de rares exceptions près, j'apprécie davantage les hommes politiques – et les femmes – lorsqu'ils cessent d'exercer le pouvoir. Je me suis senti plus proche de David Ben Gourion après son départ pour le kibboutz de Sdé Bokker : il paraissait plus humain. Plus vulnérable. L'homme qui avait détesté le groupe Stern au point de mettre ses dirigeants en prison devenait à présent un ami proche de Yeoshua Cohen, l'ancien sterniste au passé « terroriste » légendaire.

Je me rappelle les circonstances de ma rencontre avec Moshe Dayan : en tournée de conférences à travers les États-Unis, il m'appela de Miami pour m'inviter à déjeuner. « Nous serons seuls, me dit-il. Nous bavarderons tranquillement. » Rendez-vous fut pris à son hôtel, le Regency, sur Park Avenue. L'objet de notre rencontre ? « J'ai fait pas mal de choses dans ma vie. Surtout sur les champs de bataille. Je me suis battu contre les ennemis d'Israël aux frontières d'Israël. Maintenant j'ai un projet différent : je souhaite œuvrer pour les Juifs en dehors d'Israël. » Là-dessus, il me présenta son plan : désigner une communauté juive modèle et l'étudier à fond, sous tous les angles, pour découvrir ses forces de survie. S'il était possible de déterminer les éléments qui l'avaient empêchée de s'éteindre, nous saurions comment les mettre en œuvre partout où la Diaspora se trouverait en péril. Idée farfelue, approche trop pragmatique : le destin d'un peuple ne se réduit pas à une formule sociologique ou scientifique, il comporte des facteurs mystérieux, sinon mystiques, et une large part d'impondérable. Néanmoins, il y croyait. Il n'abandonna son projet que lorsque Menahem Begin, accédant au pouvoir en 1977, l'invita à interrompre sa traversée du désert et le nomma aux Affaires étrangères. Si Begin put, par la suite, conclure avec Sadate un accord de paix, c'est en grande partie à Dayan qu'il le devait.

Fin 1973 : Conférence annuelle de l'Appel juif unifié. Pour la deuxième fois, son directeur Irving Bernstein m'invite à y faire une communication. Son argument est presque le même qu'en 1972, après le massacre des athlètes israéliens à Munich : « La communauté juive traverse une crise morale, une sorte de dépression nerveuse collective, il est donc important que… » Il a raison, la guerre du Kippour pèse encore de tout son poids d'angoisse et de remords sur notre conscience individuelle et collective. Que dire à nos amis d'Israël si abattus ? Le thème qui s'impose : « Contre le désespoir ». Être juif, c'est ne pas désespérer, même quand le désespoir semble justifié et inéluctable…

Une histoire : dans un wagon scellé, bondé, un vieux Juif s'écria : « Mais c'est Simhat-Torah aujourd'hui, la fête de la Loi, réjouissons-nous. » Il sortit un petit Séfer-Torah de son sac et se mit à chanter… Une autre : dans une baraque, *là-bas*, des hommes se demandent comment célébrer la fête de la Torah sans un Séfer-Torah. L'un d'eux aperçoit un jeune garçon. Il lui fait signe d'approcher : « Te souviens-tu de ce que tu as appris au Héder ? – Oui, répond le garçon. Je me souviens de la prière Sh'ma Israël. – Récite-la. – *Sh'ma Israël, adoshem élokénou, adoshem ékhad*... Écoute Israël, Dieu est notre Dieu, Dieu est un. – Cela suffit », dit l'organisateur de la « fête ». Il soulève le jeune garçon comme s'il était le Séfer-Torah et se met à danser tout en chantant les prières d'usage.

Voici la tradition : célébrer la vie est plus important que pleurer les morts. La loi est stricte : lorsqu'un cortège de mariage croise un cortège de funérailles, c'est le premier qui a le droit de passage.

Mais au retour, dans des circonstances similaires, il doit emprunter un autre chemin.

Le conseil préféré de Rabbi Nahman de Bratzlav, le grand conteur hassidique – vous vous rappelez mon amour pour son enseignement ? – reste « *G'walt yidden, seit eich nisht meyaésh...* Pour l'amour du ciel, Juifs, ne désespérez pas... ». L'historien Emmanuel Ringelblum raconte dans ses Mémoires qu'il y avait un *shtibel* bratzlavien dans le ghetto de Varsovie. Au-dessus de l'entrée, le même commandement du Rabbi : « Juifs, ne désespérez pas. » Pour un Juif porteur d'une mémoire quatre fois millénaire, désespérer serait blasphémer...

Invité peu après à prendre la parole à la conférence annuelle du Fonds social juif unifié à Paris, je développe le même thème : le combat contre le désespoir. L'orateur qui me suit à la tribune est l'ambassadeur israélien Asher ben Nathan. J'ignorais qu'il venait de perdre un fils au combat. Si j'avais su, je me serais tu.

En 1974, après la guerre du Kippour, Israël est constamment, inlassablement secoué par des « révélations », des « affaires » et des scandales liés à la débâcle militaire des premiers jours des hostilités. Aux États-Unis, impossible d'ouvrir son quotidien préféré, comme on dit, sans éprouver gêne et détresse. On sent que le moral israélien est au plus bas. Et cela affecte le nôtre en Diaspora. Irving Bernstein vient chez moi à plusieurs reprises, accompagné d'autres dirigeants de la communauté : « Il faut que vous alliez leur dire que... » Chaque fois, je réponds : « Israël est convalescent, endolori ; ce n'est pas encore le moment ; et puis, ce n'est pas mon rôle. » Un matin, Irving est muni d'une invitation concrète : parler devant le Conseil des gouverneurs de l'Agence juive qui doit se réunir à Jérusalem. « C'est une sorte de super-parlement du peuple juif, explique Bernstein. Dirigeants israéliens et non israéliens y siègent. Pour toi, pour nous, c'est la tribune idéale. » Je réponds que je demanderai l'avis de Golda et de mon Maître, le professeur Saul Lieberman. Tous deux me donnent le même conseil : il faut accepter. « On va te tomber dessus, dit mon Maître et ami. Mais c'est le prix à payer pour vivre en Diaspora. »

En préparant mon intervention, je me heurte à des difficultés subjectives : comment être franc sans peiner mes auditeurs ? Les questions que je leur poserai, comment les formuler avec suffisamment de tact et de délicatesse pour qu'elles n'égratignent pas trop leur susceptibilité à fleur de peau ?

Arrivé à Jérusalem le même jour que le président Nixon (on imagine les embouteillages !), trois heures avant la séance où je dois parler, je téléphone à Golda et lui lis le texte de mon discours. Mécontente, elle m'admoneste : « C'est tout ce que tu as à leur dire ? Pourquoi ne leur rappelles-tu pas ce qu'ils m'ont fait à moi ? » Pris de court, je lui réponds : « Golda, je ne suis pas venu me battre pour vous, ici, mais pour nous, là-bas. »

Dire que ma communication fut bien accueillie serait exagérer, et même mentir. Certes, on m'applaudit par courtoisie, mais à contrecœur. Le lendemain, en privé, mes auditeurs israéliens ne se gênèrent pas pour me régler mon compte : « Comment ose-t-il, lui qui vit en Amérique, nous donner des leçons ? Depuis quand un Juif de la Diaspora se permet-il de nous faire la morale ? »

Que voulais-je leur dire ? A peu près ceci :

> Mes propos risquent de vous irriter ; préférez-vous l'autocensure ? Pouchkine affirme qu'un beau mensonge vaut mieux qu'une vérité avilissante. Pas d'accord : nos prophètes nous enseignent que la vérité seule nous élève, même si elle fait mal… Mes remarques critiques, je les formule presque sous la contrainte. C'est un rôle qui ne me convient pas.
>
> Nous sommes juifs, vous et moi. Vous êtes israéliens, moi non. Vous représentez un État, un groupe, une nation avec ses structures et ses institutions ; moi, je ne représente que les personnages de mes romans. Vous avez trouvé, moi je cherche encore. Vous avez su trancher, moi non. Juif assumant son judaïsme, pourquoi suis-je encore en Diaspora ? Souvent, vous m'avez, sur un ton de reproche, posé cette question. La Diaspora vous dérange. De même qu'Israël la met en cause, elle remet Israël en question. Le passé nous unit, le présent nous sépare. A qui la faute ? Ne blâmons personne. Chacun ses contradictions. Chacun les résout ou les revendique à sa manière. Pourtant, en période de crise, vous nous manifestez votre désapprobation. Et nous, en période de calme provisoire, nous vous disons notre inquiétude.
>
> Que nous reprochez-vous exactement ? D'être bourrés de complexes, de paradoxes, de manies. De préférer la survie parmi des étrangers à la vie au milieu des nôtres. De pogrom en pogrom, de massacre en massacre, nous avons frappé à toutes les portes de l'exil plutôt que de retourner chez nous. Si Israël appartient à tous les Juifs, la réciproque est-elle vraie ? Notre réticence à vous rejoindre physiquement vous paraît signe de faiblesse ou d'hypocrisie.

Vous faites tout pour que, face à vous, nous nous sentions en état d'infériorité.
Quant à nous... que vous reprochons-nous ? Cela vous semblera sans doute injuste : nous reprochons à l'État d'Israël d'être venu trop tard. Trop tard pour sauver les Juifs européens. Je sais, ce n'est pas de sa faute. Quand même, ça fait mal.
Nous lui reprochons aussi de ressembler aux autres nations. Israël, je veux non seulement l'aimer mais aussi l'admirer. Je veux y trouver ce qu'on ne trouve pas ailleurs : un certain sens de la justice, de la dignité et de la compassion.
Exigence paradoxale mais humainement compréhensible. Plus nous sommes la proie du matérialisme ici, plus nous souhaiterions voir s'épanouir l'idéalisme en Israël ; plus nous sommes paralysés, plus nous voudrions qu'Israël soit créateur ; plus nous piétinons, plus nous tenons à ce qu'Israël soit ailé et souverain. Nous aimerions qu'Israël incarne un démenti à Sophocle qui disait que la justice ne couche jamais avec le vainqueur. Nous aimerions célébrer la spiritualité d'Israël, pas seulement ses victoires. Bref, nous aimerions qu'Israël soit ce que nous ne sommes pas.
Nous suivons l'actualité, chez vous, souvent sans la comprendre. Le ton de vos débats, les récriminations, les animosités, les divisions, les haines nous rappellent d'autres sociétés, d'autres pays. Avons-nous tort de trop attendre de l'État juif ?
Essayez de nous comprendre. Dans un monde devenu fou à force de se nourrir de mensonge et de vol, nous voyons en Israël un refuge où le cycle du cynisme et du nihilisme serait rompu. Dites que je suis romantique ou naïf, mais je vois en Israël, encerclé et assiégé de haine, un ancien laboratoire éternellement renouvelé où l'on procède à des mutations exaltantes dans le sens de l'homme et non contre lui, où la victoire ne signifie pas nécessairement la défaite de l'ennemi, où l'amitié est possible et irrévocable.
Avons-nous tort de vous élever si haut et de faire d'Israël une nation-modèle ? Et de vous demander, sans nous immiscer dans vos querelles de partis, de vous disputer avec moins de vulgaire violence verbale ? Et de ménager aux nouveaux immigrants un accueil plus amical ? Et de traiter les Juifs russes en frères, même s'ils changent d'avis en route et décident de venir s'installer en Amérique ? Avons-nous tort de vous demander d'adopter une attitude plus juive envers les Arabes palestiniens et plus encore envers les Arabes israéliens, d'être moins intransigeants, plus conciliants, plus réceptifs ? D'Israël, nous attendons ni plus ni moins que l'impossible.

Ce discours de 1974 – qui à mes yeux demeure valable en 1996 – je l'ai minutieusement préparé. J'ai pesé chaque mot, chaque point d'interrogation : je savais que je marcherais sur un terrain piégé. Mais, je ne l'ai pas prononcé... du moins pas dans sa totalité.

C'est qu'une chose bizarre est arrivée : pendant la première moitié, pendant que je battais ma coulpe, et celle des Juifs en Diaspora, les officiels israéliens écoutaient, le visage rayonnant. Dès que j'abordai la seconde partie, suggérant que nous aussi avions des reproches à leur faire, le climat changea dans la salle. C'est comme si un vent de Sibérie avait glacé les traits de mes auditeurs… Le courant ne passait plus… Si bien que je me suis dit : à quoi bon continuer ; pourquoi foncer tête en avant vers ce mur humain ; de toute façon, je ne serai pas entendu… Alors, j'ai décroché moi aussi. J'ai arrêté ma lecture et improvisé une conclusion différente qui n'avait rien à voir. Je devais en finir. Et partir.

L'année suivante, je reçois un appel de Pinhas Sapir, ancien ministre des Finances et président en exercice de l'Agence juive : il tient à venir me voir chez moi à New York. Je lui propose de ne pas se déranger ; je viendrai à son hôtel : après tout, c'est quelqu'un que je respecte, et puis il est plus âgé que moi. Rien à faire : il insiste pour me rencontrer chez moi, accompagné de son entourage. Sans préliminaires, il me dit : « Je vous ai entendu l'an dernier, mais j'étais absent lors du débat que votre discours a suscité. Je sais que mes collègues vous ont sévèrement attaqué et je sais maintenant qu'ils étaient injustes. Voilà pourquoi j'ai tenu à venir chez vous aujourd'hui. Pour vous présenter nos excuses officielles, et particulièrement les miennes… »

Quel homme remarquable ! Il est mort peu de temps après, dans un village d'immigrés, pendant une cérémonie, serrant les rouleaux sacrés, un Séfer-Torah, dans ses bras…

Je songe à ses paroles apaisantes. Cependant, je ne suis pas rassuré. L'incident de Jérusalem m'est resté en travers de la gorge. Mon incapacité à critiquer, donc à blesser Israël, je ne me l'explique pas toujours, mais elle fait partie de mon être. Lorsqu'il s'agit d'Israël, je me sens inhibé.

Peut-être suis-je guidé par la lecture des commentaires bibliques et talmudiques. Ne disent-ils pas que Moïse, notre Maître Moïse, fut puni pour avoir été trop sévère avec notre peuple ? Et qu'il en fut ainsi de tous les prophètes ?

Sujet troublant. J'y reviendrai.

A l'époque, je l'ignorais encore : la guerre précédente, dite des Six Jours, n'était pas aussi noble que je le croyais. Elle comporta, elle aussi, des dérapages graves, accablants.

Août 1995 : la presse israélienne est pleine d'articles faisant état d'assassinats que des soldats et des officiers israéliens auraient commis début juin 1967.

Dans mon ancien journal, *Yedioth Ahronoth*, devenu le premier du pays, je lis un papier de Gabi Baron ; il raconte ce qu'il a vu, ce qu'il a vécu lui-même près de l'aéroport d'El Arish qui venait d'être conquis. Dans un hangar, cent cinquante prisonniers attendaient, assis par terre, les mains sur la nuque. Je lis :

> Près de l'enceinte, gardée par la police militaire, il y avait une table derrière laquelle étaient assis deux hommes vêtus d'uniformes militaires israéliens, portant casque bleu et le visage dissimulé derrière des lunettes anti-sable et des mouchoirs kaki. Des policiers militaires sortirent un prisonnier et le conduisirent à la table. Une brève conversation s'ensuivit que nous ne pûmes capter. Ensuite, le prisonnier fut emmené derrière le hangar, accompagné de deux policiers. J'ai tout observé. Le prisonnier fut conduit à 100 mètres du hangar, et les policiers lui donnèrent une pelle.
> J'ai vu l'homme creuser un trou pendant 15 minutes. Après, les policiers lui ordonnèrent de jeter la pelle hors du trou. Et alors, l'un d'eux prit sa mitrailleuse et tira sur lui trois ou quatre balles. Le prisonnier tomba et mourut.
> Quelques minutes plus tard, un autre prisonnier fut conduit dans le même trou, et fusillé. Un troisième mourut de la même manière. La tombe se remplit. Le processus se répéta plusieurs fois. J'ai moi-même assisté à une dizaine d'exécutions.

Des spécialistes des questions militaires expliquent que l'armée n'avait pas le choix : elle craignait les *feddayins*, ces terroristes qui, sous l'uniforme militaire égyptien, s'activaient derrière les lignes israéliennes. Ou encore : dans le désert, en pleine campagne, on ne sait que faire de « bouches inutiles »...

Combien je regrette aujourd'hui d'avoir ignoré ces faits, toute cette horreur, lorsque j'ai rencontré Moshe Dayan ! N'était-il pas ministre de la Défense pendant la guerre des Six Jours ?

J'étais tellement fier de la simplicité bouleversante de ces officiers, de la vaillance de ces soldats si humains qui, pour employer une expression de mon ami André Schwarz-Bart, « tiraient et pleuraient »...

Mauvaises nouvelles du Canada...

Béa va mal. Ma sœur, ma pauvre sœur, se bat encore, mais elle se fatigue vite. Les traitements l'épuisent. Elle souffre. Douleurs atroces. Elle a passé les Grandes Fêtes à l'hôpital. Je lui rends des visites fréquentes. Elle tousse beaucoup. Elle se mord les lèvres en me racontant lentement, à petites phrases, comment elle a pu entendre le son du *shofar* les deux jours de Rosh-Hashana. A quoi pense-t-elle ? Au jugement qu'on a dû prononcer sur elle, là-haut ? « Qui vivra, qui mourra. » Elle est pâle, affaiblie, ma sœur au cœur généreux et blessé. Voix brisée, saccadée. Regard brumeux. Dès qu'elle enlève son masque à oxygène pour me parler, elle étouffe. Mais elle tient à me confier combien elle se soucie pour ses jeunes enfants, Sarah et Stevie. Je lui dis : « Ne parle pas, je te comprends sans parole. » Eh oui, je la comprends.

Et j'ai mal, j'ai mal.

Les 13 et 14 novembre, au Carnegie Hall, *Ani Maamin. Un chant perdu et retrouvé* est interprété par un orchestre et des chœurs dirigés par Lucas Foss.

Cette cantate, dont Darius Milhaud a composé la musique, je l'ai conçue pour le centenaire du mouvement des Juifs réformés en Amérique. C'est Al Ronald qui me l'a commandée. Juif d'origine allemande et ancien membre de l'OSS, il avait suivi un entraînement pour se faire parachuter en Allemagne. J'aimais l'écouter parler de ses aventures d'agent secret. Fin tragique d'une existence héroïque : sa première femme s'est suicidée, la seconde fut emportée par le cancer et lui-même victime d'une crise cardiaque. Et pourtant, ce qu'il a pu chercher le bonheur, Al.

Je n'ai jamais travaillé à un rythme si rapide. En moins d'une semaine, le poème en prose fut achevé et envoyé au compositeur à son domicile parisien.

Assis dans son fauteuil, près de la fenêtre, Milhaud m'interroge sur les mobiles qui m'ont incité à choisir ce thème, cette légende plutôt qu'une autre. Je lui réponds que, depuis mon enfance, j'éprouve une tendresse particulière envers ce douzième article de foi rédigé par le grand Rabbenou Moïse Maïmonide.

Enfant, je le chantais avec mes camarades du Héder et de la

yeshiva, avec les hassidim lorsqu'ils célébraient une fête quelconque. Pour moi, c'était un appel à la foi et l'affirmation que, même s'il tardait, le Rédempteur *malgré tout* apparaîtrait un jour. Un jour…

Plus tard, j'appris que des Juifs, sur le chemin de Treblinka et de Birkenau, le chantaient, chacun en lui-même ou tous ensemble, comme pour défier la mort qui, dans les ténèbres des flammes, les attendait affamée, vorace. Et je ne comprenais pas : comment pouvaient-ils croire en la venue du Messie *là-bas* ? D'où leur venait la force d'avoir foi en la bonté et la grâce divines ?

Alors, il m'arrivait d'interroger l'enfant en moi : que fait donc le Bon Dieu pendant que Son peuple est massacré et incinéré ? Quand Il voile Sa face, comme au temps des malédictions bibliques, que voit-Il ? Et je me demandais encore : que font nos ancêtres, les patriarches Abraham, Isaac et Jacob, pendant que leurs descendants sont humiliés et envoyés à la mort ? Ne sont-ils pas, selon notre tradition, nos protecteurs et nos intercesseurs ? Pourquoi ne font-ils pas trembler le Trône céleste par leurs prières ? Pourquoi ne le noient-ils pas de leurs larmes ?

Dieu. De tous les personnages de l'Écriture, disait Saul Lieberman, c'est Dieu qui est le plus tragique. Ce n'est pas un sacrilège que de vouloir le plaindre. Lui aussi a besoin de Rédemption. C'est donc pour Lui aussi que nous répétons « *Ani Maamin* », oui, je crois de tout mon cœur en la venue, même tardive, du Messie.

« *Ani Maamin* » ? Je crois ? En quoi ? En qui ? En la venue du Messie ? Qui viendrait-il délivrer ? Par les mérites de qui arriverait-il pour sauver une humanité par elle-même condamnée ?

Ces réflexions surgissent dans mon esprit chaque année, lorsqu'on célèbre (quel mot : on célèbre !) l'anniversaire du soulèvement du ghetto de Varsovie. Les orateurs rappellent l'héroïsme des combattants et la foi des martyrs. Et, pour conclure la cérémonie, on chante « *Ani Maamin* » comme pour souligner que les morts, en mourant, avaient maintenu leur foi en l'espèce humaine.

Est-ce vrai ? Est-il possible qu'au cœur de l'enfer les victimes aient conservé leur foi en un monde meilleur ? Certains témoins répondent par l'affirmative ; je n'ai pas le droit de les contredire. Nous savons que les combattants, en général, avaient pour but principal de démontrer au monde que les Juifs étaient capables de mourir les armes à la main : « Défendre et sauver l'honneur juif » est une expression qui revient fréquemment dans leurs lettres et leurs testaments. Nous savons également que, en s'évadant des ghettos, les Juifs chanceux tenaient plus à survivre qu'à vivre, afin d'alerter leurs frères d'infortune et ceux du dehors, leur dire que le malheur était proche et implacable. Tous étaient imbus d'*Ahavat-Israël.* C'est par amour pour leur peuple que ces jeunes Juifs risquèrent leur vie pour informer les communautés encore épargnées que leur liberté était menacée. Mieux : dans les camps de la mort, des Juifs se firent chroniqueurs et historiens, rédigèrent témoignages et testaments pour l'Histoire. Afin qu'elle se souvienne et qu'elle juge. En d'autres termes : puisqu'ils s'adressaient à l'Histoire et réclamaient son jugement, c'est qu'ils y croyaient. Ils croyaient en son éternité de même qu'en sa justice.

Cependant, il existe d'autres documents où c'est le désespoir des Juifs qui domine. Dans leur solitude, ils se rendaient compte de leur abandon ; ils ne pouvaient compter sur personne, ils ne comptaient pour personne. Le monde libre et civilisé les avait livrés au bourreau. Celui-ci tuait, assassinait, égorgeait, et celui-là se taisait. Est-ce la raison profonde de la passivité juive, de la résignation juive pendant l'Holocauste, si critiquées par tant de sociologues et de psychologues ? Est-il possible que des Juifs aient renoncé à se battre pour un monde qui les avait déçus, dénigrés et trahis ? C'est comme s'ils lui crachaient au visage, disant : mieux vaut s'en aller que de vivre dans une Sodome universelle ?

Ce genre de pessimisme ne va pas de pair avec « *Ani Maamin* ».

Mais alors, à laquelle des deux tendances se fier ? Aux deux. Il y avait des Juifs qui appelaient le Messie et d'autres qui étaient prêts à le renvoyer. Il y avait ceux qui s'accrochaient à l'espoir que tout n'était pas perdu, et d'autres qui clamaient le contraire : que l'humanité était irrécupérable. Dire, comme je le proclame dans ma cantate, que le silence de Dieu est Dieu, est à la fois cri de détresse et aveu de renoncement.

Cependant, la tradition du chant doit être maintenue. Mais on devrait le chanter, la tête basse, avec colère et humilité. La tête basse, pourquoi ? Parce que nous ne l'avons pas mérité alors, pas plus que nous ne le méritons depuis.

Toute la problématique de la foi en Dieu, sûrement malgré les hommes et peut-être malgré Dieu, je l'ai introduite dans cette cantate. Voici comment elle est présentée par le récitant :

> En ce temps-là, alors que le cœur du monde se consumait dans les flammes noires de la nuit, trois vieillards désespérés se présentèrent devant le tribunal céleste. Pour porter plainte.
> Abraham, Isaac, Jacob – les trois pères d'un peuple consacré à Dieu par Dieu – n'en pouvaient plus. Leur mission étant de parcourir les routes proches et lointaines pour capter les échos de la souffrance juive dans le monde, et les rapporter là-haut, ils voulurent y mettre un terme…
> LE CHŒUR :
> *Ani maamin, ani maamin,*
> Pères du peuple,
> Ancêtres d'Israël,
> Votre foi est la nôtre.
> Être juif est croire
> En ce qui nous lie
> l'un à l'autre,
> et tous à Abraham.
> La nuit appelle l'aube ;
> le Juif est cet appel.
> L'homme appelle l'homme ;
> Le Juif est cet appel.
> Dieu attend l'homme ;
> le Juif est cette attente.
> *Ani maamin, ani maamin.*

Abraham raconte ce qu'il voit sur la terre ensanglantée ; et le chœur répond : « Priez pour Abraham. » Isaac décrit ce qu'il observe. Et le chœur répond : « Priez pour Isaac. » Jacob dit ce que son regard capte. Et le chœur chante : « Priez pour Jacob. » Et Dieu ? Le récitant constate : le silence de Dieu est Dieu.

Puis c'est le chœur qui conclut :

> *Ani maamin*, Abraham,
> malgré Treblinka.
> *Ani maamin*, Isaac,
> à cause de Belsen.
> *Ani maamin*, Jacob,
> parce que en dépit de Majdanek.
> Morts en vain,
> morts pour rien,
> *ani maamin.*
> Priez hommes,

priez Dieu contre Dieu,
pour Dieu :
Ani maamin.
Vienne le Messie,
ani maamin.
Tarde-t-il,
ani maamin.
Que Dieu se taise
ou pleure,
ani maamin.
Ani maamin pour Lui,
et malgré Lui.
Je crois en Toi,
même si Tu t'y opposes,
même si Tu me punis.
Bénis les fous
qui le clament,
bénis les fous qui rient,
qui rient de l'homme qui rit du Juif,
qui aident leurs frères
en chantant, encore et encore, et encore :
ani maamin, je crois de tout mon cœur
en la venue du Messie.
Et même s'il tarde à venir,
Je l'attendrai chaque jour…

Ani Maamin, un chant retrouvé ? Ce sous-titre implique que je l'avais perdu, égaré ou rejeté. Est-ce vrai ? Voici l'histoire. Un soir de Pessah, dans les années soixante-dix, un ami d'enfance, Moshe-Chaïm, se tourne soudain vers moi et m'interpelle : « Te souviens-tu de l'air pour *Ani Maamin* que nous avons chanté chez le Rabbi de Wizhnitz ? » Brusquement, cela m'est revenu. Hiver 1943. Nous passons le Shabbat Shira – celui dont la lecture biblique nous rappelle le passage de la mer Rouge – chez le Rabbi de Wizhnitz. Vers la fin de l'après-midi, juste avant le troisième repas que l'on prend au crépuscule, un homme de petite taille confère au départ de la Reine du Shabbat un sens à la fois ancien et nouveau. Portant le *shtreimel* et le caftan, il est seul dans un coin, près du poêle. Je sais qui c'est : un parent du Rabbi. Il arrive de loin, de Galicie ; comment a-t-il fait pour passer la frontière ? J'aimerais le lui demander mais je n'ose pas. Soudain il se met à chanter tout bas *Ani Maamin* sur un air nouveau que je trouve beau et déchirant. Il y a dans sa mélodie tant de nostalgie, tant de mélancolie, qu'elle fait mal. Sous le coup de l'émotion, je ferme les yeux. Dans l'immense maison d'étude, c'est le silence. Comme tout le monde, je retiens mon souffle. Dix hommes, vingt, cinquante s'approchent, font cercle autour du chanteur. J'attends, tous attendent qu'il reprenne la mélodie depuis le début ; c'est la coutume, c'est ainsi que les hassidim retiennent les airs. Mais le parent du Rabbi préfère parler. Il raconte une histoire, la sienne, ce qu'il a vu et subi de l'autre côté, en Pologne occupée. Après chaque épisode, il s'arrête et se remet à chanter le même air envoûtant d'*Ani Maamin*, comme pour nous dire : souvenez-vous non seulement de mes histoires mais aussi de mon chant. Et nous finissons par l'apprendre. Mais depuis Auschwitz, il m'avait échappé. Eh oui, je l'avais oublié. Et Moshe-Chaïm aussi. Et c'est au même moment, un soir de Pessah, au milieu du Séder, que nous l'avons retrouvé. C'est l'un des plus beaux chants hassidiques que je connaisse. Aujourd'hui encore, je le chante en fermant les yeux.

Est-ce à dire que je me suis réconcilié avec Dieu ? Je continue à protester contre son indifférence apparente face aux injustices qui ravagent sa création. Avec le Messie peut-être ? Il aurait dû se révéler plus tôt, bien plus tôt. Il se peut que Kafka ait raison : le Sauveur ne viendra pas le dernier jour, mais le jour d'après.

Et ma foi là-dedans ? Certes, je pourrais l'abandonner. J'en aurais le droit. Je pourrais invoquer maintes raisons, six millions de raisons pour justifier ma décision. Mais je ne le fais pas. Je me sens incapable de m'écarter du chemin tracé par mes prédécesseurs. Sans cette foi en Dieu, celui de mes pères et de mon père, ma foi en Israël et en l'humanité serait diminuée, affaiblie. Je choisis donc de conserver cette foi qui, autrefois, donnait des ailes à mon âme.

Ai-je dit : « je choisis » ? Sincèrement, il ne s'agit pas d'un choix véritable. Je ne serais pas l'homme que je suis, le Juif que je suis, si je trahissais l'enfant en moi, celui qui pensait devoir vivre en Dieu, sinon pour Dieu.

En vérité, la foi en Dieu, je ne l'ai jamais abandonnée. Je l'affirme et je le réaffirme, car j'en sens la nécessité. J'ai dû le préciser ailleurs, j'y reviens. Même au cœur du Royaume de la Nuit, j'ai continué à prier. Certes, ma foi était blessée, accablée, et elle l'est aujourd'hui encore. Il y eut éclatement mais non rupture. Même quand, dans mon premier témoignage, en racontant la mort d'un gamin pendu, j'évoque celle de Dieu, je souhaite signifier qu'en tuant un enfant innocent et courageux, c'est Dieu que le tueur s'obstine à assassiner. Mais c'est à l'intérieur de la foi que je le déclare. Autrement dit : si j'avais perdu la foi, je ne me serais pas élevé contre le ciel. C'est parce que je crois encore en Dieu, que je me dispute avec Lui. Job, notre précurseur, n'a-t-il pas dit : « Même s'Il me tue, je continuerai à placer en Lui mon espoir » ?

Étrange : dans certains milieux laïcs, on m'en veut de revendiquer publiquement mon droit d'avoir foi en Dieu. Certains me l'ont franchement avoué. Les lettrés me disent que je leur rappelle le Jean Barois de Roger Martin du Gard qui, dans son testament, demande cette chose simple : si, plus tard, il se repent de son athéisme, il ne faut pas y croire. Ils me préféraient quand ils pouvaient se référer à ma révolte contre le ciel. Au risque de leur déplaire encore, je leur dis : laissez-nous donc en paix, nous qui nous accrochons, avec une énergie qui vous déroute et nous dépasse, à la tradition de nos pères ; ne croyez donc pas que nous le faisons par pure facilité, au contraire : rien n'est plus difficile pour nous, mais de toute façon vous ne nous comprendrez pas.

De Montréal, un nouvel appel urgent. Le cœur affolé, je m'empare de l'appareil.

Béa : existe-t-il âme plus noble, esprit plus charitable ? Rongée par le cancer, ma sœur aimée ne se plaint jamais. Elle ne fait que répéter : « Ne pas avoir peur, ne pas avoir peur. » Mais j'ai peur pour elle. Tant qu'elle ignorait la nature de son mal, elle semblait tenir le coup : elle restait active, se rendait à son bureau entre deux traitements. Pourquoi le cancérologue canadien lui a-t-il révélé que le mal se répandait dans son corps ? Elle continue de dénoncer la peur, de répéter que tout ira bien, qu'on a tort de s'inquiéter, mais lors de chacune de mes visites à l'hôpital je me rends compte qu'elle parvient à peine à sourire. La dernière fois, la toute dernière fois, entre deux accès de toux, elle évoque une fois encore, mais avec une intensité plus douloureuse, ses deux enfants Steve et Sarah. Elle les a toujours aimés ; maintenant son amour est devenu plus passionné, plus farouche ; elle tient à ce que, le moment venu, je me le rappelle.

Nous sommes en France quand, fin août 1974 – selon le calendrier hébreu le vingt-neuvième jour du mois d'Av de l'an 5734 –, la nouvelle me parvient. Mon beau-frère Len pleure dans l'appareil. Je reste muet pendant une heure. Je me ressaisis pour appeler Hilda mais n'arrive pas à remuer les lèvres. Elle répète sa question : qu'est-ce qu'il y a ? qu'est-ce qu'il y a ? Je finis par murmurer : Béa. Elle comprend, Hilda. Elle s'écrie dans un sanglot : « Qu'est-ce qu'on va faire, dis, qu'est-ce qu'on va faire ? » Je dis : « Il n'y a plus rien à faire. » Une pensée bête traverse alors mon esprit figé : et moi qui ai récité aujourd'hui la prière mensuelle pour le mois à venir ; j'ai dû mal prier.

Marion est avec moi. Elisha aussi. Amour consolateur ? Je ne me laisse pas consoler. Amour bienfaiteur ? Bienfaiteur et nécessaire, indispensable. Nous évoquons Béa. Sa dernière visite chez nous. La dernière conversation entre un frère et une sœur... Étrange, la force d'adaptation du vocabulaire : déjà nous parlons d'elle au passé, comme si elle était morte depuis une éternité. Cela ne nous a pris qu'une fraction de seconde.

Je m'envole pour Montréal *via* New York. A l'aéroport La Guardia, tous les vols sont bondés. Paniqué, je cours d'un guichet à l'autre, j'explique, j'implore le chef d'escale ; finalement, j'ai gain de cause.

Les nouveaux orphelins, Steve et Sarah, sont arrivés d'Israël où ils étaient en vacances. Hilda est là aussi. Tout le monde est là. Des gens que je connais, d'autres que je n'ai jamais vus. Elle avait beaucoup d'admirateurs et d'amis, Béa. On l'aimait pour sa bonté, sa tendresse et son sens de l'humour. Difficile de trouver quelqu'un à qui elle n'a pas rendu service. Une de ses amis me raconte : quelques jours avant sa mort, Béa lui a confié sa terreur ; elle avait vu nos parents en rêve ; ils l'attendaient.

Eh bien, voilà. C'est la vie. C'est la mort. Trois enfants de Sighet s'étaient retrouvés après la guerre, et maintenant nous ne sommes plus que deux. Je n'entendrai plus la voix si chaude de Béa, je ne la verrai plus affairée, occupée à aider les nécessiteux. Je ne capterai plus son sourire. Une idée me déchire le cerveau : je ne connaîtrai pas ses expériences *là-bas*. Trop tard.

J'accomplis le rituel déchirement de mon vêtement. Je récite la prière qui s'impose : « Béni sois-Tu notre Dieu et Roi de l'univers,

Juge de vérité. » Avec Hilda, Len, Steve et Sarah, nous marchons à pas lents derrière le cercueil. Je ne vois rien ni personne. Tout est sombre autour de moi, tout est plus sombre encore en moi. Je parle à ma sœur, je lui confie des messages et des larmes pour nos parents. « Tu les reverras, dans trois jours ton âme montera au ciel, tu les retrouveras, dis-leur… » Obsèques. Litanies. Oraisons funèbres. La mise en terre. Le retour. Sentiment de perte irréparable. Les repas traditionnels : comment y toucher ? Les offices du matin et du soir : comment retenir les sanglots en écoutant Steve réciter le kaddish ? Les rites ancestraux. Les condoléances. La semaine du deuil. C'est la première fois.

Assis sur un tabouret, en pantoufles, j'écoute les visiteurs qui viennent nous réconforter en prononçant la bénédiction traditionnelle : « Que Dieu vous console ensemble avec tous ceux qui portent le deuil pour Sion et Jérusalem. » Tous ont des histoires à raconter sur Béa. Son altruisme, sa droiture. Personne ne l'a jamais vue fâchée ou de mauvaise humeur. Moi, je me souviens d'elle à la maison, là-bas, à Sighet. Sa maladie : atteinte du typhus, elle avait vécu seule dans une pièce qui nous était interdite. Plus tard, sa débrouillardise : rien ne l'effrayait. Toujours prête à accomplir les missions jugées trop dangereuses pour un homme. Ses activités au camp pour Personnes déplacées. Une promenade avec elle à Paris : j'ai la photo devant moi. Elle porte le béret. Comme moi.

Certains textes suggèrent que l'âme du défunt flotte dans la maison pendant la Shivah. Invisible mais présente, l'âme de ma sœur ?

Souvent, me trouvant à Montréal pour des conférences, j'irai réciter un psaume sur sa tombe. Sur la dalle sont gravés les noms de nos proches qui sont morts sans sépulture.

Pour Israël et les communautés juives de la Diaspora, l'année 1974 s'achève sur un sentiment de défaite provoqué par l'apparition de Yasser Arafat devant l'Assemblée générale des Nations unies. Spectacle indécent, outrageant. La vue de ce terroriste en uniforme et peut-être armé prêchant la morale à l'humanité tout entière – « Je tiens dans une main une branche d'olivier, et un revolver dans l'autre ! » – ne pouvait que choquer. Avait-on déjà oublié les attentats, les assassinats commis par ses subordonnés ?

Cela me rappelle *La Visite de la vieille dame* de Friedrich Dürrenmatt. Pièce étonnante de vérité brutale. Pour se venger d'une déception amoureuse dans sa jeunesse, la dame devenue riche retourne dans sa ville natale. Avec les moyens dont elle dispose, elle réussit à convaincre la population de tuer l'homme qui, jadis, l'avait trahie...

Voilà, me dis-je. Avec le pétrole, les ennemis d'Israël essaient le même procédé. La puissance des pétrodollars...

Je publie dans le *New York Times* et *Le Figaro* un papier intitulé « Pourquoi j'ai peur » :

> Peut-être vaudrait-il mieux ne pas l'admettre ouvertement : je me sens menacé. J'ai peur. Pour la première fois depuis longtemps, je crains que le cauchemar ne recommence. Peut-être n'a-t-il jamais cessé. Nous n'aurions vécu, depuis la libération, que le temps des parenthèses. Et les voilà refermées. Un nouvel holocauste serait-il possible ? Souvent je pose la question à mes étudiants. La plupart répondent oui, moi je dis non. Par ses dimensions, par son envergure, l'Holocauste fut un événement unique ; il le restera. Je leur explique : le monde a appris une leçon ; la haine et le meurtre dépassent ceux qui y participent directement ; on commence par tuer les autres, on finit par massacrer les siens. Sans Auschwitz, il n'y aurait pas eu d'Hiroshima. L'extermination d'un peuple mène inévitablement à celle de l'humanité.
>
> Eh oui, dans ma naïveté, je pensais – surtout pendant les premières années de l'après-guerre – que les Juifs ne seraient plus jamais diffamés, isolés, livrés à l'ennemi. L'antisémitisme, me disais-je, est mort sous des cieux de cendre quelque part en Pologne ; nous n'avons plus rien à redouter ; on ne sera plus insensible à notre angoisse. J'étais persuadé que, paradoxalement, l'homme de demain serait protégé par le terrifiant mystère de l'Événement concentrationnaire.
>
> J'avais tort. Ce qui est arrivé peut se reproduire. J'exagère peut-être. Peut-être suis-je trop susceptible. C'est que j'appartiens à une génération traumatisée. Nous avons appris à nous fier aux menaces plus qu'aux promesses.
>
> Des signes apparaissent et ils sont troublants. Le spectacle écœurant d'une assemblée internationale en délire, fêtant un porte-parole de la terreur. Les discours, les votes contre Israël. La dramatique solitude de ce peuple à vocation universelle. Un roi arabe offre à ses invités des éditions de luxe des infâmes *Protocoles des Sages de Sion*. Les cimetières profanés en France et en Allemagne. Les campagnes de presse en Russie soviétique. La vague rétro qui banalise notre souffrance et les pamphlets antisionistes, antijuifs qui dénaturent notre espérance. Il faut être bien aveuglé pour ne pas le

reconnaître : la haine du Juif est redevenue à la mode. Rien d'étonnant à ce que, un peu partout, l'existence juive soit remise en doute. En octobre 1973, alors que l'armée israélienne subissait des revers graves, presque mortels, l'Europe occidentale, à de rares exceptions près, lui refusait son aide et, bien pire, tentait de saboter le secours que lui apportait l'Amérique. L'Europe, laissant faire les agresseurs, acceptait d'avance la défaite certaine d'Israël, c'est-à-dire sa liquidation probable. Et maintenant ? Ce peuple si jeune et si vieux survivra-t-il au prochain assaut et à quel prix ? Chaque fois qu'il y a une guerre, on sacrifie les meilleurs des enfants du pays. Combien de temps une communauté d'hommes peut-elle vivre en état de siège, dans un environnement hostile ? Une victoire posthume de Hitler est-elle concevable ? Pour nous qui avons vécu la condition humaine et juive jusque dans ses profondeurs ultimes, il ne fait pas de doute : en ce moment de l'Histoire, le peuple juif et l'État juif sont indissolublement liés – l'un ne pourrait survivre à l'autre. Nous avons rarement été si unis. Et si seuls.

Aussi l'idée d'une nouvelle catastrophe collective ne paraît plus démentielle. Nous savons déjà que, en ce qui nous concerne, l'impossible est possible. Quand il s'agit de l'histoire juive, ce qui semble impensable ne l'est pas.

Je le dis à contrecœur. En fait, c'est la première fois que je le dis. J'ai toujours situé l'Holocauste sur un plan mystique, au-delà de l'entendement. Je me suis brouillé avec des écrivains amis qui avaient fait, dans ce domaine, des analogies et des rapprochements faciles. Le phénomène concentrationnaire échappe aux philosophes autant qu'aux romanciers, et il ne faut pas en parler à la légère. Si j'en parle maintenant, par rapport au présent, c'est que, une fois de plus, le destin juif est remis en question.

Voilà pourquoi j'ai peur. Des images du passé remontent et recouvrent l'actualité. Le chantage des uns, l'abdication des autres. Les menaces ouvertes, les complicités qui le sont moins. Ces amis qui soudain se déclarent neutres. Les neutres qui se découvrent hostiles. L'ennemi qui devient de plus en plus puissant, de plus en plus attrayant. Qu'on le laisse faire – et on le laisse faire – et il sera le dieu de notre âge maudit, exigeant – et obtenant – en offrande l'avenir d'un peuple.

Non que je redoute une situation où des Juifs seraient massacrés dans les villes d'Amérique et dans les forêts d'Europe. On ne bâtira plus un univers de barbelés ; on n'érigera plus des usines de mort. Mais un certain courant se dessine. On ne parle pas de génocide, mais on envisage la fin d'Israël. Cela suffit pour justifier ma peur. Je ressens ce que mon père devait ressentir lorsqu'il avait mon âge. Pour nous, rien n'a donc changé. Le monde est indifférent à notre mort autant, d'ailleurs, qu'à la sienne propre ; il oublie trop vite. Je regarde mes jeunes élèves et je tremble pour leur avenir ; je me revois à leur âge sur un continent en ruine. Et je ne sais quoi leur

> dire. J'aimerais pouvoir les convaincre que, en dépit des slogans officiels, en dépit des apparences, notre peuple a des amis et des alliés. J'aimerais pouvoir leur dire que, malgré les déceptions et les trahisons accumulées, il leur faut sauvegarder la foi en l'homme, qu'il existe des raisons d'espérer. Mais je ne leur ai jamais menti, ce n'est pas maintenant que je vais commencer. Et pourtant...
> Le désespoir n'est pas une solution, je le sais bien. Quelle est donc la solution ? Hitler en a proposé une. Et il la voulait finale. Et il était bien en voie de l'accomplir tandis que, par-delà les frontières, de près et de loin, Dieu et les hommes détournaient leurs regards. Je m'en souviens. Et j'ai peur.

(Manès Sperber me reproche le passage où je dis que la survie de la Diaspora juive était liée à celle d'Israël. Manès prétend que j'ai eu tort de l'écrire et même de le penser : « Le peuple juif a survécu à d'autres catastrophes. Son existence ne doit jamais être conditionnée par des facteurs extérieurs. » Je lui réponds que j'espère pour nous deux, pour notre peuple aussi, ne jamais devoir apprendre lequel de nous avait raison.)

Vingt ans plus tard, en recopiant ce texte, je me demande si j'avais raison de tant me méfier d'Arafat. Certes, il était responsable d'activités terroristes meurtrières que je me devais de dénoncer. Mais n'était-il pas aussi, en même temps, aux yeux des siens et de leurs alliés idéologiques, un combattant de la liberté ?

Et puis, l'homme serait-il incapable de tirer parti de ses propres erreurs ? L'être humain serait-il condamné à ne jamais modifier sa stratégie, sa philosophie, sa morale ? A ne jamais pouvoir changer d'idées, de personnalité, de mentalité et d'être ? A plusieurs reprises, on a essayé de me faire rencontrer Arafat. Ai-je eu tort de refuser ?

En cette année 1996, j'examine l'effet qu'ont eu sur moi les images télévisées de la poignée de main entre Arafat et Yitzhak Rabin à Washington... L'arrivée dramatique à Gaza, puis à Jéricho... Ses rencontres avec des Israéliens... Ses difficultés avec les extrémistes du Hamas... Les attentats... Les jeunes kamikazes entraînés pour devenir des bombes vivantes... La coopération entre les officiers israéliens et leurs homologues palestiniens... Sa visite de condoléances chez Léa Rabin... Les élections... Peut-on ne pas féliciter ceux qui ont finalement privilégié la paix plutôt que la terreur ? Donc Arafat, un modéré, un conciliateur ? Le chef d'un État naissant plutôt que d'une organisation militaire clandestine ?

Malgré tous les doutes, en dépit des hésitations variées que les pessimistes nous lancent à la figure, il nous incombe d'invoquer le droit à l'espérance.

L'été de 1974, nous le passons dans les Hamptons, dans le village d'Amagansett où Marion a transformé une ruine en une belle maison de campagne.

Je travaille mal et peu. C'est que je passe des heures devant la télévision à regarder les investigations des commissions du Sénat et de la Chambre à propos de l'affaire du Watergate. Ici l'on assiste au fonctionnement spectaculaire des institutions démocratiques de la nation. Les témoins, naguère puissants rouages de l'appareil gouvernemental, les voilà humbles sinon humiliés, et surtout désarmés devant les enquêteurs. Isolé de ses lieutenants aussi fidèles qu'arrogants, le président des États-Unis semble mener seul le combat pour sa survie. Le limogeage du secrétaire d'État à la Justice pour avoir refusé de renvoyer les procureurs, relaté dans les médias comme « le massacre du samedi soir ». L'ahurissante déclaration du président Nixon à la télévision, s'adressant donc au monde entier, selon laquelle il n'était « pas un escroc ». La décision de la Cour suprême lui ordonnant de remettre au tribunal les bandes magnétiques de ses conversations avec ses assistants. La menace d'une censure parlementaire. On est en pleine tragédie grecque : le déclin tragique d'un « héros » qui a déplu aux dieux. Pris dans l'engrenage, rien ne pourra le sauver. Il ne nous reste qu'à l'observer jusqu'au bout. Son dernier discours. Son adieu aux employés de la Maison-Blanche, en pleurs. Son envol vers la Californie, son bras levé en signe de victoire. L'investiture dénuée d'éclat de son successeur, Gerald Ford.

Année turbulente dans toutes les sphères de la société américaine. Le public est sans cesse matraqué par des événements farfelus, impossibles, incroyables, se déroulant à l'étranger ou chez lui. La jeune millionnaire Patty Hearst, enlevée par des terroristes, se laisse convertir à leur cause : on voit une photo d'elle en train de dévaliser une banque. On parle de « lavage de cerveau », de « syndrome de Stockholm ». De révolte contre le système social auquel appartiennent ses parents. Séquelles de Mai 1968 ? A la drogue s'ajoute désormais la violence. On fait connaissance avec des jeunes bourgeois nantis qui jouent aux terroristes.

Le plus grand des écrivains soviétiques, Alexandre Soljenitsyne, est contraint à l'exil et va s'abriter chez son collègue allemand, prix Nobel comme lui, Heinrich Böll. En France, Georges Pompidou meurt deux ans avant l'expiration de son mandat. Valéry Giscard d'Estaing entre à l'Élysée. Il a devancé le candidat de la gauche, François Mitterrand, d'un pour cent des voix. En Allemagne, Helmut Schmidt succède à Willy Brandt au poste de chancelier, ce dernier étant puni pour avoir engagé parmi ses conseillers un espion d'Allemagne de l'Est.

En Israël, les enfants des villages et kibboutzim du Nord dorment dans les abris : des obus palestiniens tuent dix-huit habitants de Kiryat Shmoné.

C'est la guerre contre les saboteurs venus du Liban ou de Jordanie. Beaucoup de tués des deux côtés. Beaucoup trop. Le pire des attentats, peut-être le plus abject : dix-huit enfants assassinés dans le village de Maalot, dans le Nord. Pourquoi les terroristes palestiniens s'en prennent-ils aux êtres désarmés ? Leur lâcheté suscite l'horreur. Terreur, où est ta victoire, si tes victimes sont des enfants ? Je me dis, et je le déclare un peu partout, qu'un jour la paix s'instaurera entre Israël et ses voisins, mais que jamais il ne sera pardonné aux responsables palestiniens du crime monstrueux de Maalot.

La paix n'est pas pour demain. La vie continue, la mort l'arrête, mais non pas la peur de la mort. Malgré les attaques de l'artillerie syrienne, les villages du Nord refusent d'évacuer leurs enfants. Des unités d'élite de Tsahal traquent les saboteurs. Marion et moi passons un après-midi dans une base militaire et assistons, à la tombée de la nuit, à leur départ pour les frontières proches. Combien reviendront ?

Les hostilités cessent dans le Sud-Est asiatique : c'est la première défaite militaire de l'histoire américaine. Je me trouve dans le bureau du secrétaire d'État Henry Kissinger lorsqu'un secrétaire lui apporte un message qu'il lit d'un air brusquement assombri : le dernier soldat américain vient de quitter Saigon. Il se tait un long moment, puis murmure quelque chose sur le poids d'une opinion publique hostile et de l'atmosphère découragée et décourageante qui règne dans les campus.

C'est le début de la mise en œuvre de la politique nihiliste des Khmers rouges et de la folie meurtrière de leur chef fanatique, Pol Pot : leur volonté de ramener la civilisation à zéro engendre un crime proche du génocide. Et pourtant, combien d'intellectuels gauchistes leur offrent-ils leur appui quasi inconditionnel ? On les célèbre parce qu'ils sont pauvres, courageux et antiaméricains.

Au Moyen-Orient, on enregistre quelques progrès. La politique dite des petits pas de Kissinger : on le fête en Israël quand ça va bien, on le hue quand ça va mal. Rencontres israélo-égyptiennes au « kilomètre 101 ». Échange de prisonniers : récits bouleversants, révoltants, de torture systématique, d'humiliation barbare dans les prisons syriennes.

C'est à cette époque que je rencontre Henry Kissinger, le premier secrétaire d'État juif d'Amérique. Cerveau constamment en ébullition, intelligence froide, voix monotone, monocorde, accent allemand prononcé, puissance étourdissante d'observation et d'analyse : il séduit et dérange. On lui attribue des conquêtes illustres dans le monde ébloui de Hollywood. Les spécialistes en politique étrangère font tout et n'importe quoi pour compter parmi ses intimes.

Les milieux juifs orthodoxes se méfient de lui. Ils lui en veulent d'avoir choisi un jour de Shabbat pour épouser une non-Juive ; et d'avoir prêté serment sur une Bible comportant le Nouveau Testament.

Golda Meir l'aime bien. A Richard Nixon, elle aurait dit en riant : « Mon ministre des Affaires étrangères [Abba Eban] parle mieux l'anglais que le vôtre. »

Kissinger en veut à Yitzhak Rabin, le successeur de Golda Meir au poste de Premier ministre, qui lui refuse quelques concessions territoriales (deux points d'observation du passage de Mitla) dans le Sinaï réclamées par l'Égypte de Sadate. Israël ne mesure pas la gravité de la situation, dit-il avec beaucoup de conviction. Après une série de négociations infructueuses à Jérusalem, avant de reprendre l'avion à l'aéroport de Lod, il fait une déclaration à la presse pour dire son angoisse concernant l'avenir de l'État juif ; pour la première fois de sa carrière officielle, il laisse couler des larmes en public.

De retour à Washington, il fait son rapport au président Gerald Ford qui, évidemment sur son conseil, décide de procéder à une réévaluation des rapports américano-israéliens. On imagine le tollé en Israël. Les fanatiques accusent Kissinger de trahison. Lui prétend vouloir sauver Israël même si c'est contre Israël : il y va de la vie de l'État juif. Il me confiera un jour que, vers la fin de la guerre du Kippour, lorsque les blindés d'Ariel Sharon ont encerclé la 3e division égyptienne, l'Armée rouge disposait de 5 000 parachutistes prêts à s'envoler pour intervenir au Moyen-Orient.

Pendant l'été 1975, Marion et moi accompagnons en hélicoptère militaire Arthur Goldberg, l'ancien juge à la Cour suprême et ambassadeur aux Nations unies durant la guerre des Six Jours, invité par le gouvernement à effectuer une inspection des zones contestées du Sinaï. Réaliste, Marion approuve les officiers supérieurs qui nous expliquent la position de Rabin : garder les passages stratégiques jusqu'à la signature de la paix. Je ne comprends rien aux questions stratégiques, mais j'ai confiance en Rabin. Goldberg, lui, conseille la prudence. Mais l'Amérique finira par l'emporter : trois ou quatre ans plus tard, le Faucon Menahem Begin rendra le Sinaï tout entier à Anouar el-Sadate qui, à l'époque, n'en demandait pas tant.

Mais auparavant survient l'épisode, que dis-je, l'épopée d'Entebbe, durant laquelle, une fois de plus, le génie opérationnel d'Israël et la bravoure de ses forces armées ont suscité l'admiration à travers le monde.

Début juillet 1976. L'Amérique se prépare à célébrer le deux centième anniversaire de son Indépendance dans une ambiance de faste inhabituelle, même pour ce pays qui raffole des exagérations. Peut-être est-ce pour oublier et faire oublier le scandale du Watergate et ses séquelles. Cérémonies officielles, parades, défilés militaires, rassemblement de centaines de voiliers : on veut évoquer le passé pour mieux apprécier et savourer le présent. Mais ce 4 juillet, les Américains se préoccupent moins de l'histoire de leur nation que de l'actualité d'un pays lointain et exotique, l'Ouganda, et plus précisément du « coup » inattendu, incroyable, réussi par un commando d'élite de Tsahal.

L'affaire commence le dimanche 27 juin, lorsqu'un groupe de terroristes arabes et allemands détourne un avion d'Air France à destination de Paris depuis Lod, *via* Athènes, et le force à atterrir à l'aéroport d'Entebbe en Ouganda. Il y a 230 passagers à bord dont 83 Israéliens.

Les yeux du monde sont tournés vers le « docteur maréchal Idi Amin Dada », dictateur à la Ubu de ce pays appauvri : va-t-il aider les otages ou les terroristes ? Ce gros bonhomme jovial mais féroce (on dit qu'il jette ses adversaires dans un étang infesté de crocodiles) trouve là l'occasion rêvée de jouer les vedettes sur la scène internationale. Il fait des déclarations, accorde des interviews, formule des propositions, est visible sur toutes les télévisions, bref : c'est un personnage avec qui il faut compter.

Il paraît qu'il a des dettes envers Israël, où il a suivi un entraînement de parachutiste. Cela ne l'empêche pas de prendre position en faveur des pirates de l'air qui exigent la libération de 47 de leurs camarades emprisonnés en Israël et en Europe occidentale.

Qui a eu l'idée de cet enlèvement, et qui en a pris l'initiative ? L'OLP seulement ? Mais alors, comment expliquer la participation au détournement de plusieurs jeunes Allemands du groupe révolutionnaire Baader-Meinhof ?

En Israël, on vit sur les nerfs. Comment réagir ? Négocier avec les terroristes ? Ce serait renier la philosophie israélienne traditionnelle qui consiste à ne jamais s'abaisser à leur niveau en les prenant pour des interlocuteurs valables. Donc ? Sacrifier les otages ? Impensable…

Entre-temps, les terroristes, aidés par Idi Amin, procèdent à une séparation des otages : Français, Juifs, Israéliens ; ils libèrent les Français mais gardent les Israéliens.

Yitzhak Rabin interroge son cabinet : faut-il négocier pour sauver des vies humaines ? Il existe une tension entre lui et son ministre de la Défense, Shimon Peres, mais le vote est unanime : oui, s'il faut exclure toute option militaire. Les chefs de l'opposition, dont Menahem Begin, partagent ce point de vue. Les vies humaines pèsent plus que les principes. Rabin consulte le commandant en chef de l'armée, le général Motta Gur, le libérateur de la vieille ville de Jérusalem : une option militaire est-elle envisageable ?

A New York, dînant avec Raphael et Dina Recanati, nous sommes persuadés qu'une opération de Tsahal n'est pas réaliste. Marion intervient et demande comment l'armée pourrait transporter des unités si loin, à 3 600 kilomètres, et dans un pays hostile. Et même si un commando parvenait à l'aéroport d'Entebbe, comment empêcher que les terroristes arabes et allemands, formidablement armés, tuent les otages sans défense ? Nous, stratèges invétérés, opinons : Marion a raison. Un sauvetage militaire est impossible. Mais aucun de nous n'ose aller jusqu'au bout de ce raisonnement, jusqu'à sa conséquence logique et miraculeuse : parce que l'opération paraît impossible, elle sera entreprise. Et brillamment exécutée. Et réussie. Quel fut le rôle du Mossad ? Fournir des renseignements et des photographies. Et qui a eu l'idée d'amener dans l'avion géant une Mercedes noire similaire à celle dans laquelle Idi Amin aime se pavaner ? Reste que, conçue avec la minutie nécessaire à un mouvement d'horlogerie, l'intervention est réalisée à la perfection, bien que quatre morts soient à déplorer du côté israélien, trois otages et le légendaire colonel Yoni Netanyahu. Quatre familles sont endeuillées, mais on danse dans les rues de Tel-Aviv. On s'embrasse. On se laisse aller. « *Kol hakavod !* – Bravo ! », lance Begin, le chef de l'opposition, à Yitzhak Rabin.

Dans toutes les villes des États-Unis, on parle moins du bicentenaire de l'Indépendance que d'Entebbe. Depuis la guerre des Six Jours, jamais ne s'est manifestée une telle admiration collective pour l'État juif.

Parmi les otages figurait un survivant des camps. Un jour, il s'approcha de l'un des terroristes allemands et lui montra son bras tatoué : « C'est peut-être votre père ou quelqu'un de votre famille qui m'a fait ça ; il voulait ma mort et celle des miens ; et maintenant, c'est vous qui allez me tuer ? » Le terroriste n'a pas répondu. Mais, pendant la première minute de l'assaut israélien, l'ancien rescapé a cru apercevoir l'Allemand ; il tenait son fusil-mitrailleur, prêt à tirer dans la foule ; il en avait le temps, mais il ne fit rien. « Je suis convaincu que c'est le numéro sur mon bras qui, en cette seconde ultime, l'a empêché de nous massacrer », dit le rescapé.

Deux observations : autrefois, on célébrait le génie culturel ou scientifique juif ; à présent, c'est sa force qui suscite l'admiration.

En second lieu, il faut mesurer le rôle joué par le rescapé dans cette histoire et comprendre le sens de son intervention : si tous les survivants pouvaient s'exprimer, parler de leur passé aux jeunes, combien d'assassinats seraient-ils en mesure d'arrêter ? Malheureusement, peu en sont capables. C'est toujours le même problème : les mots justes, où les trouver ?

Les rescapés ne sont pas les seuls à qui les mots font défaut.

On nous l'affirme, pour nous rassurer ou nous consoler : le phénomène est quasi universel. De quel écrivain contemporain pourrait-on dire qu'il a suffisamment de génie pour bien décrire et analyser les forces obscures qui provoquent l'accélération de l'Histoire ? Husserl aurait-il raison ? L'essentiel serait-il dans l'apparence ?

Quelques mois après l'opération Entebbe, je reçois une lettre du père de Yoni. Le vieux professeur Ben-Zion Natanyahu, auteur d'une superbe biographie de Don Itzhak Abrabanel et d'un ouvrage magistral sur l'Inquisition, me raconte que son fils avait lu certains de mes romans et qu'ils eurent une profonde influence sur l'évolution de sa pensée ; il en parle dans son journal intime, publié en hébreu, en français et en anglais : le jeune guerrier israélien possédait une sensibilité humaine remarquable doublée d'un don d'écrivain certain.

Comment ne pas en être ému ?

Autre événement qui, plus encore qu'Entebbe, bouleversera le monde, l'année suivante, par sa puissance dramatique : la visite d'Anouar el-Sadate à Jérusalem.

C'est ainsi : le temps, comme les êtres, est inconstant. Tantôt stérile, tantôt fécond en tensions, conflits, découvertes, surprises, rencontres, malheurs ou bénédictions. Dans la vie, dit le Talmud, tout le monde a besoin d'un peu de chance, y compris le Séfer-Torah au cœur du sanctuaire.

Eh bien, l'année 1977 a eu de la chance. L'arrivée du président égyptien dans la capitale israélienne fit basculer l'Histoire.

Beaucoup de choses ont changé en Israël en quelques mois. Yitzhak Rabin n'est plus Premier ministre, Shimon Peres n'est plus chargé de la Défense. Premier coup de théâtre : Menahem Begin est élu à la tête du nouveau gouvernement. Deuxième coup de théâtre : le général Moshe Dayan devient son ministre des Affaires étrangères. Qui eût pu imaginer que le militaire de la gauche et le Faucon de la droite amèneraient une paix que la gauche, depuis 1948, poursuivait sans jamais l'atteindre ?

Cela a commencé ainsi : le 9 novembre, Sadate s'adresse à l'Assemblée du peuple au Caire et déclare : « Je suis prêt à me rendre jusqu'au bout du monde, si cela empêche un de mes fils, qu'il soit soldat ou officier, d'être blessé – je dis bien blessé, non tué. Israël sera étonné de m'entendre déclarer devant vous que je suis prêt à aller chez eux, à la Knesset pour leur parler... »

Ce jour-là, Yossi Ciechanover, encore haut fonctionnaire de la Défense et proche de Dayan, se trouve chez moi. Nous discutons du discours de Sadate. Je lui dis, sans vraiment y croire, qu'il devrait téléphoner à Dayan et lui suggérer de piéger le leader égyptien en le prenant au mot. Qu'il l'invite à Jérusalem. Sadate refusera et perdra la face, pas vrai ? Yossi rejette l'idée : selon lui, ça ne marchera pas. Avec le recul, je pense qu'il était peut-être déjà au courant des contacts secrets qu'Israéliens et Égyptiens avaient noués en vue de ce qui allait se produire dix jours plus tard.

Je m'en souviens : c'était un jour de Shabbat. Marion et moi étions invités à déjeuner chez les Recanati. Mais qui pouvait manger ce jour-là ? Transfigurés, nous regardions la télévision ; les larmes coulaient sur nos joues et nous ne les essuyions pas. En Israël, la nuit était déjà tombée. L'aéroport de Lod était illuminé, comme irréel. Tout semblait se dérouler dans un rêve. Les drapeaux égyptiens. L'avion présidentiel escorté par des avions militaires israéliens. L'atterrissage. On fait silence en soi-même. On a peur de respirer. Peur de se réveiller. On souhaite y croire. On veut être sûr que tout cela est vrai. La porte de l'avion s'ouvre. Est-ce vraiment Sadate, l'ennemi qui, quatre ans plus tôt, avait ordonné l'agression contre l'État juif, le jour le plus sacré de l'année, celui du Grand Pardon ? C'est lui. Il descend lentement, dignement, passe en revue la garde d'honneur. L'orchestre militaire joue les deux hymnes nationaux. Voilà Sadate qui salue Arik Sharon. Ezer Weizmann. Golda... A quoi pense-t-elle en cet instant ? Se souvient-elle de ce qu'elle m'a dit il n'y a pas si longtemps, sur son lit d'hôpital ? Qu'elle ne voudrait pas vivre le jour où Begin serait au pouvoir ? Eh bien, c'est Begin qui accueille le dirigeant et commandant ennemi pour conclure la paix avec lui. Begin l'homme de droite, et non pas elle, l'ancienne responsable d'un gouvernement de gauche...

Nous restons des heures à regarder les émissions en direct. Les grands reporters qui décrivent ce qu'ils voient sans avoir l'air de trop y croire. Les commentateurs qui, ne sachant quoi dire, se cachent derrière leur propre incrédulité. Je contemple les visages des gens que montre la télévision. Visages anonymes stupéfaits et recueillis. Je n'y détecte aucune haine, pas même de la suspicion.

L'avouerai-je ? Leur accueil m'émeut autant que l'arrivée de l'illustre visiteur. Après tout, il y a sans doute parmi eux des orphelins, des veuves, des parents endeuillés qui ont perdu leurs enfants ou leurs proches pendant la guerre du Kippour ; et pourtant, ils ne repoussent pas Sadate. Au contraire, ils le reçoivent comme un ami venu de loin, un frère qui a traversé des contrées dangereuses.

Je suis fier d'eux, touché par leur humanité ; je leur suis reconnaissant d'être le cœur de notre peuple.

Le lendemain : Sadate dans la vieille ville, Sadate entrant dans la mosquée El Aqsa, Sadate prononçant son discours à la Knesset…

J'admire son intuition, son courage, et je refuse de penser aux difficultés possibles, aux obstacles probables qui l'attendent, lui et ses interlocuteurs israéliens, sur la route de la réconciliation.

Qui nous apprendra à célébrer la paix, comme nos ancêtres ont glorifié la guerre ?

Rapide saut dans le futur : au milieu des années quatre-vingt, je demande à mon assistant, Alan Rosen, de chercher quelqu'un à l'université qui pourrait venir parler du Coran à nos élèves. Il me présente une jeune femme fervente : c'est la fille de Sadate, Camilla. Je deviens son directeur de thèse. Eh oui, l'histoire juive a beaucoup d'imagination…

Revenons en arrière. L'année 1977 a mal commencé. En janvier, le gouvernement français a libéré le terroriste palestinien Abou Daoud avant qu'Israël ait pu engager une procédure d'extradition. Dans le monde entier, le scandale a provoqué une vague de protestations sans précédent. Jamais la France n'avait été mise en cause à ce point. En Amérique, des voix réclamaient le boycottage de ses produits. Avec l'appui financier de quelques amis, je fis paraître une page publicitaire dans le *New York Times* sous forme d'une lettre ouverte à M. Valéry Giscard d'Estaing, président de la République française :

> Monsieur le Président,
>
> C'est parce que j'aime la France et respecte son peuple que je me sens obligé de vous exprimer ma tristesse et mon indignation – partagées par de nombreux Américains – devant la manière dont vous avez agi dans l'affaire Abou Daoud. Bien que né en Europe

de l'Est, je dois à la France plus qu'à mon pays natal. Je lui dois mon éducation laïque, ma langue et ma vocation d'écrivain.
Libéré de Buchenwald, c'est en France que j'ai trouvé compassion et humanité. C'est en France que j'ai trouvé générosité et amitié. C'est en France que j'ai découvert l'autre côté, le côté lumineux de l'homme.
J'étais fier de la France.
La France représentait à mes yeux les valeurs suprêmes de l'humanité dans une société stérile et cynique. Elle évoquait Rousseau et Bergson, Proust et Zola, Camus et Mauriac. Elle symbolisait une quête inspirée par la justice et la fraternité. En France, me disais-je, l'humanisme ne fait pas rire.
Eh oui, j'étais fier de la France.
La France, patrie des révolutions contre la tyrannie. La France, alliée de l'Indépendance américaine. La France, héraut des droits de l'homme. La France, refuge pour les persécutés. La France et ses combattants de la liberté. La France et la Résistance. La France et sa réponse à Dreyfus. Aucune nation n'a joui d'un tel prestige. Aucune culture n'a été si vite acceptée. Aucun exemple n'a été aussi universellement célébré.
Et maintenant, Monsieur le Président ?
Qu'est-il advenu de la France ?
Son leadership moral a disparu, et sa gloire est assombrie aux yeux des hommes de conscience. En fait, peu de pays ont perdu tant de prestige en si peu de temps. Qu'est-il advenu de la France ?
Elle a trahi ses propres traditions.
La France est devenue aussi cynique que le reste du monde.
Pourquoi votre gouvernement a-t-il libéré Abou Daoud ?
Et pourquoi avec tant de hâte ?
Il a menti sous serment sur son identité.
Pourquoi ne l'a-t-on pas gardé le temps nécessaire pour que l'Allemagne ou Israël fournisse les preuves de sa culpabilité ?
Pourquoi lui a-t-on permis de quitter Paris dans le confort d'un avion, en première, alors que onze athlètes israéliens avaient quitté Munich dans leur cercueil ?
Votre Premier ministre prétend que les tribunaux n'ont pas été motivés par des considérations politiques. Y a-t-il quelqu'un, dans votre propre pays, qui y croit ?
Pas dans le mien.
Dans mon pays, nous croyons que, tout simplement et de façon choquante, la France a cédé au chantage des tueurs, à l'argent des marchands de pétrole, et à l'opportunité de vendre des avions de combat. En le faisant, la France a consciemment humilié les veuves et les orphelins des victimes et elle a insulté la mémoire de leurs morts.
Êtes-vous surpris que le monde vous ait répondu par le dédain et l'outrage ?

Votre peuple lui-même s'est élevé contre vous.
Parce que, tout en ayant visité Auschwitz, vous en avez ignoré les leçons.
En vérité, il fallait s'y attendre. Récemment, les signes s'étaient multipliés.
Déclarations offensantes. Remarques ironiques. Revirements politiques. Alliances bizarres. Promesses trahies. Embargos unilatéraux. L'affaire de Cherbourg. La vente des Mirages. Les gouvernements français ont rarement manqué une occasion de démontrer leur hostilité envers Israël et le peuple juif.
Pour des raisons idéologiques ?
Pire : pour de l'argent.
Eh oui, Monsieur le Président : autrefois j'étais fier de la France et de ce qu'elle incarnait.
Je ne le suis plus.

Écrite dans la fièvre, cette lettre comportait une erreur regrettable due à la négligence d'un documentaliste de l'Anti Defamation League : c'est à tort que je reprochais à la France de s'être abstenue aux Nations unies lors du vote sur la résolution infâme comparant le sionisme au racisme. Je l'ai vite corrigée dans les publications ultérieures : la France avait voté contre cette résolution.

… En 1993, sur un vol Paris-New York ; je suis assis à côté de l'ancien président de la République française. Il me demande ce que je prépare ; je lui réponds : un livre de Mémoires. Et j'ajoute : « D'ailleurs, certaines pages risquent de vous déplaire. » Il veut savoir pourquoi. Je prononce le nom d'Abou Daoud. « Il faut que vous me laissiez vous expliquer, répond-il… Nous étions prêts à l'extrader… En Allemagne, puisque c'est là-bas qu'il avait commis son crime… Mais Bonn n'en voulait pas… »

… Fin 1995, la presse américaine rapporte qu'Abou Daoud a vendu ses Mémoires au prix fort. Il y admet avoir participé à l'assassinat des athlètes israéliens à Munich.

Et mon « œuvre » là-dedans ? J'écris, j'écris tous les matins. Je prends des notes, je continue mon journal intime. Je trouve le temps. Je dors moins. Je lis beaucoup. En avion, en voiture. Je lis les livres qui paraissent en France, en Amérique. Peu de grands romans. En revanche, de très bons essais sur l'histoire contemporaine, surtout sur Vichy. Les nouveaux philosophes. La déconstruction en littérature. La sémiotique. Des penseurs s'interrogent sur leur pensée. Manque de simplicité chez certains, trop de visibilité chez d'autres.

L'écriture, les cours, les conférences : je me sens pris dans l'engrenage et n'arrive que difficilement à en sortir. Chaque soir, chaque matin, je me dis : le danger est dans la dispersion ; demain je serai plus prudent, plus économe de mon temps. Et chaque jour je recommence.

Écrire devient plus difficile, plus épuisant. Plus critique aussi. J'ai besoin de solitude. De silence. Je prends mieux conscience des pièges que les mots recèlent. Ce sont toujours les mêmes questions, les mêmes doutes : comment exprimer ce qui échappe à toute parole ? Comment savoir si les mots transmettent une vérité qui ne peut que les étouffer ? Je gomme, je réécris, je remplis la poubelle de versions récusées, maudites. Saurai-je être assez lucide pour comprendre quand la source sera tarie ? Sans cesse, je recommence la page, cinq fois, dix fois, pour, à la fin, ne conserver que le premier jet. Mais, pour le conserver, il m'a fallu me débarrasser des autres.

« J'ai détesté la vie, dit l'Ecclésiaste... car tout est vanité. J'ai détesté, je déteste tout mon travail que j'accomplis sous le soleil ; je le céderai à celui qui me survivra... » Et pourtant. Qohéleth, si désespéré de toute entreprise humaine, éprouva le besoin d'écrire, donc de se sentir vivre, pour dire sa haine de la vie. Peut-on dire le silence autrement que par des mots ? Et la mémoire, peut-on la conserver autrement que par le témoignage ?

Combien de printemps me reste-t-il encore avant le long hiver ? Combien de tentatives avant la terreur de la chute ?

La littérature comme nécessité impérieuse de traduire un sentiment d'épouvante, d'émerveillement, de remords ou d'extase, traverse aujourd'hui une crise indéniablement grave. Certes, on l'a clamé dans les revues de tous les pays, on a même diagnostiqué sa mort, mais cette fois c'est sérieux : nous savons situer le mal, la cassure.

Quand l'homme assiste à l'aliénation de sa langue, quand la parole et son contenu ne vont plus de pair, quand – pour citer le Rabbi Israël de Rizhin – la parabole et le sens de la parabole n'ont plus rien en commun, cela révèle qu'une porte a été refermée : la littérature, comme possibilité de salut ou de survie, ou simplement comme moyen d'introspection, n'est plus ce qu'elle était. Le sera-t-elle à nouveau ? Et quand ?

Esthétique ou éthique, de quel domaine le projet littéraire relève-t-il ? Question aussi vieille que la littérature elle-même, sinon plus vieille encore : la conscience précède l'expression, le silence précède la parole. En composant un chant pour le Shabbat, à en croire le Midrash, Adam faisait déjà de la littérature. Mais Ève ne l'a-t-elle pas devancé en lui racontant des histoires sur le fruit défendu et le serpent ? Ce qui est certain, c'est que ce couple, le premier de l'Histoire, ouvrit la voie aux futurs créateurs : à leur tour, ils ne pourraient échapper aux impératifs éthiques. L'accès à la connaissance oblige l'homme à choisir le bien ou le mal, la vie ou le néant. Moïse – qui fut aussi grand écrivain que législateur – dit à son frère Aaron de se tenir *« béin hakhayim vehamétim »* (entre les vivants et les morts), et la mort recula. C'est lui qui les sépara. L'écrivain crée un lien entre les vivants et les morts ; il les protège les uns des autres.

Un écrivain qui raconte une histoire ne peut s'en détacher : il est responsable de son devenir. Jérémie se sent coupable de la destruction du Temple : il n'est pas sûr d'avoir su employer les mots appropriés pour changer les hommes et révoquer le décret.

A New York, au Centre culturel juif, le YMHA, je continue mes quatre cycles de conférences annuelles (commencés en 1966), consacrés à la Bible, au Talmud, au hassidisme et, en général, à la tradition juive.

Je me rappelle mes débuts. Il y avait deux conférenciers au programme : la romancière Jean Sheppard pour la première partie, moi pour la seconde. Ceux qui étaient venus l'applaudir, elle, étaient les plus nombreux : ils s'en allèrent à l'entracte. Tant pis, me dis-je pour me donner du courage, tout en comptant les quelques amis et inconnus éparpillés dans l'auditorium désagréablement clairsemé : on ne m'invitera plus.

Tout au fond de moi-même, je le regrettais. Car ce centre compte parmi les plus prestigieux de la ville. Les sommités de la vie culturelle y ont fait des prestations. Je n'en ferai pas partie ; soit, tournons la page.

Résigné, je monte sur scène. Je m'assieds. Je lis en français une page des *Juifs du silence* : y a-t-il des francophones dans la salle ?

Qu'importe, ils ne resteront sans doute pas jusqu'à la fin. Je lis et commente en anglais un passage de *La Ville de la chance*. Dieu, faites que ce supplice ne se prolonge pas trop ! J'ai hâte de conclure. Pour illustrer mon goût du silence, j'évoque Beethoven dont on a dit qu'il composait non seulement ses symphonies, mais aussi le silence qui les suivait.

Ouf, c'est fini.

Erreur : cela ne fait que commencer. En 1996, je fêterai ma trentième année au YMHA. Cent vingt conférences en tout, jamais deux fois la même.

Mais ne galopons pas trop. Nous sommes encore au tournant des deux décennies. Je voyage plus qu'avant. Pas trop, mais assez pour m'épuiser, m'instruire et me procurer les revenus complémentaires dont notre ménage a besoin. Discours pour des communautés, lectures et leçons dans des universités. Beaucoup d'apparitions en public. Leçons pour le CUEJ au centre Rachi (le meilleur centre culturel juif d'Europe) et à la Sorbonne : je ne minimise point mon émotion de faire un cours sur Rabbi Nahman ou Elisha ben Abouya dans l'amphithéâtre où, autrefois, j'écoutais mes professeurs avec avidité. Chaque invitation me rend perplexe : pourquoi tient-on à ce que je vienne ici ou là ? Qu'ai-je donc à dire à tous ces inconnus ? C'est moi qui parle, et c'est un autre qu'on écoute. Malgré mon expérience, je n'arrive pas à me débarrasser du trac. Je fais de mon mieux pour le dissimuler, mais cela n'arrange pas mes migraines. Je continue. Apparemment, l'intervention orale vaut ici plus que la page écrite. Avant chaque communication, je me répète la parole des Anciens que le regretté Saul Lieberman aimait citer : « Il faut trois ans à l'homme pour apprendre à parler, et soixante-dix pour apprendre à se taire. »

De combien de mots dispose un homme avant de prononcer le dernier ?

> Un homme qui se croit mort et l'ombre qui le rattache à la vie :
> – Tu te souviens ?
> – *Bien sûr, je me souviens.*
> – De tout ?
> – *Tout est un grand mot. Aucun être humain n'est capable de tout absorber. Sa mémoire éclaterait.*
> – Donc, tu choisis ?
> – *Oui, je choisis. Un visage, un cri.*

– Et les autres ?
– Je leur dis que…
– Tu leur dis quoi ?
– Que je suis trop faible pour…
– Tu n'as pas honte ?
– Si j'ai honte.
– Tu n'as pas peur ?
– Si j'ai peur.
– Alors, change !
– Trop tard pour changer.
– Les morts seuls ne changent pas.
– Justement.
– Regarde-moi.
– Je te regarde.
– Ai-je changé, moi ?
– Non, tu n'as pas changé.
– Donc, c'est un mort que tu vois.
– Oui, un mort.
– Moi aussi. C'est un mort que je vois. Un mort qui regarde un mort, c'est bien nous.

– Tu n'es pas un peu fou ?
– Possible.
– Tu es jeune et tu t'exprimes comme un vieillard.
– Les jeunes adorent ça, avoir l'air vieux. Ainsi ils sont assez jeunes pour jouir de l'existence, et assez âgés pour dénoncer la vanité de la jouissance.
– Et pourtant.
– Pourtant quoi ?
– Comme toi, j'ai connu des jeunes qui n'étaient plus jeunes et des vieillards qui n'avaient pas 10 ans.
– Tu veux que je me mette à pleurer ?
– Non, ce n'est pas ce que je veux.
– Alors, que veux-tu ?
– Que tu cesses de me regarder.

ACTION ET ACTUALITÉ

En rêve, je cherche mon père qui ne cherche plus personne. Je le vois adossé au mur du cimetière. Il m'aperçoit et se met à pleurer. Faiblement. Comme l'enfant qu'il devient. Il s'approche et met sa tête sur mes genoux.
L'aube se lève. Au loin, quelques fantômes sortent des abris. « Viens, dis-je à mon père, suivons-les. » Ils nous conduisent dans la grande synagogue illuminée. Un inconnu nous précède et éteint les bougies. Maintenant il fait noir. Je ne sais plus où je suis. « Père, lui dis-je à voix basse, où es-tu ? » Il aspire l'air frais du cimetière et se courbe comme pour regarder la terre battue. Je ne vois plus son visage. Pourtant je sais qui il est. Mais je ne sais plus qui je suis.

L'écrivain juif face à l'action : tel est le thème du *Testament d'un poète juif assassiné*. Roman vécu ? *Bildungsroman* ? Non : mon héros, Paltiel Kossover, le poète juif communiste, n'est pas moi. Dois-je le répéter ? Je n'ai jamais été attiré par le communisme. Je n'ai jamais été soldat de l'Armée rouge. Ni prisonnier du NKVD. Mais le destin de Paltiel m'a happé en 1965, lors de mon premier voyage en URSS, et m'a tenu en haleine jusqu'en 1979. Autrement dit : il m'a continuellement interpellé pendant quatorze ans. Je voulais comprendre ses métamorphoses : comment un jeune talmudiste s'est-il réveillé un beau matin disciple fervent de Marx et Lénine ? Dans ce roman, l'Holocauste est quasi absent : une demi-page où je décris Paltiel traversant Majdanek. Est-ce là qu'il est redevenu juif ? A-t-il jamais cessé de l'être ? De lui, je dis : il a vécu communiste, mais il est mort juif.

Ce roman, j'y tiens particulièrement. Je me fais peut-être des illusions, mais je crois y avoir creusé profondément l'âme et la conscience du Juif refoulé ou exilé vers les confins du judaïsme.

Pour brosser le portrait de Paltiel Kossover, je me suis vaguement inspiré du poète yiddish Peretz Markish et du romancier yiddish Der Nister – tous deux exécutés en août 1952 sur ordre de Staline.

Un jour, après une conférence sur Rabbi Akiba à l'université de Genève, un jeune professeur, auteur d'un ouvrage remarquable sur *Érasme et les Juifs*, m'aborde timidement : « J'ai lu votre roman... Vous avez donc connu mon père... » C'est Shimon Markish, le fils de Peretz. Il a identifié le personnage de Paltiel Kossover. Ému, je lui réponds : « Je suis désolé. Je connais et j'admire l'œuvre de votre père, mais je n'ai pas eu la chance de le rencontrer... » Nous passerons des heures à bavarder. Il confirme tout ce que mon imagination a pu produire sur les conflits intérieurs auxquels un écrivain juif assoiffé de justice devait être confronté dans une société dominée par la fatalité de l'injustice.

Peu à peu, je cède aux exigences et aux turbulences de l'actualité. J'adhère à divers comités qui militent pour les droits de l'homme, combattent le racisme et l'antisémitisme, s'opposent à l'intolérance religieuse ou sociale. Le Juif en moi privilégie sans doute le soutien des communautés juives persécutées et des intérêts d'Israël. Mais, comme je le déclarerai lors de la cérémonie de remise du Nobel, si les problèmes juifs sont pour moi une priorité, celle-ci n'est pas exclusive. Situation piégée : d'un côté, on essaie de ne pas se disperser ; de l'autre, on trouve difficile de faire le tri entre les causes à défendre. Trop de prisons sont encombrées de prisonniers politiques. Trop de peuples souffrent de la faim et de maladies. Comment dire non à ceux qui s'efforcent de les secourir ? Réunions et rassemblements en faveur de minorités ethniques et religieuses. Pétitions et discours pour la défense de victimes innocentes sur les cinq continents. Le mot d'ordre qui gouverne mon existence : « *Lo taamod al dam réakha...* – Ne reste pas insensible au sang versé par ton semblable » (Nombres 19, 16). Ce commandement, il faut aussi le lire au sens figuré. En toutes circonstances, l'indifférence me culpabilise. Ne pas prendre position est déjà une prise de position, disait Camus. Moïse s'est redécouvert juif – et homme – en défendant un Hébreu battu d'abord par un Égyptien et ensuite par un autre Hébreu. S'il était resté spectateur neutre, il ne serait pas devenu le prophète de Dieu et le chef de son peuple.

Combien de manifestations pour les Juifs russes y a-t-il eu, vers la fin des années soixante, à la Mutualité ? J'y vais chaque fois qu'on m'invite. J'irais n'importe où pour eux : mon temps leur appartient. Un soir, j'aperçois sur un pupitre le message qu'un étudiant anonyme a laissé en 1968 à l'intention de l'auteur de *L'Être et le Néant* : « Sartre, sois bref ! » J'ignore si Sartre avait obtempéré ; moi qui aime toujours terminer avant l'heure, je me jure de ne pas être trop long. Je dis simplement que les jeunes Juifs de Moscou sont fous, tout à fait fous : pensent-ils vraiment, avec leurs chants et leurs danses, vaincre la dictature soviétique ? Et nous, en France comme aux États-Unis, pensons-nous sérieusement avoir la force d'infléchir la politique de Léonide Brejnev ? Sommes-nous inexcusablement inconscients ou simplement naïfs ? Parfois je me dis que le grand Moïse Maïmonide avait raison : le monde subsiste grâce aux fous. Aussi, merci Seigneur d'avoir donné à l'homme la soif et le goût de la folie.

Dans la salle, un étudiant est impressionné par mon cri, « Ils sont fous, les jeunes Juifs de Moscou ! ». Raphy Marciano deviendra directeur du centre Rachi et du plus grand centre communautaire de Paris.

La libération des Juifs russes est donc devenue la cause la plus urgente à épouser. Eux seulement ? J'avoue que mon point faible c'est… les Juifs, en général. Qu'ils répètent deux fois ou cinq fois avoir « besoin » de moi, et je fléchis. Pourtant, tout au fond de mon être, je sais que c'est faux ; je sais qu'eux-mêmes en sont conscients. Ce qu'ils me disent, pour me flatter ou me persuader, ils l'ont dit, ils le diront à d'autres. Je discute, j'invente des excuses obscures et compliquées, mais à la fin j'abdique. C'est plus facile. Cela prend moins de temps.

Présidée par André Lwoff et Raymond Aron (mais préparée et organisée par Meir Rosenne, le futur ambassadeur d'Israël à Paris puis à Washington, et Me Robert Parienti, de l'institut Weizmann), une grande réunion se tient à Paris pour protester contre l'Unesco qui pratique une politique de discrimination et d'exclusion à l'égard d'Israël. Le violoniste Isaac Stern, l'ancien ministre Abba Eban, le pianiste Arthur Rubinstein, l'écrivain Manès Sperber, le romancier péruvien Mario Vargas Llosa, le père Halvar Rieber-

Mohn et Lars Langslet d'Oslo, ainsi que des délégués d'une vingtaine de pays, y participent. Ambiance surchauffée. Écrivains et scientifiques, venus des horizons culturels les plus divers, sont outrés qu'une organisation internationale à vocation culturelle puisse trahir les idéaux qu'elle est censée servir.

Lorsque arrive mon tour de prendre la parole, je lance une idée saugrenue mais « pragmatique » qui, entre deux phrases peu originales, vient de surgir dans mon esprit : « Adoptons une résolution solennelle, ici et maintenant, déclarant que le groupe que nous représentons se substitue à l'Unesco dans tous ses droits et privilèges. » J'explique d'un air faussement assuré : « Puisque les vrais scientifiques sont avec nous, les grands écrivains aussi, les musiciens sûrement, cela ne signifie-t-il pas que l'Unesco c'est nous ? » J'ajoute : « Les États-Unis traversent une campagne électorale difficile ; il sera aisé pour nous d'obtenir du Congrès de transférer à notre groupe le budget qu'il refuse d'accorder à l'Unesco… »

Je plaisantais. Mais certains participants m'ont pris au sérieux. Eban intervient : il s'oppose à mon plan pour des raisons de politique étrangère. D'autres demandent à réfléchir. Raymond Aron m'accoste dans le couloir : « Vous tenez vraiment à faire cela ? Mais nous ne sommes pas équipés pour ce genre d'activités… » Je le rassure. Il me remercie en riant. Une heure plus tard, coup de fil d'un ami ou associé du directeur général de l'Unesco, M. M'Bo : « Ne vous précipitez surtout pas dans une aventure qui risque de nous ruiner… Négocions… Cela s'arrangera… » Je me jure que pour rien au monde je ne ferai de la politique : on ne peut plus rire ; les idées les plus farfelues, on les pèse comme de l'or pur…

Le même groupe d'intellectuels organisera plus tard une réunion pour sauver les Juifs de certains pays arabes. Avec les mêmes participants. Et les mêmes arguments. Je demande à Raymond Aron : « Alors, on recommence ? » Il répond : « Non. On continue. Puisque ceux d'en face recommencent… »

Une intervention qui m'a laissé un goût amer. Elle concerne Abraham Sarfati. Au début des années quatre-vingt, Tahar Ben Jelloun me demande d'user de mon influence aux États-Unis en faveur de ce prisonnier politique juif et communiste que le roi du Maroc refuse de libérer. J'en parle à l'entourage du président Jimmy Carter, à des sénateurs, à des journalistes amis ; leurs efforts sont vains. Rabat s'obstine à ne pas vouloir alléger les souffrances de Sarfati. Je n'ai donc rien à voir dans sa libération tardive en 1991. Je m'en suis néanmoins réjoui. Je ne partageais guère ses convictions politiques, son idéal n'est pas le mien, mais je l'admirais, lui, pour sa ténacité et pour sa force de caractère. Peu de temps après, j'ai lu sa déclaration (éditions Arcantère) sur Israël et le sionisme. Il y écrivait : « Israël et le peuple juif sont un État et un peuple mythiques. La gauche occidentale se fait des illusions : il faut combattre le sionisme pour arriver à la paix. »

Eussé-je connu ses positions anti-israéliennes, aurais-je essayé de faire jouer mes relations à Washington en sa faveur ? J'espère ne pas me mentir à moi-même en répondant oui. Tout en moi s'insurge contre la vindicte, contre l'opprobre, contre l'arbitraire. Que je sois d'accord ou non avec l'idéologie de Sarfati n'a rien à voir avec le devoir de lutter contre l'atteinte flagrante à ses droits d'homme.

Mais je suis malgré tout un peu déçu.

Le 18e jour du mois juif de Shvat de cette année 1980, je me trouvais dans le village poussiéreux et bruyant d'Aranyaprathet, à la frontière entre Thaïlande et Cambodge, et je cherchais désespérément neuf Juifs. C'est que ce jour marque l'anniversaire de la mort de mon père. Il me fallait donc dix hommes (un *minyan*) pour réciter le kaddish à sa mémoire.

J'étais arrivé quelques jours auparavant pour prendre part à une marche pour la survie du Cambodge organisée par l'International Rescue Committee (le Comité international de secours) et d'autres associations humanitaires.

Une centaine d'hommes et de femmes représentaient les États-Unis et l'Europe. Il y avait là des intellectuels, des parlementaires, des militants des droits de l'homme (Bayard Rustin), des vedettes (Liv Ulman, toujours généreuse, et Joan Baez, toujours active) et des journalistes, d'innombrables journalistes : comment deviner qui pourrait m'aider à résoudre « mon » problème ?

J'eus envie de consulter mon ami des camps, reb Menashe Klein, le décisionnaire de Brooklyn : que fait-on en pareil cas ? A-t-on le droit de différer la prière ? Il m'aurait répondu : « Qu'es-tu allé chercher dans un pays si lointain, le jour où tu devais te rendre à la synagogue ? »

Je le connais, reb Menashe. Pour lui, une prière juive ou une page de Mishna ont priorité sur tout le reste.

Ma justification : quand des êtres humains souffrent, je n'ai pas le droit d'être ailleurs. Comment aurais-je pu refuser de me rendre là où les malheureux réfugiés des massacres cambodgiens mouraient de faim et de maladies ? Je les avais vus à la télévision : des squelettes aux yeux sombres et fous de terreur. Tous avaient laissé derrière eux parents, frères ou enfants, morts sous la torture ou en prison. Je les scrutais et je voyais la trace que leurs tortionnaires fanatisés avaient imprimée dans leurs regards. Pol Pot et ses complices de l'Angkar comptaient ramener l'Histoire au point zéro, et ce sont des innocents qui en payaient le prix.

Peu de tragédies, peu de crimes ont produit pareille répulsion dans le monde occidental de l'après-guerre. Les atrocités commises par les Khmers rouges sur leurs propres frères avaient franchi un nouveau degré dans les annales sanglantes du communisme. Au nom d'une idéologie perverse prétendument progressiste, un pays tout entier s'était transformé en abattoir aux portes verrouillées.

Les rescapés ? Hébétés, ils fixaient les caméras, comme s'ils se demandaient s'ils étaient encore en vie. Dans chaque frémissement de leurs corps, je lisais la faim, le désespoir, la résignation. Combien de semaines s'étaient-elles écoulées depuis qu'ils se traînaient devant leurs bourreaux, exténués, battus, humiliés, pensant ne jamais plus se relever ?

« Pourquoi êtes-vous ici ? » m'interrogea Henry Kamm, ancien réfugié d'Autriche, prix Pulitzer et correspondant célèbre du *New York Times*, mettant l'accent sur le « vous ». Nul besoin de répondre à sa question rhétorique, il savait qu'un Juif comme moi, ou comme lui, avec son expérience et sa mémoire, ne pouvait pas rester chez lui alors que cette masse humaine réclamait du secours. On me dira : quand moi et les miens avions besoin de secours, nul ne s'est dérangé pour nous tendre la main… C'est vrai. Et pourtant. Je renverse l'argument. Je le dis à Henry : c'est parce que personne n'est venu vers nous que je me devais de venir ici, moi. Et d'essayer d'aider ces victimes des bombardiers américains, des fusils vietnamiens et, mille fois plus, et plus cruellement, de leurs propres frères pour qui l'enseignement de Pol Pot remplaçait celui de Moïse, de Jésus, de Mahomet et de Bouddha. C'est le Juif en moi qui, depuis la découverte des fosses communes au Cambodge, éprouvait le besoin de dire aux rescapés que nous les comprenions, que nous essayions de partager leur peine : nous comprenions leur détresse car, malgré la différence ontologique entre leur tragédie et celle de ma génération – je le répéterai jusqu'à la fin de mes jours : l'Holocauste peut servir de repère, non d'analogie –, la leur nous rappelait une époque où nous, Juifs, nous heurtions à un mur plus haut, à une indifférence plus épaisse, plus générale...

Me voici donc en Thaïlande, face au Cambodge toujours verrouillé, faisant halte à Aranyaprathet, avec des hommes et des femmes de bonne volonté, cherchant à nourrir, à guérir, à consoler – et moi, je m'efforce de réunir un *minyan* car, de tous les jours de l'année, celui-ci, le 18e jour du mois de Shvat, est pour moi chargé d'une signification et de souvenirs qui ne peuvent pas être partagés.

Année après année, je me suis souvent heurté à des obstacles à la fois objectifs et psychologiques chaque fois que je devais réciter le kaddish. Je me disais : comment un homme peut-il sanctifier le Nom du Seigneur, alors qu'il appartient encore au royaume des morts ? Ce Nom, mérite-t-il de le prononcer, et le Juge de l'entendre ? Plus intensément que jamais, en ce jour-là, je me remémore mon père, ses traits déformés par la douleur et l'angoisse. Je revois d'autres pères, d'autres enfants, je les vois tandis qu'ils s'envolent vers les cieux béants comme des tombes renversées, et je me demande : qui dit le kaddish pour eux ?

Finalement, non sans difficulté, je réussis à réunir les neuf hommes dont j'avais besoin pour improviser un office : Henry Kamm, le rabbin Marc Tanenbaum, le romancier sépharade Guy Suarès, le jeune philosophe Bernard-Henri Lévy, quelques médecins israéliens... Au milieu du brouhaha, à quelques pas de la frontière cambodgienne, nous disons la prière de Minha. D'une voix tremblante, je récite le kaddish.

Soudain, j'entends derrière moi un médecin encore jeune qui répète après moi les mêmes paroles, sanctifiant et glorifiant le Nom majestueux empli d'immensité et de sainteté. Il a les larmes aux yeux, ce jeune Juif. L'office achevé, je lui demande :

« Pour qui dites-vous la prière des morts ? »

Il me regarde sans répondre.

« Est-ce pour votre père ?

– Non.

– Pour votre mère ?

– Non plus. »

Il devient rêveur et son bras s'étend du côté de la frontière cambodgienne :

« C'est pour eux. »

En moi-même, je paraphrase un Sage talmudique : « Sois fier, Abraham, fier de tes descendants. Regarde : ils n'oublient personne. »

Mission de sauvetage à la frontière du Nicaragua : il s'agit de rencontrer les Indiens Miskitos, expulsés de leurs foyers par le régime de Daniel Ortega, les derniers oubliés d'une société pratiquant une politique d'apathie et de solidarité sélective.

Pas facile d'aller jusqu'à eux. C'est loin, compliqué et épuisant. Pas de liaison directe : le vol New York-Tegucigalpa fait escale à Miami. A la demande de John Silber (de l'université de Boston), le professeur Joachim Maître m'accompagne ; il connaît la région et les gens à voir. Entretiens avec des diplomates étrangers. Rencontres secrètes dans la capitale du Honduras, dans la pénombre de restaurants plus ou moins louches, avec des représentants de la résistance Miskito. Puis traversée de la jungle en canoë ou en kayak (moi qui suis désorienté dans mon propre quartier, moi qui ne sais pas nager)…

Pourquoi le régime communisant a-t-il déraciné ces Indiens doux et inoffensifs ? Parce qu'ils vivaient trop près de la frontière ? Était-ce une raison pour les arracher à leur environnement naturel et culturel ? Pire : pourquoi tant de militants des droits de l'homme choisissent-ils de détourner leur regard ? Parce que Daniel Ortega est violemment antiaméricain, donc anti-impérialiste, anticolonialiste, donc intouchable ?

Les Indiens Miskitos ont malgré tout réussi à émouvoir quelques journalistes et intellectuels de gauche en Europe et en Amérique. A leur tour, ceux-ci font pression sur leurs gouvernements. J'en parle à François Mitterrand, il écoute bien. Si bien que le régime finit par les ramener dans leurs foyers.

– Elle est belle, la prière du kaddish, pas vrai ?

– *Très belle. Elle est le chant juif du souvenir.*

– Tu le récites parce que tu aimes chanter ou parce que tu aimes te souvenir ?
– *Les deux.*
– Réciter le kaddish, c'est se souvenir qu'on vient de quelque part ; qu'on n'est pas issu du néant.
– *Je sais d'où je viens ; et à qui je dois ma vie.*
– Tu récites le kaddish pour te souvenir de ton père ?
– *Pas seulement de mon père.*
– C'est par besoin de te soumettre que tu récites le kaddish ?
– *Je ne considère pas le kaddish comme une soumission. Et puis, je ne suis pas soumis.*
– Le kaddish n'est-il pas lié à la mort ? Et la mort n'est-elle pas une soumission ?
– *Je te le répète : le kaddish n'a rien à voir avec la mort.*
– Avec Dieu seulement ?
– *Avec ses orphelins aussi.*
– Qui sont-ils ?
– *Nous l'étions ; vous l'êtes encore.*
– Et Dieu ? Orphelin, lui aussi ?
– *Lui surtout.*

Mes activités extra-littéraires m'occupent de plus en plus et sapent mon énergie, mais je ne me reconnais pas le droit de m'y dérober. Certes, j'ai moins de temps à consacrer à mes romans mais, même pour les « gens du livre », il y a des choses plus importantes que les livres. Je m'en explique en 1982, en renonçant à participer à un colloque pourtant proche de mes préoccupations. Organisé par deux professeurs de psychiatrie en Israël, Shammaï Davidson et Israël Czarny, le colloque sur le génocide que j'étais censé présider devait s'ouvrir début juin à Tel-Aviv. Tout était prêt. Des chercheurs et des historiens de plusieurs continents avaient accepté notre invitation. Parmi eux, des Arméniens. Après tout, ils avaient des idées sur ce sujet qui les touchait de près. Comment oublier le massacre de leurs parents et grands-parents par l'armée turque ? Seulement, au dernier moment, nous butons sur une difficulté majeure. Sous la pression du gouvernement turc, des hauts fonctionnaires israéliens me conseillent d'abord, me demandent ensuite d'annuler l'invitation faite aux Arméniens. Je refuse. Ce serait les humilier, je suis contre : humilier, c'est blasphémer, c'est profaner et s'abaisser, c'est s'arroger des droits qui aveuglent au lieu d'éclairer. Dieu Lui-même n'humilie pas ses créatures, même quand Il les châtie. Mais la pression s'accentue. On me fait comprendre que si un seul Arménien prend part à la conférence, les relations israélo-turques en seront affectées. Et des Juifs en subiront les conséquences dans certains pays arabes. Et même en Turquie : des émissaires juifs d'Istanbul me le confirment personnellement. On me montre des documents qui le laissent entendre. Je trouve la conduite du gouvernement turc inqualifiable, mais je maintiens mon refus d'offenser la dignité des invités arméniens et finis par démissionner de la présidence. Interrogé par un correspondant du *New York Times*, je lui réponds : « Une vie humaine, n'importe laquelle, vaut plus que tous les ouvrages traitant de la vie humaine. »

La guerre du Liban éclate une semaine avant l'ouverture du colloque. Je suggère alors à ses organisateurs de le transférer à Paris ou Amsterdam. Mais les Arméniens ? me demandent-ils. On compte sur leur présence, bien sûr. Du moment que le colloque n'a plus lieu en Israël, le gouvernement de Jérusalem ne pourra plus s'en mêler. Pour des raisons techniques et surtout économiques, ma suggestion n'est pas retenue. La conférence se tient comme prévu. Mais de nombreux invités ne s'y sont pas rendus.

Pour une fois, mon engagement s'est marqué dans l'inaction. J'en retire une impression d'échec. Ai-je bien agi en ne résistant pas avec plus de vigueur à la pression israélienne ? Mais les menaces turques ? Un doute pointe en moi : les exigences éthiques du Juif en Diaspora ne sont pas nécessairement celles du Juif en Israël. Alors qu'ils sont déjà séparés, vont-ils un jour se dresser l'un contre l'autre ?

La guerre du Liban suscite à travers le monde un rare climat de haine à l'égard d'Israël. De passage à Paris, vers la mi-juin (donc bien avant les massacres de Sabra et Chatila), je suis invité au journal de 13 heures d'Antenne 2. C'est Monique Atlan, chargée des affaires culturelles sur cette chaîne, qui l'a suggéré. Pour exiger davantage d'objectivité. Pour établir un équilibre face au matraquage anti-israélien dans les médias. J'essaie. Je dis : Pourquoi n'évoque-t-on jamais la tristesse d'Israël, la tristesse en Israël ? Mais je sens que le message ne passe pas. En quittant le plateau, un reporter barbu m'aborde d'un air courroucé : « Aujourd'hui, dit-il, tu n'aurais pas dû… » Je ne comprends pas : je n'aurais pas dû… quoi ? « Tu n'aurais pas dû défendre Israël. Ton devoir, aujourd'hui, c'était de dénoncer Israël et ses agissements en épousant la cause de ses victimes arabes ! » En 1967, ce journaliste – Julien

Besançon – était considéré comme un ami fidèle et un admirateur d'Israël ; il avait écrit un très beau reportage sur la guerre des Six Jours...

En Amérique aussi, la campagne contre Israël est bruyante et lapidaire. Arthur Hertzberg, rabbin conservateur qui n'a jamais pardonné aux Juifs américains de ne pas l'avoir couronné roi, publie la veille du Kippour une attaque violente dans le *New York Times* : « *Begin must go* – Begin doit s'en aller. » Procureur et juge, il a vite prononcé la condamnation du Premier ministre – le futur prix Nobel de la paix – et d'Israël. Comme si c'était l'armée israélienne qui avait perpétré le massacre des Palestiniens...

Chez nos ennemis traditionnels, c'est la fête. Ils exploitent le siège de Beyrouth à leurs propres fins. Attentats à la bombe contre la synagogue de Copenhague, diffusion des *Protocoles des Sages de Sion* à Stockholm, commentaires antijuifs dans une certaine presse allemande : Hitler est mort, mais l'antisémitisme reste bien vivant. Naturellement, il subit des évolutions. Jadis, il fleurissait dans les rangs de l'extrême droite réactionnaire ; de nos jours, il sévit jusqu'au sein de l'extrême gauche. Ainsi des gens que rien ne rapproche s'unissent dans la haine du Juif.

Pourtant, après la Seconde Guerre mondiale, nous étions nombreux à penser sérieusement que l'antisémitisme était mort avec ses victimes à Auschwitz. Nous étions naïfs. Nous avions tort. L'antisémitisme a bel et bien ressuscité. Il ne cesse de s'épanouir. Déguisé ou à visage découvert, il porte son poison le plus loin possible. Ici, il se déclare antisioniste, là anti-israélien. Ailleurs, il lance ses croisades contre la mémoire juive, c'est-à-dire contre l'Holocauste et ses victimes. Comment expliquer l'alliance de haine qui se noue aujourd'hui entre les négationnistes et un Roger Garaudy ? Ce personnage, depuis toujours attiré par le fanatisme, ne se gêne pas pour publier aux éditions de La Vieille Taupe un pamphlet qui fait honte aux religions qu'il a abandonnées. Intégriste communiste sous Staline, le voilà antisémite chez les militants du mensonge, les négationnistes d'Auschwitz.

L'antisémite mène des activités multiples et variées. Il hait les Juifs dans leur ensemble, et chacun en particulier. Après l'affaire Bitburg (voir p. 349), j'ai reçu un courrier volumineux. Maintes lettres de félicitations. Mais aussi des récriminations et des avertissements haineux, du genre : Les Juifs sont impertinents, arrogants ; il est temps de leur infliger une leçon. Quelques menaces étaient signées. Noms et adresses. Leurs auteurs voulaient que je sache ce qu'ils pensaient de moi et de mes activités, et ce qu'ils comptaient faire aux miens : « On vous attrapera tous... Hitler a eu tort de ne pas finir sa tâche... Nous la finirons pour lui. » Un grand hebdomadaire allemand insistait sur « le pouvoir juif » en Amérique. Une romancière française publia dans un mensuel parisien un article intitulé : « Les Juifs m'embêtent » – en fait, elle employa un terme plus grossier, mais le sens reste le même.

Cela prouve quoi ? Que la société est malade ? L'antisémitisme a toujours servi de baromètre moral. La haine du Juif n'est jamais limitée au Juif seul : elle le déborde et vise les autres minorités. On commence par haïr le Juif, on finit par détester ceux qui sont différents, qui viennent d'ailleurs, qui pensent autrement et suivent une autre voie. C'est pourquoi l'antisémitisme ne concerne pas les Juifs seuls ; il affecte l'ensemble de la société où nous vivons.

Quiconque se montre indifférent à ce phénomène spécifique et maléfique, à ce mal à la fois social et philosophique, est indifférent au mal en général. Or, nous le savons : aujourd'hui l'indifférence n'est plus un péché ; elle est déjà un châtiment.

Et cela continue. Dans tous les établissements juifs, c'est le souci de la sécurité qui domine. Dans certaines villes, on ne peut plus entrer dans une synagogue qui ne soit pas « protégée ».

A l'heure où j'écris ces lignes, la marée antisémite ne cesse de monter. Soixante-cinq groupes racistes, plus ou moins puissants, répandent la haine aux États-Unis. Au Japon, les livres antisémites figurent sur les listes des meilleures ventes. En Autriche, Jorge Heider reste populaire. En Allemagne, les jeunes néonazis jubilent : les tribunaux allemands ont refusé de réhabiliter deux héros antinazis, le journaliste Karl von Ossietzky, prix Nobel de la paix en 1935, et le théologien protestant Dietrich Bonhoeffer, le premier emprisonné et le second assassiné par les SS. Dans l'ancienne URSS, c'est Jirinowski et sa bande qui hurlent slogans et menaces antijuifs. Dans la Russie de Boris Eltsine, son sauveur le général Lebed déclare qu'il n'y aura pas de place pour la religion juive dans sa patrie, et il s'en prend à un cosaque pour avoir « parlé comme un Juif, non comme un cosaque ». En Europe occidentale, la droite la plus réactionnaire devient politiquement respectable.

A part cela, tout va bien dans ce monde.

Pardon pour ce trait d'ironie qui vient de m'échapper. En quelques lieux, le monde se porte effectivement mieux. Prenons l'Afrique du Sud.

Je me souviens de mon voyage là-bas, en 1975. Mes premières rencontres avec l'Apartheid. La haine raciale et raciste. Les arrestations arbitraires. Les tueries quotidiennes. La volonté maléfique d'emprisonner des tribus, des peuples tout entiers en raison de leur couleur. La misère de Soweto. Avais-je espéré un miracle ? Non. Je me disais que les miracles ne pouvaient naître ou fleurir sous l'Apartheid. La haine nie les miracles. En Afrique du Sud, me disais-je, la haine incendie les cœurs. Peut-être est-ce le crime originel de l'Apartheid : avoir légitimé la haine au nom d'un axiome insensé : la supériorité raciale. Haïr, en régime d'apartheid, ne constitue pas une violation de la loi ; haïr est la loi. Or, une fois déchaînée, la haine ne connaît plus de barrières. La haine appelle la haine. La haine tue l'humain en l'homme avant de le tuer.

Eh oui, l'Afrique du Sud était une contrée dénuée d'espérance. Les émeutes. La répression. Les enterrements : ces familles immenses qui, avec une dignité ancestrale bouleversante, portaient leurs morts en terre en les accompagnant de leurs chants funèbres et de gestes d'hommes libres. Et les policiers armés, haineux, qui les entouraient – n'avaient-ils donc aucun respect, aucune décence devant une communauté endeuillée ?

Certes, dans de nombreuses villes, des hommes et des femmes de bonne volonté trouvaient cette cruauté policière intolérable. A la solidarité des oppresseurs, ils opposaient celle des victimes. Et ils proclamaient leur conviction que la résistance à l'humiliation devait être plus forte que l'humiliation. Et que les pourchassés avaient besoin de nous, car leur liberté dépendait de la nôtre. Mais le contraire n'était pas moins vrai : notre liberté dépendait de la leur.

... En cette année 1996, je reconnais que j'avais tort de céder au pessimisme. Mais qui pouvait prévoir le miracle accompli par Nelson Mandela et Frédéric De Klerk ? Ils nous rendent fiers d'appartenir à la famille humaine. Le monde de demain, celui de nos enfants, leur devra beaucoup.

Et maintenant, parlons des enfants, voulez-vous ?

Tout ce que j'ai écrit, tout ce que j'ai écrit de vrai, depuis mon adolescence, tourne autour du thème qui m'émeut et m'inspire le plus : celui des enfants. C'est que le monde, notre monde à nous, s'est rendu coupable à leur égard. En laissant le tueur accomplir son œuvre néfaste contre eux, la société s'est privée de la fécondité de leur avenir.

Durant l'Holocauste, les enfants juifs étaient les premiers à souffrir, à subir faim et dénuement ; ils étaient les premiers à partir vers une destination inconnue. Était-ce parce que l'ennemi les jugeait inutiles, de trop ? Était-il dérangé sinon effrayé par leur innocence ? Redoutait-il l'avenir qu'ils incarnaient et l'espérance qu'ils réclamaient ? Craignait-il leurs larmes, leurs silences ? Leur sagesse peut-être ?

L'ennemi allemand ne fut pas le premier à voir en eux ses cibles préférées. Tous les ennemis du peuple juif agirent de la même manière. Partout où des Juifs souffraient, leurs enfants souffraient davantage. Mais plus que jamais, et plus que les autres, ils connurent sous les nazis un sort qui, aujourd'hui encore, vous fendra le cœur, pour peu que vous y réfléchissiez.

Aujourd'hui aussi, c'est le malheur irréductible d'être enfant dans un monde tiraillé entre la violence et la drogue qui m'incite le plus à l'action. Chaque fois que je me suis mobilisé en faveur d'une cause, c'est toujours à un visage d'enfant que je le devais. Le Biafra, les *boat people*, la Bosnie : je ne résistais pas à l'appel muet de leurs enfants émaciés, ravagés, torturés.

Pour le père, l'enfant incarne son avenir, sa part d'immortalité. Il arrive qu'il représente aussi son passé. En contemplant son fils, c'est lui-même qu'il revoit.

Combien d'enfants ont-ils péri récemment dans les conflits et les guerres ? Les adultes se battaient entre eux, et ce sont les enfants qui se faisaient tuer.

Des chercheurs ont établi des statistiques effrayantes sur la mortalité des enfants : un enfant par minute.

Pourquoi l'homme ne parvient-il pas à voir en chaque enfant le sien ?

Un autre sujet qui ne me lâche plus : l'exclu, le refoulé, l'homme marginalisé et indésirable. Quelle devrait être notre attitude envers l'étranger, l'exilé, le réfugié ?

En 1985, une première conférence s'est tenue en Arizona pour étudier le statut de l'asile politique ou du « sanctuaire » que certains réclament pour les « réfugiés économiques » illégaux venant du Salvador et du Guatemala. A Washington, une conférence sur les Réfugiés a traité du problème en général. De tous, je me sens proche. Je suis resté trop longtemps apatride pour ne pas être concerné par le sort des sans-patrie. Même recueilli, même sauvé, le réfugié reste à jamais déraciné.

Pour le réfugié, les distances ne signifient rien. On peut habiter à un kilomètre de la frontière, et c'est plus loin que le bout du monde : de ce côté-ci, en temps de guerre, on jouit de la vie et du bonheur, tandis que de l'autre on est guetté par la mort. Ici, c'est le temps, là c'est l'espace, qui atteint des dimensions absolues. Pour le réfugié, *tout* est différent ; le chemin le plus court n'est pas la ligne droite ; seul est court le chemin de la misère et de la prison. Voilà pourquoi je me range de son côté. Position éthique que je revendique. Le Juif en moi adhère à la communauté des errants, des sans-abri, des proscrits. De ceux qui sont en quête d'un sanctuaire.

La notion de sanctuaire a changé au cours des âges. Dans la Bible, le terme utilisé est *« ir miklat »* ou : la cité de refuge. Mais ses habitants n'ont rien à voir avec ceux qui, de nos jours, auraient besoin d'un asile. En ce temps-là, seul l'homme qui s'était rendu coupable d'un homicide involontaire y trouvait refuge ; là, le bras du vengeur éventuel ne pouvait l'atteindre.

Aujourd'hui, le réfugié appartient à un autre genre. Il n'a pas versé le sang de son semblable. Au contraire : c'est lui dont le sang est versé, lui qui cherche à fuir la violence, la discrimination et l'emprisonnement. Plus innocent que les policiers qui le traquent, il renonce à une société où le meurtre est quotidien. Il mérite donc d'être accueilli dans le sanctuaire. La tradition dont je me réclame situe le sanctuaire non en l'espace mais en l'homme. En clair : le sanctuaire n'est pas une structure urbaine ou architecturale ; c'est un être humain vivant. Tout être humain – homme, femme ou enfant – est un sanctuaire car Dieu y réside. Et nul n'a le droit de le violer.

Dans certains pays, on appelle les réfugiés des « illégaux ». Ce terme est offensant. Un être humain n'est jamais illégal. Ses actes peuvent l'être, pas son essence.

Qu'est-ce qui caractérise le réfugié ? Autrefois, le mot avait une résonance profondément humaine. C'est qu'il y a « refuge » dans réfugié. Et refuge signifiait maison chaleureuse, foyer accueillant, hospitalier. Le vagabond y trouvait bonheur, fraternité et surtout protection. Mais « réfugié », de nos jours, c'est négatif, péjoratif. Privé de patrie, le réfugié est un intrus.

Peut-on espérer que ce siècle, avant de s'éteindre, mettra fin à cette catégorie sociale et politique ? Imaginons une communauté humaine sans réfugiés, sans déracinés, sans exilés : construction utopique de l'esprit ?

Le sanctuaire humain est un être qui rêve son humanité. A l'intérieur, tout est simple : chacun s'y trouve à cause de chacun.

Rêvons du jour où la Terre entière deviendra un sanctuaire.

Une autre préoccupation : le terrorisme. Pour sauver la démocratie, il faut y mettre fin. Tout le monde est d'accord là-dessus. Terreur et démocratie sont incompatibles. Le terrorisme, c'est le mal. Ceux qui le pratiquent ne se gênent d'ailleurs pas pour le clamer à voix haute. Pour eux, c'est un mal nécessaire. La fin qui justifie les moyens, comme on dit. Une malédiction indispensable et qui n'aura qu'un temps. Pendant la Révolution française, le régime de la terreur ne dura pas un an et ceux qui la firent régner en furent les ultimes victimes. Est-ce à dire que l'aboutissement de la terreur ne peut qu'être violent ? Que la terreur seule peut en finir avec la terreur ?

Mais au fait, qu'est-ce que la terreur ? Pyramide renversée, est-ce le règne exclusif de la force ? C'est le règne de la peur.

Ce gouvernement des hommes par la peur peut répondre à une certaine logique, et cette logique peut paraître rigoureuse, désintéressée ; elle peut même s'imprégner de spiritualité : Torquemada était un chrétien pieux, entièrement dévoué à Dieu, vivant à l'écart des jouissances terrestres. Quant à Robespierre, ne l'appelait-on pas « l'Incorruptible » ?

En fait, la terreur n'a qu'un but : réduire l'adversaire à l'état d'esclave ou d'objet. L'adversaire seulement ? La terreur vise le citoyen anonyme autant que le rival politique. Son but est d'empêcher le citoyen (rival ou opposant potentiel) de choisir, et de se choisir ; de l'effrayer au point de tuer en lui ce qu'il possède de plus précieux : sa soif et sa vision de la liberté.

La terreur n'aspire pas à convaincre mais à dominer, à subjuguer, à écraser. Déesse omniprésente, omnisciente et omnipotente, rien ne lui échappe, nul ne lui résiste. Ses yeux voient tout, ses oreilles captent tout, son intelligence croit deviner le non-dit, déchiffrer le non-écrit. Tout citoyen devient un accusé en puissance, un coupable bientôt condamné. Pour le mettre au pas, le terroriste s'autoproclame tout à la fois législateur et interprète de la loi, procureur, juge et bourreau. Se servant de la mort, il se met au service de la mort : tous deux deviennent inséparables. Car, comme César mais contrairement aux rois, il veut être craint plus qu'aimé. Son arme devient son but : la peur.

S'il réussit, il sera le seul être vivant dans son pays. Les autres seront des marionnettes. Par peur, on ne fera rien qui risque de lui déplaire. Par peur, on ne s'opposera pas, pas même en pensée, à sa façon d'agir et de penser. Par conséquent, dans son pays, il n'y aura plus ni variété ni diversité ; il n'y aura plus de liberté. L'inspiration du poète et de l'artiste, la vision rédemptrice du mystique auront disparu.

En régime terroriste, l'homme n'est plus création unique aux possibilités infinies, donc aux choix illimités, mais chiffre ou pantin, à cette différence près que les chiffres et les pantins sont imperméables à la peur.

Mais alors, comment expliquer l'attrait que la terreur exerce sur certains esprits ? Est-ce par goût du pouvoir ? Par désir de vengeance ? Qu'il y ait, ici ou là, un élément romantique dans l'aventure terroriste, je veux bien le croire. Souvenons-nous des révolutionnaires russes du début du siècle. Des anarchistes. Des nihilistes. A Petrograd, les révolutionnaires voulaient faire peur au tsar en assassinant ses représentants.

Mais... Dostoïevski et Camus ont déjà travaillé sur ce « mais ». Le gouverneur, cible de l'attentat, se rendait à la messe avec ses enfants. Alors, pour ne pas tuer un enfant, les terroristes remirent l'attentat à plus tard.

Comme les choses ont changé ! Désormais, les terroristes du Hamas préfèrent attaquer des innocents sans défense, des enfants. Les détournements d'avions, l'assassinat des écoliers de Maalot, les attentats contre des bus à Jérusalem, le meurtre du vieux professeur Menahem Stern... Et, ailleurs, la terreur sanglante : en Inde, au Sri Lanka, au Liban, en Irlande... Le but est le même : semer la peur et faire triompher le désespoir.

Au Moyen-Orient, le but des terroristes est de saboter la paix. Un jour, un tribunal international devra les inculper et les condamner non seulement pour avoir assassiné des innocents, mais pour avoir commis des « crimes contre la paix », pour employer les termes du tribunal de Nuremberg.

Je relis ces lignes en juillet 1996 et j'ai envie d'évoquer l'assassinat de mon ami de longue date Yitzhak Rabin, Premier ministre d'Israël, par un fanatique de l'extrême droite religieuse. Par son crime, ce dernier s'est exclu de la communauté d'Israël. Mais Rabin n'était pas l'unique cible de sa haine. Israël le fut aussi.

Nous soumettre à la terreur, c'est abdiquer nos droits à la vie, à la joie, à la surprise, au bonheur, à la confiance en l'inconnu. Accepter son emprise, c'est la renforcer. Pour la combattre, il suffit de se défaire de notre peur.

Pas facile ? Mais indispensable. Et urgent. Attendre est dangereux. La terreur a un pouvoir paralysant. Voilà sa stratégie : paralyser les forces de vie, la puissance de l'imagination et la volonté démocratique d'un peuple pour lui faire perdre ou oublier le goût du rêve et celui de la liberté, le plus beau, le plus exalté des rêves.

Un péril plus grand que le déracinement social menace nos contemporains : l'anéantissement nucléaire, qui serait une sorte de déracinement à l'échelle planétaire. On ne peut, de nos jours, parler de souffrance ou de terreur, de mal et de malheur sans évoquer les démons destructeurs libérés à Hiroshima. Déclaration d'allégeance aux Verts ? Non. Ce mouvement s'est discrédité, à mon avis, en refusant de protester contre l'incendie des puits de pétrole koweïtiens par les forces de Saddam Hussein lorsqu'elles évacuèrent la « dix-neuvième province » irakienne, en restant indifférent devant le plus grand désastre écologique de l'Histoire.

Puisons dans notre vocabulaire deux noms à faire peur : Auschwitz et Hiroshima. L'un évoque la fin de l'humanité, l'autre l'apocalypse de la planète. Et tous deux symbolisent la malédiction qui, cinquante ans après, continue de peser sur nous. Désormais, nous vivrons dans l'angoisse, sachant que l'impossible est malheureusement devenu possible. On a libéré le mal et rien ne semble pouvoir le freiner. Auschwitz et Hiroshima : quand l'un rattrapera l'autre, ce sera l'aboutissement de l'aventure humaine dans l'Histoire.

Pourtant, là encore, il ne faudrait pas les comparer ni les confondre. Souvent on le fait, et on le fait à la légère. Un homme d'État comme Shimon Peres n'a pas hésité à parler des « deux holocaustes » de notre siècle : Auschwitz et Hiroshima. Il n'aurait pas dû. Hiroshima fut une décision cruelle et même inhumaine, mais elle faisait partie d'une riposte à l'agression japonaise et d'une stratégie militaire globale ; elle était intrinsèquement liée à la guerre du Pacifique. Auschwitz fut conçu comme une opération ayant sa propre justification. Certes, les camps de la mort avaient été érigés pendant la guerre, mais leur fonctionnement en était indépendant. On peut même dire avec certitude que, sur un plan strictement militaire, Auschwitz nuisait à l'effort de guerre nazi. Les milliers de soldats employés dans les camps de concentration auraient été, pour Adolf Hitler, plus utiles sur le front. Les trains qui amenaient des Juifs de tous les coins de l'Europe occupée, la Wehrmacht en avait besoin pour le transport de ses troupes. La Solution finale fut pour Hitler une priorité absolue qui était enracinée dans sa philosophie perverse et néfaste plus que dans sa stratégie militaire.

Sur le plan symbolique, Auschwitz implique le passé tandis que Hiroshima annonce l'avenir. C'est Auschwitz qui a rendu Hiroshima possible. Dans l'Allemagne hitlérienne, des criminels avaient décidé d'exterminer un peuple tout entier et le monde les laissa faire, fournissant la preuve que l'horreur et la cruauté ne connaissaient pas de limites. Or, pourquoi ce qui était vrai hier ne le serait-il pas demain ?

A la fois fin et commencement, Auschwitz marque un tournant dans l'Histoire. Hiroshima aussi. La bombe qui anéantit Hiroshima est devenue une sorte de divinité ; on l'écrit avec une majuscule : la Bombe. Son ombre enveloppe toute la planète. Face à elle, il n'existe point de lieu où s'abriter. Ainsi, née grâce à la découverte du feu, la civilisation risque de périr dans le feu. Et, comme l'affirme un philosophe contemporain, malheur à nous qui avons découvert l'arme absolue, mais pas la vérité absolue.

La tragédie juive d'Auschwitz a affecté l'humanité tout entière mais ce n'est qu'après Hiroshima que nous en avons pris conscience. En ce sens, on peut penser aujourd'hui que le monde entier est (métaphoriquement) devenu juif. Autrement dit, il y a désormais fusion totale entre la condition juive et la condition humaine.

Pendant deux mille ans, le peuple juif a vécu dans l'incertitude ; maintenant, tous les peuples, partout, vivent dans l'incertitude. Depuis deux mille ans, dans la plupart des pays, le peuple juif a été soumis au bon plaisir ou au caprice des potentats ; aujourd'hui, tous les hommes, partout, dépendent du caprice d'un dictateur tenant à son pouvoir ou de celui d'un malfaiteur affamé d'argent.

Le démon nucléaire grandit et prolifère de manière telle que notre seule chance de salut tient à ceci : malgré les apparences, l'humanité refuse de mourir. Il faut donc la maintenir en éveil. La sensibiliser. Lui dire que, cette fois encore, l'indifférence ne peut que servir la mort. Pour rompre l'indifférence, pour protester contre elle, nous n'avons qu'à nous souvenir d'Auschwitz. C'est l'indifférence qui a permis à Auschwitz d'exister et de fonctionner.

Auschwitz et Hiroshima : deux noms qui font peur. C'est bien ainsi. C'est bien qu'ils fassent peur.

Cette peur nous sauvera.

Peut-être.

En 1987, Marion m'accompagne à Hiroshima. Aux officiels japonais présents, je dis : « Je vous promets que Hiroshima restera dans nos mémoires. Mais vous, en échange, n'oubliez pas Pearl Harbor. » Pourquoi sont-ils choqués ? Ne savent-ils pas qu'une mémoire sélective est nécessairement falsifiée ?

Du musée de cette ville hantée, j'emporte cette image : une ombre sur un escalier de pierre. Une femme allait entrer dans une banque au moment de l'explosion. Son corps calciné se dissipa. Seule son ombre resta, comme étendue sur la pierre. Or, si par mégarde nous commettons une erreur de calcul, le même sort peut parfaitement nous attendre, tous. Et nous risquons de ne pas même laisser une ombre sur la planète vidée de vie.

Pourquoi les grands de ce monde n'ont-ils pas convoqué un sommet nucléaire à Hiroshima ? La jeunesse, partout, aurait applaudi l'urgence politique de ce geste. A Hiroshima, on ne prononce pas des mots en l'air. A Hiroshima, on n'est pas dupe. La vérité de Hiroshima est incontournable à Hiroshima.

Nous y rencontrons des *hibiskos*, des survivants du premier bombardement nucléaire de l'Histoire. Hommes et femmes à la mémoire ravagée, à l'âme blessée. J'interroge un vieillard : « Où étiez-vous pendant que… » Oh, pas loin. Rien n'est loin de l'épicentre. Et pourtant, « être un peu loin », c'était avoir de la chance. De la chance ?… « Et vous, madame, où étiez-vous pendant que… » Elle était chez elle, avec ses enfants qui lui furent arrachés par un volcan de cendres. La tristesse des *hibiskos*, je la reconnais. Leur détermination aussi. Tous sont engagés dans le combat contre les armes atomiques. Comme eux, je sens peser la menace. Trop de fusées, de missiles et de bombes encombrent trop d'arsenaux. Comment s'immuniser contre un Tchernobyl militaire ? Comment empêcher les petits pays de se doter d'un armement que les grandes puissances elles-mêmes devraient jeter à la mer ?

En coopération avec le journal *Asahi Shimbun*, la fondation qui porte mon nom a organisé un colloque international à Hiroshima en décembre 1995. Trois jours de débats intenses réunirent une cinquantaine d'hommes politiques et de penseurs sur le thème : « L'avenir de l'espérance ».

La question demeure ouverte.

Le 5 mars 1985, je suis invité à déposer devant le comité des Affaires étrangères du Sénat américain qui débat sur la ratification de la convention du Génocide. Le dossier traînait depuis des années, et les États-Unis, au contraire de la plupart des nations, n'avaient pas encore ratifié ce traité.

Ce jour-là, j'étais plein d'appréhension. Je songeais au passé et à ses ombres. Combien de fois ce comité avait-il siégé pour enquêter sur la tragédie des Juifs européens dont le sort ne dérangeait personne ?

Mais il y avait autre chose. Apprenant que Jesse Helms présidait la séance, j'eus envie de faire demi-tour et de regagner New York. En effet, ce sénateur sudiste et moi avons apparemment peu d'idées en commun. De plus, j'avais remarqué que, pendant les premières interventions, il écoutait à peine. Et lorsqu'il me présenta au comité, je me rendis compte qu'il n'arrivait pas à me situer. Il lut un texte anodin mais élogieux, manifestement préparé par ses collaborateurs : tout sonnait faux, même mon nom.

Et soudain, à la surprise générale, il se mit à écouter – et ce fut ma récompense.

Je plaidai pour la ratification. Mettre le génocide hors la loi signifierait une affirmation de notre foi non seulement dans la Loi, mais aussi en la foi. Nous le devions à nos enfants. Il dépendait de nous qu'ils n'aient pas à affronter les blessures qui traversaient nos cauchemars.

J'ajoutai que je me rendais parfaitement compte que la convention ne nous ramènerait pas nos morts. Pour eux, il était trop tard. Mais, au moins, en la signant nous nous en souviendrions. Or ne pas s'en souvenir serait les trahir. Si nous les oublions, nous aussi serons oubliés.

Une fois signée et ratifiée, la convention sur le Génocide deviendrait non seulement un acte de justice mais aussi, et surtout, un acte solennel et noble au service de la mémoire. Certes, je n'imaginais pas que cette convention serait capable à elle seule d'empêcher un futur génocide. Ma naïveté a des limites. Mais je savais que refuser de la ratifier constituerait un signal maléfique pour ceux qui rêvent peut-être d'un nouveau génocide contre telle ou telle communauté humaine.

Le sénateur Helms resta un long moment silencieux. Puis il sembla sortir de sa méditation. Et il me remercia d'une manière tellement flatteuse que toute la salle lui prêta attention. Était-ce parce qu'il venait d'écouter un Juif s'exprimer en tant que juif ? Ou la manifestation de la courtoisie dont le Sud continue à s'enorgueillir ? Comment savoir ?... Après ma déposition, lui et d'autres membres du comité (le démocrate Christopher Dood du Connecticut, le républicain Rudy Boschwitz du Minnesota) me soumirent à un interrogatoire amical mais serré. Helms : « Ne craignez-vous pas que les ennemis de l'État d'Israël ne l'accusent un jour de pratiquer le génocide à l'égard des Palestiniens ? » Réponse : « J'accepte le pari. J'ai confiance en Israël. » A la fin de mon intervention, Jesse Helms interrompit brièvement la séance et se leva pour me raccompagner jusqu'à la porte. L'assistance n'en revenait pas.

Décembre 1995 à Buenos Aires : un petit rassemblement au centre de la capitale, face à l'immeuble des tribunaux. Des dizaines d'hommes et de femmes s'y réunissent toutes les semaines, photographies et bougies allumées à la main, pour réclamer justice. Ou simplement pour pleurer. Ce sont les parents des victimes juives des attentats terroristes d'il y a quelques années. A les voir ainsi, exprimant une mélancolie délicate mêlée de colère, à savoir qu'ils viennent ici semaine après semaine, on ne peut que leur exprimer notre solidarité. « Comment cela se fait-il que les assassins soient toujours en liberté ? » Le juge d'instruction chargé du dossier déclare connaître leur identité, mais les preuves lui font défaut. Le président Carlos Menem invoque difficultés objectives et obstacles divers. Il essaie d'expliquer, mais il n'est pas convaincant.

Et sur une place publique de la capitale argentine, devant l'entrée du tribunal, des mères et des pères viennent regarder du côté des juges pour les empêcher d'oublier.

J'ai envie de leur dire : il faut savoir mettre fin au deuil, la loi juive nous l'ordonne. Mais je ne sais pas comment m'y prendre.

Ils pleurent et je prie Dieu d'envoyer un ange pour recueillir leurs larmes.

Rançon de ce qu'on appelle, plutôt bêtement, la renommée, je dispose de moins de temps pour la réflexion et l'écriture – la suite de mes *Célébrations*, et un roman dont le héros souffre de la maladie d'Alzheimer. Changer de vie, de numéro de téléphone, établir une nouvelle échelle de priorités… Pas facile. Ne pas se sentir concerné par les maux dont souffre l'homme autour de soi et au loin, c'est se reconnaître irresponsable. Ou mort. N'est pas mort celui qui ne ressent pas une blessure dans son corps, mais celui qui n'éprouve pas la douleur infligée à autrui. Or l'écrivain ressent cette douleur-là. Il n'a pas besoin d'aller au bout du monde pour en témoigner. Il le fait par ses écrits. Donc ? Réorganiser mon existence ? Vivre enfermé ? En reclus ? Essayons. Dormir moins. Limiter les déplacements. Apprendre à dire non. Résolutions nobles, vertueuses. Enfantines surtout. Elles me font rire.

LA GUERRE DU GOLFE

C'est avec Sigmund Strochlitz que je me rendis en janvier 1991 en Israël dans l'attente de la guerre des missiles.

Déclenché en août 1990 avec l'invasion irakienne du Koweït, le conflit du Golfe tenait les grandes puissances en haleine. « La mère de toutes les batailles », dont Saddam Hussein ne cessait de prédire l'issue, aurait-elle lieu ? Si oui, elle serait sûrement dévastatrice. On le pensait à Washington et à Paris ; on l'envisageait à Jérusalem. L'Irak possédait une armée puissante et bien équipée, la plus grande, la plus éprouvée et la mieux entraînée du monde arabe. N'avait-elle pas infligé à l'Iran une défaite dont les ayatollahs avaient du mal à se relever ? On la disait dotée d'armes nucléaires et sûrement d'armes biochimiques. Et Israël, là-dedans ? Théoriquement, l'État juif ne jouait aucun rôle dans ce conflit interarabe. Mais pratiquement, Saddam Hussein en avait fait sa première cible et ne s'en cachait pas. En cas de guerre, disait-il, la moitié d'Israël périra dans l'incendie. Le monde, comme on dit, le laisserait-il faire ? Israël se méfiait et, devant le danger, ne comptait que sur sa propre force.

Les événements du Golfe sont à peine mentionnés dans les diverses interventions entendues au cours du colloque sur « L'anatomie de la haine » (voir p. 501) tenu fin août à Oslo. Est-ce parce que les participants refusaient de voir le lien entre haine et politique ? J'écoute attentivement les discours de Jimmy Carter, Vaclav Havel, Nelson Mandela et François Mitterrand : à l'exception de ce dernier, les orateurs ne se montrent pas trop préoccupés par la menace que Saddam Hussein fait peser sur l'avenir des hommes. Comment expliquer leur optimisme exagéré ?

Le dictateur irakien fou est capable de tout. Le président George Bush en est conscient, ses alliés européens et soviétiques aussi. Les premiers soldats américains débarquent dans le désert saoudien. Aux Nations unies, le Conseil de sécurité adopte résolution sur résolution, exigeant l'évacuation immédiate du territoire koweïtien par l'armée irakienne. Saddam Hussein s'en moque. Pour le tueur de Bagdad, le chapitre est clos. Rien ne le rouvrira. Les plaidoyers des uns, les arguments des autres, les avertissements et les menaces ne sont que vaines paroles.

L'ultimatum du président Bush et du Conseil de sécurité laisse sceptique Henry Kissinger que je retrouve fin décembre à Saint-Domingue. Selon lui, il n'y aura pas d'intervention militaire. George Bush ne bougera pas. Il connaît Washington, Kissinger. Il le connaît mieux que n'importe qui. Il sait prévoir, prédire. Amer Moussa, l'ambassadeur égyptien aux Nations unies, est d'un avis contraire : la guerre aura lieu, il le faut ; il faut battre Saddam Hussein ; il ne s'agit pas seulement d'aider le Koweït, il s'agit de protéger le monde arabe tout entier…

Quoi qu'il arrive, on ne peut que s'inquiéter. Pour tout le monde. Si Saddam Hussein s'en sort grâce à ses ruses diplomatiques et à la faiblesse des grandes puissances, il sera un nouveau Salah el Din, le chef incontesté de l'Islam. En revanche, s'il y a la guerre… La guerre, même utile, n'est jamais bonne. Pour les Américains de l'après-Viêt-nam, de toutes les solutions, elle est la moins souhaitable.

En Israël, pour le moment, on s'attend à… On ne sait pas à quoi. Saddam Hussein n'a encore rien fait contre l'État juif, mais c'est un hors-la-loi, capable des pires bassesses. Il compte sur la lâcheté du monde. S'il a pu impunément employer le gaz pour assassiner des milliers de Kurdes en 1988, qu'est-ce qui l'empêcherait de s'en servir contre les Israéliens ?

Le 12 janvier au soir, Sigmund et moi prenons donc le vol d'El Al pour Tel-Aviv.

En débarquant, nous croisons les voyageurs, nombreux, qui décampent. Comment expliquer la présence d'Israéliens parmi les touristes qui, le front bas, décident de rentrer chez eux ? Par la panique ? Est-ce l'appréhension qui les pousse ? On peut tout dire des Israéliens, sauf qu'ils sont lâches. En 1956, 1967 et 1973, ils accouraient de Paris, Londres et Bangkok pour réintégrer leurs unités combattantes. En quoi cette guerre sera-t-elle donc différente de celles qui l'ont précédée ? Serait-ce la peur du gaz ? Ici, on est habitué au péril que représentent les tanks, les avions, les canons. Le gaz, c'est autre chose. Il évoque un passé assez récent et son horreur pèse de tout son poids dans les esprits.

Cette visite en Israël reste parmi celles que je n'oublierai pas de sitôt. Je n'oublierai pas les nuits d'angoisse et les aubes d'incertitude : la guerre confère une dimension transcendantale au temps dont chaque soubresaut secoue les blessures anciennes de la mémoire.

Nervosité compréhensible des uns, calme surprenant des autres. Mon neveu, le capitaine Steve Jackson, médecin militaire de la légendaire division Golani, m'explique tranquillement au téléphone pourquoi nous ne pourrons pas nous voir cette fois-ci : il appartient à une unité d'élite qui est en état d'alerte. Je vois les vieillards qui semblent interroger le ciel sur le sens d'une épreuve sans cesse renouvelée, les queues interminables devant les magasins, les voitures qui quittent Tel-Aviv pour Jérusalem, considérée comme plus « sûre » en cas d'attaque de missiles : les Irakiens ne détruiront tout de même pas l'un des lieux saints de l'Islam.

Un souvenir : je raconte au Premier ministre Yitzhak Shamir combien l'attente des Scuds est traumatisante pour des hommes hantés par le mot « gaz ». « Ayez confiance, me répond-il. Notre armée saura y parer. » Le lendemain, je rencontre son ministre de la Défense, Moshe Arens ; il me rassure en me donnant la même réponse. Pince-sans-rire, il ajoute : « Naturellement, si par hasard un Scud tombe sur votre tête, ce ne sera pas agréable. » Il organise pour moi une visite en zone militaire. Un officier de liaison nous conduit « quelque part ». Nous sommes reçus par un colonel de l'armée de l'air qui nous fait visiter sa base. Je bavarde avec ses collègues et ses subordonnés. Si Israël décide de riposter, ce sont ces hommes qui interviendront. Officiers, pilotes et techniciens, tous sont admirablement confiants : je me souviendrai de la profondeur simple et humaine de leur puissance ; en leur présence, plus encore qu'eux, je me sentais invincible.

On me fait monter dans un F-16. Prêt à décoller ? J'ai peur de bouger. Qu'arriverait-il si, par mégarde, j'appuyais sur un bouton un peu spécial ? « Il vaut mieux que vous ne le sachiez pas », dit un officier d'un ton calme qui m'impressionne. Dans sa Jeep, le colonel m'a expliqué le dispositif de protection et d'attaque dont il est responsable. Il est étonnant, ce colonel ; nulle trace de nervosité ni même d'impatience chez lui. Je lui demande : « Supposons qu'il y ait une alerte en ce moment même ; combien de temps vous faudrait-il pour rejoindre votre poste de commandement ? » Il jette un coup d'œil à sa montre : « Une minute et demie », dit-il. Nous déjeunons avec son état-major. Soudain, j'entends un échange insolite à l'extérieur. Quelqu'un veut entrer et le planton de la police militaire lui barre le passage : le réfectoire est réservé aux officiers supérieurs. « Mais, dit une voix, ce n'est pas pour manger… Je viens voir mon oncle. » C'est mon neveu, Steve. Je me précipite. Nous tombons dans les bras l'un de l'autre. Cette boule dans ma gorge… Ce genre de rencontre miraculeuse ne peut se produire qu'en Israël. « C'est par hasard que j'ai aperçu l'équipe de télévision, me dit Steve. J'ai demandé : c'est pour qui ? Pour un écrivain, m'a-t-on répondu. Son nom ? Oh, il s'appelle, il s'appelle… Et me voilà… » Et moi qui craignais de devoir quitter Israël sans l'avoir vu…

Non, je n'oublierai pas cette rencontre. Je pense à sa mère. Elle serait fière de son fils.

Je n'oublierai pas ce que j'ai vu et ressenti au cours de cette guerre en Israël. Les visages, jeunes et vieux, qui changeaient de couleur, devenant graves et recueillis dès que la radio lançait l'avertissement codé « Serpent, vipère », annonçant le début d'une alerte. Le hurlement âpre et amer des sirènes. L'écho des explosions, au loin. Les chambres étanches. L'expression d'horreur muette des hommes et des femmes qui venaient de revivre un cauchemar mal dissipé. Les enfants, je n'oublierai jamais les enfants avec leurs masques à gaz, et les plus petits dans leurs tentes protégées. Comme je n'oublierai pas le regard que leurs parents et grands-parents (certains ont connu l'univers maudit, *là-bas*) posaient sur eux : il reflétait un mélange de tristesse et de colère. Une question, toujours la même, me hantait : cela ne finira donc jamais ? L'histoire juive serait-elle condamnée à devoir toujours affronter la solitude et la mort ?

On le dit de toutes les guerres, mais celle du Golfe est vraiment différente des autres. Imposée par un ennemi cruel et cynique, elle se déroule à sens unique : Israël semble n'y point participer, du moins pas activement ni directement. Parce que les Américains et leurs alliés attaquent Bagdad, l'Irak bombarde Israël. Agression insensée, criminelle, absurde mais, venant de Saddam Hussein, cela ne surprend personne. Fait nouveau et incompréhensible : les missiles tombent et Tsahal encaisse sans réagir. La mort rôde alentour et les Israéliens se contentent de la fuir en s'enfermant chez eux. Politique de retenue plutôt que de fermeté ? Disons : politique de fermeté qui s'exprime par la retenue. Pour la première fois de son histoire, Israël cède à d'autres le soin de le défendre. Et la population ne proteste pas, bien au contraire. Oubliés, les conflits idéologiques d'hier. Effacées, les blessures d'amour-propre. Si l'on ne combat pas l'ennemi extérieur, on ne va tout de même pas se battre entre frères chez soi. Du coup, Israël gagne l'estime de la plupart des nations. Étrange : en 1967, on admirait Israël parce qu'il s'était battu ; à présent on l'aime parce qu'il ne se bat pas. Et qu'il ne répond pas aux provocations. Je pense à un roman d'Hemingway ; dans *Pour qui sonne le glas*, un vieux guérillero se fait insulter et, imperturbable, répète : « Je ne me laisserai pas provoquer. » Israël, à sa façon, semble lui faire écho. Déterminé, obstiné, il s'affiche volontairement comme non-combattant, non-violent. Il se lie les mains. Et les nations applaudissent. Combien de temps ce courant de sympathie durera-t-il ?

En général, je suis émerveillé par le comportement aimable et généreux des civils pendant les alertes. Est-ce parce que le danger rapproche les êtres ? Les gens sont courtois, chaleureux. On ne se pousse pas, on ne s'énerve pas. Pas de bousculades dans les escaliers. Personne ne se plaint parce qu'on est trop serré dans les ascenseurs. Pas de pleurs, pas d'hystérie. On dissimule son cafard comme on peut : on raconte des histoires drôles, on évoque des souvenirs, on récite des psaumes. La radio diffuse un programme de chants patriotiques et sentimentaux du temps de la Seconde Aliya. Partout, on nous salue, partout on nous dit merci. Un chauffeur de taxi refuse d'être payé. Au restaurant, on nous offre à boire. Dans le hall de l'hôtel, dans la rue, à la synagogue, amis et inconnus me serrent la main : « Merci, merci d'être venu ; merci d'être avec nous. » Chaque rencontre me secoue jusque dans les profondeurs de ma mémoire. En vérité, c'est moi qui devrais dire merci. Merci de ne pas me considérer comme un étranger, merci de m'accueillir comme un frère. Merci de me permettre de partager le sort commun.

C'est l'attente. L'angoisse individuelle et collective. Le gaz, est-ce pour cette fois ? Le soir, on a peur de s'endormir. Peur d'être réveillé par les alertes. Peur des mots « Serpent, vipère ». Peur de devoir s'habiller rapidement et regagner les pièces étanches. Peur de devoir utiliser les masques à gaz. Le mien, je ne sais pas le mettre. Trop maladroit. Chaque fois, quelqu'un – Claude Lanzmann, Jean Kahn, François Léotard, l'ancien grand rabbin de Strasbourg Max Warschawski – veut m'aider, sans grand succès, d'ailleurs. C'est à désespérer. Tant pis. Soyons fatalistes.

C'est ma cinquième alerte. J'ai manqué les premières en interrompant mon séjour pour participer à la campagne de collecte de fonds organisée à New York et dans le New Jersey par l'Appel juif unifié et les *Bonds* pour Israël. A mon retour, des amis me demandent pourquoi je ne suis pas resté aux États-Unis. Je ne sais pas quoi leur répondre. Que j'ai toujours considéré que ma place était auprès de nos frères menacés ? Que j'avais juré de toujours partager la solitude d'Israël ? Je n'aime pas les grandes phrases. Steve est content que je sois revenu. Mon cousin Eli Hollender aussi. « Viens à la maison, me dit-il. Viens dîner. Nous attendrons les Scuds ensemble. » Drôle d'invitation, drôle d'idée. Mais je comprends son insistance. Une image me revient : notre dernière fête de Soukkot ensemble. En 1943, avec sa famille, à Hust, dans la partie tchèque des Carpates. Nous étions proches ; nous le sommes toujours et il souhaite que nous le soyons davantage. J'accepte son invitation. Nous fixons un rendez-vous. A la dernière minute, je me décommande. Empêchement imprévu. Le soir même, chacun de son côté, nous écoutons à la radio les informations sur l'attaque des missiles qui vient de se déclencher. L'alerte passée, je téléphone à Marion pour la rassurer, puis j'appelle Eli afin de savoir si tout va bien ; pas de réponse. Le lendemain, même silence. Un mois plus tard, je reçois une lettre de lui dans laquelle il remercie Dieu de mon empêchement : « Si tu étais venu, nous serions restés chez nous au lieu d'aller passer la nuit chez nos enfants. Et qui sait ce qui nous serait arrivé… Un Scud est tombé sur notre maison et l'a entièrement démolie… C'est un miracle que tu ne sois pas venu… »

Nombreux sont ceux qui peuvent en dire autant. Les Scuds n'ont fait aucune victime. L'homme qui est mort à Bnei Brak ? Crise cardiaque. Ailleurs, une femme s'est enfermée dans une armoire et a récité des psaumes. La pièce s'est effondrée, mais l'armoire est restée intacte.

Plus miraculeux : les Scuds ne contenaient pas de gaz. C'était l'obsession de tous, le péril inconnu. L'agonie et la mort sous une forme nouvelle, atroce, monstrueuse.

« Et dire que ce sont des ingénieurs allemands qui ont fourni le gaz à Saddam Hussein », murmure une vieille femme. Je crois pouvoir deviner ce qu'elle pense, ce qu'elle voit. Un homme remarque : « Les Allemands, tout de même... Ils ont vendu le gaz à l'Irak et les masques à Israël... » La nuit est tombée sur l'hôtel King David à Jérusalem. Nous attendons la fin de l'alerte (quelques blessés, pas de morts). Je touche le bras de la vieille femme et lui dis : « Quel monde, hein ? » Elle hoche la tête : « Eh oui, quelle saloperie de monde. »

Qui s'intéresse encore à Israël en dehors d'Israël ? Les intellectuels libéraux, les humanistes, où sont leurs déclarations, leurs manifestes ? D'habitude, ils sont (heureusement) plus bruyants, plus éloquents et énergiques lorsqu'il s'agit de défendre les droits de l'homme. Le peuple d'Israël ne mérite-t-il pas le même engagement de leur part ?

Pourquoi n'organisent-ils pas réunions publiques et manifestations, pourquoi ne rassemblent-ils pas signatures et appuis prestigieux pour protester contre l'emploi criminel des missiles contre la population civile du pays non belligérant qu'est Israël ? Où sont les amis d'Israël ? Où sont les écologistes qui, à juste titre, s'émeuvent chaque fois qu'on met l'air, la mer ou la Terre en danger ? Je l'ai déjà dit : en incendiant les puits de pétrole du Koweït, Saddam Hussein a provoqué le pire désastre écologique de l'histoire moderne, et les militants écologistes ne hurlent pas au scandale ? Qu'on ne s'étonne pas que les Nations unies ou désunies n'aient pas bonne presse à Tel-Aviv.

Cette hostilité, même les Juifs américains et européens en sont parfois victimes. Elle apparaît dans certains journaux israéliens où des commentateurs bornés profitent de la guerre pour régler leurs comptes idéologiques ou personnels. Et s'ils sont peu nombreux, leur venin fait mal. Certes, ils admettent que la Diaspora rassemble des fonds (j'en sais quelque chose : la réunion à laquelle j'ai assisté dans le New Jersey a rapporté 3 millions de dollars ; et à New York on a réuni beaucoup plus d'argent), mais, à les entendre, Israël s'en passerait volontiers. Ils reprochent aux visiteurs d'avoir quitté le pays bien avant l'expiration de l'ultimatum. Un éditorialiste de *Davar* sermonne carrément les Juifs étrangers qui n'ont pas subi l'expérience des missiles en les traitant presque de mauvais Juifs. Des renégats ? Des sous-Juifs ? Eh bien, qu'ils restent chez eux, conclut l'éditorialiste de l'organe de la Histadrouth. Même langage brutal, même style injurieux, vulgaire, grossier sous d'autres signatures : pourquoi les Juifs de la Diaspora ne sont-ils pas venus ? Et ceux qui sont venus, pourquoi ne sont-ils pas restés plus longtemps ? Et ceux qui sont restés assez longtemps, pourquoi ne s'installent-ils pas pour de bon ? Qu'attendent-ils pour rompre avec l'existence dorée mais menacée qu'ils mènent en exil ? Un article de *Maariv* (le concurrent de *Yedioth*) va encore plus loin dans la calomnie. J'ai rarement perçu, dans la presse israélienne, tant de mépris, tant de haine à l'égard de la Diaspora. A l'entendre, les instituteurs auraient mieux fait de quitter leurs élèves, les marchands leurs clients, les ingénieurs leurs laboratoires, les maris leur famille, les rabbins leurs synagogues, et venir errer dans les hôtels de Tel-Aviv pour… faire quoi ? Écouter la radio du matin au soir et du soir au matin, les mains et les intestins noués ?

Pendant la guerre du Liban, un incident du même genre aurait dû me servir d'avertissement.

Un journaliste que je ne connais pas demande à me voir. Je le reçois au Hilton de Tel-Aviv. Plutôt antipathique, imbu de son peu d'importance, ses propos le rendent répugnant. Cherche-t-il à me provoquer ? Il me décrit ce qui se passe au Liban où la guerre vient d'entrer dans sa deuxième semaine : les soldats israéliens, dit-il, se comportent comme des SS… Agacé par cette analogie, je fais un geste pour me lever. Mais il enchaîne : « … et c'est de votre faute. » Devant mon air ahuri, il se corrige : « Bien sûr, je ne parle pas de vous personnellement ; je parle de vous en tant que Juif de la Diaspora… Je parle surtout des intellectuels juifs… Si vous étiez ici, nos soldats ne commettraient pas ces atrocités… » Plus tard, il écrira dans un pamphlet que les Juifs de la Diaspora (moi inclus) sont plus dangereux pour Israël que Yasser Arafat. En d'autres termes : Henry Kissinger et Emmanuel Levinas, Isaiah Berlin et David de Rothschild, Abe Rosenthal et Saul Bellow, Cynthia Ozick et Arthur Gelb, Ady Steg et André Schwarz-Bart, rabbis hassidiques de Brooklyn et riches donateurs de Manhattan, Londres et Paris, présidents et professeurs d'université, apprenez-le : aux yeux de cet imbécile dont la nationalité est l'unique vertu, vous représentez un péril plus grave, plus mortel que les terroristes de l'OLP ! Je me dis : il est cinglé, comme le sont tous les fanatiques, c'est la seule explication possible… Je lui tourne le dos, je le laisse avec ses viles hypothèses. Je ne le reverrai plus, mais l'incident me rend perplexe. Si ce journaliste ose nous diffamer en bloc, ose lancer pareilles accusations contre les Juifs de la Diaspora, c'est qu'il ne croit plus en l'avenir de l'État juif ; c'est qu'il cherche déjà des boucs émissaires pour expliquer sa disparition plus ou moins proche…

Je m'efforce de déterminer dans quelle mesure ses opinions sont partagées en Israël. Mon enquête m'effraie. Ici et là, j'entends des écrivains, des enseignants, des journalistes, des officiers généraux plus intelligents et plus cultivés que lui exprimer, dans un langage plus fin, plus discret, des idées à peu près semblables. Du coup, je comprends pourquoi Abraham Yeoshua Heschel n'a jamais réussi à obtenir un poste dans une université israélienne. Et pourquoi Emmanuel Levinas n'y a pas eu le public qu'il méritait. Parce qu'ils représentaient la Diaspora intellectuelle ? Mais ceux qui prêchent l'Aliya inconditionnelle, ne se rendent-ils pas compte que leur attitude risque de creuser un abîme entre Israël et la Diaspora, et que rien ne pourra jamais le combler ? Est-ce la rupture, le divorce qu'ils cherchent ? Ne mesurent-ils pas le danger que leur fait courir leur chauvinisme ? Ont-ils oublié les leçons de l'histoire juive, les catastrophes nationales engendrées par les deux royaumes hostiles dont se réclamait notre peuple divisé ?

Les correspondants étrangers, eux, ont un autre point de vue. Ils me bombardent de questions : « Qu'êtes-vous venu faire en Israël ? » « Seriez-vous attiré par le danger ? » J'essaie de leur expliquer : j'aime trop Israël pour m'en séparer lorsqu'il est en péril. Ayant vécu ce que j'ai vécu, ayant écrit ce que j'ai écrit, je ne peux pas échapper à l'angoisse du Juif que je suis, de même que je tiens à me lier à ses promesses. La guerre d'Israël est mienne, car, à la limite, le destin d'Israël est mon destin.

Et les bombardements des bases militaires irakiennes ? Je suis pour. Et le châtiment infligé à Bagdad ? Aussi. « Mais on vous connaît comme un homme de paix, remarque un journaliste italien, comment pouvez-vous vous identifier à ceux qui font la guerre ? » Normalement, ce genre de question devrait me troubler. En effet, toute ma vie d'adulte, je me suis efforcé de dénoncer la guerre dont je connais trop bien la laideur et la douleur. Mais, dans le contexte de ce conflit, la question me semble mal posée. La guerre, Israël la subit sans la faire ; c'est Saddam Hussein qui la fait. C'est lui qui l'a voulue. Ses adversaires ne font que répondre à sa guerre. S'ils répondent par la force, c'est qu'il les y a contraints. Céder devant l'agresseur, c'est reconnaître sa supériorité, c'est finalement la justifier. Abdiquer devant lui, c'est conférer à son attirance pour la violence et la mort des vertus qu'elle ne mérite pas. C'est là où les pacifistes à outrance se trompent en prêchant la passivité absolue : devant un Saddam Hussein, on n'a pas le droit de désarmer au nom de principes, fussent-ils élevés et éternels. Toutes les idées, tous les idéaux des hommes et de leur Créateur pèseront moins que ses bombes chimiques. A sa guerre, il est impératif de faire la guerre. A la force destructrice qu'il emploie contre l'humanité, il faut opposer une force plus grande pour que l'humanité reste en vie. Car il y va de la sécurité du monde civilisé, de son droit à la paix, et non seulement de l'avenir d'Israël. Ennemi de mon peuple, Saddam Hussein l'est également d'autres peuples. Malheureusement, on ne s'en rend compte que maintenant. On aurait dû comprendre et intervenir le jour où il ordonna le gazage des Kurdes. Si l'on avait constitué alors un tribunal international pour l'inculper et le juger pour crimes contre l'humanité, on aurait évité cette sanglante guerre du Golfe.

Tout cela, je l'écris dans un reportage publié dans plusieurs journaux. Et je le répète en déposant, pour la seconde fois, devant la commission des Affaires étrangères du Sénat qui délibère sur la nécessité d'établir une cour internationale pour juger et punir Saddam Hussein. Réponse unanime du Sénat : oui.

Soif de vengeance ? Non : soif de justice.

Et de paix.

Pendant toute cette période, Israël ne bougeait toujours pas. La pression que Bush exerçait sur Shamir était trop lourde pour qu'Israël ne la prît pas en considération. D'ailleurs, les États-Unis savaient montrer leur reconnaissance : on voyait leurs missiles intercepteurs, nommés « patriotes », aux endroits stratégiques ; ils rassuraient. Or ce n'est pas grâce à eux que les missiles irakiens firent si peu de dégâts. Mais alors, à cause de quoi et de qui ? On parlait beaucoup de miracles en Israël. Et pas seulement dans les milieux religieux. Même Yitzhak Rabin en mentionna trois dans un discours qu'il prononça dans la synagogue que je fréquente à Manhattan. Ce qui fit dire à un auditeur : « Il faut en ajouter un quatrième : c'est que Rabin ait employé le terme miracle. »

Dans les cours hassidiques et les *yeshivot*, toute situation est interprétée à la lumière des textes bibliques. Ainsi, le jour du Shabbat, lit-on le passage où il est écrit : « Dieu se battra pour vous, et vous vous tairez. » Ne dirait-on pas le résumé d'un éditorial commentant une déclaration de la Maison-Blanche à propos du conflit du Golfe ? A Brooklyn, le Rabbi de Lubavitch annonce à ses adeptes : « Vous n'avez rien à craindre, la guerre sera finie avant Pourim. » Mon ami des camps, Harav Menashe Klein, me jure solennellement que « rien n'arrivera à Israël ». Et l'on me dit qu'un troisième Rabbi a fait une promesse similaire. C'est parfait. Trois rabbins forment un tribunal. Et un tribunal a le pouvoir de prononcer une sentence. Et une sentence rabbinique, le ciel lui-même doit s'y conformer. Alors, pourquoi se faire du souci ?

Mais j'ai appris à me méfier des miracles. Ils me dérangent. Ils me dérangent même dans le contexte des récits hassidiques. Au point que, lorsque je les raconte, je m'efforce de ne pas les monter en épingle. Certes, enfant, j'y croyais. Comme tout le monde. Ils m'envoûtaient. A présent, ils posent problème. Ils impliquent Dieu et Sa miséricorde sélective. Si Dieu s'est parfois dérangé pour sauver Son peuple, pourquoi s'est-Il montré si économe de Ses interventions ? Il aurait pu en accomplir davantage.

Paradoxalement, pour ceux de ma génération, tout pourrait être considéré comme miraculeux.

N'est-ce pas un miracle aujourd'hui, tant d'années après la Destruction, de pouvoir respirer, réfléchir, regarder, sourire ? N'est-il pas miraculeux d'être en mesure de savourer le goût d'un fruit juteux, d'un pain tout chaud à peine retiré du four ? Et d'avoir la force de dire à un passant inconnu : allons, ami, viens partager mon repas, prends ce verre de vin, puis je t'indiquerai le chemin à suivre…

Enfant, à Sighet, dans mes prières, je me le répétais : le miracle réside dans le quotidien.

Je le pense encore. Mais, aujourd'hui, c'est la dimension humaine du miracle qui m'importe.

« Et Dieu là-dedans ? » demandera l'un de mes personnages du *Procès de Shamgorod*. Pour ma part, je répondrais : le miracle réside dans la question même. Qu'est-ce que l'interrogation sinon la force qui permet à l'être de se dépasser sous le signe de l'absolu ? « Tous les jours, le Créateur renouvelle sa création », dit une prière du matin. Autrement dit : les miracles abondent, mais l'homme est aveugle.

– Tu as peur, petit ?
– *Oui, j'ai peur.*
– De quoi, de qui ?
– *Je ne sais pas. Je sais que j'ai peur.*
– Peur de Dieu ?
– *Peut-être.*
– Mais Dieu est Dieu pour dissiper la peur.
– *Alors, c'est qu'Il ne le veut pas.*
– Peut-être. Tu crains le danger ?
– *Oui.*
– Dieu est Dieu pour écarter le danger.
– *Alors, Il ne le veut pas.*
– Tu redoutes l'ennemi ?
– *Oui. Qui ne le redoute pas ?*
– Dieu est plus puissant que l'ennemi.
– *Il n'est pas plus fort que ma peur.*
– Alors je te plains.
– *Parce que j'ai peur ?*
– Non. Parce que tu persistes à douter de Dieu.
– *C'est que je Le plains, moi.*

Pour célébrer le cinquantième anniversaire du Centre culturel juif de New York, le YMHA, Omus Hirschbein et Judith Rubin, ses dirigeants, m'invitent à écrire une cantate dont David Diamond, ami et collègue de Leonard Bernstein, composera la musique. Je choisis pour thème : « Un chant pour l'espoir ».

Je dis bien : un chant pour l'espoir et non un chant d'espoir. La différence ? Le chant *pour* l'espoir constitue un appel alors que le chant *d'espoir* serait une réponse à l'appel. Vivre l'espérance est une chose, l'attendre en est une autre. Dans ce chant, il s'agit encore d'attente.

Comment fait-on pour atteindre l'espoir qui constamment se dérobe ? Comment fait-on pour le retenir, le revendiquer et ensuite le justifier ? Questions brûlantes et durables que notre génération ne cesse d'affronter. Ayant survécu à la plus monstrueuse tragédie de l'Histoire, elle cherche encore à en dégager la signification. Comment la cerner ? Comment la nommer ? Existe-t-elle seulement ? Plus nous nous efforçons de comprendre et moins nous comprenons. Plus nous croyons nous approcher du but et plus nous

nous en éloignons. Partout nous frappons à des portes closes, verrouillées par la mort.

L'obstination du tueur à tuer, celle de la victime à ne pas lui ressembler, la complicité ou du moins la passivité des spectateurs proches et lointains : comment les concilier avec le besoin impérieux qu'éprouve tout homme de s'accrocher à un espoir, quelle que soit sa nature, quelle que soit son origine ? Dans un univers condamné, comment fait-on pour espérer sans blasphémer, sans se renier ?

Tout était différent pendant les années noires. On vivait dans la crainte, on survivait dans l'espérance. Avait-on tort ? Dans les ghettos et les camps, les victimes s'inventaient toujours d'innombrables raisons d'espérer : l'ennemi ne mettrait pas ses menaces à exécution ; le monde libre ne le laisserait pas faire ; la guerre ne durerait pas. Le bourreau serait désarmé à temps. Dieu interviendrait. Les tueurs, malgré leur puissance destructrice, malgré leur fanatisme haineux, ne franchiraient pas les limites que s'impose tout être humain civilisé. Devenu piège, l'espoir apparaissait, ou plutôt apparaît maintenant, avec le recul, comme l'allié de la mort. Une attitude plus sceptique, moins confiante, moins romantique, aurait sauvé un plus grand nombre de victimes qu'on ne l'imagine.

Après la libération, la question se posa en sens contraire. Les rescapés s'efforçaient désespérément de retrouver le pouvoir d'espérer, mais l'espoir leur échappait. C'est qu'ils s'étaient rendu compte de leur solitude : la société les avait tout simplement abandonnés. Dieu Lui-même semblait s'être voilé la face pour ne pas les voir.

Et pourtant. Il leur fallait bien recommencer à vivre, à fonder des foyers, à bâtir sur des ruines ; réapprendre à rire, à chanter, à aimer le soleil de l'aube et du crépuscule, à plonger dans le regard d'un être et dans le mystère d'une rencontre. Comment s'y étaient-ils pris ? Comment avaient-ils réussi ? Animés par une espérance déroutante et fascinante, ils donnaient au monde une leçon que celui-ci n'avait peut-être pas méritée. Encore dans les camps pour Personnes déplacées, ils avaient célébré fiançailles et mariages, ouvert des écoles et des centres culturels dans des baraques, proclamant ainsi l'importance du sacré dans la vie quotidienne et la victoire de l'espérance sur l'arrachement et l'horreur.

Certes, leur comportement nous paraît incompréhensible. Mais il nous appartient de le situer dans le contexte de l'histoire juive.

Depuis notre premier exil, en Babylonie, nous aurions pu opter pour la résignation. Comment expliquer notre détermination, déjà en ce temps-là, à ne pas céder à la force et à la terreur ? Plus tard, durant les Croisades, les pogroms et les persécutions, comment expliquer la ténacité du survivant, sa volonté de durer, de hurler, au nom des morts, sa foi et la leur en Dieu et en Sa création ?

J'avoue que, de tous les traits qui caractérisent le peuple juif, c'est son pouvoir d'espérance qui me frappe le plus. Comment faisons-nous, aujourd'hui, en songeant au passé proche, pour ne pas sombrer dans l'abîme de la mélancolie ? Comment pouvons-nous, en nous souvenant des victimes du feu et du glaive, nous empêcher de nous noyer dans nos propres larmes ?

Tel est le thème de cette cantate. Elle représente pour moi l'effort désespéré de ma génération pour invoquer son droit à l'espérance. Ce droit deviendra un devoir. Au lieu de nous décourager, les ombres d'un passé endeuillé nous incitent à tenir bon. C'est parce que Jérémie a souffert qu'il peut, en bonne conscience, nous demander de surmonter notre propre souffrance. C'est parce que nos martyrs ont choisi le sacrifice suprême qu'ils ont le droit de nous suggérer une voie autre que la mort. Ayant vu des montagnes de cendres remplacer, ou du moins obscurcir, le mont Sinaï, mes contemporains auraient facilement pu choisir de porter le deuil à tout jamais ; s'ils en ont décidé autrement, c'est qu'ils ont écouté les grandes voix silencieuses qui autrefois évoquaient leurs propres souffrances et les épreuves de leurs contemporains. Autrement dit : bien sûr, les enfants d'Israël sont la question d'Israël. Mais les enfants d'Israël sont aussi l'espoir d'Israël.

Est-ce à dire que l'espérance constitue une réponse à la tragédie ? Non. Cette tragédie, celle qui a marqué ce siècle de son sceau de feu, n'a pas de réponse. Elle n'est que mystère. Et l'espérance en fait partie.

– Tu te rappelles nos promenades dans la neige ?
– *Je me souviens de la neige ; elle brûlait.*
– Je t'ai expliqué la mort de Moïse.
– *Ce n'est pas la mort qui tua Moïse ; c'est Dieu. Tu me l'as dit.*
– Je t'ai dit aussi que, même à l'heure de sa mort, Moïse demeura notre Maître.
– *Il nous enseigne l'inexorable puissance de la mort.*
– Et aussi le respect de la vie.
– *La mort respecte-t-elle la vie ?*

– Elle ne respecte rien, la mort. Sauf… la connaissance interdite. N'est-ce pas toi qui me l'as raconté ?
– En effet, je te l'ai raconté. La neige crissait sous nos pas, et je te disais que...
– Tu n'as pas mentionné la neige.
– Ne t'ai-je pas dit que, pareille au feu, elle causait des brûlures ?
– Tu ne m'as pas parlé de la neige. Ni de brûlure. Tu ne m'as rien dit. Tu étais déjà mort.
– Et toi ?
– Moi, je souhaitais mourir.

CRITIQUES ET POLÉMIQUES

Dans un livre de Mémoires, on parle évidemment de soi, mais aussi des autres, naturellement. Cela est inévitable. Comment écrire sans porter de jugement ?

Des critiques négatives, j'en fais seulement quand il s'agit des spectacles traitant de l'Holocauste. En général, je préfère applaudir, mais ce n'est pas toujours facile.

J'ai démoli, comme on dit, la série *Holocauste* qu'une grande chaîne de télévision avait diffusée dans un étourdissant fracas publicitaire. Bien qu'hésitant à provoquer un scandale, je me suis laissé persuader par les rédacteurs du *New York Times*. Si les producteurs avaient présenté leur série comme une œuvre de fiction, je n'aurais pas réagi. Mais elle fut annoncée comme documentaire, et même comme documentaire définitif. Et là, mon devoir était de protester.

Mon papier a fait du bruit. Le *Times* a dû consacrer toute une page composée serrée à son courrier des lecteurs. Le scénariste m'a répondu ; j'ai répondu à sa réponse. Bref, le débat était ouvert. Et plutôt violent.

Voici mon compte rendu :

> L'histoire que raconte ce film est attachante, le jeu des acteurs convaincant, le message irrésistible – et pourtant. La brutalité calculée des tueurs, l'agonie muette de leurs victimes, l'indifférence du monde extérieur – cette série télévisée montrera ce que certains survivants ont essayé de dire depuis des années et des années. Et pourtant quelque chose en elle nous dérange. Quelque chose ? Non : tout.
>
> Faux, offensant, bon marché : en tant que production destinée à la télévision, ce film est une insulte à ceux qui ont péri et à ceux qui ont survécu. En dépit de son nom, ce « docu-drama » ne présente pas l'Holocauste dont nous nous souvenons. Suis-je trop dur ? Trop

sensible, peut-être. Mais alors, ce film ne l'est pas assez. Il essaie de montrer ce qu'on ne peut imaginer ; il transforme un événement ontologique en opéra kitch. Quelles que soient les intentions (des producteurs), le résultat est choquant. Situations forcées, épisodes sentimentaux, coïncidences guère plausibles : si le film vous fait pleurer, vous aurez pleuré pour de mauvaises raisons. Pourquoi la série s'appelle-t-elle « Holocauste » ? Celui qui a choisi ce titre n'avait pas la moindre idée de ses implications. Holocauste, un spectacle télévisé ! Holocauste, un drame pour l'écran ! Holocauste, mi-vécu mi-fiction ! N'est-ce pas ce que tant de « savants » moralement perturbés ont clamé à cor et à cri partout dans le monde ? Que l'Holocauste n'était qu'une « invention » ? Pourquoi NBC n'a-t-elle pas utilisé ce mot comme sous-titre ? La chaîne aurait également dû se montrer plus prudente, plus rigoureuse dans sa recherche. Contrairement à ce que nous voyons dans le film, les réfugiés juifs qui ont passé la frontière russe avant l'invasion allemande n'étaient pas libres d'aller n'importe où ; ils furent arrêtés, interrogés et emprisonnés… A Auschwitz, les déportés ne purent garder leurs valises, leurs albums de famille, leurs partitions… Les Juifs ne portent pas le *talit* la nuit… Il existe une prière pour la lecture de la Torah et une autre pour la cérémonie de mariage – or, dans le film, le rabbin substitue l'une à l'autre.

D'autres faits sont plus irritants, plus graves encore : Mordehaï Anielewitz, le jeune commandant en chef de la révolte du ghetto de Varsovie, apparaît ici comme une caricature de lui-même… On voit des Juifs stéréotypés face à des Allemands stéréotypés… Et que dire de l'insistance sur la brutalité des policiers juifs des ghettos et des kapos juifs dans les camps… ou sur ce thème obsédant, obsessionnel, de la résignation juive ? Allons-nous assister à la poursuite du débat sur la passivité juive d'un côté et l'héroïsme juif de l'autre ? Il fut suffisamment pénible durant le procès Eichmann ; pourquoi y revenir maintenant ? Durant l'Holocauste, les victimes elles-mêmes étaient des héros, et les héros eux-mêmes étaient des martyrs.

Mais ce qui me dérange le plus, c'est la conception générale de la production. Elle veut tout déballer : ce qui s'est passé avant, pendant et après ; le commencement et la fin. D'un côté la majorité pécheresse et de l'autre la minorité charitable ; les SS sanguinaires et le père Lichtenberg. Himmler et Eichmann, Blobel et Frank, Hoess et Nebbe : peu de noms sont omis, peu d'épisodes gommés. Nous assistons à leurs discussions idéologiques, nous les voyons à l'œuvre. On nous dit comment ils ont tous utilisé leurs talents, leur inventivité, leur patriotisme pour créer un système parfait de massacres de masse – car il fallait des dons chez tous ces êtres civilisés pour provoquer une catastrophe d'une telle ampleur. Du côté opposé : les premiers signes, les premiers décrets, les premiers avertissements. Les expropriations, les confiscations, la déportation.

Les ghettos. Les chasses à l'homme. La faim. La peur. L'univers rétrécissant et se réduisant à la fin aux contours des chambres à gaz. Mais, à côté des victimes, on nous montre les combattants intrépides : partisans, résistants, héros d'insurrections armées. Courage et désespoir incarnés par croyants et non-croyants : tout y est. Mais trop c'est trop. Le film est trop explicite, trop ambitieux. L'histoire d'un seul enfant, le destin d'une seule victime, la réverbération d'un seul cri auraient été plus efficaces, même du point de vue artistique. Austérité, sobriété, retenue, pudeur : ce sont des qualités dont ce genre de film a besoin. Elles sont tristement absentes de celui-là. Trop de choses arrivent à une famille juive particulière, et trop de mal est accompli par un officier allemand singulier. Les membres de la famille Weiss subissent la nuit de Cristal, l'euthanasie, Varsovie, Buchenwald, Theresienstadt, Babi Yar, Sobibor et Auschwitz. Les événements et les lieux les plus fameux – et les plus infâmes – sont présentés et déformés de façon à figurer dans les biographies de deux familles. Ainsi Joseph Weiss sauve des Juifs à l'Umschlagplats de Varsovie ; son frère achète des armes pour la Résistance ; sa femme enseigne Shakespeare et la musique aux enfants du ghetto ; son fils est parmi les artistes qui, avec leurs dessins, préparent leurs témoignages pour l'Histoire ; sa fille périt, victime de l'euthanasie ; son cadet survit à Babi Yar, se joint aux partisans de l'Ukraine et participe au soulèvement de Sobibor – et ce n'est pas tout… Tout, où que ce soit, arrive à cette famille.

Même scénario pour Erik Dorf ; lui aussi est partout. Partout où surviennent des événements importants. Qui conseille Heidrich dans l'affaire des assurances après la nuit de Cristal ? Dorf. Qui supervise les unités mobiles de gazage ? Dorf. Qui se trouve à Babi Yar pendant le massacre ? Dorf. Qui prépare les plans pour Auschwitz ? Encore lui. Qui se procure le Zyklon-B des respectables industriels allemands ? Toujours lui. Cela fait vraiment beaucoup pour un seul homme, quel qu'il soit. On ne peut pas croire qu'une telle personne ait vécu. D'ailleurs, Erik Dorf n'a pas existé, pas plus que la famille Weiss.

Dans ce docu-drama, les personnages principaux sont imaginaires, tandis que les secondaires ne le sont pas. Cependant, pour des raisons d'ordre artistique, tous sont présentés comme authentiques. Sur ce plan-là, les conséquences me semblent troublantes et graves : comment le spectateur non informé saura-t-il distinguer les uns des autres ? On peut présumer qu'il pensera que tous sont soit également vrais, soit également inventés. Les vies privées de ces deux familles sont si remplies de faits historiques que, les initiés exceptés, le spectateur comprendra difficilement où finit le vécu et où commence le romanesque. Et cela ne pourra que nuire aux nobles intentions que les créateurs du film s'étaient fixées. Sur l'écran comme sur la page, tout est question de crédibilité. Si le film avait été clairement une œuvre de fiction, ou nettement un documentaire, il aurait eu son utilité. Le mélange des deux genres provoque la confusion et se traduit par des scènes que, personnellement, je trouve de mauvais goût. Exemple frappant : on nous montre d'interminables cortèges de Juifs se dirigeant vers Babi Yar... accompagnés par une musique de fond « appropriée ». On les voit se dévêtir, s'approcher de la fosse, attendre les balles, tomber dans le trou. On nous montre les cadavres nus couverts de « sang » – et tout cela n'est que truquage.

Un autre exemple : des femmes et des enfants nus entrent dans la chambre à gaz ; on éclaire leurs visages, on nous fait entendre leurs gémissements tandis que les portes se ferment, ensuite – eh bien, ça suffit : à quoi bon continuer ? Employer des effets et procédés spéciaux pour décrire l'indicible est moralement sujet à caution. Pire : c'est indécent. Les derniers instants des victimes leur appartiennent et n'appartiennent qu'à elles seules. Je sais : on me dira que la production d'un film obéit à ses propres règles. Après tout, les films de guerre et les reconstitutions historiques ont recours à des méthodes similaires. Mais l'Holocauste est un événement unique ; or ce film le traite comme s'il n'était qu'un événement parmi tant d'autres. Voilà pourquoi je le récuse comme manquant d'authenticité : plutôt que de nous permettre d'approcher de l'Événement, il nous en éloigne. Le ton sonne faux, la plupart des scènes sont fabriquées. Trop de « drame », pas assez de « documentaire ».

En toute honnêteté, je dois ajouter que plusieurs organisations juives et non juives ont prêté leur concours à ce projet et en ont fait la promotion parmi leurs membres. Mais elles l'ont fait avant de le voir. Cela ne signifie pas que des gens ne seront pas émus ; certains l'ont vu en projection privée et en ont été profondément affectés. Et, je sais, ne me dites pas que le film s'adresse non pas à des hommes comme moi, mais à ceux qui n'étaient pas là-bas, ou qui n'étaient pas encore nés à l'époque, ceux qui commencent seulement maintenant à découvrir la réalité des camps de la mort au cœur même d'une Europe civilisée. Vous avez sans doute raison. Mais – et ceci est un mais important – je suis effrayé par l'idée que l'Holocauste sera un jour mesuré et jugé, même partiellement, d'après la production télévisée portant son nom. Écoutez ce qu'un « guide d'études », préparé pour l'occasion par le National Council of Churches, dit à ses lecteurs : « Il se peut que *Holocauste* reste comme le film définitif sur l'Holocauste en termes de précision méticuleuse, de présentation de matériel et d'utilisation attentive de documents d'archives... » Bien intentionnées, ces déclarations complaisantes sont dangereuses : la vérité est autre. Ici, le témoin se sent obligé de dire : ce que vous avez vu sur l'écran n'est pas ce qui est arrivé là-bas. Vous pouvez penser que vous savez comment les victimes ont vécu et péri, mais vous n'en savez rien. Auschwitz ne peut être visualisé ni expliqué. Culmination ou aberration de l'Histoire, l'Holocauste transcende l'Histoire. En lui, tout

> inspire la peur et engendre le désespoir. Les morts sont en possession d'un secret que nous, les vivants, ne sommes ni dignes ni capables de nous approprier. L'art et Theresienstadt étaient peut-être compatibles à Theresienstadt, mais pas ici, dans un studio de télévision. La même remarque vaudrait pour la prière à Buchenwald, la foi à Treblinka. Un film sur Sobibor ne peut pas être un film, ou ne peut pas parler de Sobibor.
>
> L'Holocauste ? Événement ultime, mystère impénétrable, il ne sera jamais saisi ni communiqué. Il était plus facile pour un détenu à Auschwitz de s'imaginer libre que pour une personne libre de s'imaginer à Auschwitz. Mais alors, où est la réponse ? Comment peut-on raconter une histoire qu'il est à la fois impossible et nécessaire de raconter ? Comment peut-on protéger la mémoire des victimes ? De quelle manière pouvons-nous combattre les desseins des tueurs et de leurs complices : tuer les morts une seconde fois en les oubliant ? Que restera-t-il des témoignages quand le dernier survivant sera parti ? Je ne le sais pas. Tout ce que je sais, c'est que le témoin ne se reconnaît pas dans ce film. Il faut se rappeler l'Holocauste. Mais pas comme un spectacle.

Durant la tempête que suscita le film, j'appris que les réalisateurs avaient eu recours à des experts bien rémunérés pour les conseiller : deux officiers SS. Mais aucun survivant.

Que faire ? Je privilégie les documentaires. *Le 81e coup*, *Nuit et Brouillard*, *Les Partisans de Vilno* et, bien sûr, *Shoah*. Ce dernier film, j'ai accepté de le promouvoir dans une critique longue et favorable parue dans le *New York Times*. Je voulais saluer le gigantesque effort et le dévouement de Claude Lanzmann. Son documentaire reste un monument.

Pourtant, certains passages pouvaient irriter : par exemple, le fait de s'attarder sur le *Todeskampf* (la lutte de la mort) dans les chambres à gaz. Suis-je trop imprégné de tradition juive ? Elle considère la mort comme un événement privé dont il faut respecter le secret. C'est pourquoi Moïse mourut seul, loin du regard des hommes. Et puis je ne veux pas, je ne peux pas penser que des mères juives aient grimpé sur leurs enfants pour respirer une seconde de plus. Trop souvent répétées, les descriptions des excréments laissés par les victimes. Ce n'est pas l'image que les survivants aimeraient retenir des derniers instants de leurs parents. Bien sûr, je ne reproche rien à Claude Lanzmann, loin de là. Il a voulu montrer l'abjection conçue et programmée par les Allemands. Le Sonderkommando est une invention allemande et non pas juive. Tous ses membres furent contraints d'en faire partie. Eux aussi étaient victimes des tueurs. Et nul n'a le droit de les juger. En préfaçant leurs *Voix dans la nuit*[1], j'ai essayé de dire toute la tendresse, tout l'amour que je leur porte. Certes, des membres des mêmes Sonderkommandos refusèrent d'accomplir leur besogne ; des déportés grecs préférèrent être fusillés plutôt que d'alimenter les fours. On m'a raconté que le grand rabbin de ma ville, Rabbi Yekutiel-Yehouda Teitelbaum, se jeta dans les flammes pour les mêmes raisons. Mais ce geste ne diminue pas la valeur humaine des autres. Et c'est en mémoire de leur martyre que j'ai fait l'éloge sans réserve du film de Lanzmann.

D'autres spectacles, à l'écran ou au théâtre, traitèrent ce sujet. Et chaque fois que j'estimais que la mémoire de l'Holocauste était atteinte par l'image ou la parole, j'élevais la voix. Appelez-moi « gardien du flambeau » si cela vous chante. Je ne le regrette pas. Puisque personne ne protestait, il était de mon devoir de le faire. Et s'il m'arrivait d'hésiter, il se trouvait toujours quelqu'un pour me rappeler mes propres paroles : le silence devient consentement. Comme il se trouvait toujours quelqu'un pour m'en vouloir. Or il y a des rancunes tenaces. Parce que j'ai trouvé détestable *Le Choix de Sophie* (le film, pas le roman), William Styron et moi ne nous parlons plus. J'ai dit tout le mal que je pensais de *Ghetto*, pièce du dramaturge israélien Joshua Sobol sur le ghetto de Vilno. J'ai également dénoncé certaines séquences de la série télévisée *Le Vent de la guerre*, mais l'auteur du roman, Herman Wouk, a compris ma réaction. Je ne contestais pas son œuvre, mais l'adaptation qui en était faite. Car c'est toujours le même obstacle qui s'élève devant nous : on ne montre pas Auschwitz, on ne peut pas dévoiler le centre de cet univers de ténèbres.

Je le sais : des écrivains américains (et français) qui introduisent l'Holocauste dans leur œuvre récusent mon attitude « puriste » en la matière. Ils me prennent, injustement, pour une espèce de censeur-inquisiteur qui veille scrupuleusement sur un terrain qui, pensent-ils, leur appartiendrait au même titre qu'aux survivants. Ils supposent, à tort, que je réclame pour moi et mes pairs des droits d'exclusivité. Ce n'est pas le cas. En littérature, comme en philosophie, il n'y a pas de chasse gardée. Tout le monde peut écrire sur n'importe quoi. Et même sur n'importe qui. Mais tout

1. Plon, Paris, 1977.

le monde a le droit de protester quand il n'aime pas. Je maintiens que nul n'est autorisé à parler, et moi pas plus que d'autres, au nom des morts ; nul ne doit s'approprier leur mémoire. Ceux qui m'accusent d'arrogance parce que j'exige le respect dû aux morts ne comprennent rien à ma démarche : je plaide en faveur de l'humilité, la leur et la mienne. Je plaide pour un comportement et un langage – n'est-ce pas la même chose ? – plus prudent, plus pudique. Je souhaite que quiconque touche à ce thème baisse le ton.

Malheureusement, trop de voix criardes se font entendre. Tous ces savants qui connaissent les réponses à toutes nos questions. Tous ces spécialistes qui, du jour au lendemain, s'érigent en juges et en conseillers pour décider qui écrit bien et qui écrit mal, qui est sentimental et qui ne l'est pas, qui plaît et qui ne plaît pas, qui mérite d'être lu et qui ne le mérite pas. On en arrive au point où les survivants juifs n'osent plus dire un mot. Les autres en savent toujours plus qu'eux. Les voilà censeurs implacables. Sous leurs injures, il nous arrive de nous sentir non pas coupables mais honteux d'avoir survécu.

En France, notre adversaire à tous, je veux dire à tous les survivants, celui qui a fait le plus de bruit, c'est Jean-Marie Domenach.

Est-ce lui qui, en septembre 1989, à propos de l'affaire du carmel d'Auschwitz, a inspiré et mené la campagne de diffamation contre « certains Juifs » à qui l'on reproche leur prétendu judéocentrisme, autrement dit : d'être trop juifs ? En tout cas, il y a participé. Un Juif ne peut plus parler de la tragédie d'Auschwitz sans se faire injurier. Un Juif ne peut plus dire un mot en faveur d'Israël ou du judaïsme sans se faire agresser ou sermonner. Cette campagne risque d'aboutir à une incitation à la haine aux conséquences à faire frémir.

En ce qui me concerne personnellement, les attaques et les injures viennent de plusieurs directions. Je dérange pas mal de gens. Je déplais aux racistes et aux antisémites de la droite réactionnaire autant qu'à certains jeunes intellectuels qui, pour prouver leur affranchissement des tabous, errent entre la gauche et le gauchisme antiestablishment, antireligieux, antitout.

Certains arguments sont raisonnables, d'autres irrationnels. Une fille de millionnaire décrit dans son premier roman son père, Juif orthodoxe, comme une sorte de SS. D'où sa haine des Juifs religieux – et des survivants. Du coup, elle fait partie de ceux qui prétendent savoir mieux que nous comment raconter nos expériences.

Quant aux gauchistes, ils ont en commun la bonne conscience de chacun et l'hostilité de tous à l'égard de la politique d'Israël, ou de son existence même, comme c'est le cas de leur maître à penser, Maxime Rodinson. Antisioniste et ennemi viscéral de l'État juif, non pas depuis 1982, ni 1967, mais depuis 1948, depuis la création de l'État juif, il hait quiconque aime Israël. En 1953, après l'arrestation des « blouses blanches » à Moscou, ce même Rodinson a écrit dans les *Cahiers du communisme* que « par le sionisme, la trahison pénétrait le monde socialiste ». Ayant écrit ces mots, et beaucoup d'autres de la même veine, il devrait se défaire de sa morgue et de ses préjugés quand il parle d'Israël et de ses alliés. Il devrait être plus discret, plus circonspect dans ses propos. Je le répète : Maxime Rodinson n'est pas devenu ennemi de l'État d'Israël à cause de sa victoire de 1967, de la guerre du Liban ou des drames survenus en Cisjordanie. Sa haine est antérieure. Il suffit de lire ses écrits pour le constater. Heureusement, peu de gens sérieux – je veux dire de bonne foi – le prennent encore au sérieux.

Un autre intellectuel s'est soudain réveillé pour m'attaquer : le germaniste Alfred Grosser. Lui qui pourrait se vanter d'avoir un public plus intègre que lui me reproche – dans un livre et dans de nombreuses déclarations à la presse – de ne pas avoir consacré mon discours d'Oslo aux Kurdes gazés par les Irakiens : apparemment, il ne craint pas le ridicule. L'un de ses amis ou compagnons d'idéologie aurait dû lui rappeler que la cérémonie du prix Nobel s'est déroulée en 1986, alors que le crime monstrueux contre les malheureux Kurdes sera commis deux ans plus tard, en 1988.

Quant à Jean-Marie Domenach… Il y a quelque chose de déplaisant aussi bien dans la forme que dans la substance de ses déclarations. Ce qui l'agace dans la France d'aujourd'hui ? Il le dit sans mâcher ses mots : « Les dividendes d'Auschwitz » que « toucheraient » certains Juifs pour des raisons politiques, littéraires et autres. J'ignore lequel des écrits de M. Domenach sera protégé de l'oubli, mais cette petite phrase fort « originale » restera. On dira « Domenach », et on ajoutera : « Ah oui, les dividendes d'Auschwitz. » Il fera école, n'en doutons pas. Quiconque rédigera un ouvrage sur la tragédie juive le fera désormais à ses risques et périls. Historiens et théologiens, philosophes et psychologues, romanciers et poètes : un Domenach vous attend au tournant. Qu'ils s'expriment sur Auschwitz, et il les accusera de faire carrière. Les historiens Raul Hilberg et Asher Cohen, Israël Gutman et Yehouda Bauer, le chercheur Léon Poliakov et le romancier André Schwarz-Bart, le mémorialiste Ka-tzetnik et le penseur Emil Fackenheim, Claude Lanzmann et Steven Spielberg : leur renommée leur coûtera cher. Les témoins, les chroniqueurs, les rescapés ? Ils n'ont plus le droit d'évoquer leur souffrance, plus le droit de regarder en arrière : Domenach leur reprochera « d'en profiter ». Naturellement, il rétorquera qu'il ne s'est pas référé à ceux-ci, mais à « certains » autres (dans une lettre manuscrite, pas très cohérente, qu'il m'a adressée, il tient à ce que je le sache : sa remarque visait Bernard-Henri Lévy et Zeev Sternhell, pas moi) – le voilà donc autoproclamé juge en la matière. C'est lui qui décide du droit de « certains Juifs » à parler ou à raconter ce qui leur tient à cœur, et de la manière dont ils devraient le faire. Son véritable objectif ? Faire en sorte que le Juif ait honte de parler de son passé, honte d'y rester attaché.

Mais il ne s'agit pas seulement du Juif. Si l'on suit la démarche de Domenach jusqu'à sa conséquence grotesque, l'ancien résistant ne devrait plus (ou jamais ?) parler de la Résistance, le rabbin du Talmud et le prêtre de l'Évangile : chacun pourrait être blâmé pour avoir touché des « dividendes ». Attitude anti-intellectuelle surprenante chez l'ancien patron d'*Esprit* ?

C'est avec consternation que j'ai suivi le scandale qu'il a provoqué. J'ai lu ses entretiens dans *L'Événement du jeudi* et *Le Figaro*, entendu ses petits rires suffisants sur *Europe 1* et les avertissements qu'il daigne nous donner, à nous Juifs, de faire plus attention afin d'éviter des réactions antisémites. La méthode qu'il nous propose ? Elle est simple, presque banale : parler plus bas, ne pas s'afficher, renoncer à la fidélité juive (dénoncer Israël, par exemple), ne plus mentionner la judéité des victimes juives. Je l'avoue : par ses implications perverses, cette aimable suggestion met « certains » Juifs hors d'eux – et d'abord parce qu'elle déculpabilise l'antisémite. Quoi, l'antisémitisme ne serait donc pas la faute des antisémites, mais des Juifs eux-mêmes ? La haine que les Juifs suscitent serait donc due à leur seul comportement ? On nous méprise, on nous persécute, et nous n'aurions qu'à nous en prendre à nous-mêmes ? Nous aurions tort d'être trop judaïsés ?

Tort de parler du cimetière juif d'Auschwitz, bien que quatre-vingt-dix pour cent des victimes de ce camp soient juives ? Parce que j'ai osé le dire au cours de l'émission « 7 sur 7 » d'Anne Sinclair, Domenach a suffoqué d'indignation. Nous devrions donc, pour lui plaire, réécrire l'Histoire ? Déformer la vérité, trahir nos morts, nous montrer moins juifs, plus discrets, plus compréhensifs à l'égard de la société qui consent parfois à se montrer assez charitable pour nous héberger ? Domenach oublie, entre autres choses, l'histoire des Juifs allemands qui furent parmi les mieux intégrés et les plus assimilés d'Europe. Et pourtant, ils n'échappèrent pas à la tourmente.

Il oublie, et d'autres avec lui, que l'antisémite déteste tous les Juifs, et plus encore ceux qui dissimulent leur judéité, les Juifs cachés, assimilés, les Juifs honteux, c'est-à-dire ceux qui nous font honte…

Mais l'ignorance de Domenach me surprend moins que son impudence. Au nom de quoi se permet-il de distribuer aux Juifs conseils et leçons ? Qui est-il pour nous faire la morale ? De quel droit nous enseigne-t-il ce qu'il est convenable de dire et de faire, quand et comment ? Si encore c'était un ancien déporté qui exprimait ses appréhensions, ses angoisses ou ses colères, même dirigées contre « certains » Juifs, on accepterait. Mais Domenach, que sait-il d'Auschwitz, lui qui n'en a jamais vécu les nuits noires et les aubes d'agonie ? N'a-t-il pas honte ? Comment ose-t-il rabaisser le débat sur une tragédie déjà trop banalisée ? Que souhaite-t-il au juste ? Que les Juifs comme moi se taisent ? Mais quand, d'après lui, le survivant devrait-il arrêter de témoigner ? Après un mois, un an, dix ans ? Au deuxième livre ? Au cinquième ? Sait-il ce que cela « coûte » (pour employer un vocabulaire qu'il semble savourer) aux rescapés d'évoquer leur passé ? Serait-il assez vil pour vraiment supposer que la « carrière » ou l'intérêt puissent peser dans un tel choix ? Ne serait-il plus capable de concevoir qu'une raison les guide, tellement plus simple, tellement plus humaine : le sentiment impérieux d'un devoir envers les disparus, les morts oubliés ?

Il déclare qu'il n'est pas antisémite. Seulement, dire qui est antisémite et qui ne l'est pas est un privilège qui n'appartient qu'aux Juifs. S'agissant de lui, faudra-t-il que j'en use ?

Jean-Marie Domenach n'est pas n'importe qui. En lisant sa première déclaration, ma réaction immédiate fut : il s'agit d'une erreur, d'une mauvaise interprétation ; un ancien résistant ne peut pas être antisémite, ce serait impensable. Puis, à la réflexion, je me suis repris : en fait, pourquoi pas ? Un ancien résistant n'est qu'un être humain ; et un être humain change. Un ancien résistant peut donc très bien être antisémite, ou le devenir, de même qu'un Juif peut se découvrir antijuif. Des exemples ? Notre histoire n'en manque pas.

Reste qu'aucune personne décente, honorable, n'a jamais osé dire à voix haute ce que Domenach crie maintenant très fort. A l'en croire, les Juifs – pardon : « certains » Juifs – se serviraient de l'Holocauste non seulement pour gagner de l'argent, mais aussi pour le persécuter, lui, et d'autres honnêtes gens comme lui. Et tout cela, parce qu'il enrage contre Bernard-Henri Lévy et Zeev Sternhell qui lui ont rappelé Uriage ; et parce que tel intellectuel juif, nous dit-il, n'a pas apprécié sa critique d'un livre écrit par un universitaire juif. Maladie de la persécution ? C'est incroyable, mais combien vrai : « certains » antisémites se sentent persécutés par les Juifs qu'ils persécutent.

Autre chose encore. Lorsque Domenach s'élève contre les Juifs qui, au nom d'Auschwitz, lui refuseraient le droit de les juger ou de les critiquer (de qui parle-t-il ? Je ne connais pas d'auteur qui n'ait eu sa part de chance ou de malchance avec la critique), il s'insurge en réalité contre le prétendu « pouvoir » qu'Auschwitz leur conférerait. Voilà le mot lâché : « le pouvoir juif », expression et phobie chères aux antisémites traditionnels.

Disons-le clairement : Jean-Marie Domenach a choisi de mener une campagne d'intimidation contre la mémoire juive, tout en jurant qu'il n'est pas l'ennemi des Juifs. Peut-être. Mais il emploie le langage de ceux qui le sont.

Reprenons un point précis : quelques opposants me reprochent mon judéo-centrisme. A les entendre, je ne m'intéresserais qu'aux Juifs, je ne me battrais que pour leurs droits, je ne m'occuperais que de leurs affaires, je ne me soucierais que de leur bonheur, que de leur survie…

Et quand bien même ? N'en ai-je pas le droit ? N'en aurais-je pas le devoir ? Ayant vu et vécu la solitude des Juifs en danger, n'est-il pas naturel que je m'emploie à la briser dès qu'elle réapparaît ? N'est-il pas naturel, pour un Juif comme moi, un survivant comme moi, de consacrer tous mes efforts et toute mon énergie à me solidariser avec les miens, les miens d'abord ? Et n'est-il pas injuste de me le reprocher ? Reproche-t-on au révérend Tutu ou à Nelson Mandela d'avoir fait du combat contre l'Apartheid leur priorité absolue ? Et à Lech Walesa de se préoccuper en premier lieu du bien-être du peuple polonais ? Et à Vaclav Havel de s'être battu pour la libération et la liberté du peuple tchèque ? Et à Martin Luther King d'avoir consacré sa vie à la lutte contre le racisme antinoir ? Tant que l'antisémitisme n'est pas mort, le Juif que je suis n'a-t-il pas raison d'en faire sa cible première ? En dénonçant la haine du Juif, n'est-ce pas la haine de l'Autre que je blâme ? En me battant pour les Juifs victimes de la peur et du mépris, n'est-ce pas le droit des autres victimes au respect, à la dignité et à la paix que je défends ? En exigeant la liberté pour les Juifs russes, n'ai-je pas aussi épousé la cause des dissidents ?

Le procès qu'on me fait est un faux procès. Dans mon discours d'Oslo, je préciserai ma pensée : le destin juif est ma priorité, mais cette priorité n'est pas exclusive.

En général, je crois pouvoir affirmer en toute conscience que je ne suis resté indifférent à aucune cause dès qu'il s'agissait de défendre les droits de l'homme. Mais...

Eh oui, il faut bien y venir : qu'ai-je fait pour alléger la souffrance des Palestiniens ?

Là, je me sens obligé de l'admettre : je n'en ai pas fait assez ; en réalité, je n'ai presque rien fait. Pourquoi « presque » ? Je veux être clair : sur le plan politique, je ne suis en effet jamais intervenu ; sur le plan humain, en diverses occasions, j'ai essayé de faire quelque chose. Pas grand-chose, mais quelque chose, à ma manière, à ma mesure.

Une explication est-elle nécessaire ? Malgré les pressions plus ou moins fortes auxquelles j'étais soumis, je refusais de prendre publiquement position dans le conflit israélo-arabe. Je ne me reconnaissais pas, je ne me reconnais toujours pas le droit, moi qui n'habite pas en Israël, de peser sur son action politique immédiate. Ce serait impudent, insolent et irresponsable de ma part. Naturellement, j'ai des sympathies pour tel parti, pour telle personnalité dont les idées me sont proches, mais je me garde d'en faire état, pour ne pas influencer leurs décisions. Je sais : on me dira que si je suis contre l'ingérence dans les affaires intérieures d'un pays qui n'est pas le mien, pourquoi est-ce que je me suis mêlé de ce qui ne me regardait pas en URSS (sous Brejnev) ou au Chili (sous Pinochet) ? Israël, pour moi, n'est pas un pays comme les autres ; mes rapports avec lui sont, sur le plan affectif, différents de ceux qui me lient aux autres. Manque de logique, d'intégrité peut-être ? J'y reviendrai en rappelant ma brouille avec Jean Daniel (et ceux qui pensent comme lui).

Sur le plan humain, je n'ai jamais dissimulé combien la tragédie palestinienne m'affecte. J'en parle dans *Le Mendiant de Jérusalem* qui, pourtant, a été conçu comme une célébration de la victoire juive sur ses ennemis. J'évoque le désarroi du vainqueur malgré lui :

> La victoire n'empêche pas la souffrance d'avoir existé, ni la mort d'avoir sévi. Comment œuvrer pour les vivants sans, par cela même, trahir les absents ?... A force de survivre, le survivant ne sait plus qui sont ses alliés, ses fantômes, ses guides, et s'il leur doit fidélité : pour lui tout est question, y compris le miracle qui maintient en surface.

Dans mon carnet, j'ai noté que le regard des enfants arabes, si triste, si peureux, me rendait perplexe. Et malheureux. Je le dis dans le roman. Et à la télévision israélienne (en avril 1969).

Après une conférence dans une université du Middle West, un étudiant se leva pour m'interpeller : « Vous qui faites tant de choses pour tant d'opprimés, que faites-vous pour les Palestiniens ? » Ailleurs, un étudiant me posa la même question, mais sous une forme plus directe : « Je suis palestinien ; qu'avez-vous à me dire ? » Dans ces deux cas, et certains autres, un dialogue fructueux, et amical, s'ensuivit.

En Israël, dans le cadre d'une conférence sur « L'anatomie de la haine », devant des journalistes de la télévision de langue arabe, des intellectuels de Cisjordanie me mirent au pied du mur : « On dirait que la souffrance des Palestiniens ne vous affecte pas trop, est-ce vrai ? » Je dis qu'elle me touchait, mais que je me sentais impuissant à la soulager. « Aidez-nous, reprirent-ils. Parlez-nous. Cela nous soulagera. Aidez-nous à nous faire entendre. » Je répondis : « Israël vit dans la peur, admettez-le. Aidez-moi à dissiper leur peur et je vous aiderai à vous faire entendre. » Un Palestinien dont la lettre ouverte publiée dans *Le Monde* resta sans réponse :

Mahmoud Derwich. Son poème qui respire la haine – « Prenez vos tombes et allez-vous-en ! » –, l'Intifada elle-même ne peut l'excuser.

Mais c'est un jeune poète palestinien qui, des années auparavant, m'a le plus bouleversé. Je me souviens : le téléphone sonne. Une voix d'homme s'exprime en hébreu : « Je m'appelle Rachid Hussein ; je souhaite vous rencontrer. C'est urgent. » Je reste muet. Sans doute devine-t-il la raison de mon silence, car il se hâte d'ajouter : « Ne craignez rien, je ne suis pas de l'OLP, je suis israélien. Un poète israélien. Un poète israélien de langue arabe. » Rassuré, je l'invite à venir le lendemain. « Ne pourriez-vous me recevoir aujourd'hui ? C'est que c'est vraiment urgent. » Soit, qu'il vienne. Tout de suite. Il me fait bonne impression. Sérieux, délicat, passionné, il entre dans le vif du sujet en décrivant la situation intolérable des Arabes en Israël et surtout en Cisjordanie. De temps en temps, je l'interromps pour lui avouer mon scepticisme : je crois qu'il invente, qu'il brode, qu'il exagère. C'est comme si je n'avais rien dit. Il enchaîne : censure, restrictions diverses, arrestations arbitraires. Je répète : impossible, incroyable ; il exagère, il invente, etc. « Vous êtes mal informé. Ou vraiment naïf », me lance-t-il d'un air désabusé. Et de me lire une longue liste de noms : des Arabes arrêtés à titre préventif et maintenus en prison sans procès. Au lieu de répondre, je saisis le téléphone et j'appelle Tel-Aviv, je réveille un journaliste connu et je lui dis : « J'ai dans mon bureau un poète palestinien qui me fait part de choses effroyables. Est-ce qu'il ment ? Est-ce qu'il est manipulé ? » Le journaliste confirme tout ce que m'a dit Rachid Hussein. Devant mon air désemparé, mon visiteur se croit obligé de s'excuser : « Désolé de vous embêter comme ça… » Que veut-il de moi ? Que je signe une pétition en faveur de ses amis emprisonnés « administrativement » (c'est le terme légal). D'autres écrivains et intellectuels l'ont déjà fait. Je lui dis : « Je ne signe rien contre Israël. » Il répond : « Je m'en doutais. Quand il s'agit de nous, vous vous taisez » et se lève pour prendre congé. Je lui demande de se rasseoir : « J'ai une proposition à vous faire. Arrêtez de faire circuler votre pétition ; quant à moi, j'irai en Israël. Je ferai de mon mieux pour aider vos amis. » Il accepte. Quelques jours plus tard, je frappe à la porte de Golda Meir. Je lui expose l'objet de ma visite. Un sourire maternel ou grand-maternel éclaire son visage : « Ne te mêle pas de ça, me dit-elle. Ce n'est pas pour toi. Ces choses-là sont d'une telle complexité que tu n'y comprendras rien. Laisse faire les spécialistes. » Ce n'est pas si facile de contredire un Premier ministre, mais il le faut : « Golda, lui dis-je. Vous ne pouvez pas nous faire cela, à nous, les intellectuels juifs en Diaspora qui essayons de défendre les droits de l'homme. Vous ne devriez pas nous obliger à choisir entre notre conscience et notre loyauté envers Israël. » Elle préférerait ne pas discuter, mais nous discutons. A la fin, elle me dit : « En Cisjordanie, ce sont les autorités militaires qui règlent ce genre d'affaires ; pourquoi n'irais-tu pas les voir ? » Je rencontre donc le commandant en chef de l'armée. Lui non plus n'aime pas discuter, nous discutons quand même. Sa réponse : « Aucune arrestation n'est arbitraire ; c'est une commission qui doit l'autoriser, et un juge civil en fait toujours partie. » Je cours chez le président de la Cour suprême. Avec lui, nul besoin de discuter : la loi est la loi, son rôle est de la protéger en protégeant chaque citoyen, chaque individu contre les abus du pouvoir. Mais alors, les arrestations préventives, comment les expliquer ? Le juge me rassure : il arrive que les services de sécurité appréhendent un suspect dont la culpabilité est certaine et prouvée, mais… il serait dangereux d'étaler les preuves devant un tribunal, donc devant les avocats de la défense. Pourquoi dangereux ? Parce que ces preuves sont fournies par des indicateurs, des agents infiltrés… Que faire ? Laisser les saboteurs en liberté ? Et risquer la vie et la sécurité des paisibles citoyens d'Israël ? Je ne peux pas dire que ce cas de conscience ne me trouble pas. Mais je songe à Rachid Hussein et à son cas de conscience à lui. Je retourne voir Golda. J'agace tant de gens, je les importune tant de fois que, finalement, pour se débarrasser de moi, on libère quelques détenus. Triomphant, je m'envole pour New York. Je téléphone à Rachid Hussein. Je lui annonce la bonne nouvelle, il la connaît déjà. Je veux le voir tout de suite. Pour fêter le succès de nos efforts communs. Il s'esquive : pas le temps, une autre fois. Soit, va pour l'autre fois. Pas de dîner. Bon, on prendra un café. Il a l'air gêné, le jeune poète palestinien. Qu'est-ce qui lui arrive ? Pourquoi n'est-il pas plus heureux ? Il baisse la tête en m'avouant que, pendant que j'étais à Jérusalem, il a continué de faire circuler sa pétition. « Je n'avais pas le choix, me dit-il. Je pensais à mes amis emprisonnés, et je ne pouvais pas attendre. La patience est faite pour les gens heureux, pas pour nous, pas encore. »

A quelque temps de là, Marion et moi allons l'écouter dans un cabaret littéraire, au Village. Il récite ses poèmes chargés de violence et d'amertume. Pauvre Rachid : déraciné, il va de désespoir en désespoir. Il boit beaucoup, me dit-on. Chacun son refuge. Le sien est dans la bouteille. Je ne le juge pas, c'est plutôt lui qui, en avalant verre sur verre, semble porter un jugement… sur qui ?

Lorsqu'il meurt seul et abandonné *downtown* Manhattan, je me demande si ses amis sont toujours (ou de nouveau) en prison en Israël. Et si le poète parmi eux chante avec moins de colère et moins de désespoir.

Tournons la page. Qu'en est-il de mes opposants juifs ?

Après la représentation d'*Ani Maamin* à Carnegie Hall (voir p. 88) des amis viennent féliciter les artistes et les musiciens dans leur loge. Parmi eux, un homme moustachu aux épaules larges, le visage lourd et les yeux fureteurs. Il se présente : Simon Wiesenthal. Je lui serre chaleureusement la main. Accolade. Je connais son nom et j'admire ses activités. N'a-t-il pas connu les camps de la mort ? N'est-il pas le premier chasseur de nazis de l'après-guerre ? Dois-je insister sur l'estime que j'éprouve pour le personnage ? Je sais qu'il habite Vienne ; je lui dis : « La prochaine fois, faites-moi signe. Vous viendrez à la maison. »

Quelques années plus tard, il m'appelle en effet. Nous parlons de choses et d'autres. Israël, l'antisémitisme, les bourreaux SS cachés en Amérique du Sud. Il m'entretient de ses livres, mais je préfère l'entendre évoquer ses exploits de chasseur des criminels de guerre en fuite. Je mentionne le nom d'Adolf Eichmann. Je sais tout ce qu'on lui doit dans cette affaire ; je le sais pour avoir lu ses déclarations. Je lui fais donc part de mon indignation à propos d'un article paru dans un journal israélien où un ancien responsable du Mossad l'accuse méchamment de mentir lorsqu'il prétend avoir joué un rôle important dans l'enlèvement de ce criminel nazi. Wiesenthal répond que les services secrets israéliens le détestent. Ils seraient jaloux de ses succès. Je demande : « Et Josef Mengele, le médecin-assassin, le chef des sélections à Birkenau, sait-on où il se cache ? » Wiesenthal le sait et me met dans la confidence, me fournissant même des renseignements précis : ses fausses identités, les noms de ses complices et de ses protecteurs. Mais alors, pourquoi ne l'arrête-t-on pas ? Mon visiteur met en cause untel et untel. De nouveau, il se plaint du Mossad et des services secrets israéliens en général qui, dit-il, font tout pour salir sa réputation. (En effet, je lirai dans un manuscrit inédit d'Isser Harel, ancien chef légendaire du Mossad, un portrait fort déplaisant de Wiesenthal : il lui reproche sa vantardise, son penchant excessif pour les relations publiques ; il l'accuse même d'avoir torpillé une opération israélienne visant à arrêter Mengele.) Avant de partir, il me demande une faveur : que je fasse un compte rendu de son dernier livre – que je n'ai pas encore eu l'occasion de lire – dans le *New York Times*. Il y raconte l'histoire d'un officier SS mourant qui, dans un camp de concentration, le convoque, lui, pour le supplier de lui accorder son pardon. L'histoire me paraît bizarre, mais je n'ai pas le droit de la juger avant de l'avoir lue. Quant au service qu'il me demande, je lui explique que cela ne se passe pas ainsi aux États-Unis. Les éditeurs des pages culturelles sont extrêmement susceptibles en matière de copinage. Mais je lui promets de faire de mon mieux.

Je l'accueille deux fois encore chez moi. Chaque fois, il arrive directement de chez Kurt Waldheim, le secrétaire général des Nations unies, son ami proche : « Vous rendez-vous compte ? me raconte-t-il, l'air rayonnant. Il a tenu à me raccompagner jusqu'à l'ascenseur… » A l'époque, on ne connaissait pas encore le passé plus que suspect du futur président de l'Autriche.

Notre dernière rencontre date du début des années quatre-vingt. D'abord j'ai droit, naturellement, à un compte rendu de sa visite chez Waldheim qui, cette fois, l'a raccompagné jusqu'au rez-de-chaussée. Et Mengele ? (Mengele est déjà mort depuis longtemps, au Brésil, mais mon visiteur me dit connaître le lieu précis où il s'abriterait maintenant, au Paraguay…) Une fois la routine épuisée, nous abordons un thème plus grave : de qui devons-nous nous souvenir ? Lui prêche l'universalité de la souffrance, donc de la mémoire. Plus précisément : puisque Hitler a exterminé dans les camps non pas six mais onze millions d'êtres humains, il est de notre devoir de n'en oublier aucun : les Polonais, les Ukrainiens, les Russes, les Allemands, etc. Et Wiesenthal emploie une image frappante : puisque le sang juif fut mêlé à leur sang à Auschwitz, toutes les victimes doivent être réunies dans le même souvenir.

Je lui réponds que j'ignore d'où il tient le chiffre de onze millions. Aucun historien ne l'a cité. Le seul qui l'a mentionné, c'est Adolf Eichmann dans son rapport sur la conférence de Wannsee où les dirigeants du Troisième Reich décidèrent la Solution finale. Mais, même dans ce rapport, Eichmann parlait de onze millions de JUIFS, de JUIFS seulement – ceux d'Europe et ceux d'ailleurs : tous étaient visés. De plus, pense-t-il vraiment, lui, Simon Wiesenthal, qu'il y eut cinq millions de non-Juifs enfermés, brutalisés, tués, brûlés dans les camps ? S'il le croit, qu'il m'en apporte la preuve... Là-dessus, il m'accuse de judéo-centrisme : « Vous ne pensez qu'aux Juifs... A vos yeux, tous étaient des saints... Moi, je peux vous prouver qu'il y avait parmi eux des salauds de la pire espèce, et qu'ils étaient pires que les non-Juifs... » Je reste sous le choc de ces propos. La tristesse m'envahit : « Ce n'est pas beau, monsieur Wiesenthal. Ce que vous dites n'est pas beau du tout. De vous, je m'attendais à d'autres paroles... » Il rougit et s'excuse : il s'est mal exprimé, ce n'est pas ce qu'il voulait dire, en fait il voulait dire autre chose, mais... Soit. Je lui explique ma position, celle-là même que j'ai tenté de formuler devant le président Jimmy Carter et le Congrès des États-Unis : les victimes de l'Holocauste n'étaient pas toutes juives, mais tous les Juifs étaient des victimes. Cela dit, je n'admets pas la dilution, la banalisation d'Auschwitz, toutes les méthodes réductionnistes concernant la mémoire...

J'ai parlé avec courtoisie, avec respect : pour rien au monde je n'aurais voulu blesser un homme qui, dans le passé, a tant fait peur aux ennemis sanguinaires du peuple juif. Pour dissiper le malaise, je change de sujet. Là-dessus mon fils, encore jeune, entre dans mon bureau. Je le présente à notre illustre visiteur. Est-ce parce que mon fils ne manifeste pas son enthousiasme ? Wiesenthal se met en colère : « Laisse-nous. Nous avons des choses importantes à nous dire ! » Humilié, Elisha sort. J'avoue : je n'ai pas apprécié. Je n'aime pas voir des enfants humiliés. Entre nous, désormais, plus de contact.

Pendant les années qui suivent – et qui précèdent mon prix Nobel, qu'il rêve d'obtenir – Wiesenthal se répand en commentaires désagréables et offensants sur mon « nationalisme » et mon « chauvinisme », mon dédain pour les Tziganes, les Polonais et les autres, tous les autres... Il le répète inlassablement à des visiteurs juifs à Vienne, à des leaders juifs en Amérique, dans des interviews et même dans *Penthouse*, la revue pornographique à grand tirage... On dirait qu'il a deux obsessions : le Congrès juif mondial (qu'il déteste) et moi (qu'il abhorre)... Bizarre : je l'ai entendu répondre aux questions de Larry King sur CNN concernant un ouvrage dénonçant sans la moindre délicatesse ses relations avec Kurt Waldheim. Écrit par Eli Rosenbaum, le directeur du bureau chargé par le département de la Justice fédérale de retrouver les anciens criminels de guerre en Amérique, ce livre suscita une controverse compréhensible mais pénible. Or Wiesenthal se plaignit au micro de CNN du fait que lui, un survivant, soit attaqué par un Juif… J'eus envie de lui envoyer un petit mot : Ne suis-je pas, comme vous, un survivant ? pourquoi vous obstinez-vous, un Juif, à me diffamer, moi qui ne suis pas moins Juif que vous ? Mais je n'ai rien écrit. Cela faisait longtemps que nous ne nous parlions plus. Lieberman disait : « Pour commencer une amitié, il faut être deux ; pour arrêter une querelle, un seul suffit. » Ce n'est pas pour arrêter la querelle que je n'ai rien fait ; je n'ai rien fait simplement parce que j'avais perdu tout respect pour le bonhomme.

Dans *Penthouse*, Wiesenthal a déclaré : « … Il [Elie Wiesel] est le pire adversaire de ma position, à savoir qu'il devrait exister une vraie fraternité entre les victimes, toutes les victimes. » Au journaliste qui lui demande : « Pourquoi Elie Wiesel n'est-il pas d'accord avec vous ? », il répond : « Parce qu'il est chauvin et moi non. Le grand secret, c'est que je ne suis pas un homme de haine… » Il va si loin dans ses diatribes que, en 1980, le journaliste juif Herb Brin de Los Angeles, qui est pourtant un de ses admirateurs, lui demande dans un éditorial de cesser ses attaques injurieuses. « Wiesenthal, écrit-il, fait une fixation sur Elie Wiesel et c'est lui-même qu'elle déshonore. »

Je n'ai réagi qu'une seule fois : une réfutation détaillée, dans un hebdomadaire juif américain, de sa manière de déformer certains faits. Par exemple : il m'accuse, moi, de ne pas l'avoir invité à une réunion de survivants (avec laquelle je n'avais rien à voir), d'avoir participé à une opération de boycottage le concernant (faux : à ma connaissance il n'y a jamais eu d'opération de ce genre) ; d'avoir empêché la nomination d'un Tzigane au Conseil du mémorial de Washington (c'est la Maison-Blanche qui conserve jalousement ce privilège : mes diverses recommandations sont le plus souvent restées sans effet). A part cette mise au point, j'avale et je me tais, déterminé à ne pas répondre à ses accusations fantaisistes (et je défie quiconque de me prouver le contraire). Je le laisse faire. De loin, je l'observe. Pourquoi Albert Speer, le dernier ministre de l'Armement du Reich, l'a-t-il appelé son « meilleur ami » dans une émission télévisée aux États-Unis ? Et pourquoi Helmut Kohl, le responsable de la « normalisation » en Allemagne fédérale, déclara-t-il en 1990 que, après la réunification allemande, la deuxième personne à lui avoir présenté ses félicitations téléphoniques était Simon Wiesenthal ? Sont-ils si proches sur le plan idéologique ? Pourquoi le chancelier allemand a-t-il essayé d'empêcher la diffusion par la télévision d'un documentaire autrichien plutôt pénible sur Wiesenthal ? Pourquoi celui-ci, tout au moins au début, a-t-il défendu Waldheim ? J'avoue que le fossé entre nous s'approfondissait. Cependant, je le répète, je n'en ai pas fait état. Mais depuis que j'ai reçu un prix qu'il convoitait ouvertement, pour lequel il menait campagne en me dénigrant, il va plus loin : il déclare à droite et à gauche, dans ses livres comme dans ses confidences, que le prix Nobel lui revenait de droit, que je suis son ennemi, que je le hais, que je suis la personne qui le hait le plus… Combien de reporters m'ont-ils interrogé sur « les mobiles » de ma « haine » à son égard ? J'ai toujours refusé de répondre par la polémique. Que ses « avocats » et propagandistes montrent un seul journal, un seul magazine où ils trouveraient de moi une seule remarque déplaisante à son sujet… Ce n'est pas mon genre et ce n'est pas dans ma nature.

La vérité est malheureusement autre ; en psychologie, cela porte un nom : le transfert ; il m'attribue la haine qui l'anime. Et cela me désole. Non seulement pour le mal qu'il pense me faire, mais aussi pour le mal qu'il se fait à lui-même : la haine est mauvaise pour la santé, elle dévore celui qui la porte. J'espère qu'il n'est pas trop âgé pour apprendre une chose pourtant connue depuis Hemingway : il faut savoir perdre, je veux dire, perdre avec grâce. Il faut savoir avaler et encaisser en souriant. Et surtout ne pas montrer son dépit. La vie est ainsi faite : on ne peut pas toujours être victorieux. Chacun de nous a connu des hauts et des bas. Cela vaut pour les chasseurs de nazis comme pour les écrivains. Wiesenthal aurait-il oublié que les bonnes manières, cela compte ? Il me semble que la jalousie lui est tout simplement montée à la tête. Autrement, il ne se serait pas ridiculisé tout récemment encore en se plaignant à des journalistes que le prétendu « lobbying » en ma faveur auprès du comité Nobel avait été plus efficace que le sien. Et il n'aurait pas raconté que « tous les partis politiques hollandais ont écrit au comité » en sa faveur, avouant ainsi le rôle que lui-même jouait dans sa propre campagne. Et il ne répéterait pas cette demi-vérité dans une lettre au *New York Magazine* (février 1996) : « Elie Wiesel et moi étions tous les deux candidats pour le prix Nobel 1986. » Pourquoi demi-vérité (donc demi-mensonge) ? Parce qu'il fait croire que nous étions les seuls candidats, ce qui est loin de la vérité. Il suffit de vérifier les déclarations officielles du comité Nobel : au début de cette année-là, il y avait plus de quatre-vingts candidats. D'ailleurs, chose amusante, le même magazine a publié un mois plus tard, en mars 1996, une lettre de l'épouse de Brian Urqhart, ancien sous-secrétaire général des Nations unies, dans laquelle elle révéla que son mari avait été informé par un journaliste de la télévision norvégienne, le samedi 11 octobre 1986, que la décision venait d'être prise à Oslo en *sa* faveur. Mme Urqhart avait même acheté une bouteille d'aquavit, se préparant à célébrer la victoire de son mari… Le journaliste norvégien expliqua son erreur en disant que la décision fut annulée pendant le week-end, car la pression était trop forte… Mais alors, si Urqhart devait gagner, comment Wiesenthal pouvait-il penser être également lauréat ?

En vérité, tout cela relève de sa fantaisie. Premièrement, les délibérations du comité sont confidentielles et ultra-secrètes. Deuxièmement, il a tort d'insulter le comité Nobel. Je l'ai dit ailleurs : ses membres, tous des hommes et des femmes d'honneur, résistent aux pressions ; aucune pression ne peut les forcer à voter contre leur conscience. Troisièmement : la décision du comité fut adoptée dès la fin août. Et elle fut unanime. Et, comme me le raconta plus tard le président du comité, l'admirable Egil Aarvik, devenu mon ami : « Le vote se déroula dans l'enthousiasme. »

Pauvre Wiesenthal. Comment comprendre sa rage et sa haine ? Nos Sages ont une explication : l'ambition, la jalousie. La jalousie est dangereuse et nocive. Pas seulement pour celui qui en est la cible, mais aussi, et surtout, pour celui qui l'engendre et la nourrit. La jalousie, lit-on dans *L'Éthique de nos pères*, est capable « d'exclure l'homme de ce monde ». Soyons charitables et disons que, dans le cas de Wiesenthal, elle ne fait que l'aveugler au point qu'il ne voit plus le monde des autres.

Je le plains.

J'ai longuement réfléchi au problème que Wiesenthal représente. La jalousie est comme l'ambition et la générosité : on la trouve partout, dans tous les milieux. J'aurai l'occasion d'y revenir dans un ouvrage où je compte brosser les portraits d'amis et de Maîtres, littéraires aussi bien que politiques, qui m'ont marqué – et aussi de certains êtres qui m'ont blessé…

LES INTELLECTUELS-PROCUREURS

Des lettres ouvertes, j'en ai écrit quelques-unes : à un jeune Palestinien, à un jeune Allemand. J'en ai reçu aussi. Presque toutes ont trait à ma position à l'égard d'Israël et des Palestiniens. Les unes me demandent d'appuyer les faucons, les autres souhaitent me voir parmi les colombes. Un éditorial peu élégant du propriétaire du *Spiegel* me dit des choses plus bêtes que méchantes parce que j'ai osé exprimer des craintes concernant la réunification allemande. Un écrivain israélien qui habite New York, Mati Meged, m'interpelle dans *The Nation* pour m'offrir ses conseils. Des appels directs et indirects me sont lancés çà et là pour que je me prononce contre telle ou telle politique de tel ou tel gouvernement israélien. Je réponds rarement, considérant que j'ai le droit de choisir mes interlocuteurs. Si je ne connais pas l'auteur de ce genre de missive, ce n'est pas parce qu'il a réussi à la faire publier que je devrais me croire obligé de lui répondre. Et si je le connais, si nous avons déjà été en relation, pourquoi ne s'adresse-t-il pas directement à moi ?

Mais Jean Daniel est un cas à part. Tout d'abord, il dirige un hebdomadaire qui m'est proche intellectuellement et où je compte des amis. J'éprouve une profonde affection pour l'intégrité et la passion de la chose écrite chez Élisabeth Schemla qui, en 1996, a dû quitter son journal pour des raisons politiques et de conscience : elle m'est proche. Nicole Boulanger, redevenue Leibowitz après le drame épouvantable de Carpantras, a du charme, du talent et le courage de ses convictions que, d'ailleurs, je partage le plus souvent.

Il fut un temps où Jean Daniel ne pensait pas trop de mal de ma personne. Certes, son hebdomadaire n'a jamais accordé à mes livres le traitement de faveur dont bénéficient ceux de ses copains, mais cela n'affecta guère nos rapports. Dois-je préciser que je ne le lui ai jamais réclamé ?

Quand ai-je fait sa connaissance ? Il y a longtemps, très longtemps. J'en suis persuadé, car nous avons alors parlé de Henry Kissinger qui était, à l'époque, secrétaire d'État.

C'est lui, Jean Daniel, qui a eu l'idée d'un déjeuner. J'étais content de le rencontrer : j'aimais certains de ses livres, surtout ses essais sur le fanatisme religieux, j'appréciais certains de ses éditoriaux pour leur éloquente sincérité autant que pour leur style majestueux. Je me souviens de sa première question : « Comment vous accordez-vous à votre vécu religieux ? » Bravo, me dis-je. Voilà enfin un intellectuel juif sérieux. La spiritualité l'intrigue autant que la politique. Conversation agréable. Bible, Talmud, hassidisme : je me rendis compte à quel point mon convive était désireux d'apprendre, et cela me plut. Pour lui expliquer l'originalité du raccourci talmudique, je lui citai l'exemple d'une femme qui vint demander conseil à un Sage. Son problème ? « *Beni hakatan mibni hagadol* – mon cadet est le fils de mon aîné. » Quatre mots suffisent pour décrire l'inceste, ce qui, chez des romanciers contemporains, aurait exigé des pages et des pages.

Nous prîmes l'habitude de nous revoir à l'occasion de ses séjours aux États-Unis. Et, me sachant de passage à Paris, il m'invita un jour à déjeuner chez lui.

De quoi parlions-nous ? De tout et de rien. De la vie culturelle à Paris, de la politique (changeante ?) de la Maison-Blanche. Du président Ford, comparé à son prédécesseur et à son successeur, de la conscience juive de Kissinger, de la situation au Moyen-Orient… Ce n'était pas une interview, ni même un échange ; c'était un tour d'horizon à deux voix, strictement personnel, absolument privé : *« off the record »*, comme on dit ici.

Lorsque je reçus le Nobel (ce dont *Le Nouvel Observateur* ne souffla mot), il me confia son grand souci : comment allais-je « gérer (c'est un mot qu'il semble savourer particulièrement) l'immense capital moral » qui allait être mien. Désormais, ce fut pour lui une idée fixe. Il en fit état dans un éditorial. Du coup, à ses yeux, je n'étais plus un écrivain, mais un gérant. Je ne sais plus si je le lui avais proposé, mais il se déclara prêt à lire un brouillon de mon discours d'Oslo afin de voir si mon capital était proprement géré : « Après tout, me dit-il, Camus aussi m'a montré son discours avant de le prononcer. » Pourquoi ne suivrais-je pas l'exemple de l'auteur de *La Peste* ? Me trouvant à Paris en route pour Oslo, j'appelai Jean Daniel. Par chance ou malchance, il était absent.

Deux ans plus tard (fin janvier 1988), en pleine conférence des prix Nobel (voir p. 408), il publia une lettre ouverte comminatoire où l'on aurait dit qu'il me sommait de répondre à ses questions. Pourquoi gardais-je le silence alors que l'Intifada faisait rage à Gaza et en Cisjordanie ? Comment pouvais-je me désintéresser de la lutte des Palestiniens pour la reconnaissance de leurs droits à un État souverain ? Pourquoi ne m'étais-je pas prononcé en faveur de l'opposition israélienne de gauche ? « J'ai peur, écrivait-il, qu'en croyant être fidèle aux siens en justifiant la répression israélienne dans les territoires occupés, le prix Nobel de la paix ne renonce à lui-même... » Autrement dit : c'est pour mon bien, pour le salut de mon âme – auraient dit les chrétiens –, qu'il décidait de me remettre dans le droit chemin. Et m'enjoignait de cesser de « justifier la répression israélienne »... Mais, permettez, un instant s'il vous plaît : quand ai-je justifié la répression où que ce soit, y compris en Israël ? Mon refus de condamner Israël immédiatement, sous le choc des événements, on pourrait y voir un malaise, une hésitation, de la gêne, mais seul un esprit malveillant ira jusqu'à l'interpréter comme une justification !

Pendant l'Intifada, Ivan Levaï a publié dans *Le Provençal* un long entretien avec moi. Je lui dis combien, des deux côtés, cette poussée de violence me fait horreur. Ivan exige des réponses claires sur le droit des Palestiniens à l'autodétermination (je suis pour), sur l'entrée en vigueur de ce droit et ses implications pour la sécurité d'Israël. Il me dit que l'opinion publique est tellement montée contre Israël que je ne peux pas me permettre de rester silencieux. Je lui réponds de mon mieux. Ailleurs, je m'insurge contre la politique qui tolère (ou ordonne ?) à l'armée de « casser les os » des membres de l'Intifada. Je condamne les excès. Normal. Il y a des limites à tout. Ai-je commis une erreur en répondant à Ivan Levaï plutôt qu'à Jean Daniel ? Quoi qu'il en soit, un entretien n'est pas comparable à une lettre ouverte. En fait, dans celle-ci, Jean Daniel me révèle ce qu'il me précisera ensuite dans une lettre privée : qu'il aurait aimé me voir devenir le champion des Palestiniens comme lui l'était des Algériens... Moins bousculé, je lui aurais peut-être aussitôt répondu. Mais cette semaine-là, durant la conférence des Nobel à l'Élysée, j'avais d'autres occupations et préoccupations. Bien entendu, le déplaisir de Daniel ne se fit pas attendre. Le courrier des lecteurs, intitulé « L'affaire Wiesel », fut précédé d'un chapeau me rappelant à l'ordre : quoi ? j'avais osé faire attendre le directeur de la publication !

Pour soulager son impatience, j'ai choisi de répondre. Non pas dans son journal, mais dans un autre, plus accueillant : *Libération*. Voici le texte de ma réponse :

> A la fin de sa leçon hebdomadaire, Jean Daniel m'a aimablement suggéré, mi-janvier, l'idée d'une « Lettre à un jeune Palestinien ». Naturellement, j'apprécie son conseil à sa juste mesure, mais sans doute ignore-t-il que cette lettre, je l'ai déjà écrite, il y a longtemps. Il ne peut pas tout lire. Pourtant, il parle comme s'il pouvait tout savoir. La différence entre lui et moi ? Je partage ses angoisses, mais non ses certitudes. Dans cette « Lettre à un jeune Arabe palestinien » publiée en 1977 (*Un juif aujourd'hui*, Éditions du Seuil), je n'occulte en aucune façon la souffrance de mon interlocuteur. Au contraire, j'essaie d'y faire face. Je la comprends. J'ajoute que je comprends même sa colère : « Oui, il est humiliant de n'appartenir à aucune société organisée, de ne pouvoir rentrer chez soi. Il est démoralisant de ne pas être libre de ses mouvements, ni de ses choix. Oui, il est déprimant, dégradant, de vivre en marge, dans des zones grises de l'Histoire, d'être un instrument ballotté par l'actualité, d'incarner l'éternel étranger qui suscite au mieux pitié et charité, alors qu'on voudrait connaître sécurité et justice. »
>
> En relisant ce texte, je m'aperçois qu'il n'a pas beaucoup perdu de son actualité. Contrairement à ce que suggère Jean Daniel, mon attitude d'aujourd'hui ne m'a pas fait renoncer à moi-même. Dans ma lettre, je disais encore à mon jeune correspondant : « Juif, je comprends que vous défendiez la cause arabe. Arabe, comprenez que j'épouse la cause juive. Je ne vous demande pas d'être objectif, ne me le demandez pas non plus : ce serait contre nature et pour vous et pour moi. » Solidaire d'Israël, je me sens responsable de ce qu'Israël fait. Ce qu'Israël fait, il le fait aussi en mon nom. Je participe à sa joie, je revendique sa tristesse. Abandonné par d'illustres intellectuels de la Diaspora, blâmé par des gouvernements éclairés, censuré par l'opinion publique que Jean Daniel suit autant qu'il la forme, Israël semble, une fois de plus, entrer dans la solitude ; est-il donc si coupable, pour le Juif que je suis, de vouloir l'y accompagner ?
>
> De là à me reprocher d'être indifférent à la tragédie des jeunes Palestiniens, il y a un pas que, en revanche, je ne permets à personne de franchir. Nul ne peut rester insensible à leurs épreuves. Interpellé par les images et les paroles qui nous arrivent de la Terre sainte et malheureuse, je sens l'angoisse croître en moi. Accrochages sanglants, émeutes, morts… Des enfants tombent, des mères se lamen-

tent. Frustrés, désespérés, des adolescents palestiniens se servent de pierres et de cocktails Molotov alors que, en face, des soldats à peine plus âgés essaient de les désarmer, de les disperser, de les décourager. Et puis ces quatre Palestiniens enterrés vivants récemment : la quasi-totalité du peuple juif, en Israël, en Diaspora, en a ressenti l'outrage. « Des Juifs ne peuvent pas faire cela », disait un général israélien. Je dis : des Juifs ne peuvent pas tolérer cela. Brutalité démentielle, contraire à nos lois les plus sacrées...

Jean Daniel pense peut-être que quiconque aime les enfants juifs ne peut que haïr les enfants arabes. Il se trompe. Je n'ai jamais « justifié » la répression. Ni en Israël ni ailleurs. Tout en moi s'insurge contre la répression, d'où qu'elle vienne. J'ai consacré toute une vie à la dénoncer, à en montrer les ramifications ténébreuses, les implications dangereuses. Si je refuse de condamner Israël, c'est à cause, tout d'abord, de l'idée que je me fais de l'écrivain et du survivant : témoin et non juge. Et puis c'est à cause de cette jeunesse israélienne que je sais blessée, tourmentée. Nul ne me convaincra qu'elle se réjouit de frapper ses adversaires, qu'elle aime se servir de gaz lacrymogène contre des femmes et des enfants. Mais, face à ce que les Palestiniens eux-mêmes nomment « l'Insurrection », que peut faire un soldat juif ? Reculer ? Jusqu'où ? Prendre la fuite ? Jusqu'à quand ? Succombant à son indignation, Jean Daniel tourne bien aisément le dos à la tristesse d'Israël, à la tristesse en Israël. Cependant, il a raison de déclarer que le problème israélo-palestinien, c'est au niveau politique qu'il faut le poser, car c'est à ce niveau seul qu'on pourrait le résoudre. Mais moi, j'avoue ne pas savoir comment le résoudre. Tant que l'OLP demeure une organisation terroriste, tant qu'elle ne renonce pas à son but avoué – la destruction d'Israël –, l'État juif a-t-il tort de ne pas négocier avec ses chefs ? Mais alors, si l'OLP n'est pas un interlocuteur valable, qui peut prétendre l'être ? Voilà le dilemme. Voilà l'impasse. Ainsi l'abîme entre les deux peuples paraît infranchissable. D'un côté l'inflexibilité, de l'autre la rigidité. Besoin de sécurité chez Israël, quête d'identité nationale chez les Palestiniens. Comment les réconcilier ?

On ne peut saisir le présent sans tenir compte du contexte historique. Examinons-le, voulez-vous ? En 1948, Israël fut le seul État à avoir reconnu l'existence juridique d'un État palestinien. Relisez le premier discours et la déclaration d'Indépendance du Premier ministre David Ben Gourion : en acceptant le plan de partage des Nations unies, il proposait à son voisin de vivre en paix avec Israël. Geste repoussé par six armées arabes qui lancèrent une offensive contre le jeune État juif. Sans cette guerre, Jaffa et Lod seraient arabes et Jérusalem internationalisée. C'est qu'Israël a toujours préféré la paix à la conquête.

Juin 1967 : alors que l'Égypte était déjà battue, le Premier ministre Levi Eshkol envoya trois émissaires au roi Hussein, le suppliant presque de ne pas se laisser entraîner par Nasser dans un conflit dont Israël ne pouvait être que bénéficiaire. Si Hussein avait suivi ce conseil d'Israël, la Cisjordanie serait encore sous contrôle jordanien. Et la vieille ville de Jérusalem aussi. Qu'on cesse donc de nous présenter Israël comme une puissance affamée de conquête territoriale. L'obsession d'Israël, c'est la sécurité et la paix.

Tenez, un autre exemple : Menahem Begin. En échange d'un traité de paix, il céda le Sinaï sans grande difficulté. Or, on admire Sadate et on oublie son partenaire juif. On célèbre le courage de Sadate décidant de venir à Jérusalem – et on oublie l'accueil qu'il y reçut. Dans la foule qui l'applaudissait en pleurant, il y avait sûrement des veuves et des orphelins dont les maris et les pères avaient perdu la vie durant la guerre du Kippour. Pourtant, au lieu de le haïr, ils lui criaient leur reconnaissance, leur fraternité. Un peuple capable de faire taire en lui sa rancune, son amertume et même sa tristesse, un peuple qui se découvre si vite si généreux, ne mérite pas qu'on lui marchande sa confiance.

Vous me reprochez peut-être ma foi en Israël. Tant pis. Jamais je n'ai dissimulé et jamais je ne nierai la passion que j'ai pour le peuple juif : c'est à travers lui qu'un humanisme universel me paraît possible. C'est le Juif en moi qui s'efforce de créer des liens avec chrétiens et musulmans. C'est en restant fidèle à mon peuple que je proclame mon attachement à l'humanité dont il fait partie.

Vous m'avez reproché de vouloir mettre Israël au-dessus des autres nations. C'était cela le sens de votre remarque désobligeante (vous êtes allé jusqu'à citer Vergès !), me faisant grief d'avoir comparé Israël aux anciennes puissances coloniales, n'est-ce pas ? La citation de l'*International Herald Tribune* n'était pas complète. Je m'en suis expliqué plus d'une fois. J'ai dit : si l'on comparait Israël aux autres grandes puissances, il s'en sortirait assez bien. Mais, ai-je ajouté, on n'a pas le droit de comparer un peuple à un autre peuple. On ne peut comparer un peuple qu'à lui-même, c'est-à-dire à l'image, à la vision et à l'idéal qu'il se forge de lui-même. Et là, ai-je insisté, Israël se heurte à un problème, mais ce n'est plus le même problème.

Alors, ma position en tant que Juif à l'égard des Palestiniens ? Leur souffrance me concerne. Mais seulement s'ils renoncent à la violence… « La souffrance ne confère pas de privilège », ai-je dit dans ma « Lettre à un jeune Arabe palestinien », car « tout dépend de ce que l'on fait de la souffrance ». La transformer en haine destructrice, c'est la priver de sa dimension et de son exigence éthiques. L'invoquer pour justifier la mort, c'est la mettre au service de la mort.

Si je devais m'adresser aux jeunes Palestiniens d'aujourd'hui, que leur dirais-je ? Je leur dirais ce que j'essaie de dire aux jeunes militants partout dans le monde – aux Tamouls, aux Sandinistes, ou aux Contras aussi bien qu'aux Juifs : qu'ils essaient une méthode autre que celle de la violence. Qu'ils acceptent le dialogue avec les jeunes Israéliens de leur âge sur la possibilité d'un avenir commun. Qu'ils fassent appel, chez leurs adversaires, à la compassion, à la complicité plutôt qu'à la peur. Que les modérés parmi eux osent déclarer publiquement leurs convictions. Qu'ils aient le courage non seulement d'affronter le soldat israélien avec des pierres, mais aussi de le rencontrer par la parole, sur le terrain du verbe. Qu'ils agissent sur leurs chefs politiques afin de les contraindre à rompre le cycle de la haine et de la violence en reconnaissant le droit d'Israël à l'existence – car, ne l'oublions pas : Israël continue de voir son existence même menacée par les chefs politiques en question. Bref, que les jeunes Palestiniens fassent preuve d'imagination, d'audace. Nous serons nombreux, ce jour-là, à nous réjouir, à les reconnaître comme amis. Comme frères.

... Voilà, cher Jean Daniel, ce que je ressens en lisant votre lettre. Sachez qu'elle m'a valu un courrier volumineux, quelques paroles d'encouragement, beaucoup de pages haineuses, des menaces aussi. Voyez-vous : comme vous, sans doute, dans d'autres circonstances, je nage contre le courant. Le climat est anti-israélien et je crains qu'il ne gagne en intensité. Parler en faveur d'Israël est apparemment devenu périlleux : on s'attire critiques et accusations. On permet à certains adversaires de laisser tomber des masques. Bref, on perd en « popularité ». Mais dans le débat qui nous préoccupe ici, il s'agit, vous le savez bien, non de popularité mais de la conception que nous avons du judaïsme. Et je crains que n'ayons pas la même. Cela dit, de grâce, cessez donc de parler, dans les colonnes de votre journal, d'une « affaire » qui porterait mon nom. Et reconnaissez au moins que ce titre – malveillant, absurde, ridicule – a été mal choisi. Si une « affaire » de ce type devait porter mon nom aujourd'hui, elle pourrait bien, demain, porter le vôtre.

Dans sa réponse, Jean Daniel reconnaît que le titre du courrier des lecteurs était « malheureux » et que mon texte « assurément inspiré... ne manque ni de souffle ni de cohérence ». Il ajoute qu'il est d'accord avec les trois quarts de mes propos. Mais il me reproche de confondre l'État d'Israël avec le peuple d'Israël, et surtout de ne pas me solidariser avec l'opposition israélienne.

Bon. Chapitre clos ? Nous nous rencontrons quelques mois plus tard à New York. Il me dit que, après avoir reçu une lettre de l'écrivain franco-israélien Éliane Amado Lévy-Valensy, il a pris la décision de ne plus écrire sur moi. Ni en bien ni en mal. Je l'en félicite. Promesse qu'il trouve apparemment trop difficile à tenir : il ne manque pas une occasion de me lancer ses flèches. Et le plus souvent mal à propos. C'est devenu instinctif chez lui. Un réflexe conditionné. Dès qu'il bute sur mon nom, cet homme dit modéré cesse de l'être. Il alla jusqu'à m'appeler « ancien prix Nobel », comme si (en raison de nos différences d'opinions ?) je ne l'étais plus. Disons que c'est son problème, pas le mien.

Mais il faut bien que j'évoque une correspondance privée entre nous. Le prétexte : la publication dans le courrier des lecteurs de la copie d'une lettre injurieuse et vile que Maxime Rodinson a envoyée à un tribunal belge, si je ne m'abuse, je ne sais plus à propos de qui ou de quoi. Rodinson y dit tout le bien qu'il pensait de moi autrefois, et tout le mal qu'il en pense maintenant. Pourquoi ce changement d'humeur ? Vous l'avez deviné : à cause de mes engagements pro-israéliens. Il les prend tellement à cœur qu'il a refusé de participer à une conférence sur les droits de l'homme si j'y étais présent. (Je ne vois pas du tout de quelle conférence il s'agit.) Plutôt que de répondre aux propos offensants de Rodinson, j'ai préféré profiter de l'occasion du scandale Domenach (voir p. 167), pour faire une dernière tentative auprès de Jean Daniel. Je lui écris sur un ton que je veux aimable : je le félicite pour ses propos dénonçant les thèses de Domenach et, comme celui-ci a cité *Le Nouvel Observateur*, j'ajoute que j'aimerais comprendre :

> Vous connaissez Maxime Rodinson, vous savez que c'est un homme de haine – de haine irréductible pour Israël. Et pour ceux qui croient en Israël. Il est prêt à s'asseoir avec les staliniens d'hier mais non avec un Juif comme moi… Pourquoi donc avez-vous accueilli sa diatribe méchante et hargneuse, et haineuse de surcroît ?… Est-ce lui, Rodinson, qui représente pour vous l'honneur des Juifs ?

Sa réponse ne tarde guère.

> A votre lettre personnelle, je veux faire une réponse personnelle. Il n'y aura donc pas, de mon côté, de risque de publication.
> Il est temps que je vous dise le fond de ma pensée. Vous ne semblez pas avoir conscience de l'importance de votre nom, de votre influence, de votre rôle. Les hommages que vous avez reçus vous donnent des responsabilités écrasantes. Il se peut qu'elles soient trop lourdes pour vous mais il faut que vous appreniez à ne pas voir partout des ennemis et des adversaires. Vous n'avez pas l'exclusivité de l'attachement à Israël. Vous n'êtes pas le seul à vous sentir débiteur d'un État héroïque. Chaque fois que vous proclamez votre amour pour Israël, vous semblez exclure, pour ne pas dire plus, tous ceux qui redoutent les dérives de sa mission et les dangers de son avenir. Je vous écris quelques minutes après avoir reçu une

dépêche de mon ami Tad Szulc, du *Los Angeles Time*. Il vient de recueillir une interview du président de la République israélienne, Chaïm Herzog. Ce président, dont vous n'allez tout de même pas discuter le patriotisme, vient de prendre parti contre Shamir en faveur du plan Moubarak. C'est un événement considérable. Ce que dit le président Herzog, c'est qu'un certain nombre de Juifs – dont je suis – écrivent sans étaler leurs états d'âme, ni surtout leur inconditionnelle fidélité à l'une des composantes de l'opinion israélienne. Je pense, surtout depuis que vous avez obtenu le prix Nobel, que vous auriez rendu un éminent service à la cause israélienne en prenant cette voie courageuse et solitaire. C'est ce qu'a fait le président Mendès France dont je me considère le disciple.
Je vais plus loin parce que je ne puis m'empêcher, à ma façon, de vous aimer : Par votre attitude, vous avez encouragé nombre d'Israéliens et de Juifs, qui ont votre confiance, à persister dans l'aveuglement et dans l'erreur. Je pense, enfin et surtout, que la Shoah ne donne pas seulement un devoir de mémoire à l'égard du passé, devoir que je considère évidemment comme sacré, mais des impératifs de vigilance à l'égard de tous les peuples souffrants qui sont aujourd'hui innombrables. Le cas de l'Afrique du Sud est trop consensuel. Il ne réclame aucun engagement méritoire. Le monde entier est contre l'Apartheid. Ce qui est important, c'est d'avoir le courage de l'impopularité provisoire. Tous les prophètes ont eu ce courage. Ce que vous dites de Rodinson est beaucoup trop personnel. Cela ne vaut pas la peine qu'on s'y attarde. L'important est pour moi qu'à l'heure de la réconciliation, et précisément pour la faciliter, les Arabes en général et les Palestiniens en particulier se souviendront qu'il y a eu des hommes comme Nahum Goldmann, Yehudi Menuhin, Martin Buber et, pourquoi pas, Maxime Rodinson, Vidal-Naquet, sinon moi-même, bref, des Juifs qui auront témoigné pour eux. Comme d'ailleurs votre ami François Mitterrand, si proche de la pensée, du message et du génie juif. J'ai trouvé insupportable, et je l'ai dit, que l'on vous accuse de toucher, horrible expression, les « dividendes d'Auschwitz ». Mais j'ai été attristé que dans votre émission avec Anne Sinclair vous soyez si peu conscient du contexte français. Cher Elie Wiesel, vous vivez trop aux États-Unis. Vous oubliez que les Juifs en France sont plus rayonnants, plus prospères, plus puissants que dans la Vienne du début du siècle ou que dans l'Allemagne de Weimar. Et que, de plus, ils bénéficient de la protection de la hiérarchie catholique. Les populations françaises sont contraintes d'observer que l'incessant rappel des malheurs effroyables du passé juif coexiste avec les manifestations présentes d'un judaïsme glorieux. D'où le sentiment diffus et confus que les peuples les plus malheureux aujourd'hui ne sont pas juifs et que les plus comblés des Juifs auraient le devoir d'y penser. Je partage vos angoisses, vous ne me ferez pas l'injure d'en douter. Mais je sais aussi bien qu'on ne peut pas demander

> aux enfants libanais sous les bombes, aux enfants cambodgiens sous la torture, et même aux immigrés arabes dans les pays occidentaux, de mettre l'obsession du malheur juif en tête de leurs préoccupations. Et quand je me dis que des générations entières de Palestiniens sous occupation juive auront, dans leur cœur et dans leur mémoire, l'image d'une oppression juive, et qu'il y aura des Elie Wiesel palestiniens pour cultiver cette mémoire, alors j'enrage. Voici, cher Elie Wiesel, ce que j'avais à vous dire sans précaution. Il n'est pas trop tard. Vous devriez même, selon moi, saisir l'occasion procurée par les positions de Chaïm Herzog pour vous sentir délivré de votre discipline d'exilé. Encore une fois, je vous laisse libre de faire de cette lettre ce que bon vous semble. Si nous devons demeurer amis, ce que je souhaite, que ce soit dans la clarté.

Ouf.

Puisqu'il souhaitait la clarté, je lui propose par retour du courrier un long entretien pour aller au fond des choses. Nous pourrions parler de tout. Israël, Domenach, éthique prophétique… « Je vous le propose parce que j'ai l'impression que vous ne connaissez pas vraiment mes engagements. » Refus définitif et peu courtois de sa part. Ce serait donner dans le « narcissisme », dit-il, lui qui, plus que n'importe quel chroniqueur, emploie le « je » dans ses éditoriaux hebdomadaires. Il exige la clarté, à condition qu'elle vienne de lui. Il est pour le dialogue à condition qu'il soit à sens unique.

A quoi bon continuer ? Lui dire que si je ne faisais rien pour les victimes de l'Apartheid en Afrique du Sud et de toutes les discriminations, partout dans le monde, il serait le premier à censurer mon amour exclusif du peuple juif ? Et que moi aussi j'étais favorable au plan Moubarak ? Et que la déclaration du président Herzog, que je sache, la presse israélienne n'en était pas informée ? Que si elle était authentique, elle n'avait apparemment pas été rendue publique à Jérusalem ? Et que son interprétation de la Shoah ne peut que chagriner ceux de ses amis juifs qui l'ont vécue dans leur âme ? Et que si lui a le droit de penser aux Palestiniens, moi j'ai le droit de songer aux Juifs ? Et que de nous deux, sur la place de Paris, dans le monde de la presse et dans le milieu intellectuel dominé par la gauche antisioniste, le solitaire c'est moi et non lui ? Que c'est lui qui cherche à plaire, lui qui est meilleur « gérant » de sa réputation ? Que pour certains Juifs, pour des Juifs comme moi, il restera un Juif au loin, un Juif qui ne se souvient de sa judéité que pour pouvoir réprimander d'autres Juifs, un Juif qui n'écoute que les voix du dehors, un Juif qui occupera peut-être une place d'honneur dans l'histoire palestinienne mais non pas dans l'histoire juive ? Mieux vaut arrêter, rompre. Quelqu'un qui peut servir d'amplificateur aux thèses méprisantes d'un Maxime Rodinson, en faire son directeur de conscience et son prophète ; quelqu'un qui a pu tout récemment encore, en novembre 1995, dans un numéro consacré à Jérusalem, écrire que la politique israélienne risquait de provoquer une guerre mondiale et donner à Peres des conseils de mollesse ; quelqu'un qui, depuis des années, sonne la même cloche ; quelqu'un qui a pu, dans le même numéro, insinuer que les Juifs devaient cesser de déclarer que Jérusalem restera la seule capitale des seuls Juifs – cet homme-là ne peut être mon ami. Il prétend m'avoir défendu contre Domenach ; je ne le crois pas. D'ailleurs, a-t-il jamais mentionné mon nom autrement que pour parler des conseils qu'il me dispense, donc de mes lacunes ? Dans sa lettre, il me dit que je n'ai pas l'exclusivité de l'attachement pour Israël : « Vous n'êtes pas le seul à vous sentir débiteur à l'égard d'un État héroïque. » Sans doute, mais c'est à moi qu'il écrit, c'est moi qu'il vise. Il se sent « exclu » quand je parle de mon amour pour Israël ? Eh bien, c'est vrai : nous n'avons pas le même amour pour Israël. Je songe à la lettre que Gershon Scholem envoya à Hannah Arendt lors de leur débat sur le procès Eichmann : « Vous manquez d'*Ahavat-Israël* – d'amour pour Israël. » Je pourrais en dire autant à Jean Daniel : lui qui aime peut-être le monde entier, et surtout les Arabes, n'aime pas Israël. Il aime une certaine idée d'Israël, la sienne, il aime aussi certains Juifs en Israël, mais il n'aime pas Israël.

Lorsqu'il mentionne le bonheur d'être juif en France, j'ignore s'il a raison. Il me semble que peu de Juifs français seraient d'accord avec son diagnostic. Il n'y a donc plus d'antisémitisme en France, plus de propagande néo-fasciste ? Le Pen et Faurisson ne comptent plus, n'existent plus ? Ses connaissances hexagonales ne vaudraient-elles pas plus que ses informations sur Israël ? Pourtant son hebdomadaire est parmi ceux qui mènent une lutte inlassable contre tous les intégristes, tous les fondamentalistes, tous les racistes…

Quant à son insistance sur la nécessité d'être impopulaire, c'est franchement grotesque. J'ai relu ses éditoriaux : obsédé par les Arabes, pour des raisons qui ne m'intéressent pas outre mesure, il ne les critique un peu que pour mieux critiquer Israël. En jugeant Israël, qui de nous deux est applaudi dans les milieux intellectuels français, lui ou moi ? Qui est dans la minorité ? En passant son temps à accuser Israël, et à faire la leçon aux amis juifs d'Israël, il remporte l'adhésion de ses pairs aussi bien que de l'ensemble de l'intelligentsia européenne : où est le courage là-dedans ?

Jean Daniel a trouvé une dernière occasion de me contacter. Je venais d'accorder une interview à Élisabeth Schemla sur les présidents américains avec lesquels j'avais des rapports, et au cours de laquelle je mentionnais la position de George Bush sur le conflit israélo-arabe. Daniel a tenu à me soumettre sa réaction immédiate – qui, fait presque sans précédent, serait publiée dans le même numéro que mes déclarations ! – et il a ajouté qu'il tiendrait évidemment compte de mes remarques « à condition qu'elles me parviennent moins de deux heures après l'arrivée de ce fax ».

Voilà : deux heures ! Ce délai passé, je subirais le châtiment mérité. Et si j'étais absent jusqu'au soir ? Tant pis pour moi.

Jean Daniel, le prédicateur des principes démocratiques, pourra-t-il prétendre encore qu'il ne se comporte pas comme ces grands pour qui l'envoi d'un ultimatum est chose courante ? Dois-je préciser que, là encore, il a trouvé le moyen de déformer ma pensée en dénaturant le sens ?

Autre exemple : Woody Allen et moi. Vous vous demanderez : diable, quel rapport ? Pour Jean Daniel, ce rapport est évident puisque « Woody Allen est dans une mouvance qui s'oppose à *Commentary* et Elie Wiesel… ». Sait-il au moins que cela fait presque trente ans que je n'écris plus dans ce mensuel ? L'auteur de *La Blessure* (livre que j'aime) serait-il trop impulsif quand il s'agit de blesser un Juif qui ne se soumet pas à ses ordres ?

Peut-être ai-je donné trop de place à mes démêlés avec Jean Daniel. D'habitude, j'évite ce genre de conflits entre écrivains, surtout s'ils prennent une tournure personnelle.

Mais à travers Jean Daniel se profile l'intellectuel juif de gauche qui, dans la mouvance des antisionistes, s'arroge le droit moral de s'opposer à l'État juif : pourquoi ne pas dire ce que j'en pense ?

Sur le plan personnel, Jean Daniel me fit payer notre désaccord : son journal ne parla guère de *Silences et Mémoire d'hommes*. L'article du cardinal Lustiger sur *L'Oublié* resta dans un tiroir. Passons. Ici, il ne s'agit pas seulement de moi. Lui arrive-t-il de dire du bien d'Israël ? Sans doute. Mais quand il en dit du bien, on a l'impression qu'il marche sur des charbons ardents, et que cela lui fait peur, et que cela lui fait mal. Essayer de raisonner avec lui ? Lui dire que Mendès France lui-même n'a pas condamné Israël comme il le fait ? Pourquoi lui donner des conseils ? Ce n'est pas ma fonction. D'autant que je ne suis guère disposé à écouter les siens.

Pour conclure, seulement ceci : Jean Daniel semble ignorer que le propre de la conscience est d'être individuelle ; il a la sienne, moi la mienne ; il est contre Israël, ou contre un certain Israël, moi je suis pour. Il aime donner des leçons, moi non. Pour ma part, j'aime encore apprendre.

Cet échange a eu lieu bien avant la poignée de main entre Rabin et Arafat à la Maison-Blanche – événement que, comme Jean Daniel, j'ai applaudi pour l'espérance qu'il faisait naître. Ayant abandonné la lutte terroriste, Yasser Arafat est l'allié de Shimon Peres. Israéliens et Palestiniens font front commun contre les extrémistes de tous bords. Comme le président égyptien Hosni Moubarak et le roi Hussein de Jordanie, ils savent que le danger vient de l'intérieur. Autrement dit : aujourd'hui, en cet été 1996, je crois que ce chapitre serait écrit différemment. Mais les textes existent.

Quant à la situation au Moyen-Orient, je suis moins pessimiste que certains amis gauchistes. Les élections ne renverseront pas la vapeur. Le peuple israélien n'a pas voté contre la paix mais contre Shimon Peres : il reste le mal-aimé, le répudié. Pourquoi n'arrive-t-il pas à se faire élire ? Je n'en sais rien. Pourquoi suscite-t-il une méfiance permanente dans l'électorat ? Je n'en sais rien. Tout ce que je sais, c'est que Benjamin Netanyahu poursuivra l'œuvre et le rêve d'Itzhak Rabin. Israéliens et Palestiniens doivent continuer et continueront à aspirer à la paix et à la dignité réciproque. Dans le bien et dans le mal, l'Histoire est irréversible.

Jean Daniel n'est, naturellement, pas le seul intellectuel à dénoncer et juger Israël, à vouloir « sauver son âme » ou « le sauver contre lui-même », pour employer des expressions familières. Ambiance et attitude qui ne datent pas d'hier. Autrement dit : les attaques contre Israël ne sont pas récentes. Elles datent, dans certains cas, de 1948 et ont pris une ampleur plus grande depuis juin-juillet 1967. En ce temps-là, déjà, les défenseurs d'Israël n'avaient pas le loisir de chômer.

En juillet 1967, je confie à Jean Martin-Chauffier, mon ancien camarade de Buchenwald, un article pour *Le Figaro littéraire.* J'y dis qu'il fallait s'y attendre : on envie à Israël sa victoire. On lui en veut d'avoir mené trop vite, de manière trop spectaculaire, ses campagnes éclairs contre quatre armées et une vingtaine de nations arabes, ou simplement de les avoir menées tout court. Que faire ? Israël vainqueur ne correspond pas à l'image que certains aiment se faire de son destin parmi les nations. On préfère le savoir battu, à genoux, victime d'erreurs ou d'injustices, quitte à le secourir ensuite, à le consoler, à lui consacrer discours et éloges funèbres débordant de charité et peut-être d'amour. Un Juif triomphant de la mort ? Pensée intolérable, même pour ceux qui ne sont pas ses ennemis.

Eh oui, je crois nécessaire d'insister sur le fait que, dans certains milieux, on dirait que le monde ne pardonne pas au Juif de l'avoir trompé : l'holocauste promis n'a pas eu lieu. L'agneau a osé refuser le sacrifice. Manque d'élégance de sa part ! Et ces larmes qu'on allait verser sur son sort, et cette pitié qu'on allait accorder aux survivants, les voilà bien inutiles ; par sa faute, plus personne n'en a l'usage. Comble d'ingratitude : il ne s'est pas contenté d'échapper à son ennemi, mais a trouvé le moyen de l'humilier. Il aurait dû savoir jusqu'où il pouvait aller trop loin. Les plus virulents parmi ces procureurs sont ceux-là mêmes qui, hier encore, étaient prêts à oublier – temporairement, bien sûr – leur engagement et leur fidélité (politiques ou autres) pour prendre sa défense. Certains Juifs, défenseurs traditionnels de tous les opprimés, ne cachent nullement leur remords de s'être laissé aller à élever la voix pour leur peuple ; leur élan d'hier leur fait honte aujourd'hui. Le comportement de certains intellectuels chrétiens nous blesse également. Ils oublient si vite, eux aussi. Mais nous, Juifs, nous nous souvenons.

Dans ce même article, je fais état d'une autre désillusion : un grand écrivain catholique que j'admire, que je respecte et à qui je dois beaucoup, s'essaie lui aussi au rôle d'arbitre, dans le domaine théologique et non plus politique. Pour lui, Israël « évolue dans un univers vidé de Dieu » et se sert de son génie « pour une possession et une domination toutes matérielles et pour satisfaire sa volonté de puissance ».

Croit-il vraiment que les Juifs aient chassé Dieu de leur terre, qui est aussi la sienne ? Pense-t-il sérieusement que la Terre sainte ait perdu sa sainteté depuis que les Juifs y ont repris racine ? Je lui réponds :

> J'ai vu Israël en guerre, je puis donc en témoigner. J'ai vu, dans la vieille ville de Jérusalem à peine reconquise, des parachutistes endurcis prier et pleurer pour la première fois de leur vie ; je les ai vus, en pleine bataille, pris d'une ferveur collective et ancienne, embrasser les pierres du Mur et communier dans un silence aussi incroyable que pur ; je les ai vus, comme en rêve, faire un saut de deux mille ans en arrière pour renouer le lien avec la légende, la mémoire et le Dieu d'Israël. Ne me dites pas qu'ils étaient mus par la volonté de puissance ou de domination matérielle ; la volonté, ils la puisèrent dans la spiritualité de leur passé. Leur expérience fut d'ordre mystique. Les incroyants eux-mêmes se sentaient dépassés par leurs propres actes et par les récits qu'ils en firent par la suite ; les mots, sur leurs lèvres, rendent un ton étrangement brûlant et lointain. Leur « volonté de domination » ne semble viser que leur propre orgueil ; ils l'ont dominé, alors qu'ils pouvaient à bon droit le laisser s'exprimer. L'humanité n'aura jamais connu de vainqueurs moins arrogants, de héros plus sobres et modérés, assoiffés de paix et de pureté.
> Vous leur enviez leur victoire, cela je puis le comprendre. Mais vous avez tort de la leur reprocher : ils en avaient besoin non pas pour vivre, mais pour survivre.

Je le répète : ce plaidoyer pour Israël, j'ai dû l'écrire non pas en 1988, pendant l'Intifada, mais en 1967, quelques semaines après les menaces réelles et graves que les armées égyptiennes et syriennes avaient fait peser sur l'État juif.

Moins de trois ans plus tard, j'ai dû publier, toujours dans *Le Figaro littéraire*, un nouveau plaidoyer intitulé « A un ami inquiet ». En voici quelques extraits :

> Vous êtes inquiet. C'est ce que vous m'avez dit lors de notre dernière rencontre. Inquiet au sujet du Moyen-Orient, naturellement. Je vous ai répondu : moi aussi. Inquiet et souvent déprimé. L'avenir me paraît lourd de présages. Violations du cessez-le-feu, duels d'artillerie, sabotages et représailles, raids nocturnes, attentats et bombardements : la violence nie le temps mort, elle entraîne sa propre escalade. Déjà trop de mères, dans les deux camps, portent

> le deuil. Trop de jeunes, des deux côtés, font don de leur vie avant de l'avoir vécue. Cette malédiction ne sera-t-elle jamais révoquée ?
> J'ai pensé : nous sommes amis, vous et moi, nous partageons la même foi en l'amitié, sans doute partageons-nous les mêmes craintes.
> Seulement vous avez poursuivi en disant : « Je n'aimerais pas qu'Israël devienne une puissance se définissant par ses conquêtes, or elle finira par le devenir. » Et vous avez ajouté : « Je n'aimerais pas que la jeunesse juive, là-bas, développe une mentalité d'occupant, or, si l'état actuel des choses continue, elle sera obligée de l'acquérir, si ce n'est déjà fait. »
> Aussi, puisque nous sommes amis, je me propose de vous rassurer. Vous avez tort de vous inquiéter. Le Juif victorieux ne vous décevra pas : le changement de sa condition ne se fera pas au niveau de l'être. Il n'est plus victime, mais il ne sera jamais tortionnaire. Il n'essaiera pas de briser la volonté des vaincus à coups de potence ou de crachats. La victoire, dans la tradition juive, n'est pas liée à la défaite de l'adversaire. Toute victoire est d'abord une victoire sur soi-même. C'est pour cela aussi que le Juif n'a jamais été bourreau et presque toujours victime…
> … Vous craignez que ce que vous appelez l'âme juive, forgée dans la souffrance et habituée à la persécution, ne cesse d'être juive. Vous craignez qu'elle ne devienne autre, maléfique. Comme celle que le monde lui oppose. Eh bien, rassurez-vous. L'âme juive a su résister à tant d'assauts de haine, haine sans âge et à visages si multiples, elle saura résister aussi à l'envoûtement éphémère de la gloire militaire. Faites-lui confiance, elle le mérite : elle a fait ses preuves. On ne change pas d'âme si vite. On n'acquiert pas une mentalité d'occupant, un instinct de conquérant en quelques mois, pas même en quelques années. Cela demande un travail de générations, cela implique une tradition que les Juifs n'ont pas. Le Juif qui n'a pas changé au cours de son histoire millénaire, croyez-vous qu'il puisse se renier, se convertir à cause de quelques faits d'armes ?…

Cet ami inquiet, c'était mon grand et merveilleux ami et bienfaiteur François Mauriac, pourtant allié et défenseur d'Israël, et plus encore du peuple d'Israël. Comment expliquer sa position sceptique après 1967 ? Peut-être est-ce le bon chrétien en lui, le chrétien idéal et idéalisé, qui en est responsable : il éprouve tendresse et compassion envers la victime, mais non pour le vainqueur. Cela ne signifie pas que l'Église, à des périodes diverses et avec une vigueur plus ou moins efficace, n'ait pas prêché le respect du pouvoir. Est-ce que je me trompe en pensant que l'Église a souvent elle-même subi l'attrait du pouvoir ?

Mauriac reste pour moi un grand humaniste, une grande conscience, un loyal ami de mon peuple. Et j'ai cité ces deux articles du *Figaro littéraire* uniquement pour confirmer une thèse : cela fait longtemps qu'Israël a besoin d'être défendu.

Est-ce à dire que mon devoir est de plaider pour l'État hébreu inconditionnellement, en toutes circonstances ? Même quand sa politique semble dépasser certaines bornes ?

En clair : un Juif de la Diaspora a-t-il oui ou non le droit de critiquer ce qui se passe en Israël ? Sans la moindre ambiguïté, je réponds oui. A condition qu'il ait démontré auparavant son attachement à Israël. Autrement dit, quelqu'un qui s'est rangé aux côtés d'Israël lorsque Israël était marqué ou isolé a parfaitement le droit – et peut-être le devoir – de dire ce qu'il a sur le cœur quand Israël oublie ses propres impératifs éthiques. Mais celui qui n'a jamais aimé Israël, qui n'a jamais eu une parole ou un geste de solidarité envers lui, n'a jamais pris sa défense, celui-là s'est privé de ce droit. Selon ce critère, un Maxime Rodinson devrait se taire sept fois avant de prononcer un mot contre Jérusalem.

Allons plus loin : un Juif a-t-il le droit de négocier avec les ennemis d'Israël ? Les cinq Juifs américains qui sont allés discuter avec Arafat à Stockholm en décembre 1992 se sont-ils déshonorés en se désolidarisant de la communauté ? Je ne prétends pas avoir l'autorité de juger quiconque, mais je dis que, en ce qui me concerne, je ne me reconnais pas le droit de contourner Israël. Moi aussi, on m'a suggéré, conseillé et même demandé d'accepter une rencontre avec le leader de l'OLP. Ma réponse ? Si Israël m'y invite, je le ferai ; mais seulement si Israël le souhaite. Après la guerre du Golfe, j'ai demandé à un militant juif pour la paix au Moyen-Orient s'il croyait toujours qu'il avait bien agi en allant voir Arafat en Tunisie… « Après tout, me répondit-il, Moïse est allé voir Pharaon en Égypte. » Sa repartie me fit sourire. Peut-être Arafat se prenait-il pour Pharaon. « Mais, dis-je à mon interlocuteur, tu n'es pas Moïse. »

Moi non plus. Je ne suis pas Moïse, mais je me conforme à son enseignement, ou du moins je m'y emploie. Quand Dieu condamne le peuple d'Israël, Moïse prend sa défense.

Est-ce à dire que je ne fais rien sans l'approbation de Jérusalem ?

Disons que je ne ferai rien qui pourrait nuire à Jérusalem. Quand je trouve que la coupe a débordé, et que je dois élever la voix, je le fais en Israël même. Je me suis rendu à Gaza pendant l'Intifada. J'ai déclaré franchement aux autorités israéliennes que je tenais à rencontrer des Palestiniens. Le gouvernement ne s'y est pas opposé. J'ai rencontré des Palestiniens connus pour leurs attaches avec l'OLP. L'un d'eux était proche de Yasser Arafat. J'ai également rencontré de jeunes soldats israéliens, ceux qui se battaient contre les adolescents insurgés. Aux uns et aux autres, j'ai posé des questions directes sur la haine et ses conséquences, sur la légalité et l'efficacité de la violence. J'ai ensuite publié mes impressions dans le *New York Times*. Mais je n'ai pas tout raconté. J'avais appris qu'à un certain moment, dans une certaine région, des soldats israéliens avaient employé des méthodes « psychologiques » déplorables : dès qu'ils attrapaient un jeune Arabe lanceur de pierres, ils l'amenaient chez lui et… frappaient son père. En l'humiliant, ils espéraient qu'il apprendrait à son fils la discipline et le respect. Et la retenue. Certes, cette méthode – inqualifiable, indigne – n'avait été pratiquée que par peu de soldats, pour peu de temps. Mais j'aurais dû en parler. Je ne l'ai pas fait. J'avais honte.

Je m'en suis ouvert auprès de leurs chefs et de responsables militaires et politiques israéliens. Cette fois encore, on me fit comprendre qu'étant Juif de la Diaspora, je ferais mieux de…

Je maintiens que, loin d'Israël, un Juif en Diaspora n'a pas le droit de donner des leçons à Israël. Mais jusqu'où cette retenue doit-elle aller ? En l'occurrence, dois-je me soumettre, en toutes circonstances, aux « suggestions », désirs ou instructions que des officiels en Israël aiment parfois nous envoyer à Paris, Londres ou New York ? Il fut un temps, dans les années cinquante, où je suivais les directives de Jérusalem. Il m'arrivait d'écrire un papier antiallemand simplement parce qu'un consul israélien me faisait comprendre que c'était utile pour la diplomatie israélienne ou que cela aidait les intérêts d'Israël. Aujourd'hui, j'espère avoir plus de discernement. Et je déclare ouvertement que les châtiments collectifs d'autrefois, pratiqués depuis trop longtemps sous les gouvernements travaillistes aussi bien que du Likoud, me laissent plus que perplexe. Que la vue d'une maison arabe démolie par l'armée uniquement parce qu'un jeune Palestinien y a été pris une arme à la main ne peut pas me laisser indifférent. Que la colère et la puissance de certains groupes fanatisés me paraissent dangereuses. Moins d'une semaine après le massacre d'une trentaine de Palestiniens en prière dans le caveau des Patriarches à Hébron par Barouch Goldstein, médecin et père de famille, j'ai déclaré dans un discours prononcé au Conseil de l'Europe à Strasbourg :

> Autrefois, en temps de crise et de mutation, le prophète de Judée employait une merveilleuse expression pour interroger le temps qui s'écoulait : « Veilleur, où en est la nuit ? » Aujourd'hui, le veilleur répond : la nuit, là-bas et un peu partout, est noire et épaisse comme l'est toujours le sang des victimes innocentes... Comment peut-on aujourd'hui détourner le regard de ce qui s'est passé vendredi dernier à Hébron ? Cet événement a choqué et bouleversé le peuple d'Israël. Le peuple d'Israël en Israël et ailleurs. Comment un Juif croyant a-t-il pu assassiner d'autres croyants, uniquement parce qu'ils étaient palestiniens ?

Eh oui, il arrive que le Juif que je suis ne puisse faire taire en lui sa douleur et son angoisse, d'autant qu'elles sont profondément celles qu'éprouve tout Juif de cœur en Israël.

Comment expliquer le geste meurtrier de cet homme dont la vocation était de sauver la vie et non de la renier ? Qu'est-ce qui l'a rendu possible ? Qu'est-ce qui, dans l'atmosphère qui règne en Israël, dans la mentalité de ses habitants, a préparé ce geste criminel et démentiel ?

Et que dire de Yigal Amir, l'assassin d'Yitzhak Rabin ?

Je me souviens des reproches que les Israéliens faisaient et font encore aux Juifs de la Diaspora réticents à accomplir leur Aliya. Barouch Goldstein avait fait son Aliya, lui. Et Yigal Amir est né en Israël. Et pourtant. En quoi notre présence en Terre sainte aurait-elle empêché leurs actes haineux ? L'Aliya serait-elle l'unique réponse juive aux interpellations de son destin ?

Combien de fois ai-je reçu, sur un ton plus ou moins amical, le « conseil » de venir m'établir en Israël ? Il y en a qui m'en veulent de vivre en Diaspora et d'aimer Israël de loin. Puisque j'ai écrit sur l'Holocauste, commentent-ils, je devrais en tirer la seule leçon logique et déclarer publiquement que la place de chaque Juif, et plus encore de chaque survivant, se trouve en Israël : si Israël avait existé en 1939, il n'y aurait pas eu d'Holocauste. Pour eux, Israël constitue l'unique « réponse » à Auschwitz. Pour moi, Israël reste un point d'interrogation.

Le véritable problème ? Ce sont les relations humaines, aussi bien en Israël même qu'entre les Israéliens et les Juifs en Diaspora. Je m'en suis rendu compte pendant la guerre du Golfe. Et encore lors d'une conférence sur « L'anatomie de la haine » que la fondation qui porte mon nom organisa en 1990 sur le mont Carmel, en association avec l'université de Haïfa. J'en suis revenu le cœur lourd d'inquiétude, sentiment que j'éprouve encore aujourd'hui.

Je le sais : ce que je vais dire ne plaira pas à tout le monde en Israël. « Mais de quoi se mêle-t-il ? Ses conseils, on peut s'en passer ; il n'habite pas parmi nous, il n'est pas citoyen de ce pays ; s'il souhaite se faire entendre, participer à nos débats nationaux, exercer le peu d'influence qu'il pense avoir, qu'il quitte donc le paradis américain et son confort, qu'il vienne vivre avec nous, éprouver nos craintes et nos ambitions, nos erreurs et nos succès. » Eh oui, je connais la formule pour l'avoir moi-même assez souvent employée : quiconque ne partage pas sur place les souffrances et les défis d'Israël n'a pas voix au chapitre. Tant pis. Je parlerai quand même. Il s'agit de choses trop sérieuses, trop graves pour que je me taise. Pour paraphraser un philosophe ancien : quand la vérité est en danger, le silence est coupable.

Serais-je coupable de trop idéaliser cette terre d'Israël devenue État d'Israël, ce laboratoire humain de rêve et de nostalgie transformé en pays structuré et pragmatique ?

Depuis de longues années, depuis toujours, mû par un amour plus vieux que moi, j'aime venir en Israël. En touriste, c'est vrai. Au début, chaque séjour faisait partie d'un dessein aux contours insaisissables. J'aimais me promener dans les ruelles de Jérusalem, rencontrer confrères connus et mendiants moins connus, discuter de choses sérieuses et plaisanter avec eux. Je me sentais chez moi. Je me sentais chez moi même en des lieux que je n'avais jamais visités. C'est que, dans ma mémoire, le peuple d'Israël et le pays d'Israël se confondaient en une seule communauté. Je pensais qu'un Juif pouvait rester fidèle à Israël même loin et en dehors d'Israël. Je le pense toujours. Mais maintenant, à mon regret, lorsqu'il arrive dans ce pays, un Juif comme moi a souvent du mal à le reconnaître et à s'y reconnaître.

Une femme artiste à Paris, un scientifique à Boston, un universitaire à San Francisco : combien sont-ils, ces Juifs ou ces anciens

Israéliens en Diaspora, à m'avouer, tout bas, en me faisant jurer de ne le répéter à personne, qu'ils n'ont plus envie de se rendre en Israël, même en touristes ? Que, lorsqu'ils y vont, ils n'y sont contents que deux jours, celui de l'arrivée et celui du départ ? Qu'ils s'y sentent comme exclus ? Évanouie, la ferveur d'autrefois. Atténuée, l'exaltation de jadis.

Qu'est-ce qui a changé ? La qualité et le ton de la vie ? Je ne dispose pas de moyens adéquats pour les juger : porter ce genre de jugement après des séjours trop brefs, trop animés, serait inconvenant. Mais je sens que l'atmosphère s'est alourdie : elle s'est chargée de grogne et d'hostilité. Et qu'on ne me dise pas qu'il en a toujours été ainsi. Depuis ma première visite en Israël, en 1949, j'ai appris à écouter, à mesurer les bruits qui traduisent le baromètre spirituel de ce peuple, mon peuple, dans ses profondeurs. Ceux que je capte durant cette dernière décennie sont alarmants.

Qu'on me comprenne : je ne parle pas du peuple ; je parle de ses chefs. Je parle de ceux qui sont censés représenter le pays par l'image, la parole et l'action politique ou culturelle. Autrement dit : les prétendus intellectuels, grands ou petits, et certains leaders politiques qui ont en commun tout ce qui me sépare d'eux. Je dis bien d'eux, pas du pays. Ils n'arriveront jamais à nous éloigner d'Israël.

Certes, en période de crise ou de drame, ils font appel à la Diaspora. Et forgent l'union sacrée. Mais quand ils ne se sentent pas menacés, leur comportement change soudain. Ils crient trop fort et s'énervent trop vite, ces commentateurs bornés et égocentriques, ces chroniqueurs sans culture, ce sculpteur connu pour sa vulgarité et cet humoriste pour son obscénité. Et les apprentis journalistes, les snobs, les bohèmes professionnels, comme ils s'envient et se détestent, avec ou sans raison, mais rarement avec finesse. Les jalousies vont trop loin, car les ambitions sont trop corruptrices. On me rétorquera que ce mal est universel. Peut-être. Mais en Israël, il prend des proportions inhabituelles. Impossible, dit-on, d'y rencontrer quelqu'un qui ne haïsse personne. Les laïcs fanatiques haïssent les religieux, les religieux fanatiques haïssent ceux qui le sont moins : ainsi découvre-t-on une haine de Juif à Juif plus grande qu'à l'égard des Arabes, dans un climat malsain qu'entretiennent les criards. On n'entend qu'eux dans les revues, les journaux et à la radio. Le discours politique est rarement de haute qualité. La dérision s'y substitue à l'humour, le ricanement au rire, les insultes aux mots d'esprit. La méchanceté y remplace l'intelligence, la grossièreté recouvre la subtilité. Plutôt que de s'élever, le débat devient simpliste, réducteur. On ne parle plus d'idées, mais d'intérêts. On invoque rarement le sens de l'Histoire, on le rencontre encore plus rarement. Tout est ramené au niveau de l'anecdote et du potin. Les débats à la Knesset peuvent atteindre une telle violence qu'on hésite à les évoquer. Quant aux discussions au sein de l'Association des écrivains israéliens, elles adoptent parfois un ton déplaisant, sinon vulgaire. Une poétesse à un écrivain : « Vous êtes fasciste et démagogue. » A quoi il répond : « Et vous êtes une créature boursouflée et bouffie de complexes. » A ce genre de « compliments » s'ajoutent diverses accusations plus courantes : racisme, perversité, corruption... Comment s'étonner que le romancier et essayiste Hanoch Bartov ait été victime d'une crise cardiaque au milieu d'une séance orageuse.

Et puis, il y a les rumeurs. Nulle part elles ne sont aussi viles, empoisonnées, pernicieuses, maléfiques. Et il ne manque pas d'espace où elles filent et se faufilent.

Suis-je trop sévère, injuste peut-être ? L'image que je viens d'offrir d'Israël, ce n'est pas moi qui l'ai forgée. C'est ainsi que je la reçois, à distance, en lisant la presse. Il se peut qu'elle soit déformée.

Est-ce la faute exclusive des médias ? Je trouve choquante la brutalité de certains articles. Et laide. Pourquoi ce plaisir de dénigrer, de ridiculiser, d'humilier, pourquoi ce besoin de haïr et d'être haï ? Je n'en sais rien ; la psychosociologie n'est pas mon domaine. Je sais seulement que cette haine existe. Et qu'elle dénature les rapports humains et sociaux, qu'elle mine et met en péril l'âme même de la nation.

Ces lignes datent de 1990. Je n'ai pas attendu le lâche assassinat de Rabin pour redouter les conséquences de la haine qui accablait le pays. Elle me faisait peur depuis bien longtemps.

Certes, d'autres sociétés connaissent ces mêmes querelles et antagonismes. Le droit de critiquer, de s'opposer, de contredire et même de médire est le prix de la démocratie. Que deviendrait un système politique, économique ou littéraire sans rivalités ? Mais, dans les pays civilisés, il y a des limites à ce droit. En Israël, non. C'est ainsi et l'on n'y peut rien. En bien ou en mal, Israël refuse les limites. Pourquoi, demande le Talmud, Dieu compara-t-Il Israël aux étoiles et à la poussière ? Quand Israël veut atteindre des sommets, nul ne monte aussi haut ; mais quand il se laisse attirer vers l'abîme, nul ne descend plus bas. D'où ce goût de l'excès.

Serait-ce là le problème de l'État juif reconstitué ? Imbus de leur supériorité, justifiée ou non, certains Israéliens se comportent face à la Diaspora comme si tout leur était dû. Ils réclament l'argent des Juifs et, derrière leur dos, se moquent de ceux qui l'ont collecté et offert. Puis, à un autre niveau, nous représentons pour eux les boucs émissaires élus par le ciel. Tout ce qui ne va pas en Israël, c'est notre responsabilité, notre faute.

Ezer Weizmann, ancien ministre de la Défense devenu partisan de la paix avec les Arabes, et futur président d'Israël, m'a un jour publiquement demandé pourquoi je ne faisais pas mon Aliya. Tout ce que j'ai trouvé à lui répondre fut : « Qu'est-ce qui est plus important pour un Juif : être juif ou être israélien ? » J'avoue que j'ai eu tort. Je n'aurais pas dû opposer le Juif et l'Israélien. Mais certains Israéliens le font. Pour eux, on ne peut être juif qu'en Israël. Je serais donc un Juif de second ordre. Un philosophe juif, un romancier juif, un banquier juif, un hassid, un philanthrope juif seraient moins juifs à Manhattan, Bruxelles ou Marseille, qu'un voyou juif de Tel-Aviv.

Et puis, il y a les guerres de religion. La férocité des intellectuels laïcs à l'égard des croyants ne date pas de l'assassinat de Rabin. Cela fait des années qu'elle dure. Qu'ils combattent l'intégrisme et le fondamentalisme, je veux bien ; mieux : je me range à leurs côtés. Mais ne se rendent-ils pas coupables du même fanatisme en « assassinant » l'image et la personnalité d'un Ouri Zohar (que je n'ai jamais eu l'occasion de voir ou d'entendre) dont l'unique tort est d'avoir abandonné sa vie de comédien bohème pour la voie de la Torah ? Imaginons le contraire : un savant spécialiste de la Torah qui se libère de son « joug » pour traîner dans les théâtres et les cabarets : serait-il autant ridiculisé, dénigré et diffamé que l'est Zohar ?

Ai-je eu tort de généraliser ? La jeunesse israélienne n'est pas homogène. Comme partout, on trouve en son sein des arrivistes, des idéalistes, des hédonistes mais aussi des créateurs. Comme de mon temps, certains cherchent un sens à la vie et, pour le trouver, vont jusqu'en Inde : est-ce un simple hasard si un grand nombre d'Israéliens évoluent dans l'ambiance spirituelle des *ashrams* ? Pourquoi cherchent-ils « la vérité » si loin de chez eux ? Est-ce possible que, pour eux, « la Torah ait quitté Sion » et n'y soit pas encore retournée ?

Cela dit, n'exagérons pas. La spiritualité n'est pas limitée par la géographie. Bnei Braq peut fort bien tenir tête à Brooklyn. Et puis, les artistes ne sont pas tous envieux, pas plus que les journalistes ne sont tous vaniteux. Comme partout, il y a en Israël des bons et des méchants, des sages et des imbéciles. Malheureusement, chacun sait que ce sont les tonneaux vides qui font le plus de bruit.

Comme tout le monde, il m'est arrivé d'être insulté dans certains journaux israéliens auxquels j'ai rarement répondu. Ce n'est pas que je veuille adopter un comportement cher aux chrétiens : je ne tends pas l'autre joue. Mais il est si facile de manier l'insulte : pas besoin d'être cultivé ; il suffit d'être vulgaire.

Autant j'aime le débat entre deux intelligences, autant j'abhorre les conflits de personnes. Si l'on insulte l'honneur juif, j'essaie de le défendre. Quand c'est moi que l'on insulte, j'encaisse souvent en silence, espérant, je ne sais trop pourquoi, que quelqu'un dira ce que j'aurais envie d'exprimer.

Je me rappelle toujours l'histoire de Kamtza Bar-Kamtza que raconte le Midrash. Invité par erreur à un dîner offert par son ennemi, Bar-Kamtza fut humilié publiquement et chassé. Autour de la table se trouvaient des Sages qui ne protestèrent pas. Aussi décida-t-il de se venger. Et sa vengeance entraîna la destruction du Temple.

Je n'ai jamais compris pourquoi les Sages n'avaient pas protesté… Des lâches, tous ? Des ingrats ? En ce temps-là comme aujourd'hui ?

Comment concilier ces images d'Israël avec l'amour que je lui porte ? Je l'ai dit une fois dans l'émission « 7 sur 7 » d'Anne Sinclair : j'aime Israël dans le bonheur autant que dans la tristesse, et dans les heures de gloire autant que dans les périodes de doute et d'angoisse.

Et quand je sens la dépression approcher, je songe à ses écoliers, à ses jeunes que Tsahal appellera bientôt, aux rêveurs devant le Mur, à mon neveu Sidney et à ses enfants, à Steve, à Yitzhaka et leurs camarades, aux membres des *kiboutsim* débordant d'idéalisme, je songe à tous ces parents qui ont perdu leurs fils au combat : aux heures de doute, ce sont leurs visages qui dessinent l'éternelle image d'Israël.

PORTEUR DE PAROLES

… Et voici comment je me suis réveillé un beau matin orateur, conférencier ou, si j'ose dire, homme de paroles…

Dov, le patron de *Yedioth Ahronoth* qui m'a nommé en 1956 correspondant à New York, avait raison : donner des conférences aux États-Unis c'est, tout le monde le sait, du *big business* : avec un peu de chance, elles peuvent rapporter des revenus considérables. Pas autant que ce que gagne un chanteur de rock ou un champion de base-ball, naturellement, mais qui peut se comparer à un chanteur de rock ou à un dieu du stade ?

Je me souviens de ma première expérience. 1960. *La Nuit* vient de paraître aux États-Unis. Quelques semaines plus tard (l'affaire Eichmann faisant alors les manchettes des journaux), je reçois un appel de la présidente (ou coprésidente) d'un club juif de Long Island : elle me propose de parler de mon livre devant un public composé de cinq cents couples. Mes honoraires ? 100 dollars. Presque la moitié de mon salaire mensuel. Comme j'hésite, elle ajoute : « Nous avons tous lu votre ouvrage, nous en sommes émerveillés, absolument, venez, nous avons besoin d'apprendre ce que vous seul êtes capable d'enseigner… » Elle a une voix si belle… Je suis sûr qu'elle-même l'est aussi… Vais-je tomber amoureux ? C'est ma nature, sinon mon destin… Bref, j'accepte. Nous convenons d'une date. Dans deux ou trois mois ? Dommage. J'ai grand besoin d'argent. Et d'amour. Bah, patience, voyons venir. J'aurai le temps de me préparer. De quoi vais-je parler ? De littérature, de philosophie. Je consacre de nombreuses heures à rédiger mon discours en anglais, le premier que je vais prononcer en Amérique. Un exposé, dans mon esprit d'Européen, c'est sérieux. Le sujet réclame une recherche, une réflexion, une structure. Dans le taxi qui, ce dimanche-là, m'emmène à Long Island, je relis mes trente pages dactylographiées, j'y ajoute des notes en marge, je suis presque prêt : je devrais pouvoir tenir une heure, une heure et quart peut-être. Soudain, une pensée folle me traverse l'esprit : la femme à la voix si belle, si voluptueuse, a dû se tromper de personne ; pourquoi m'aurait-elle invité, moi, un écrivain débutant dont nul n'a entendu le nom ? Kilomètre après kilomètre, le doute fait son chemin et, arrivé à destination, j'en suis certain : ce n'est pas moi que le public attend. Ma décision est prise : je vais le mettre à l'épreuve.

La femme du téléphone ne me déçoit pas : elle est encore plus belle que je l'imaginais. Gracieuse, souriante, chaleureuse, elle me remercie d'être venu. Je pourrais, comme d'habitude, m'en éprendre très vite, plus vite même que d'habitude, mais elle me présente son mari, comptable dans une importante compagnie électronique. Ils m'accompagnent dans la salle : toutes les femmes sont éblouissantes et, comme prévu, toutes sont accompagnées. A la table d'honneur, je suis assis à la droite de mon hôtesse. Puis je la suis à la tribune. Elle me présente à l'auditoire en termes élogieux, selon la coutume américaine. Elle me proclame grand écrivain, et se corrige aussitôt : grand ? Le plus grand de cette génération. D'elle seulement ? De toutes les générations. Autrement dit : je suis génial. A en croire ma présentatrice, on pourrait attribuer la mort de Shakespeare et de Dostoïevski à un simple accès de jalousie à mon égard. « Nous avons tous lu et fait lire votre magnifique livre ! s'exclame-t-elle. Des générations futures feront écho à ce que je vous dis ici, en notre nom à tous : nous admirons votre talent, et nous vous aimons pour nous l'avoir offert. » Puis elle me donne la parole. Je la remercie gauchement et me lance dans un récit improvisé sans aucun rapport avec *La Nuit* ; je situe l'action au XIXe siècle, en France où un séminariste juif s'éprend d'une Mlle Bovary chrétienne... J'insiste sur le cas de conscience... Situation cornélienne... Devoir et passion... Religion et hérésie... Je cite pêle-mêle Sénèque et Kant, et Spinoza, mon préféré, pourquoi pas... Je m'attends à ce qu'un auditeur m'interrompe pour me dire que ce n'est pas le livre qu'il a lu : rien ne se passe. Je parle pendant trois quarts d'heure ; je ne sais plus moi-même où j'en suis. Le séminariste est au bord du suicide lorsqu'il apprend que sa dulcinée s'est enfuie d'un couvent en pleine campagne... Il est temps de conclure, sinon je risque de faire appel à la Bible et aux mystiques médiévaux, et même aux textes qui nous parviennent « de la nuit des temps » – d'où le titre de mon livre...

Ma péroraison est accueillie par un tonnerre d'applaudissements. Je ne sais plus quoi penser. Mon intuition serait-elle donc juste ? Il n'y aurait pas dans cette salle un seul mari éclairé, une seule épouse charitable qui ait lu mon pauvre petit récit, le seul qui porte mon nom ? Je me dis : ne jugeons pas à la hâte, ils sont timides, ils ne veulent pas m'offenser, ils craignent de m'embarrasser. Quand viendra le temps des questions, ils s'étonneront de ce que ma lecture de mon propre livre et la leur ne soient identiques. Eh bien, le temps des questions est annoncé. Toutes se rapportent à l'histoire rocambolesque et incohérente que je viens d'inventer. Pourquoi le séminariste n'a-t-il pas tout de suite renoncé à son amour ? Pourquoi la jeune fille n'a-t-elle pas envisagé de se convertir à la foi juive ? Comme je bégaye, mon hôtesse accepte encore trois questions et lève la séance. Je la suis dans un bureau où elle me remet ce qui m'est dû. Nous sommes seuls. J'en profite pour lui raconter une histoire hassidique :

Invité par son disciple d'un village voisin à une cérémonie de circoncision, le Rabbi loue le seul fiacre du village pour s'y rendre. Ils se mettent en route, le cocher et lui, tous deux de bonne humeur : le Rabbi parce qu'il va accomplir une Mitzva, le cocher parce qu'il va gagner quelques zlotys. En bas de la première côte, le cheval, épuisé, s'arrête. Le cocher descend et se met à pousser le fiacre. Naturellement, le Rabbi descend lui aussi et l'aide à pousser. Ils poussent et poussent et finissent par arriver devant la demeure du hassid. Alors, le Rabbi dit au cocher : « Il y a quelque chose que je ne comprends pas. Je comprends pourquoi moi je suis ici : le hassid veut que je participe à la cérémonie. Je comprends aussi pourquoi tu es venu : c'est ton gagne-pain ; mais le cheval, le malheureux cheval, pourquoi l'avons-nous emmené ? »

Mon hôtesse à la si belle voix la perd un bref instant ; puis elle m'avoue : ni elle ni aucun autre membre de son groupe n'ont lu mon récit. Mais alors, pourquoi m'a-t-elle invité ? Erreur d'identité : elle m'a confondu avec un critique du *Times* qui consacrait sa chronique à un autre livre, dans le numéro où l'on parlait du mien.

Une autre leçon de modestie : je la reçois dans un hôtel de tourisme dans les monts Catskill. Une association juive m'y décerne un prix quelconque. Une cinquantaine de personnes font la queue pour me serrer la main et me féliciter. J'entends des murmures : « On ne dirait pas que c'est lui... Dans ses films, il est différent... » Ils m'ont pris pour l'acteur Eli Wallach.

Flatté, je me dis : après tout, nous avons les mêmes initiales.

Pendant trente ans, je parcours les continents jusqu'à l'épuisement : à force de parler, j'en arrive à ne plus supporter le son de ma voix. De chaque conférence je retire un sentiment de frustration et de perte. J'ai l'impression d'avoir fait trois discours en un seul : celui que j'avais l'intention de prononcer, celui que j'ai fait et celui que le public a entendu. Et puis, comment éviter les redites, les chevilles, les astuces de langage ? Il le faut bien, pourtant. Je ne suis pas comédien : si je lis mon texte, je finis par m'ennuyer et ennuyer mon public. Et si, dans la salle, quelqu'un a déjà entendu mes propos, même sous une forme différente ? Bah, il a sûrement eu le temps de les oublier.

J'accepte les thèmes que l'on me suggère, sauf l'Holocauste. Je crains d'en faire une routine. Il y eut une époque où nous étions peu nombreux à en parler et il fallait bien montrer la voie. Ce n'est plus le cas, et l'on a moins besoin de moi, si ce n'est plus du tout. Pourtant, ma réticence n'est pas toujours comprise : je parle de la Bible, du Talmud et de l'expérience du hassidisme, mais les questions qu'on me pose se rapportent malgré tout à l'Événement...

Parfois, je libère des démons désagréables. A San Antonio, au Texas, un homme se lève et me dit : « Comment pouvez-vous écrire sur l'Holocauste, alors que ce n'est qu'une invention juive ? » A Saint-Pétersbourg, en Floride, un énergumène se lance dans une déclaration similaire et s'esquive avant de se faire expulser.

Dans une université de Washington, un groupe de Noirs fait irruption dans la salle. Affolé, le service de sécurité s'apprête à les refouler. J'ai alors la présence d'esprit de lui demander de n'en rien faire : « Puisque ces jeunes tiennent tant à se faire entendre, qu'ils approchent. » Je les fais monter à la tribune et dis à leur leader : « Le micro est à votre disposition. » Pris de court, il balbutie quelques mots sur l'intolérance raciale. « C'est parfait, lui fais-je remarquer. C'est aussi mon sujet. » Il s'assied. Ses camarades aussi.

En Roumanie, dans la ville de Jassy, lors d'une commémoration du massacre des Juifs en 1941, une femme hystérique interrompt mon discours : « Mensonges, mensonges ! On n'a tué aucun Juif ici ! Ni nulle part ! » Ses complices applaudissent. On la fait sortir.

Les officiels sont embarrassés. Le gouverneur me présente ses excuses. Le maire aussi. Et le Premier ministre. Et le président. On me dira plus tard que cette femme est la fille de l'ancien préfet de police du général fasciste Antonescu.

Il arrive que, avant de prendre la parole, je sois obligé d'écouter trois, quatre ou cinq orateurs. Tous ne connaissent pas les avantages de la brièveté. Ils me rappellent une histoire que m'a racontée Meyer Weisgal, ami et collaborateur de Chaïm Weizmann : lors d'un dîner de bienfaisance, un orateur s'était lancé dans un discours-fleuve et ne donnait aucun signe d'épuisement. Weisgal lui tira le bras et lui chuchota sans discrétion excessive : « Mais, monsieur, ça suffit, arrêtez donc ! » Et l'orateur répondit : « J'aimerais bien… Mais je ne sais pas comment. »

Au cours de mes interventions publiques, il m'est arrivé d'être interrompu par un auditeur impatient de marquer son désaccord. Au centre Rachi, pendant un exposé sur la troublante aventure de Rabbi Akiba et de ses amis dans le Pardès, le Verger de la connaissance interdite, une femme (malheureuse, me dit-on) n'arrêta pas de me lancer des cris incohérents. Elle m'accosta à la sortie et m'expliqua pourquoi elle m'en voulait : j'aurais dû condamner Rabbi Akiba. Pourquoi donc condamnerais-je ce Maître fondateur du Talmud ? « Parce qu'il trompait sa femme avec l'épouse du gouverneur… »

Un incident différent se produisit à Washington où la fondation Kennedy organisait une conférence internationale sur le thème « Science et conscience ». La séance inaugurale eut lieu un samedi après-midi et fut suivie de plusieurs tables rondes. Participaient à la mienne Jacques Monod, Mère Teresa et quelques universitaires. Je parlai de l'attitude que prône la religion juive envers l'être vivant : pour sauver la vie d'un être humain, quelle que soit son origine, on a le droit et même le devoir de violer toutes les lois du Shabbat. Le modérateur, un Juif assimilé dénommé Charles Frenkel, éprouvant quelque inconfort à entendre un Juif parler de sa judéité devant un public si choisi, me retira le micro au milieu de mon intervention. Stupéfait, je ne réagis pas, mais un prêtre, assis à l'arrière se leva pour protester.

A Moscou, les choses se passèrent moins bien. Prenant la parole en janvier 1990, lors d'une conférence sur « la survie globale », j'ai insisté sur le rôle de l'éducation par la mémoire. Là encore, c'est en tant que Juif que je m'exprimais. Je réclamai de Mikhaïl

Gorbatchev une attitude plus ferme contre le racisme et l'antisémitisme. Citant la radio soviétique qui décrit les « pogroms » en Arménie, j'ai tenu à montrer que toutes les haines sont liées. J'ai demandé que les crimes staliniens soient reconnus comme crimes contre l'humanité. Qu'enquêteurs, policiers, tortionnaires, juges et bourreaux ne bénéficient d'aucune prescription. J'ai demandé au président de l'URSS d'ouvrir les archives des procès infâmes de l'époque stalinienne : nous avons le droit de savoir, dis-je, comment des écrivains yiddish comme Peretz Markish et Der Nister ont vécu leur emprisonnement et leur exécution… Un délégué jordanien exprima son mécontentement. Il était furieux contre moi et le déclara ouvertement. Pourtant je n'avais pas mentionné le Moyen-Orient, je n'avais pas plaidé en faveur d'Israël. S'il me prenait à partie, c'est parce que… c'est parce que, apparemment, mon discours était trop juif. Et Shamir aussi était juif. Donc ? Nous étions tous des faucons. Et tous coupables. Coupables de trop nous attarder sur le passé. Après tout, déclara fièrement le délégué jordanien, lui aussi était allé à Auschwitz… comme touriste !

A Madrid, lors d'une conférence de la Young Presidents' Organisation (YPO), ne cessant de penser à l'exode de 1492, je traite du thème de l'exil. Au commencement fut l'exil. L'enfant est exilé du ventre de sa mère. Puis il est exilé du foyer pour aller à l'école. Et de la famille pour se marier. Pour conclure, j'observe que, de nos jours, nous connaissions l'exil ultime : la victime avait cessé d'être une personne pour devenir un objet. A la surprise générale, un homme d'affaires allemand se lève, rouge d'indignation : il en a assez de se sentir coupable, dit-il. Il en a assez d'entendre évoquer le passé. Il est temps de… Là, je le remets carrément à sa place en lui posant une série de questions, chacune commençant par les mots : « Comment osez-vous… »

Affrontement dramatique qui devient le centre de toutes les conversations. La délégation allemande tient à me rencontrer. Je lui demande si l'orateur s'est aussi exprimé en son nom. Après quelques conciliabules, tous les participants allemands se désolidarisent de leur collègue qui demande de nouveau la parole. Je refuse de l'écouter avant qu'il ne présente ses excuses. Il finit par les présenter.

Dans toutes les conférences où j'aborde les thèmes juifs, je mets l'accent sur l'éthique du judaïsme qui, par définition, nie le racisme. Un Juif ne peut pas être raciste ; un Juif se doit de combattre tout système qui voit l'autre comme un être inférieur. C'est pourquoi n'importe qui – quelle que soit sa couleur, son origine ou sa condition sociale – peut devenir juif : il doit simplement accepter la Loi. Inversement, tout être a droit au respect, à la dignité et au bonheur : nul besoin d'épouser la foi juive pour cela.

Invité à faire une communication dans une grande université sud-africaine, je pose comme condition que des étudiants noirs puissent y assister. Et j'obtiens satisfaction. On m'a félicité pour mon attitude courageuse, mais il ne s'agissait pas de courage. De justice, alors ? Peut-être s'agissait-il de ne pas me soumettre à un régime que j'abhorrais.

En général, j'aime m'adresser aux auditoires mixtes : jeunes et moins jeunes, juifs et chrétiens, croyants et non-croyants. Je n'essaie pas de plaire aux uns aux dépens des autres. Dans la mesure du possible, je plaide pour la tolérance, malgré ses pièges.

Lors d'un congrès d'intellectuels catholiques où un orateur déclare que l'Holocauste pose un problème grave aux juifs en même temps qu'aux chrétiens, j'éprouve le besoin de le corriger. Et je me souviens du choc que je provoque en disant : « Attention, amis. La situation n'est pas la même. Si les victimes sont mon problème, les tueurs sont le vôtre. »

Devant l'entrée d'une cathédrale (à Stockholm) : « Comprenez pourquoi le Juif que je suis ne voit pas dans la croix ce que vous y voyez. Pour vous, elle représente charité et amour, alors que, pour nous, elle évoque terreur et persécution. »

A l'occasion d'une visite à l'académie militaire de West Point, le général Palmer, commandant de l'école, organise un défilé en mon honneur : « Le défilé est à vous », me dit-il en me donnant un salut militaire. Je suis éberlué : tout ce défilé est à moi ? Qu'est-ce que je vais en faire ? Quatre mille cadets, uniformes brillants et drapeaux claquant dans le vent, me saluent comme si j'étais un chef d'État ou un officier supérieur. L'enfant juif en moi croit rêver : il se souvient des défilés dans sa ville natale. Je n'ai jamais été soldat de ma vie. Et voilà que des futurs officiers et généraux, l'air grave et solennel, me rendent les honneurs dus à un président…

Le soir même, dans ma conférence, je leur parle de « la signification de la liberté » :

> L'être humain est libre, et c'est Dieu qui le veut ainsi. Toutes choses sont prévues par Lui, disent nos Anciens, et pourtant nous sommes libres de choisir chaque moment de notre existence ; de choisir entre la vie et la mort, c'est-à-dire entre l'instant prochain et le néant, entre le bien et le mal, entre le rire et les larmes, la compassion et la cruauté, la mémoire et l'oubli, entre la liberté et l'absence de liberté… Être libre est essentiel à la condition humaine. C'est la liberté qui rend l'homme humain. Élu de Dieu dont il sert de premier messager, Abraham aurait pu refuser la mission. Il était libre de dire non. Mais il a dit oui. C'est qu'il ne faut pas confondre liberté divine et liberté humaine. Les deux sont liées mais non pas identiques. Dieu est libre, mais l'homme se doit d'aspirer à la liberté… Mais la liberté, c'est quoi ? Elle n'a pas le même sens pour le tortionnaire et pour sa victime. Le propriétaire d'esclaves et l'esclave n'ont pas la même conception de la liberté… Pour l'esclave, la liberté est à conquérir. Elle n'est pas un don de Dieu, il faut se battre pour l'obtenir. Une fois obtenue, il nous incombe de la partager avec autrui. Autrement dit : la liberté n'est jamais limitée à l'individu ; elle n'existe que dans la mesure où elle le dépasse…

Moments qui émergent, instants privilégiés : visitant le kibboutz des Combattants des ghettos, dans le Nord, je rencontre enfin Antek (Yitzhak Zuckerman), l'ancien commandant en second du ghetto de Varsovie. Cela fait vingt ans que nous nous connaissons – de loin. Chaque fois que nous nous donnions rendez-vous, l'un de nous a dû se décommander. Cette fois, coûte que coûte, la rencontre aura lieu. Nous nous isolons dans son bureau. Camaraderie instantanée, pas besoin de préliminaires. Compréhension mutuelle. Échange de vues, de souvenirs, d'impressions. Des survivants étrangers participant à un congrès qui se tient à Jérusalem sont présents. On me demande de leur dire quelques mots. J'insiste pour qu'Antek m'accompagne. Il ne tient plus sur ses jambes ; on le transporte dehors, on l'assied sur un banc. Mon discours, c'est à lui que je le consacre, à lui que je le dédie :

> Antek, mon ami, je suis ici votre invité… De vous et de vos camarades, nous avons appris l'humanisme et le sens de la responsabilité du combattant juif… Vous nous avez enseigné un langage nouveau…Vous nous avez enseigné la force de l'individu…

Je compare nos expériences. Que faisaient les Juifs de Sighet en 1943, alors que lui et ses camarades se battaient contre les Allemands ? Je passais mes journées à la *yeshiva* ; nous mangions bien ; nous célébrions nos fêtes, tandis qu'au ghetto de Varsovie des jeunes combattants entraient vivants dans la légende héroïque d'Israël. Et maintenant ?

> Que faisons-nous de nos livres, de vos paroles ? Nous essayons d'éduquer nos enfants, et tous les enfants du monde. Nous leur disons que l'homme est capable de basculer dans l'inhumain ; de tomber en perdant l'image divine en lui imprimée. Qu'en ce temps-là, le Juif sauvegarda sa judéité et, à travers elle, son humanité… Antek, mon cher Antek, je vais retourner à Paris, à New York, à Boston. Je fermerai mes yeux plus souvent qu'avant, et je vous verrai avec nostalgie, respect et une tendresse infinie.

En nous quittant, nous nous embrassons. Il pleure, et en moi quelqu'un pleure aussi. Il mourra le lendemain.

Devant le Mur de Jérusalem, des milliers de survivants se recueillent. Le Premier ministre Menahem Begin vient de prononcer une allocution émouvante et chaleureuse. Il a parlé de la nécessité, pour le peuple juif, d'être fort, d'être armé. C'est selon lui, la leçon à tirer de la Tragédie. Il a dit aussi que, à l'autre bout du monde, c'est Dieu qui a voulu Hiroshima… Il va jusqu'à insinuer que la bombe atomique était un bienfait divin, car elle avait permis aux Alliés de gagner la guerre… Comme je lui succède au micro, je ne peux m'empêcher d'exprimer mon désaccord : Dieu et Hiroshima ne vont pas de pair dans mon esprit ; et puis, sa remarque concernant la force me pose un problème : serait-ce donc le seul enseignement que la Tragédie nous aurait légué ? Choisir la force et la célébrer ? Je crois utile d'ajouter :

> Ici, dans cette cité d'éternité où chaque rêve est éternel, nous devons nous poser la question douloureuse : avons-nous, nous les survivants, fait notre devoir ? Avons-nous agi comme des témoins honnêtes ?

Et je conclus :

> Qu'emportons-nous de cette cité invincible, de cette indestructible cité de paix et d'humanité ? Nous emportons une étincelle de sa lumière, un fragment de son chant. Certes, quelque chose de nous

est resté en arrière, là-bas, à Auschwitz et Belsen, Majdanek et Treblinka. Mais, à partir d'aujourd'hui, quelque chose en nous restera lié à ce lieu dans Jérusalem, à tout jamais… Adieu, amis. Adieu, enfants. Si Auschwitz signifie la fin de l'espérance humaine, Jérusalem en symbolise l'éternel recommencement.

Un autre discours demeure dans ma mémoire. Non pas qu'il ait été particulièrement remarquable, mais parce que je l'ai prononcé devant quelques centaines d'« enfants cachés » que des familles chrétiennes charitables avaient abrités en Europe occupée :

Avez-vous jugé, et jugé sévèrement, vos pères qui, pour vous sauver, furent obligés de vous abandonner aux mains d'inconnus ? Vous arrive-t-il au moins de les plaindre ?
De tous les crimes des Allemands, c'est celui qu'ils ont commis à l'égard des enfants juifs qui continue à blesser notre mémoire. Pareils aux tyrans de l'Antiquité, en vouant nos enfants à la mort, c'est notre enfance à tous qu'ils voulaient bâillonner ; en les condamnant au désespoir, c'est notre avenir qu'ils comptaient escamoter. Plus et mieux que quiconque, vous êtes sensibles à ce thème ; il vous touche personnellement. Si certains parmi nous ne cessent de demander à l'Histoire : « Qu'a-t-on fait de nos enfants ? », vous nous demandez, vous : « Qu'a-t-on fait de notre enfance ? » En raison de la puissance criminelle de l'ennemi, on vous l'a changée, on vous en a substitué une autre, maquillée celle-là, mensongère. Aurai-je un jour l'imagination nécessaire pour décrire ce qui se passe dans le cœur d'un père qui, mû par une impulsion soudaine, confie son enfant à un passant anonyme pour le sauver ? La mère qui, au seuil de la folie, lance son bébé à travers une fenêtre ouverte pour qu'un paysan le rattrape : saurai-je lire dans sa douleur le sens de son geste ? Et vous, à ce moment-là, qu'avez-vous ressenti dans votre subconscient encore fragile mais déjà meurtri ? Un rejet, un reniement ? Combien de temps vous a-t-il fallu pour comprendre la mesure démesurée à laquelle vos parents firent appel pour accepter de se séparer de vous ? Voués à la mort, ils tenaient à vous arracher à la mort. Puisqu'il leur fallait mourir, ils préféraient mourir sans vous, loin de vous. Comparé à ce qu'ils ont dû faire, le comportement d'Abraham semble moins héroïque. Appelé à sacrifier son fils Isaac, Abraham obéissait à la volonté divine. Mais un homme et une femme se séparant de leur enfant juif qu'ils abandonnaient chez un chrétien, bon ou méchant, qui, dans le meilleur des cas, en ferait un chrétien vivant plutôt qu'un Juif mort, à qui et à quoi accrochaient-ils leur foi pour y puiser leur consolation ?
La vie d'un enfant juif caché, j'ai essayé de l'imaginer dans l'un de mes récits. Recueilli et abrité par une ancienne domestique de ses parents, le petit Grégor, pour ne pas éveiller de soupçons, se

prétend muet, un peu retardé. A l'école, où l'on monte une pièce sur la Passion de Jésus, on lui donne le rôle de Judas. On le taquine, on le ridiculise, on l'humilie, si bien qu'à un certain moment il se met à parler. Qui parmi vous n'a pas subi des épreuves dont l'enjeu était la vie ou la mort ? Un mot imprudent, un geste de trop, et c'était la fin. Un regard apeuré, un soupir mal réprimé, une prière mal apprise, et c'était la découverte, l'arrachement. Comment avez-vous fait pour apprendre si vite des choses si graves, si terribles sur la manière de survivre ? Comment avez-vous fait pour masquer et oublier tant de choses afin de dissimuler en vous le Juif, l'enfant de parents juifs ? Comment avez-vous fait pour vaincre la peur et la solitude ? Comment avez-vous fait pour vous endormir sans pleurer, sans la caresse de votre mère, sans la berceuse de votre père ? Une jeune femme, que certains parmi vous connaissent, m'a raconté qu'elle a vécu dix-huit mois dans la solitude et le silence, dans un abri, avec interdiction absolue de faire du bruit. Une fois par jour, tard dans la nuit, la propriétaire de l'appartement lui apportait à manger. Elle devait constamment se surveiller : ne pas marcher, ne pas bouger, ne pas ronfler, ne pas parler dans son sommeil. Pas une fois, durant tout ce temps, elle n'a vu les étoiles du ciel, ni respiré l'air embaumé du printemps. Comment a-t-elle fait pour étouffer ses cris quand elle avait mal ? Une autre femme m'a raconté qu'elle se cachait dans un grenier. Un poulet lui tenait compagnie. Au commencement, tout alla bien entre eux. Puis le poulet devint arrogant. Comme s'il comprenait qu'il pouvait tout se permettre : la jeune fille ne bougerait pas, ne le frapperait pas. « C'est ahurissant, me disait-elle, mais j'avais l'impression que le poulet était devenu antisémite ! »

Et que dire de ceux parmi vous qui étaient trop jeunes pour comprendre ce qui leur arrivait ? Que dire de ceux parmi vous qui étaient encore des nourrissons ? A quel moment la vérité vous est-elle apparue ? Quand avez-vous découvert, au plus profond de vous-mêmes, que vous apparteniez à d'autres lieux, à d'autres parents ? Et qu'avez-vous éprouvé alors envers la femme qui vous avait adopté ? Et envers celle, votre mère, qui en apparence ne voulait pas de vous ? Vos parents absents ou morts, les avez-vous plus aimés, ou moins aimés ? Comment cette révélation de vos origines s'est-elle produite ? Vous la rappelez-vous avec joie ou avec mélancolie ?

Il y a, en chacun de nous, une enfance cachée qui cherche à surgir. Elle nourrit notre imagination et s'impose à nous comme un rayon de lumière qui peut blesser mais qui guérit aussi. Source d'inspiration, elle refuse de tarir. Elle veut rester fraîche, toujours. Ensoleillée, partout.

Votre enfance, amis, est singulière. Parfois, on redoute d'y toucher, de peur de se heurter à une douleur trop grande, à des ténèbres trop

profondes, avant d'y découvrir un infini besoin de tendresse et de chaleur humaines.
Cette tendresse est ce qui vous fait vibrer. Et rêver.
Et moi aussi.

Au Reichstag de Berlin, durant une commémoration de la nuit de Cristal, je souhaite dire aux Allemands de la génération hitlérienne que leur passé s'est déroulé sous le signe de la malédiction ; et dire aux jeunes Allemands de ne pas désespérer de nous, alors qu'ils ont raison de désespérer de leurs aînés…

J'insiste sur ma conviction : la culpabilité collective n'existe pas. Les enfants des tueurs sont des enfants, non des tueurs, et nous devons nous interdire de les condamner pour ce que leurs aînés ont fait ; mais nous pouvons les tenir responsables de ce qu'ils font de la mémoire des crimes de leurs aînés.

Un pèlerinage officiel à Sighet. A l'entrée du cimetière, devant les habitants et les badauds, je parle en yiddish. Le grand rabbin Moïse Rosen traduit :

> Comment une communauté humaine comme la vôtre pouvait-elle manifester pareille insensibilité à l'égard des miens ? Où nos amis s'étaient-ils cachés ? Le cœur humain de Sighet, que lui était-il arrivé ?

A Varsovie, le soir du Tisha b'Av. Dans l'unique synagogue restée ouverte, une dizaine d'hommes répètent à voix haute mais endeuillée les Lamentations de Jérémie : « *Ei'ha yashva badad...* – Ah, qu'elle était seule et solitaire, la cité autrefois habitée par notre peuple… »

Je lis le texte, je le relis et quelque chose me dérange : l'ancienne cité de David ne m'inspire guère de tristesse. Jérusalem, aujourd'hui, n'est ni désolée ni abandonnée. Vivante et belle, elle vibre d'élan et d'exubérance : ses jeunes fils sont forts et joyeux, ses jeunes filles sont radieuses et épanouies. Mais alors, à quelle ville ce texte de Jérémie peut-il faire penser ? Soudain, l'évidence me saute aux yeux : c'est de Varsovie qu'il s'agit. De la Varsovie juive d'autrefois. Et du coup, le cœur se fend pour accueillir la mélancolie.

Washington, à quelques pas de la Maison-Blanche où Mikhaïl

Gorbatchev sera reçu le lendemain pour la première fois par le président Ronald Reagan. Deux cent mille manifestants crient leur solidarité avec les Juifs russes. Un sentiment d'exaltation me pénètre. Mes amis et moi avons enfin réussi à réveiller notre peuple, à le sortir de sa léthargie, à le faire bouger. Anatoli Chtcharanski, Masha et Vladimir Slepak et tant d'autres refuzniks marchent avec nous. Est-ce mon article du *New York Times* qui y a contribué ? Je l'espère. Dans ce papier, publié à côté de l'éditorial, j'avais lancé un appel : qu'une marche pour les droits de l'homme dans les années quatre-vingt succède à la marche pour les droits civiques des années soixante. Je ne sais pas pourquoi, mais ce cri suscita des échos considérables. On m'écrivit pour me proposer une aide financière et matérielle, on sollicita les organisations et les militants : une lame de fond déferla soudain sur le judaïsme américain. Et, tout en marchant, je ne peux m'empêcher de me demander : s'il y avait eu des manifestations pareilles dans les années quarante, combien de victimes auraient été sauvées ?

Kielce, le 7 juillet 1996. Cinquantième anniversaire du pogrom qui a suscité un outrage justifié dans le monde entier. Quarante-deux Juifs ont été assassinés en plein jour par une populace fanatisée. Mon allocution a pour titre : « Comment ont-ils pu ? » J'interroge les citoyens de la ville sur les raisons qui ont empêché les habitants d'alors d'arrêter la boucherie. Je laisse parler mon chagrin et ma colère. Je mentionne également les croix que des jeunes chrétiens, il y a dix ans, ont érigé à Birkenau. Ils pensaient bien faire puisqu'ils y ont installé aussi quelques étoiles de David.

Mes propos ont suscité une controverse violente dans la presse et les milieux catholiques. Bizarrement, Simon Wiesenthal, de Vienne, en profita pour, selon son habitude, dénaturer ma pensée et m'attaquer. Plutôt que de pleurer nos morts et condamner leurs assassins, il préféra déverser son venin sur moi. Je ne lui ai pas répondu.

J'ai appelé Adam Michnic, le patron d'un grand quotidien libéral, qui accepta d'accueillir le texte qui suit :

À UN AMI CATHOLIQUE EN POLOGNE

On me dit que la presse d'extrême droite de chez vous s'est récemment déchaînée contre moi. Cela ne me touche pas. Affaire d'habitude : ce n'est pas la première fois que les fanatiques me prennent pour cible de leur haine. Mais on me dit aussi que certains dirigeants catholiques font la même chose. Là, je ne peux pas vous cacher ma peine. Leurs déclarations me désolent.

Qu'ai-je donc dit pour tant agacer certains catholiques ? Invité par le Premier ministre Wlodzimierz Cimoszewicz, homme courageux et intègre, à prendre part au cinquantième anniversaire du pogrom infâme de Kielce, j'ai d'abord posé une série de questions concernant le passé : Comment des citoyens ordinaires de cette cité paisible ont-ils pu commettre ce massacre haineux en plein jour sans que la population intervienne ? et comment est-il possible que les forces de l'ordre de l'époque n'aient rien fait pour arrêter l'assaut sanglant ? Ai-je eu tort de dire à voix haute ce que tant d'hommes et de femmes ne cessent de répéter tout bas ?

Si certains catholiques ignorent que le nom de Kielce évoque immédiatement partout le mot « pogrom », s'ils ne sont pas prêts à admettre que, dans la mémoire juive, Kielce représente la honte de la Pologne de ce temps-là, ils sont soit aveugles soit de mauvaise foi. Quarante-deux Juifs, tous des survivants de l'Holocauste, ont été massacrés à Kielce par une meute féroce, assoiffée de sang juif. Auraient-ils survécu au nazisme meurtrier uniquement pour se faire tuer, un an après, par des Polonais ? Je l'ai dit dans mon allocution, je le redis ici : si l'antisémitisme a préparé Auschwitz, ce pogrom ne fit qu'en confirmer le but. Certes, Auschwitz et Majdanek et Treblinka furent des inventions allemandes ; Kielce non. A Kielce, les assassins furent des Polonais ; leur haine était polonaise. Là encore, ai-je eu tort de le rappeler ? Va-t-on me dire que cela relève d'une fantaisie et non de la réalité ?

Je ne comprends pas ces catholiques. Se sentiraient-ils coupables ? Il y a parmi eux des jeunes et des moins jeunes, tous nés pendant ou après la guerre. Je ne les accuse pas. Ils ne sont pour rien dans cette tragédie. Je ne crois pas en la culpabilité collective. Pourquoi se sentent-ils visés ? Seraient-ils incapables d'affronter ce passé, celui de la génération précédente, sans s'en prendre à quiconque le leur rappelle ? Ils me diront peut-être que je n'ai pas le droit de me mêler des affaires polonaises ? Eh bien, il est temps pour eux de se réveiller : quand des Juifs sont humiliés, persécutés et assassinés quelque part, leurs frères et sœurs de partout se sentent atteints, donc obligés d'agir.

J'irai plus loin et je dirai : un Juif, de n'importe où, quelle que soit son origine mais dont les parents ont été massacrés à Oswiecim, à Belzec ou à Chelmno, a parfaitement un droit de présence en Pologne.

Ce qui me conduit à l'autre problème qui a motivé ma visite en Pologne : les croix sur les tombes juives invisibles à Birkenau. Je suis convaincu que ce qu'on m'a dit est vrai : des jeunes Polonais, probablement romantiques et sûrement religieux, les y ont placées pour manifester leur tristesse pour les victimes. Ils ont cru bien

> faire. S'ils ont ajouté, à côté des croix, des étoiles de David, c'est pour marquer la solidarité des morts, tués par leur ennemi commun. Apparemment, ils ne se rendaient pas compte que leur geste pouvait chagriner et offenser les survivants juifs. Or le lieu en question fut malheureusement réservé aux Juifs de Hongrie ; ils furent les plus pieux des pieux, dont mes proches. C'est là qu'ils furent étouffés et incinérés. Leur cendre est encore là, à l'ombre des croix.
>
> Si ces jeunes avaient su prévoir les conséquences psychologiques de leur acte œcuménique, l'auraient-ils accompli ? J'espère que non. Le fait est que ces croix, en ce lieu – je dis bien : en ce lieu ! –, nous font mal. Est-ce si terrible pour un Juif comme moi de le dire en public ? D'ailleurs, dans mon discours, n'ai-je pas tout fait pour préciser ma pensée ? Je m'oppose à tous les symboles religieux à Birkenau. Birkenau demeure son propre symbole, son propre monument. Les restes des cheminées, les ruines des crématoires, les baraques, les arbres, la cendre, le silence : rien d'autre ne sied à ce cimetière à nul autre pareil. Où est le mal de dire cela ?
>
> Voilà, mon ami, ce que j'ai tenu à vous écrire aujourd'hui. Nous nous connaissons depuis trop longtemps pour que vous puissiez même supposer que je m'étais permis de m'exprimer sans respect pour votre religion. Ses adhérents ont le même droit que moi de célébrer leur foi. Mais j'attends d'eux ce que j'exige de moi-même : un minimum de tolérance et de compréhension envers l'autre. Nous avons en commun le même Père qui s'adresse à nous dans notre langue à nous, et qui nous offre des clés différentes pour ouvrir la même porte. Quant aux morts, il ne me viendrait pas à l'idée d'offenser les leurs ; qu'ils cessent donc d'insulter les nôtres.

Une conférence contre la famine, dix contre le fanatisme et la haine, trente contre l'oubli et l'apathie (« Je défendrai toujours le droit à la différence, mais non à l'indifférence ! »)... Combien contre le racisme et l'antisémitisme ? Une intervention sur le cancer et la maladie d'Alzheimer lors d'une conférence organisée par le professeur Claude Jasmin à l'Unesco... Des remarques à l'ouverture de l'exposition sur Auschwitz au palais des Nations unies à New York... Une communication sur l'éthique au quartier général de la CIA (problème : pour ne pas figurer dans sa comptabilité, je refuse de recevoir des honoraires, ce qui est contraire au règlement...). Un cours sur Job devant (eh oui !) six mille prêtres, nonnes et professeurs de théologie catholiques... Quatre-vingts allocutions aux cérémonies dans les universités où je suis reçu docteur *honoris causa*... J'aime la compagnie des jeunes, je tiens à leur montrer comment bâtir sur les ruines, avec les ruines... Le professeur Irving Abrahamson de Chicago consacre dix ans de sa vie à réunir un grand nombre de ces discours et les publie en trois volumes sous le titre : *Against silence* – contre le silence.

Je parle, je parle, et pourtant je n'aime pas, je n'ai jamais aimé parler en public ! J'ai toujours un texte devant moi, mais je préfère improviser. D'où le risque de dérapage. Et l'impossibilité de se corriger. Échappée, la parole suit son propre cours ; on ne peut plus la reprendre, la canaliser. Ainsi m'arrive-t-il de ne retenir d'un discours qu'une impression de remords. Malheureusement, ce que j'ai dit ne m'appartient plus. Une fois prononcée, la parole est inévitablement perdue : je ne la transcrirai pas.

Sauf quand il s'agit de cours à thème biblique, talmudique ou hassidique ; de tous, ils demeurent mes préférés. J'y consacre des semaines sinon des mois de recherche. Les communications que j'ai faites pour le centre Rachi et le Centre universitaire d'études juives, à la Sorbonne, à la YMHA de Manhattan ou à l'université de Boston, je les revendique et je les conserve.

En revanche, les allocutions dites de circonstance, c'est à contre-cœur que je les prononce. Comment faire pour éviter clichés et lieux communs ? On ne peut tout de même pas, en vingt minutes, au cours d'un dîner ou d'une réunion politico-culturelle, traiter un sujet en profondeur. Et demeurer original.

Et puis, en général, je me méfie des mots : à peine prononcés, ils vieillissent, ils s'éteignent. La pensée transmise oralement s'égare, s'évapore et, l'allocution terminée, j'en retiens une sensation de perte. Les meilleurs discours sont ceux que je n'ai pas prononcés.

Et aussi : j'ai encore et toujours le trac, ce compagnon maudit qui ne lâche jamais prise. Je me souviens : à Sighet, un Shabbat après-midi, j'avais choisi d'expliquer un texte de *L'Éthique de nos pères* devant mes camarades de la maison d'étude pour jeunes, et j'ai souffert les affres de l'enfer. Des papillons dans les entrailles ? L'expression est juste. Avant de monter sur l'estrade, mon corps est saisi d'un tremblement qui menace de paralyser mon cerveau. Je ne suis jamais sûr de moi. Saurai-je communiquer, stimuler, retenir l'attention, exposer mes idées dans l'ordre prévu ? Et si j'oubliais la citation nécessaire et la trouvaille indispensable ? La dernière phrase lâchée, j'ai hâte de fuir.

Et puis, je n'ai plus la force ni le goût de me déplacer. Je porte en moi une maladie que seule la solitude pourrait guérir. Or ce n'est pas en voyageant que je la retrouverai. Il fut un temps où j'aimais voyager. Découvrir une contrée nouvelle, lier connaissance avec des hommes et des femmes appartenant à des cultures et des milieux différents des miens : j'étais prêt à tout abandonner pour m'y rendre par n'importe quel moyen. Maintenant, pourquoi faire le modeste, je pourrais passer toute ma vie en avion. Mais je n'aime plus. Je dis non dix fois, quitte à revenir sur ma décision. Je vais là où, naïvement, je me laisse persuader que je suis utile. Pourtant, je n'ai pas la prétention de me croire indispensable partout.

Un voyage que je n'ai pas fait : avec Bernard Kouchner, le 31 décembre 1991, à Dubrovnik sous les bombardements serbes. Beaucoup d'hésitations, d'appréhension : la communauté juive de Belgrade s'y opposait farouchement. Et puis, comment faire abstraction du livre antisémite du président croate Franjo Tudjman ? Par « chance », j'ai attrapé un virus : 40-41°C de température. Je n'ai pas eu à décider ; mon corps l'a fait à ma place.

A l'épuisement physique s'ajoute la fatigue mentale. Puis-je le répéter ? J'ai horreur… de me répéter. Si je m'ennuie moi-même, comment ne pas ennuyer autrui ? Au début, je veillais à ne prononcer une conférence qu'une seule fois ; pour surprendre mon auditoire, je devais d'abord me surprendre moi-même. Par la suite, je me suis efforcé d'introduire au moins un élément nouveau dans chaque discours. Défi difficile sinon impossible. J'en conclus qu'il valait mieux réduire le nombre de mes exposés.

Je songe à la parole de Rabbi Israël de Rizhin : « Parfois nous parlons devant une foule pour qu'un seul individu comprenne ; et parfois, pour le même individu, nous nous taisons. »

LES FOUS ET LES ILLUMINÉS

Je n'ai pas encore mentionné mes fous : comme mon père à Sighet, je semble les attirer. Ne sommes-nous pas tous un peu fous, chacun à sa façon ? Fous de vouloir vivre et de refuser de vivre, fous de croire en l'avenir et aussi de le répudier, fous de penser que nous avons échappé à la mort et aux morts…

Ceux qui me poursuivent appartiennent à une espèce différente. Tous ne sont pas juifs. Il y a parmi eux des chrétiens, des bouddhistes, des agnostiques. Anciens musiciens et futurs génies, auteurs d'ouvrages non encore écrits et sauveurs non révélés. En vérité, je ne déteste pas trop leur fréquentation, je dirais même que leur fantaisie enrichit la mienne, mais le problème est qu'on ne les choisit pas, et certains sont pesants. Encombrants. Et surtout collants. Chacun a une histoire « urgente » à vous communiquer, une solution à vous offrir. Vous leur parlez une heure et ils reviendront dix fois. N'essayez pas de vous dérober ; ils trouveront la piste menant à vous. Inutile de vous cacher ; ils sont plus malins que vous.

Un homme m'appelle et m'injurie : toutes les obscénités de la langue anglaise y passent. « Mais qui êtes-vous ? » Il se nomme Marx, comme Karl. « Est-ce que je vous connais, cher monsieur Marx ? » Ni oui, ni non. Je reçois une nouvelle avalanche de jurons et de malédictions. Comme si j'avais volé sa grand-mère… Je raccroche. Il rappelle, je raccroche. Le lendemain, cela recommence. Quand je m'absente, il laisse des messages : « M. Marx a appelé. » Comment m'en débarrasser ? La police se déclare impuissante : à l'époque, elle ne disposait pas encore de moyens électroniques de détection. Bon, faisons avec. D'ailleurs, il s'arrête. Trois jours (et trois nuits) de répit. Mais au quatrième jour, le revoilà : « Ah, tu pensais pouvoir m'échapper ? » Et il y va de sa dose d'horreurs. Il semble être au courant de toutes mes activités : il « sait » avec qui j'ai dîné la veille, quelle pièce j'ai vue. Un après-midi, je reçois la visite d'une amie parisienne. Le téléphone sonne. C'est lui : « Je ne la connais pas, dit M. Marx. Qui est-ce ? » Je vais devenir fou à mon tour.

La fin de l'histoire ? Après quelques mois, je pars en Europe. Au retour, plus de M. Marx. Ni lettre ni message. Grand soulagement. Aurait-il disparu pour de bon ? Naturellement, il réapparaît. Et je m'écrie : « Monsieur Marx, monsieur Marx, mais que vous est-il donc arrivé ? Seriez-vous malade ? Je me faisais du mauvais sang… Que puis-je faire pour vous aider ? » Pris de court, il étouffe de dépit. Puis il me fait cadeau d'une dernière série d'obscénités et s'en va chercher des victimes plus susceptibles, plus énervées, avant de réintégrer, peut-être, son asile d'aliénés.

Persécution romantique : une jeune serveuse du New Jersey m'informe sur un ton fort sérieux que je suis son mari. Elle le sait, même si moi je l'ignore. Elle sait que je l'ai épousée apparemment dans une autre vie. D'où son avertissement solennel : si elle m'aperçoit avec une autre femme, elle me le fera payer, et cher. Elle dispose de contacts, me prévient-elle. Des contacts dans les milieux les plus influents. Autrement dit : j'ai intérêt à faire attention, à me comporter en mari fidèle. Sinon… Là encore, la police refuse d'intervenir. « Qu'elle vous tue d'abord, et nous serons là pour l'inculper », me dit un officier de police, amateur d'humour macabre.

L'histoire traîne pendant des mois. Jour après jour, je reçois des lettres longues comme l'exil de ma chère et tendre « épouse ». Elle me fait part de ses loisirs, de ses songes et même de ses infidélités. Avec qui ? Des acteurs connus, des milliardaires inconnus. Des gens de la mafia…

On ne sait jamais avec les folles de son espèce. Et on ne joue pas avec la mafia. Je retourne donc au commissariat et me présente devant le même officier de police. Je lui avoue ma peur et lui demande conseil. Psychologue à ses heures perdues, il hausse les épaules : « Enfin, pourquoi ne divorcez-vous pas ? » Heureusement, la serveuse a un père ; il est au courant de la maladie de sa fille ; il la renvoie à son psychiatre.

Épisode d'un genre différent : un médecin m'appelle du Canada ; il doit venir me parler tout de suite ; c'est urgent. Très

urgent. Question de vie ou de… Je souhaite savoir : de qui s'agit-il ? Du monde entier. Pourrait-il préciser ? Délicatement, j'essaie de lui tirer les vers du nez. En vain. « Pas au téléphone, me dit-il. Le risque est trop grand. La moindre fuite pourrait faire échouer ce projet. Vous comprenez, n'est-ce pas ? Tout cela est confidentiel. Super-secret. » Méfiant, je baisse la voix : « Vous êtes sûr que c'est moi que… ? » Il se fâche : « Je sais ce que je fais. » Je le prie de me rappeler dans l'après-midi : le temps d'annuler quelques rendez-vous. Et, bien sûr, de téléphoner à des amis canadiens : qu'ils vérifient si le bonhomme est vraiment médecin. L'enquête lui est favorable. Son nom figure dans l'annuaire. Bon, qu'il vienne. Ce dimanche-là, il neige sur la ville. Aéroports paralysés, gares désertes, rues vides. Il ne viendra pas, me dis-je, optimiste. Or, il est là. Le portier sonne pour l'annoncer. Je l'accueille avec curiosité. Il me tend sa carte de visite. Titres impressionnants. Je l'invite à s'asseoir, je lui offre un café, il refuse. « Le temps presse ; il faut que vous m'accompagniez », me dit-il d'un air résolu. Où cela ? Au Canada ? « Au Népal », répond-il le plus naturellement du monde. Je le prie de bien vouloir répéter. « Oui, au Népal. J'ai tout préparé, tout arrangé, regardez. » Il me remet un billet d'avion pour le soir même. Et une somme d'argent. Je bredouille comme un imbécile : « Mais c'est dimanche aujourd'hui. Que voulez-vous que j'aille faire au Népal un dimanche ? » Il ne se laisse pas décontenancer : « Nous arriverons demain. Demain lundi. » Je reprends mon interrogatoire insensé : « Et que voulez-vous que j'aille faire au Népal un lundi ? » Sa réponse tombe immédiatement : « Méditer. » Je ne comprends pas : il est fou, mais il n'en a pas l'air. Je lui demande : « Méditer ? A quoi ? Sur quoi ? » Il rétorque : « Le monde est en danger. Pour le sauver, nous devons aller au Népal. Je ne sais pas encore comment, mais là-bas nous saurons. » J'insiste : « Pourquoi là-bas ? Pourquoi pas ici même ?
– Ce n'est pas pareil. Là-bas, on nous entend. – Qui nous entend ?
– Je ne sais pas. Là-bas nous le saurons. » Je l'observe : décidément, il paraît normal, sincère. Et doux. Vraiment doux. Comment le renvoyer sans l'offusquer ? « Je n'ai pas de visa », lui dis-je en feignant le regret. Qu'à cela ne tienne : un visa nous attend à l'arrivée. Il a réponse à tout, ce sauveur canadien. Je me rabats sur le temps qu'il fait dehors : pas de voiture pour aller à l'aéroport où, d'ailleurs, pas un avion ne décolle… Je lui montre, par la fenêtre, l'avenue vide et glacée. Il est têtu : si le temps est mauvais,

c'est à cause de moi, de mon scepticisme ; il suffit que j'accepte son invitation et le soleil luira sur New York. Il fera beau et nous partirons. Comment le sait-il ? Il le sait parce qu'au Népal il fait très beau. D'où tient-il cette connaissance de la météo mondiale ? « C'est simple, répond-il : je ferme les yeux et je vois. » Il voit quoi ? « Le Népal. » Là, je le tiens : « Mais alors, puisque vous pouvez voir le Népal en fermant les yeux, à quoi bon s'y rendre ? » Lumineuse, sa réponse : « Moi je peux, mais pas vous. » Finalement je lui montre mon agenda : « J'ai des rendez-vous importants cette semaine ; impossible de les décommander… » Là, il pique une colère froide : « Le monde est perdu ou presque, et tout ce que vous avez en tête c'est vos sacrés rendez-vous… » Pour le calmer, je lui suggère de partir au Népal avant moi pour tout préparer ; je viendrai l'y rejoindre…

Il s'est envolé le lendemain. Et a dû se débrouiller sans moi. La preuve : il n'est pas revenu. Et le monde est encore debout.

Évoquant les fous mystiques, ou les fous tout court, comment oublier le perturbateur illuminé du Colorado ? Au beau milieu d'une conférence que je donne à l'université de Denver, quelqu'un se met à hurler comme un fauve blessé. Les services de sécurité scrutent les rangs. Peine perdue. Vaguement angoissé, je reprends le fil de mon discours. Et cela recommence : un long cri aigu. Mais qui est-ce ? Et qu'est-ce qu'il peut me vouloir, celui-là ? Je fais un nouvel effort pour me concentrer. J'abrège mon discours. A peine achevé, au lieu de me laisser rencontrer des élèves curieux, les agents de la sécurité m'entourent, me poussent dans leur voiture qui attend derrière une porte dérobée et nous filons vers l'aéroport où je prendrai le vol de minuit pour New York. En route, ils m'expliquent : ils ont été pris au dépourvu ; jamais un tel incident ne leur est arrivé ; il vaut mieux être prudent. « Mais les étudiants seront déçus ? » Tant pis, répondent mes anges gardiens. Il vaut mieux qu'ils soient fâchés avec vous vivant plutôt qu'ils vous pleurent mort. Logique convaincante. Je ne dis plus rien. Par les temps qui courent, il n'est pas sage de désobéir à ces gars si sûrs d'eux-mêmes. Je reçois assez de lettres de menaces pour en être conscient. Antisémites, propalestiniens, négationnistes : ils ne me veulent pas du bien, c'est sûr. Donc ? Le mot « sécurité » impose respect et silence.

Au guichet, tout est calme. Peu de passagers. J'aurai un siège confortable. Je pourrai m'assoupir dans l'avion. Je remercie mes accompagnateurs, si soucieux de mon bien-être, et m'engage dans le long couloir tortueux menant à la porte d'embarquement. Je respire ; je suis seul. Mais soudain, un jeune homme émerge de l'ombre et me dit dans un souffle : « Pardonnez-moi d'avoir hurlé. Vous comprenez ? Quand Dieu m'ordonne de crier, je n'ai pas le droit de me taire. » Par chance, j'aperçois une cabine téléphonique ; pris de panique, je m'y engouffre. Le cœur battant, je fais semblant de composer un numéro, d'avoir une conversation, de m'intéresser à ce que dit mon interlocuteur imaginaire. Le jeune excité, lui, attend patiemment que je finisse. Je ne quitte la cabine que lorsque d'autres passagers apparaissent, je les suis, le jeune envoyé du Seigneur toujours à mes trousses. Grâce à Dieu, il n'a pas de billet. « Prenez ça, me dit-il en me tendant un petit carnet. Vous le lirez dans l'avion. Vous comprendrez beaucoup de choses. » Dans son message, il prétend être le Sauveur ; le vrai ; le dernier, l'unique ; il n'attend que le prophète Élie pour annoncer sa venue. S'il crie, c'est pour que le prophète l'entende, qu'il sache que le Sauveur est là, et qu'il l'attend. Je plains le prophète et je m'endors.

Des mois et des mois plus tard, je bute sur le « Sauveur » de l'humanité ; il m'attend à l'entrée de mon bureau à l'université de Boston. Que me veut-il encore ? Il ne se gêne nullement pour me le faire savoir : « Soyez mon associé. Mon annonciateur. Ensemble, nous sauverons la planète et ses habitants. » Je lui explique qu'en attendant le Messie je dois enseigner à mes élèves Kafka et le chant de Gilgamesh. La semaine suivante, il est de nouveau là. Chétif, la tête enfoncée dans les épaules, il n'ose pas me regarder, mais laisse tomber sa question : « Auriez-vous du temps pour moi aujourd'hui ? » Je lui dis : « J'ai mon cours, vous savez. – De qui allez-vous parler ce matin ? – Du prophète Jérémie. » Il prend un air contrit et répond : « Dommage. J'attends le prophète Élie. » Plusieurs semaines de suite, il vient dans mon bureau. Comment vit-il à Boston ? Où dort-il ? Mystère. Cindy Margulies, une étudiante qui travaille dans mon secrétariat, a une bonne idée : elle lui suggère d'aller en Israël ; puisqu'il souhaite apporter la délivrance au monde, il faut être à Jérusalem : « Si l'Annonciateur vous attend quelque part, c'est sûrement là-bas. »

Je me demande où il est, le jeune fou illuminé du Colorado qui vivait partout dans l'attente de quelqu'un qui ne le connaît pas.

Et les autres, où sont-ils ? Chacun avait une solution à des problèmes insolubles, une clé pour les mystères insondables, un message de la part d'un ange céleste… J'avais l'habitude de répondre à chaque lettre, j'étais curieux de rencontrer chacun ; le problème se posait lorsqu'ils répondaient à ma réponse et exigeaient ensuite des rendez-vous ou, du moins, des réponses à leurs réponses… Or, le temps me manquait, le temps me manque toujours. Souvent, je songe à Nikos Kazantzakis qui avait envie d'aller à la sortie des églises pour dire aux fidèles : « Donnez-moi comme aumône le temps dont vous ne vous servez pas… »

Il y a aussi des fous à Hollywood : ils veulent à tout prix me « découvrir ». Pas comme vedette, Dieu merci. Comme auteur de scénarios. Devant mon air ahuri, on me fait la leçon : est-ce que je me rends compte que le célèbre William Faulkner a fait le même métier ? Est-ce que je sais que les plus grands romanciers du monde travaillent pour les nababs du cinéma ? Je sais, je ne sais pas, qu'importe : depuis les années soixante, à intervalles plus ou moins longs, une personne issue d'une agence hollywoodienne apparaît, essayant de me séduire faute de pouvoir m'acheter. Quand je suis presque prêt à succomber, c'est lui qui se dérobe. Ou inversement.

On me propose de faire un film de *La Nuit*. Je refuse : il existe des sujets dont il est interdit de faire des spectacles. On me transmet une proposition d'Orson Wells lui-même. Je réponds que je suis flatté, mais qu'il est interdit, etc. Eric Rohmer aime *Le Jour*. Samy Halfon s'éprend des *Portes de la forêt*. Plusieurs réalisateurs tiennent à acquérir les droits du *Mendiant de Jérusalem*. Finalement, Evelyn July adaptera *L'Aube* (avec comme réalisateur Miklos Yancsi) et Frank Cassenti *Le Testament d'un poète juif assassiné*. Je les plains : aucun des deux n'a connu la faveur du public.

Mon langage restera le verbe, non l'image.

LE CARDINAL LUSTIGER, MON AMI

En 1980, la presse française publie et commente longuement une nouvelle sensationnelle : sans doute pour marquer sa philosophie (plutôt que sa théologie) d'ouverture et peut-être de libéralisation, le pape Jean-Paul II vient de nommer archevêque de Paris un Juif, un Juif converti d'origine polonaise, Aaron devenu Jean-Marie Lustiger. Bientôt il deviendra l'une des personnalités les plus médiatiques et les plus populaires de France. Charmeur mais sincère, doué d'un rare talent de communication, il sait adopter le ton juste non seulement du haut de la chaire de la cathédrale mais aussi à la télévision, dans les journaux, aux différentes communautés.

Interviews, déclarations, commentaires : ses prises de position sont bien accueillies dans tous les milieux. Universitaires et ministres vantent son érudition, on répète ses mots, on reconnaît la profondeur de ses convictions comme on apprécie sa tolérance. Parcours limpide, discours sans fausse note. Le nouveau prélat ne cache pas ses origines juives : au contraire, il ne manque jamais de les revendiquer. Il répète que son nom juif est Aaron, que le peuple juif est le sien. Tout en étant chrétien, il assume sa judaïté, il l'assume sans le moindre complexe. Mieux : il se déclare « Juif accompli » avec une telle emphase qu'elle suscite en moi un malaise compréhensible. Si lui, Juif devenu chrétien, est « accompli », est-ce à dire qu'il est meilleur juif que ceux qui sont restés juifs ?

Lucide, je n'oublie pas les tensions et les conflits qui, siècles après siècles, ont marqué les rapports entre nos deux religions. Les écrits haineux des Pères de l'Église. Les massacres au temps des Croisades. L'Inquisition. Les pogroms. Les humiliations publiques. Les silences de Pie XII. Ses interventions auprès des autorités du Troisième Reich, le pape les réservait aux Juifs convertis. Eux seuls le concernaient. Non, je n'oublierai pas cet aspect déplorable de l'histoire de l'Holocauste.

J'essaie d'imaginer un entretien avec l'archevêque. Que pourrais-je lui communiquer ? Que puis-je dire à un Juif converti ? Et que me répondrait-il ? Des prêtres catholiques, j'en connais quelques-uns. Mais aucun ne se déclare juif. Et je me rappelle que mon Maître Saul Lieberman m'a confié sa résolution de ne jamais serrer la main d'un *meshoumad*, d'un renégat. Pourtant, a-t-on le droit de généraliser, d'être si inflexible quand le Talmud déclare « *Israël af al pi shekhata, Israël hou* – un Juif, même pécheur, reste juif » ? Comment classer Aaron Lustiger ?

« Essaie de le rencontrer, me suggère Marion. Ainsi tu lui expliqueras ce qui te dérange. » Tout en me demandant pourquoi l'archevêque de Paris accepterait de perdre son temps avec moi, je décide, pour l'occasion, de revenir à mon ancien métier. Par le service de presse du Seuil, je fais annoncer à son secrétariat que je souhaiterais faire un papier sur lui, peut-être pour le *New York Times*. Sa réponse me parvient dans l'heure qui suit : il me recevra mais, comme on dit dans le vocabulaire journalistique, *« off the record »*, c'est-à-dire pas pour un article. Simplement pour faire connaissance. Deux Juifs qui souhaitent se rencontrer, quoi de plus naturel ? Sauf que… Bon, passons. Une date est arrêtée. Elle coïncide (en mars 1981) avec une rencontre d'intellectuels que Jack Lang organise pour le candidat socialiste aux élections présidentielles, François Mitterrand.

A mes amis chrétiens, je n'ai pas le droit de ne pas dire le fond de ma pensée, de ne pas dire ce qui semble être la vérité, notre vérité commune. Complexe, elle n'est pas faite pour susciter l'espérance religieuse. Autrefois, leurs ancêtres ont fait souffrir les miens à cause de notre foi. Cela est un fait. Mais il y a plus. Les maîtres tueurs du XXe siècle n'étaient-ils pas tous, ou presque tous, nés au sein de l'Église et baptisés par elle ? Certes, des chrétiens se sont sacrifiés pour sauver des vies juives, en Italie aussi bien qu'en France, en Pologne et en Hollande. Mais ils furent si peu nombreux ! Soit, il y a eu Jean XXIII, mais son humanisme ne représente-t-il pas un moment de surprise plutôt que la tendance générale dans l'histoire récente du Vatican ?

Mes relations personnelles avec l'Église catholique ? Enfant, je la redoutais. Adolescent, je n'avais pas de raison de m'y intéresser. Mais je ne pouvais pas en faire abstraction : il fut un temps où entre le monde chrétien et le mien n'existaient que des rapports de violence et d'exclusion. Un chrétien, pour moi, représentait l'étranger hostile, le faux justicier. « Tu as tué le Christ », m'injuriaient mes camarades d'école. Je ne comprenais pas : je n'ai tué personne, moi ; les Juifs, dans l'Histoire, ont été victimes et non assassins. Les chrétiens de mon entourage avaient tort de croire aux stéréotypes antijuifs, et moi, j'eus tort de trop simplifier.

Après la guerre, j'ai découvert la complicité des Églises catholiques et protestantes allemandes et autrichiennes avec le pouvoir hitlérien. Les documents que j'ai pu lire sur Pie XII ne faisaient que renforcer ma méfiance à son égard. C'est François Mauriac qui, le premier, dénonça son silence. Les historiens fournissaient les preuves. Pour la plupart accablantes. Je ne parviens toujours pas à comprendre pourquoi Adolf Hitler n'a pas été excommunié. Et pourquoi le Vatican, ou une de ses instances, a aidé Adolf Eichmann, Stangel et Mengele à fuir la justice. Je n'arrive pas à oublier que vingt-deux pour cent des SS étaient nés catholiques, que certains se confessaient régulièrement.

Ce n'est que parvenu à l'âge adulte que je compris l'importance du dialogue entre les êtres humains, et entre leurs religions. J'ai compris qu'il ne fallait pas vivre dans un monde fait de stéréotypes. Même pendant la guerre, il y avait des chrétiens bons, de même qu'il y avait des laïcs qui n'étaient pas bons. J'ai surmonté inhibitions et soupçons : un chrétien et un juif, un juif et un musulman, un bouddhiste et un juif peuvent parfaitement vivre ensemble, œuvrer ensemble pour le bien de la famille humaine. La diversité – aujourd'hui, on dit : le pluralisme – fait partie du dessein du Créateur. Si tous les êtres s'exprimaient dans la même langue, rêvaient du même bonheur, appartenaient à la même tribu pratiquant la même religion, l'histoire des hommes se serait éteinte avant la première flambée. Adam n'était pas juif, et pourtant n'est-il pas notre père à tous ?

Certes, j'ai le fanatisme en horreur – d'où qu'il vienne et quelle que soit sa motivation. Mais les chrétiens ne sont pas tous fanatiques. En cela, en cela aussi, ils sont comme les autres.

Mes amis chrétiens savent que je ne tiens pas à les culpabiliser : le chrétien d'aujourd'hui n'est pas responsable de ce que ses ancêtres ont fait jadis. Et je ne veux pas provoquer un conflit entre nos communautés. Bien au contraire : je crois qu'un rapprochement est à la fois possible et nécessaire, dans un contexte non de complaisance et de flatteries réciproques, mais de franchise. Et d'intégrité. Plus d'une fois, mon Maître Saul Lieberman m'a mis en garde contre les méfaits du confort, aussi bien matériel que spirituel : « Souviens-toi, me disait-il, que notre peuple a perdu beaucoup plus d'âmes par la séduction qu'à cause des persécutions. » Nos Sages citent l'Écriture : lorsque Esaü embrassa son frère Jacob, celui-ci se mit à pleurer. Pourquoi pleura-t-il ? Parce que, répondent-ils, Jacob comprit que le baiser d'Esaü était un piège plus dangereux que sa haine.

Fidèle à ma tradition, je ne veux convertir personne, de même que je ne veux être converti par personne. Le but du Juif n'est pas de convertir l'autre à sa foi, mais de l'aider à devenir plus authentiquement ce qu'il est.

Voilà quelles sont mes réflexions dans la voiture qui m'emmène à l'archevêché. Le débat que je me propose d'engager ? Il est à la fois simple et pénible : peut-on être en même temps juif et chrétien ? Peut-on continuer d'appartenir au peuple juif tout en optant pour une religion autre ?

L'archevêque m'attend. Accueil chaleureux mais non dénué de tension. Que suis-je pour lui ? Un rappel, un reproche ? Et lui pour moi ? Un frère égaré, lointain ?

Passons sur sa gentillesse lorsqu'il évoque mes travaux. Cette rencontre me fait penser aux « disputes » de l'époque médiévale, quand juifs et chrétiens débattaient des mérites de leurs religions. A ceci près qu'elle se déroule sans contrainte ni public. En ce temps-là, le rabbin jeûnait le jour où il se rendait auprès du prélat ; et la communauté tout entière jeûnait en signe de solidarité avec lui.

Nous sommes seuls dans le salon, seuls dans la maison. Faisant fi des préliminaires, j'entre dans le vif du sujet : « Qui êtes-vous ? Notre émissaire auprès des chrétiens, ou le leur auprès de nous ? » Ce n'est pas dans ma nature de blesser ou de provoquer, mais le ton est donné. Il me semble que l'archevêque a rougi. Il ne répond pas à ma provocation. Il me parle de son enfance, de ses parents laïcs, de sa rencontre au Quartier latin avec un aumônier d'étudiants : il était affamé de spiritualité, de religiosité… Eût-il alors rencontré un rabbin, j'aurais aujourd'hui, en face de moi, un rabbin… Je lui pose des questions graves, des questions dures sur ses rapports avec sa nouvelle foi. Il est sincère et sa sincérité le rend frêle, profondément attachant. Je l'interroge sur son attitude à l'égard de son peuple qui juge plutôt sévèrement ceux qui l'abandonnent, sur la réaction de son père (sa mère est morte à Auschwitz) lorsqu'il assista à son sacre dans la cathédrale bondée et illuminée… Cette dernière question le fait sourire : « Il était content… lui qui n'était pas croyant se sentait fier que son fils ait réussi dans sa religion… » J'insiste : « Mais votre arrière-grand-père, qui se serait fait tuer plutôt que d'embrasser la croix, qu'aurait-il pensé en vous voyant porter la croix d'argent sur votre poitrine ? » Il me semble qu'il a rougi de nouveau, il baisse la voix : « Pour moi, la grâce compte ; elle est tout. »

Vers 13 heures, il se lève et dit : « Déjeunons, voulez-vous ? » En fait, ni lui ni moi n'avons envie de manger. Nous reprenons notre conversation sur l'actualité aussi bien que sur le passé. Par leur nature, nos propos resteront confidentiels. Sans cesse nous revenons à son attitude ambiguë, voire ambivalente, envers le judaïsme et le christianisme. Qui sont les « vrais juifs » ? La fidélité à Moïse, Isaïe et Rabbi Yehouda Hanassi serait-elle caduque et les lois du Sinaï abolies ? Certes, l'archevêque n'est ni le seul ni le premier à s'être converti au christianisme ; mais ses précurseurs n'ont pas prétendu être des bons juifs, des juifs accomplis. Or, lui insiste : juif il est né, juif il mourra. Je m'efforce de lui expliquer pourquoi sa position nous semble inadmissible ; je cite nos lois et nos coutumes, j'avance un argument concret : son exemple risque d'encourager tous ceux qui se nomment « Juifs pour Jésus » et dont le prosélytisme abuse trop de jeunes désorientés, sans attaches spirituelles. Abraham déjà l'avait compris : le judaïsme est séparation et choix. On ne peut pas appartenir à deux religions. Bien sûr, c'est le même Dieu qui gouverne nos vies, mais les voies qui nous conduisent à Lui sont différentes. Et inversement : les chemins qui nous mènent à Dieu ne sont pas les mêmes, mais c'est le même Dieu qui est notre Dieu. Ces deux affirmations restent unies et indissolubles ; l'une sans l'autre ne peut qu'être stérile et mutilée. « Pourtant, je me sens juif, réplique l'archevêque. Je refuse de renoncer à mes origines, à ma judéité. Veut-on que je trahisse la mémoire de ma mère ? Ce serait lâche de ma part. Et humiliant. » Et lui aussi d'employer un argument d'actualité : sa judéité agace les antisémites, ce qui ne lui déplaît pas ; pourquoi leur faire plaisir en tournant le dos au peuple qu'ils exècrent ? Il y a en lui quelque chose qui m'émeut. Est-ce sa soif de pureté ? Ou son besoin d'unir son passé juif à son avenir chrétien ? Je lui demande : « Au moins, cessez de vous définir comme “Juif accompli”. »

Nous décidons de rester en contact. De reprendre nos discussions. Nous nous rencontrons souvent et l'amitié qui nous lie s'approfondit. Il n'emploie plus la formule « Juif accompli », mais il persiste à vouloir rester fils du peuple juif. Et il agit en conséquence. Quiconque le sollicite pour défendre une cause juive peut compter sur son appui. D'ailleurs, il participe à toutes les batailles humanitaires. Nous sommes les alliés de tous ceux qui combattent le fanatisme et l'injustice là où ils sévissent. Ne se dérobant jamais devant un défi moral, ne fuyant aucun risque, il élève la voix en faveur des faibles, des dépossédés et des victimes. Élevé au rang de prince de l'Église, son influence ne cesse de croître.

Nous évoquons parfois, en souriant, son aventure peu ordinaire. « Avouez, lui dis-je, que l'histoire juive a une rare puissance d'imagination. » Il le reconnaît. Mais éprouve-t-il comme moi un sentiment d'irréalité lorsque nous nous retrouvons face à face, lui, le fils de parents juifs polonais que des millions de catholiques révèrent, et moi, l'étudiant talmudiste, le chroniqueur juif ? Peut-être sera-t-il appelé à de plus hautes responsabilités ? Comment savoir. Il est persuadé que non ; moi, je le suis moins.

Comment ses pairs se comportent-ils à son égard ? J'en connais qui l'admirent. Et qui lui sont dévoués. Mais on me dit qu'au cours des réunions annuelles des évêques français il fait figure de solitaire.

Bien que proche du pape, il lui arrive d'être en désaccord avec telle ou telle prise de position de la Curie. Dans la scandaleuse affaire du carmel d'Auschwitz, par exemple, ses interventions ont dû faire lever pas mal de sourcils à Rome. De même que sa sympathie à l'égard de l'État d'Israël dont il est le plus dévoué des défenseurs au sein de l'Église catholique. Homme courageux ? Homme loyal, profondément attaché à sa foi, mais respectueux de la nôtre.

Notre amitié durera.

L'enfant ou l'adolescent en moi s'étonne-t-il ? Il a raison. Et il a tort. Pourquoi éviterais-je les chrétiens ? Dans mes écrits, je m'adresse à eux de la même manière, avec le même souci de vérité, que je m'adresse aux juifs. Ce que je raconte aux uns est également destiné aux autres. Certes, j'évoque un univers personnel, des expériences vécues ; les personnages, les correspondances, le paysage lui-même sont à dominante juive, mais les thèmes sont universels ou, du moins, je souhaite qu'ils le soient. Le chrétien apprendra du juif seulement si celui-ci travaille sur lui-même pour s'accomplir en tant que juif. C'est pourquoi, dans mes travaux, je m'efforce tant d'approfondir le judaïsme tout en m'interdisant de commenter ce qui m'est étranger. Dans mes cours, quand nous abordons le Nouveau Testament, j'invite un professeur chrétien à l'enseigner à ma place. De même pour le Coran : je préfère que sa richesse soit communiquée par un musulman.

Aux uns et aux autres, je parle de ma tradition juive en leur montrant ses sources et ses ressources, la finesse de son éthique et l'aspect majestueux de son appel messianique. Et surtout la fidélité de sa mémoire. Loin de moi d'adopter un ton ou une attitude triomphaliste. Ma vérité ne prétend être supérieure à aucune autre. Elle est la seule à me rattacher, moi, à mes ancêtres, et je comprends parfaitement qu'un chrétien dise la même chose de la sienne.

Lorsque parut l'un des ouvrages de l'archevêque de Paris, Bertrand Poirot-Delpech me pria d'en faire le compte rendu pour *Le Monde*. Je posai une condition : que le cardinal soit d'accord. Redoutant sa réaction et craignant de le blesser, je lui soumis mon article : j'étais prêt non pas à le modifier, mais à le retirer, s'il le souhaitait. Il ne trouva rien à y redire. Pourtant, le papier n'était pas complaisant. J'y rappelais que, malgré l'immense affection que je lui porte, je ne pouvais m'empêcher d'être attristé par sa conversion qui privait le peuple juif d'une grande figure spirituelle. Je réaffirmais ma conviction qu'un Juif ne peut s'accomplir qu'à l'intérieur de sa judéité. Certains lecteurs catholiques jugèrent mon attitude irrespectueuse et n'hésitèrent pas à m'insulter, à me maudire dans leur courrier, privé ou public.

Dans l'article je disais ;

> Le cardinal Lustiger dérange. Cela n'est un secret pour personne. Il dérange des chrétiens extrémistes, parce qu'il se considère encore juif ; il dérange des juifs parce qu'il est devenu chrétien : ajoutons qu'il inquiète et perturbe également des laïcs par l'humanisme qu'il prêche à travers la foi et la tolérance qui l'habitent. Quoi, un prêtre humaniste et libéral ? On peut donc croire à la fois en l'homme et

en Dieu ? On pourrait donc se rapprocher de l'un sans s'éloigner de l'autre ?

Et je conclus :

> En revendiquant ma condition et mon destin de juif, jusque dans leurs possibilités ultimes, j'affirme et je réclame le droit pour le chrétien, ou pour le musulman, ou pour le bouddhiste, d'en faire autant. Les religions ont toutes le droit à la différence et à la singularité ; aucune n'est supérieure aux autres, de même que nul homme n'est supérieur aux autres. Tous les êtres sont les descendants d'Adam, nous enseigne l'Écriture. Le cardinal Lustiger le répète, et moi aussi. Tous les enfants ont Dieu pour père dont le langage pénètre et enrichit le nôtre.
>
> Voilà donc le cardinal Jean-Marie Aaron Lustiger et le Juif que je reste redevenus amis et alliés. Il a choisi, ou « Dieu a choisi » pour lui, une voie différente de la mienne, mais l'une et l'autre méritent d'être éclairées par la même lumière, car elles mènent vers la même vérité. Laquelle ?
>
> Résumons-la : comme le cardinal Lustiger, et avec lui, je proclame que Dieu seul est seul, et que seul Dieu est Dieu, et qu'Il est partout, dans ce qui unit les hommes, mais aussi dans ce qui les sépare.

J'en demeure convaincu : pour un Juif, la voie doit être juive. Pour un chrétien, elle sera chrétienne. Le secret réside dans la tolérance.

Aux Juifs, j'essaie de dire : nous avons un passé, revendiquons-le ; une identité, assumons-la ; une tradition, enrichissons-la. Et je leur dis ce que je dis aux chrétiens et aux musulmans : pour que nous soyons en mesure de donner, de partager, il nous faut d'abord assimiler ce que nous possédons, ce que nous sommes. Il s'agit de s'offrir en offrant. Or, pour offrir, il faut mettre l'accent sur l'être plus que sur l'avoir. Plus nous sommes juifs, et plus nous aurons à offrir. Cela vaut pour les chrétiens et les musulmans aussi. L'échange ne peut être vrai que sous le signe de l'authenticité.

C'est parce que l'autre n'est pas moi qu'il est en mesure de m'enrichir. C'est parce que le chrétien est chrétien qu'il peut m'aider à le comprendre, et peut-être à me comprendre.

Je ne manque pas une occasion de rappeler ma conviction que, même après la révélation du Messie, fils de David, l'humanité ne deviendra pas entièrement, exclusivement juive. En ce temps-là, les êtres seront, les uns envers les autres, simplement plus humains, plus généreux, plus tolérants, donc plus vrais.

J'ai découvert dans un vieux volume de commentaires et de récits midrashiques une histoire étrange située au Moyen Age : celle d'un enfant juif de Mayence, fils du Sage Rabbi Shmuel dont l'étoile avait brillé dans des cieux lointains... Enfant prodige, un curé l'enleva tout jeune encore à ses parents et le baptisa pour que l'Église bénéficie de son intelligence. L'enfant grandit dans la piété et la prière. Ayant choisi de consacrer sa vie à Dieu, il se fit prêtre. Bientôt, il fut nommé évêque. Appelé à Rome, il devint secrétaire du pape, auquel il succéda. C'est alors qu'il reçut une lettre naïve et émouvante du vieux curé de Mayence. Celui-ci lui demandait une faveur : il aimerait, à la fin d'une longue vie, devenir évêque, arguant qu'après tout c'était à lui, l'humble prêtre des provinces oubliées, que le nouveau pape devait de porter la tiare. Et il lui apprit la vérité sur ses origines. Le pape lui répondit aussitôt : il le nommerait évêque, mais d'abord le curé était prié d'annoncer à la communauté juive que dorénavant toute circoncision et toute observance du Shabbat seraient interdites, sauf si une délégation de savants venait à Rome pour le convaincre, lui, le pape, que ces décrets étaient injustes. Et il exigea qu'un certain Rabbi Shmuel fasse partie de la délégation. Rabbi Shmuel et ses collègues restèrent trois jours au Vatican. Ils expliquèrent au pape l'éternité des Lois bibliques. Le pape se déclara satisfait et annula les décrets. En prenant congé des délégués, il pria Rabbi Shmuel de retarder son retour de quelques jours pour discuter ensemble d'un sujet touchant à la Kabbale. Demeurés seuls, le pape révéla au visiteur sa vraie identité. Père et fils s'embrassèrent. Et ils ne se quittèrent plus.

Je raconte cette légende au cardinal juif. Intrigué, il écoute intensément, mais sans faire de commentaires. J'ajoute que plusieurs versions circulent sur la fin de ce pape étrange. On dit qu'il revint à Mayence où il vécut en bon juif. On dit aussi que, redoutant des représailles des chrétiens, il dut entrer dans la clandestinité. On dit même qu'il fut assassiné.

Un jour, au téléphone, mon ami le cardinal se met à me tutoyer. J'ai cru mal entendre. Je ne sais comment répondre. Qu'un prince de l'Église me tutoie, cela me paraît bizarre ; mais qu'un Juif comme moi lui réponde en le tutoyant l'est plus encore. Prudent, j'emploie un langage indirect, une suite de circonlocutions maladroites. Finalement, n'en pouvant plus, je lui avoue mon embarras ; il insiste : il tient au tutoiement. Si bien que, lors d'une émission avec Frédéric Mitterrand, nous renonçons au vouvoiement, ce qui ne se fait pas à la télévision. « Ce ne serait pas naturel », décide le cardinal. Plusieurs fois diffusée, l'émission connut une audience considérable. C'est Emmanuel Levinas qui m'en a fait le plus beau compliment, d'abord par l'entremise du journaliste Shlomo Malka, puis de vive voix : « C'était du *kidoush hashem* – vous avez sanctifié le nom du Seigneur. »

Le terme est religieux et il est à sa place. En amitié aussi, tout est mystère pour ceux qui croient.

Notre amitié dure. Il n'y a pas de danger qu'elle s'arrête. Quand des fanatiques l'ont insulté en Israël, je l'ai appelé pour lui exprimer mon chagrin. Je le consulte chaque fois que je me trouve devant un problème touchant les rapports judéo-chrétiens, et lui fait de même.

Un matin de 1987, je reçois du Vatican une invitation à rencontrer le pape. Le monde juif est alors en ébullition à cause de l'affaire Waldheim : le chef de la chrétienté n'aurait pas dû recevoir le président autrichien au passé nazi, et en tout cas pas avec autant de chaleur. Pourtant le cardinal m'encourage à accepter : « Le Saint Père connaît ton œuvre. » Le cardinal John O'Connor de New York partage son avis : un entretien entre le pape et moi serait utile et même efficace. Le cardinal Casaroli, que je rencontre « quelque part » à Manhattan, leur fait écho. Je lui communique ma position : je suis prêt à me rendre au Vatican, mais pour un entretien, non pour une audience. De plus, je tiens à ce qu'il se déroule sans témoin. Et que sa durée ne soit pas limitée. Le cardinal Casaroli me dit qu'il doit « consulter » Rome. La réponse qui m'est communiquée est affirmative. Bon, je me mets au travail, souhaitant tout connaître du dialogue judéo-chrétien depuis la naissance du christianisme et les premiers débats entre Sages talmudiques et membres de la nouvelle secte. J'étudie les arguments de Flavius Josèphe contre Apion, et ceux (au XIIe siècle) de Rabbi Joseph Kamhi de Narbonne, les disputes dans la cathédrale de Barcelone entre Nahmanide et un converti prétendument érudit… Les sources sont riches et variées. Je décèle correspondances et constantes, je compare textes anciens et modernes, et finalement, en août, je suis prêt.

C'est alors que le *New York Times* annonce mon entrevue prochaine avec le chef de l'Église catholique. Qui est responsable de la fuite ? On me dit que quelqu'un, au Vatican, a voulu saboter la rencontre. Quoi qu'il en soit, l'entretien qui devait garder un caractère privé perd tout son sens dès lors qu'il risque de devenir un spectacle médiatique. Une dizaine de journalistes me harcèlent ; tous réclament des interviews. Vingt autres insistent pour m'accompagner à Rome. Mieux vaut renoncer au projet ou du moins le remettre à une date ultérieure. Entre-temps, des rabbins me téléphonent, affolés : eux aussi ont obtenu une « audience » avec le pape, une semaine après mon « entretien » (la nuance est significative), et ils craignent que la presse n'en rende pas compte. Ils me supplient de ménager leur besoin de dignité et leur honneur. Je les informe que je n'irai pas au Vatican. Les voilà comblés.

En fait, pendant longtemps, le pape m'a dérangé. Je lui reprochais son premier discours à Auschwitz : il n'y a pas employé le mot « juif ». Puis, il y a célébré une messe pour les victimes. Pour toutes les victimes. Pourquoi n'a-t-il pas invité un rabbin et neuf Juifs à réciter le kaddish pour les Juifs assassinés ? Pensait-il qu'une messe chrétienne était appropriée comme prière pour leur mémoire ?

Peu après, il vint aux Nations unies. Là encore, il me chagrina. Israël ne figurait pas dans son allocution.

Et pourtant.

En rédigeant ces souvenirs, je dois reconnaître que, récemment, le pape m'a agréablement surpris. Qui de nous deux a changé, lui ou moi ? Je le trouve plus ouvert, plus tolérant. Sa visite à la synagogue de Rome ; le concert commémorant l'Holocauste au Vatican, sous son haut patronage ; ses mises en garde contre l'antisémitisme ; sa décision, bien que tardive, de nouer des relations diplomatiques avec Israël : l'histoire juive le retiendra peut-être comme un pape *« shel Khéssed »*, c'est-à-dire bienveillant et charitable.

Cela me semble parfois étonnant, sinon miraculeux : comment un non-Juif pourrait-il comprendre ce que fut l'angoisse juive et ce qu'est l'espérance juive ? Certains le souhaitent. Et le peuvent.

On me rétorquera : peut-on effacer deux mille ans de suspicion et de persécutions à l'ombre de la croix ? Non, on ne le peut pas. Et il ne le faut pas. Il ne faut rien effacer. Plutôt qu'effacer la mémoire, cultivons-la et tirons-en des leçons pour l'avenir.

C'est parce que nous n'oublierons rien que nous parviendrons à abolir les frontières.

Le cardinal Lustiger le sait.

Et je suis son ami.

APPRENDRE ET ENSEIGNER

Comment ne citerais-je pas la parole d'un Sage talmudique (Rabbi Hanina selon le traité de Taanit ou Rabbi Yehuda Ha-Nassi selon le traité de Malkot) : « J'ai beaucoup appris de mes Maîtres, mais j'ai appris beaucoup plus de mes collègues ; et de mes élèves j'ai appris plus que d'eux tous. »

A tous, je dois beaucoup.

Universitaire, je faillis le devenir au milieu des années soixante. Dans une lettre excitante et chaleureuse, un doyen de Yale m'offrit un poste de professeur. Sans me connaître personnellement, sans vérifier si j'étais qualifié ou si j'avais les diplômes nécessaires pour un emploi dans l'enseignement supérieur. Conditions plus qu'attrayantes : deux cours par semestre (sur la littérature et la pensée hassidiques), un salaire honorable (trois ou quatre fois ce que me versait *Yedioth*), un milieu stimulant, un titre prestigieux : pour un jeune écrivain aux fins de mois encore difficiles, c'était le rêve des rêves.

Inondé de bonheur, j'expédie aussitôt ma réponse enthousiaste. Dans mon appartement, 310 Riverside Drive, je me promène de long en large, me préparant à assumer mes nouvelles fonctions : de quoi et de qui vais-je parler au cours du premier semestre ? Quels textes de Rabbi Nahman vais-je proposer à mes étudiants ? Comment faire pour que la chaleur beshtienne les pénètre ? Je me découvre optimiste. Je suis content du monde qui m'entoure, et même content de moi qui y habite. Je me dis : après tout, combien de garçons de Sighet ont-ils été invités à enseigner à Yale, l'une des meilleures universités des États-Unis ? Finis, les soucis. Finies, l'insécurité, l'incertitude. Vive la vie universitaire ! Mes confrères aux Nations unies ne m'ont jamais vu si énergique, si dynamique. Ni si joyeux. Ils me demandent si j'ai gagné le gros lot. Je dis non, mais… je leur raconte ce qui m'arrive. Amical comme toujours, Dick Jaffé remarque : « C'est Yale qui a gagné le gros lot, pas toi. » Là-dessus, je dois me rendre à Paris où les éditions du Seuil me réclament pour une raison ou une autre. El Al m'offre un billet gratuit. La chance me sourit. Mon nouveau roman ne déplaît pas trop. France-Culture me propose une série d'entretiens. Pourquoi pas ? Je suis d'humeur à ne rien refuser. C'est au cours d'un enregistrement qu'un doute surgit dans mon esprit : que vais-je faire à Yale ? Si je commence, je ne pourrai plus m'interrompre ; donc, plus de voyages, plus de solitude, plus d'aventures… Non, je ne vais tout de même pas abandonner tout cela… Je ne suis pas encore prêt… Mais, comment dire non à Yale ? Et que devient le fameux argument : combien de garçons de Sighet ont-ils été invités à Yale ? Dans ma petite chambre d'hôtel, tout en répondant aux questions du journaliste, la solution me saute aux yeux : c'est vrai, c'est vrai que peu de Sighetiens ont été invités à Yale, mais combien d'entre eux ont-ils refusé l'invitation de Yale ?

Quinze ou vingt ans plus tard, j'y viendrai enseigner les humanités… Et en 1994 j'assisterai à la cérémonie durant laquelle mon fils Elisha reçoit son diplôme. Et, comme toujours dans les grandes occasions, je pense à ses grands-parents.

Comment expliquer les coïncidences ? La semaine où Elisha est né, le rabbin et professeur Yitz Greenberg me transmet une proposition de l'université de la Ville de New York d'y enseigner à plein temps. C'est lui qui dirige le département d'études juives. Cette fois-ci, je décide de ne plus me dérober. Le signe me paraît trop évident. Un changement de mode de vie s'impose. Pourquoi pas ? Le campus de City College, on l'appelle le Harvard ou le Yale des pauvres. Beaucoup de candidats, très peu d'élus. Seuls les meilleurs des meilleurs y sont admis. Les plus grands noms des lettres américaines, on les trouve là-bas, soit comme anciens élèves soit comme enseignants.

Pour faire plaisir à Yossele Rosensaft, le survivant de Bendin et de Bergen-Belsen, j'invite son fils unique Menahem à devenir mon assistant. Intelligent, bûcheur, bien informé, diplômé de l'université John-Hopkins, il est la fierté de ses parents.

Sa tâche : m'aider à préparer les programmes, le calendrier des cours, lire les dissertations et les corriger. Et les noter. Car moi, j'en suis incapable. Je veux dire : incapable de donner de mauvaises notes. Je ne supporte pas de voir un jeune visage malheureux – malheureux à cause de moi. En fait, si l'étudiant reçoit une mauvaise note, c'est sa faute, pas la mienne. Je me sens quand même mal à l'aise. Menahem aussi, d'ailleurs. Comme il est plus jeune, il est un peu plus rigoureux. Les élèves ne lui en veulent pas. Ayant fondé l'organisation des Enfants des survivants, il sera parmi les seuls à combattre le président Reagan dans l'affaire de Bitburg.

Tous les étudiants me sont proches : ma porte leur est ouverte. J'essaie d'en faire des amis. Au commencement, ils m'intimident. Saurai-je les guider en les instruisant ? Je prends pourtant mes responsabilités au sérieux : pour chaque heure de cours, j'investis quatre heures de préparation. Jamais je n'ai tant étudié. En moi-même, je me dis : je ne suis peut-être pas le meilleur professeur de l'université, mais j'en suis l'élève le plus assidu. Voilà plus de vingt-cinq ans que j'enseigne et pourtant, aujourd'hui encore, je tremble avant d'entrer en classe. Par chance, je le dissimule bien.

Années fructueuses, exaltantes. Je ne le répéterai jamais assez : j'ai une passion pour l'étude, donc pour l'enseignement. Et inversement. Dans ce cadre universitaire, cette passion me permet de donner toute ma mesure.

Étrange, me dis-je parfois. Adolescent, je rêvais de devenir écrivain et *rosh-yeshiva*, donc enseignant. Or, aujourd'hui, j'écris et j'enseigne. La trajectoire ne correspondit pas à mon rêve, mais son point de départ et d'aboutissement est le même. Le destin de l'individu serait-il scellé dès le premier pas ?

A un certain moment, tout au début, je me rendis compte d'un fait curieux : presque tous mes étudiants étaient des enfants de survivants. Il me fallut du temps pour en saisir la raison : à leurs yeux, j'étais un substitut de leurs pères. Puisque ceux-ci ne pouvaient ou ne voulaient pas leur dévoiler leur passé, ils se tournaient vers moi et s'intéressaient au mien. Ensuite, ce furent les parents qui vinrent me voir. Pour m'entretenir de leurs enfants. Ainsi suis-je devenu un pont humain entre deux mondes séparés par un troisième, invisible celui-là.

Comment leur parler des années noires et terribles sans leur en faire porter le fardeau ? Comment les persuader que, malgré tout, l'humanité vaut que l'on ait confiance en ses forces de vie ?

Je me souviens d'une étudiante de 19 ans qui, retenant ses larmes, me posa la question qui la troublait : « Est-ce que mon père restera toujours un survivant, jusqu'à la fin de sa vie ? » Je lui donnai à lire le texte dans lequel Jean Améry répond à cette question. De même qu'un torturé reste torturé, le survivant reste survivant pour toujours.

Une étudiante se désespère de ne pouvoir rendre sa mère heureuse : « Je ne l'ai jamais vue rire. » Un autre : « Mes parents m'aiment trop ; leur amour est trop lourd à porter. » Un autre encore : « Mes parents sont trop mélancoliques ; leur tristesse les empêche de s'aimer. » En privé, nous bavardons plus de leurs problèmes personnels que de nos cours.

Un étudiant arrive dans mon bureau et éclate en sanglots : son père avait perdu sa première femme et ses enfants ; sa mère avait, elle aussi, vu disparaître son mari et ses enfants. Ils se sont connus dans un camp pour Personnes déplacées en Allemagne après la libération ; ils ont un fils. Lui. « Et chaque fois qu'ils me regardent, je sais que ce n'est pas moi qu'ils voient. » Ce sera le sujet de mon *Cinquième Fils*.

En classe, l'ambiance se fait déprimante, oppressante, dès que nous touchons à un sujet qui relève de l'expérience concentrationnaire. A cette époque, je me sens moralement obligé d'enseigner l'histoire et la littérature de l'Holocauste : peu de professeurs le font, je n'ai pas le choix. D'autant que le directeur du département d'études juives insiste pour que l'un de mes cours y soit consacré. Parfois, les élèves restent assis, la tête enfouie dans leurs mains, incapables de se rendre au cours suivant, d'y entendre parler de biologie ou de physique. Moi-même, je subis la pression du thème et de ses ténèbres destructrices : je dors moins bien. Je sais et je veux partager, mais il y a des limites : je ne pense pas pouvoir ni devoir me livrer entièrement. En parlant des victimes, comment faire pour empêcher un élève de m'identifier à elles ? Comment fait-on pour donner et retenir en même temps ? A mes étudiants, je dis : « Nous allons rencontrer ensemble la démence à l'échelle de l'humanité ; nous ferons attention de ne pas nous laisser contaminer. » Et je leur dis aussi : « Qu'allons-nous apprendre ici ? A lire, à pleurer, à rêver la fin du rêve, et après, à tomber mais aussi à nous relever pour avancer d'un pas, et d'un autre pas… »

Je lis, je relis les grands textes anciens et médiévaux de la martyrologie juive. Les persécutions sous le règne de l'empereur Hadrien, les exécutions publiques. Les conversions forcées. Je souhaite découvrir comment l'expérience des épreuves d'alors a été intégrée dans l'Histoire. Je cherche des exemples. Je n'en trouve pas. La « Vallée des larmes » de Mordehaï ha-Cohen d'Avignon ? On ne peut pas comparer. Les Croisades tout le long du Rhin, les expulsions, les pogroms, les massacres et les suicides collectifs : aucune analogie n'est possible. En ce temps-là, le malheur était localisé et le salut possible dans la fuite ou la conversion. Pendant la Nuit, toutes les portes étaient verrouillées. Et pourtant, les élèves veulent apprendre, acquérir mon savoir.

Nous lisons les journaux d'Anne Frank et Moshe Flinker, les poèmes des enfants de Theresienstadt. La naïveté, la sagesse, la maturité voire la vieillesse précoce de ces enfants, certains étudiants ont envie de les commenter en maudissant le monde tout entier qui a permis « cela ». Nous analysons les journaux d'Emmanuel Ringelblum, Chaïm Kaplan, Shimon Huberband et les lettres de Mordehaï Anielewicz, retenant un cri étouffé par-ci, une image ensanglantée par-là. Pour que les hommes libres sachent, et que l'humanité se souvienne.

Ringelblum et son comité de cent chroniqueurs dans le ghetto de Varsovie. Déguisés en membres du cercle culturel et religieux « *oneg Shabbat* » (le plaisir ou la réjouissance du Shabbat), ils se réunissaient le samedi. Ensemble, ils incarnaient la mémoire d'une communauté juive emmurée. Ils connaissaient et décrivaient la faim avilissante. Le froid. L'épuisement des vieillards. Les ravages de l'épidémie. Et aussi les profiteurs dans les cabarets. La lâcheté des mouchards, car il y en avait. Tout cela dans le ghetto. De l'autre côté des murailles, les « *Shmalezowniks* », les mouchards polonais, qui, arpentant les rues, débusquaient les Juifs « aryens » qu'ils reconnaissaient à leurs yeux tristes. La police juive : la première balle tirée par la Résistance fut dirigée contre le policier juif converti Sherinsky ! Les enfants, les enfants orphelins devenus vieillards, et leurs hurlements de détresse : « Ayez pitié, ayez pitié ! » Le désespoir, mais aussi la résistance spirituelle et pauvrement armée. Adam Czerniakov, le président du Conseil juif, avait-il bien ou mal agi en se donnant la mort ?

Chaïm Kaplan et son journal rédigé en hébreu. Sa dernière phrase est un cri d'angoisse : s'il est pris, qu'adviendra-t-il de son témoignage ?

Le rabbin Huberband et ses mille et une histoires. Le thème central : le courage et la foi des victimes. Les mécréants eux-mêmes se sacrifiaient pour l'honneur de Dieu. De l'intérieur des synagogues en feu, encerclées par des soldats allemands amusés, ils tentèrent de sauver des rouleaux sacrés. Ils n'y parvinrent pas tous.

Les récits déchirants, bouleversants de Zalmen Gradowski, Zalman Leventhal et reb Aryé Leib Langfus sur leurs malheureux camarades d'infortune, membres des Sonderkommandos, chargés de brûler les corps des Juifs gazés à Birkenau : textes d'une intensité insoutenable écrits par des morts contre la mort. Chaque récit est un poème, chaque poème une prière. Comment ces auteurs ont-ils fait pour ne pas perdre la raison ? Où puise-t-on la force de prendre connaissance des faits par eux racontés ? S'il existe des mots incandescents, ce sont les leurs. Aux étudiants, je dis : « Si ces hommes avaient la force d'écrire, il nous incombe d'en avoir pour les lire. » Ainsi nous essayons de répondre à leurs appels qui, désespérément, réclament l'espoir.

Depuis une vingtaine d'années, bien avant que paraisse *Des voix dans la nuit*, que je préfacerai, je suis hanté par ces pages brûlantes comme la cendre où elles avaient été enfouies. Comment oublier le *dayan*, le juge rabbinique, et sa description de l'arrivée du transport de Bendin ? Dans la chambre à gaz, un rabbin se mit à danser et à chanter. Je lis, je relis cette petite vignette et j'ai envie, je ne sais plus de quoi j'ai envie. De ne plus chanter ? Deux Juifs hongrois demandèrent à un membre du Sonderkommando : « Devons-nous dire le Vidui, la confession (qu'on récite avant la mort) ? » Il répondit que oui. Alors l'un d'eux tira de son sac une bouteille d'eau-de-vie, la partagea avec ses proches, et tous burent avec joie – oui, le chroniqueur a bien écrit : avec joie – et crièrent : « *Lehaim* – à la vie ! » – oui, le chroniqueur a bien écrit : A la vie. Et moi, je sens en moi un silence tel qu'il va geler toute joie future. Et il continue, le juge rabbinique, de rédiger sa chronique. Les enfants nus allant à la mort. Le Rabbi de Boyanne criant à la face du tueur SS : « N'imaginez pas que vous réussirez à exterminer le peuple juif ! » En pleine exaltation, il se coiffa de son chapeau et s'exclama : « *Sh'ma Israël* – Écoute Israël, Dieu est notre Dieu, Dieu est un. » Déjà dévêtue, au seuil de la chambre à gaz, une femme slovaque dit à voix haute : « Un miracle est encore possible… » Je ne sais pourquoi, mais ce juge rabbinique, reb Aryé Leib Langfus, j'éprouve pour lui une tendresse, un amour proches du tourment.

Dans son récit sur Treblinka, Yankel Viernik se demande s'il pourra encore rire un jour. Quant à Zalmen Gradowski, il doute, s'il survit, d'être encore capable de pleurer.

... C'est en silence que les étudiants étudient, en silence que l'instructeur instruit, en silence que les morts font irruption dans la pièce éclairée d'une lumière poussiéreuse et trouble. Comment les imagine-t-on vivants ? Ils évoluent dans un univers parallèle au nôtre, dans une création de l'autre côté de la Création, et peut-être du Créateur Lui-même. Et de l'autre côté du langage. Fait frappant : les tueurs réussirent à trouver des mots pour décrire leurs crimes, mais les victimes échouèrent à en trouver pour que la mémoire de leur souffrance puisse leur survivre.

Cours nécessaires, indispensables, mais je ne les ferai pas longtemps. J'invite des survivants – Siggi Wilzig, Vladka Meed, Leon Wells – qui sont contents de raconter aux jeunes élèves leurs expériences anciennes et actuelles. Des jeunes professeurs prennent la relève. Je peux m'orienter vers d'autres domaines.

Au bout de trois ans, je démissionne de City University pour un poste similaire à l'université de Boston où, titulaire de chaire, je continue d'enseigner, aujourd'hui, dans le département de philosophie et d'études religieuses. Honneur suprême : en tant que *university professor*, je suis habilité à choisir les thèmes de mes cours et mes étudiants.

C'est John Silber, redoutable kantien et administrateur hors pair, qui m'a convaincu de faire partie de sa faculté. Président de l'université de Boston (aujourd'hui chancelier, ayant cédé sa position à son collègue et ami Ion Westling), sa force de persuasion est peu ordinaire. Malgré cela, je n'aurais pas succombé à sa séduction, n'était le fait que la politique nouvelle d'*open admissions* (inscription ouverte) avait fait baisser le niveau de City College. Tout d'un coup, n'importe qui put s'y faire admettre et cette institution universitaire prestigieuse devint une espèce de lycée – et, de surcroît, pas le meilleur. Mes collègues se plaignaient : en recalant des cancres, ils risquaient de se faire accuser de discrimination raciale par les minorités ethniques. Comment annoncer ma démission au doyen Ted Gross ? Il se montra compréhensif et me rassura : « Le monde universitaire est très mobile aux États-Unis. » (Lui-même quittera City College pour présider aux destinées de l'université Roosevelt à Chicago.) Je téléphonai à Yitz Greenberg qui passait une année sabbatique à Jérusalem ; il ne m'en tint pas rigueur. Il comprit. D'ailleurs, lui non plus ne resta pas longtemps à City College.

Intelligent, John Silber. Patient et tenace. Voici comment il m'a convaincu. « Vous êtes écrivain avant tout, n'est-ce pas ? » C'est vrai. « Donc, vous avez besoin de temps pour écrire, n'est-ce pas ? » Vrai encore. « Venez à Boston et vous ne donnerez qu'un cours par semestre. Et trois conférences publiques. » Le gain me paraît appréciable : à City College, je dois assurer deux cours. J'accepte donc – et fais un mauvais calcul. Mes voyages hebdomadaires de Manhattan à Boston me prendront deux fois plus de temps que les six heures passées à l'université de New York.

Homme intègre, ne dupant personne et n'étant dupe de personne, ne craignant jamais de se rendre impopulaire, John me plut dès le premier abord. Parce qu'il sait charmer quand il le veut ? Il possède une densité humaine qui se fait de plus en plus rare dans le monde. Très vite, nous sommes devenus proches. Imbattable dans le débat, irrespectueux face aux hypocrites, cet incorrigible optimiste a réussi en vingt-cinq ans à transformer une école d'études supérieures déficitaire de second rang en l'une des meilleures universités du pays.

A Boston aussi, mes étudiants me procurent une joie née de la gratitude, et réciproquement. Voir chez un élève l'éveil de la connaissance, cette lueur singulière qui est celle de la reconnaissance, existe-t-il pour le professeur moment plus beau ? Dans les yeux de l'élève, devant vous, un voile se déchire ; soudain, il s'ouvre pour accueillir une idée, admirer un vers, résoudre une énigme littéraire ou philosophique : y a-t-il pour lui et pour vous bonheur plus vrai, plus créateur ?

Leçons bibliques, midrashiques et hassidiques. Le Livre de Job : la judéité et non-judéité du personnage, le rôle de Satan, la tragédie de l'épouse, la mort des enfants, la trahison des amis. Et Dieu là-dedans ? Et la fin absurde, irrecevable ? Job redevenu père de famille nombreuse ? Il retrouvera donc son bonheur ? Et ses enfants ? Comment vivent-ils leur condition ? Se savent-ils successeurs et substituts ?

Le Besht et ses disciples. La place que le hassidisme assigne à l'exubérance, à l'amitié, au conte. Le Besht ou la valeur de la simplicité dans les rapports humains. Le Besht et la victoire sur l'anonymat. Le Besht et la quête du sens.

Les grands Maîtres : la sagesse de Rabbi Pinhas de Koretz, la colère de Rabbi Mendel de Kotzk, l'angoisse de Rabbi Bounam de Pshiskhe. Chaque étudiant a son Maître favori ; pour moi, ils le sont tous.

Comparé au programme de City University, celui de Boston est plus large. Étude comparée des textes anciens décrivant la mort des grands Maîtres : la fin de Moïse, de Socrate, de Bouddha, de Jésus, de Mahomet, de Giordano Bruno. Sylvia Plath aurait-elle raison ? Existe-t-il un art de se préparer à la mort ? Existe-t-il une mort autre que solitaire ?

D'autres thèmes, ils sont nombreux : l'amitié chez les Anciens et les Modernes... La ferveur et la folie... Foi et révolte en littérature... Les rapports complexes entre Maîtres et disciples depuis l'Antiquité... Attitudes envers le mal et la souffrance : indifférence ou empathie, anesthésie morale ou mémoire élargie, résignation ou révolte, désespoir actif ou mélancolie passive, déshumanisation du bourreau face à l'humanité de la victime. Existe-t-il un mal transformé en bien ? La souffrance conduit-elle à la rédemption ? Autre thème : parabole et paradoxe. Liens et obstacles. Nous puisons dans les textes anciens et modernes. Le serviteur souffrant dans la littérature babylonienne et les Proverbes du roi Salomon, Ésope et Kafka. Kafka et la théologie, Kafka et la psychologie, Kafka et la politique, Kafka littéraire, Kafka philosophe, Kafka et les femmes, Kafka et les Juifs...

Conséquence inattendue de ma passion pour Kafka : le quotidien saoudien *Al sharq al-Awsat* m'accuse (en 1993) de participer à une « conspiration » (avec Max Brod !) visant à dissimuler les sentiments soi-disant antisionistes de l'auteur pragois et de le présenter comme un fervent nationaliste juif. Et ce thème : le suicide dans la littérature. Évocation du roi Saül (homme habité par la mort comme David l'est par la vie) et de Sénèque qui, voyant défiler les guerriers juifs prisonniers à Rome, comprit que la morale des vaincus était supérieure à celle des vainqueurs. Référence à Anna Karénine, Stefan Zweig, Anna Sexton, Arthur Koestler et Primo Levi. La mort comme tentation, séduction ou évasion.

Pour changer de registre, nous nous plongeons dans l'univers de Rabbi Nahman de Bratzlav. Là c'est l'enchantement. Émerveillés, nous lisons ses histoires, nous le suivons dans ses pérégrinations. Les princes et les fous, les princesses perdues et les mendiants à l'imagination délirante : comment résister à leur appel ? Chaque conte en renferme plusieurs, formant des cercles concentriques dont le centre fixe serait le tréfonds de l'homme : le moi individuel au cœur du moi collectif, la mémoire de la mémoire. Dans toutes ces histoires, il s'agit d'êtres humains, pas spécifiquement de juifs. Des êtres hantés qui se cherchent les uns les autres, les uns dans les autres, des rescapés de fléaux, des réfugiés porteurs d'humanité, des messagers et des mendiants, des enfants vagabonds au passé de princes. Et tous sont en quête d'amour.

Dans son conte *Sept Mendiants*, on trouve cette perle :

> Au centre du monde, il existe une montagne, et sur la montagne se trouve un rocher, et du rocher coule une source. Or, toute chose a un cœur, un cœur qui est un être complet avec un visage et des bras, et des jambes, et des yeux, et des oreilles. Et ce cœur est ardent, brûlant du désir d'aller rejoindre la source, à l'autre bout du monde, de l'autre côte de l'abîme. Ce cœur souffre de deux malheurs : le soleil le traque, le dessèche ; pour survivre, il contemple la source. Mais plus il la contemple, plus son désir croît de s'en rapprocher. Or, sitôt qu'il se rapproche de la montagne, son sommet disparaît à ses yeux, et avec lui la source. Alors son âme le quitte, car il ne vit que de l'amour qu'il porte à cette source. Et si ce cœur s'arrêtait, le monde entier serait réduit à néant. Aussi demeure-t-il au loin, de l'autre côté, protégé par un oiseau aux ailes déployées, condamné à regarder la source tout en sachant que jamais il ne s'unira à elle.

Faut-il attribuer aux légendes et récits de Rabbi Nahman une intention, un contenu mystiques ? Quoi qu'il en soit, leur univers est merveilleux, imaginaire, dominé par le verbe, magnifié par la parole, enrichi par le chant. Rabbi Nahman devient notre ami, notre appui et notre Maître. Parfois, en un semestre entier, nous analysons un seul conte : c'est que je reste influencé par la méthode de Shoushani [1]. Le récit par Rabbi Nathan de Nemirov de la mort de son Maître, et du nôtre, nous émeut aux larmes. Au moment où il quitta ce monde, son disciple le contempla et le trouva beau. A la fin de l'année, j'invoque le nom de Rabbi Nahman pour protéger mes élèves. Dans mes prières récitées sur sa tombe lors d'un voyage à Ouman, implorant son intercession ainsi que la protection divine pour les miens et pour le peuple d'Israël, je réserve une place à part pour mes élèves qui, comme moi, aiment Rabbi Nahman, l'ami de ses disciples, et le nôtre.

1. Voir *Tous les fleuves vont à la mer*, p. 151.

Joie et récompense lorsque j'aide de mon mieux les étudiants dont je dirige les thèses de doctorat. Le rabbin Nehemia Polin et son travail sur le « feu sacré » d'un Maître hassidique, tué par les nazis. Alan Rosen et son étude sur « le thème de la catastrophe » dans l'œuvre de Shakespeare. Janet McCord et son travail sur le suicide des écrivains survivants. Le prêtre jésuite Jean-François Thomas et son analyse de la pensée d'Edith Stein. Et Yossi Ciechanover, mon ami de longue date, que j'ai présenté à Saul Lieberman sous la direction duquel il a commencé sa thèse de doctorat sur « Le suicide dans la Loi rabbinique » ; il l'acheva sous la mienne. D'eux aussi, comme de tous mes étudiants en doctorat, j'apprends beaucoup.

Aussitôt arrivé à Boston, j'apprends que Silber, personnalité controversée, n'est pas très populaire chez certains membres de la faculté qui lui reprochent ses méthodes autoritaires. Ils essaient de me mobiliser pour le combat qu'ils mènent contre lui. Je refuse ; mon contrat précise clairement les limites de mes obligations : je dois tout aux étudiants, très peu à mes collègues et rien à l'administration. Je ne suis donc pas obligé d'assister aux réunions, ni aux conseils supérieurs ou inférieurs des différents comités où se joue le destin d'un professeur. Piètre politicien, je refuse de participer aux jeux du pouvoir académique.

Car je garde en mémoire mon expérience new-yorkaise : pour faire plaisir à Yitz, j'ai accepté de siéger au comité exécutif de notre département. Mais je l'avais prévenu : je ne voterai jamais contre personne. Si un candidat espère obtenir un poste ou une promotion, je tiens à ce qu'il le sache : une voix, la mienne, lui est acquise dès le départ. Yitz pensait que je plaisantais, mais au bout d'un an, il m'a libéré de ma charge, à la grande joie des autres membres du comité.

En vingt ans passés à l'université de Boston, je n'ai assisté qu'à une seule assemblée plénière du corps académique. John Silber me l'avait spécialement demandé : « Mes adversaires, me dit-il, vont proposer une motion de censure contre moi. Et elle passera : ils utiliseront des arguments de mauvaise foi, des mensonges. Cela ne me gêne pas : mon poste n'est pas en danger ; le conseil d'administration me soutient. Mais ce qui me gêne, et ce qui me révolte, c'est qu'ils m'accusent aussi d'antisémitisme… » Réunion houleuse, haineuse, peut-être « académique » mais très peu « intellectuelle ». Des professeurs se succèdent au micro pour accuser leur président d'être tour à tour Gengis Khan, Torquemada et Staline. Quand vient mon tour, je déclare : « J'ai quitté City College pour cette université parce que John Silber en est le président. Et j'apprends aujourd'hui par la rumeur qu'on l'accuse d'antisémitisme. Si cela est vrai, qu'on le prouve, et je démissionne sur-le-champ. Je n'accepterai jamais de servir ici sous l'autorité d'un antisémite. » L'assemblée générale a quand même voté la motion de censure, mais John n'est plus traité d'antisémite.

Début 1980, je suis invité à Yale par le légendaire Bart Giamatti. Sans doute ignore-t-il mon aventure ou ma mésaventure avec son institution une quinzaine d'années auparavant. Moi, je m'en souviens. J'accepte donc la proposition. Premièrement, Yale me tente pour les raisons citées plus haut : combien de garçons de Sighet… Deuxièmement, je me sens fautif, sinon coupable, envers Yale. Troisièmement ? Pas besoin d'un troisièmement. Si. Une image me revient : reçu docteur *honoris causa* par Yale, son président m'a dit : « Venez, aidez-nous à apprendre. »

Avec le directeur des humanités, Peter Brooks, et son collègue Geoffrey Hartman, tous deux professeurs de littérature anglaise, nous élaborons mon programme. Un cours hebdomadaire par semestre (vingt étudiants au maximum), un cours mensuel pour les membres de la faculté (nombre de participants imprévisible). Pour le premier, je choisis comme thème : « La foi et la révolte en littérature ancienne et moderne ». Pour le second, le Livre de Job. Je connais ce livre sur le bout des doigts (ne l'ai-je pas étudié avec Josy Eisenberg, pendant deux ans, sur TF1 ?) ; pourquoi ne pas me faciliter la vie ?

Peter et ses collègues s'efforcent de me convaincre d'accepter au moins cinquante élèves pour le premier cours. Je m'obstine stupidement dans mon refus. Je dis : pour travailler sérieusement, il est indispensable que les étudiants et leur professeur se connaissent et s'épaulent. Tâche impossible s'ils sont trop nombreux.

La veille de mes débuts à Yale, je viens y passer la nuit. Pour sentir l'ambiance. Geoffrey Hartman, s'associant aux suggestions de Peter Brooks, fait un dernier effort : pourquoi renvoyer des étudiants qui, après tout, ne souhaitent qu'apprendre ? Encore plus bêtement, je m'obstine dans mon refus.

Le lendemain, je me rends là où je ferai mon cours : immense, la salle m'effraie. D'autant qu'elle est encore vide. Mon assistante, une jeune étudiante qui prépare son doctorat, me rassure : c'est la coutume ; les étudiants viendront en grand nombre pour « faire du shopping », voir, flairer, jauger ; ensuite, ils iront ailleurs. Je m'en vais prendre un café. Je reviens cinq minutes avant l'heure. Je pense défaillir : la salle est toujours vide. Couvert de sueur, je cours aux toilettes pour me mouiller le visage. Je pense : j'ai l'air ridicule maintenant ; moi qui ne voulais « que » vingt élèves, je n'en aurai qu'une seule, mon assistante... Je m'attarde un peu devant les lavabos, et c'est d'un pas hésitant que je reviens vers la salle. Me suis-je trompé d'endroit ? Elle est bondée ; impossible d'y pénétrer. Je me penche vers un étudiant et je lui demande : « C'est quel cours ici ? » Il éclate de rire : « Mais c'est le vôtre. » Trois cents élèves sont là ; ils m'attendent. Je panique : comment vais-je faire ? Je les implore de s'en aller. Je fais état de mes négociations avec l'administration, de mon contrat, de mes exigences. Rien à faire. Je les préviens, je les menace : ce sera un cours difficile, rigoureux ; ils vont devoir lire deux ouvrages par semaine et écrire autant de devoirs, faire des exposés chaque semestre. Rien ne les effraie, rien ne les décourage.

Ce sera l'une des expériences les plus stimulantes et fécondes de ma carrière universitaire.

Et le deuxième cours ? Intitulé *« Faculty seminar »* (réservé aux enseignants), il me procura également quelques surprises. Je comptais sur un parcours simple, sans embûches : après tout, je connais le Livre de Job mieux que les miens. Eh bien, j'ignorais que Marvin Pope enseignait à Yale. Or, Pope est l'un des grands experts en la matière. Bill Hallo, lui, est connu pour ses travaux sur les sources babyloniennes et sumériennes ; il me montre les correspondances entre le Livre de Job et les textes sur « les Justes souffrants ». Résultat : chaque mois, je me vois obligé de faire un effort supplémentaire, de me préparer mieux que jamais pour affronter ce public, un peu trop calé, trop érudit pour mon confort.

Je continue d'enseigner. Je continuerai jusqu'au bout. J'ai donné des cours à l'université internationale de Floride, à Eckerd College, en Floride également, et des conférences dans diverses universités américaines, grandes et petites. C'est ma vocation, au même titre que l'écriture. L'écrivain en moi est enseignant ; l'enseignant en moi est écrivain. L'important c'est de pouvoir transmettre. D'avoir quelque chose à transmettre, d'avoir quelqu'un à qui transmettre.

J'apprends avec mes élèves, j'apprends de mes élèves… Je pourrais m'arrêter, je ne le fais pas. En vacances, mes élèves me manquent. Je prends rarement des années sabbatiques, un semestre par-ci un semestre par-là. Enseigner réclame toute l'énergie, toute l'attention, toute la curiosité dont je dispose. Je n'ai pas d'autre métier. Et je ne cherche pas à en avoir.

Le problème majeur auquel je me heurte en enseignant à Boston est la distance : une heure d'avion. Et la météo. L'hiver, la neige perturbe les vols. Les retards deviennent alors intolérables. Prendre le train ? Cinq heures à l'aller, autant au retour : trop long. Trop fatigant. Il faudrait peut-être chercher un poste plus près de ma ville. Plus près ? Pourquoi pas dans la ville même ? Une occasion inouïe se présente. Le président de l'université de New York, John Sawhill, m'informe qu'un ami commun serait prêt à subventionner une chaire si j'acceptais d'en être le titulaire. Conditions excellentes ; meilleures qu'à Boston. Salaire plus élevé, moins d'heures de cours. Marion est pour. Son enthousiasme est contagieux. Plus de voyages éreintants. Ni d'angoisses concernant la météo. En dix minutes, je serai en classe. Et puis, l'université mettra un appartement de choix à notre disposition. Marion en raffole. Un document est rédigé. Il ne reste qu'à le signer. Mais comment l'annoncer à John Silber ? Nous établissons une stratégie : je demanderai un rendez-vous avec mon président, je lui expliquerai que, contrairement à ce que nous avions envisagé au début, et malgré ma promesse, il m'est impossible, pour des raisons familiales, de déménager à Boston. D'où le problème : le titulaire de la chaire Mellon ne peut résider à New York et enseigner à Boston indéfiniment ; cela ne fait pas sérieux. Il répondra certainement qu'en effet il y a problème ; il ajoutera que nous devrions y réfléchir… Alors, je dirai : pourquoi remettre à plus tard un problème qui me semble insoluble ? Mieux vaut le reconnaître tout de suite. Et amicalement nous séparer, quitte à garder un contact occasionnel avec notre université. Que pourra-t-il répondre ? Là-dessus, de la cabine téléphonique au coin de la rue, j'aviserai Marion pour lui donner le feu vert : qu'elle informe Sawhill, tout s'arrange.

Le lundi suivant, je frappe à la porte du président de l'université de Boston qui a consenti à me recevoir malgré son emploi du temps plus chargé que celui d'un chef d'État : à sa secrétaire, j'ai indiqué qu'il s'agissait d'une affaire urgente. J'ai un problème grave, lui dis-je. En quelques mots, je déballe mon histoire. Rusé comme le roi des renards, John Silber m'examine en silence et, croyant sans doute me faire plaisir, il tranche : « Pas de problème. Je vais réécrire notre contrat. Si j'ai à choisir entre un jour par semaine et rien du tout, je prends un jour par semaine. » M'ayant coupé l'herbe sous le pied, il s'attend à des remerciements.

En bas, dans la cabine téléphonique, je dis à Marion : « Je n'ai pas pu le décevoir. Tu comprends… » Plus d'appartement au Village, plus de trajets raccourcis ; je reste où je suis.

Aujourd'hui encore, John Silber ignore ce que notre amitié m'a coûté.

Mais j'espère qu'il sait combien elle m'a apporté.

Son fils David mourut du sida. Je l'ai connu. Fin, délicat, écoutant bien et parlant peu, il respirait la tendresse. Ses parents l'adoraient, ses nombreuses sœurs l'aimaient. Il faisait du théâtre, jouant surtout off-Broadway. On lui promettait des lendemains lumineux.

Ses obsèques attirèrent beaucoup de monde. Émouvantes, les paroles de ses familiers. Bouleversante, l'oraison funèbre du père. Chacun ajouta une image, une couleur au portrait vivant du défunt. L'enfance, l'adolescence, l'homme rêveur. On ne le savait pas si fort ; ni si vulnérable. Même ceux qui le connaissaient bien ne le connaissaient pas assez. Quant aux autres, ils le connaissaient mal. Il savait rire, il aimait aimer.

Dans son oraison, l'aumônier de l'université révéla que c'est David lui-même qui avait « mis en scène » les obsèques ; c'est lui qui avait distribué les rôles, choisi les textes bibliques et la musique. « Applaudissons-le, dit l'aumônier. C'est la dernière fois que David est sur scène. Applaudissons l'ultime représentation de ce grand acteur… »

Les larmes aux yeux, l'assistance applaudit longuement, encore et encore, refusant de s'arrêter, compensant pour les années qu'il aurait pu vivre.

UN MUSÉE À WASHINGTON

Washington, janvier 1979. Journée glaciale d'hiver. Vue de l'extérieur, la Maison-Blanche est réellement blanche, citadelle calme, endormie. Dans un salon élégant et bien chauffé, un grand brouhaha. Excités, des survivants de l'Holocauste se saluent, se serrent la main, s'embrassent : c'est la première fois qu'ils se retrouvent dans ce haut lieu de la politique américaine. « C'est un rêve, chuchote une femme au bras tatoué. Un rêve que je n'ai jamais rêvé. J'ai peur de me réveiller. » Une autre : « Jamais je n'aurais pensé que... »

Moi non plus.

« Nous nous sommes réunis ce matin dans cette salle où l'on scrute les soubresauts de l'Histoire – la déclaration d'Indépendance est fixée sur ce mur depuis des générations – pour essayer de trouver les moyens appropriés de nous souvenir de ce que signifiait vivre et mourir à l'époque des Ténèbres. »

... C'est avec ces mots que j'ouvre la séance inaugurale de la Commission présidentielle de l'Holocauste, créée par le président Jimmy Carter quelques mois plus tôt.

Le speaker (président de la Chambre) Tip O'Neil est venu pour nous faire prêter serment. Sénateurs, députés, leaders juifs, rabbins, prêtres, universitaires, journalistes : l'émotion est visible sur tous les visages. Discrète, Marion lit le texte qu'elle connaît pour l'avoir corrigé. Sigmund sourit derrière ses lunettes embuées. Benjamin Meed, un des survivants de Varsovie, ne se donne pas la peine d'essuyer ses larmes : « Voilà le point culminant de ma vie, me dit-il, le plus heureux. » C'est sa phrase préférée. Il la répétera à chaque étape de cette entreprise. Moi-même, je dois faire un effort pour dissimuler mes sentiments. Comme toujours, je crains le dégrisement. Au début, tout semble vrai, sans fard, palpitant, urgent ; puis l'on s'aperçoit que la vérité s'est estompée en cours de route. Que l'habitude a remplacé l'élan. Pour l'instant, dans un état second, nous voltigeons en l'air : enfin le gouvernement et la nation américains, au plus haut niveau, s'intéressent à notre passé. Enfin notre expérience émerge de ses recoins occultés. Comment empêcher la fierté de nous tourner la tête ? Je me sens mal à l'aise. C'est la première fois de ma vie que je remplis des fonctions officielles. La première fois que je préside une séance de cette envergure. Comment faire pour être naturel ? Mes collaborateurs m'ont préparé un programme, un scénario. Comme toujours, décidément c'est une maladie, quand quelque chose d'inhabituel arrive, je me revois à Sighet. Qu'elle est loin, la petite ville où un garçonnet juif priait Dieu de lui apprendre à mieux prier, mieux étudier. Qu'est-ce qui lui a pris de surgir en ce lieu réservé aux élus ? Heureusement, j'ai reçu des « leçons » d'Arthur Goldberg. Présider, c'est son métier, pas le mien. Je m'instruis donc. Être courtois. Patient, attentif. Remercier les membres de mon équipe. Donner la parole à qui la demande. Créer une bonne ambiance. C'est important, l'ambiance. Mon discours d'ouverture aux membres de ma commission, je le conçois comme la préface d'un ouvrage. En voici quelques extraits :

> C'est avec un profond sentiment de devoir, de fierté et d'humilité que j'ai accepté de présider ce groupe singulièrement distingué de personnalités civiles, religieuses et politiques.
> Je sais que certains parmi vous sont mieux qualifiés et plus méritants que moi pour remplir ces fonctions. Avec votre aide et votre coopération, j'espère que nous accomplirons notre tâche.
> Les problèmes auxquels nous sommes confrontés paraissent insurmontables. Nous sommes censés nous souvenir, et inciter autrui à se souvenir. Mais comment peut-on se souvenir individuellement et collectivement d'un événement dont le but fut d'effacer la mémoire ?
> Par son ampleur incommensurable, par le nombre de ses victimes, par son mystère et son silence, l'Holocauste défie tout ce que l'être humain pourrait entreprendre ou concevoir.
> En dépit de tous les documents, de tous les témoignages vécus ou reçus, de tous les livres d'histoire, nous savons que nous n'avons pas encore commencé à raconter l'Histoire. Est-il possible de réconcilier l'aspect purement juif de la tragédie avec ses inévitables connotations universelles ? Certes, tous les Juifs étaient des victimes ; mais toutes les victimes n'étaient pas juives. [Plus tard, à plus d'une reprise, je me sentirai obligé de formuler cette pensée

> différemment : Toutes les victimes n'étaient pas juives, mais tous les Juifs étaient victimes. Nuance.] Comment en faire mémoire ? Par des monuments ? Par l'éducation ? Par une liturgie particulière ? Par des cérémonies du souvenir ?
> Nous manquons de repères. Parce que l'événement fut unique, nous ne savons pas comment le saisir. Nous ne pouvons même pas consulter l'Histoire pour y puiser des exemples à suivre. Mais une chose est certaine : quoi que nous fassions, il nous incombe de réfléchir avec audace. Que la grandeur de la tâche ne nous décourage pas.
> Frappons l'imagination des personnes appartenant à toutes les croyances, toutes les nationalités, toutes les époques. Annonçons-leur que notre génération – la dernière à avoir quelque chose à se rappeler – est déterminée à maintenir sa mémoire vivante…
> … Nous ici, autour de cette table, représentons une quête noble pour la mémoire et la justice. Nous combattons pour la vérité. Venus d'horizons différents, nous respecterons les engagements de tous nos semblables.
> L'Holocauste fut possible parce que l'ennemi – celui du peuple juif comme de l'humanité, et c'est toujours le même – réussit à diviser la société humaine, en opposant nation contre nation, chrétiens contre juifs, jeunes contre vieux.
> … Une note de mélancolie : si le président des États-Unis et ses conseillers avaient manifesté pendant l'Holocauste la sensibilité et le souci dont leurs successeurs font preuve maintenant, si une commission présidentielle avait été créée en ce temps-là, combien de victimes juives et non juives auraient été sauvées ?
> Les Juifs ont été oubliés alors qu'ils étaient encore en vie ; ils sont morts maintenant. Gardons-les dans notre souvenir, accueillons leur mémoire dans la nôtre…

Tout a commencé un jour d'été, en 1978, à l'hôtel Sharon d'Herzlia. Le chef de l'opposition, Shimon Peres, est dans ma chambre pour m'entretenir de son nouveau livre (un recueil de portraits), lorsque le téléphone sonne : Stu Eizenstadt, le jeune conseiller aux Affaires intérieures du président Jimmy Carter, demande à me parler. En premier lieu, il veut savoir pourquoi je ne l'ai pas rappelé. Je ris : depuis plusieurs jours, le concierge me remettait des messages me demandant d'appeler la Maison-Blanche ; je pensais que c'était une erreur. Ou une plaisanterie. « C'est vous, le professeur ? » La voix, à l'autre bout du monde, trahit une légère hésitation. Oui, c'est moi. « L'écrivain ? » Oui encore. « Parfait. C'est vous que nous cherchons. » Il m'annonce que le président a décidé de me nommer président de la « commission chargée de lui proposer la manière d'ériger un monument à la mémoire des victimes de l'Holocauste ». Je me souviens de ma réaction journalistique immédiate mais silencieuse : « Le nom est trop long. » Et de celle que j'ai eue à voix haute : « Remerciez, je vous prie, le président de l'honneur qu'il veut bien me faire, mais… » Mais quoi ? Le haut fonctionnaire de la Maison-Blanche n'imagine pas qu'il puisse y avoir un mais. Aux États-Unis, c'est Washington qui dit mais. A Washington, c'est la Maison-Blanche. Je lui explique : je ne pense pas que ce poste soit fait pour moi ; je ne suis pas un homme politique ; je n'ai aucune intention de le devenir ; je ne cherche pas de fonction officielle ; tout ce que j'aime, c'est écrire et étudier. Donner des instructions, ce n'est pas dans ma nature… « Le président insiste, répond Eizenstadt. Réfléchissez-y. » Je le lui promets. A Shimon Peres, je dis : il s'agit d'un malentendu. Eizenstadt rappelle le lendemain. Je lui dis que je n'ai pas changé d'avis. Il comprend de moins en moins : « Mais c'est une tâche importante et prestigieuse, ne le pensez-vous pas ? Et vous hésitez ? » Je m'efforce de lui expliquer ma position : je suis trop occupé et trop timide pour l'emploi. Finalement, il m'informe que le président souhaite me voir. Je ne peux pas lui refuser cela. Rendez-vous est pris pour la semaine suivante : de toute façon, je dois rentrer à New York.

Une heure plus tard, appels urgents du professeur Yitz Greenberg (mon ancien collègue à l'université) et de Sigmund Strochlitz : ils sont au courant de ma conversation avec la Maison-Blanche. Chacun son tour, ils me racontent l'origine de l'affaire. Le président avait invité un millier de rabbins au Jardin des roses pour les amadouer : ses relations avec Begin étaient tendues et il lui fallait apaiser l'opinion publique juive. L'idée du monument est venue de Stu Eizenstadt.

Je suis naïf mais pas au point de ne pas déceler le jeu des relations publiques là-dedans : Eizenstadt n'est qu'un exécutant politique d'un chef politique. A Yitz et à Sigmund, je dis : « Tout ce que vous me racontez ne fait que justifier mes réticences. A mon avis, on ne doit jamais se servir de l'Holocauste à des fins politiques. » Ils me supplient d'accepter. Sigmund essaie de me prendre par les sentiments, Yitz par la raison. Je reste récalcitrant : mon temps est limité, j'en ai besoin pour mes livres et mes élèves. « N'empêche que c'est une occasion unique d'œuvrer pour la mémoire à un tel niveau, dit Yitz. Ce serait dommage de la laisser passer ou de laisser un opportuniste en profiter. » Sigmund : « Si tu refuses, c'est un quelconque politicien qui va être nommé. Qui sait ce qu'il fera de nos souvenirs... » Pour en finir, je propose d'attendre mon entretien avec le président Jimmy Carter. Je déciderai ensuite. L'avis de Marion : « Le sujet te tient à cœur, le projet me paraît important, mais cela prendra beaucoup de ton temps. »

Je suis mécontent et traîne en moi le sentiment d'avoir mal réagi, mal répondu à mes amis. J'ai eu tort de laisser une porte entrouverte. J'aurais dû opposer immédiatement une fin de non-recevoir. Maladroit comme je suis, que vais-je dire au président des États-Unis ? Je vais bafouiller, me rendre ridicule. Un étudiant de la *yeshiva* de Sighet, un hassid de Wizhnitz dans le bureau ovale présidentiel ? On n'a pas idée...

Retour à New York. Beaucoup de réunions avec Yitz, beaucoup de discussions avec Sigmund. D'autres collègues et connaissances appellent pour me convaincre. Certains sont grandiloquents, d'autres sentimentaux. Marion m'approuve : attendons la conversation avec le président.

A l'heure prévue, je me présente à la porte extérieure de la Maison-Blanche : j'ai toujours peur des policiers, mais ici ils sont courtois, serviables, souriants, on dirait des diplomates en uniforme. Oui, mon nom figure sur la liste. Bien sûr, je suis attendu. Ed Sanders, le conseiller aux affaires juives du président, vient à ma rencontre et m'informe que je serai reçu dans quelques instants. « Cela vous dérange que je sois présent ? » Non, cela ne me dérange nullement. Au contraire, je suis content. Si je dis des bêtises, il pourra intervenir. « Vers la fin, dit-il, je vous laisserai en tête à tête. Au cas où vous auriez des choses confidentielles à vous dire. » J'apprécie. Mais...

Je ne suis pas blasé, j'espère ne jamais l'être. Mais j'avoue : j'ai un de ces tracs ; je ne vois plus clair, impossible d'arrêter mon esprit vagabond. Que vais-je dire, moi, écrivain juif de Sighet, traînant sa timidité comme une maladie honteuse, ancien déporté et apatride, ancien réfugié, que vais-je pouvoir dire à l'homme dont dépend le destin du monde occidental, sinon du monde entier ? Le sourire du président rassure le visiteur, aussitôt mis en confiance. L'homme le plus puissant de la Terre n'est donc qu'un homme comme les autres. On dirait même : un peu plus humble que le reste des mortels. Nous nous installons l'un en face de l'autre. Ed Sanders prend un siège à l'écart. Plus timide qu'intimidant, le président me dit avoir lu quelques-uns de mes écrits dont il cite de brefs passages par cœur. Le sceptique en moi me conseille un peu de lucidité : un assistant a dû lui préparer quelques citations adéquates. Je baisse la tête et dis : « Merci, merci Monsieur le Président », celui-ci ajoute une autre phrase tirée d'un autre ouvrage à moi. Puis, avec un sourire, son célèbre sourire, il ajoute : « J'ai quelque chose pour vous. » Un cadeau ? Un de ces stylos-feutres que les présidents distribuent avec largesse après avoir signé des lois ? Je l'ai sous-estimé. Ce qu'il va me donner a valeur de document historique : « J'ai demandé à Stan Turner (le directeur de la CIA) de fouiller dans nos archives, de me montrer ce qu'elles contiennent sur les lieux où vous étiez enfermé… » Là-dessus, il me tend un dossier bourré de photographies que nous feuilletons ensemble (et dont j'offrirai des copies au musée de Yad Vashem à Jérusalem) : prises par hasard par un bombardier américain survolant notre camp en 1944, elles montrent Auschwitz en plein jour. Plus tard, j'apprendrai que le navigateur avait oublié d'arrêter la caméra qui filmait le largage des bombes. « Je me souviens de ce jour-là », dis-je au président. « Racontez. » Je lui raconte. Des avions américains avaient bombardé des usines aux alentours du camp. Les Allemands se réfugièrent dans leurs abris. Quant à nous, nous priâmes le ciel de réserver quelques bombes pour nos barbelés, nos miradors. Et pour nos baraques. Puisque nous allions mourir, que ce soit pour quelque chose. Penché sur les images, le président suit mon doigt qui se déplace d'Auschwitz à Birkenau, de bloc en bloc – voici la rampe, les cheminées ! – et écoute mon commentaire avec une intensité qui me touche. Je lui dis : « Ces photos étaient à la disposition du président en exercice en 1944, n'est-ce pas ? » Oui, elles l'étaient. « Donc, le président Roosevelt ne pouvait pas ignorer ce qui se passait à Auschwitz, n'est-ce pas ? » En effet, il ne le pouvait pas. « Et pourtant, il n'a rien fait. Quelle en fut la raison ? Pourquoi a-t-il refusé de donner l'ordre de bombarder les rails de chemin de fer menant à Birkenau ? » Le président, dominé par un chagrin que je ne lui connais pas encore, est perdu dans ses réflexions et ne répond pas. Quand il relève la tête, il ne sourit plus. « Qu'est-ce qu'il nous reste à faire ? » Je demeure silencieux ; s'attend-il à une réponse ? Il la connaît : « Il faut combattre l'oubli. » Il s'interrompt avant d'enchaîner : « N'est-ce pas le sens de toute votre œuvre ? » Ce qui nous ramène au sujet… Vais-je accepter la nomination ? Je dis oui, mais... Mais quoi ? « Je suis contre l'idée d'un monument. » Pourquoi ? Parce que la tradition juive dont je me réclame s'oppose aux monuments. (Et puis, lorsque mon peuple quittait un pays, il laissait ses édifices derrière lui.) Qu'est-ce que je propose à la place ? Un projet pédagogique. Une journée nationale de commémoration, de préférence au Congrès (sous la forme d'une séance solennelle commune du Sénat et de la Chambre) ou à la Maison-Blanche, avec sa participation à lui... Le président donne son consentement. Est-ce à dire qu'il viendra lui-même à la première cérémonie ? Oui, il viendra. Et cette requête : l'autorisation d'emmener une commission d'enquête en Europe de l'Est. Pour revoir les lieux. Treblinka, Auschwitz et Babi Yar. Pourquoi pas, répond le président, c'est normal. Je lance un coup d'œil du côté de Sanders : il est en larmes. Avant de quitter le président, je lui dis : « Si ce projet réussit, l'histoire juive ne vous oubliera jamais. »

La volonté du président d'orienter sa politique au service de la mémoire m'a touché. C'est que je suis conscient de la menace réelle et permanente que représente l'oubli. De Moïse, le Talmud dit qu'il oubliait la nuit ce qu'il apprenait le jour. Ailleurs, nos Sages insistent sur le fait qu'il arrivait à la Torah d'être oubliée. Le Nom ineffable de Dieu Lui-même, nous ne Le connaissons plus. Comment pouvons-nous alors espérer que nos expériences à nous seraient sauvegardées ?

Arrivé comme simple citoyen, je quitte le bureau ovale avec un titre. Désormais, par la grâce et l'autorité du président, je peux m'exprimer en son nom, étant responsable de ce que, dans mon esprit, j'ai déjà nommé la « Commission présidentielle de l'Holocauste ». Yitz en sera le directeur. Il a choisi comme assistant Michael Berenbaum, jeune rabbin de l'université Wesleyan dont la thèse de doctorat porte sur mes écrits. Marian Craig, jeune femme aussi gracieuse qu'efficace, ancienne employée à la Maison-Blanche, sera l'âme et l'organisatrice professionnelle de l'équipe. J'appelle Marion : « Tu aimes Washington ? J'espère que oui... Nous y viendrons souvent. » Sigmund et Yitz sont au septième ciel.

Du coup, je suis assailli de demandes. Félicitations, suggestions, insinuations, nombreux sont ceux qui semblent n'avoir qu'une envie, qu'un but dans la vie : devenir membres de la commission.

Sénateurs et députés, financiers et intellectuels appellent pour intercéder en faveur de leurs donateurs et protégés… Celui-ci a connu Mauthausen, celui-là fait des discours sur Majdanek… Le pauvre Z est tellement pauvre, l'illustre B aimerait tant s'illustrer davantage… Des influences jouent, les pressions ne manquent pas : je ne me rendais pas compte que ce projet ferait tant de jaloux. Malheureusement, je ne sais pas dire non. Mais, heureusement, la Maison-Blanche le dit très bien. Son critère n'est pas toujours le mien ; il est politique. Le mien non. J'aimerais réunir autant de survivants que possible. Sigmund, devenu mon bras droit, m'aide de ses conseils. Yitz aussi. Cela se sait vite. Les voilà, à leur tour, cibles des interventions. Nous tenons bon. Il nous faut des gens de qualité. Mark Talisman, ancien collaborateur du membre du Congrès Vanik, et son ami Hyman Bookbinder, de l'American Jewish Commitee, sont les deux Juifs qui connaissent le mieux tous ceux qui comptent dans la capitale. Ils nous aident dans notre travail de recrutement. Des hommes de conscience : Bayard Rustin (l'organisateur de la marche de Martin Luther King sur Washington) et le président de l'université Notre-Dame, Theodore Hesburg. Et, bien sûr, l'ancien juge à la Cour suprême et ambassadeur aux Nations unies Arthur Goldberg. Des historiens. Des théologiens, des philosophes et des enseignants qui ont consacré des années à étudier, explorer et interpréter ce sujet. Naturellement, Yossele Rosensaft me manque. J'intègre sa veuve dans mon équipe. D'autres survivants sont récusés par les experts de la Maison-Blanche : je proteste en vain. Menacer de démissionner ? Cette arme, on ne s'en sert qu'avec une extrême prudence. Pour consoler les recalés, nous les nommons membres d'un Board of Advisers (sorte de comité de conseillers). Heureux, tous ? Pas ceux qui se sentent exclus des deux organismes. Et leur nombre ne cessera de croître. Aux amis, ou à ceux qui se prétendent tels, je dis : l'existence de cette commission est de courte durée ; patientez, attendez la suivante.

Bon, maintenant au travail. Arthur Goldberg, je l'ai dit, me fait bénéficier de son expérience ; ayant présidé maintes commissions, il sait comment en sortir indemne : quand être tolérant et quand se montrer inflexible, qui encourager et qui rappeler à l'ordre avec tact et fermeté. Je crois que je suis bon élève. Comment ne le serais-je pas ? Arthur est l'un des hommes les plus droits, les plus respectés du pays. Cyniques et sceptiques reconnaissent ses qualités. Le fait qu'il soit membre de ma commission nous entoure d'une zone protectrice.

Je l'avais rencontré chez Yitzhak Rabin, qui venait de prendre la tête de l'ambassade d'Israël à Washington. Il me raconta ses années de guerre. En tant qu'officier de l'OSS, il eut un entretien avec Arthur Zygelbaum, le leader socialiste juif, membre du Parlement polonais en exil à Londres. Zygelbaum, en pleurant, plaida la cause des Juifs en Pologne occupée ; il était convaincu que si l'Amérique était au courant, elle saurait forcer les Allemands à arrêter les massacres. Goldberg, homme de vérité, se crut obligé de dissiper ses dernières illusions. Zygelbaum se suicida peu après. Est-ce la raison pour laquelle Goldberg devint, après la guerre, un défenseur acharné de la mémoire juive et des droits de l'homme ?

L'excitation est générale : chacun sent que prend forme un projet qui, avec un peu de chance, sera inscrit dans la mémoire collective de notre peuple. Et de celle des États-Unis.

La séance inaugurale commence par une cérémonie solennelle d'investiture. Discours et flashes des photographes. Après la traditionnelle minute de silence, j'invite chaque membre de la commission à se présenter. Tous expriment leur reconnaissance à la nation américaine et à ses chefs d'avoir pris cette initiative. Le sénateur Scoop Jackson est brièvement venu manifester son adhésion et remercier le président Carter de m'avoir nommé à la tête de cette commission. Des parlementaires des deux partis ne cachent pas leur enthousiasme. Sigmund évoque Bendin et le rabbin Gotschalk Berlin. Tous donnent l'impression de conférer à leurs paroles une dimension particulière. Ce qu'ils disent, ils le puisent dans une zone secrète de leur être. Certains sont pathétiques ou sentimentaux, d'autres choisissent la sobriété. Solennels, tous. Graves. Et tous d'écouter dans un silence quasi religieux.

Après la séance du matin, je demande à Yitz de réunir neuf hommes dans une chambre privée : c'est peut-être symbolique, mais l'anniversaire de la mort de mon père tombe ce jour-là, le 18e jour du mois de Sh'vat. Je dois réciter le kaddish. Ce Minyan improvisé attire plus que le quorum indispensable. Des non-Juifs y assistent aussi. Obéissant à la coutume, j'officie. Je répète l'Amidah avec ses dix-huit bénédictions. Soudain, ma voix se casse. Du plus profond de mon être, un sanglot monte et m'étrangle. C'est que je vois le visage de mon père, non : une série de visages. Celui qu'il avait le Shabbat, à la maison, puis à la gare de Sighet. Celui du camp, des premiers jours du camp. Celui de la fin. Je le regarde et il me regarde, comme pour me demander ce que je fais là, à la Maison-Blanche… Cela m'arrive rarement : je ne peux pas continuer, je dois m'interrompre. J'essaie d'avaler mes larmes tout en implorant mon père de ne pas s'en aller, de ne pas m'abandonner au milieu de tous ces étrangers. Ai-je crié le kaddish ? L'ai-je murmuré ? Il reste en moi pendant la reprise de la séance, l'après-midi.

Nous constituons des commissions spécialisées : éducation, finances, relations internationales. Et une commission dite de conscience que l'on aurait aussi bien pu appeler « commission des droits de l'homme ». A Sigmund, je confie la tâche de programmer les cérémonies annuelles de la « semaine du souvenir ». Ambiance inspirée. Une nouvelle fraternité se forge sous nos yeux. Une angoisse commune nous étreint. Je réfléchis à voix haute : puisqu'il est interdit de se taire et impossible de parler, où, comment et par qui la mémoire s'ouvrira-t-elle ? Comment fait-on pour commémorer une communauté mille fois massacrée ? Quelle prière doit-on réciter, quels gestes esquisser ? Combien de bougies doit-on allumer, pendant combien de temps ? Pour paraphraser le Rabbi Pinhas de Koretz, ces questions resteront questions, mais il nous faut continuer. Ne sommes-nous pas une génération privilégiée ? Nous avons vu des enfants condamnés à ne jamais vieillir, des vieillards à ne jamais mourir : ils disparaissaient, c'était tout. Nous avons décelé une solitude engendrée par une culpabilité à l'échelle de l'humanité. Un désespoir qui a trouvé son visage, mais pas son nom. Une mémoire blessée et maudite qui refuse de maudire, de haïr, qui cherche à comprendre et même à se faire comprendre. Mais comment s'y prend-on ? Quelles traces de quel enseignement pouvons-nous suivre ?

Le problème qui, dès le début, domine les réunions : la spécificité ou l'universalité de l'Holocauste. Le devoir du souvenir s'applique-t-il seulement aux victimes juives ? Mais les Gitans, les Romis ? Et les Polonais ? Et les Ukrainiens ? Et les homosexuels ? Après tout, d'autres nations, d'autres groupes ethniques ou sociaux ont subi les affres du régime nazi. Mais si nous élargissons le champ de la mémoire, ne risquons-nous pas de la diluer ? Par exemple : la tragédie des Arméniens qui avait fait dire à Hitler, à propos des Juifs : « Qui se souvient encore du massacre des Arméniens ? » Si les Arméniens sont inclus, de quel droit les

Cambodgiens seraient-ils exclus ? Universalistes et particularistes s'opposent, s'affrontent. Discussions passionnées, séances houleuses. Arthur Goldberg, juriste invétéré, maintient que puisque notre mandat présidentiel comporte un nom spécifique, l'Holocauste, il ne se réfère qu'au sort tragique des Juifs. Des membres de la commission, Américains d'origine polonaise, ukrainienne et lituanienne, ne sont pas d'accord. Ma position ? L'Holocauste est une tragédie juive aux implications universelles ; son universalité réside dans son unicité. Toute tentative de la diluer ou de l'extrapoler ne peut qu'en fausser le sens. Juif, j'évoque la tragédie juive. C'est mon devoir. En faisant cela, j'incite les autres à se rappeler le drame des leurs. C'est que la mémoire, pour moi, est un instrument non de réduction mais d'ouverture, d'inclusion ; elle ne s'enrichit qu'en s'approfondissant. En d'autres termes, plus la mémoire d'un Juif est juive, plus elle se transcende pour atteindre l'universel.

Certes, on assiste parfois à des approches et des tentatives simplificatrices. On entend dire : « C'est le pouvoir dictatorial ou la cruauté systématique poussés à l'extrême. » Ou bien : « L'Holocauste, c'est le côté inhumain de l'homme envers son semblable. » En anglais, cela sonne mieux : *« Man's inhumanity to man. »* Mais je n'aime pas cela. Auschwitz ne se résume pas en formules abstraites. Auschwitz, c'est le massacre, l'assassinat, l'anéantissement de millions d'êtres humains par d'autres êtres humains. Et pour nous, Juifs, c'est la destruction du tiers de notre peuple.

A titre non officiel, je m'appuie sur Saul Lieberman, Yossi Ciechanover, Bernie Fischman.

Et, bien sûr, Marion. Je ne fais rien, je ne décide rien sans elle ni sans lui demander son avis.

J'ai déjà évoqué Lieberman et Yossi. Bernie est l'humaniste des juristes : je ne connais personne qui soit aussi concerné par les droits de l'homme et par son destin. Dès qu'une violation est commise, dès qu'un antisémite relève la tête quelque part, dès qu'une injustice frappe un être humain, c'est lui qui, en coulisse, tire la sonnette d'alarme. C'est l'homme, le Juif le mieux informé du monde. Le plus passionné aussi. C'est à lui que je dois nombre de mes engagements. C'est lui qui, avec son confrère Arnie Foster, me fournit les renseignements grâce auxquels j'ai pu me mêler à plus d'un combat en faveur de prisonniers et de victimes.

Trois mois après la cérémonie d'investiture, la commission organise la première cérémonie du souvenir. Elle a lieu dans la grande salle du Congrès, la Rotonde. C'est là que la nation honore la mémoire de ses héros. C'est là que, en 1963, ses chefs vinrent rendre un ultime hommage au jeune président John F. Kennedy, assassiné à Dallas.

Naturellement, tout Washington est présent. Le président Carter tient sa promesse. Il participe. Précédent important : désormais, grâce aux efforts de Sigmund, des cérémonies semblables auront lieu, à des niveaux différents, dans les cinquante États de l'Union.

Tout au début de la cérémonie, Carter aperçoit un petit garçon assis en face de nous, près de sa jolie maman. « Qui est-ce ? » me demande-t-il. « Mon fils, Elisha. » Son âge ? 7 ans. Le président lui fait signe de changer de place. Interloqué, Elisha quitte Marion et vient nous rejoindre. C'est assis sur les genoux du président qu'il assistera au programme. Photo qui fera les premières pages des journaux. On sollicite sa réaction. Il se contentera de répondre : « Ce n'était pas confortable. Trop dur. »

Le discours présidentiel, historiquement chargé de sens et bouleversant, contient une expression troublante, gênante même, lorsqu'il se réfère à « onze millions de victimes ». Dans la voiture qui nous ramène à la Maison-Blanche, je lui demande d'où il tient ce chiffre. Une enquête rapide en dévoilera la source : les écrits et discours du chasseur de nazis Simon Wiesenthal. C'est lui qui insiste sur le devoir de mêler toutes les victimes : six millions de Juifs et cinq millions de non-Juifs. Au président, je dis que le chiffre ne correspond pas à la vérité. Le président s'étonne : « Selon vous, il n'y avait donc pas de non-Juifs dans les camps ? » Je lui explique : il y en avait ; et certains étaient des héros de la Résistance et des humanistes courageux, mais ils n'étaient pas cinq millions ; ils représentaient une minorité. Parmi les autres, on trouvait des antisémites farouches et des criminels sadiques que les Allemands avaient extraits de leurs prisons pour diriger les camps. « Serait-il juste, Monsieur le Président, que j'honore leur mémoire avec celle de mes parents ? » Le président ne citera plus ce chiffre. Quant à Wiesenthal, offensé dans sa dignité d'autorité ultime en la matière, il m'en veut encore aujourd'hui (voir p. 178).

Dans mon allocution, je rappelle que

> en ce temps d'angoisse et de destruction, un seul peuple, le peuple juif, était totalement, inexplicablement abandonné ; un seul peuple avait été simplement, cyniquement livré au bourreau. Je réitère une question qui nous hante encore : Que fait-on lorsqu'on est appelé à porter en soi des souvenirs enflammés, des fragments de désespoir ? Comment fait-on pour vivre dans un monde qui a assisté au meurtre d'un million d'enfants sans être à son tour anéanti ?...

Et aussi :

> Treblinka et Ponar, Auschwitz et Babi Yar, Majdanek et Belzec : que s'est-il donc passé ? L'humanité aurait-elle perdu la raison ? Dieu aurait-Il voilé sa face ? Le Créateur se serait-Il détourné de sa Création ? Le Dieu d'Israël se serait-Il éloigné du peuple d'Israël ? En pénétrant à l'intérieur des camps, chacun s'interrogeait : qu'est-ce que tout cela signifie ? Quel en est le dessein secret ?

Et puis :

> J'admets volontiers que j'appartiens à une génération traumatisée. C'est pourquoi je parle de mon peuple, le peuple juif. Mais quand le Juif que je suis évoque le destin tragique des victimes, je me propose d'honorer la mémoire de toutes les victimes. Quand un groupe est persécuté, l'humanité est atteinte. Mais, au nom de la vérité, il nous incombe de nous rappeler que seule l'extermination du peuple juif était une fin en soi. Les victimes juives, dépouillées de leur identité et de leur mort, avaient été déshéritées par le monde entier. Les Juifs ont été condamnés non pour ce qu'ils avaient fait ou dit mais pour avoir été ce qu'ils étaient : des fils et filles d'un peuple dont la souffrance est la plus ancienne de l'Histoire.

Ces cérémonies, établies par un acte du Congrès, deviendront annuelles. J'en revendique la paternité. Leur déroulement, exemplaire, est assuré par Sigmund qui y investit son temps, son talent et sa passion. Nous sommes nombreux à lui en être reconnaissants. Personnellement, je demeure également reconnaissant à Jimmy Carter. Quand, lors de notre première rencontre, je lui avais proposé l'idée d'une séance commémorative annuelle, il l'avait acceptée sur-le-champ. De tous les projets liés à mon travail à Washington, c'est celui-là qui me donne un véritable sentiment d'accomplissement.

Pourtant, chaque année, nous nous heurtons aux mêmes problèmes : comment dire non à tous ceux qui veulent allumer l'une des six bougies, et à ceux qui souhaitent prendre la parole, ou du moins participer au programme d'une manière ou d'une autre ? Sigmund, fidèle dans l'amitié, lui aussi, intercède en faveur de ses proches ; certains le trahiront le moment venu, mais allons, cela fait partie du jeu ; il ne pouvait pas le prévoir, et moi non plus.

En général, le travail de la commission n'est pas pour me déplaire, en dépit de quelques maladresses puériles. L'ambiance est bonne, féconde. Fonctionnaires et bénévoles font preuve d'enthousiasme, conscients d'être les gardiens d'une mission sacrée.

Les maladresses ? Elles sont dues à la petitesse de la nature humaine. Ce sont toujours les mêmes histoires d'envie, de jalousie. Pourquoi X préside-t-il telle commission, alors que Y, le malheureux, n'en est qu'un membre ordinaire ? Pourquoi untel participe-t-il à telle rencontre, alors que tel autre n'en a même pas été informé ? Réduire les tensions prend beaucoup de mon temps. Mais cela aussi fait partie des jeux du pouvoir. Il faut faire avec, comme on dit.

L'administration elle-même n'est pas sans nous procurer des soucis. Sans doute pour nous surveiller, elle confie à un dénommé Simon Bolten (ancien de la CIA ?) la tâche de servir de lien entre la commission et la Maison-Blanche. De notre côté, son homologue est Berenbaum. Or, je l'apprendrai plus tard, Bolten pense que sa mission essentielle consiste à empêcher la judaïsation du projet. Résultat : obstacles, malentendus, délais à n'en plus finir. Certes, son influence dans la hiérarchie de la Maison-Blanche reste mineure, mais à Sighet on disait que même un chat peut perturber un mariage. Eizenstadt, le conseiller du président, est-il au courant de tout cela ?

Cependant, nous préparons activement le voyage officiel en Europe de l'Est pour lequel le président m'avait donné son accord. Aucun problème avec la Pologne d'avant Jaruzelski. Tous les visas nous sont accordés, toutes les demandes acceptées. Ce qui n'est pas le cas avec l'URSS. Là, on nous informe que les décisions appartiennent à Moscou. Pour éliminer les difficultés probables, Arthur Goldberg m'accompagne à l'ambassade soviétique. Il

24 avril 1979, lors de la première cérémonie du souvenir, au Congrès américain. Elie et Elisha avec le président Jimmy Carter.

Ci-dessus à gauche : 19 avril 1985. Remise de la médaille d'or du Congrès. Ci-dessus à droite : 28 mars 1984, New York. Elie Wiesel reçoit le président François Mitterrand chez lui à New York.

Elie Wiesel avec le président Mikhaïl Gorbatchev.

17 janvier 1988, à Auschwitz, entre Marion et Lech Walesa.

10 décembre 1986, Oslo, remise du prix Nobel de la paix.

21 janvier 1988, Paris, conférence des prix Nobel.

10 décembre 1988, Paris, quarantième anniversaire de la Déclaration universelle des droits de l'homme. Le cardinal Jean-Marie Lustiger et Elie Wiesel.

Elie Wiesel avec Bill Clinton, dans le bureau ovale, parlant de la Bosnie.

A Sarajevo en novembre 1992.

Yitzhak Rabin et Elie Wiesel.

Elie Wiesel avec Sigmund Strochlitz.

Elie Wiesel avec Yossi Ciechanover et le professeur Saul Lieberman.

Université de Boston, 1982. Elie Wiesel dans sa classe.

Marion et Elie Wiesel avec la célèbre chanteuse juive russe Nehama Lifschitz, après son arrivée à l'Ouest en 1970 .

Elie Wiesel avec son fils Elisha et son neveu Steve, Paris, 1995.

Hilda et son fils Sidney.

connaît bien l'ambassadeur Anatole Dobrinine. Conversation cordiale, amicale. L'intervention russe en Afghanistan n'a pas encore commencé. N'empêche, la méfiance n'a pas disparu, pas entièrement : à quoi servirait une commission d'enquête en URSS, si c'est bien de cela qu'il s'agit ? demande l'ambassadeur. Il comprend que nous souhaitions enquêter en Pologne, mais qu'allons-nous chercher à Moscou ? Je mentionne Babi Yar. Bon, à la rigueur, il peut comprendre Babi Yar, mais Babi Yar est en Ukraine… Comment lui dire ce que sans doute il devine ? Que mon désir de retourner à Moscou n'est que vaguement lié à la mission déclarée de notre commission ? Depuis 1966, je rêve de retrouver « mes » Juifs du silence et du courage mais, sous le prétexte que tous les hôtels étaient complets, les consulats m'ont systématiquement refusé un visa. Maintenant, en tant que chef d'une délégation présidentielle, je l'obtiendrai. Dobrinine me le confirme.

Mais, malgré les avantages que m'offre mon statut officiel, je n'obtiens pas tout ce que je réclame. Début août 1979, presque à la veille du départ, les Soviétiques s'entêtent à refuser leur visa à deux camarades : Yitz Greenberg et Miles Lerman. La nouvelle me parvient en France où, avec Elisha et Marion, je passe quelques semaines pour achever mon *Testament d'un poète juif assassiné*. Consultations téléphoniques transatlantiques sans nombre. Mon avis : la solidarité avant tout ; il faut informer les autorités soviétiques que nous annulons le voyage. Seul Sigmund Strochlitz me soutient. Bookie (Bookbinder) recommande la modération. L'assistant de Yitz, Berenbaum, pousse pour aller de l'avant. Selon lui, notre mission doit se dérouler comme prévu. Autrement dit : tant pis pour les camarades indésirables. Décidément, nous ne sommes pas sur la même longueur d'ondes.

Un autre incident vient perturber nos préparatifs : l'Union des écrivains soviétiques se propose d'offrir un dîner en notre honneur. J'accepte l'invitation : c'est la première fois que j'aurai l'occasion de dialoguer avec des écrivains qui pourraient avoir connu mes héros, Der Nister et Peretz Markish. Mais auparavant, je souhaite voir la liste des invités soviétiques. Mécontents, les dirigeants de l'Union répondent que les invités, c'est leur affaire. Je ne me rappelle plus pourquoi, mais je m'entête : dans ce cas, pas de dîner. La liste arrive le lendemain. Le poète yiddish Aaron Vergelis s'y trouve. Je m'y oppose : c'est un stalinien non repenti ; des écrivains juifs russes immigrés en Israël et aux États-Unis ont formulé contre lui des accusations graves. Au milieu des années soixante, je l'ai moi-même entendu déclarer à des journalistes new-yorkais que les Juifs russes vivaient très bien, qu'ils jouissaient de toutes les libertés, et que toute la campagne en leur faveur était basée sur des mensonges. Dans son mensuel, il alla jusqu'à m'accuser d'être un agent de la CIA ; sinon je n'aurais pas tant combattu l'Union soviétique et le communisme. Bref, je ne tiens pas à le juger, mais je n'ai pas envie de lui serrer la main. Réaction furieuse de l'Union des écrivains : c'est elle qui décide lesquels de ses membres assisteront au dîner qu'elle nous offre. Je réponds : dans ce cas, nous aussi décidons avec qui nous dînons. Une nouvelle liste nous parvient : le nom de Vergelis a disparu. Querelle de Juifs ? Possible. Je n'en tire aucune vanité.

Enfin, tout semble être prêt.

La délégation comprend plusieurs membres de la commission, du Comité de conseillers et de diverses communautés juives, parmi eux : Judy et Irving Bernstein de l'Appel juif unifié et les collectionneurs d'art Irma et Norman Braman de Miami.

D'origine polonaise, Benjamin Meed insiste pour que je l'envoie à Varsovie avant nous. En éclaireur. Il m'implore de lui confier une mission à sa mesure : veiller à ce que le programme soit préparé par nous et non par nos hôtes. « Les Polonais, je les connais, dit-il. Mieux vaut faire attention. » Les instructions qu'il reçoit sont simples et précises : de l'aéroport, nous irons d'abord nous recueillir au monument du ghetto. Ensuite, nous irons où l'on voudra nous emmener. Accompagné du comité d'accueil du ministère des Anciens Combattants, Meed nous attend à l'aéroport. Il a la mine défaite. Je ne le savais pas si faible ni si soumis. Abattu, il me dit que les Polonais ont décidé de nous conduire directement à leur monument à eux, celui de la capitale. Son air de soumission est pathétique. Pour lui, nos hôtes n'ont rien à envier aux représentants des autorités qu'il a connus autrefois. « J'ai essayé de leur expliquer, me dit-il le visage cramoisi tant il est embarrassé, j'ai vraiment essayé. Je leur ai dit que… » Dans un salon d'honneur, autour d'une table, nous cherchons avec les officiels une solution à cette première crise. N'étant pas diplomate, j'adopte une attitude de fermeté qui me surprend moi-même. Qu'est donc devenu l'étudiant talmudiste de Sighet ? A nos hôtes, je dis carrément « au nom du président des États-Unis », que nous sommes ici pour des raisons non de politique étrangère, mais de conscience morale liée à la mémoire de l'Holocauste. Donc ? Ou bien ils nous conduisent tout d'abord, et tout de suite, à l'emplacement du ghetto, ou bien nous rebroussons chemin. Eh oui, nous reprenons le prochain avion pour… n'importe où. Nos interlocuteurs ne cachent pas leur stupeur. Peut-être ne se rendaient-ils pas compte de ce que marcher sur la terre battue du ghetto signifie pour nous, survivants juifs. Ils ne comprennent pas pourquoi nous insistons tant sur la judéité des victimes juives : après tout, nous disent-ils sur tous les tons, la Pologne a perdu six millions de ses citoyens, dont trois millions seulement étaient juifs. A leur question : « N'étions-nous pas nous aussi victimes des Allemands ? », je réponds : « Oui, vous l'étiez. Mais nous étions également les victimes des victimes. »

C'est ma première visite à Varsovie, cette ville que j'ai appris à connaître et à aimer dans les livres. En fait, depuis Auschwitz, c'est ma première visite en Pologne. Est-ce ainsi que j'avais imaginé mon « retour » ? Nous allons de frustration en frustration dans une ambiance oppressante. Disparue, la Varsovie juive de Roman Vichniak avec ses étudiants affamés et leurs rêves épuisés, ses écrivains de Tlomacki 13 d'Aharon Zeitlin, le Nalevki pauvre d'Isaac Bashevis Singer ; envolés en fumée, Varsovie et ses ouvriers audacieux, ses gamins espiègles, ses rabbins, ses intellectuels. Engloutie, la cité juive la plus juive de la Diaspora. Qui dit que l'ennemi a perdu la guerre ? Ses victimes ne l'ont pas gagnée. Varsovie ne sera plus juive. Jamais.

Les officiels que nous rencontrons sont courtois, aimables même, mais je ne peux m'empêcher de me sentir en territoire inhospitalier. On n'est pas habitué à voir ici tant de Juifs. Redoute-t-on que, comme ailleurs en Europe centrale, ils soient venus récupérer leurs biens volés ? J'en ai entendu, des récits de ce genre : des rescapés se faisaient insulter et chasser de leurs anciennes demeures par les nouveaux occupants : « Quoi, on ne vous a donc pas tués ? »

Nul n'en parle ici, on n'y fait même pas allusion, mais il est difficile de dissiper le malaise qui pèse sur nous. La tension est constante. Nos discours nous éloignent les uns des autres. Le ministre de la Justice, M. Buffa, impressionnant de culture et d'humanisme, tient le langage de ses compatriotes. Là encore, je suis déçu. Je m'attendais à mieux d'un homme chargé de faire respecter le droit. Je lui parle des « négationnistes » qui, sur les cinq continents, nient le caractère historique de l'Holocauste : voilà les morts privés de leur mort. Existe-t-il une injustice plus offensante ? Nier la spécificité juive de l'Holocauste se situe dans le même contexte scandaleux. Songeons aux Juifs qui, pour la plupart, avaient tout sacrifié pour rester fidèles à leur identité, à leur tradition, à leur communauté : est-il juste de leur retirer cette fidélité à titre posthume ? Discussions épuisantes, à n'en pas finir. L'impression de devoir se battre pour chaque brin de vérité. A la fin, à bout, je m'écrie : « A qui d'autre pouvons-nous nous adresser pour réclamer justice, sinon au ministre de la Justice ? » Je ne sais pourquoi, mais il semble fléchir. Soudain, il devient conciliant, accepte la plupart de nos requêtes : l'ouverture des archives, l'échange de documents, la création d'une commission mixte chargée de traiter tous les problèmes en suspens et discuter de toutes les questions non résolues. Après l'avènement de Jaruzelski, j'apprendrai le limogeage de M. Buffa.

Nous partons pour Cracovie.

Auschwitz. Les tours de guet. Les barbelés.

Des guides nous attendent à l'entrée du camp. Trop bavards. Quelqu'un leur fait comprendre que nous n'avons pas besoin d'explications. C'est mon premier retour. Marion est à mes côtés, mais Elisha est resté dans la voiture : c'eût été trop pour son jeune âge.

Auschwitz, un musée ! Voilà ce qui reste : un musée. La plaque est offensante, mensongère : on dirait qu'il n'y a pas eu de Juifs en ce lieu, ou qu'ils y arrivèrent par hasard, en visiteurs égarés. Pour satisfaire la curiosité et ménager la susceptibilité des touristes étrangers, surtout américains, un bloc juif a été aménagé. Fermé « pour réparations » la plupart du temps. Une question de Schiller me revient à l'esprit : c'est l'Histoire qui juge une société, mais qui jugera l'Histoire ?

Elle sera jugée par ses victimes.

Je passe devant « mon » block. Les premiers jours, les premières nuits à Auschwitz ; l'apprentissage de la faim, de la mort. Le terrifiant bloc 11 : la prison à l'intérieur de la prison. D'ici l'on ne sortait que pour l'échafaud ou le mur des fusillés. La cellule sombre de Yossele Rosensaft, où est-elle ? Toutes se ressemblent. Noires. Étouffantes.

Nous poussons jusqu'à Birkenau. Ici aussi, c'est la première fois que je me revois en ce lieu de malédiction. Un poing d'acier cogne dans mes poumons. Il fait jour, mais c'est la nuit qui nous enveloppe. Voici la rampe, ligne de partage entre les vivants terrorisés et les morts futurs. Écoute Israël, écoute monde. Dieu, pourquoi ne nous as-Tu pas écoutés ? Nous le déclarons, nous le jurons : Dieu est notre Dieu.

Le silence. Le silence de Birkenau. A Birkenau, le silence n'est à nul autre pareil. Il renferme les cris d'épouvante, les prières étranglées de mille et mille communautés déracinées par l'ennemi, condamnées par lui à s'engloutir dans les ténèbres d'une cendre sans nom et sans fin. Silence humain au cœur de l'inhumain. Silence de mort au cœur de la mort. Il pénètre la conscience sans la traverser. Il y dépose un secret que nulle force ne saura percer. Silence éternel sous un ciel mourant.

Revenu à Birkenau, trou noir de l'Histoire, des siècles après l'avoir quitté, j'ai l'impression irréelle d'y retrouver l'adolescent que je fus. Sauf que maintenant tout paraît calme, presque paisible. Je ferme les yeux : des profondeurs du temps surgissent des images hallucinantes. La fumée épaisse, les monticules de cendres. Des hommes innombrables, sans expression, courent dans tous les sens. Dans le royaume envoûté qu'est Birkenau, nul ne marche lentement. La mort elle-même se précipite sur sa proie. Elle n'a pas le temps, la mort. Elle doit être partout à la fois.

La vie, la mort : tout s'enchaîne à une vitesse frénétique. L'avenir, ici, se limite à l'instant précédant la sélection et le départ. « Je me souviendrai de toi toute ma vie », dit un homme à son voisin. L'heure suivante, il n'est plus. Le présent, ici, il faut le poursuivre avec acharnement afin qu'il ne s'échappe pas dans le néant. On court se laver, on court s'habiller, on court à la distribution du pain, de la margarine, de la soupe ; on court à l'Appel, on court au travail, on court d'un block à l'autre, d'un homme à l'autre, à la recherche d'un regard familier, en quête d'une parole consolatrice.

L'aboiement des chiens, je m'en souviens avec une acuité douloureuse. Le hurlement des tueurs. Le bruit des matraques s'abattant sur les nuques. La douleur muette des détenus affamés, affaiblis, abattus ; leur humiliation dont le poids est celui de la malédiction. Je m'en souviendrai toujours.

Moshe-Chaïm Berkowitz, mon ami d'enfance, le fils du chantre de Sighet, homme généreux et profondément religieux, me montre quelque chose à notre gauche. A quoi pense-t-il ? Il est parti avec le premier transport. Il est arrivé ici une semaine avant moi. Peut-être me montre-t-il le grand rabbin, le Rabbi de Borshe, le Rabbi de Kretchenev, leurs familles et celles de nos camarades du Héder, tous disparus sans laisser de trace. Je vois ses lèvres qui remuent. Il récite un psaume. Moi aussi.

Que tout semble paisible à présent. Journée de janvier pétrifiée. Journée d'août ensoleillée. Le vent fait frémir les nuages gris-blanc au-dessus de nous, au loin. Ici, tout est loin. Jadis, c'était la troisième semaine de mai. Il faisait froid. Hilda et Béa se taisaient. En sautant du wagon, une petite fille aux cheveux d'or a mis son manteau. « Boutonne-toi », lui disait sa mère. La petite fille aux cheveux d'or, si belle, si calme, toujours obéissante, s'est boutonnée. Je l'accompagne du regard. Je ne l'ai jamais quittée des yeux. Je la vois encore, à travers mes larmes, je la vois, emportée par la foule qui s'éloigne, petite fille sage, si sage, au sourire bouleversant de pureté et de beauté, petite fille juive au sourire rêveur et au visage assombri, lumière clignotante sur un navire naufragé : il suffit de baisser les paupières pour que le temps vous empoigne et vous ramène en arrière. Là, rien n'a changé. Il existe un niveau d'existence où rien ne change jamais.

Birkenau : je ne me rendais pas compte que le camp était relativement petit ; est-ce vraiment le trou noir du temps, pareil à celui que des scientifiques situent dans l'espace ? Il a avalé tout un peuple avec ses princes et ses mendiants, ses vieillards et ses enfants, un peuple avec ses espoirs et ses souvenirs.

Entre Birkenau et Auschwitz, c'est Birkenau qui résonne plus fort dans la mémoire. Eh oui, Auschwitz est trop bien soigné, bien entretenu. Or la réalité d'Auschwitz dépassait tout ce qu'un musée pourrait offrir ou contenir. Avec les années, je commence à me méfier des musées comme sanctuaires du souvenir. Ce n'est pas le cas de Birkenau. Birkenau aujourd'hui ressemble au Birkenau de jadis. Il suffit de se pencher vers le sol pour y découvrir la cendre qui, autrefois, tombait du ciel, dispersant aux quatre vents les pauvres restes d'innombrables enfants juifs silencieux et sages, si sages.

Avec quelques compagnons et amis, nous marchons à travers le camp. Un guide, ici aussi, croit utile de nous fournir explications et commentaires. Nous ne l'écoutons que par politesse. Voici la rampe. Les rails qui relient ce lieu à tous les centres juifs du continent, les rails qui convergent sur l'immense autel de feu dont les flammes touchent, doivent toucher le trône céleste. La nuit de notre arrivée, en mai, nous étions incapables de comprendre la signification de cette rampe. Abasourdis, nous pensions avoir basculé dans un cauchemar. C'était donc ici, la rampe. Le carrefour. Le tournant. Joseph Mengele. Un mouvement de bâton indiquait la voie de la mort. A l'aube, il ne restait plus grand-chose de notre convoi.

Je crois avoir tout lu sur ce haut lieu du mal. Je crois tout savoir, tout deviner sur les heures ultimes des victimes. Je ne dirai rien. Imaginer serait indiscret. Raconter serait indécent. Tout en avançant vers l'endroit où les tueurs avaient bâti leurs chambres à gaz et leurs crématoires, il faut serrer les dents et réprimer le désir de hurler, de crier, de sangloter. A un certain moment, dans ce qui fut l'antichambre de la mort, nous, les anciens d'Auschwitz, éprouvons le besoin de nous donner le bras. Besoin de nous souder les uns aux autres. Pendant un temps interminable, nous restons muets. La pensée nous entraîne. Que nous montre-t-elle ? Qui voyons-nous ? Je ne vous le dirai pas… Soudain, doucement d'abord, puis criant fort, de plus en plus fort, je récite la prière des martyrs juifs ; mes camarades la reprennent ; le murmure devient un cri, le cri d'une communauté devenue folle, folle de douleur et de lucidité : « *Sh'ma Israël* – Écoute Israël, Dieu est notre Dieu, Dieu est un. » Une fois, cinq fois… Est-ce parce que des victimes, autrefois, en devinant la fin proche, s'étaient mises à réciter la même prière, et que nous tenions à manifester notre solidarité rétrospective avec ceux et celles que nous aimions, et que nous aimons encore ? Est-ce parce que, à la limite, au seuil de la mort, toutes les paroles deviennent prières, et toutes les prières se condensent en une seule ?

Dans les wagons découverts qui nous transportaient, en janvier 1945, d'Auschwitz à Buchenwald, broyés par une violente tempête de neige, nous nous étions mis ainsi à hurler, avec nos dernières forces, la même prière. Avec notre dernier souffle, nous tenions à faire connaître à un monde indigne notre foi en Celui qui est la source de toute foi : eh oui, malgré Auschwitz, Dieu est unique ; malgré les tueurs, Dieu est notre Dieu ; malgré Buchenwald, Israël écoute.

De nouveau, un silence lourd nous enveloppe. Il rappelle celui qui précéda la Révélation au Sinaï. Le Talmud en donne cette description poétique : le silence fut tel que les animaux cessèrent de mugir, les chiens d'aboyer, le vent de courir, la mer de s'agiter, les oiseaux de pépier… L'univers retint sa respiration dans l'attente de la parole divine…

Voilà ce que tout visiteur devrait faire en pénétrant dans Birkenau ou en songeant à ce qu'il représente : retenir son souffle et attendre, attendre pour mieux écouter les bribes de la voix la plus impérieuse de ce temps, celle de la mémoire qui brûle et brûle, et qui ne se consumera jamais.

Et à l'intérieur de cette voix, moi, j'entends celle d'une petite fille juive aux cheveux d'or qui, accrochée au bras de sa mère, la mienne, veut que – que veut-elle ? que peut vouloir une petite fille juive, aux cheveux d'or et de feu nocturne ? Je ne sais pas, je ne peux pas savoir, nul ne le peut.

… Seize ans plus tard, lors des cérémonies du cinquantième anniversaire de la libération d'Auschwitz et de Birkenau, je prononce des paroles qui froisseront quelques chrétiens :

> Dieu miséricordieux, n'ayez pas de miséricorde pour ceux qui ont inventé ce lieu.
> Dieu du pardon, ne pardonnez pas ici aux assassins des enfants juifs.
> Ne pardonnez pas aux assassins, ni à leurs complices.
> Rappelez-vous les processions d'enfants, la nuit, toujours plus d'enfants, apeurés…
> Si l'on pouvait en voir maintenant un seul, notre cœur se briserait.
> Cela n'a-t-il pas brisé le cœur des assassins ?
> Dieu, Dieu miséricordieux, n'ayez pas de miséricorde pour ceux qui n'en ont pas eu pour les enfants juifs.

J'ai parlé sans haine. Avec colère ? Avec douleur. A Birkenau, je retrouve le mal qui mine toutes les joies.

Arrivé à Cracovie le 6 février 1995, je suis accueilli à l'aéroport par l'ambassadeur américain Nicholas Ray et des officiels polonais. Traité en VIP. « Soyez le bienvenu », etc. Aucune formalité de police. Mais trois gardes du corps ne me quitteront plus. Politesse, sourires. Voitures munies de gyrophares et de sirènes ouvrent le passage sur des routes pourtant vides. Bref, beaucoup de bruit et de solennité. Après tout, je suis le représentant personnel du président Bill Clinton dont je suis censé codiriger la délégation avec le sous-secrétaire d'État, le brillant Richard Holbrooke, l'homme qui arrêtera les guerres en ex-Yougoslavie. Je sens naître ou renaître en moi une peur indicible. J'ai le cœur lourd. Lourd d'angoisse. De tristesse. Je me demande si j'ai bien fait de venir. Pourtant, j'ai déjà assisté à nombre de cérémonies du souvenir, à des pèlerinages avec discours et prières de circonstance. Cette fois, c'est différent. Le chiffre cinquante contient une signification et un symbolisme particuliers. C'est pourquoi tant de chefs d'État, de dignitaires et de survivants sont réunis ici, invités par le président de la République polonaise, Lech Walesa.

Je préfère ne pas être mêlé à des polémiques. Or cet événement en provoque une, dont la presse mondiale se fait l'écho durant plusieurs semaines. D'un côté, les autorités de Varsovie ; de l'autre, des organisations juives et tout particulièrement le Congrès juif mondial. Il s'agit du programme de ce cinquantenaire. Jusqu'au mois de novembre, le Comité international d'Auschwitz – présidé par un ancien déporté belge, le baron Maurice Goldstein – s'en était occupé. Ensuite, la chancellerie de la présidence a pris le relais. Malheureusement, elle ne paraît pas être à la hauteur de la tâche ; trop bureaucratique, elle accumule les maladresses : invitations lancées trop tard ou pas du tout, déclarations ambiguës, mesures malheureuses, offensantes pour la sensibilité juive.

Par exemple : le programme officiel – ou officieux – qui m'a été envoyé à New York incorpore la prière juive pour les morts d'une manière déroutante sinon insolente. Il y aura d'abord les sirènes, les couronnes, les discours. Puis, après le départ des grands dignitaires, ceux qui auront envie de réciter des prières pourront le faire à leur guise. Autrement dit : le kaddish et le « El malé rah'mim » ne seraient que de simples appendices. Interrogé par le *New York Times*, je déclare que si aucun changement n'intervient, je renoncerai à mon discours et que, à sa place, je réciterai moi-même le kaddish.

En vérité, devant l'attitude franchement scandaleuse des organisateurs, l'idée m'est venue de me tenir à l'écart. A quoi bon me rendre en Pologne si c'est pour participer à une opération médiatique qui ne pourrait que déshonorer la mémoire juive des victimes ?

Car c'était clair : le but des officiels polonais était de déjudaïser la tragédie d'Auschwitz. Cela n'est pas nouveau. Depuis 1945 et jusqu'aux années quatre-vingt-dix, sous le régime communiste, tout avait été fait pour occulter ou, du moins, diminuer l'aspect purement juif de cette tragédie. La propagande ne parlait que de victimes antifascistes et antinazies, de citoyens polonais et de prisonniers politiques. On en vint à oublier ou à faire oublier que, selon l'aveu même des historiens non juifs, 90 % des victimes assassinées dans cette usine de mort étaient juives. Et voilà que cela continue sous le règne du fondateur de Solidarnosc, Lech Walesa, celui-là même que j'avais emmené en 1988, accompagné de plusieurs collègues prix Nobel, à Birkenau et à Auschwitz. N'avait-il rien compris à ce que nous nous étions dit alors ?

En fait, le problème dépasse les personnes. Il se pose en termes psycho-historiques : pourquoi, concernant le passé juif, le peuple polonais, dans sa conscience collective, recherchait-il l'oubli ? Est-ce parce qu'il se sentait coupable ? Peut-être enviait-il le martyre des Juifs ? Ou bien cela l'arrangeait-il de priver de sa composante juive la souffrance générale que provoqua l'Occupation allemande ?

Cela peut paraître paradoxal, mais si j'ai finalement décidé d'accepter l'invitation du président Walesa, c'est précisément à cause des controverses entourant ce cinquantième anniversaire. Je me disais : ai-je le droit de me dérober ? En ma double qualité de prix Nobel et de représentant du président des États-Unis, et avec un peu de chance, qui sait, je réussirai peut-être à les apaiser.

Marion me manque ; j'ai besoin de ses conseils, de son appui. Mais elle n'a jamais aimé les cérémonies.

Deux amis m'accompagnent : Sigmund Strochlitz, lui-même ancien d'Auschwitz, et Pierre Huth. Ce dernier est connu pour ses relations aussi diverses que précieuses. Il m'a aidé à affréter au tarif minimal un avion pour nous emmener à Cracovie et, de là, à Zurich d'où une voiture me conduira ensuite à la conférence de Davos. Le père de Pierre était le *Schreiber* du tristement célèbre block 11 (le block des châtiments) à Auschwitz.

L'hôtel Forum de Cracovie est une vraie fourmilière. Ambiance des grandes manifestations internationales. Officiers de la sécurité polonaise, gardes du corps soupçonneux n'arrêtant pas de chuchoter dans leurs micros minuscules ; parlant toutes les langues européennes, délégués et journalistes s'interpellent ; tout le monde est affairé, pressé. Les délégations étrangères sont attendues à la vieille université Jagellon pour une séance solennelle où le président Walesa prendra la parole. Je n'y vais pas. Mon siège vide – entre ceux des présidents polonais Walesa et allemand Herzog – fera lever beaucoup de sourcils. On l'interprétera comme un signe de protestation de ma part contre la ligne officielle de déjudaïsation.

Je préfère me joindre aux représentants juifs qui organisent une cérémonie entièrement juive à Birkenau.

La veille, Marion m'a communiqué une invitation de Walesa à un déjeuner en tête à tête au palais Wawel. J'aurais accepté, bien entendu, ne serait-ce que pour essayer de résoudre le conflit. Mais je ne pourrai pas être de retour à temps de Birkenau. Après négociations, l'ambassadeur américain Nicholas Ray m'informe que la rencontre est prévue pour le soir même.

Me voilà tranquillisé : Walesa comprendra que, s'il s'obstine, l'image de son pays sera ternie. Après tout, qu'est-ce que je réclame ? Quelques minutes pour réciter quelques prières ? Est-ce trop demander ? Non, je ne me fais pas de souci. Cette commémoration unique se déroulera dans la dignité.

Je pars pour Birkenau.

Là, la cérémonie est émouvante. Le président du Parlement israélien, Sheva'h Weiss, d'origine polonaise, parle en hébreu et en polonais. Moi, je commence en yiddish et continue en anglais. Je m'attarde sur un thème qui, depuis 1945, ne cesse de me hanter : les enfants. Je les revois, la nuit de mon arrivée. Je revois une petite fille adorable. Yeux bleus et cheveux d'or. Je revois ma petite sœur que mon père faisait rire, ma petite sœur qui me fait pleurer chaque fois que je pense à elle et à son sourire.

L'après-midi, au palais Wawel. Réunion des prix Nobel (Walesa, Georges Charpak, moi-même), des représentants de plusieurs organisations internationales et des chefs des délégations étrangères. Le but : rédiger et adopter un « Appel d'Auschwitz » destiné à mobiliser les peuples et les nations pour empêcher un nouvel Auschwitz. Walesa préside la séance. Il donne lecture du projet de texte établi par ses collaborateurs. Je n'en crois pas mes oreilles : le mot juif n'y figure même pas. Déjà, le matin, à l'université Jagellon, il a frappé les participants juifs en omettant de son discours toute référence à la tragédie juive. Comment expliquer son insensibilité à leur égard ? Ne comprend-il pas que sa démarche ne peut qu'aggraver les choses ? Quel but poursuit-il ?

Dès qu'il a achevé sa lecture, conseillé par Holbrooke, je

demande la parole. Avec courtoisie, j'indique les lacunes du texte qui nous est proposé. Je m'arrête surtout sur le fait qu'il me paraît impensable d'adopter un pareil appel à l'humanité sur les leçons d'Auschwitz sans évoquer la judaïté de la grande majorité de ses victimes. Je ne nie pas, je n'ai jamais nié que d'autres peuples aient été « représentés » dans le royaume maudit que fut Auschwitz ; mais je dis que, sans le vouloir, les Juifs constituaient la majorité (en anglais : *the overwhelming majority*). Le président du Parlement israélien, Sheva'h Weiss me soutient. D'autres orateurs interviennent dans le même sens. Gagnée, la première bataille. J'en retire un goût amer. Pauvre victoire.

Au cours de la séance, un incident « diplomatique » se produit, qui passe pratiquement inaperçu. Assis à la même table, les représentants serbes et bosniaques évitent de se regarder. Normal. Mais lorsque le Serbe prend la parole, le Bosniaque quitte la salle. Entre les deux hommes, un abîme de sang et de mort.

Çà et là, quelques délégués commentent l'affaire en chuchotant. C'est tout. L'instant suivant, on parle d'autre chose.

« A ce soir donc », me dit Walesa en sortant. L'ambassadeur américain, qui ne quitte plus l'envoyé du président Clinton, précise : « Après le concert. »

Au programme du concert : Le *Requiem polonais* de Krzysztof Penderecki. Œuvre poignante, souvent bouleversante, magnifiquement dirigée par le compositeur, mais… Ne pouvait-on pas trouver un morceau plus « œcuménique » ? Ou du moins ajouter quelques chants des ghettos ? Là encore, est-ce un signe de plus que, pour les autorités polonaises, il s'agit de christianiser Auschwitz ?

Enfin, dans une petite pièce adjacente à la salle de théâtre, je me trouve face à face avec le président de la République polonaise.

A mon vif étonnement, c'est lui qui attaque :

« Nous nous connaissons depuis des années. Nous étions amis. Or, depuis que j'ai été élu à la présidence de la République, nous n'avons plus le contact. »

Je lui réponds que je n'aime pas déranger les personnalités importantes… Elles sont sans doute trop sollicitées, trop occupées… Avant, c'était différent…

Lui dire que je n'ai pas apprécié les insinuations antisémites de sa dernière campagne électorale ? Ce n'est pas le moment. Dans l'immédiat, il s'agit de résoudre la crise ou le dérapage qui mettent en péril l'esprit et le déroulement de la cérémonie du lendemain. Je le lui fais comprendre à demi-mot. Il réplique avec vivacité, tout en illustrant sa pensée d'un geste de la main :

« Puisqu'il y a crise, pourquoi n'avez-vous pas pris le téléphone pour m'en parler ? Entre amis, cela se discute. Entre amis, cela se règle vite. »

Lui répondre qu'il aurait pu m'appeler lui aussi ? Je préfère lui expliquer que j'ai appelé le bureau de son ministre chargé de la commémoration, je l'ai appelé cinq ou six fois, et chaque fois quelqu'un m'a répondu que je devais parler en polonais : il ne comprenait pas l'anglais, ni le français, ni l'allemand. Walesa encaisse et suggère enfin que nous abordions le sujet qui nous concerne.

Je lui expose brièvement les griefs des communautés et organisations juives. Je lui explique pourquoi nous nous sentons offensés. Je lui demande s'il se souvient de notre visite – sa toute première – à Birkenau et Auschwitz. Oui, il s'en souvient. Et, brusquement, un changement radical se produit dans son attitude ; on le sent à l'ambiance qui règne dans la pièce qui, d'un coup, me semble plus claire, plus gaie. La situation débloquée, tout va vite, très vite. Walesa veut connaître mes souhaits. Je réponds : « Le kaddish, les prières qui s'imposent... » C'est à peine s'il me permet de finir : il me donne son accord. Quoi encore ? Qu'il dise, lui, ce que nous, Juifs, ne cessons de répéter dans toutes les langues de la Terre : que l'Holocauste est d'abord une tragédie juive, unique dans son genre... Là encore, il est d'accord. Et il ajoute : « Après, nous redeviendrons amis, promis ? »

Le lendemain, il tient parole. A Auschwitz d'abord, à Birkenau ensuite, il mentionne la singularité du destin juif en ces lieux. Et, pour ouvrir la cérémonie générale, un rabbin récite le kaddish, chante le « El malé rah'mim », puis entonne les credos des martyrs : « *Adoshem hu haelokim* – Dieu est Dieu » – et « *Sh'ma Israël...* – Écoute Israël, Dieu est notre Dieu et Il est un... » C'est avec ces affirmations que, des siècles auparavant, des Juifs croyants, refusant la conversion, allèrent à la mort par le feu et le glaive...

Certes, les organisateurs ont aussi fait venir des prêtres : orthodoxe, catholique, protestant et... un cadi musulman. Plusieurs participants sourcillèrent : y avait-il donc des musulmans à Auschwitz ? Oublie-t-on les divisions SS musulmanes ? Et le mufti Hadj

Amine el-Husseini de Jérusalem, l'ami de Heinrich Himmler qui, en 1942, lui servit de guide ici même ? Bon, ne soyons pas trop pointilleux. Ne rouvrons pas les plaies à peine fermées. Parfois il faut avaler, et détourner le regard. L'important est que le rabbin ait pu dire les prières, que nous répétâmes après lui.

Journalistes, délégués et survivants m'entourent et me félicitent : ah, quand même, quelle victoire, hein, quelle victoire...

Moi, je songe à ceux dont le cimetière est le ciel ; et je ne me sens pas victorieux.

Revenons au voyage de la commission d'enquête en 1979. De retour à Varsovie, le président du Parlement et quelques membres influents du gouvernement nous invitent à un cocktail d'adieu. Ils ne savent pas que pour nous c'est jour de jeûne. Commencé dans l'incompréhension, le voyage se termine dans la gêne.

Étape suivante : Kiev. La belle capitale ukrainienne et ses jardins, Kiev et son passé antisémite. Kiev, c'est Babi Yar. Babi Yar ou la souffrance juive. Babi Yar ou la mémoire juive. Babi Yar ou la colère juive. J'ai encore à l'esprit des images déchiquetées de ma première visite, en 1965. Les vieillards effrayés dans la synagogue. La femme muette et ses souvenirs scellés. Rescapée de la ravine de la mort, elle avait perdu l'usage de la parole. Je ne comprenais pas : le massacre durait depuis dix jours, on entendait le crépitement des mitrailleuses, et les Juifs n'essayèrent point de fuir ou de se cacher. Non, je ne comprenais pas : jour après jour, des Juifs se faisaient assassiner, et la population n'avait rien fait pour sauver un voisin ici, là un camarade ou une connaissance.

Une rue étroite servait de lieu de rassemblement. Au bout, il y a une ravine. Là, les victimes furent alignées par rangées entières et mitraillées à bout portant. Les tueurs tuaient et les victimes basculaient dans la ravine, vivants et morts entremêlés... Kiev ou l'oubli officialisé. Kiev ou l'outrage. Comment un Juif peut-il ne pas éprouver ici un malaise ?

Emploi du temps serré. On nous tient des discours, on nous montre des documentaires inconnus du grand public. Rafles et tortures, humiliations et exécutions. Villages incendiés ; cadavres mutilés. J'ai tout le temps la nausée.

Le pire nous attend devant le monument de Babi Yar. Orchestre militaire, gerbes de toutes les couleurs. Tapis rouge et tout ce qui va avec. Tous les officiels et les médias ukrainiens sont présents. Ils sont fiers d'eux-mêmes, les dirigeants politiques de Kiev. On ne pourra plus leur reprocher l'absence de monument à Babi Yar. Le voilà, le monument. Alors, semblent-ils nous interroger, êtes-vous contents, enfin ?

L'immense monument, de style stalinien, est grandiose, pompeux, pompier et franchement vulgaire. Par sa taille et sa laideur, il produit un effet écrasant. Bah, me dis-je, c'est leur affaire. Ce n'est pas à moi de les accuser de manquer de goût ; mais je peux, mais je dois leur reprocher leur manque de tact, de décence, d'honnêteté, leur volonté de déformer la vérité historique, bref : leur goût du mensonge.

C'est que le mot « juif » ne figure pas sur le monument. L'inscription présente les victimes comme des citoyens soviétiques assassinés par les fascistes…

La rage qui m'envahit finit par déborder. Aux officiels ukrainiens je dis que j'étais peiné et outré en 1965 quand, en ce lieu maudit, il n'y avait que le vide pour occulter ce qui reste des victimes : leur mémoire. Mais ce n'était rien comparé à ce que j'éprouve maintenant.

Je leur demande : comment osent-ils falsifier la vérité à ce point ? Qui leur a permis, qui leur a ordonné de commettre ce sacrilège ? Les Juifs tués, pourquoi furent-ils tués ? Parce qu'ils étaient ukrainiens, ou soviétiques, ou communistes ?

J'ai rarement été saisi d'une pareille fureur, d'une telle sensation d'écœurement. Je devrais me souvenir que je représente le président des États-Unis : ai-je le droit de l'engager ainsi, de provoquer peut-être un incident diplomatique ? Je ne pense pas à cela. J'y penserai demain.

La cérémonie s'achève abruptement. Presque sans serrer les mains, nous montons dans nos autobus et filons vers l'aéroport. Pourquoi s'arrête-t-on en route ? Guides et chauffeurs répondent : c'est dans le programme ; une légère collation pour illustrer l'hospitalité ukrainienne. Mais qui a envie de manger ou de boire ? On verra bien à l'intérieur.

A l'intérieur, c'est la fête, dirait-on. Un orchestre populaire joue des airs rapides, allègres. Paranoïaque à mes moments perdus, je suis convaincu que cela aussi fait partie du programme ; ces Ukrainiens veulent démontrer que les Juifs que nous sommes ne méritent que le mépris ; regardez : ils reviennent de Babi Yar, et ils bouffent, et ils savourent la bonne chère, et avalent de la bonne vodka. Je me dis : ils en auront pour leur argent ; aucun d'entre nous ne touchera à la nourriture… Mais c'est moi qui me trompe. Certains membres de la délégation (j'aurais honte de les nommer) se laissent tenter, se font piéger. « Pour se ressaisir », ils avalent deux ou trois verres de vodka. Et, la musique aidant, ils se mettent à danser. Avec fougue. Et, dans le regard des musiciens, je décèle une lueur ironique qui, aujourd'hui encore, me fait me crisper de gêne.

Nouveau saut dans le temps : en 1991, avec Edgar Bronfman, Israël Singer et Elan Steinberg du Congrès juif mondial, nous visitons la capitale de l'Ukraine devenue indépendante.

Le président Léonide Kravtchuk nous reçoit en présence de ses proches conseillers et des représentants des communautés juives de l'URSS. Il est content, le président. Il a donné des instructions pour que, à l'occasion du cinquantième anniversaire du massacre, un monument entièrement juif soit érigé à Babi Yar, et qu'une manifestation appropriée ait lieu avec discours, colloques et concerts, bref : vive la culture ! Il souhaite que de nombreux touristes juifs affluent désormais vers Kiev.

Je lui pose plusieurs questions :

Premièrement, étant donné que Babi Yar se trouve dans Kiev et que les Juifs, pour y aller, devaient emprunter une rue habitée, pouvait-il me dire combien d'Ukrainiens avaient entrouvert leurs portes pour abriter un enfant, une femme malade, un homme désespéré et les sauver de la mort ?

Deuxièmement, étant donné que la population de Kiev était au courant des massacres, pouvait-il m'expliquer comment les habitants réussissaient à dormir ? N'entendaient-ils pas les cris étouffés qui devaient leur parvenir dans les profondeurs de leurs nuits ?

Troisièmement, puisque le gouvernement ukrainien indépendant a décidé de commémorer le massacre des Juifs de Kiev, pourquoi n'a-t-il pas choisi la date selon le calendrier juif ?

Kravtchuk et ses conseillers écoutent, la tête baissée. Le président de l'Ukraine me répond par un compliment d'ordre… littéraire. Il me félicite pour mes dons poétiques et leur inspiration éthique.

Étrange : chaque fois que je visite Kiev, j'ai mal au cœur, mal à l'âme. Mal à la mémoire.

A Moscou, en 1979, l'objectif est double : d'une part obtenir la libération des « prisonniers de Sion », de l'autre négocier l'ouverture des archives secrètes soviétiques aux chercheurs américains et israéliens.

Sur le second point, nous obtenons promesses polies et assurances courtoises. Sur le premier, pas même cela. Les autorités soviétiques connaissent-elles les consignes du Département d'État de ne pas soulever des problèmes politiques ? Situation délicate, fragile. Libre à nous d'évoquer le passé, les persécutions, le racisme, la lutte antifasciste et l'Holocauste, mais pas le sort des refuzniks ou des dissidents : cela risque de perturber les relations entre les deux puissances. D'où le dilemme : obéir et ne rien faire, ou désobéir et probablement embarrasser le président, à qui le grand ombrageux qu'est Brejnev ne manquerait pas de se plaindre. Autour de moi, on a confiance en mon jugement. Que dit le Talmud sur ce genre de problème ? Et notre Rachi bien-aimé ?

Dans un salon spacieux du ministère de la Justice, je songe à tout cela pendant que nous attendons d'être reçus par le procureur général Roman Rudenko, l'ancien procureur soviétique au procès de Nuremberg. Dans ma poche, une liste. Quatre noms, parmi lesquels celui d'Anatoli Chtcharanski, qui ont été choisis par les responsables du groupe spécial chargé des Juifs russes au bureau du Premier ministre israélien. La raison : Rudenko avait personnellement pris part à leurs procès. Mais comment lui en parler sans risquer un éclat ?

Le procureur général, en grand uniforme couvert de médailles, nous invite à prendre place à une longue table. Les Russes adorent les longues tables. Conformément au protocole (les Russes raffolent du protocole), je fais face à notre hôte. Tout en lui suggère l'autorité et la force. Sa carrure, ses épaules, les épaulettes étincelantes sur sa veste sombre, son visage ; ce n'est pas quelqu'un à qui l'on s'oppose impunément.

La discussion s'engage sur l'objet de notre mission. Je lui dis : « Je connais votre rôle à Nuremberg. » Il répond : « Vous ne connaissez qu'une partie de ma vie ; moi, c'est toute votre vie que je connais. Je connais vos activités littéraires et autres. » Il a insisté sur « autres ». Mauvais signe ? Changeant rapidement d'expression, il prend un air rassurant. Il promet que ses services coopéreront avec la commission. Qu'on lui remette une liste de nos demandes. Mes compagnons paraissent enchantés mais moi, c'est une autre liste, ou bien une liste d'un autre genre qui me préoccupe. Je ne peux tout de même pas la lui remettre devant tout le monde, devant ses gens à lui ! S'il se fâche, ce sera ma faute. Mais alors, comment vais-je me débrouiller pour lui communiquer les quatre noms ? Déterminé à ne pas rentrer chez moi avec la fameuse liste, j'attends la fin de la séance et je m'adresse à Rudenko : « Monsieur le procureur général, je vous serais reconnaissant de m'accorder un entretien en tête à tête. » Il veut savoir pourquoi. Le talmudiste en moi lui répond : « Pour vous expliquer pourquoi il faut que nous soyons seuls, en tête à tête. » Un sourire fugitif apparaît sur son visage dur : bon, venez. Nous entrons dans son gigantesque bureau. Nous sommes trois : lui, moi et son interprète. Je ne suis pas à mon aise, j'avance sur un terrain glissant ; si je tombe, d'autres en souffriront. Je fais appel au Dieu des amateurs afin qu'il vienne à mon secours, et je me lance dans mon plaidoyer : « Vous avez dit tout à l'heure, monsieur le procureur général, que vous connaissez tout de moi ; vous savez donc que je ne suis pas un homme politique… » Il m'interrompt, non sans brutalité : « Pas un homme politique, vous ? Vous pensez peut-être pouvoir me berner, m'entourlouper ? Vous pensez peut-être que je ne suis pas au courant de ce que vous faites contre mon pays ? » Je sens que je change de couleur, j'ouvre la bouche pour happer l'air. « Je sais que vous étiez ici en 1965 pour écrire un livre diffamatoire contre la patrie du socialisme. Vous êtes revenu un an après pour écrire une pièce de théâtre, elle aussi dirigée contre nous. Ne le niez pas. Je sais tout cela. Je sais aussi le reste. Vos articles, vos discours, vos déclarations, je les connais. Ne me dites pas que vous ne vous mêlez pas de politique ! » Sous cette avalanche verbale, je me sens rétrécir. Je m'en veux d'avoir tenté de forcer les choses. Comment vais-je m'en sortir ? Essayons : « Je vous le répète, monsieur le procureur général, je ne suis pas un homme politique. Si mes écrits ont parfois des connotations et des répercussions politiques, ce n'est pas de ma faute. » J'allais ajouter « mais de la vôtre ». Je me suis arrêté à temps. Mais il ne paraît pas convaincu. Il me gratifie d'un haussement d'épaules : « Bon, passons. Vous vouliez me voir, vous me voyez. Y a-t-il autre chose ? Je suis un homme occupé, vous savez. » C'est maintenant ou jamais. Je lui tends ma liste. Il y jette un coup d'œil et me la rend ; je refuse de la prendre. Son visage, sa voix, tout son corps se durcissent : « J'ignore de quoi ou de qui vous parlez. » Il ment, je le sais, j'ai confiance en mes amis israéliens : c'est lui qui a requis contre les quatre refuzniks. « Je peux vous expliquer », dis-je. Il commence à s'énerver pour de bon : « Je n'ai pas le temps... Vos explications ne m'intéressent pas... Écrivez-moi une lettre par la voie régulière... » Je réponds que la lettre, il la tient dans sa main : elle contient tous les éléments concernant les quatre cas que, pour des raisons uniquement humanitaires, il devrait résoudre... « Je viens de vous le dire, je ne les connais pas ! » Je réponds qu'il connaît sans doute quelqu'un qui les connaît. Il voit rouge, son visage s'empourpre : « Ces histoires ne relèvent pas de ma compétence ! » Têtu, je réponds qu'il connaît sans doute quelqu'un qui... Notre entretien dure depuis une vingtaine de minutes. Dehors, Sigmund, Marion et Elisha doivent s'inquiéter : ils me voient déjà dans une cellule de la Loubianka. Moi, je sais qu'au pire je risque l'expulsion et un blâme du Département d'État. Bah, c'est supportable. Dans mon for intérieur, je suis déterminé à ne pas quitter Rudenko avec la lettre. Aurait-il reçu pour consigne de ne pas provoquer de rupture ou d'incident avec l'émissaire farfelu du président des États-Unis ? Brusquement, il se radoucit : « Je vous propose un marché. Deux sur quatre. Dites-leur de m'écrire directement... » Il sait donc que nous disposons des moyens de contacter les prisonniers au goulag...

Les lettres lui seront envoyées. Et il tiendra parole.

Le samedi, nous nous rendons rue Arkhipova. La grande synagogue est bondée. Qui a informé tous ces Juifs de notre présence ? Comme toujours, le bouche à oreille fonctionne ici avec une efficacité éprouvée. Le rabbin est absent. Des gens « bien informés » pensent qu'on a dû lui conseiller de passer le Shabbat ailleurs. Mais ses assistants nous traitent avec les égards dus à notre rang. On nous chuchote des messages « personnels » : visas refusés, familles séparées, brimades officielles. Pourtant, ces Juifs continuent à espérer. Un homme pousse son petit garçon devant moi : « Emmenez-le à Jérusalem ! » Une vieille femme : « Ça m'est égal de vivre ici, mais je veux mourir en Israël. » Des jeunes me racontent leurs rendez-vous secrets dans les cimetières des grandes cités : ils y étudient l'histoire juive et l'hébreu. Ces Juifs ne cesseront jamais de me surprendre, de m'émerveiller. Ils représentent l'échec de Staline, mais aussi de Brejnev.

Dans la synagogue, je les contemple, ces frères et sœurs proches et lointains que, depuis 1965, d'une manière ou d'une autre, je n'ai plus quittés. M'ont-ils reconnu ? Certains me le disent, sans doute pour me faire plaisir. Moi, je les reconnais, et c'est ce qui importe. Je reconnais même ceux que je rencontre pour la première fois. Pauvres, ils ne paraissent pas malheureux. La spiritualité qu'ils cherchent au cœur de leur défi leur confère un air d'exaltés, d'assoiffés. De quoi ? De liberté ? D'identité ? Jeunes et vieux, je les admire tous, je les aime, je me définis presque par l'amour qui m'attache à eux. Et qu'importe si certains sont moins audacieux que d'autres, moins téméraires, ne récitent pas les prières (savent-ils seulement lire le Sidur ?). Ils ne sont pas venus pour prier, mais pour communier.

On m'accorde le *maftir*, le privilège de lire le chapitre d'Isaïe où le prophète console son peuple. Paroles généreuses, belles et poignantes qui, dans leur simplicité, conviennent si bien à la situation. Formant un demi-cercle autour de la *bimah*, les fidèles les répètent silencieusement après moi, mot à mot, remuant à peine les lèvres. Comprennent-ils leur sens symbolique ? Chacun d'eux veut être consolé. Et moi, dans mon allocution, je leur dis ma joie d'être leur frère. Si le président Carter n'avait créé la commission que pour ces rencontres, *Dayyénou*, cela aurait été suffisant.

Notre visite en Union soviétique produira un effet plus concret. Je crois qu'il mérite d'être rapporté.

Parmi les personnalités que les autorités nous font rencontrer se trouve un homme fort, au visage souriant et franc : c'est le général Vassily Pétrenko, le libérateur d'Auschwitz. En apercevant mon Elisha, il enlève l'une de ses nombreuses médailles et l'accroche sur son veston. Du coup, je le trouve encore plus attachant. Nous nous isolons dans un coin et échangeons nos souvenirs. Il me raconte l'ambiance de son unité se préparant à l'assaut, et moi je lui décris le dernier jour, les dernières heures à l'intérieur du camp, les conciliabules entre pères et fils, amis et camarades : que faire ? se cacher ? dans quelle baraque ? Les SS ne vont-ils pas nettoyer l'usine de la mort avant de se retirer ? Au général, je dis : « L'Armée rouge était si proche, si proche ; qui parmi nous n'a pas prié pour vous et vos hommes ? Nul croyant n'a jamais supplié

Dieu avec plus de ferveur... » Pétrenko répond que ses soldats avaient une idée de ce qu'ils allaient découvrir dans le camp mais ne pouvaient imaginer l'inimaginable.

Je dis : « Vous auriez pu avancer votre assaut d'un jour, de quelques heures... Vous auriez sauvé beaucoup de prisonniers, juifs et russes... » Il explique : ce n'était pas facile... Problèmes logistiques, considérations stratégiques... Il fallait recevoir l'ordre de la Stavka, le haut commandement...

Et soudain, tandis que nous bavardons, le général et moi, tandis que nous échangeons des histoires de courage et de désespoir, une idée surgit dans mon esprit : nous devrions réunir d'autres libérateurs de camps. Pour les entendre. Pour les remercier. Et pour solliciter leur secours. Notre témoignage est mis en doute par des nazis et des antisémites moralement pervertis ; la voix des libérateurs pourrait les faire taire. Ainsi naquit en moi le projet de la conférence des Libérateurs qui se réunira en 1981 à Washington.

Dans l'avion qui nous conduit de Moscou à Copenhague, où nous exprimerons notre reconnaissance au peuple danois pour avoir montré au monde qu'on pouvait sauver les Juifs, mon Elisha, qui jusqu'à présent ne s'est jamais plaint des fatigues du voyage, s'exclame : « Ça suffit. Je démissionne de la commission ! »

Celle-ci poursuit sa mission d'enquête en Israël, le lieu où la mémoire est le mieux préservée. Réunions sur réunions avec les dirigeants de Yad Vashem. Comment apaiser leur inquiétude ? Ils craignent que notre projet de musée ne relègue le leur au second rang. J'espère qu'ils ont tort. Yad Vashem demeure le lieu essentiel du souvenir. Il mérite de bénéficier d'une priorité absolue.

C'est que, dans le rapport que nous devons soumettre au président, nous allons proposer la création d'un musée. C'était le souhait de Yitz et de la plupart des membres de la commission. Nous sommes entrés dans l'ère de l'audiovisuel, disaient-ils, les livres seuls ne suffisent plus. J'ai tenté de défendre ma thèse : nous, Juifs, n'avons jamais accordé trop d'importance aux musées. Les musées, c'était une affaire de Romains. Titus n'en a-t-il pas fondé un à Rome ? Il l'a appelé le musée de la Paix. Et puis, en ce qui concerne notre mission présidentielle, comment allons-nous « montrer » la Tragédie, alors qu'il est presque impossible d'en parler ? Les images seraient-elles plus éloquentes, plus efficaces ?

Mais lesquelles ? Celles qui ont été prises par l'ennemi ? Je n'ai pas eu gain de cause et me suis laissé convaincre : va pour le concept d'un « musée vivant », en mettant l'accent sur « vivant ». Une fois accepté par la commission, il s'agit maintenant de boucler le « rapport » pour le président.

A l'exception de mon introduction, il est rédigé par un collaborateur du directeur. Malheureusement, il est mal écrit et peu inspiré. Finalement, Lily Edelman se charge de le réécrire de bout en bout. Elle y a passé plus de trois jours.

La cérémonie de remise du rapport au président (à Washington, tout devient cérémonie) se déroule au Jardin des roses en présence de nombreux dignitaires et parlementaires. Le président semble satisfait, les politiciens aussi, et nous également.

Nous avons proposé qu'un nouvel organisme succède à la commission. Proposition acceptée. Comment l'appeler ? Comme pour la commission, la Maison-Blanche suggère un nom long comme un jour de canicule sans eau. Cette fois encore, j'invoque mon autorité présidentielle pour l'abréger. Il sera inscrit dans les différents projets de lois comme The US Holocaust Memorial Council, le Conseil du mémorial de l'Holocauste, ou encore le conseil. Sa vocation, je la résume dans une phrase qui sera gravée sur le mur du musée : « Pour les morts *et* (pourquoi ai-je tenu à souligner « et » ?) les vivants, nous devons témoigner. »

PAROLES DE MÉMOIRE

Nommé par Jimmy Carter à la présidence du Conseil du mémorial nouvellement créé, je connais d'avance les difficultés qui nous attendent. Je ne suis plus novice en la matière. Ma tâche urgente : dresser une liste, encore une. On dirait qu'on ne fait que ça à Washington. Je propose au juge Arthur Goldberg de rester auprès de moi. Invitation déclinée : il ne croit pas au musée : « Tu verras, ce sera aux dépens de la mémoire juive. » D'après lui, il vaut mieux ne pas s'embarquer dans un projet qui ne peut qu'aboutir à des compromis. « Je suis ton ami, me dit-il. Je connais Washington. Ce travail n'est pas pour nous. » Je le supplie de changer d'avis, de me faire confiance. Peine perdue. J'en suis désolé.

Pourtant, les candidatures ne font pas défaut. Comme lors de la constitution de la Commission présidentielle de l'Holocauste, nous devons tenir compte des exigences religieuses et géographiques qui influent sur toutes les décisions au niveau fédéral. Mais cela ne suffit pas et la Maison-Blanche nous rappelle à l'ordre : nous avons oublié un facteur qui, politiquement, pèse plus lourd que les autres, le facteur ethnique. Après tout, nous sommes à la veille d'une campagne électorale.

Premières alertes, premiers heurts. La liste des membres du conseil déplaît à Simon Bolten, donc à la Maison-Blanche : elle comporte trop de Juifs, aurait dit le président. Son conseiller, Stu Eizenstadt, exerce des pressions dans le même sens. Le nouveau directeur du conseil, Monroe Freedman, célèbre professeur de droit et militant des droits civiques, assure la liaison avec l'administration. D'allure distinguée, ce Juif assimilé revenu au judaïsme traditionnel grâce à une convertie, son épouse Audrey, impressionne par la noblesse de ses gestes et la précision de sa réflexion. Son sens de l'intégrité lui interdit d'être mêlé à des manœuvres politiques. Il défend des principes et Washington ne lui fait pas peur.

Il exprime un pessimisme que les événements viennent confirmer : on nous suggère, poliment mais avec insistance, d'accepter un Polonais, c'est-à-dire un Américain non juif d'origine polonaise. Son rapport avec la Tragédie ? Aucun. Il représentera en quelque sorte la nation polonaise qui, cela est indéniable, en a souffert elle aussi.

Arthur Goldberg avait donc raison. Je convoque une réunion d'urgence avec mes proches, dont les survivants, et sollicite leur avis : faut-il se soumettre ou tenir tête ? Pour Frank Lautenberg, industriel richissime et futur sénateur du New Jersey, un compromis vaut mieux que le néant ; un refus signifierait la fin du projet, la fin du Mémorial ; parfois, pour une cause juste, dit-il, « on peut vendre son âme au diable ». Siggi Wilzig, ancien juif berlinois et survivant d'Auschwitz, a un sursaut de colère et le remet heureusement à sa place. Pour l'ancien partisan Miles Lerman, s'il s'agissait d'un Ukrainien, il dirait non, mais un Polonais, c'est autre chose, cela lui paraît moins grave. En quoi est-ce moins grave ? La discussion ne mène à rien. Ma suggestion : refuser. Pourquoi ? Parce que si la Maison-Blanche exigeait aujourd'hui la nomination d'un Polonais parce qu'il le mérite, qu'il a été déporté ou résistant, je répondrais oui sans hésitation ; mais je m'oppose à l'argument politique pour nous imposer le représentant de tel ou tel groupe ethnique ; demain, ce sera un délégué de la minorité ukrainienne ou lituanienne ou hongroise ou allemande. Nouvelles discussions, tout aussi stériles. Enfin, une majorité se dessine en faveur du compromis ; faire confiance à la Maison-Blanche ; courir le risque ; un conseil à motivation semi-politique vaut mieux que rien ; on pourra toujours démissionner plus tard. Je rends compte de la situation à Arthur Goldberg. Désabusé, il me répond : « Je te l'avais prédit. Ce n'est que le commencement. On ne peut pas gagner avec ces gens-là. » Mais la pression de mes camarades survivants pèse aussi sur mon jugement. Voyons venir ; si les choses empirent, je pourrai toujours m'en aller. Malheureusement, Arthur Goldberg était mieux informé et plus lucide. Après le Polonais, on nous recommande – pardon, on nous impose – un Ukrainien, puis un Hongrois, un Lituanien… Tous sont des hommes parfaitement honorables et dignes de notre confiance, mais c'est l'engrenage. Mon mécontentement n'est pas un secret. Celui de l'administration non plus. Conséquence : nos relations avec la Maison-Blanche se gâtent. Comme partout dans les sphères gouvernementales, les intrigues se multiplient, les clans se forment. On essaie de me monter contre tel fonctionnaire. Je ne sais plus pourquoi, mais Eizenstadt est fâché, moi déçu. Impossible de prendre des décisions pourtant urgentes. On nous laisse dans le noir. Certes, le Congrès nous offre un appui inconditionnel mais, dépendant de l'exécutif, il nous est pratiquement impossible de fonctionner sans son concours.

Une première crise interne éclate : Monroe Freedman se sent obligé de renvoyer son adjoint Berenbaum. Profitant du fait que j'allais m'absenter du pays, celui-ci aurait manigancé un plan pour faire accepter la candidature d'une personne au passé plus ou moins douteux. Monroe déjoue aussitôt la manœuvre. Résultat : Berenbaum ayant informé l'administration que j'étais d'accord, la Maison-Blanche pense que je suis revenu sur ma parole ; et elle est furieuse.

Triste, ce qui arrive. Comme rabbin à l'université Wesleyan, Berenbaum était efficace : les étudiants juifs l'appréciaient à sa juste valeur. Washington a vite fait de le changer. La proximité du pouvoir l'a sans doute enivré, lui aussi. Divorcé de sa femme Linda, jeune romancière douée, ce n'est plus le même homme.

Conséquence de nos rapports tendus avec la Maison-Blanche : impossible d'obtenir que le président assiste à la deuxième cérémonie annuelle du souvenir. Elle n'aura donc pas lieu. Monroe et moi avons avec Stu Eizenstadt, le conseiller du président, un âpre échange de lettres. Nous lui reprochons de politiser le conseil ; je suis persuadé que l'absence de cérémonie cette année est de sa faute. En lui, le Juif aurait-il cédé devant le politique ?

Deuxième conflit : un Arménien (là encore, précisons : un Américain d'origine arménienne) est membre du conseil. Set Momjen est parmi mes proches. Humaniste convaincu, il nous aide à nous rappeler la tragédie vécue par son peuple pendant la Première Guerre mondiale. Et cela mécontente le gouvernement turc qui menace de réviser sa politique à l'égard des États-Unis et de l'OTAN. « Mais qu'est-ce qu'il fait au conseil, cet Arménien ? » demande Stu Eizenstadt avec irritation. « C'est vous qui l'y avez mis », lui répond-on. Me voilà, contre mon gré, mêlé à la grande politique internationale. Quelle plaisanterie : si l'OTAN éclate, ce sera donc notre faute ? Sérieusement, Washington est ainsi : là-bas, on n'échappe ni à la politique ni à la farce. En ce qui me concerne, je suis content qu'un Arménien siège au conseil. Je le serais plus encore si un Tzigane y siégeait aussi.

Mais le chapitre des nominations n'est pas clos. Comme pour la Commission présidentielle, sénateurs et députés sont sollicités, assaillis. A leur tour, ils font pression sur nous. Les ténors des deux partis interviennent. Être démocrate est un avantage, millionnaire un atout. L'appartenance politique compte plus que les mérites personnels. Mes propositions sont rarement acceptées : il y a trop de divergences entre mon point de vue et celui de l'Administration. Finalement, le conseil comptera soixante-cinq membres dont dix parlementaires.

Eizenstadt, encore lui, toujours lui (après tout, c'est son dossier), assiste à la séance inaugurale ; elle est moins émouvante, moins « historique » que celle de la commission, l'année précédente. Un ami parlementaire, John Brademas, du Michigan, le « fouet » démocrate de la Chambre, nous fait prêter serment. Dans mon discours, je ne ménage pas l'administration. Je vise les collaborateurs d'Eizenstadt sans les nommer, dis clairement que leurs manipulations me paraissent déplorables. Des collègues essaient de m'apaiser : une fois le mécanisme mis en place, tout s'arrangera. Vraiment ? Espérons-le.

Tout ne s'est pas arrangé. La Maison-Blanche a d'ailleurs d'autres soucis avec la crise des otages de Téhéran et l'échec de l'intervention militaire visant à les libérer. A Madrid pour une conférence, aux côtés de Henry Kissinger, je regarde la diffusion en direct du triste discours du président Jimmy Carter ; il est accablé. On le comprend, on le serait à moins. Tous ces hélicoptères qui ne pouvaient décoller. Tous ces militaires désarçonnés. Et ces « étudiants » iraniens qui tourmentent leurs prisonniers américains. Et qui ridiculisent l'Amérique. Comment les démocrates peuvent-ils espérer gagner les élections présidentielles ? Des longs mois s'écoulent dans l'indécision et l'attente.

Est-il vrai que, tout au début de la crise, un émissaire israélien était venu à Washington pour offrir au président les services de l'armée et du Mossad ? Est-il vrai qu'Israël, admirablement bien placé sur le terrain, était prêt à entreprendre une opération de sauvetage à Téhéran ? Et que Carter refusa ? Mille rumeurs circulèrent dans les milieux dits « bien informés ». Toutes invérifiables, naturellement.

Si Carter avait dit oui, il aurait été réélu. Et tant de choses auraient suivi un cours différent. Avec des si…

L'arrivée de Ronald Reagan entraîne une modification dans nos rapports avec la Maison-Blanche. De passage à Los Angeles, je reçois la visite de Ted Cummings, conseiller juif (et futur ambassadeur en Autriche) du nouveau président, qui m'annonce, ni plus ni moins, qu'il va falloir modifier la composition du conseil dont il souhaite la démission collective pour le reconstituer sur des bases politiques nouvelles. « Reconnaissez, me dit mon interlocuteur, qu'aucun membre du conseil actuel n'est républicain ! » Il a raison. Je suis le seul indépendant. « Ce n'est que justice, insiste le conseiller présidentiel juif, que le Parti républicain y soit représenté. » Il propose un compromis : la démission partielle du conseil. Je m'y oppose : « Ma démission, tenez, je vous l'offre immédiatement ; débrouillez-vous avec les autres. » Juridiquement, l'administration ne peut pas nous démettre de nos fonctions avant l'expiration de notre mandat de cinq ans. Cela dit, il est inconcevable que quiconque reste à son poste contre le gré du président. C'est la tradition : chaque président doit pouvoir nommer ses collaborateurs et ses représentants à tous les niveaux de l'administration, jusqu'au plus insignifiant, comme le nôtre. Mais je m'obstine : si l'on touche au conseil, je le quitte. On n'y touchera donc pas mais, aux échelons supérieurs de la Maison-Blanche, on gardera à mon égard un ressentiment durable. Désormais, l'homologue de Monroe Freedman ne sera plus un haut fonctionnaire mais l'un de ses subordonnés. On dirait qu'on nous en veut ; on nous traite en intrus. Tant pis, nous continuons.

Certains collègues pensent que nous avançons trop lentement. On nous le reprochera souvent. Lors de la session du 10 décembre 1980, j'éprouve le besoin de m'en expliquer :

> … L'Événement qui nous concerne est unique et notre attitude envers lui doit l'être aussi. N'étant pas une agence gouvernementale comme les autres, nous ne pouvons les prendre comme exemple. Nous manquons d'expérience. Ce qui paraît clair et efficace pour les commissions officielles existantes ne l'est pas pour nous. Nous nous occupons du sujet le plus brûlant de nos vies et, dans nos travaux, nous établissons un précédent pour l'Histoire. Les générations futures voudront apprendre ce que nous, témoins et survivants, avons fait de nos souvenirs… Nos paroles et nos actes atten-

> dront le jugement de nos enfants et des leurs… Voilà pourquoi le rythme de nos travaux sera fiévreux mais non téméraire, passionné mais prudent. Suivons l'adage du grand poète français (Boileau) : « Hâtons-nous lentement. »

Le conseil s'occupe également de problèmes qui ne sont pas directement liés à la mission qui lui avait été confiée, celle de créer un musée. Nous nous réunissons pour condamner la résurgence de l'antisémitisme ou pour dénoncer les attentats contre des Juifs en Europe. En fait, c'est notre « comité de conscience » qui, selon notre charte, devrait s'en charger, mais il fonctionne mal. Ne le blâmons pas ; le Sénat s'en méfie et lui met des bâtons dans les roues : il craint que nous fassions des déclarations et que nous prenions des initiatives gênantes pour l'exécutif.

Cependant, chose surprenante, sur le plan personnel, j'engage des relations amicales avec le nouveau président.

Comment est-ce arrivé ?

Notre deuxième commémoration annuelle du souvenir, la première de sa présidence, a lieu non dans la Rotonde du Congrès, mais à la Maison-Blanche, car Ronald Reagan vient de sortir de l'hôpital. C'est sa première apparition publique depuis l'attentat dont il a été victime. Le salon Est est bondé. Le tout-Washington est là. Six survivants allument les six bougies traditionnelles. Le chantre Isaac Gutfreund, d'Atlanta, entonne les prières d'usage à la mémoire des victimes. Quand mon tour vient, je commence par remercier le ciel d'avoir épargné la vie du président. Puis je lis en yiddish (c'est la première fois qu'on entend le yiddish à la Maison-Blanche), un poème qui évoque les enfants juifs massacrés. J'évoque aussi Israël, ce peuple à la si longue histoire, et ce peuple moderne qui mérite de ne pas être jugé sur des incidents isolés. Je conclus en m'adressant au président :

> Dans notre tradition, lorsqu'un être humain meurt, nous le nommons notre émissaire là-haut pour intercéder en notre faveur. Est-il possible, Monsieur le Président, que les six millions de victimes juives soient devenues à leur tour des messagers ? Mais alors, nous, de qui sommes-nous les émissaires ?

Sentimental à ses heures, le président est visiblement ému. Si bien que les larmes l'empêchent de lire le discours qu'on lui avait rédigé. Assis derrière son pupitre, je le vois repousser ses fiches et improviser un magnifique discours contre le racisme, l'antisémitisme et toutes les formes de discrimination.

Le soir même, les commentateurs de télévision diront comme à l'unisson : « Les milieux politiques de Washington ont été surpris aujourd'hui d'entendre le président Reagan prononcer un discours sur les droits de l'homme. Mais, à en croire ses proches conseillers, il ne le pensait pas. C'est sous le coup de l'émotion que.... » Marion et moi nous regardons, atterrés : comment ces conseillers osent-ils ridiculiser ainsi leur patron ? Bah, me disent des amis de la capitale, en politique tout est permis.

Deux semaines plus tard, le téléphone sonne dans mon bureau. Une très jolie voix me dit : « Veuillez patienter un moment ; le président des États-Unis souhaiterait vous parler. » Je suis sur le point de lui dire d'aller se moquer de quelqu'un d'autre, quand j'entends la voix familière et chaleureuse de l'ancien acteur de cinéma. Il me salue et moi, pris de court, je ne trouve rien de mieux à répondre que ceci : « Monsieur le Président, comment avez-vous fait pour obtenir mon numéro de téléphone ? » Il éclate de rire et me tient en ligne pendant un bon quart d'heure pour me dire des choses aimables sur mon discours et mes livres. A la fin, il a encore un petit rire : « Entre parenthèses, j'ai pensé chaque mot de mon discours. » La rumeur de cet entretien fait le tour des cocktails et des réceptions mondaines de la capitale. Tout de même, oser demander au président des États-Unis comment il a obtenu un simple numéro de téléphone...

Cet épisode cocasse fut suivi d'un autre qui a un rapport avec la France des années quatre-vingt.

Un mois plus tard, j'assiste à l'investiture de François Mitterrand. Durant le déjeuner, à l'Élysée, il me confie son inquiétude : il ne connaît pas bien les Américains qui le connaissent mal, lui ; ils vont sans doute se méfier de lui et de sa philosophie politique... Dans l'avion qui me ramène aux États-Unis, je réfléchis à cette confidence. Je me demande comment, modestement, je pourrais aider le nouveau président de la République française. Une idée saugrenue me traverse l'esprit : pourquoi n'écrirais-je pas directement au président Reagan ? Par le bureau du conseil, je lui fais porter un bref message personnel dans lequel je dis que, en tant que citoyen américain, il est de mon devoir de brosser à son intention un portrait psychologique de son homologue français. Et j'ajoute : « Si vous pouviez l'appeler, simplement pour le féliciter ou lui dire bonjour, comme vous l'avez fait avec moi, je suis sûr que cela faciliterait vos relations futures. » A-t-il reçu ma missive ? Impossible de m'en assurer. Le fait est qu'elle est restée sans réponse. Bah, me dis-je, sans doute a-t-elle échoué dans l'une des légendaires poubelles de son secrétariat. Du côté de l'Élysée, même silence. Dommage. Me serais-je rendu ridicule en me mêlant des affaires des grands ? Heureusement que personne n'est au courant.

Des années plus tard, une source généralement bien informée me dira que je me suis trompé. Croyant faire plaisir au président, une secrétaire avait transmis ma lettre à son destinataire. Qui trouva le temps de la parcourir. Ma suggestion lui plut. Appeler le président Mitterrand ? Pourquoi pas. D'autant que le standard connaissait aussi le numéro de téléphone de l'Élysée… Mais j'avais eu tort de ne pas mentionner dans mon message que François Mitterrand ne parlait pas l'anglais. Or, Ronald Reagan parle à peine le français. Des deux côtés, il fallut alerter des interprètes. Peu importe : les deux présidents finirent par se comprendre. Et lors de la réunion des Sept qui suivit, leur amitié surprit pas mal de monde.

Avouerai-je que, pour les affaires de mon conseil, j'eus moins de chance ? Mes demandes d'audience auprès du président se heurtaient à un barrage infranchissable. Pourtant, lors de chacune de nos conversations, lui-même me confiait son désir de me revoir : « Rappelez-le donc à Madame X ou Monsieur Y… Dites à Liddy Dole que je tiens à vous voir… » Évidemment, je leur transmettais fidèlement, mot à mot, la commission du président. Une fois, il le leur a même ordonné en ma présence. Mais les secrétaires de Reagan avaient plus de pouvoir que lui. En quoi mon entretien avec leur patron les dérangeait-il ? Pourquoi leur faisait-il peur ? Je n'en sais rien, mais la porte de son bureau ovale me restait obstinément fermée. Je la franchirai seulement quatre longues années plus tard, durant l'affaire Bitburg.

En tant qu'adversaire.

Fin octobre 1981 : la conférence internationale des Libérateurs – dont la nécessité m'est apparue deux ans plus tôt à Moscou – se tient dans les salons du Département d'État avec la participation du secrétaire d'État, le général Alexander Haig, et de son adjoint aux Droits de l'homme, Eliott Abrams. Séance d'ouverture solennelle et originale : quand des soldats américains amènent des drapeaux allemands pris à l'ennemi et les jettent à nos pieds, sur la tribune, des participants endurcis ne peuvent s'empêcher de frissonner. Aux représentants d'une vingtaine de pays, des deux côtés du rideau de fer (la France est représentée par son ministre des Anciens Combattants), je fais une déclaration que je me propose de reproduire, car elle touche à des sujets que je porte profondément en moi :

> Il y a trente-six et trente-sept ans, nous avons vécu ensemble un moment marqué par le destin, sans pareil, un moment qui ne sera jamais mesuré ni renouvelé, un moment qui reste de l'autre côté du temps, de l'autre côté de l'existence.
>
> Lorsque nous nous sommes rencontrés, au seuil d'un univers frappé par la malédiction, vous et nous parlions des langues différentes ; nous étions des étrangers qui descendaient de planètes différentes. Et pourtant, un lien se créa entre nous. Nous devînmes non seulement des camarades, mais aussi des frères ; nous devînmes vos témoins, et vous les nôtres.
>
> Je me souviens, je me souviendrai toujours du jour de ma libération : le 11 avril 1945. Buchenwald. Le silence terrifiant rompu par les cris abrupts. Les premiers soldats américains. Visages de cendre. Leurs yeux – je n'oublierai jamais leurs yeux, vos yeux. Vous regardiez, regardiez, incapables de détourner votre regard ; c'était comme si vous souhaitiez avec vos regards modifier la réalité que vous veniez de découvrir. Étonnement, stupéfaction, douleur infinie et colère, oui colère avant tout : voilà ce que vos yeux reflétaient. J'ai rarement vu pareille colère : contenue, muette, mais prête à éclater parce que débordante de frustration, d'humiliation et d'impuissance. Puis vous n'en pouviez plus ; vous vous êtes mis à sangloter. Vos larmes coulaient, coulaient, aucune force au monde ne pouvait les retenir. En ce moment-là, vous étiez nos enfants car nous, âgés de 12 ou 15 ans, grandis à Buchenwald, Theresienstadt ou Mauthausen, en savions tellement plus et mieux que vous sur la vie et la mort. Vous pleuriez ; nous non. Nous étions incapables de pleurer. Nous n'avions plus de larmes. Nous n'avions plus rien. En un sens, nous étions morts, et nous le savions. Ce que nous éprouvions ? De la tristesse seulement.
>
> Et de la reconnaissance. A la limite, c'est la reconnaissance qui nous a ramenés à la vie normale et réintroduits dans la société.
>
> Vous souvenez-vous, amis ? A Lublin et Dachau, Struthof et Nordhausen, Ravensbrück et Majdanek, Belsen et Auschwitz, vous étiez entourés d'épaves humaines malades et blessées, affamées, à peine

capables de respirer, pathétiques dans leurs efforts puérils pour vous toucher, vous sourire, vous rassurer, vous consoler, et plus que tout, vous porter en triomphe sur leurs frêles épaules ; vous étiez nos héros, nos idoles. Dites-moi, amis : de votre vie, avez-vous jamais suscité tant d'admiration et d'amour ?
Mais il y a une chose que nous n'avons pas faite : nous n'avons pas essayé d'expliquer. Aucune explication n'était nécessaire ou possible. Libérateurs et rescapés se regardaient les uns les autres et ce que nous ressentions alors, nous tenterons de le revivre ensemble maintenant, dans le cadre de cette réunion qui, pour moi, représente un miracle à part.

Après avoir décrit le but et le fonctionnement du conseil, j'enchaîne :

Ce que nous avons en commun est une obsession : ne pas trahir les morts que nous avons laissés en arrière ou qui nous ont laissés en arrière ; il ne faut pas qu'ils soient tués à nouveau… Vous étiez les premiers hommes libres à découvrir l'abîme, de même que nous en étions les derniers habitants. Ce que nous symbolisions alors les uns pour les autres était tellement singulier que cela fait désormais partie de notre être même.
Eh bien, nous voici ici, amis venus de tant de pays, réunis avec ceux qui vous doivent leur vie, de même que vous leur devez la flamme qui brûle dans vos souvenirs.
En ce jour-là, celui de notre libération – en Pologne en 1944 ou en Allemagne en 1945 –, vous représentiez pour nous l'aspiration la plus noble de l'humanité : celle de la liberté. Pour nous, vous incarniez l'espoir. Certes, six millions de Juifs ont été anéantis, des millions de braves hommes et de femmes massacrés par les nazis et leurs collaborateurs, mais nous sommes obligés de nous rappeler que, pour affronter les conquêtes fascistes criminelles, des armées gigantesques, dépassant les frontières géopolitiques et idéologiques, ont été levées sur cinq continents, et allèrent au combat au nom de l'humanité. Le fait que des millions de soldats, vêtus d'uniformes variés, se soient unis pour combattre côte à côte, pour vaincre ensemble et, hélas, mourir ensemble, semblait justifier la foi de l'homme en son humanité – et cela, en dépit de l'ennemi. Nous songions aux tueurs et étions prêts à renoncer à l'homme ; mais alors, nous nous souvenions de ceux qui leur résistaient – sur les champs de bataille aussi bien que dans les mouvements clandestins en France, en Norvège, aux Pays-Bas, au Danemark et en URSS – et nous nous trouvions réconciliés avec la condition humaine. Le croirez-vous ? Nous étions alors assez naïfs pour penser qu'ayant subi temporairement la domination du mal nous saurions l'empêcher de resurgir. Sur les ruines de la civilisation, nous aspirions à

construire pour nos enfants de nouveaux sanctuaires où la vie serait sanctifiée et non dénigrée, où la compassion serait pratiquée et non ridiculisée.
Il aurait été pour nous tellement facile de glisser dans la mélancolie et la résignation. Notre choix fut autre. Nous choisîmes de devenir des porte-parole de la quête humaine de la générosité ; et d'acquérir la capacité de transformer la souffrance en quelque chose de productif, de créateur.
En ce temps-là, nous espérions que, des profondeurs de nos tourments et de nos deuils, surgirait un message inédit pour les générations futures, un avertissement contre les périls inhérents à la discrimination sous toutes ses formes, au fanatisme, à la misère forcée, à la privation imposée, à l'ignorance, à l'oppression, à l'humiliation, à l'injustice, à la guerre qui est l'ultime injustice, l'humiliation ultime. Étions-nous donc à ce point naïfs ? Nous le sommes peut-être encore.
Ensemble, vous et nous, nous exprimons une souffrance humaine innommable et unique. Invoquons-la pour que d'autres en soient épargnés. Ensemble, nous avons le droit et le devoir de lancer un appel auquel nul ne peut demeurer sourd : un appel contre la haine, contre la dégradation de l'être humain, contre la violence, et contre l'oubli.
Nous avons vu ce que nul jamais ne verra : la condition humaine outragée et diminuée. Nous avons vu à quoi aboutit le fanatisme : à la cruauté, à l'emprisonnement, à l'assassinat à l'échelle des nations et de la planète.
Nous avons vu la métamorphose de l'Histoire, et il nous incombe d'en témoigner. Lorsqu'un peuple est condamné, tous les autres sont menacés. Lorsqu'un peuple est insulté, l'humanité elle-même en porte les traces. Les plans de Hitler d'anéantir le peuple juif et de décimer les peuples slaves portaient en eux-mêmes le germe de la fin totale : en tuant les Juifs, les tueurs entreprenaient d'assassiner l'humanité tout entière.
Eh oui, amis libérateurs. C'est vous qui avez arrêté ce processus. Soyez-en fiers. Soyez-en remerciés.
Si nous joignons nos efforts et nos volontés, comme nous le faisions jadis, tout sera possible. L'oubli conduit à l'indifférence et l'indifférence à la complicité et, par conséquent, au déshonneur.
Je m'adresse à vous comme à des frères : les liens qui nous lient sont puissants et durables ; nous formons une communauté à nulle autre pareille, mais qui diminue de jour en jour. Qui d'entre nous sera le dernier messager ? Nous ne pouvons pas ne pas prononcer de jugement sur des événements passés et présents. Notre honneur en dépend. Déclarons-le donc : oui, nous nous opposons aux prisons, aux dictatures, à la peur, à l'outrage nucléaire et conventionnel. Nous incarnons la preuve vivante et vibrante qu'il est possible

pour des êtres humains de s'unir afin d'affirmer leur droit de vivre et de rêver en paix.

Encore une fois : de tout mon cœur, je crois que si nous parlons avec assez de force, la mort ne triomphera pas.

Pour paraphraser Nietzsche, nous avons regardé dans le précipice, et le précipice nous retourna son regard. Nul n'approche le royaume de la Nuit sans en être affecté. Nous avons parlé ou du moins nous avons essayé. Nous avons résisté à toutes les tentations de nous isoler dans le silence : nous avons choisi de proclamer notre foi désespérée dans le témoignage. Nous nous sommes fait violence pour parler, fût-ce pauvrement, en balbutiant. Peut-être avons-nous employé des mots inadéquats, mais en existe-t-il qui ne le soient pas ? L'ineffable demeure ineffable. Mais nous avons choisi de parler en dépit du langage, en dépit des limites qui existent entre ce que nous disons et ce que les autres entendent. Nous avons parlé et… des explosions ont eu lieu à Paris, des bombes ont été lancées à Anvers, des attaques meurtrières ont eu lieu à Vienne. Est-il concevable que le nazisme puisse oser revenir à visage découvert si vite, alors que nous sommes encore en vie, alors qu'il nous est encore donné de dénoncer sa nature empoisonnée ?

Nous avions pensé avoir vaincu ce que Brecht appelle la bête. Mais voilà qu'elle sort ses griffes. Ce qu'une réunion comme la nôtre pourrait faire, c'est la forcer à se cacher. Si nous réussissons – et j'espère que nous réussirons – à nous élever au-dessus de la politique et des récriminations coutumières entre Est et Ouest, au-dessus de la propagande simpliste, si nous décidons simplement de dire au monde ce que libérateurs et libérés ont vu, quelque chose se produira ici et ailleurs ; et le monde prêtera attention à ce qui menace son avenir.

Si nous réussissons à mettre de côté ce qui nous sépare – et seul le superficiel nous sépare – et si nous nous dévouons non seulement à la mémoire de ceux qui ont souffert mais aussi à l'avenir de ceux qui souffrent encore aujourd'hui, nous indiquerons à l'humanité notre détermination : jamais nous ne permettrons de transformer cette terre en prison, jamais nous ne permettrons de considérer la guerre comme solution à des problèmes divers, car c'est la guerre qui est le problème. Si nous réussissons, notre rencontre ici sera inscrite dans l'Histoire comme une autre victoire commune.

Si nous n'élevons pas notre voix contre la guerre, qui le fera ? Nous parlons avec l'autorité des hommes et des femmes qui ont vu la guerre ; nous savons ce qu'elle signifie. Nous avons vu les villages incendiés, les cités dévastées, les foyers déserts, nous voyons encore maintenant les mères démentes dont les enfants sont massacrés sous leurs yeux, nous suivons à présent encore les processions nocturnes se dirigeant vers les flammes qui montent et montent jusqu'au septième ciel, sinon plus haut…

Nous nous sommes réunis ici pour témoigner – ensemble. Notre histoire traite de solitude, d'angoisse et de mort anonyme, mais aussi de compassion, de bravoure et de solidarité. Vous, les libérateurs, et nous, les survivants, ensemble, nous représentons une fidélité à la mémoire dont l'intensité restera. En son nom, nous continuerons à articuler nos inquiétudes et nos espoirs, non pas pour notre bien mais pour celui de l'humanité. Sa survie dépend de sa capacité et de sa volonté d'écouter.

Et de se souvenir.

Qu'on me pardonne cet accès de faiblesse. J'ai reproduit des extraits de cette allocution car j'aime l'événement qui l'a motivée. J'en ai parlé ailleurs : je n'oublierai jamais les larmes du soldat américain qui, dans le petit camp, assistait à l'écroulement de son monde et du nôtre. Ma reconnaissance à son égard, je la veux inébranlable. Les libérateurs des camps me restent chers. Quand je dresse le bilan de ma vie, le souvenir qui me lie à eux compte pour moi.

Cependant, même eux posent problème. C'est toujours la même question que j'adresse aux officiers américains ou soviétiques : ont-ils modifié leurs plans, ont-ils décidé de lancer leurs attaques un jour ou une heure plus tôt pour libérer un camp de concentration ? Jusqu'à maintenant, la réponse fut partout la même : non, les opérations militaires, ce sont les états-majors (du régiment, de la division, du corps d'armée) qui en étaient responsables. J'ai récemment demandé au secrétaire d'État à la Défense William Perry de faire rechercher les documents secrets du Pentagone concernant ces questions. Les trouvera-t-il ? Quoi qu'il en soit, mon sentiment pour les libérateurs n'a pas changé : il est dominé par la gratitude.

Comment oublier leur bonté, leur chaleur ? Et leurs yeux ahuris, et leur tristesse, comment les oublier ? Depuis la conférence de Washington, on se souvient d'eux dans de nombreuses communautés, on les félicite, on les incite à témoigner à leur tour, à parler, à écrire, on leur consacre des reportages, des films, on les honore, on les associe à l'effort des survivants pour sauvegarder la mémoire. Je suis fier d'en avoir été l'initiateur.

Une autre conférence internationale dont j'aime me souvenir : « The courage to care ». En français, je dirais le courage de l'engagement, ou encore le courage de la sensibilité, le courage d'aider.

C'est le docteur Carol Rittner qui en a eu l'idée. Cette bonne sœur (elle appartient à l'ordre *« sisters of mercy »* ou « sœurs de charité ») est une des religieuses les plus dynamiques que je connaisse. Après le départ de Monroe Freedman – pour des raisons politiques : il n'est pas du « bon » parti –, c'est à elle que j'ai proposé de prendre la direction du Conseil du mémorial. Elle me donna son accord, mais la Maison-Blanche nous refusa le sien. Est-ce parce qu'elle n'appartenait pas au Parti républicain ? Cela ne nous empêchera pas de collaborer pendant de longues années. Elle deviendra la première directrice de la fondation que je créerai avec Marion après avoir reçu le prix Nobel.

L'Holocauste est son obsession. C'est le thème majeur des cours qu'elle donne dans l'université dirigée par son ordre. Sévère à l'égard de l'Église catholique en raison de son attitude pendant la guerre, elle déborde d'admiration et d'affection pour ce que Yad Vashem appelle « les Justes parmi les nations », les non-Juifs qui mirent leur vie en danger en sauvant des Juifs. « Pourquoi le conseil ne leur consacrerait-il pas un grand colloque digne de leur humanité ? » me demanda-t-elle un jour. Proposition attachante : on ne parlait pas assez de ces hommes et de ces femmes qui, par leur esprit de sacrifice, sauvèrent l'honneur de l'humanité.

Soixante-quinze invités juifs et chrétiens, accourus d'horizons divers, prirent part à cette réunion. Comme la conférence des Libérateurs, elle a lieu dans les salons du Département d'État. Cette fois, c'est George Shultz, le successeur de Haig, qui participe à la cérémonie d'ouverture. Les retrouvailles de certains « sauveurs » et « sauvés » provoquent des scènes saisissantes. On s'embrasse et on pleure beaucoup dans les couloirs.

Gaby Cohen (autrefois, à Ambloy, on l'appelait Niny [1]) est venue nous parler des enfants juifs qu'on avait essayé de cacher en France ou de faire passer clandestinement en Suisse. Mme Trocmé nous raconte l'épopée glorieuse du Chambon. La veuve du pasteur Martin Niemöller (convertie au judaïsme au début des années quatre-vingt-dix, Sybil prendra le nom de Sarah) évoque les activités courageuses de son mari : on se souvient du témoignage qu'il porta sur les périls de l'indifférence :

> Lorsqu'ils sont venus chercher les catholiques, je n'ai rien dit car je ne suis pas catholique. Puis ils sont venus chercher les syndicalistes ; je n'ai rien dit car je ne suis pas syndicaliste ; ensuite ils

1. Voir *Tous les fleuves vont à la mer*, p. 139.

> sont venus pour les Juifs et, n'étant pas juif, je n'ai rien dit. Et alors, quand ils sont venus pour m'emmener moi, il n'y avait plus personne pour élever la voix.

Polonais, Hollandais, Belges, Danois, Français : comment ne pas être ému en leur présence ?

Et comment oublierais-je la personne qui, la veille du premier transport, avait frappé à la fenêtre de notre maison, sans doute pour nous avertir ? Je n'ai jamais réussi à découvrir son identité. Je l'aurais volontiers invitée à cette conférence.

Dans ma ville, et dans l'Europe occupée tout entière, les « hommes du courage » appartenaient à une infime minorité. Et cela me perturbe. Pourquoi furent-ils si rares, ces Justes qui prirent le parti du Juif traqué et affamé contre l'Allemand ou ses collaborateurs gonflés de leur puissance écrasante ?

Je les interroge, je les interroge dans toutes les langues qui me sont accessibles. A mes yeux, ils constituent une espèce à part. Ils ont osé tenir tête à l'oppresseur. Ils ont entravé son action. C'était donc possible : arracher au tueur sa proie apeurée, réduire l'espace du Royaume de la mort. Deux questions ne quittent pas mes lèvres : pourquoi avez-vous choisi le danger et l'héroïsme plutôt que la résignation et l'attente ? Pourquoi étiez-vous si peu nombreux ?

Impossible d'obtenir d'eux des réponses raisonnables. Des héros, eux ? Ils semblent ne pas comprendre : pourquoi les embête-t-on avec ces histoires d'héroïsme alors qu'ils n'avaient rien fait d'extraordinaire, rien que tout être humain n'aurait fait à leur place, non ?

Cela me rappelle la merveilleuse histoire d'une Berlinoise à qui Yad Vashem avait décerné un certificat d'honneur pour avoir sauvé des Juifs au péril de sa vie. Aux journalistes qui ne cessaient de l'importuner avec leurs questions sur ses mobiles, elle finit par répondre d'un ton superbe : « Vous voulez savoir pourquoi je l'ai fait ? Je vais vous le dire : par respect de moi-même. »

Si j'avais été présent, je l'aurais embrassée.

Je l'avoue : de toutes les activités du Conseil du mémorial, les cérémonies annuelles du souvenir exceptées, ce sont les rencontres que je préfère. Les colloques. Les partages. La transfusion de pensées et de mémoires. Le rôle du « marieur d'âmes » me convient. Je trouve stimulant de voir autour d'une table des hommes et des femmes de toutes origines échanger leurs idées, leurs commentaires, apprendre de chacun ce qui le rend singulier, participer au même projet : faire comprendre à leurs semblables qu'ils peuvent, qu'ils doivent vivre ensemble sur cette planète instable. Dialogues humains, débats philosophiques, discussions ethnoreligieuses : si le conseil n'avait été créé que pour cette raison, *Dayyénou*, c'eût été suffisant.

En revanche, certains projets auxquels je fus mêlé tournèrent mal. Ainsi le colloque de 1982 sur le génocide (voir p. 125), ou le voyage en Bosnie (voir p. 515). Quant à la commission américano-allemande, son existence fut de courte, de trop courte durée. Création du conseil, c'était une sorte de comité de réflexion et d'étude réunissant intellectuels américains et allemands. On m'a assuré que ces derniers avaient un passé irréprochable. Deux réunions annuelles furent prévues, à New York puis à Berlin. La première prit le ton de la confession. Anciens déportés face à cinq universitaires et responsables politiques allemands. Paroles vraies et douloureuses des deux côtés. Klaus Schutz, ancien maire de Berlin et ambassadeur (populaire) à Tel-Aviv, nous émeut par son humilité. Peter Petersen, parlementaire de Bonn (du parti de Helmut Kohl !), avoue que, dans sa jeunesse, il a été membre des Jeunesses hitlériennes. Un philosophe manifeste son souci de la vérité. Ambiance de confiance, de sympathie.

A Berlin, en débarquant de l'avion avec ma délégation, je me rends compte que nous sommes le 20 janvier. J'en fais la remarque à nos hôtes officiels. Ils semblent ne pas comprendre : « Ah bon », disent-ils. Je répète : nous sommes le 20 janvier, n'est-ce pas symbolique ? De nouveau, ils hochent la tête : ah bon. Cela ne leur rappelle vraiment rien ? Mais… la conférence de Wannsee ! Qui ne le sait pas ? La conférence du 20 janvier 1942… Ah oui, maintenant mes interlocuteurs allemands comprennent ; ils font enfin le rapprochement. Pourrions-nous voir le lieu qui occupe une place si néfaste dans l'histoire contemporaine ? Impossible, me répond-on. Trop compliqué. Programme trop chargé. Trop de gens à voir, trop de repas officiels. Et nous restons si peu de temps. Nous irons quand même. Y a-t-il une plaque à l'entrée ? Je crois me souvenir qu'elle ne fait aucune allusion au passé. Autrefois, avant d'être confisquée par la Gestapo, cette villa appartenait à une famille juive. C'est là que, sous la présidence de Reinhard Heydrich lui-même et avec la collaboration active d'Adolf Eichmann, se tint la fameuse réunion – non : la réunion infâme – des hauts fonctionnaires représentant tous les ministères du Reich, pour élaborer le principe et la stratégie de la Solution dite finale.

Je me promène dans la villa. En silence, j'interroge les murs, les plafonds : qu'ils témoignent, puisque les humains se taisent. J'en fais mention dans mes allocutions publiques. Gênés, les officiels promettent de transformer la villa en musée de la Mémoire. On me dit (aujourd'hui, en 1996) qu'ils ont tenu parole.

Cependant, à Washington même, les choses progressent lentement, trop lentement. Les intrigues et les querelles continuent. Conflits ouverts ou larvés de personnalités et d'ambitions, soif du pauvre pouvoir que nous sommes censés posséder ou distribuer. Au début, pour faire plaisir à tout le monde, j'ai autorisé – provisoirement – la création d'une vingtaine de comités. On imagine la pagaille. Les séances plénières continuent de susciter des débats et des analyses de haut niveau, mais aussi des escarmouches : en coulisse, on ne pardonne rien. Médiateur d'office, je passe des heures au téléphone pour apaiser les esprits surchauffés. Je commence à sentir le poids du temps perdu.

Et puis le problème de l'universalité de la Tragédie ne cesse de s'aggraver. Il resurgit à chaque session du conseil. Le théologien Robert McAfee Brown et certains penseurs chrétiens comprennent notre sensibilité. D'autres sont plus obtus. Et l'on assiste à la même absence d'unanimité chez les Juifs. Un survivant de Varsovie – Benjamin Meed – déclare un jour qu'il n'observe pas le *Yahrzeit* pour sa mère, mais qu'il allume une bougie pour honorer l'anniversaire de la mort de la femme chrétienne qui l'a caché pendant l'Occupation. Comment réaliser l'harmonie entre tous sans déformer la vérité de la mémoire ?

Et la question du financement se fait chaque jour plus aiguë. D'innombrables séances lui sont consacrées. Faut-il accepter les contributions allemandes, si Bonn nous les offre ? (La majorité se prononce contre.) Engager une agence spécialisée dans la collecte des fonds ? (Oui.) Contacter des millionnaires, sonder les fondations privées ? Chacun a son opinion, ses idées, des plans éprouvés. Moi, je n'y comprends rien. Que d'autres s'en chargent. Miles Lerman, par exemple ; il est connu dans les milieux des *Bonds* pour Israël. Et, naturellement, Sigmund Strochlitz qui a tant fait pour l'université de Haïfa. Par chance, ils sont amis. Inséparables, ils visitent des copains riches, des connaissances moins fortunées. Je les accompagne chez Henry Ford III. Puis à un dîner chez le gouverneur du Texas. Prévisions optimistes et déceptions se succèdent. Mais les survivants juifs ? Ils devraient être parmi les premiers à contribuer. Certains, dans la région du New Jersey, pourraient se le permettre. Déjeuner de travail. Nous sommes quinze. Souvenirs pathétiques par-ci, appels non moins pathétiques par-là. A eux tous, ils promettent 600 000 dollars répartis sur quelques années. Or il nous faudrait plusieurs dizaines de millions de dollars (en 1992, le budget prévu pour le musée dépasse les 160 millions de dollars). Architectes, bâtisseurs, ingénieurs, bibliothécaires, spécialistes en tout genre : cela coûte de l'argent. Et nous en manquons.

Grâce aux efforts de mon vice-président Mark Talisman et de Hyman Bookbinder (Bookie), le Congrès nous a attribué un immeuble presque sur le Mall, le lieu le plus prestigieux de la capitale, pas loin de l'impressionnant monument à la mémoire de Lincoln, le glorieux président qui a aboli l'esclavage.

L'immeuble de brique rouge nous paraît approprié. Simple, il s'insère parfaitement dans le paysage environnant. Il va falloir tout refaire à l'intérieur ? Et après. Nous en avons le pouvoir sinon les moyens. Et, en se mettant sérieusement à l'œuvre, nous finirons bien par les trouver, ces moyens. Après tout, il ne s'agit que de quelques millions de dollars !

Miles et Sigmund me réveillent une nuit, à 3 heures : ils jubilent. Bonne nouvelle. Qui ne pouvait attendre. Miles a trouvé le merle blanc. Un multimillionnaire. Un vrai. Un pur. Un médecin juif d'origine hongroise qui s'occupe aussi d'immobilier serait prêt à tout financer. Tout ? Absolument. Il sait comment s'y prendre. Qu'on lui fasse confiance, c'est tout ce qu'il souhaite. En échange, il nous livre un immeuble digne de nos espérances. Maintenant qu'ils m'ont réveillé, Miles et Sigmund me disent que je peux dormir tranquille. Mais… Mais quoi ? Il est important que je le rencontre. Je m'écrie : tout de suite ? Non, répond Miles. Pas tout de suite. Demain.

Je le rencontre. Je rencontre d'autres candidats philanthropes

Ils adorent parler, s'écouter parler. Le tout premier, le sauveur présumé, tient à prendre la parole lors d'une soirée du souvenir au Kennedy Center de Washington. Sinon ? Mieux vaut ne pas le contrarier, disent Miles et Sigmund. Soit, qu'il prononce quelques phrases, puisque l'avenir du musée en dépend. Certains formulent d'autres requêtes. Pas directement à moi. Généralement, le mécanisme semble bien huilé : le bonhomme parle à Miles qui parle à Sigmund qui, on le sait, est imbattable comme intercesseur auprès de moi.

Et le temps passe.

Un jour, Miles et Sigmund m'annoncent fièrement qu'ils viennent de dénicher un nouveau sauveur qui doit remplacer le médecin-industriel-mécène-etc. : Sonny Abramson. Un entrepreneur renommé de la capitale. Il respire le succès. Dès le premier abord, on reconnaît le millionnaire. Le décideur. Allure distinguée, suffisante, hautaine, genre acteur de cinéma. Cheveux argentés, regard d'acier. Il exprime le désir de nous aider. Il paraît, selon Miles et Sigmund, que je « dois » déjeuner avec lui. Je m'écrie : tout de suite ? Non, me rassurent-ils. La semaine prochaine. C'est impératif. Si Sonny marche, finis nos soucis. On ne me réveillera plus à 3 heures du matin, etc.

Il fait plutôt bonne impression, Sonny. Le sens pratique. Pragmatique. Bien qu'il ne soit pas membre du conseil, il nous propose son total soutien. Il parle comme le médecin-promoteur, mais sa voix est plus timbrée. Comme l'autre, il ne demande rien, il n'exige rien, il a foi en nous et en notre mission ; qu'on lui dise quoi faire et il s'occupera de tout. De tout ? De tout ce qui concerne la rénovation. On dit qu'il a de nombreuses relations en haut lieu et qu'il peut les faire jouer. Son meilleur ami est un membre influent de la Chambre. Je les verrai souvent ensemble, dès qu'une difficulté se présentera.

Au début, c'est la lune de miel. Dieu est grand et le travail avance. Tout le monde est heureux. Miles, Sigmund, Sonny : trio parfait. Miles cherche des fonds, Sigmund veille sur le programme, Sonny fait faire des recherches techniques concernant l'immeuble, le sous-sol, les murs. La paix, enfin. Je ne passe plus six heures mais seulement deux heures par jour au téléphone à résoudre des problèmes qui ne relèvent vraiment pas de ma compétence.

Un jour, je reçois – par la filière habituelle : Sonny relance Miles qui alerte Sigmund qui m'appelle – une nouvelle consternante : l'immeuble ne vaut rien ; pourri de l'intérieur, il risque de s'effondrer ; les réparations coûteraient une fortune ; mieux vaudrait le démolir entièrement et songer à un nouvel édifice...

C'est une tragédie. Je l'aimais bien, cet immeuble en brique. En fait, tout le monde l'aimait beaucoup. Il faut lire ce que mes collègues du conseil en disaient en séance plénière. Les uns y trouvaient une ressemblance (!) avec les blocks d'Auschwitz. Les autres vantaient sa simplicité : quoi de plus commun qu'une brique rouge ? Ou son efficacité. Ou son aspect harmonieux. (Meed : « C'est le plus grand jour de ma vie ! ») Un groupe de spécialistes, superbement dirigé par Anna Cohen (du Smithsonian) et David Altshuler (du monde universitaire), ont préparé un Livre rouge contenant un plan détaillé pour le musée. Plan impressionnant dans sa précision, ses détails et son imagination créatrice. Tout est prêt. On pourrait mettre la machine en marche. Mais si Sonny a raison, il faudra tout reprendre à zéro. Nous discutons la question avec lui, son ami parlementaire, leurs amis et leurs ennemis – ce sont peut-être les mêmes –, avec de nombreux entrepreneurs en bâtiment et architectes : cela me fait de la peine d'abandonner le bâtiment. Si nous le gardons, le musée sera prêt bientôt. Deux ans, au plus tard. Et financièrement supportable. Mais Sonny est têtu ; il insiste sur la nécessité de démolir. Il s'exprime en expert. Son ami parlementaire l'appuie. Finalement, le périple recommence : Sonny agit sur Miles qui agit sur Sigmund qui réussit à me convaincre. L'immeuble sera démoli. Parties, les briques rouges pour lesquelles nous, au conseil, éprouvions tant d'affection. La page est tournée.

Sonny occupe une place de plus en plus importante, il semble irremplaçable pour ce qui concerne la construction d'un nouvel édifice. Il nous présente un de ses amis, Harvey (Bud) Meyerhoff, richissime homme d'affaires de Baltimore ; tous deux forment un couple face au couple Miles-Sigmund. Entre eux, le courant ne passe pas toujours. Question d'autorité : qui détient le pouvoir de décision ? Théoriquement, c'est Sigmund puisqu'il préside le comité du développement. Objection de Sonny : Sigmund n'habite pas Washington, lui oui ; or il y a chaque jour des mesures à prendre sans délai ; on ne peut pas attendre la réunion suivante. Discussions, débats, crises innombrables. J'établis de nouvelles structures, comités et sous-comités. Nos émissaires voyagent beaucoup à la recherche de donateurs, muséographes, éducateurs et archivistes. Réunions et cérémonies se suivent et se ressemblent.

Et le temps passe.

Anecdote rapportée par Joseph Wiseman (qui a joué le rôle principal dans *Zalmen*[1]).

Il y avait un couple de comédiens à Broadway, les Lunt. Des vedettes qui faisaient courir tout New York. Une saison, ils jouèrent dans une pièce humoristique : chaque fois que le mari réclamait une tasse de thé, il le disait d'une manière tellement drôle que le public riait aux larmes. Or, un soir, pendant l'entracte, il se tourna vers sa femme et dit sur un ton angoissé : ce soir, ils n'ont pas ri, je ne comprends pas. Et son épouse de lui répondre : c'est pourtant simple, mon ami ; jusqu'à maintenant tu réclamais du thé, ce soir tu as demandé le rire.

Et si, dans nos milieux, l'on voulait faire pleurer ?

De plus en plus, je suis assailli de doutes ; je m'en ouvre à mes proches. Si je démissionnais ? A Irving Bernstein qui m'en dissuade, je dis : « Je sens que nous avons commis une erreur ; nous n'aurions jamais dû nous opposer à Carter qui ne voulait qu'un monument ; un musée crée trop de problèmes. »

Sonny est censé trouver un bon architecte – le meilleur, si possible – pour préparer un projet convenable. A-t-il cherché ? Si oui, il renonce vite et se rabat sur des architectes qui travaillent dans son entreprise. De mon côté, sur la recommandation d'amis en qui j'ai confiance, j'invite un architecte israélien (Zalman Einav) à nous soumettre un modèle.

Nous sommes déjà en 1985.

L'année de l'affaire Bitburg.

1. Voir *Tous les fleuves vont à la mer*, p. 538.

L'AFFAIRE BITBURG

Tout commence par une déclaration apparemment innocente du porte-parole de la Maison-Blanche, début 1995 : le président Ronald Reagan se rendra en Allemagne fédérale. Et il est précisé que le programme officiel n'inclut aucune visite dans un ancien camp de concentration. Immédiatement, des voix se font entendre : certaines s'interrogent, d'autres s'indignent. Si le porte-parole n'avait pas mentionné ce détail, il ne serait pas venu à l'idée des journalistes de le relever. S'ils le font, c'est qu'ils y voient un défi. Comme si Ronald Reagan voulait signifier à son pays et au monde sa nouvelle attitude envers l'Allemagne de Helmut Kohl : attitude « normale » issue des relations entre deux peuples devenus alliés et amis. Le passé ? Enterré. Ou, du moins, voilé, fardé. Comme dirait le chancelier Kohl : normalisé.

Puis tombe le second soulier. Le porte-parole de la Maison-Blanche annonce que, au cours de son voyage en Allemagne, le président visitera un cimetière militaire allemand. Lequel ? On l'ignore. Il sera révélé plus tard : Bitburg. Les correspondants, interloqués, s'entre-regardent : le nom ne leur dit rien. Il deviendra vite célèbre.

On se souviendra longtemps de la tempête que cette nouvelle suscita. Pas seulement chez les Juifs mais aussi chez les vétérans des deux guerres. Les éditoriaux sont sévères, les commentaires féroces. D'anciens soldats renvoient leurs médailles militaires gagnées sur les champs de bataille européens. Chose incroyable : pour la première fois depuis sa victoire électorale, Ronald Reagan n'est pas soutenu par la population. Le « grand communicateur » a du mal à communiquer. La Maison-Blanche se justifie, évoque des intérêts supérieurs, la raison d'État, le devoir de réconciliation, l'OTAN, la défense de l'Europe. Le pays rejette l'argumentation. Pourtant, au début de la polémique, chacun pense que le cimetière en question est réservé uniquement aux soldats et officiers de la Wehrmacht. Le pire, le pays l'apprend bientôt : le cimetière de Bitburg abrite aussi des tombes de SS.

Là, toute la nation est outragée. Unanime, l'opinion crie au scandale. On rappelle le passé et les atrocités commises par les SS. Le mot « SS » jette l'effroi. On dit Bitburg et on évoque Auschwitz. Assiégée, la Maison-Blanche se défend comme elle peut, c'est-à-dire mal. Nul n'est prêt à la suivre. C'est la débâcle. Chute vertigineuse dans les sondages. Fini le mythe de l'invulnérabilité de Reagan.

En vérité, même s'il ne s'était agi que d'un cimetière de la Wehrmacht, il ne méritait pas qu'un président américain l'honore de sa visite.

Je sais bien qu'en Allemagne on aime insister sur la différence entre les « bons » soldats de la Wehrmacht et les « méchants » SS et que, pour s'assurer les bonnes grâces des Allemands, l'Ouest laissait faire. Et je ne nie pas cette différence. Mais de là à blanchir la Wehrmacht, c'est un pas qu'il ne faut pas franchir trop vite. Oublie-t-on l'appui logistique qu'elle a offert aux unités SS qui sévissaient contre les Juifs ? Des documents historiques existent ; ils sont irréfutables. Les Einsatskommandos de la mort n'auraient pas pu agir à Babi Yar, à Minsk et ailleurs, en Ukraine, en Russie blanche et à Varsovie, sans la coopération active de la Wehrmacht. Mais les SS étaient autrement plus coupables, cela est vrai. Ce n'est pas par hasard ni pour rien que le tribunal de Nuremberg prononça la culpabilité collective de toutes les formations SS.

Et voici que le président des États-Unis s'apprête officiellement, solennellement à leur rendre les honneurs de la nation en déposant une gerbe sur leurs tombes !

Par milliers, des télégrammes s'amoncellent dans la salle du courrier de la Maison-Blanche. Pétitions et appels pleuvent de tous les coins du pays. Le Sénat et la Chambre sont unanimes : Bitburg est une erreur grave, une provocation gratuite. Les élus républicains s'arrachent les cheveux. Reagan remue ciel et terre pour obtenir quelques adhésions. Henry Kissinger m'appelle : il comprend ma position, mais le président lui a téléphoné ; il ne peut donc pas ne pas l'appuyer. Dommage pour lui, car son appui ne change rien à la situation

Pour calmer les esprits, du moins les esprits juifs, le chef de cabinet du président, Donald Regan, invite quelques leaders juifs républicains à une rencontre et une explication. Bien que je ne sois pas de leur bord, je fais partie des invités. En ma qualité de président du Conseil du mémorial ? Possible.

Autour de la table : Max Fischer, le doyen richissime des intercesseurs juifs auprès des administrations républicaines. Ses amis politiques Gordon Zaks et Richard Fox. Kenneth Bialkin, avocat new-yorkais et leader communautaire. Et moi.

L'administration est représentée par Donald Regan, Patrick Buchanan et Ed Rollins. Homme de Wall Street, Regan est l'ancien secrétaire d'État au Trésor. Journaliste, Buchanan est conseiller en communication du président, Rollins son conseiller politique. Des trois, je ne connais que Regan. Nous nous sommes rencontrés à Colgate University un an ou deux auparavant. J'y avais prononcé le discours de la cérémonie de remise de leur diplôme aux bacheliers et lui celui qui accueillait les futurs étudiants. Le mien fut teinté de pessimisme, le sien frappait par son optimisme. Aimable, il me rappelle notre dialogue : « On le continue aujourd'hui ? »

Les Juifs expriment leur opposition à la visite de Bitburg, qui avec fermeté (Gordy Zaks), qui avec diplomatie (Bialkin). Mou, Fisher est franchement docile : il reconnaît le droit de l'administration de se préoccuper des conséquences de l'incident diplomatique qui va sûrement éclater. A quoi bon aggraver les tensions entre Américains et Allemands ? Pourquoi mettre en situation délicate le proaméricain Kohl ? Après tout, il faut aussi penser aux bases aériennes et aux armements nucléaires tactiques à courte portée que les États-Unis entretiennent en Allemagne. Ses opposants diront : Voilà qu'un dirigeant juif se met à analyser un problème juif en stratège planétaire ! La situation politico-militaire générale aurait priorité sur l'honneur juif. Sur la mémoire juive. En moi-même, je me dis : les choses se sont sans doute passées ainsi pendant l'Holocauste ; des leaders juifs étaient venus ici même plaider pour les Juifs européens mais finissaient par s'exprimer comme leurs hôtes. On parlait beaucoup de la situation sur le front, des batailles à venir, et moins ou pas du tout des massacres en Pologne.

Les anciens collègues politiques de Max Fisher – Norman Braman, Stanley Margulies et Irving Levy, tous de Floride – sont choqués mais pas étonnés. Ils critiquent sa faiblesse de caractère et le jugent timoré. Ils parlent d'expérience : lorsque le président Reagan a décidé de vendre des avions Awacks, avec leur technologie et leurs équipements de pointe, à l'Arabie Saoudite, Fisher, en tant que représentant des Juifs républicains, ne s'est pas joint à eux pour protester.

Du côté des hauts fonctionnaires américains, Ed Rollins se prononce contre Bitburg. Pour des raisons politiques autant que morales. Buchanan, lui, prêche l'intransigeance : il ne faut surtout pas donner l'impression que le président cède aux pressions de la communauté juive. Je lui réplique : mais qu'il succombe aux pressions allemandes, cela vous est égal ? Regan propose un marché, à son avis équitable : le président ira « aussi » à Bergen-Belsen. Il insiste : aussi. C'est-à-dire : Bitburg reste au programme ? Oui. Je réponds : Renoncez à Bitburg *et* à Bergen-Belsen. Rien à faire.

Dans la cour de la Maison-Blanche, Kenneth Bialkin se tourne vers moi et dit : « Avez-vous remarqué que, durant la discussion, Patrick Buchanan ne faisait que gribouiller sur son bloc-notes jaune devant lui ? Comme j'étais assis à sa droite, j'y ai jeté un coup d'œil. Vous ne me croirez pas si je vous dis ce qu'il griffonnait ; deux mots seulement : Pression juive, pression juive. Voilà ce qui l'obsédait dans toute cette affaire, voilà ce qui lui faisait peur… » Dans l'avion privé de Max qui nous ramène à New York, Bialkin le répète à plusieurs reprises, toujours du même air ahuri.

(Anticipons… Marvin Kalb, grand reporter et commentateur de NBC, a vent de l'histoire. Il la raconte dans son émission. Scandale énorme. Buchanan dément. Il appelle Bialkin à la rescousse. Et Bialkin obtempère. Son explication : en politique, il est parfois nécessaire d'avoir une vision à long terme… Pour défendre l'honneur professionnel de Kalb, j'ai à mon tour démenti le double démenti de Buchanan et de Bialkin…)

La gaffe présidentielle en entraînera d'autres. Tout président qu'il soit, Ronald Reagan parle beaucoup, et parfois il parle trop.

Là-dessus survient la cérémonie de remise de la médaille d'or que le Congrès des États-Unis a cru bon de me décerner. Distinction rare et prestigieuse, elle n'a été accordée qu'à une centaine d'individus dans toute l'histoire américaine.

Passons sur les compliments des membres du Congrès : quiconque s'y intéresse peut les lire dans le Journal officiel du Congrès. Ou dans les archives privées de Sigmund dont le rôle dans cette aventure mérite ma reconnaissance.

Le projet de loi numéro S-2597 fut adopté au printemps 1984 ;

il autorise le ministère des Finances à faire frapper une médaille d'or en mon honneur et à mon effigie. Suivent plusieurs démarches d'ordre pratique : il faut trouver l'artiste pour la dessiner. Facile : Mark Podwal est un dessinateur hors pair ; nous avons collaboré au livre sur le Golem du Maharal de Prague et publierons plus tard une Aggadah ensemble. Il nous donne son accord. Côté face, la médaille représentera ma photo prise par Roman Vichniak. Au-dessus, trois mots : AUTEUR - ENSEIGNANT - TÉMOIN. Sur le côté pile, Mark dessine un livre ouvert : Jérusalem et le *shtetl*, la bourgade juive de l'Europe de l'Est, se font face. Sur la page représentant la cité de David, Mark inscrit en lettres à peine visibles à l'œil nu le verset des Psaumes « Si je t'oublie ô Jérusalem… »

Commencent avec la Maison-Blanche des négociations sur la date de la remise de la médaille. Offerte par le Congrès, c'est le président qui, traditionnellement, la remet. Côté Congrès, on suggère octobre, puis janvier, puis avril. Les assistants du président disent oui, puis peut-être, changent plusieurs fois d'avis et de date, et finissent par s'arrêter sur le 19 avril 1985. Nous, cela nous convient parfaitement : c'est une date historique inoubliable. Donc symbolique. L'insurrection du ghetto de Varsovie débuta le 19 avril 1943. Mille détails techniques restent à régler : la cérémonie aura lieu dans le salon Est. Trois cents places sont prévues pour les membres des services secrets (qui ne quittent jamais le président), les membres du cabinet, les invités du président et les miens, les membres du Conseil du mémorial et les représentants des médias.

Or, dès que l'affaire Bitburg devient publique, la Maison-Blanche décide de changer de lieu. A présent, on nous fait savoir que la cérémonie de remise aura lieu dans le salon Roosevelt. Plus petit, celui-ci ne peut accueillir qu'une quarantaine de personnes. J'ai droit à quatre invitations. C'est clair : les responsables de la présidence essaient d'escamoter la cérémonie au cours de laquelle je risque d'évoquer le voyage controversé. Tout est fait pour qu'elle se déroule très vite, presque en secret. Du coup, chose désagréable, nous sommes obligés d'annuler les invitations envoyées aux amis parlementaires, aux collègues du conseil et aux amis personnels venus de l'étranger. Des sénateurs appellent leurs contacts à la Maison-Blanche pour qu'elle revienne sur sa décision. En vain. Mon intervention auprès de Ronald Reagan échoue également.

Une séance extraordinaire du conseil se tient entre-temps. Un seul point à l'ordre du jour : Bitburg. Paroles de dépit, de colère.

Conseillé par moi dans le plus grand secret, Sigmund Strochlitz, au bord des larmes tant son émotion le submerge, propose une démission collective en guise de protestation si le président se rend à Bitburg. Mesure prématurée, répondent nos collègues. Il vaut mieux patienter ; trois semaines nous séparent du voyage. Mais il faut quand même faire quelque chose ! Ne serait-ce que pour marquer notre désaccord ! Je me demande si je ne devrais pas refuser la médaille. Dans la mesure où il ne s'agit pas d'un honneur présidentiel mais d'une distinction offerte au nom du peuple américain, ai-je le droit d'offenser l'un en boycottant l'autre ? Finalement, adoptée à l'unanimité, une résolution brève et solennelle exprime notre émotion, notre angoisse. Nous en appelons à l'humanisme du président, à sa compréhension de l'Histoire, nous le couvrons de fleurs tout en lui demandant de renoncer à sa visite au cimetière SS. Ensuite, nous nous rendons à une conférence de presse improvisée. Je dis bien improvisée car, depuis 1978, nous n'avons jamais eu recours à ce mode de communication. Sans doute sommes-nous le seul organisme gouvernemental à n'avoir pas employé les services d'un attaché de presse. Excès de puritanisme ? Je pensais que l'Holocauste et les relations publiques n'allaient pas de pair. Nous faisons notre devoir ; que la presse fasse le sien. Sans intermédiaire. Cela ne réussit pas toujours et nombre de nos activités passent inaperçues. Tant pis. Mais cette fois on s'intéresse à nous. Face aux caméras de télévision, aux micros, aux flashes et aux magnétophones, comment concilier fermeté et retenue, opposition et respect ? Frapper du poing sur la table n'est pas mon genre. Menacer non plus. A un reporter qui me demande si j'ai l'intention de démissionner, je réponds : « Je ne pense pas que ce soit nécessaire ; je ne crois pas que le président ira jusqu'à Bitburg. » On exige des explications : est-ce que je sais des choses que tous les médias ignorent ? Aurais-je reçu des confidences d'une source inaccessible au commun des mortels ? Je dis : « Affaire d'intuition, c'est tout. Et de confiance. Le président, je le connais un peu ; c'est un homme digne et noble ; il ne méprisera pas la volonté du peuple américain ; il n'ira pas honorer un cimetière SS. » En moi-même, je suis moins convaincu, mais je me dis que je ne perds rien à me montrer optimiste.

On dirait que le pays est en état de crise, ou au moins en pleine effervescence. On ne parle plus que de Bitburg. Pourquoi Ronald

Reagan s'obstine-t-il ? Pourquoi ne se libère-t-il pas de la prison où Helmut Kohl semble le maintenir ?

A New York, je convoque une nouvelle session extraordinaire du conseil. Sigmund Strochlitz, en bon complice, réintroduit son projet de résolution : que le conseil soumette au président sa démission collective. Je suis pour, et cette fois je le dis ouvertement, mais la majorité s'y oppose une fois de plus. Je ne comprends pas : pourquoi mes collègues craignent-ils tant de s'opposer à la volonté du président ? Mes camarades survivants, pourquoi tiennent-ils tant à leurs titres officiels ? « Démissionner serait un geste prématuré, déclarent certains. Plus de deux semaines nous séparent encore de l'événement, à quoi bon nous précipiter... »

Le jour de la cérémonie approche. Les journalistes me harcèlent jour et nuit. Combien de fois vais-je répéter que la visite constitue une erreur morale et un piège politique ? Et que le président ne va tout de même pas blanchir les SS dont les crimes continuent de hanter notre génération ?

De Washington, on nous annonce l'arrivée d'un certain Marshall Breger, conseiller aux affaires juives de la Maison-Blanche. On me dit qu'il est orthodoxe pratiquant. Donc il doit comprendre notre position. Il m'appelle. Je lui dis ce que je pense du voyage présidentiel. N'est-il pas d'accord ? Non, il n'est pas d'accord. Comment peut-il, lui, un Juif pieux, accepter de servir une politique antijuive ? Il devrait démissionner. Mais peu de fonctionnaires subalternes le font. Besoin d'argent, nécessité de gagner leur vie, désir de jouer au personnage important ? Tant pis pour eux, pour lui. Et l'honneur là-dedans ? Et la dignité juive ?

Abe Rosenthal et Arthur Gelb, les patrons tout-puissants du *New York Times*, nous accompagnent partout. Comme professionnels ? Comme amis. Comme Juifs. Hommes de conscience, ils forment une paire idéale. Certains les craignent, d'autres ne jurent que par eux ; tous les admirent pour leur professionnalisme. Marion et moi les tenons au courant des développements de l'affaire. Sigmund est chargé des contacts avec le *Hill*, la colline, c'est-à-dire le Sénat et la Chambre. L'ambiance devient de plus en plus tendue, nerveuse. La cérémonie est minutieusement programmée pour le vendredi suivant ; nous sommes tous saisis par l'agitation fébrile des veillées d'armes. Questions qui demeurent ouvertes : obtiendrons-nous quelques invitations supplémentaires pour tel ou tel visiteur étranger ? Réussirons-nous, à la toute dernière minute, à agir sur les conseillers du président ? La guerre de Bitburg aura-t-elle lieu ? De la part des journalistes qui me traquent, une question supplémentaire : assisterai-je, oui ou non, à la cérémonie ? Pour maintenir le suspense, je refuse de donner une réponse définitive. Mais mon discours est prêt. Enfin, presque. Abe et Arthur me donnent leur avis favorable. Le ton est respectueux mais ferme, sans compromis. Comme toujours, pour mes rares écrits en anglais, Marion suggère quelques corrections précieuses sinon indispensables.

Le mercredi 17 avril, nous prenons la navette pour Washington. Elisha est avec nous. Il va célébrer sa Bar-mitzvah en juin. Je lui trouve un air troublé. A cause de sa fête ? De notre nervosité ?

Per Ahlmark, ancien vice-Premier ministre suédois, ennemi des antisémites, poète et écrivain connu pour son courage moral autant que pour son talent, a tenu à venir de Stockholm. Pendant le déjeuner, il nous apprend une triste nouvelle : notre ami commun Tim Greve, patron du journal norvégien *VG*, a un cancer. Aucun de nous ne touche plus à son assiette.

Des bureaux du conseil, Marian Craig m'informe que Mike Deaver cherche à me joindre depuis Bonn. Deaver, c'est l'ennemi. Conseiller, pour ne pas dire mauvais génie de Ronald Reagan, et surtout de Nancy, c'est lui qui, du côté américain, porte la responsabilité de Bitburg. On le dit rusé, arrogant, suffisant. Il bat le record de l'impopularité parmi les fonctionnaires de l'entourage du président. C'est lui qui a dirigé le groupe qui, des mois plus tôt, s'était rendu en Allemagne pour préparer le voyage présidentiel. C'est à lui qu'on a montré le cimetière de Bitburg. Lui a-t-on mentionné les tombes SS ? Les Allemands jurent qu'ils l'ont fait. Je n'ai pas envie de lui parler, mais je me dis : peut-être va-t-il m'annoncer la bonne nouvelle... Je le rappelle. Il n'est plus joignable ; c'est l'ambassadeur qui monte en ligne. Arthur Burns, je le connais. Nous nous sommes rencontrés à Newport, Rhode Island, lors d'un colloque sur les premiers Juifs arrivés en Amérique. Ce n'est pas un Juif honteux, il n'a jamais dissimulé sa judéité. « On » lui a demandé de me parler, d'essayer de me convaincre. « Puisque le président ira à Bergen-Belsen, Bitburg me paraît acceptable », me dit-il. A moi non. Il reprend les mêmes arguments géopolitiques et diplomatiques. Il y ajoute la nécessité de ne pas lâcher Kohl, le grand allié de Washington. Je l'écoute jusqu'au bout, mais c'est toujours non. Je lui dis : « Il s'agit de la mémoire juive, Bitburg va la violer ; il faut empêcher cela, aidez-moi. » Je pense qu'il a fait de son mieux. Lui aussi a échoué. Dommage. Quel gâchis !

Le jeudi matin, nous assistons à la commémoration annuelle de l'Holocauste. Selon la tradition, elle a lieu à la Rotonde. Défilé des drapeaux des unités qui ont libéré les camps, chants rituels, allumage des six bougies. Émotion générale accrue à cause de Bitburg. Normal.

Tous les leaders du Congrès sont présents ainsi que diverses personnalités du monde politique et religieux. Le secrétaire d'État George Shultz représente l'administration. Il a la réputation d'un homme véridique ; on se fie à sa parole ; il est juste et intègre. Prononcé sur le ton lent et digne qui lui est familier, son discours est éloquent, voire bouleversant. Cela ne m'étonne pas. Je sais ce dont George Shultz est capable. Dans l'équipe de Ronald Reagan, c'est lui l'humaniste.

Dans mon allocution, consacrée en partie seulement à l'affaire qui nous préoccupe, je m'efforce d'évoquer l'inhumanité dont les SS sont le symbole. A un moment donné, je m'adresse directement à George Shultz et je lui demande : « Soyez notre intercesseur. »

Il m'entend. Son porte-parole, Bernie Kalb, me le confirmera. Le secrétaire d'État appelle plusieurs fois son ambassadeur à Bonn. Son but est de convaincre Kohl de ne pas insister sur Bitburg. En vain. Kohl tient à cette visite au cimetière militaire, à l'image de Reagan s'agenouillant devant les tombes des soldats allemands, SS inclus. Shultz exprime son opposition au président lui-même. Sans succès. Reagan préfère prêter l'oreille aux arguments de Kohl pour qui la visite à Bitburg est politiquement impérative car rentable. Même partielle, la réhabilitation des SS renforce sa popularité dans les milieux nationalistes de la droite allemande. Peter Petersen, vieux parlementaire trop proche de Kohl, essaie de me raisonner : « Vous avez tort de condamner tous les SS. Il y en avait des mauvais, mais il y en avait aussi des bons ; tous ne dirigeaient pas les camps de concentration ; beaucoup se battaient au front. » Je lui réponds : « De bons SS, il n'y en avait pas. » Mais je comprends la tactique allemande. Voilà donc le but véritable de Kohl : blanchir les SS. Ce sera l'ultime étape d'un plan soigneusement conçu. En premier lieu, l'Allemagne se devait de réhabiliter la Wehrmacht, la douce, la pure, l'innocente. Maintenant, grâce à Kohl, c'est le tour des SS. D'abord, les « bons ». Puis viendra le tour des autres. Plus tard. Lentement. Précautionneusement. Une fois la porte ouverte à l'oubli, les tortionnaires et les assassins s'y engouffreront aussi. Et c'est Bitburg qui ouvre la porte. D'un point de vue purement pragmatique et cynique, on comprend Kohl. Mais on ne comprend pas Reagan. Pourquoi s'entête-t-il à se compromettre dans cette affaire ? Il n'a rien à y gagner. En est-il conscient ? Michael Deaver et Patrick Buchanan lui font du tort, le sait-il ? Au Département d'État, des amis me disent : c'est Kohl qui est le responsable de cette débâcle, c'est lui qu'il faut blâmer ; il a réussi à convaincre Reagan que si la visite est annulée, ce sera sa fin à lui, Kohl, donc celle de l'alliance États-Unis-Allemagne.

Suivant la tradition, le conseil se réunit en séance plénière après la cérémonie du souvenir. A l'ordre du jour, un point urgent : le futur musée. Nous devons choisir entre un projet architectural israélien (de Zalman Einav) et celui de Sonny Abramson. Le premier est sobre et modeste. Il me plaît davantage que l'autre qui rappelle plutôt un supermarché. Pas étonnant : c'est le style Sonny. Mais nous sommes à la veille de la cérémonie de la Maison-Blanche. Tout le monde est préoccupé par Bitburg plus que par des maquettes que seuls des initiés peuvent apprécier. Le va-et-vient est incessant. On vote pendant que je donne une interview à la télévision. Le projet banal d'Abramson l'emporte. De retour dans la salle, on m'apprend que les jeux sont faits. Est-ce bien ? Est-ce une erreur ? J'écoute le panégyrique de Ben Meed : il adore le modèle, il y croit, il sait maintenant que le musée se fera, c'est donc le plus beau jour de sa vie. Quelqu'un m'apprend que le règlement n'a pas été respecté : il n'y avait pas le quorum nécessaire pour procéder au vote. On verra cela plus tard.

Dans le couloir, impossible de faire un pas sans bousculer un photographe ou un reporter. Tous veulent savoir : irai-je à la Maison-Blanche ? Le suspense continue. Pour quelques heures encore.

Dans ma chambre d'hôtel, avec Marion, Elisha, Sigmund et Per, je relis ma « réponse » à la remise de la médaille par Reagan, puis j'en fais déposer un exemplaire à la Maison-Blanche. Nul ne me l'a réclamé. Politesse et respect s'imposent. Je tiens à ce que le président sache ce que je me propose de lui dire le lendemain. Qui sait, un miracle est encore possible.

Un journaliste m'appelle : suis-je au courant de la réunion secrète qui se tient dans mon hôtel, à un étage inférieur ? Marshall Breger, le conseiller aux affaires juives de la Maison-Blanche, a réuni des dirigeants juifs pour discuter de Bitburg et a fait pression sur eux pour qu'ils fassent pression sur moi.

Cela n'a rien d'étonnant. La plupart des dirigeants juifs ont refusé de me soutenir. Bien au contraire, ils suggèrent la prudence, la patience. La compréhension. La conciliation entre éthique et politique. Le sénateur Frank Lautenberg du New Jersey me conseille carrément de garder profil bas : un conflit avec le président ne servirait à rien. Avec plus d'élégance, d'autres personnalités juives prêchent la modération, l'apaisement. Après tout, Bitburg n'est qu'un épisode dans les relations de la communauté juive avec le président. Mieux vaut le ménager. A la limite, passer outre. D'autres sujets, d'autres crises surgiront ; nous aurons besoin de la bonne volonté de Reagan. Après la cérémonie, les mêmes leaders se hâteront de me saluer, de me féliciter, d'applaudir ma bravoure ou mon éloquence, en ajoutant : « Vous savez que j'étais de tout cœur avec vous, croyez-moi, je l'étais... »

Soirée agitée, entrecoupée par des appels « urgents ». Des amis « proches » qui me livrent un dernier renseignement « de source sûre » ou un ultime conseil « de la plus haute autorité ». Elisha assume avec talent et humour les fonctions de standardiste, de secrétaire et de porte-parole. Quelques reporters passent la nuit en bas, près des ascenseurs, à l'affût d'un scoop. Cela me rappelle mon ancien métier.

Le vendredi matin, on me conduit en limousine – pas moins ! – aux studios de CBS, NBC et ABC. Traitement de vedette. Je ne parviens pas à m'y adapter. Ce rôle ne me convient pas. Cela fait des années que je ne suis plus journaliste, mais entre interviewer et interviewé, je préfère le rôle du premier. Je préfère surtout me voir penché sur des livres où des Sages anciens m'interpellent et me guident.

Les interviews me fatiguent. Les questions qu'on me pose, je les connais d'avance : vais-je accepter la médaille des mains du président ? (Oui. La refuser serait offenser le peuple américain.) Que vais-je lui dire ? (De revenir sur sa décision.) Quelle est ma position à l'égard du concept de culpabilité collective ? (Je suis contre.) Chose curieuse, aucun journaliste sérieux ne me manifeste d'hostilité. Est-ce parce que, dans leur quasi-totalité, ils déplorent ou condamnent la visite à Bitburg ? Ou parce qu'ils sentent l'humeur populaire ? Vers 10 heures, nous nous rendons à la

Maison-Blanche. Devant les grilles, nous rencontrons l'ambassadeur d'Israël, mon vieil ami Meir Rosenne, que j'ai fait inviter. Marshall Breger s'approche aussitôt : antipathie réciproque instantanée. Il me dit que je connais ses beaux-parents. A tout hasard, pour m'amadouer, il mentionne le Talmud. Comme je ne réagis pas, il va droit au but : mon discours lui paraît trop long. En clair, il souhaite que je le raccourcisse. C'est-à-dire que j'en ôte les passages critiques.

Je ne réagis toujours pas. Dans la salle d'attente, j'aperçois Abe Rosenthal et Arthur Gelb. Marion nous rejoint. Tous les quatre, nous nous retirons dans un coin pour un bref conciliabule de dernière minute. Je résume mon entretien hâtif et désagréable avec Breger et leur annonce que je vais essayer de voir le président avant la cérémonie ; je tenterai une dernière fois de le persuader. Ils sont sceptiques, moi aussi. Je leur demande ce que je dois faire si l'on essaie de couper mon discours. « Dans ce cas, répond Abe, tu ne fais pas de discours. Tu dis merci pour la médaille et tu lis ton texte devant les caméras et la presse, dehors, sur la pelouse. » Là-dessus, Marshall Breger revient essoufflé ; il m'informe que Donald Regan m'attend dans son bureau. En route, Breger revient à la charge. Je ne réagis pas. Regan m'accueille chaleureusement. Je lui demande s'il a lu mon discours ; oui, il l'a lu. Pas d'objection ? Absolument pas. Et le président ? Pas d'objection non plus. C'est donc Breger seul qui a voulu me censurer. Pourquoi tant de zèle de la part d'un homme dont les origines, sinon les attaches, sont en Europe de l'Est ? Pourquoi un Juif, orthodoxe de surcroît, s'est-il livré à cette basse manœuvre ? Pour plaire à ses supérieurs ? Son châtiment sera quasi immédiat. Regan nous emmène dans le bureau ovale. Peggy Tishman nous accompagne. Élégante, fine, dévouée à diverses causes juives, elle dirige un groupe culturel qui organise tous les ans « la semaine de l'héritage juif », événement que, cette année, le président prend sous ses auspices. Pourquoi rapprocher les deux manifestations ? Sans doute est-ce une ruse de Breger qui souhaitait minimiser l'importance accordée à la remise de la médaille. Regan présente Peggy au président qui, courtois, répond qu'il sait qui elle est ; puis il me présente, moi. Le président l'interrompt : « Ce n'est pas la peine, nous nous connaissons. » Se souvient-il de l'histoire du numéro de téléphone ? Par la suite, nous nous sommes vus plusieurs fois et il s'est toujours montré chaleureux à mon égard. Vient le tour de

Breger. Débâcle : le président ne sait pas qui c'est. Regan doit lui expliquer qu'il s'occupe ici des affaires juives. Pauvre Breger. Lui qui se vantait partout de ses relations personnelles avec le président. Lui qui parlait en son nom, exprimant ses souhaits, couvrant ses excès, justifiant ses déboires. Je le vois pâlir : le président le traite en inconnu, en intrus par-dessus le marché.

Une fois assis, Peggy et moi exposons ce qui nous pèse, ce qui nous trouble. Je dis : « Il n'est pas trop tard, monsieur le Président. Imaginez le scénario suivant : vous prononcez votre allocution, vous me remettez la médaille, je vous réponds, vous connaissez ma réponse, et… à la fin de mon discours, vous revenez au micro et vous dites simplement : soit, je n'irai pas. Faites-le, monsieur le Président, et vous serez le héros du monde entier ! Juifs et non-Juifs, jeunes et vieux, républicains et démocrates applaudiront votre geste, votre inspiration humaniste, votre éloge de la mémoire ! On dira : voyez, il n'a pas besoin de conseillers, le président des États-Unis, il est vraiment maître chez lui et maître de lui-même. On dira : regardez comme ce président est différent ; pour lui, les considérations éthiques dominent les nécessités politiques. On dira : voilà l'homme d'État dont l'Amérique peut être fière… »

« Trop tard », me dit-il avec un sourire grave et accablé. Il vient d'avoir le chancelier Kohl au téléphone. Le leader allemand lui a déclaré que si la visite de Bitburg était annulée, ce serait une « catastrophe nationale » pour son pays. Or, le président s'est engagé. Rompre sa promesse ? Impensable. Pourquoi le nier ? Il me fait de la peine. Je sais que, si cela dépendait de lui, il agirait différemment. Mais il a pour habitude de se fier à ses collaborateurs. En fait, ce sont Regan, Deaver et Buchanan qui ont pris la décision à sa place.

Il est presque 11 heures. Nous prenons congé du président et nous dirigeons vers le salon Roosevelt. Entassés comme dans le métro aux heures de pointe, les invités s'y trouvent déjà. Une quarantaine, une cinquantaine tout au plus. Le vice-président George Bush est là. Les principaux conseillers du président. Les quatre parlementaires, mes parrains, qui ont présenté le projet de loi concernant la médaille. Le pool des médias. La chaîne NBC diffuse la cérémonie en direct. CNN aussi. Elisha et Marion sont assis au premier rang. Derrière eux, Sigmund, Abe, Arthur et leurs épouses. Le président entre à 11 heures précises. Debout, l'assistance attend qu'il s'installe. Dans la salle, la tension ne cesse de croître. Naturellement, des images anciennes me traversent l'esprit. Je me revois dans ma petite ville, chez moi. C'est le matin. Je me rends à l'oratoire. C'est l'hiver. Il neige. Je suis seul dans la rue. Non, pas tout à fait seul. Je perçois des pas. Quelqu'un me suit. Pour m'agresser ? Pour me protéger ? Comment mesurer le chemin parcouru de Sighet à la Maison-Blanche ? Le président s'exprime bien, ou plutôt déclame bien. Histoire juive, judaïsme, poids de l'héritage, éthique et culture, souffrance juive : personne ne sait lire un texte comme lui. Mais il est tendu. Moi aussi. Et le public également, c'est visible. Comment dire ? Nous vivons un moment historique. Je n'y suis pour rien, moi, en tant que personne. Un autre survivant juif aurait pu être à ma place. Nous revoilà devant le mystère de la survie : pourquoi moi plutôt qu'un autre ? En quoi l'ai-je méritée ?

Le président me couvre d'éloges. On dirait qu'il m'attribue tout le bien que l'humanité fait en ce moment. « Nul ne nous a mieux enseigné… Sa vie s'érige en symbole… Pareil aux prophètes, ses paroles apprendront à l'humanité des leçons intemporelles… » Suis-je flatté ? Non, pas vraiment. Gêné ? Non plus. C'est autre chose. Toujours ce sentiment d'irréalité. J'en suis pénétré chaque fois que j'entends des gens parler de moi. Ici, il est plus fort encore. Comme si j'étais ailleurs, des siècles plus tôt. J'entends mon nom. Je me lève. Je m'approche du président qui, souriant, m'offre la plume avec laquelle il vient de signer la Proclamation de l'Héritage juif. Puis il me remet la médaille d'or. Applaudissements. Qui applaudit-on ? L'enfant juif de Sighet ? Du coin de l'œil, je vois Marion, je regarde Elisha. Je sens l'émotion qui m'étreint. C'est souvent ainsi. Il me suffit de regarder, de bien regarder mon fils pour que je sente une boule dans ma gorge. Sait-il ce qu'il représente pour son père ? C'est pour lui que j'ai œuvré, pour lui que j'ai vécu. Héritier de mes souvenirs, c'est lui qui saura leur conférer sens et destin. Lui et ses pairs. Sans l'avoir prévu, je quitte l'estrade, je vais vers lui et je mets la médaille dans ses mains.

Mon allocution ? Je ne jouerai pas à la fausse modestie : elle a eu un impact national et international. Elle a fait les manchettes partout. Le *New York Times*, le *Washington Post*, la plupart des journaux américains l'ont reproduite *in extenso*. L'hebdomadaire *Time* écrivit que ce fut l'un des grands moments de l'histoire de la présidence américaine. Chris Wallace de NBC : « C'était l'une des scènes les plus extraordinaires que j'aie pu observer durant mes trois années à la Maison-Blanche. Comme un professeur s'adressant à un élève, Elie Wiesel disait au président que... »

En quinze ou vingt minutes, j'ai essayé de faire le tour de la question, le tour de ma vie aussi. Avec le respect que l'on doit au premier magistrat du pays, avec l'affection que j'éprouvais pour l'homme qui s'était toujours montré amical à mon endroit et compréhensif à l'égard des Juifs, j'ai tenu à lui dire : « Il ne s'agit pas de politique mais de bien et de mal... » J'ai souligné la conviction de tous les Américains que « ce lieu [le cimetière de Bitburg] n'est pas le vôtre, monsieur le Président. Votre place est avec les victimes des SS... » J'ai dit : « Lorsque la décision a été prise, vous ignoriez la présence des tombes SS là-bas. Mais maintenant vous ne l'ignorez plus. » Donc ? qu'il renonce... Je lui dis pourquoi. Je lui décrivis brièvement la dimension inhumaine des crimes commis par les SS. « Je les ai vus à l'œuvre. J'ai connu leurs victimes. C'étaient mes amis. C'étaient mes parents... » En ce 19 avril, je lui rappelai les combattants du ghetto de Varsovie abandonnés par les nations alliées : tous les réseaux clandestins en Europe occupée recevaient des armes et de l'argent de Londres, Washington ou Moscou, sauf les résistants juifs des ghettos... J'évoquai le sentiment d'isolement, d'abandon et de dépit que ces combattants éprouvaient... Et le comportement des leaders du monde libre : ils savaient et faisaient si peu, ou rien, pour sauver des enfants juifs... Un million d'enfants juifs ont péri ; si je passais toute ma vie à réciter leurs noms, je mourrais avant de finir... « Les enfants juifs, monsieur le Président, je les ai vus, on les jeta dans les flammes, ils vivaient encore... » L'ai-je convaincu ? La télévision le montrait accablé, les traits marqués par le chagrin. Par la crainte aussi ? Aurais-je réussi à lui faire entrevoir la blessure qu'il infligeait à d'innombrables victimes, à leurs familles et leurs amis ?

La cérémonie achevée, on m'entraîne sur la pelouse où je suis happé par le tourbillon médiatique. Jamais je n'aurais pensé qu'il y avait tant de correspondants accrédités à la Maison-Blanche. Les questions fusent de tous côtés. Toujours en direct à la télévision. Comment trouver dix formules et expressions originales pour répondre à dix journalistes qui vous demandent la même chose ?

A l'intérieur, dans un salon élégant, on sert le champagne. Un officier des Marines me tend une enveloppe scellée, je me retire dans un coin pour l'ouvrir. Un billet écrit hâtivement : « Je me trouve dans le bureau à côté, car je suis ici incognito ; je ne peux pas me montrer ; je t'ai vu sur l'écran tout à l'heure ; je suis fier de toi. » Je reconnais l'écriture : Jacques Attali.

Le même officier revient : Donald Regan souhaite que je le rejoigne dans son bureau. Va-t-il me critiquer, me dire son déplaisir d'avoir nui au prestige de son patron ? Au contraire : il me félicite. Mieux : en son nom et au nom du président, il me remercie d'avoir adopté un ton courtois et respectueux ; après tout, j'aurais pu dire n'importe quoi, n'importe comment, j'aurais pu, avec le pays à l'écoute, montrer mon désenchantement et mon dépit. Nous apprécions votre modération et votre tact, me dit Donald Regan. Pour vous le prouver, nous avons une proposition à vous soumettre, la voici : vous venez avec nous en Europe ; vous voyagerez dans l'avion présidentiel, oui, l'*Air Force One*. Ensemble, le président et vous avez écrit l'Histoire aujourd'hui ; et vous continuerez à la faire… Je l'écoute et je me dis, naïvement, bravo, tu as réussi ; si on t'invite à participer au voyage, c'est que tu les as convaincus. Mon problème ? Le retour. A supposer que j'aille en Europe avec le président, comment vais-je faire pour revenir à temps pour mon cours à l'université de Boston ? On ne va tout de même pas mettre un autre avion, présidentiel ou non, à ma disposition. Cependant Regan continue à décrire nos exploits futurs… Escale par-ci, accueil par-là… Le président parlera, je répondrai… Le dialogue commencé aujourd'hui se poursuivra ainsi pour la plus grande gloire des hommes de bonne volonté. Après chacune de ses phrases, je demande : « Et après ? » C'est-à-dire : comment vais-je rentrer aux États-Unis ? Regan, sur sa lancée, ne se laisse pas interrompre : après, dit-il, nous irons là et là… J'insiste : « Et après ? » Après, dit Regan, nous passerons rapidement dans ce lieu damné qu'est Bitburg et… Cette fois, c'est moi qui l'interromps : « Monsieur Regan, je ne vous comprends pas : moi, je ne veux pas que le président y aille, et vous, vous voulez que je l'y accompagne ? »

(Dans ses Mémoires, il écrivit que je lui avais promis de ne pas faire de discours lors de la remise de la médaille. Mes avocats exigèrent aussitôt démenti et excuses. Menacé de poursuites judiciaires, il le fit.)

Pendant les trois semaines qui nous séparent de la date fatidique, le pays continue à exercer sa pression sur la Maison-Blanche. Le leader noir Jesse Jackson vient nous voir et nous raconte qu'il emmène une délégation à Dachau. Pour voir et témoigner. Articles et lettres de lecteurs abondent dans les journaux.

Jusqu'à la fin, j'ai voulu garder la conviction qu'à la dernière minute le président renoncerait à la visite programmée. A tous les journalistes, je dis : il n'ira pas, vous verrez qu'il n'ira pas. Je me suis trompé. Le président Reagan finit par se rendre à Bitburg. Ce jour-là, je me trouvais dans le New Jersey pour une conférence. Une chaîne de télévision était là. Ainsi je commentai la visite présidentielle en direct. Plutôt que de le condamner, lui, je m'arrêtai sur la signification symbolique de sa démarche : « Avec ces quelques pas que le président a franchis, quarante ans d'Histoire viennent d'être effacés. »

A Bergen-Belsen, où il arrive avec Kohl, Menahem Rosensaft et des survivants de ce camp leur ménagent un « accueil » respectueux mais protestataire. La police allemande tente d'en malmener quelques-uns. Consciente que les yeux du monde sont sur elle, elle décide d'être plus polie.

Bitburg fut un tournant. Kohl le savait et nous le savions. Les rapports avec l'Allemagne ne seront plus les mêmes. Les SS, anciens ou présents, ne connaîtront plus l'opprobre. Bitburg restera la réplique à Nuremberg.

Jamais avant et rarement après je n'ai reçu pareil courrier, tant par son volume que par son contenu. En tenant tête à l'homme le plus puissant des États-Unis, sinon du monde, l'ancien réfugié en moi avait touché en quelques minutes mille fois plus d'êtres qu'avec mes ouvrages et interventions antérieurs. Le pays était unanime ou presque dans son adhésion à notre cause. Pour la première fois, je jouissais d'une popularité réelle dans toutes les couches de la société. De même à l'étranger. Je n'ai jamais reçu tant de demandes d'entretiens. Werner Perger, jeune journaliste allemand parmi les plus doués, m'a accompagné dans mes déplacements : ces conversations avec lui m'ont beaucoup appris sur la mentalité de la jeunesse allemande.

Un soir, au restaurant avec Marion et des amis, je vois à l'autre bout de la salle un amiral en uniforme qui célèbre un anniversaire avec sa nombreuse famille. Soudain, il m'aperçoit. Il se lève et vient s'arrêter devant notre table, me salue de façon réglementaire et déclare à voix haute : « Je suis l'amiral X... Et je tiens à vous dire ceci : bien que le président soit mon commandant en chef, c'est de vous que je suis fier. »

Un commentateur me dira plus tard : « En fait, Bitburg a eu du bon ; il vous a permis, durant quelques semaines, d'éduquer l'Amérique en matière de mémoire historique. »

Possible. J'aurais quand même préféré m'en passer.

De même que le péché engendre le péché, la honte fait naître la honte.

La visite spectaculaire au cimetière sera accompagnée de déclarations présidentielles jugées plus offensantes, plus outrageantes que la visite elle-même. Pour justifier sa décision, dans son langage à lui, Reagan affirma ni plus ni moins que les SS enterrés à Bitburg étaient des victimes au même titre et au même degré que les prisonniers assassinés dans les camps de concentration…

Le sursaut de colère chez les survivants ne surprit personne. Nul avant lui n'avait osé aller si loin dans le raccourci blasphématoire. Comparer les SS à leurs victimes, c'est dépasser les limites de la décence.

La veuve de Yossele Rosensaft, Hadassah, ancienne d'Auschwitz et de Bergen-Belsen dont j'avais présenté la candidature à la commission puis au conseil, m'appelle d'urgence ; elle est à bout : « Je redoute une crise cardiaque… Comment a-t-il pu, comment a-t-il osé dire ce qu'il a dit ? » s'insurge-t-elle. Maintenant, elle regrette de ne pas avoir voté pour la démission collective du conseil. Je lui dis de se calmer : « Dans deux jours, nous aurons une nouvelle séance. Si un membre du conseil renouvelle sa proposition de nous démettre collectivement de nos fonctions, la voterez-vous ? » Sa réponse est immédiate : « Absolument. Comptez sur moi. »

Cette séance aussi sera tendue, agitée. Les paroles malheureuses du président pèsent sur nous. Impossible de les ignorer, de les écarter. Ou, comme on dit ici, « de vivre avec ». Que faire, quelle conduite adopter ? Sigmund renouvelle sa proposition. C'est avec tristesse que je le constate : lui et moi restons minoritaires. Irving Bernstein, Bob McAfee Brown, Siggi Wilzig sont des nôtres. Bien sûr, Norman Braman aussi. Mais la plupart de nos collègues (y compris des survivants) préfèrent que le conseil continue à fonctionner. Leurs arguments ? On les devine. Il faut œuvrer de l'intérieur, on agit mieux ainsi ; et puis, pourquoi se presser, à quoi bon se hâter… Je prends la parole, le dernier. Je dis :

> Il arrive un moment dans la vie de chacun où nous devons justifier notre présence quelque part. Pour nous, c'est le moment. Je vois mal comment nous pouvons continuer à servir un président qui vient d'insulter la mémoire de nos morts. Nommés par lui, il ne nous reste qu'une seule option : lui signifier notre désaccord en démissionnant. Autrement, nous perdrons le droit moral de défendre cette mémoire. Avec notre démission nous laisserons une petite trace, mais une trace quand même : deux ou trois phrases rappelleront dans un document officiel que nous avons su résister aux tentations de la lâcheté.

Je promène mon regard autour de la table. Je décèle un malaise. Beaucoup d'yeux baissés.

Pendant la séance, on m'appelle au téléphone : c'est urgent. Le sénateur du New Jersey Frank Lautenberg, tout excité, hors de lui, me prévient : il paraît que certains de nos collègues envisagent de démissionner ; que je leur dise en son nom que s'ils le font, il prendra des mesures, il les dénoncera dans les médias, et on verra ce dont il est capable… Je ne discute pas. A quoi bon ? Je me souviens de ma visite chez lui, peu après son élection au Sénat. M'ayant aperçu dans les couloirs, il m'invita dans son bureau. Pour se vanter : ne faisait-il pas désormais partie du club le plus fermé du monde ? Et, soudain, il me fit une confidence : comme le Sénat devait débattre d'un projet de loi sur la reconnaissance de Jérusalem comme capitale de l'État juif, l'ambassadeur israélien l'avait appelé pour lui suggérer de soutenir ce texte. « Vous vous imaginez son arrogance ! s'exclame Lautenberg. L'ambassadeur d'un pays étranger qui ose exercer une pression sur un sénateur des États-Unis… » Une parole de Golda Meir me revint à l'esprit : il lui arrivait de prier le Seigneur pour qu'aucun Juif n'occupe jamais de fonctions importantes en dehors d'Israël… Je n'étais pas d'accord, je ne le suis toujours pas. Songeant à Arthur Goldberg, à Max Kampelman, à Pierre Mendès France ou à Simone Veil, je me dis : pourquoi généraliser ? Plus ils s'élèvent, plus certains Juifs s'éloignent de leur peuple ; et d'autres, au contraire, plus ils s'élèvent, plus ils s'en rapprochent…

(Autre déception : Ronald Reagan raconte dans ses Mémoires que, le 19 avril fatidique, pendant qu'il parlait au téléphone avec

Helmut Kohl, le vice-président George Bush lui remit une note manuscrite lui signalant que « sa cause était juste » et qu'il était « prêt à s'engager à ses côtés et à livrer bataille... ». Or le même George Bush m'a dit, avec chaleur, son admiration pour mon discours... Qui suis-je pour juger cet acte de loyauté de sa part envers le président ? La politique a ses lois... Cependant, il m'a aidé auprès du gouvernement polonais lors de la conférence des lauréats du prix Nobel. Pendant la guerre du Golfe, il aura l'appui du pays tout entier.)

Ce jour-là aussi, celui du vote déplorable, je décide que j'en ai assez. A la première occasion, je remettrai ma démission au président. Marion est d'accord. Cela fait des mois sinon des années qu'elle m'y incite. Washington dévore trop mon temps. Et puis les choses ne vont pas bien dans le conseil. Toujours la même histoire : trop d'intrigues, trop de jalousies. Et ces querelles idéologiques ou ethniques. Les demandes de l'un, les récriminations de l'autre. Et les millionnaires washingtoniens qui rouspètent. Et les philanthropes qui ont d'autres priorités. Et les fonds qui manquent. N'ai-je pas insisté sur le fait que collecter n'est vraiment pas mon genre ? Aidé par Sigmund, Miles s'en occupe avec une énergie louable, mais cela n'avance guère. Des organismes professionnels sont sollicités ; leurs conseils coûtent cher et ils ne valent pas grand-chose. Je profite de mes tournées de conférences pour épauler Miles. Çà et là, on nous nourrit de promesses. A Los Angeles, j'essaie de motiver les gens de Hollywood. Steven Spielberg donne l'exemple à ses collègues. L'un installera un système électronique dans le futur musée, un autre se chargera de la vidéo. Cependant, les choses n'avancent toujours pas. Mon « influence » lors des nominations de collaborateurs est nulle. Pour les échelons supérieurs de l'administration, je suis devenu un non-être. De partout je reçois des signaux dépourvus d'ambiguïté : je ne dois pas m'attendre à une vraie coopération de l'administration. Comment faire pour me libérer du sentiment de frustration qui m'accompagne ?

Sigmund est contre mon départ. Irving Bernstein aussi. Attendons. Quelques semaines. Quelques mois. Ma démission pourrait être interprétée comme une volonté de politiser le conseil et sa mission. Et puis Sonny et Bud, devenant plus actifs, réclament plus d'autorité, aux dépens de celle de Sigmund. Décidément, entre eux, le courant qui passe est celui de l'animosité. Je dois intervenir plus souvent, trop souvent. Comment échapper à cette ambiance de disputes, de querelles ? Je passe des heures à apaiser les uns et les autres : perte de temps. Je ne le montre pas, mais je perds patience.

D'autant que je continue à nourrir des doutes sur la mission même qui nous est confiée. Eh oui, le musée était peut-être une erreur. Et si Jimmy Carter avait raison ? La mémoire juive a survécu sans musées ; elle a survécu grâce à l'écriture, grâce aux livres, grâce aux écoles. Outre la journée du souvenir, on aurait pu créer un service d'archives et un programme d'éducation. Tous nos problèmes, toutes nos difficultés nous viennent du musée. Sans lui, combien de pièges grandioses et coûteux nous auraient été épargnés ! A la limite, nous aurions dû conserver l'immeuble en brique qu'on nous avait proposé. L'Holocauste et le luxe sont incompatibles. Maintenant il est trop tard. Impossible de revenir en arrière.

Alors on continue. Sonny insiste pour qu'on emploie son ami Shaike Weinberg, l'ancien directeur de Béit Hatefutsot (la maison de la Diaspora) de Tel-Aviv, qui habite maintenant à Washington. J'hésite. Je connais ce musée. Les jeunes Israéliens l'apprécient, impressionnés qu'ils sont par les moyens techniques dont il dispose. Ici, on appelle cela des *gimmicks*. Des gadgets, des trucs, des procédés. Sûrement utiles pour des visites de lycéens mais pas pour un musée consacré à l'Holocauste.

A Washington, l'équipe technique connaît ses propres crises. Monroe Freedman décide de retourner à l'université. Je propose à la Maison-Blanche de le remplacer par Léon Jick, professeur d'histoire contemporaine à l'université Brandeis. Proposition refusée. Je suggère Sœur Carol Rittner. Suggestion repoussée. Finalement, c'est un militant républicain juif, Richard Krieger, qui succédera à Monroe Freedman.

Sonny et Bud s'impatientent. S'ils ont du mal à s'entendre avec Sigmund, ils deviennent bientôt franchement agressifs avec Krieger. Excessivement pointilleux, il ne se laisse pas faire et finit par les exaspérer. Responsable de l'exécution des décisions du conseil, il exige d'en contrôler toutes les dépenses. Sonny Abramson pique des colères. Il ne veut pas avoir affaire à Sigmund ou Krieger ; il reconnaît mon autorité, mais pas la leur. En fait, il souhaiterait remplacer Sigmund à la tête du comité chargé de la construction du musée. Je m'y oppose : je ne me vois pas, moi, humiliant un survivant. Sonny devient franchement hostile. Bud, naturellement, prend son parti. D'un certain point de vue, je les comprends : construire, c'est leur métier. Surtout celui de Sonny. De quoi nous mêlons-nous ? Qu'on le laisse faire. C'est tout ce qu'il demande. Le musée serait-il pour lui un édifice comme un autre ? Une affaire de briques et de fric ? Je refuse de le croire.

Le 2 juillet 1986, je me rends à Washington une fois de plus, pour rétablir la paix entre les adversaires. Mes notes rendent compte de mon état d'esprit :

> Je ne puis croire ce que j'ai lu et entendu. Qu'est-ce qui leur arrive ? Pourquoi tant d'antagonismes ? Pourquoi tant d'hostilité et de soupçons ? Autrefois, je pensais que notre équipe serait inspirée par la grandeur de sa mission ; je pensais que nous serions heureux de travailler ensemble, que le temps entre deux réunions nous paraîtrait long… A la place, qu'est-ce que j'apprends ? Rivalités absurdes, complots mesquins…

Pour la énième fois, j'essaie de les convaincre. La paix ne dure que le temps d'une nouvelle dispute. D'autant que Sonny trouve une nouvelle raison d'être mécontent. Sa maquette déplaît. Un article du *Washington Post* l'a descendue en flammes. Il va falloir trouver un nouvel architecte. Arthur Rosenblat, un spécialiste des beaux-arts déniché par Sonny, découvre à son tour un architecte intelligent (collaborateur de I.M. Pei, l'homme de la pyramide du Louvre), James Ingo Freed, dont on dit beaucoup de bien. Je les rencontre séparément. Juifs tous les deux. Ils me laissent une impression plutôt favorable. Mais… comment se fait-il que ni l'un ni l'autre n'ait jamais éprouvé le besoin de visiter Israël ? Pire : l'architecte m'avoue que, bien que réfugié d'origine allemande, il ne s'est jamais intéressé à l'Holocauste. Films, livres, conférences : rien. Refoulé, son passé. C'est vraiment un cas ! Devrais-je m'en méfier ? De plusieurs côtés, on me bombarde de lettres de recommandations, d'assurances : c'est un excellent architecte, intelligent, fiable. Je consulte I.M. Pei lui-même. Il confirme. Soit, je cède. On l'engage. Au conseil, je déclare :

> Par son ampleur, l'Holocauste défie le langage et l'art et pourtant, l'un comme l'autre sont nécessaires pour raconter l'Histoire, l'his-

toire qui doit être contée. En James Freed nous avons trouvé un architecte capable de maîtriser ce défi unique.

Sonny et Bud sont favorables à sa candidature mais restent sur leur position offensive concernant tout le reste. Le premier fait intervenir son ami de la Chambre. Par son épouse, membre influent du Parti républicain, Bud a ses entrées à la Maison-Blanche. Leur but n'a pas changé : réduire l'influence de Sigmund. A mon grand étonnement, à mon chagrin aussi, Miles Lerman les appuie. Il n'est pas seulement leur défenseur, il est devenu leur complice. Il me confie que si Sigmund n'est pas écarté du comité du musée, les Washingtoniens risquent de se retirer du projet. Vrai ou faux ? Mon instinct me dit que Lerman ne ment pas.

D'ailleurs, j'en aurai la preuve quelques jours plus tard. Bud vient chez moi. Après les compliments et les flatteries d'usage, il va directement au but et me met au pied du mur : si je garde Sigmund, Sonny et lui-même déclareront forfait.

Bien que malheureux, Sigmund, à qui je raconte l'entretien, se dit prêt à céder, à contrecœur. Moi non. Par fidélité ? Il y a une autre raison, et toujours la même : je refuse d'humilier qui que ce soit.

A Lerman, qui s'évertue à vouloir vaincre ma résistance au nom d'un impitoyable pragmatisme – que je comprends mais que je récuse –, je dis : « Pourquoi devons-nous abaisser, punir, humilier publiquement un homme dévoué comme Sigmund qui, de plus, est votre meilleur ami ? Uniquement pour plaire aux Washingtoniens ? » Sa réponse est que si je ne me soumets pas à leur ultimatum (il n'emploie pas ce mot, mais le sens y est), le projet tombe à l'eau. Or, insiste-t-il, le projet est plus important que les individus…

Je ne lui cache pas mon dépit. Et l'amitié là-dedans ? Comment peut-on sacrifier sinon trahir un ami intime ? N'est-ce pas Sigmund qui lui a donné sa chance et fourni tous les moyens au sein du conseil ? Y aurait-il été nommé si Sigmund ne m'avait pas imploré de mettre son nom sur la liste, du temps de Carter ? Et, plus généralement, n'a-t-il donc pas appris depuis 1945 qu'un être humain vaut toutes les entreprises des hommes ?

Je sens que je suis à bout. Je m'approche d'une ligne rouge que je ne suis pas prêt à franchir. D'un côté, je refuse de blesser un ami ; de l'autre, je m'en voudrais de nuire au projet qui, à ce stade-là, sans les Washingtoniens, aurait peu de chance de réussir. La solution qui s'impose : rompre. Démissionner. Je l'annoncerai début décembre, lors de la session régulière du conseil.

En route pour Washington, un soir de décembre, Sigmund et moi nous arrêtons dans le New Jersey où je dois faire une conférence dans une université locale. Nous dînons chez Sam Halperin, l'un des riches survivants de la région, entourés de ses associés. Je ne leur dis rien de ma décision. Sigmund et Marion sont les seuls à être au courant. Siggi Wilzig, bouillonnant d'énergie, me promet que les choses iront mieux sans Sonny et Bud. Il s'engage à ce que vingt-quatre heures après leur démission, un nouveau promoteur se mette à notre disposition. « Je veux lui parler », lui dis-je. Immédiatement, il me met en contact avec un architecte célèbre, Zackendorf. Qui me confirme ses dires. Mais je suis fatigué des promesses de tous ces gens, ceux que je connais et ceux que je ne connais pas. A qui se fier ? Néanmoins, je fais une dernière tentative. Je dis à Halperin : « Vous êtes dans l'immobilier et la construction ; pourquoi n'accepteriez-vous pas de prendre en charge le projet ? » Il me répond qu'il ne peut pas, que ce n'est pas le moment, il est trop occupé par trop de choses… J'insiste. En vain.

Bon. Ma toute dernière tentative a échoué. Les jeux sont faits. Le lendemain, je remets ma lettre de démission au président des États-Unis. Donald Regan s'étonne : « Quoi ? Vous démissionnez ? Mais le président vient [malgré Bitburg] de vous reconduire dans vos fonctions pour cinq ans ! Est-ce que nous y serions pour quelque chose ? » Il craint les retombées politiques. Je le rassure : « Vous n'y êtes pour rien. » Les raisons sont d'ordre personnel. Ce n'est pas tout à fait vrai, mais presque. Depuis l'affaire Bitburg, je me sens mal dans ma peau. Comment pouvais-je « servir » sous un président qui « objectivement » (en utilisant – une fois n'est pas coutume – la terminologie marxiste) a blanchi les SS, les a comparés à leurs victimes ? Mais ce n'était pas le seul mobile. Je répète les mêmes assurances au chef du personnel, Robert Tottel, qui s'occupe des nominations.

De retour de la Maison-Blanche, je sais que la rumeur a fait son chemin. Sigmund est triste, mais il ne dit rien qui puisse me faire revenir sur ma décision. Marion est heureuse. Marian Craig, malheureuse. Lerman suggère que je prenne une année sabbatique. Je lui réponds avec un haussement d'épaules. Yitz Greenberg et Alfred Gottschalk me conjurent, au nom de tout ce que j'ai pu écrire, de ne pas abandonner le projet. Je leur dis : c'est trop tard. Techniquement, c'est faux : un simple appel à Regan, et tout sera comme avant. Mais précisément, je refuse que les choses soient comme avant.

La séance du conseil est... pathétique. Tous ces discours larmoyants, tous ces appels sentimentaux m'implorant de ne pas m'en aller. A part Bud et Sonny, la quasi-totalité des participants demandent la parole. J'éprouve de la gêne à les citer. Je suis plus embarrassé que flatté. On m'interroge, on me supplie, on me fait des promesses, on me conjure, on m'implore. Certains sont émus et émouvants, d'autres préfèrent raisonner. On dirait des enfants malheureux qui craignent de se retrouver orphelins.

Je les écoute, comme toujours, attentivement. Comme à l'université, depuis le début, j'ai essayé de donner l'exemple : je dois à mes élèves et à mes collègues de ne pas me laisser distraire. Je me concentre sur ce que chacun a à dire. Mon opinion personnelle, ou mon commentaire, je ne les offre qu'à la fin.

Je contemple les participants avec une sensation d'inachèvement et d'accomplissement entremêlés. Vais-je les regretter ? J'ai eu parmi eux des alliés, des complices, des amis, des adversaires aussi sans doute. Nous avons quand même fait du bon travail. Malgré les obstacles, en dépit des difficultés objectives et subjectives. Dévoués à la sauvegarde de la mémoire, tous sont résolus à combattre oubli et déformation. Nous avons accompli certaines choses, livré quelques combats et obtenu des victoires dont nous pouvons tirer satisfaction et fierté. Elles furent peu nombreuses ? Et après ? Je refuse de juger les autres, ceux qui n'étaient pas à la hauteur. Combien de fois l'ai-je répété ? J'aime raconter, j'aime témoigner, mais pas porter de jugement. Même ceux en qui j'ai vu des adversaires de Sigmund, et sans doute aussi les miens, en raison de ma loyauté envers Sigmund, je ne dis pas que leurs intentions étaient basses ou mesquines. A chacun sa méthode, à chacun sa manière de faire ce qu'il pense être son devoir.

En ce qui me concerne, je considère que mon devoir m'oblige à céder les rênes. Je reconnais mes lacunes : je suis piètre manager, mauvais administrateur, pas doué pour donner des ordres, incapable de blesser qui que ce soit, fût-ce au nom de principes et de buts supposés sacrés. Je n'aime pas licencier, réprimander, sanctionner ; j'essaie de ne pas imposer ma volonté. Bref, je ne suis pas fait pour ce genre d'activités. J'aime écrire, étudier, enseigner plutôt que « présider ». Dans ma lettre au président Reagan, dont je donne lecture en séance plénière, je suggère que, puisque le projet est entré dans une phase pratique et concrète, mon successeur devrait dorénavant avoir les qualités d'un chef d'entreprise, d'un capitaine d'industrie sachant administrer, organiser, naviguer dans les labyrinthes budgétaires…

Quelques semaines plus tard, la Maison-Blanche nomme Harvey (Bud) Meyerhoff. Avec son ami Sonny Abramson, ils vont contrôler les travaux du conseil. Ils ramènent Berenbaum et Weinberg, se vengent de Sigmund (qui ne fera plus partie du comité exécutif et ne sera pas reconduit dans son mandat de simple membre du conseil), renvoient Krieger d'abord et le professeur Pfeferkorn (le meilleur expert en la matière) ensuite – bref : tous ceux qui m'étaient proches ou dévoués sont évincés.

Quand tel ou tel survivant vient me voir pour me raconter ce qui se passe à Washington au cours des séances et dans les coulisses, je l'arrête : je préfère ne rien savoir. Ayant démissionné, je ne me reconnais pas le droit de blâmer. Je tiens à ce que mes successeurs puissent faire leur travail sans être critiqués ou même dérangés par moi ou les miens. Quand le projet sera réalisé et le musée construit, je dirai ce que j'en pense ; pas avant.

Ce qui me peine et me déçoit ? Lorsque Sigmund fut exclu du comité exécutif, dont il était membre depuis le début, aucun survivant ne s'est levé pour se solidariser avec lui. Un camarade, un collègue, un militant a été humilié, et tous l'ont laissé tomber. Ce fut pareil pour Eli Pfeferkorn. Nul ne s'est dressé pour conserver son emploi à ce survivant de l'Holocauste.

Comment ces gens peuvent-ils œuvrer pour la mémoire du passé, alors qu'on bafoue, dans le présent, la dignité des hommes vivants ?

Après tout, peut-être ai-je trop attendu d'eux.

Ils sont humains. Donc capables de tout. Comme tout le monde, quoi.

Cela dit, la nouvelle équipe mérite tous les éloges. Miles, Bud et Sonny excellent dans l'art de réunir les fonds. Des gens qui avaient refusé leur aide autrefois se montrent maintenant plus que généreux. Le don du groupe du New Jersey s'élève à plusieurs millions. Le projet prend forme. Des centaines de spécialistes et d'ouvriers y prennent part.

Janvier 1993 : j'ai visité la partie essentielle du musée. Ma première impression est plutôt déprimante. Paradoxalement, tout en voulant tout dire, le musée ne dit pas assez. Deux malheureuses photographies sont censées montrer la tragédie des Juifs hongrois. Celle des communautés juives polonaises est mieux documentée. Les ghettos, les étoiles jaunes. Les hommes terrorisés. Les enfants affamés. Les cadavres dans la rue. La cruauté des tortionnaires, la misère des victimes. Le wagon à bestiaux importé de Pologne : c'est par là qu'on entre. Les pavés du ghetto : on marche dessus. Les « cartes d'identité » que les visiteurs peuvent obtenir à l'entrée. Tout pour faire authentique. Pour donner au touriste l'impression sinon la sensation qu'il se trouve *« là-bas »*. En sortant, il pourra dire : « Maintenant je sais tout ; je comprends. » Plus tard, il dira : « J'y étais. » Ma vision du musée était différente. Je comptais produire un tel effet sur le visiteur, que, en sortant, il soit obligé de dire : « Je ne sais pas. »

Et puis : un grand bas-relief qui montre – oui : il montre – le processus de la destruction et de l'anéantissement. Le sculpteur polonais présente les foules à l'arrivée, leurs rassemblements à la « rampe », la sélection, la marche vers les « douches », les membres des Sonderkommandos qui poussent les victimes à se déshabiller dans l'antichambre, puis à entrer dans la chambre à gaz ; puis on « voit » les cadavres « traités » par les « dentistes » avant d'être acheminés vers les fours… On « voit » tout, on montre trop.

Je me rappelle un passage du chef-d'œuvre de Vassily Grossman, *Vie et Destin*. Son héros décrit les derniers jours, les dernières heures de sa mère dans le ghetto d'abord, dans le wagon plombé ensuite. Lorsqu'elle arrive devant la chambre à gaz, l'auteur dit au lecteur à peu près ceci : ici nous allons nous arrêter ; il ne faut pas aller plus loin. Pour le regard aussi, il y a des limites.

C'est ainsi : à vouloir trop dévoiler, trop illustrer, trop révéler par des artifices, on tombe dans la facilité.

Ceux qui ont vécu l'expérience concentrationnaire et qui tentent de la raconter connaissent les limites de leur langage : ils parlent pour dire qu'aucune parole n'est capable de communiquer l'indicible. En voulant tout montrer, on cache l'essentiel. Ce n'est pas en montrant la « rampe » de Birkenau que le visiteur éprouvera ce que les Juifs à peine débarqués ressentirent en se dirigeant vers la sélection. Dans ce cas, le proverbe américain est juste : en littérature, *« less is more »* ; moins on dévoile, plus on saisit.

D'ailleurs, l'édifice n'est-il pas trop spacieux, trop luxueux ? On perçoit la richesse des ambitions et l'ampleur des moyens. Comme si les organisateurs avaient décidé que, comme toujours aux États-Unis, ce musée devait être *« the best, the greatest in the world »*. Tous ces ordinateurs, toutes ces vidéos, tous ces procédés techniques et électroniques ultramodernes, tous ces boutons sur lesquels on appuie, toutes ces photos accumulées pour choquer et faire pleurer. C'est comme si les responsables tenaient à soutenir le rêve américain d'être en tout plus frappant, plus somptueux, plus coûteux, plus écrasant. C'est une énorme entreprise digne de la capitale où tout est immense. Est-ce la faute de l'architecte ? James Freed a fait un excellent travail. La faute, si faute il y a, incombe à ceux qui ont conçu et façonné le contenu.

Publiquement, je ne dis rien mais je me dois de l'avouer : j'aurais préféré une réalisation plus sobre, plus humble, qui suggérerait le non-dit, le silence, le secret.

Je songe à une parole talmudique : les enfants d'Israël ont mérité la délivrance d'Égypte parce qu'ils avaient sauvegardé leur mystère. Ici, on ne le sent pas. On n'a pas le temps d'y songer.

Et pourtant. Ayant revisité le musée, j'ai changé de sentiment. Il est indéniablement impressionnant. La première partie, celle qui couvre la montée du nazisme en Allemagne hitlérienne, est excellente. Les cartes, les statistiques, les photos : magnifiques. Pareil pour l'absence de « réponse » des Alliés et des pays neutres. On sent tellement l'ardeur des bâtisseurs que je fais taire en moi tout désir de critiquer. Au contraire, j'ai envie de les bénir. Et de les aider.

J'ai participé à l'ouverture officielle (aux côtés des présidents Bill Clinton et Chaïm Herzog), le 19 avril 1993. Date symbolique, cette fois encore. Cinquantième anniversaire de l'insurrection du ghetto de Varsovie. Il pleut ce jour-là, il fait froid. Je suis trempé, mon texte aussi. J'y ai travaillé jusqu'à 3 heures du matin. Le voilà illisible. Je dois improviser. J'évoque la genèse du projet, sous le président Carter. Les raisons profondes qui m'ont incité à lui donner un sens dans ma formule : « Pour les morts *et* les vivants, nous devons témoigner. » Je raconte l'histoire d'une femme qui, affairée dans la cuisine pour préparer le repas de Pâque en 1943, commentait les nouvelles de Varsovie : « Pourquoi les jeunes Juifs là-bas ont-ils jugé nécessaire de se révolter ? Ils auraient pu attendre calmement la fin de la guerre... » J'ai conclu mon allocution par une petite phrase : « Cette femme, c'était ma mère. »

Trois semaines avant l'ouverture, mon successeur à la présidence du conseil, Bud Meyerhoff, est subitement démis de ses fonctions. La raison ? Des rumeurs bizarres circulent : il aurait, en accord avec son adjoint William Loewenberg, refusé d'inviter Herzog à prendre la parole lors de l'inauguration. On dit aussi que, là encore, les motifs seraient d'ordre politique. On prétend également que Lerman et Meed y étaient pour quelque chose. Bah, il ne faut pas toujours prêter foi aux rumeurs.

Çà et là, du côté du Congrès et de la communauté, on m'appelle pour que je reprenne mon ancien poste que Miles convoite depuis longtemps. Sigmund est pour, Marion non. Des amis insistent : étant donné que le musée existe, je n'aurai plus besoin de m'occuper des tâches administratives. Je refuse : absent depuis presque sept ans, je ne me sens pas le droit de reprendre les rênes. Et puis, impossible de défaire ce qui a été fait. Miles a investi des années de labeur, d'énergie et de dévouement dans ce projet ; il mérite de le diriger. A ses adversaires et à mes amis, je déclare avec fermeté que je ne veux pas de campagne en ma faveur. Et je le répète plus fort, et sans ambiguïté, à des journalistes. Pas de pétitions. Pas d'intercessions en haut lieu. Si le président Clinton m'appelait, ce serait une autre histoire : j'aurais le temps de réfléchir. De mon côté, je ne ferai rien. Je ne veux rien. J'ai vu, trop vu, ce que les pauvres illusions d'une parcelle de pouvoir à Washington sont capables de provoquer chez des gens affamés de notoriété, d'autorité ou de puissance. Je n'ai jamais été tenté par le pouvoir. Autant je suis séduit par l'idée de lancer un projet, autant je m'en désintéresse plus tard.

En outre, le musée peut parfaitement se passer de moi. D'après la presse, le public fait la queue à l'entrée. Juifs et chrétiens, grands et petits, venus de tous les horizons, des jeunes, beaucoup de jeunes : plus de deux millions de visiteurs en deux ans. Impossible d'obtenir des billets sans attendre des jours, des semaines.

Mieux : ceux qui ont vu l'exposition en reviennent bouleversés, pleins d'enthousiasme et d'admiration. Tous sont gagnés par l'émotion que cette exposition dégage. Sous la direction du psychiatre et écrivain Walter Reich, le musée remplit un rôle pédagogique de premier ordre. Dorénavant, je suis pour. Je l'aide de mon mieux. Après tout, ce musée n'est pas fait pour moi ni pour ceux qui savent et se souviennent, mais pour les autres, la multitude qui ne sait rien et pour qui l'Holocauste ressemble à tous les autres épisodes de la guerre. Je devrais être content de voir que tant de personnes sont enfin désireuses d'apprendre l'histoire ténébreuse de ce siècle. N'était-ce pas le but de mon travail et de celui de mes camarades d'infortune ? Oui, je devrais rendre grâce à Dieu, ou au destin, de m'avoir permis d'apporter ma contribution à ce projet. J'en suis conscient. Je dis merci. Merci au peuple américain, merci à tous ceux qui nous ont aidés, aux donateurs, aux bienfaiteurs, aux collaborateurs, aux experts. Et aux visiteurs.

Qu'à cela ne tienne. Je l'ai dit, je le répète : pour la génération à laquelle j'appartiens, rien n'est achevé. De même que la connaissance, l'accomplissement est mutilé. A côté de la satisfaction demeure en moi une zone envahie d'angoisse ; et là, je répète ma parole habituelle : « Tout cela est bien, grand et utile. Et pourtant… »

Oui. Et pourtant.

DE SIGHET À OSLO

En rêve, j'interroge mon père, en yiddish naturellement : Comment est-ce là-haut ? S'est-il retrouvé avec... ? De quoi parlent-ils entre eux ? Que savent-ils de nous, de moi ? Bizarre : nous nous promenons dans une maison où je ne suis jamais allé ; nous traversons des pièces vides.
D'habitude je le suivais. Maintenant, c'est lui qui me suit. M'entend-il ? Est-il content de moi ? Je l'entends respirer lourdement. J'ai peur de son jugement. J'ai peur de le conduire là où il ne faut pas.
Nous arrivons dans une chambre nue. Rien sur les murs. Ni au plafond. Trois portes aux fenêtres craquelées. Dehors, il neige. Flocons sales, rougeâtres. Soudain ils pénètrent dans la chambre ; j'ignore qui ils sont. Des êtres ? Des créatures ? Des mots ?
Obscurité. Tout en tourbillonnant, ils vont se fixer sur les murs. Là, ils s'allument. Ce n'est plus de la neige. C'est le feu qui incendie la chambre. Je me mets à hurler : « Sauve-moi, sauve-moi ! »
J'essaie de me réveiller mais je n'y parviens pas. Je me bats, je continue à me battre, mais je ne sais plus contre qui.
Contre mon père peut-être ?
Contre moi-même ?

Est-ce Oscar Wilde qui eut la sagesse de le dire ? Celui qui vit plus d'une vie finit par mourir de plus d'une mort.

Des vies, j'en ai vécu, moi. Comment les relier les unes aux autres ? Celle du jeune garçon de Sighet, je la cherche dans celle de l'orphelin abandonné à Buchenwald.

« Comment faites-vous pour ne pas être désorienté, déboussolé ? me demande un journaliste plus sage que les autres. Songez à la trajectoire qui vous a conduit de votre petite ville perdue à Auschwitz et d'Auschwitz à Oslo en fête, ça ne vous rend pas dingue ? »

Oui, ça me rend dingue. J'y songe souvent, et toujours avec un sentiment de gêne et d'incrédulité. Qui donc a tracé ce chemin vertigineux devant le petit garçon juif qui, égaré plus d'une fois parmi les morts, s'est retrouvé, un matin froid de décembre, recevant le plus grand des honneurs que l'humanité puisse décerner à l'un des siens ? Parfois un doute empoisonné se glisse dans mon esprit : et si le Nobel était une sorte de récompense pour le reste ? Je le chasse aussitôt. Il n'existe pas, il n'existera jamais de récompense pour « le reste ». Ni à titre individuel ni à titre collectif. En tant que Juif attaché à Israël, je dis : même Israël n'est pas une récompense. L'unique récompense que j'accepterais peut-être serait la venue du Messie pour apporter paix et bonheur au genre humain.

En vérité, beaucoup de rescapés éprouvent le même étonnement en se rappelant le passé. Quoi, c'est moi qui me promène librement, avec mon ami ou mon épouse, sur les Champs-Élysées ? Moi qui porte ce joli costume en regardant les gratte-ciel de la Ve Avenue ? Moi qui mange à ma faim ? Moi qui renvoie un plat parce qu'il est trop froid ou pas assez cuit ? Moi qui ris ou qui fais rire ? Moi qui ai envie de pleurer, bêtement, à l'approche du bonheur ?

C'est que nous n'avons pas quitté le royaume de la nuit. Ou plutôt : c'est lui qui refuse de se détacher de nous. Il est en nous. Les morts sont en nous. Ils nous observent, ils nous guident. Ils nous attendent. Ils nous aident en nous forçant à donner aux choses et aux sensations leur vraie mesure. Ils nous jugent.

On ne triche pas avec les morts. On ne les apaise pas avec des mensonges. Ni avec des triomphes.

Certes, leur vérité n'est pas celle des vivants. Mais la vérité des vivants, où la trouver ? Dans le bonheur d'autrui, peut-être.

Pas dans le mien ?

Jour du Kippour 1986. A la synagogue depuis tôt le matin. J'aime les litanies solennelles de ce jour du Grand Pardon où l'on rappelle à Dieu Sa promesse de se souvenir de nous. Jeûne facile. Comme toujours. Migraine atroce. Comme toujours, elle laboure mon cerveau comme pour le déchiqueter. Après l'office du Moussaf (vers 16 heures), je rentre chez moi pour me reposer un peu. Ce n'est pas loin. Dix minutes à pied. « Un monsieur vous attend », m'annonce le concierge. Je me demande qui ça peut être. Qui viendrait me déranger en ce jour entièrement consacré à la méditation et à la prière ? Un homme souriant s'approche et se présente : c'est le correspondant new-yorkais du quotidien norvégien *Dagbladet.* Il a quelque chose d'urgent à me confier… Je l'interromps : « Je vous en prie, monsieur, pas d'interview, pas de déclaration, pas maintenant, pas aujourd'hui, revenez un autre jour, demain. » Il est têtu, le bonhomme : il ne souhaite rien me demander, tout ce qu'il veut c'est que je l'écoute ; ce qu'il a à me dire ne peut pas attendre… De nouveau, je lui coupe la parole : « Ne savez-vous pas que c'est Kippour aujourd'hui ? Que la place d'un Juif comme moi est avec ceux qui prient ? » Il le sait, il le sait, mais il *doit* m'informer de quelque chose de *très* important… Il demande à monter avec moi dans mon appartement. Pour une minute, pas plus… Il jure : une minute, c'est tout… Dans l'ascenseur, je me creuse la cervelle : qu'est-ce qui est assez important pour qu'il vienne me relancer en plein Kippour ? Je ne sais pas, c'est sans doute ma maudite migraine qui m'empêche de voir clair, de deviner, de deviner à demi-mot…

Marion est surprise de me voir accompagné. A sa question muette – « qui est-ce ? qu'est-ce qui se passe ? » –, je réponds : « C'est un journaliste ; il va nous expliquer. » Là-dessus, le visiteur norvégien tend un bouquet de fleurs à ma femme. D'où les sort-il ? Où les a-t-il cachées ? Je ne les avais pas vues. Mais la vraie surprise, c'est à moi que le visiteur la réserve : « Sachez, dit-il, que la manchette de mon journal de demain vous concerne… » Je commence à comprendre. Je ne sais pourquoi, mais un effroi bizarre me gagne : « Vous êtes fou… Tout ça est impossible… » Il hoche la tête, le journaliste norvégien, il est sûr de lui. Affolé, je le supplie de téléphoner à son rédacteur en chef pour changer la manchette, on va tous se rendre ridicules, et moi en premier lieu. Il faut empêcher ça… « Trop tard. Impossible de changer quoi que ce soit », répond le journaliste, imperturbable. Je l'implore d'essayer, au moins d'essayer. Rien à faire. Inébranlable, le bonhomme n'arrête pas de sourire. « Je ne vous demande rien maintenant, dit-il avant de prendre congé. Mais demain, vous m'accorderez un entretien exclusif, d'accord ? » Je le lui promets, je lui promettrais n'importe quoi pourvu qu'il déguerpisse, qu'il me laisse tranquille, d'autant que la famille doit retourner à la synagogue où commencera bientôt la Neilah, l'office majestueux et angoissant de la fermeture des portes célestes.

En chemin, nous jugeons utile de prévenir Elisha : il se peut qu'un événement intéressant se produise demain. Sa réponse est flegmatique : « C'est le Nobel ? » Comment a-t-il deviné ? A 14 ans, il en sait des choses, mon fils ! Comment réagit-il à la possibilité de cette distinction ? Il hausse les épaules, comme pour dire : on verra bien.

A la synagogue, les fidèles achèvent la prière de Minha. On détecte en eux les signes avant-coureurs de Neilah : empreints de recueillement, on dirait qu'ils s'intériorisent. Neilah : la dernière chance avant la clôture. Les portes du ciel, celles des prières, vont bientôt se fermer. Pendant quarante minutes encore, elles restent entrouvertes. Vite, les mots qui peuvent révoquer la sentence ; vite, les implorations, les plaidoyers avant que le verdict ne soit scellé. Du coup, on oublie la faim, la soif, la fatigue ; je n'ai plus mal à la tête. Comme toute l'assemblée, je prie pour une année de santé, de prospérité pour les miens, une année de paix, de paix surtout, pour le peuple d'Israël, pour tous les peuples de la Terre. Mais je l'avoue : par moments, je ne parviens pas à oublier le journaliste norvégien. J'improvise une prière silencieuse : Seigneur, fais que je ne sois pas humilié demain matin. Je ne dis pas « déçu » ; je dis « humilié ». Je me secoue en me réprimandant : que dirait mon grand-père s'il apprenait l'objet de mes soucis pendant le service sacré de Neilah ? Je le revois, je me revois avec reb Dodye Feig chez le Rabbi de Borshe. Le frémissement qui me parcourt l'échine me rattache à un monde heureux et moins ambitieux.

Fidèles à notre coutume, nous rompons le jeûne avec nos amis Nizza et John Heyman. Leurs enfants, Dalia et Daniel, veulent jouer avec moi. Nous jouons donc : ne suis-je pas leur parrain ? D'autres invités nous rejoignent. A table, on bavarde. Je participe distraitement. Ma pensée m'emporte jusqu'à Oslo. C'est oui ou zut ? Le numéro de demain du *Dagbladet* est déjà imprimé. Ne va-t-on pas se moquer de moi demain ? Pire : ne va-t-on pas me plaindre ? Je n'aime pas ça. Je n'aime pas qu'on m'insulte, mais j'aime moins qu'on me plaigne. Je suis comme ça.

De retour chez nous, nous jugeons utile d'appeler quelques amis proches : Sigmund et Yossi abrègent leur dîner et accourent aux nouvelles. Per Ahlmark, de passage à New York, les rencontre dans l'ascenseur. Exubérants d'optimisme, ils se préparent pour le lendemain : quoi dire à qui. Appeler Hilda à Nice ? La réveiller ? Lui dire quoi ? Que peut-être… ? Il faudra avant tout prévenir John

Silber, le président de l'université de Boston. Ensuite, trouver un lieu pour la conférence de presse. Pragmatique et sage, Yossi exige d'improviser une répétition générale : que vais-je répondre si l'on me pose des questions « délicates » sur Israël et les Palestiniens.

Yossi pense à tout. C'est dans sa nature. Ce n'est pas par hasard que David Ben Gourion, Moshe Dayan, Menahem Begin et Yitzhak Shamir l'ont pris dans leurs équipes. Son jugement est souvent infaillible.

Maintenant aussi ? J'essaie de calmer son enthousiasme et le mien, je m'efforce de les apaiser tous, de raisonner avec ma peur : attention, attention, soyons adultes, ce n'est pas sain de nous laisser aller ; les rumeurs, on connaît, tout cela pourrait se terminer en farce, ce châtiment des certitudes prématurées et des chimères trop vite caressées... Dans ma superstition, je crains sérieusement que, à la dernière minute, le comité Nobel ne change d'avis... Ne serait-ce que pour punir *Dagbladet* de son indiscrétion... Mes amis, guère refroidis, se moquent de mon éternel scepticisme. Marion, songeuse, ne dit rien. Et si l'on appelait le rabbin Michael Melchior ? A Oslo, il est 3 heures du matin. On ne va tout de même pas le réveiller après un jour de jeûne ! Mais c'est lui qui appelle. Il ne dort donc pas ? Il est encore plus confiant que Sigmund, Per et Yossi. « C'est vous qui devriez aller vous coucher, dit le grand rabbin de Norvège, car on va vous embêter tôt demain matin. » En effet, la traditionnelle conférence de presse du comité Nobel a été convoquée pour 11 heures. Il sera 5 heures à New York. Ensuite, ce sera la cohue, le tapage... Je murmure : et si rien n'arrive ? Sigmund : « Mords ta langue avant de continuer... »

J'ai peur. J'ai peur de m'endormir, peur de rêver, peur de me réveiller. A 4 heures, Marion suggère qu'on devrait peut-être se lever. Au cas où... Jus d'orange, café brûlant. Sonnera ou sonnera pas ? Le portier de nuit annonce que Sigmund, puis Yossi, puis Per montent ; sa voix trahit son étonnement : 4 heures et demie du matin, ce n'est pas une heure pour des visites de courtoisie. « Alors ? » Je leur réponds avec un haussement d'épaules : toujours pas de nouvelles. Dans ma tête, une prière : pourvu qu'ils ne se soient pas dérangés pour rien. Nous nous taisons un long moment. Soudain, le téléphone retentit dans le salon ; je me force à ne pas me précipiter : ça peut être un journaliste curieux, un voisin, n'importe qui. Dans ce cas, il faudra être bref pour ne pas occuper la ligne. Ce n'est pas un ami qui appelle. C'est Jakub

Sverdrup, le directeur du comité et de l'institut Nobel : « Excusez-nous de vous appeler si tôt... et si tard, dit-il avec le sens de la formule si cher aux Norvégiens. Mais nous n'avions pas votre numéro de téléphone ; il nous a fallu un temps fou pour l'obtenir... » Autour de moi, les regards se font brûlants : alors, c'est oui ? On peut crier, hurler notre joie ? Sverdrup, lui, n'est pas pressé : « Donc, vous comprenez, pour le trouver, votre numéro privé, ce n'était pas facile... Ah, ces sacrées listes rouges... Et puis, l'ayant enfin obtenu, votre numéro, nous avons pensé qu'il est encore tôt à New York, que vous dormiez sans doute, alors nous hésitions, vous comprenez... » Finalement, Sverdrup en vient au but : « J'ai l'honneur, au nom du président Egil Aarvik, de vous communiquer que... Le vote a été unanime... Félicitations... Détails techniques à suivre... »

Croire ou ne pas croire ? Pourquoi ma vue se brouille-t-elle ? Je sens une émotion puissante m'envahir. Je me corrige, je devrais employer le pluriel : nous envahir tous. Marion saisit ma main. Yossi et Sigmund semblent déconcertés ; ils veulent dire quelque chose, mais ne savent pas quoi ni comment. Per sourit. Tous ont les larmes aux yeux. Au même moment, nous baissons la tête et, nous donnant le bras, nous formons un cercle silencieux, recueilli. Combien de temps sommes-nous restés ainsi immobiles ? Le téléphone, le damné téléphone a rompu le charme. Un des appels vient de Herman, mon ami d'enfance, Chaïm-Hersh Nanesher, originaire de Sighet et qui habite maintenant à Oslo. Il crie en pleurant : « Je regarde la télévision... Egil Aarvik lit une déclaration... C'est le président du comité... Tu peux écouter, tu peux entendre ? » Aarvik parle en norvégien, Herman traduit en yiddish... Du rez-de-chaussée, le portier, ahuri, annonce le branle-bas. Des journalistes excités. Des photographes pressés. Les caméras de télévision. Il est affolé, le pauvre. Débordé, il ne comprend pas ce qui se passe. S'il avait su, il aurait demandé un assistant, un gardien temporaire... « Et puis, il y a un journaliste norvégien... Il est arrivé avant tout le monde... Ça fait trois heures qu'il attend... » Il monte le premier ; avec un nouveau bouquet de roses pour Marion. Je lui ai promis un entretien exclusif, me rappelle-t-il, tout heureux. La télévision norvégienne arrive : Jan Otto Johansen de Washington et l'envoyé spécial Eric Bö. Nous sommes en direct avec la Norvège. « C'est un événement, me disent les journalistes d'Oslo. Et il est magnifiquement accueilli. » J'appelle Hilda. Excitée, elle n'arrive pas à parler. Le portier, de nouveau : « Qu'est-ce que je fais avec NBC ? » Puis : « Et ABC ? Et CBS ? » Le *New York Times*, l'Agence France-Presse, TF1, Antenne 2 : l'appartement s'est transformé en champ de foire. Il n'est pas encore 6 heures mais, autour de moi, techniciens, ingénieurs du son, éclairagistes, reporters et producteurs se marchent sur les pieds. Le téléphone n'arrête pas de sonner. De Tel-Aviv, Dov et Eliahu me disent qu'on attend les déclarations du président Chaïm Herzog, du Premier ministre Yitzhak Shamir, du ministre des Affaires étrangères Shimon Peres. Pour une fois, une étrange unanimité règne en Terre sainte... Jacques Attali m'informe que le président François Mitterrand va m'appeler d'un instant à l'autre... A Paris aussi, l'unanimité est frappante : les éloges du Premier ministre Jacques Chirac, que je n'ai pas encore eu l'occasion de rencontrer, me touchent par leur éloquence chaleureuse. Henry Kissinger : « Je n'ai pas été fier de mon Nobel mais je le suis du vôtre. » Le Rabbi de Lubavitch : « Vous avez toujours consacré votre vie au bien-être de notre peuple ; désormais vous le ferez encore mieux. » Londres, Melbourne, Genève, Anvers, Berlin, Amsterdam : de partout, mes éditeurs envoient félicitations et fleurs. Il est 11 heures du matin et des reporters attendent toujours dans le couloir. Une pensée me traverse le cerveau : je n'ai pas encore dit mes prières. J'abandonne tout le monde, je m'enferme dans une pièce isolée pour mettre les téphilines. Même après le départ de la presse, vers 14 heures, on ne peut pas bouger dans l'appartement.

Elisha a profité du brouhaha pour ne pas aller à l'école. Je lui demande comment il se sent au milieu de ce tapage. Pince-sans-rire, il remarque : « Oh, rien. Mais... » Mais quoi ? « Je pense que c'est peut-être pour moi le moment opportun... de solliciter une augmentation de mon argent de poche, tu ne crois pas ? »

Appel urgent, urgentissime, de Jérusalem : le directeur de la radio, Dan Shilon, exige un entretien immédiat ; nous nous connaissons depuis l'époque où il était correspondant de *Kol Israël* aux États-Unis. Je lui réponds que je dois me rendre à une conférence de presse. Il s'énerve, je le comprends : il est juif, je suis juif, Israël devrait donc avoir priorité sur la presse mondiale ; je balbutie quelques réponses, tandis que, de tous côtés, on me fait signe de me hâter : nous sommes déjà en retard. Dan est fâché, je le sens ; cela me chagrine. Mais aujourd'hui, pour la première fois, je ne suis pas maître de mon emploi du temps. Qu'on veuille bien me pardonner ce jeu de mots inévitable : c'est le prix du prix…

La conférence de presse, présidée par John Silber, se tient dans la grande salle du Centre culturel juif, le YMHA où, depuis vingt ans, je donne mes quatre cours annuels. D'emblée, je fais une courte déclaration : l'honneur qui vient de m'échoir, je le partage avec tous les survivants des camps et leurs enfants. Et, afin de prévenir les questions que la presse s'apprête à me lancer, j'ajoute que le prix Nobel ne transforme pas ses lauréats du jour au lendemain en experts et en sages dans tous les domaines politiques, économiques et sociologiques. Je n'en sais pas plus aujourd'hui qu'hier.

L'une des premières questions, sinon la première, me prend à l'improviste : « Qu'allez-vous faire de l'argent ? » Je songe à la répétition que Yossi et Per m'ont fait subir la veille. Pourquoi n'ont-ils pas prévu cette marque de curiosité dans leur scénario ? Je réponds, non sans embarras : « Je ne sais pas… Je n'ai pas encore eu le temps d'y réfléchir… »

C'est drôle : cette question me sera souvent posée, et pas seulement par des journalistes… Réponse-réflexe : « Je n'ai pas encore reçu le chèque ; quand je l'aurai, nous en reparlerons. »

D'Oslo, on nous tient au courant des réactions locales et internationales : « C'est un prix réussi… incontesté… Depuis Albert Schweitzer, on n'a pas vu ça… On n'a pas encore entendu une seule parole critique… Partout, c'est l'enthousiasme… » Je suis la vedette du jour. Il paraît qu'on me voit sur tous les écrans de télévision sur tous les continents… J'écoute, j'écoute et je me sens abruti ; enseveli sous tant de phrases.

Le soir, nous allons dîner dans un restaurant français. Et là, je suis époustouflé : passant devant des gens qui font la queue à l'entrée d'un cinéma, je les entends soudain applaudir. Comme ça, dans la rue, au cœur de Manhattan.

Au restaurant, le maître d'hôtel, gêné et heureux de devoir s'approcher de nous, de nous déranger « une fois de plus », vient me confier que « la table du coin » nous offre une bouteille de vin… Puis c'est la table près de la cuisine : une bouteille de champagne… Et celle du fond, à gauche… Ce soir-là, j'aurais pu ramener dix bouteilles à la maison… où m'attendent déjà ou encore journalistes et photographes : une « dernière interview » pour les informations de 23 heures, une « dernière photo » pour la première édition du matin... Pendant que je réponds aux questions, j'entends la porte s'ouvrir : c'est le consul général norvégien et son épouse ; ils tendent à Marion, de la part de Jo Benkow, président du Parlement norvégien, le plus beau, le plus resplendissant bouquet de roses que nous ayons jamais vu. Le concierge monte pour nous remettre un paquet de télégrammes... La plupart ne mentionnent pas d'adresse complète : ELIE WIESEL – NEW YORK, c'est tout ; ça suffit.

Conséquence de tout ce bruit : Ed Koch, le maire populaire de la ville de New York, m'informe que, la célébrité imposant ses lois, les chefs de la police ont décidé de me faire protéger... On appelle cela « sécurité rapprochée »... J'ai donc droit à deux inspecteurs soupçonneux à l'extrême envers quiconque m'aborde... Même quand je me rends à la synagogue pour l'office de Soukkot (la fête des Cabanes), je suis accompagné... Tout cela me donne un air VIP qui me désarçonne ; je me regarde et j'ai envie de rire.

Un autre épisode me fait rire : une belle voix de téléphoniste, une de ces voix qui vous font rêver, me demande quand je serai prêt à recevoir un appel du commissaire... Le réfugié en moi ne peut réprimer un tremblement : commissaire veut dire commissaire de police, que veut-il ? Aurais-je commis un délit en devenant lauréat du prix Nobel ? Pour en finir le plus vite possible, je prends la communication. « Ici Peter... Peter Ueberoth... Il y a quelques années, nous nous sommes rencontrés à Madrid... » Après un moment, le nœud se défait dans ma poitrine. Je reconnais l'industriel et homme d'affaires de Los Angeles chargé maintenant de tout ce qui concerne le base-ball. En effet, nous avons participé à une conférence à Madrid en 1980. Bon, l'important c'est qu'il n'appartienne pas à la police. « Que puis-je pour vous ? » Sur un ton devenu solennel, il m'annonce : « Nous avons décidé de vous décerner un grand honneur, le plus grand... » Devant mon silence, il enchaîne en insistant : « Cet honneur, peu de personnes y ont droit. » Je sens mon cœur fléchir : le Nobel n'est donc pas « le plus grand » des honneurs ? Le commissaire continue : « Nous vous invitons à donner le coup d'envoi du premier match des compétitions mondiales, les World Series... » Lui avouer mon ignorance totale en matière de base-ball ? A quoi bon l'offenser. Je me contente de poser une petite question : « Pourquoi moi ? » Il rit : « Parce que... » Et il me dit des choses aimables. Je prends mon courage à deux mains pour poser une seconde question :

« Disons que je la lance, la première balle, qui sera là pour l'attraper ? » Là, Peter Ueberoth éclate de rire ; il est convaincu que je me moque de lui. Il ne croira jamais qu'il existe dans ce pays où le base-ball est une sorte de religion nationale un être, un seul, qui ne connaisse rien à ce sport dont raffolent les foules. Je me rabats sur le calendrier ; avec un peu de chance, je serai occupé ce jour ou ce soir-là : « Ce fameux match, quand aura-t-il lieu ? » Il m'indique la date et j'adresse une prière de reconnaissance au Seigneur : Merci Dieu d'être Dieu, et de nous avoir commandé de célébrer nos fêtes à nous qui ne sont pas des compétitions. « Je suis navré, dis-je au commissaire, mais c'est le deuxième jour de la fête de Soukkot. » Il ne comprend pas le rapport. Je lui donne sa première leçon de judaïsme : un Juif pratiquant n'a le droit ni de voyager ni de faire du sport en période de fête. « Dommage, dit-il. Vraiment. Dommage. » Il veut être sûr que, vu l'importance de l'enjeu, on ne pourrait pas obtenir une sorte de dérogation du côté du rabbinat… Ma réponse est nette : la loi reste la loi. En tant que commissaire, il devrait comprendre. Dommage, mais c'est comme ça.

Mon petit Elisha rentre de l'école au moment où je dis au revoir à Ueberoth. Il ouvre les yeux tout grands : « Tu viens de parler à Ueberoth ? A Peter Ueberoth ? » Je confirme l'information. « Le commissaire du base-ball ? » Oui. Lui-même. « Qu'est-ce qu'il voulait ? » Je lui fais un compte rendu. « Quoi ? Tu as refusé de lancer la première balle du premier match des World Series ? Tu as osé refuser une distinction pareille ? » Il ne tient pas en place. Je le sens personnellement atteint dans son honneur d'adolescent américain. « Tu te rends compte de ce que mes camarades diront s'ils apprennent ta bévue ? » Il tient à ce que je rappelle Ueberoth, que je lui dise que j'ai changé d'avis, que j'ai trouvé le moyen de contourner les lois de la tradition… Je tiens bon. Heureusement, c'est Ueberoth qui rappelle : « Nous avons pris en considération vos sentiments religieux, que nous respectons… En conséquence de quoi, voici notre nouvelle proposition que vous ne pourrez sûrement pas refuser : cette année, exceptionnellement, on n'invitera personne pour lancer la première balle du premier match ; mais c'est vous qui donnerez le coup d'envoi du deuxième… » Elisha est encore dans mon bureau. Il saisit le sens de la conversation. Sur un ton étouffé mais fiévreux, il me supplie, m'implore, m'ordonne d'accepter : « Dis oui, dis oui ! » Timidement, je demande : « Il y a donc un deuxième match ? » Peter s'étrangle de rire. J'enchaîne : « C'est quand, le deuxième match ? » Il m'indique la date ; je jette un coup d'œil dans mon agenda et je me sens défaillir : c'est Shabbat. « Qu'est-ce que ça à voir avec le base-ball ? » demande Ueberoth, légèrement énervé. Je lui donne alors son deuxième cours de judaïsme. Atterré, Elisha me fait comprendre qu'il ne me pardonnera jamais. Comment lui expliquer que si j'ai le droit de violer toutes les lois du Shabbat pour sauver une vie humaine, n'importe laquelle, je n'ai le droit d'en violer aucune simplement pour le plaisir d'ailleurs douteux que je retirerai d'une balle lancée devant une foule de fans de base-ball… C'est Ueberoth qui me sauve ; il me rappelle une troisième fois : « J'ai vérifié auprès d'un rabbin orthodoxe. Après la tombée de la nuit, vous avez le droit de voyager, donc de venir au stade… Avec une escorte de police, vous arriverez à temps… » Elisha jubile : tous ses copains et camarades de classe sont invités. Soudain, il s'assombrit : « Sais-tu seulement comment lancer une balle ? » Non, je ne le sais pas ; on ne me l'a pas appris à Sighet. Qu'à cela ne tienne ; il me donnera des leçons. Tout de même, soixante-quinze mille spectateurs payants me regarderont ; et, à la télévision (qui retransmet le match en direct), leur nombre dépassera les trente ou quarante millions. Il ne faut pas que je fasse honte à mon fils. Suis-je bon élève ? L'équipe qui reçoit ma première balle au milieu de rugissements étourdissants perdra le match. Mais le lendemain, pour la première (et dernière) fois de ma vie, ma photo ornera la première page des rubriques sportives des journaux où, me dit-on, des experts analysèrent mon jeu d'un œil professionnel et indulgent.

A la synagogue, les gens sont heureusement plus discrets, et naturels. Je leur en suis reconnaissant. Je reçois une Aliya, l'honneur de participer à la lecture de la Torah ; le chantre Joseph Malovany chante une bénédiction spéciale, et c'est tout. Le rabbin Sol Roth se contente de me dire *mazal tov*. Face à Dieu, nous sommes tous Ses créatures. Apparemment, le Nobel compte peu au ciel.

Les derniers jours de la fête, le Simhat-Torah, je les célébrerai à Moscou. Séjour prévu depuis longtemps et qui tombe bien. Grâce au prix, j'espère pouvoir aider Ida Nudel, Andreï Sakharov, Vladimir Slepak et d'autres dissidents ou refuzniks. Le Nobel permet de passer outre à beaucoup d'interdits. Les officiels sont mécontents ? Tant pis pour eux.

Les honneurs ne nous sont accordés – ou plutôt prêtés ? – que pour le bénéfice d'autrui. Celui qui les prend trop au sérieux, ils l'entraînent en enfer : jamais satisfait, il en voudra toujours davantage. Mais il n'est pas mauvais que les autres en reconnaissent l'importance : ainsi les honneurs reçus peuvent être utilisés à des fins humanitaires. Tout privilège crée des obligations envers les moins fortunés. La gloire qui isole est à la fois illusoire et stérile.

La gloire, la gloire : parlons-en un peu, voulez-vous ?

L'Éthique de nos pères nous enseigne que quiconque poursuit la gloire, elle le fuira ; quiconque la fuit, elle le rattrapera.

L'ai-je poursuivie, moi ? Sincèrement, je n'ai pas écrit ce que j'ai écrit, je n'ai pas agi comme j'ai agi en telle ou telle circonstance pour décrocher tel diplôme ou recevoir telle distinction et tel honneur. On n'écrit pas un roman, on ne livre pas des combats pour obtenir un prix. Mais, le plus souvent, les prix et médailles une fois offerts, je ne les ai point refusés.

En clair : je ne me suis jamais « servi » de mes activités en faveur des droits de l'homme, de ma lutte contre le racisme et l'antisémitisme et de mes témoignages sur l'Holocauste pour mériter, si j'ose dire, le doctorat *honoris causa* de Yale, Notre-Dame ou la Sorbonne, la médaille présidentielle de la liberté, la médaille d'or du Congrès, et naturellement le prix Nobel. Et je ne permets à personne de même l'insinuer. C'est diffamatoire, immoral et indécent car il est impossible de se défendre contre ce genre d'accusation : comment prouve-t-on la sincérité de nos actes ? Dieu seul regarde tout en profondeur ; à Lui seul, on doit rendre des comptes. Ici-bas, on trouvera toujours quelqu'un qui vous dira : Vous faites de la philanthropie par égoïsme... Votre souffrance et celle des autres, vous les exploitez à vos propres fins... Pour vous faire valoir, pour attirer l'attention... pour obtenir un poste... Comme si l'on pouvait courir après le Nobel...

Cela dit, le prix Nobel ne m'a pas laissé indifférent ; je dirai même qu'il m'a fait plaisir. Le Nobel représente le couronnement mais non l'aboutissement d'une œuvre, d'une carrière. C'est une clé précieuse ; on peut s'en servir pour ouvrir pas mal de portes. C'est aussi un amplificateur : du coup, on vous écoute même si l'on ne vous entend pas. Quand on m'interroge sur le changement que le Nobel a provoqué en moi, je réponds : ce n'est pas moi qui ai changé, mais les gens que je rencontre. Avant je parlais, j'écrivais, je disais ce que je dis et ce que j'écris maintenant ; mais maintenant on ne me regarde pas de travers, on ne me prête pas une oreille distraite.

Est-ce pour cela, pour cela seulement, pour des mobiles entièrement altruistes, que je le souhaitais ? Je ne suis pas un saint. J'ai des ambitions, des faiblesses, des moments d'égarement : je suis humain. La tradition juive parle d'hommes « justes », non de saints. La différence entre les deux concepts ? Le juste vit dans la société, le saint s'en sépare. Autrement dit : je ne suis pas moins égocentrique qu'un autre écrivain. Le Nobel ne laisse personne indifférent ; il ne peut que séduire. Et j'étais tenté par l'idée qu'un ancien étudiant de *yeshiva*, traité de sous-homme par les SS et leurs collaborateurs, condamné à une mort anonyme, une poignée de cendres, puisse recevoir cette haute récompense humanitaire.

Et quand des amis m'en parlaient, je rougissais mais je ne les décourageais pas. Conduite hypocrite ? J'étais plus ou moins au courant que mes proches et mes compagnons de combat multipliaient les lettres de recommandation et de soutien. Délicats et discrets, ils gardaient les détails pour eux-mêmes.

Plus tard, beaucoup plus tard, j'ai appris l'inutilité de ces démarches. Souverain, le comité Nobel ne se laisse ni intimider ni acheter. Ses décisions, même erronées, même regrettables, c'est en toute indépendance, et dans le secret, qu'il les prend. Les pétitions et recommandations, c'est à peine s'il les lit. Quant aux pressions individuelles, elles peuvent avoir un effet boomerang. Oser approcher un membre du comité, c'est commettre la pire des impolitesses et la pire des gaffes ; c'est renoncer par avance à son appui. Même unies, les cinq grandes puissances n'auraient guère d'influence sur les membres de ce jury si spécial, si singulier. Pourquoi choisit-il tel candidat plutôt que tel autre en telle année plutôt qu'en telle autre ? Pourquoi ai-je eu la chance de mon côté en 1986 et non l'année précédente ? Lech Walesa aurait pu et dû être couronné en 1982 et non en 1983. Qui était pour, qui a voté contre ? Des rumeurs ont circulé, invérifiables et souvent mal fondées. Je le sais : un membre influent du jury, devenu mon ami, me fit certaines confidences plus tard, quand je n'étais plus dans la course.

Quand on est prix Nobel, on apprend pas mal de choses. Le

prix Nobel est un révélateur : il vous aide à découvrir qui est votre ami et qui ne l'est pas. Contrairement au dicton populaire, l'ami n'est pas celui qui partage votre souffrance, mais celui qui mêle sa joie à la vôtre. Agréablement surpris par certains, je serai tristement déçu par d'autres.

Des envieux ou des jaloux, il en existe partout ; ils appartiennent au paysage humain. Certains ne juraient que par mes écrits tant que j'étais pauvre et inconnu ; maintenant, ils m'en veulent d'être « riche » et « célèbre ». On dirait qu'ils souhaitent me faire payer chaque dollar et chaque bonne critique que je reçois. D'autres m'étaient fidèles tant que je ne faisais qu'écrire pour un cercle restreint ; maintenant, ils sont fâchés de voir mon nom sur des pages autres que littéraires. Mieux : certains « admirateurs » se sont détournés ou retournés contre moi après le Nobel. Comme pour me punir du « succès » qu'eux-mêmes m'avaient parfois aidé à obtenir. Ceux-là me font plus mal. A quoi attribuer leur revirement ? A la nature humaine ? Pourquoi pas. Seulement cela est trop facile.

J'ai raconté dans le premier tome de ces Mémoires avoir entendu un soir I.B. Singer raconter les jalousies offensantes et haineuses dont il fut l'objet après son Nobel à lui. Singer les évoquait en riant. Il était heureux que tous ces gens ne le soient pas. Je songe aux années cafardeuses et bouleversantes de Camus après le Nobel qui l'écrase. Olivier Todd, son biographe, le décrit avec tact et honnêteté [1]. Des intellectuels, de gauche aussi bien que de droite, lui faisaient tout le temps sentir qu'il avait des dettes envers eux. Il en souffrait. Quant à moi, je m'efforce de suivre la voie indiquée par Spinoza : ni rire ni pleurer mais comprendre. Malheureusement, il y a des méchancetés que je ne comprendrai jamais.

Tant pis. Mes amis vous le diront : je sais encaisser, avaler. Au point où j'en suis, ce ne sont pas quelques mesquines attaques personnelles dans la presse qui me feront changer de style ou d'attitude. Mes amis vous le diront : je ne me suis jamais plaint.

Pendant les journées intermédiaires de la fête de Soukkot, Marion et moi prenons l'avion pour Moscou. Sigmund et le rabbin

1. *Albert Camus. Une vie*, Gallimard, Paris, 1996.

Michael Melchior d'Oslo font partie du groupe qui nous accompagne.

Le but officiel du voyage : invités par les autorités soviétiques compétentes, nous devons préparer pour le Conseil du mémorial une nouvelle conférence internationale à Washington.

Aux journalistes venus nous accueillir à l'aéroport, je déclare ma solidarité totale avec Andreï Sakharov et annonce mon intention de le rencontrer à Gorki. Certes, je suis concerné par le sort des refuzniks, mais l'exil du prix Nobel soviétique représente aussi à mes yeux une injustice et un déshonneur. Thème sur lequel je reviendrai deux fois, trois fois par jour, chaque fois que j'aurai l'occasion de m'entretenir avec des fonctionnaires et avec des correspondants étrangers en poste à Moscou.

Parmi mes hôtes officiels, certains sont mécontents. A la rigueur, ils admettent que je plaide en faveur de « mes » Juifs, mais pas que j'y associe Sakharov : « Sakharov est un scientifique, me disent-ils d'un air agacé ; il a été éloigné de Moscou pour des raisons d'État : il est en possession de secrets nucléaires que le gouvernement doit protéger. Ce n'est pas votre affaire. » A tous, je répète mon argument : « C'est votre unique prix Nobel de la paix. Il est normal que je veuille faire sa connaissance. » Obtus, ils refusent de répondre à mes requêtes. Et chaque fois que je mentionne le nom de Sakharov, les mines officielles et officieuses s'assombrissent. Nos rapports s'en ressentent. Tant pis : je ne suis pas venu en URSS pour participer à un concours de popularité. Si je repars sans avoir contribué à la libération de Sakharov et à l'émigration des refuzniks, je considérerai ma visite comme un échec.

De partout, on me dit que la décision est entre les mains de Mikhaïl Gorbatchev. Logique comme toujours, Marion me conseille de m'adresser directement à lui : « Pourquoi ne demandes-tu pas à le rencontrer ? » J'écarquille les yeux, l'ai-je bien entendue ? « Quoi ? Le rencontrer ? Comment et à qui devrais-je, à ton avis, soumettre pareille demande ? » Comme toujours, sa réponse est claire, simple : « Écris-lui. » Bon, je lui écris une lettre. Et ensuite ? « Ensuite, tu la remets à Andreï, le jeune fonctionnaire chargé de notre sécurité. Il saura quoi en faire. » Mon épouse a dit tout cela sur un ton tellement naturel que je me sens désarmé. De toute façon, je n'ai rien à perdre. Sur une feuille de papier de l'hôtel, je rédige une missive hâtive au secrétaire général du Parti communiste. Je la remets à Andreï qui doit nous conduire à une réunion, au centre de la ville : « C'est pour votre patron. » Il jette un coup d'œil incrédule sur l'enveloppe et se met à rougir violemment : « Restez dans votre appartement, me lance-t-il à brûle-pourpoint. Je dois m'absenter pour un petit quart d'heure. Attendez mon retour. » Il revient au bout d'une heure. Je lui demande : « Alors ? » Il répond à côté : nous sommes en retard pour notre rendez-vous au ministère des Anciens Combattants. Je comprends : il ne peut rien me révéler. Top secret.

Le soir, il me chuchote une nouvelle : il a transmis ma lettre au Kremlin ; on s'en occupe au plus haut niveau. Merci. A Marion, je dis : « Tu verras, rien ne sortira de tout cela. »

Le lendemain, pendant que nous prenons notre petit déjeuner, Andreï me prie de le rejoindre dans le couloir : « J'ai la réponse. Elle est positive. » Je ne peux réprimer un cri où l'ahurissement se mêle au remerciement, mais Andreï, le doigt sur la bouche, me fait comprendre qu'il vaut mieux me taire.

Nous allons à la synagogue rue Arkhipova. C'est la fête de la Loi : oublions un moment mes démêlés avec les autorités.

La synagogue, grande et illuminée, est bondée. Des milliers de fidèles s'y bousculent. C'est la fête. Il nous incombe de la célébrer jusqu'à l'extase. Mais si l'humeur n'y est pas ? Il faut se faire violence, dit la Loi. La joie, on peut, on doit la forcer à surgir et, telle une vague puissante, à déferler sur l'assemblée haute en couleur. C'est la Torah qui l'exige. Simhat-Torah est une fête différente des autres : sa joie est enveloppante. On danse, on chante, on s'enivre d'espérance et de nostalgie, on implore l'âme de s'élever jusqu'au ciel, sinon plus haut encore ; et l'âme, docile et douce, ne demande qu'à obéir.

Je suis heureux. Oui. Vraiment heureux. Volodia Slepak, l'aîné des refuzniks, est avec moi. J'ai tenu la promesse que je lui avais faite des années auparavant : je suis revenu auprès de « mes » Juifs russes.

Des fidèles se poussent en avant, en arrière. Ils s'interpellent, font connaissance, s'embrassent, échangent sourires et vœux, tout en observant la procession de la Torah qui fait, difficilement, le tour de la salle.

Serrant les rouleaux sacrés sur ma poitrine, je salue à droite, à gauche, je reconnais un visage, je bute sur un vieillard qui, comme autrefois, fourre un bout de papier dans ma poche ; je transpire, j'ai du mal à respirer, j'ai peur de glisser, de tomber, j'ai peur de me réveiller, loin de ces Juifs assoiffés de liberté et de tradition qui me dévisagent en souriant, qui me sourient en pleurant comme pour me dire : ce que nous, Juifs, avons en commun, ce sont aussi les larmes. J'ai peur d'avoir rêvé Volodia. Hé, ami, où es-tu ?

Moments privilégiés, instants féconds, faits de plénitude.

C'est mon quatrième voyage en Union soviétique. Lors du premier, en 1965, j'avais découvert « les Juifs du silence ». Ils s'exprimaient par leurs yeux : j'y lisais l'histoire de leur peine, de leur solitude. Mais le soir de Simhat-Torah, ils n'avaient plus peur. Ils furent les premiers, ne l'oublions jamais, les premiers à rejeter le règne de la terreur. Les premiers à défier le Kremlin. Les premiers à revendiquer librement, à visage découvert, leur droit à la différence, à la liberté, et à la mémoire.

Les choses ont changé depuis. Le combat des jeunes fut couronné de succès. Le Kremlin dut ouvrir les portes et plus de vingt mille Juifs purent émigrer en Israël. Grâce aux pressions extérieures. Grâce aussi à Simhat-Torah. Et, depuis 1965, ces jeunes, qui remplissent les rues et clament leur fierté d'appartenir au peuple juif, ont modifié le caractère et la mentalité de leurs aînés en les incitant au défi et à l'espérance.

J'éprouve pour eux une admiration et une affection constamment renouvelées. Soixante-dix ans d'éducation communiste et de régime dictatorial n'ont pas étouffé en eux leur identité juive. Sans écoles ni centres culturels, sans structures appropriées, ces structures qui sont offertes aux minorités ethniques, comment font-ils pour sauvegarder leur particularité juive ? Comment s'arrangent-ils pour s'éduquer ? Cours d'histoire juive, leçons d'hébreu, commentaires bibliques, cercles d'études talmudiques, initiation religieuse, exposés littéraires : tout cela existe, et c'est grâce à eux seuls. Ils ne peuvent pas toujours agir ouvertement, bien sûr. Mais pour eux, la clandestinité est affaire d'habitude.

En vérité, ils ne cessent de me surprendre. Tenez, Volodia. En un sens, il est plus libre que les hommes du monde libre. Je l'interroge : « N'avez-vous pas peur ? La prison ne vous effraie donc pas ? » Il hausse les épaules : non, il n'a plus peur ; la prison, il connaît. Et l'éloignement forcé. Et les sévices. Et les menaces. Ne pas se résigner, ne pas abdiquer, voilà sa devise. Pas facile ?

Et après, qui dit qu'être juif – et surtout : être juif en URSS – est chose facile ?

Surprenante quand même, la force qu'irradie mon ami Volodia. Volodia Slepak. Aussitôt arrivé à l'hôtel, je l'ai appelé. Nous nous embrassons. Cela fait longtemps que nous attendions ce moment. Dix-sept ans. Dix-sept ans d'une relation interrompue seulement par des silences forcés de sa part. Dix-sept ans d'angoisse. Et d'espoir. Maintenant, on ne se quitte pas. Marion et moi les avons adoptés, lui et sa femme, Masha. Nous les emmenons avec nous partout. Les officiels et nos guides ne sont pas contents ? Tant pis. Inséparables, les deux couples.

Dissident politique et militant des droits de l'homme, Volodia faisait figure de maître à penser pour de nombreux jeunes Juifs qu'il orientait vers un retour au judaïsme. Anatoli Chtcharanski lui doit son engagement juif. C'est en quittant l'appartement des Slepak qu'il fut appréhendé. D'ailleurs, Slepak lui-même finit par être arrêté. Emprisonnement, cinq années d'exil sibérien, brimades en tout genre : Volodia ne se laissa pas briser.

Volodia et sa bonne humeur. Elle est irrésistible. Nous nous promettons de nous revoir à Jérusalem pour y célébrer le Séder. Y croit-il ? Sa foi aussi est contagieuse. Gorbatchev n'est pas Brejnev. Vive la *perestroïka* ! A mes guides, je dis : « Laissez-le donc partir. Pourquoi le gardez-vous ? Cela vous sert à quoi ? » Ils ne répondent pas ou disent qu'ils ne savent pas.

Il y a un tas de choses que les Soviétiques « ne savent pas ». Tous les jours, j'exige que l'on m'autorise à rendre visite à Andreï Sakharov. Refus répété. Pourquoi ? Ils ne savent pas. (Des années plus tard, on me présentera à Sakharov ; il tiendra ma main dans la sienne pendant un très long moment ; et il me dira qu'il était au courant de mes efforts.)

Tatiana Zonshein est une jeune femme brune aux yeux sombres et fiévreux. Tout ce qu'elle fait, elle le fait vite. Elle se déplace vite, parle vite, comprend vite. Mais elle ne comprend pas pourquoi elle est condamnée à vivre seule, pourquoi son mari, Zakhar, est en prison. On l'accuse d'avoir diffamé l'État. Son procès se déroula le 28 juin 1984 dans la ville de Riga. A 37 ans, il a déjà purgé la moitié de sa peine. Encore deux ans. Résistera-t-il jusqu'au bout ?

Tania craint que non. Zakhar est malade. « Que faire ? demande Tania. Sa santé se détériore. »

Le règlement autorise trois visites annuelles. Comment fait-elle pour tenir ? Elle est fragile, frêle, vulnérable. Ses camarades l'aident. Extraordinaire, la solidarité qui existe entre les familles de prisonniers et de refuzniks. Le réseau fonctionne. Il s'étend à toutes les régions où l'on trouve des Juifs. Rien ne peut arriver à l'un d'eux sans que les autres en soient immédiatement informés.

L'exemple le plus récent : Ida Nudel. Exilée, loin de Moscou, malheureuse. La police guette chacun de ses mouvements. Mais le réseau veille. On sait, à Moscou ou à Leningrad, quand Ida sort et quand elle rentre.

Le soir de mon arrivée, je souhaitais lui parler au téléphone. Rien de plus facile, me dirent mes amis. A 21 heures, elle sera chez untel. A 22 h 30 chez untel. Rendez-vous fut pris. A l'heure convenue, je pus lui parler, enfin, parler, c'est exagéré. Que peut-on dire à une femme qui, depuis des années, traverse périls et malheurs ? On la considérait comme la mère du mouvement. Elle veillait sur chacun, s'occupait de chaque cas. Je lui dis : « Je donnerais beaucoup, Ida, pour pouvoir vous embrasser. » Elle répondit qu'elle le savait. « Ida, repris-je, nous nous rencontrerons bientôt ; je vous le promets. » C'est elle qui essaya de tenir ma promesse. Le lendemain même, elle prit l'autobus pour Moscou. Sans autorisation. Mais la police la fit descendre. En usant de la force. A Moscou, la nouvelle nous parvint un jour plus tard. Je protestai : « Vous n'avez pas honte ? Vous employez la force contre une femme ? » – mais les gens que j'interrogeais répondirent, naturellement, qu'ils ne savaient pas.

Inna Begun est une femme délicate et romantique ; elle parle peu et rêve beaucoup. On dirait un personnage de roman russe. En rêve, elle est tout le temps avec Iosif, son mari, qui, depuis 1977, subit prisons et travaux forcés pour avoir enseigné l'hébreu, selon l'acte d'accusation. Il est dans la prison tristement célèbre de Christopol. « On l'a enfermé avec des droit commun, dit Inna. Savez-vous ce qu'il a décidé de faire ? Il leur enseigne l'hébreu… » Admirable Iosif Begun. Il ne peut vivre sans enseigner. Même en prison.

Inna, pareille aux autres épouses de prisonniers, emploie chaque heure, chaque minute de son temps à les faire libérer, ou du moins à soulager leur peine. Lettres au Kremlin, pétitions au tribunal, appels à l'étranger. Infatigable, Inna. De déception en déception, de refus en refus, elle poursuit ses efforts sans même se plaindre.

Ainsi, à côté de la société soviétique visible, il en existe une autre, invisible. Si la première est fondée sur la peur, la seconde est motivée par une solidarité qui illumine les rapports entre ces épouses héroïques. Solidarité résolue, implacable, il faut la voir pour en saisir la puissance.

Comment tous ces gens (une centaine ?) ont-ils réussi à déjouer les filatures pour se réunir dans cet appartement ? Et qui les a prévenus ? Je ne pose pas de questions. D'ailleurs, je suis trop heureux pour jouer au détective. Heureux de rencontrer – enfin – des amis dont jusqu'ici je ne connaissais que le nom ou la photo. Un professeur réputé : visa refusé depuis dix ans. Un ingénieur connu : visa refusé depuis douze ans. Nous bavardons librement. Sur toutes les lèvres, la même question revient : « Jusqu'à quand allons-nous vivre comme des pestiférés ? »

Dans la foule, des vieilles connaissances. Un instituteur m'accoste en hébreu : « Je vous ai vu en 1966, mais je n'ai pas osé vous approcher. » Une femme intervient : « Vous vous souvenez de moi ? En 1979… » Oui, je m'en souviens : « C'était chez le docteur… » Elle me fait don d'un sourire grand comme son cœur : « Figurez-vous qu'il est ici… » Je sursaute : « Ici ? Le docteur Kogan est ici ? » On l'appelle, il accourt ; il a vieilli, mais je l'aurais reconnu dans la rue. Il a perdu son épouse, il vit seul : « Je vous avais promis que nous nous reverrions, lui dis-je. – Promettez-moi que notre prochaine rencontre aura lieu ailleurs. » Je le lui promets. J'adore promettre. Je lui promettrais n'importe quoi.

Un homme relativement jeune, timide et renfermé, m'attire dans un coin ; il a un secret à me confier : « Voilà, dit-il d'une voix excitée, enrouée, j'ai tenu à vous informer de… Eh bien, voilà… Il y a quelques années, j'ai traduit votre premier livre… En *samizdat*, naturellement… J'en ai conservé un exemplaire… Pour vous… Je savais que je vous rencontrerais un jour… » Comment remercie-t-on un homme qui a risqué sa liberté pour vous faire connaître à ses amis ? Je suis encore en train de réfléchir que déjà il m'a remis une enveloppe, et il n'est plus là.

Une heure plus tard, dans une autre pièce du même appartement, un homme plus âgé, grand et mince, me remet son enveloppe à lui : « J'ai traduit votre premier livre, dit-il en souriant. En *samizdat*. Voici le premier exemplaire. Il vous appartient… »

Ils ne se connaissent pas. Chacun, dans son cercle, a accompli sa tâche solitaire sans se douter que, dans une autre ville, un camarade suivait la même voie, pour les mêmes raisons. Tout d'un coup, je sais comment les remercier. Sans dire un mot, je prends le second traducteur par le bras et le conduis auprès du premier. Après un moment de désarroi, ils s'embrassent comme seuls les Russes peuvent le faire. Et ils éclatent de rire, comme seuls les Juifs peuvent rire. J'ai envie de réciter une prière de gratitude. Si je n'étais venu en URSS que pour entendre ce rire, je serais satisfait…

Je prends leurs noms et les mets sur l'une de mes listes. Et j'adresse une prière au ciel : Seigneur, Toi qui lis tout, jette donc un regard sur ces noms ; protège-les.

Ainsi en 1986, grâce à feu M. Alfred Nobel, j'ai pu participer à Moscou à ma fête préférée, celle de Simhat-Torah.

Souvenirs singuliers, rêvés, inoubliables : nous dansons avec les Slepak, nous buvons à la santé d'Inna Begun, rions avec Tatiana, faisons mille et une promesses à des centaines d'hommes et de femmes dont les regards nous fouillent, nous caressent, nous écorchent et nous bénissent. Si seulement cette fête pouvait continuer ainsi jusqu'à demain, jusqu'à l'an prochain ; si seulement elle pouvait déposer en nous, visiteurs étrangers, un peu de son allégresse vraie, un peu de sa ferveur et de sa nostalgie ; si seulement je pouvais vivre comme eux, avec eux, comme j'aimerais vivre pour eux.

« Les Juifs du silence », eux ? Mais non. Les Juifs de l'éternelle espérance.

(Tous les refuzniks et leurs épouses que j'ai rencontrés alors ont été libérés par Gorbatchev au cours de l'année 1987. Je les ai tous retrouvés à Jérusalem.)

Revenons à Gorbatchev…

Durant la procession avec la Torah, des inconnus me soufflent à l'oreille : « Quand vous verrez le patron (en yiddish, le *balebouss*), dites-lui que… » Comment ont-ils su que je devais rencontrer le *balebouss* ? De notre côté, Marion et moi n'avons fait de confidences à personne. Andreï ? Il est avec nous, mais il est muet. Aux mille mystères de la vie en URSS vient s'en ajouter un de plus.

D'ailleurs, ils ne savent rien, les gens de la synagogue. En régime totalitaire, le savoir est limité, quand il n'est pas emprisonné. De supposition en déduction, on essaie de tâtonner, de deviner, c'est tout. Cette fois-ci, c'est raté. La preuve : aucun message ne m'attend à l'hôtel. Or nous partons le lendemain pour Paris.

Vers 15 heures, je mets mon imperméable et m'apprête à me rendre à l'ambassade américaine. Une rencontre y est prévue avec une centaine de dissidents et refuzniks. Je suis déjà à la porte quand le téléphone sonne. Un homme, dans un anglais moins que parfait, ne me donne pas son nom mais veut me voir. Sans doute un dissident. « Venez dans deux heures, lui dis-je. – Trop tard, répond mon interlocuteur anonyme ; j'ai besoin de vous voir tout de suite. » Dans ce cas, qu'il vienne me rejoindre à l'ambassade américaine. Mauvaise solution : « Je ne peux pas me rendre, moi, à l'ambassade américaine. » Il a peur, me dis-je. Peur d'être suivi. Il enchaîne : « D'ailleurs, je ne pense pas que vous-même devriez y aller. » Mais de quoi se mêle-t-il ? Sait-il quelque chose que j'ignore ? Et puis qui est-il ? Je vais lui poser la question lorsqu'il baisse la voix et enchaîne : « J'ai un message pour vous. » Un message ? D'Ida Nudel ? De Sakharov peut-être ? « Un message, poursuit-il, du monsieur que vous souhaitez rencontrer… » Je sursaute. Un message de Mikhaïl Gorbatchev ? Mais alors, ça change tout. « Venez tout de suite ! », m'exclamai-je. Il est d'accord. Il sera là dans vingt minutes. Je regarde Marion : « Tu es formidable ! Tu avais donc raison ! Il suffisait d'écrire quelques mots pour pénétrer dans le sanctuaire interdit du Kremlin… » Brusquement, une pensée surgit dans mon esprit : et si c'était un traquenard du KGB ? Pour m'apprendre à respecter les lois de la prudence ? Pour me punir d'avoir tant insisté sur le cas Sakharov ? On ne sait jamais avec ces gens-là. J'appelle l'ambassadeur américain, lui résume la situation et lui demande de m'envoyer quelqu'un pour assister à l'entretien. Il me dit que j'ai raison de me méfier ; il m'enverra son premier conseiller. J'espère que celui-ci arrivera à temps ; c'est le cas. Jeune, intelligent, il inspire confiance. Le Soviétique le suit de quelques minutes : trapu, de taille moyenne, les traits sévères, il nous salue sans se nommer. Deux hommes l'accompagnent ; l'un d'eux lui sert d'interprète. L'autre, chauve et visage lunaire, reste silencieux. Après les paroles de courtoisie d'usage, l'émissaire mystérieux dit qu'il souhaite s'entretenir avec moi seul. En tête à tête. Du regard, je consulte le premier conseiller de l'ambassade ; il n'a rien contre. J'insiste malgré tout pour que Marion soit présente. Pas d'objection ? J'invite l'émissaire et son interprète à nous suivre dans la chambre à coucher. Sans demander la permission, le chauve muet se joint à nous. Nous nous asseyons, mais l'émissaire se lève aussitôt : « J'ai une communication à vous faire de la part de Mikhaïl Sergueïevitch Gorbatchev, dit-il d'une voix solennelle. Il vous salue au nom de l'Union soviétique et vous félicite... » Beaucoup de compliments fleuris prononcés d'un ton sec. Tout y est : mes activités en faveur de la paix, mon combat pour les droits de l'homme, mes efforts pour maintenir vivante la mémoire... Puis vient la chute : aussi sera-t-il heureux de me recevoir mardi après-midi pour discuter des sujets qui nous tiennent à cœur. Il se rassied ; l'interprète aussi. Un silence assez long s'installe dans la pièce. Je le romps pour répondre : « Dites au secrétaire général combien je suis sensible à la chaleur de son message, mais, à mon vif regret, je ne puis accepter son invitation, car je suis obligé de rentrer à Paris dimanche... » L'émissaire n'attend même pas la traduction pour bondir comme si un serpent l'avait piqué : « Impossible, impossible, vous dis-je... Vous ne pouvez pas ! Avant-hier, vous avez écrit votre lettre ; aujourd'hui, nous vous répondons. Avouez que nous avons réagi vite. Et vous... » Il n'achève pas sa phrase, c'est inutile. Je la devine. Gorbatchev est prêt à me recevoir, et moi je dis non ? Pour qui est-ce que je me prends ? Il semble hors de lui, l'émissaire du Kremlin. Comment le calmer ? Je lui dis : « Quand vous expliquerez au secrétaire général la raison de mon départ, il comprendra : ma femme et moi avons promis au président François Mitterrand de célébrer son soixante-dixième anniversaire avec lui au sein de sa famille. » L'émissaire, pas bête, réplique : « Si vous expliquez au président Mitterrand pourquoi vous devez rester deux jours de plus, je suis sûr qu'il comprendra, lui aussi. »

Ni lui ni moi n'avons su convaincre l'autre.

Je l'ai revu le lendemain, à l'aéroport. Cette fois, il est venu sans son interprète. Sortant un calepin, il y note ce qu'il nomme ma « liste de souhaits ». Je récite les noms des refuzniks connus, j'insiste sur les besoins culturels des communautés juives, sur le péril antisémite qui les guette, et, naturellement, j'évoque le cas Sakharov. Il promet de s'informer, de s'en occuper et de me contacter à New York.

Il tiendra parole.

Je raconte l'histoire à François Mitterrand ; elle semble l'amuser. C'est au cours de cet entretien que je lui propose l'idée d'un colloque des prix Nobel…

Et Gorbatchev ? Je le verrai cinq ans plus tard. Dans des circonstances autrement plus dramatiques. Et François Mitterrand y sera pour quelque chose.

Quant à l'émissaire, il restera enveloppé de mystère jusqu'au bout. Je découvrirai son nom mais pas ses fonctions véritables. Entre-temps, nous avons eu plusieurs conversations téléphoniques. Les dernières concernent exclusivement Andreï Sakharov. Je lui dis que si le savant n'est pas libéré de sa résidence forcée à Gorki, je ne manquerai pas d'évoquer son cas dans mon discours d'Oslo. Pour des raisons qui m'échappent, les autorités soviétiques semblent redouter l'impact de ce discours. Un membre du Bureau politique du Parti communiste français me contacte peu après, essayant lui aussi de me persuader de ne rien dire sur Sakharov. Est-ce le prestige du Nobel et la formidable cérémonie à laquelle donne lieu sa remise qui leur font peur ? A Moscou, l'émissaire de Gorbatchev m'a fait des promesses, beaucoup de promesses. Moi, je réclame des faits. Arrivé à Oslo, c'est de lui que je reçois l'un des premiers appels. L'affaire Sakharov, encore. Et toujours. Il sera libéré, il m'en donne sa parole. Avec tout le respect que je lui dois, je refuse de lui faire confiance. Et je parlerai de Sakharov dans mon discours de réception.

Oslo, en ce 9 décembre 1986, me rend mélancolique. Je songe aux amis disparus de cette ville.

Après l'accueil officiel à l'aéroport, je retrouve au Grand Hôtel mes invités israéliens, américains, français… Dans la suite Nobel, des fleurs, du chocolat. Vite, une douche. Vite, me changer. Puis, le chef du service de presse du ministère des Affaires étrangères nous conduit à la conférence de presse.

Au premier rang, Daniel Morgaine. Du coup, je me revois trente ans en arrière, quand nous étions correspondants de presse, lui du richissime *France Soir*, moi du plus pauvre *Yedioth Ahronoth*. Le meilleur confrère que l'on puisse souhaiter. Sa générosité n'est égalée que par son talent. Après mon accident [1], il venait quotidiennement me rendre visite à l'hôpital, tout en sachant qu'on lui demanderait de me faire don de son sang. C'est dans ma chambre que, en compagnie du grand comédien Claude Dauphin, il prépara le numéro zéro de son *Paris-Jour*.

Beaucoup de journalistes dans la salle. Les questions ? L'une d'elles me frappe : « Comment expliquez-vous que le service de sécurité qui vous est accordé soit plus imposant que celui qui entoure le roi de Norvège ? » Comme j'ignore à quoi le journaliste fait allusion (je ne savais pas que la police avait intercepté des menaces à mon endroit, et que les négationnistes allaient manifester contre moi), c'est le haut fonctionnaire du ministère des Affaires étrangères présidant la réunion qui répond : « C'est parce que le roi de Norvège est protégé par quatre millions de ses sujets. » Les autres questions figuraient dans la répétition générale du soir de Kippour. Elles relèvent, pour la plupart, de la situation au Moyen-Orient. Le droit à l'autodétermination des Palestiniens, la politique du gouvernement Shamir, les chances d'une paix future avec les Arabes… Je finis par m'énerver : ils exagèrent, ces journalistes qui essaient de me piéger en insistant trop sur un problème sur lequel ils sont censés connaître mes positions. Une question sur Israël, deux ou même trois, cela me semble admissible. Mais dix ? Ont-ils eu la même attitude avec les lauréats précédents ? Walesa n'a pas été interrogé sur l'Afrique du Sud, que je sache, ni le révérend Desmond Tutu sur la politique de la *perestroïka* en URSS, ni la Mère Teresa sur l'antisémitisme… Pour moi, cela n'est pas un phénomène nouveau. Depuis des années, chaque fois que je me trouve devant les représentants des médias, c'est le problème israélo-arabe qu'ils secouent comme un drapeau volé à l'ennemi… Les uns veulent que je critique le gouvernement de droite, les autres souhaitent que je dénonce le gouvernement de gauche… Or, ici comme ailleurs, je tiens à éviter tout malentendu. Ils n'arriveront pas à me faire abandonner ce principe : ne pas intervenir dans les affaires intérieures… Et je le répéterai le lendemain, lors de la remise du prix… Ai-je eu tort de m'énerver ?

1. Voir *Tous les fleuves vont à la mer*, p. 372.

L'ancien journaliste en moi me réprimande : il ne faut jamais perdre son calme avec les représentants de la presse.

Un correspondant allemand, qui s'est démené depuis des années en faveur de son protégé juif de Vienne, le chasseur de nazis Simon Wiesenthal, cherche à m'embarrasser ; il m'interroge sur ma démission de la présidence du Conseil du mémorial. (Comment le savait-il ? Qui l'en a informé ? Son ami viennois ?) Je lui réponds que j'avais mes raisons et qu'elles étaient d'ordre privé : il faut bien apprendre à éluder, à esquiver certains pièges, à ne dire que ce que j'ai envie de dire, et non ce que d'autres ont envie d'entendre.

Le matin de la cérémonie, j'assiste à un service religieux dans une chambre louée à cet effet. Nous avons un *minyan.* J'officie, comme si c'était un jour de *Yahrzeit.* Ce que j'éprouve, ce qui me passe par la tête, je préfère le garder en moi-même.

Conformément à la coutume, le président du comité Nobel, Egil Aarvik, vient me chercher pour me conduire au Palais royal où le roi me reçoit en audience privée. Intelligent, informé, au courant de tout ce qui se passe sur la scène internationale, le vieux souverain évoque les années de guerre qu'il a passées en Grande-Bretagne et aux États-Unis. Aimé de son peuple pour sa sagesse et son courage, il m'émeut par sa simplicité, j'allais dire par son humanité. Je suis confondu par la chaleur qu'il me manifeste. A un certain moment, il me confie en souriant timidement : « En tant que roi, je n'ai pas le droit de suggérer un nom ou une institution au comité Nobel. Autrement, j'aurais moi-même proposé votre candidature… » Naturellement, il sera présent à la cérémonie, entouré de sa famille, des membres du gouvernement, du Parlement et du corps diplomatique.

Dehors, mais cela je ne l'apprendrai que plus tard, des « négationnistes » accourus de France et d'autres pays européens, distribuent des pamphlets s'attaquant à la mémoire juive ; pour eux, c'est une occasion rêvée de propager leurs « thèses » : il n'y a jamais eu d'Holocauste, c'est un mythe inventé par les Juifs pour se faire de l'argent… Leur manifestation explique les soucis de la police et de la sécurité rapprochée.

Pourquoi feindre le cynisme ? La cérémonie est l'une des plus impressionnantes qui soient, un événement qui, j'en ai conscience, me marquera profondément. Pendant cette heure-là, le monde entier, comme on dit, a les yeux tournés vers vous.

En entrant dans l'Aula (la grande salle de l'université d'Oslo) illuminée, pleine à craquer, traversant la foule silencieuse et tendue, je songe à tous ceux que je n'y trouverai pas. Moquez-vous si cela vous chante : l'émotion qui m'envahit est tellement lourde que j'avance avec difficulté. Riez si ça vous fait plaisir, mais j'ai la gorge serrée, nouée, une boule dans la poitrine. Des visages familiers me saluent, me sourient, tandis que je vais rejoindre mon Elisha qui est assis près de sa mère.

L'orchestre philharmonique d'Oslo joue du Grieg, mais je l'entends à peine. Ensuite, c'est Aarvik qui parle. En norvégien. Orateur réputé, il domine son auditoire. Il est ému, cela se voit ; et heureux. Plus tard, beaucoup plus tard, il nous dira : « Lorsque, en août, la décision a été prise en votre faveur, j'ai eu envie de chanter ; puis, dans le train qui me ramenait chez moi, j'ai eu l'impression que les arbres eux-mêmes s'étaient mis à chanter. »

Une traduction anglaise de son discours a été distribuée aux visiteurs étrangers. Récit biographique, analyse littéraire, citations de mes romans et essais, interprétation philosophique et éthique de mes écrits. Il fait état de mon rôle de « témoin pour la vérité et la justice » et de « messager pour l'humanité dont le message est non de haine et de vengeance, mais de fraternité et de pardon... En lui, nous voyons un homme qui, ayant subi la pire des humiliations, est devenu l'un de nos plus importants leaders et guides spirituels. » Grincez des dents si cela vous tente, mais je citerai quelques extraits de son allocution :

> ... Son but n'est pas de susciter la sympathie pour les victimes ou les survivants ; son but est d'éveiller notre conscience, car l'indifférence au mal nous transforme en complices...
> ... Certes, c'est le sort de son peuple qui, dans son œuvre, servit de point de départ. Mais, au cours des années, son message allait atteindre un caractère universel, s'érigeant en communication d'un être humain à l'humanité. Son engagement est sans limites et englobe tous ceux qui souffrent, où qu'ils soient...
> ... sa vision n'est pas caractérisée par l'obsession passive d'une histoire tragique ; elle est plutôt une foi reconstruite en Dieu, l'humanité et l'avenir.
> ... Je doute qu'il y ait un autre individu qui, dans un langage si paisible, ait accompli autant ou ait été mieux entendu. Les mots

> qu'il emploie sont simples, et la voix qui les prononce est douce ; c'est la voix de la paix. Mais sa puissance est intense.
> … C'est en reconnaissant sa victoire spirituelle sur les forces de la mort et de la dégradation, et afin d'appuyer le combat du bien contre le mal dans le monde, que le comité Nobel norvégien décerne aujourd'hui le prix Nobel de la paix à Elie Wiesel. Nous le faisons au nom de millions d'êtres humains appartenant à tous les peuples et à toutes les races…

Pendant qu'Aarvik parle, je lis la traduction. J'écoute et je lis en même temps, mais les mots voltigent en l'air ; ils ne me pénètrent pas. Quoi, c'est de moi qu'il parle ? Ma vie qu'il évoque, mon destin qu'il décrit ? Je me revois dans la maison de mes parents ; je vois mon père et ma mère, et mes sœurs, et je me dis : j'aurais tant voulu qu'ils connaissent mon fils ; j'aurais tant aimé leur jurer que je continue à les aimer, à leur rester fidèle. Aarvik parle, et moi je suis loin, de l'autre côté ; avec Elisha, avec Marion, je flâne dans la ville de mon enfance où m'attendent mes Maîtres, mes camarades, mes rêves…

Soudain, ma pensée interrompt son vagabondage. Aarvik a cessé de s'exprimer en norvégien, il s'adresse à moi en anglais. Et voici ce que, en substance, il veut que je sache :

> Quand votre père se mourait, vous étiez à ses côtés ; c'était le jour le plus sombre de votre vie. Aujourd'hui est, pour vous et pour nous, un jour glorieux ; j'aimerais que votre fils soit près de vous, quand vous serez couronné du plus grand prix que l'humanité soit en mesure d'accorder à l'un des siens…

Et parce qu'il a fait ce raccourci, parce qu'il a, en quelques mots simples, si simples, créé un lien entre mon père et mon fils, je me sens débordé d'émotion, de tristesse, peut-être même de désespoir.

Elisha monte sur scène, je le suis. Je n'entends pas les applaudissements, je n'entends rien, si : j'entends les larmes invisibles qui coulent dans mon âme, j'entends les prières que mes parents morts entonnent là-haut, j'entends l'appel de ma petite sœur Tsipouka dont la douleur a sûrement éteint le soleil pour l'éternité…

Je suis seul. Aarvik s'est rassis. Elisha aussi. Et le public aussi. On attend mon discours. Il est prêt, je l'ai devant moi, quelques pages dactylographiées. Mais je n'arrive pas à lire. J'essaie mais j'échoue. Plus tard, Danielle Mitterrand me racontera qu'elle a eu peur pour moi. Peut-être pensait-elle que je ne pourrais plus jamais ouvrir la bouche. Je regarde ma femme, ma sœur Hilda, mon fils. Et derrière mon fils, comme pour le protéger, mon père. Voilà pourquoi il m'est difficile, sinon impossible, de parler. Par respect, je n'ai jamais prononcé un mot sans lui en demander la permission.

Mais avant de lui demander la permission, il m'incombe de lui demander pardon. Car Aarvik s'est trompé. Je me revois avec mon père le dernier jour de sa vie. La dernière nuit. J'étais près de lui lors de son agonie, mais non à l'heure de sa mort. Ce que je raconte dans *La Nuit* me revient. Il m'a appelé, mon père. Doucement, faiblement. Mais j'ai entendu ses gémissements. J'ai perçu ses appels. Ils me déchiraient, ils me déchirent encore. Malgré le danger, j'aurais dû me précipiter hors du box et le rejoindre. Pour le regarder, pour le consoler. Lui dire : je suis ici, père. Ton fils ne te quittera jamais. Ou autre chose. J'aurais dû lui dire n'importe quoi. Mais on nous l'avait interdit. On m'aurait battu. On m'aurait frappé à mort. On m'aurait tué. J'avais peur. Et j'ai peur maintenant.

Combien de temps s'est-il écoulé depuis que je me suis approché de l'estrade ? Quarante et un ans ? Quarante et un siècles.

Avec une force insoupçonnée – puisée où ? – je me suis secoué pour me réveiller face à un roi et un royaume qui me veulent du bien.

De retour à l'hôtel, nous déjeunons avec Aarvik et sa famille. Puis je consacre quelques heures à appeler des refuzniks en Union soviétique. Il faut qu'ils sachent qu'ils nous restent proches par la pensée ; que leur courageuse épreuve a été mentionnée et célébrée aujourd'hui. Le rabbin Melchior ne me quitte pas : ces numéros de téléphone, il les connaît par cœur. Ce n'est pas facile, car les communications doivent passer par le standard. Et puis les gens ne sont pas tous chez eux. Qu'à cela ne tienne, on les rappelle. Vingt fois s'il le faut.

Le soir, c'est la traditionnelle retraite aux flambeaux en l'honneur du lauréat. Spectacle éblouissant, à vous couper le souffle. Image inoubliable : jeunes et vieux, venus de tous les coins du pays, étudiants et ouvriers, enseignants et élèves, réfugiés d'Asie et Palestiniens (me dit-on), homosexuels et séminaristes, représentants des partis politiques et des associations humanitaires s'écoulant comme un ruisseau enflammé de loin, très loin, jusque devant ma fenêtre ; des cris en toutes les langues me parviennent : *« Shalom, Shalom ! »* Merci, mille fois merci. Je ne sais pourquoi, cette fois encore je me rappelle mon enfance ; je me souviens de la fête nationale roumaine, le 10 mai, à Sighet : soldats et éclaireurs prenant part à une version locale d'une retraite aux flambeaux… Les mêmes torches ? Pas les mêmes. La même foule ? C'est idiot de les comparer… Naguère, c'était un colonel en uniforme de parade qui recevait les « Hourrah » ; ici c'est moi. Heureusement que je suis trop étourdi ; sinon je me sentirais bête, je me laisserais aller… Dans mon dos, un journaliste remarque : « Depuis Schweitzer on n'a pas vu ça… » Schweitzer, encore lui… Et les autres lauréats ? Y en aurait-il des grands et des moins grands ? C'est absurde : comment les différencier ? Tant de prétendus experts disent tant de choses… La journée a été si pleine, si mouvementée, que tous les événements se bousculent dans ma tête…

Les derniers porteurs de flambeaux passent devant nous et se retirent ; il nous reste un peu de temps pour nous habiller pour le dîner officiel. Aarvik me dit : « Mère Teresa l'a refusé. Elle a demandé qu'on lui remette le coût du dîner pour son œuvre de charité. » Initiative heureuse, mais que les Norvégiens souhaiteraient ne pas voir se renouveler trop souvent : la tradition doit être préservée. Et pourtant, « mon » dîner leur a valu pas mal de soucis : il fallait que le repas soit entièrement, rituellement acceptable… Vaisselle neuve, plats somptueux supervisés par le rabbin Melchior lui-même, vins spéciaux importés d'Israël et de France. A la fois excité et épuisé, je n'y touche guère : j'ai la tête ailleurs, l'appétit ne vient pas. Mais le dîner, me dit-on, est un succès. La romancière Gieske Anderson, vice-présidente du comité Nobel, prononce un discours brillant, érudit et inspiré. Leo (Shua) Eitinger, émouvant de délicatesse, s'exprime en sa qualité de survivant. Dans mon allocution improvisée, j'insiste sur l'importance de la reconnaissance comme vertu humaine et sociale. Le dîner se prolonge tard dans la soirée. Les invités refusent de se séparer. Ils ne veulent pas que la journée prenne fin. Certains nous accompagnent dans notre chambre. Pour bavarder. Chacun évoque un moment de sa vie auquel j'ai été mêlé. Propos amusants et souvenirs cocasses composent une sorte de biographie parlée à plusieurs voix. On se quitte peu avant l'aube.

Et l'on se retrouve quelques heures plus tard dans la même Aula de l'université où – suivant la tradition – il m'incombe de prononcer un « discours Nobel ». Cette fois, c'est l'actuel président du comité, le professeur Francis Sajerstadt, qui préside la cérémonie :

sa présentation est celle d'un vrai universitaire. Discours sobre, consacré à la paix comme suprême impératif éthique, à l'exploration et à la comparaison d'idées anciennes et modernes sur la violence et le remède à la violence. A la surprise générale, je commence mon discours par un chant : « *Ani Maamin* – Je crois en la venue du Messie… » Si quelqu'un, à Sighet, m'avait dit : que penses-tu recevoir d'abord : l'annonce du prix Nobel ou de l'arrivée du Messie, j'aurais sûrement parié sur la venue du Messie… *Ani Maamin, Ani Maamin*… J'invite ceux qui connaissent l'air à se joindre à moi. C'est le chant des martyrs dans les ghettos et je tiens à leur rendre hommage. Encore une innovation : je suis le premier lauréat à avoir chanté dans le cadre du programme officiel… Après tout, n'ai-je pas été choriste à Sighet et chef de chorale à Versailles ?

Avant de quitter Oslo (pour Stockholm, Copenhague et Jérusalem), un journaliste m'interpelle : « Si l'on vous avait dit, à Sighet ou à Auschwitz, qu'un jour vous connaîtriez cette gloire, qu'auriez-vous répondu ? » Question pertinente, je la reçois comme une brûlure : « J'aurais répondu : vous êtes fou… et vous m'empêchez d'étudier. »

Si quelqu'un m'avait dit à Auschwitz que je survivrais à Auschwitz, je lui aurais dit de cesser de rêver ou de me faire rêver.

Et celui qui, à Sighet, m'aurait dit qu'un jour je me retrouverais à Auschwitz, je l'aurais pris, lui aussi, pour un malheureux malade au cerveau déréglé.

Stockholm et ses fastes. Dîner avec des leaders de la communauté. Gunnel Valquist de l'académie Nobel : sa traduction de Proust est, me dit-on, un chef-d'œuvre aussi considérable que l'œuvre elle-même. Je m'entretiens avec Lars Gyllenstein, académicien lui aussi : l'air grave, renfermé, il écoute sans se livrer. Discours à la cathédrale : je rappelle qu'autrefois un Juif comme moi était habituellement invité à l'église pour en ressortir converti.

A Copenhague, le grand rabbin Bent Melchior (le père de Michael) ouvre la soirée au principal théâtre en prononçant la bénédiction que l'on récite en rencontrant un Sage. Puis c'est Liv Ulman qui me présente : depuis notre voyage à la frontière cambodgienne, nous avons participé ensemble à plus d'un combat pour les droits de l'homme. Ces dernières années, elle lutte, en sa qualité d'ancienne ambassadrice de l'Unicef, pour aider les enfants déshérités, affamés, abandonnés. Peu de vedettes ont tant accompli en faveur de gosses malheureux.

En Israël, à la descente de l'avion, nous sommes accueillis par Yossi Ciechanover et des fonctionnaires du ministère des Affaires étrangères. Une jeune journaliste de la radio pousse son micro devant mon visage : « Que pensez-vous des critiques qu'a provoquées votre prix en Israël ? » Je lui réponds : « Et si vous me disiez d'abord *shalom* ou bonsoir ? On n'enseigne plus la courtoisie dans les écoles de journalisme en Israël ? » Ainsi j'apprends qu'Israël est, si l'on excepte deux pays arabes, le seul pays où, à côté des éloges, des articles négatifs ont accompagné la décision du comité Nobel. Il y en eut peu, mais assez pour m'attrister. Un chroniqueur d'extrême droite me reproche de ne pas habiter Israël, son adversaire d'extrême gauche m'en veut de ne pas épouser la cause palestinienne. Un commentateur réactionnaire joue franc-jeu : en choisissant d'habiter en Diaspora après la libération, j'aurais en fait péché contre Israël. Ainsi cette fois encore, l'éternel problème Israël-Diaspora se pose dans toute son acuité.

Certes, les articles favorables dominent. Mais, en Israël, c'est connu, le consensus ou l'unanimité n'existent même pas dans les livres sacrés. Alors que Dov Judkowski, le patron de *Yedioth*, demande à Shaike Ben-Porat de préparer avec moi trois entretiens portant sur tous les aspects de ma vie, une parole de Saul Lieberman me revient à l'esprit : « Il arrive qu'un homme doive choisir entre inspirer la pitié ou l'envie. » Il disait aussi : « Parfois, nous répondons par le dégoût, d'autres fois par le sourire. » Et les deux à la fois, serait-ce impossible ? Bon, mon choix est fait.

Généralement, je rencontre affection et amitié. Un Juif à qui la chance a souri, on le couvre de médailles, on l'encombre de parchemins, on le fête comme un vainqueur : rabbins et universitaires viennent le féliciter tour à tour. Nathan (Anatoli) Chtcharanski appelle pour demander un rendez-vous. Éternellement pragmatique, sa première question est : « Comment vous adaptez-vous à votre nouveau statut ? » Avouer ma déception ? Je m'attendais à quelques mots de remerciement pour ce que, modestement, j'avais essayé de faire pour sa libération… D'autres sont plus chaleureux. Une femme m'apporte une boîte de chocolats : elle est convaincue que c'est moi qui ai aidé son père à sortir de Russie. Une autre m'offre la *mezouza* que son mari lui avait rapportée de Lituanie. Pourquoi certains exagèrent-ils mon influence nouvellement acquise ? Comment leur expliquer que le Nobel ne rend pas tout-puissant ?

Sur le plan officiel, on me traite en visiteur de haut rang. Marion et moi sommes les invités d'honneur d'un dîner offert par le président Chaïm Herzog. Et d'un déjeuner chez le Premier ministre Yitzhak Shamir. Et d'un autre déjeuner offert par le ministre des Affaires étrangères Shimon Peres. Ambiance amicale, allocutions empreintes de chaleur et de quelques traces de fierté. Seul un millionnaire – pardon : un milliardaire – aurait droit à un accueil plus enthousiaste.

Harav Menashe Klein, mon ami depuis Buna, Buchenwald et Ambloy, profite de ma présence à Jérusalem pour annoncer la création d'un Béit Hamidrash, une maison d'étude et de prière, qui portera le nom de mon père. Rabbins, Maîtres hassidiques, députés et directeurs d'école ainsi que le maire de la ville, Teddy Kollek, figurent au nombre des invités. Je ne répéterai pas leurs discours. Je les écoute d'une oreille distraite. J'aurais aimé mériter tant d'éloges. Ils me touchent plus que les lauriers qu'il m'arrive parfois de recevoir dans les pages littéraires des journaux. Je me revois dans ma famille : le rêve de mes parents était que je devienne *rosh-yeshiva.* Le serai-je un jour ?

Reb Menashe raconte : « Au camp, un SS surgit un jour de Kippour dans notre kommando. Après avoir brutalisé quelques camarades, il s'écria d'un air triomphant : Juifs, où donc est votre Dieu ? A l'époque, nous étions trop terrorisés pour lui répondre. Mais notre réponse, c'est ici, à Jérusalem, que nous la lui donnons : le Dieu d'Israël, Notre Dieu est Dieu. Et Il est là où se trouve Son peuple. »

Nous visitons le lieu où sera construite la maison d'étude, sur l'une des collines entourant la cité de David. Du regard nous embrassons le paysage le plus beau du monde ; il fait naître un sentiment d'infinie majesté.

Après la cérémonie, un reporter de la radio m'interpelle : « Pourquoi aidez-vous le camp religieux ? – Pourquoi ne le ferais-je pas ? C'est mon argent que je dépense, pas vrai ? – En l'aidant, vous intervenez dans les affaires intérieures d'Israël », réplique-t-il. Ainsi, on n'aurait plus le droit de bâtir une maison d'étude à Jérusalem ? Si l'envie me prenait d'ouvrir un club pour amateurs de pornographie, me le reprocherait-on aussi ? Bizarre, l'intolérance d'une certaine gauche israélienne.

RENCONTRES

Octobre 1986. De retour de Moscou, je raconte au président François Mitterrand que les journalistes, comme s'ils s'étaient donné le mot, veulent savoir comment je vais dépenser l'argent du prix Nobel. Avant de m'interroger sur mes positions politiques, philosophiques ou religieuses, la plupart semblent préoccupés par mes problèmes et projets financiers. François Mitterrand esquisse un sourire espiègle : « C'est vrai ? Mais, en fait, que comptez-vous faire de cet argent ? » Je réponds en haussant les épaules : « Oh, je ne sais pas... J'en ai parlé à Marion. Nous pensons créer une fondation... – Ah bon, une fondation ? Qui ferait quoi ? – Je ne sais pas encore. Combattre pour les droits de l'homme ? Tout le monde fait cela... Je pense que nous organiserons des colloques, des colloques spéciaux sur des sujets brûlants... » Tout en parlant, une idée folle – folle car irréalisable – me vient à l'esprit : « En fait, j'aimerais organiser une rencontre de tous les lauréats du prix Nobel... De toutes les disciplines... Cela n'a jamais été entrepris. Cela pourrait être passionnant... Pour la première fois, des prix Nobel se réuniraient en grand nombre pour discuter des craintes et des espérances que l'humanité nourrit pour le siècle prochain... » Je lui fais part de mes aventures en URSS. Grâce à feu M. Nobel, j'ai pu aider quelques refuzniks à obtenir des visas de sortie, des dissidents à mieux résister à la police, j'ai réussi à ébranler des officiels en faveur de Sakharov, encore exilé à Gorki... Imaginons dix ou vingt lauréats conjuguant leurs efforts et mobilisant leurs réseaux d'amitiés pour une cause humanitaire... Intéressé, le président m'incite à approfondir le projet, à entrer dans les détails. Je ne demande pas mieux. Les colloques, je connais. Et j'aime. J'aime ce que m'apprennent les débats auxquels j'assiste. Le terme « dialogue » est, à mes yeux, parmi les plus inspirés du vocabulaire. D'ailleurs, à l'initiative de Jack Lang, le président et moi déciderons d'écrire un livre de dialogues. Dans un dialogue, l'autre perd son altérité. Dialogue signifie échange d'être à être, communauté par-delà les divergences. J'aime aussi le terme « colloque ». Tant que les hommes parlent et écoutent, tout demeure possible. Au président, je propose : « Si ce projet vous tente, réalisons-le ensemble... » Autrement dit : ma fondation (à naître) participera à son financement.

Le président a été d'accord, et c'est ainsi que je suis devenu, si l'on peut dire, l'associé de la République française. Pour les modalités pratiques, je me débrouillerai avec Jacques Attali. Avec celui-ci, pas de problème. Entente et complicité parfaites. Nous avons fait connaissance au cours du colloque de la Sorbonne, organisé par Jack Lang en 1982. Me prenait-il pour un membre du Parti socialiste ? Il me tutoya tout de suite. Cela me flatte. Je connais certains de ses ouvrages, j'admire l'éclat de son ambitieuse intelligence. Le fait juif l'intéresse. Le Talmud, le mysticisme : il tient à apprendre. Et puis, en de nombreuses matières – économie, politique internationale, philosophie des sciences –, il en sait plus que moi. Nous nous voyons chaque fois que je suis reçu par le président puisqu'il faut passer par son bureau pour entrer dans celui de son patron. C'est important pour lui, le bureau. S'il n'avait pu l'obtenir, me dit-il un jour, à demi sérieux, il n'aurait pas accepté le poste de conseiller spécial. Certains lui reprochent son arrogance, son goût du pouvoir. On dit qu'il ne traite pas bien ses subordonnés. On dit tant de choses, de tant de gens. Mes rapports avec lui sont excellents. Et intimes. Confiance réciproque. Échange de textes manuscrits pour avis. Je rédige un compte rendu de son ouvrage sur Sigmund Warburg pour un quotidien parisien ; je sais que je peux compter sur son aide, si j'en ai besoin. Bref, c'est une amitié sans arrière-pensée. Je lui rends visite chez lui, il vient chez moi. Il répond à mes appels sans me faire attendre. Une seule fois, je n'ai pas pu le joindre, malgré plusieurs appels. En colère, j'ai rédigé une lettre dans laquelle je lui disais ce que je pensais de sa conduite. Avant de l'envoyer, sur le conseil toujours sage de Marion, j'ai quand même téléphoné à son secrétariat, puis à son domicile. Là tout s'est éclairci : victime d'un accident, il était à l'hôpital. Pour me racheter à mes propres yeux de l'avoir accusé sans raison, je lui dédiai mon roman *Le Crépuscule au loin*.

Bref, Jacques trouve l'idée du colloque Nobel excellente. Nous y consacrons quelques déjeuners, plusieurs dîners. Pragmatique, il crée à l'Élysée une cellule qui collaborera avec la petite équipe new-yorkaise de la fondation.

Première tâche : préparer la liste des deux cents lauréats vivants. Facile. Ensuite, préciser le thème dominant – le XXIe siècle –, établir le programme. Puis fixer la date. Là, les choses se compliquent un peu.

Nous sommes fin 1986. Il faut prévoir six à huit mois pour les préparatifs, à condition que l'on se mette tout de suite au travail. Or, à l'Élysée, les choses traînent. Est-ce à cause de la cohabitation ? Çà et là, on l'insinue. Des semaines passent, je commence à m'inquiéter. Si l'Élysée est confrontée à d'autres priorités, qu'on me le dise. Si le président ne s'intéresse plus au projet, je veux bien, mais qu'on daigne m'en informer. Nous voilà en 1987, et le feu vert n'est toujours pas allumé. Égoïstement, cela ne devrait pas trop me déplaire : plus on temporise, moins de lauréats viendront, ce qui m'arrangerait car, associée financièrement à l'Élysée, la fondation n'est pas riche et risque de faire faillite... Mais objectivement, l'absence d'un grand nombre de lauréats nuirait au succès d'une conférence qui pourrait avoir un retentissement considérable. Quant au financement, une grande compagnie d'assurances, Mutual of America, dont le président Bill Flynn est un ami, nous offrira un appui fort généreux.

Le printemps arrive, Paris respire la joie de ses amoureux, mais moi, sortant de l'Élysée, je suis déprimé. Je n'ose pas parler de mes soucis au président ; j'aurais l'air de me plaindre. Je me confie à Jacques qui me conseille la patience : c'est une question d'emploi du temps, de calendrier, mais... la décision sera bientôt prise... dans quelques jours... Elle me parvient durant l'été : la conférence s'ouvrira la troisième semaine de janvier 1988. (L'élection présidentielle doit avoir lieu en mai ; mais naïf comme je suis, je n'y ai pas pensé.) Tout sera-t-il prêt à temps ? Oui, à condition que la machinerie élyséenne se mette en branle. Comment joindre tout le monde ? Comment convaincre les récalcitrants ? Les ambassades de France font de leur mieux. Joshua Lederberg, si sage, si généreux, m'est d'un secours indispensable. Président de l'université Rockefeller, ce prix Nobel de biologie sait arrondir les angles. Le révérend Tutu est empêché, Saul Bellow aussi. Et Soljenitsyne ne quitte jamais le Vermont. Henry Kissinger hésite : « Je ne suis pas trop populaire dans les milieux scientifiques », me dit-il. Pourquoi ? A cause de sa politique sud-asiatique sous Richard Nixon en général, et à l'égard du Cambodge en particulier. A Harvard, on lui reproche d'être un faucon. Il craint de m'embarrasser en se faisant huer. J'insiste, il cède. Il m'en sera reconnaissant.

Et le temps court. L'équipe de l'Élysée est débordée par les questions techniques et logistiques. On a oublié que les Américains doivent se munir de visas français… Des instructions partent pour tous les postes frontières : que les prix Nobel entrent sans visa…

Mais où les loger ? Kissinger habitera à l'ambassade des États-Unis. Pour Willy Brandt, on prévoit des arrangements spéciaux. Les autres iront à l'hôtel Méridien et au Bristol. Des bus spéciaux escortés de motards feront la navette entre l'hôtel, l'Élysée et le Marigny où se tiendront les sessions régulières et seront pris les repas en commun…

Nous passons des heures à préciser le programme, la composition des cinq commissions… Qui les présidera ? Comment et selon quel critère privilégier tel lauréat plutôt que son confrère ? La solution : nous inviterons les présidents des jurys et des comités Nobel pour diriger les débats. Du côté français, François Gros du Collège de France et Hélène Ahrweiler, recteur et chancelier des universités de Paris, acceptent de remplir les mêmes fonctions. Quant à moi, en accord avec François Mitterrand, je présiderai les séances plénières. Ne riez pas – ne riez pas puisque j'en ris moi-même – mais sur le plan protocolaire je représente, au même titre que le président de la République française, une « puissance invitante ». Bon, je sais : le mot « puissance » me va comme un smoking sur un ascète oriental. Mais je ne suis pas responsable du protocole…

Cependant, en tant que co-initiateur de la conférence, je me sens responsable de tout le reste. Or, « le reste » est immense. Un problème se pose et il est grave : faut-il inviter le Premier ministre ? Je suis pour. On ne peut pas l'offenser en l'éliminant du programme. Je suggère qu'il participe à la séance d'ouverture. Après tout, il est aussi le maire de Paris. Veto d'un haut fonctionnaire de l'Élysée. Je m'obstine : qu'il vienne au moins nous saluer en séance plénière ? Veto. Pourquoi ne lui demanderait-on pas de porter un toast à un dîner ? Veto. Le problème est politique, me dit-on. Je n'abandonne pas, je discute : si Jacques Chirac est écarté, c'est alors qu'on nous accusera de politiser la conférence. Rien à faire.

Cela dit, avec le recul, je me rends compte que j'étais en effet naïf. Bien que conçu en dehors de toute considération politique, le projet s'avéra utile pour l'élection présidentielle de mai. Je l'ai compris le jour où l'Élysée refusa l'offre pourtant alléchante de la chaîne de télévision américaine ABC de « couvrir » la conférence pour une série de programmes confiés à Ted Koppel, le célèbre modérateur du programme « Nightline ». Elle réclamait l'exclusivité des droits, sauf pour la France. Accompagné de deux vice-présidents de la chaîne, Ted vint en Concorde pour élaborer un plan de coopération. Ils repartirent de mauvaise humeur. Les mains vides. Un officiel hautain les fit longuement attendre dans l'antichambre et les insulta en leur lançant : « Pour qui nous prenez-vous ? Pour une république bananière ? » Ted est un ami. A-t-il perdu la face devant ses supérieurs ? En tout cas, il a sûrement perdu son temps. Dommage. Mais je n'y pouvais rien.

En ce qui concerne Jacques Chirac, je ne m'avoue pas vaincu. Sans consulter qui que ce soit, je me rends à Matignon où je suis reçu par le Premier ministre. Je lui dis que, en ma qualité de coprésident de cette conférence, j'ai l'honneur de l'inviter à sa séance inaugurale. Je retrouve l'homme chaleureux que j'ai rencontré en 1987, à la mairie de Paris. Le futur président de la République apprécie mon geste, mais préfère s'abstenir.

Une question essentielle reste ouverte : combien d'invités viendront ? Dix ? Vingt ? Espérons qu'ils seront cinquante. Ahuris, nous apprenons qu'il nous faudra accueillir soixante-dix-neuf écrivains, scientifiques et hommes d'État. Cependant, certains refus nous attristent. Lech Walesa souhaite venir mais ne peut obtenir son visa : le général Jaruzelski le lui a refusé. Notre réponse est immédiate : puisqu'on empêche notre collègue de nous rejoindre à Paris, nous nous rendrons auprès de lui dans son pays.

Reste à trouver le moyen de percer le Rideau de fer. L'éditeur britannique George Weidenfeld se déclare prêt à nous aider : son amie et associée, la richissime Ann Getty pourrait mettre son avion privé à notre disposition. En guise de remerciement, je lui promets une place au paradis… Mais il souhaite quelque chose de plus concret : qu'Ann Getty puisse voyager avec nous. Je réponds : « C'est tout naturel. Après tout, c'est son avion. » Peu de temps après, il rappelle : à côté de qui sera-t-elle assise ? Je réponds : « Qu'elle choisisse son siège. Après tout, c'est son avion. » Il rappelle une troisième fois : et lui-même ? Est-ce qu'il pourra se joindre à nous ? Je réponds : « Bien sûr, après tout c'est presque votre avion. » Donc, tout est réglé ? L'éditeur britannique téléphone une quatrième fois : est-ce qu'ils seront invités à l'ouverture du colloque ? Je dis que oui, ils seront invités, après tout, etc., etc. Va-t-on en finir avec cette histoire d'avion ? Weidenfeld revient à la charge : est-ce qu'ils seront invités au dîner à l'Élysée ? Je me renseigne ; on me répond que seuls les participants assisteront au dîner… Weidenfeld ne rappelle plus. Mais il envoie un télégramme : en raison de problèmes mécaniques, l'avion restera dans son hangar, donc…

Réunion d'urgence chez Jacques Attali : si le gouvernement mettait un avion du Glam à notre disposition ? Mieux vaut ne pas y penser : nous sommes en période de cohabitation. Affréter un avion commercial ? Jacques connaît le président d'Air Inter, mais un avion de cette compagnie ne peut pas quitter le territoire aérien français. Donc, il faut se rabattre sur Air France. Mais qui couvrira les frais ? Notre fondation. Jacques se charge du problème des visas : il en a déjà parlé à l'ambassadeur polonais. Tout est arrangé : un visa collectif nous permettra de faire l'aller-retour Paris-Cracovie-Paris. Nous sommes jeudi et le départ est prévu pour dimanche. Vers 15 heures, Attali est hors de lui : l'ambassadeur polonais vient de l'informer que le visa collectif nous est refusé. Pour quelle raison ? Elle est évidente : Jaruzelski n'est pas enchanté de l'intérêt que des prix Nobel manifestent envers le chef de Solidarité. Renoncer au voyage ? Jouons la carte américaine. Ronald Lauder, républicain new-yorkais, ancien ambassadeur américain à Vienne, expose nos difficultés au vice-président des États-Unis George Bush qui nous renvoie sur son chef d'état-major. Je l'appelle. En quelques phrases, je le mets au courant de la situation. « Cessez de vous faire des soucis. Tout s'arrangera », m'assure le chef d'état-major. Je lui précise que c'est urgent. « Allez, calmez-vous. Quand nous faisons des choses, nous les faisons vite. » Le vice-président a fait vite. Il a convoqué l'ambassadeur de Pologne à Washington le vendredi matin. J'ignore ce qu'il a bien pu lui dire mais le jour même, vers 16 heures (donc, 10 heures à Washington), Attali me fit savoir que l'ambassadeur de Pologne à Paris cherchait désespérément à me joindre. Pour m'annoncer la bonne nouvelle : le problème des visas était réglé… On nous les délivrerait sur place. La Maison-Blanche a été plus efficace que l'Élysée.

Walesa nous attend à l'aéroport de Cracovie. Ses proches collaborateurs l'entourent : Bronislav Geremek, Tadeusz Mazowiecki, le prêtre Henryk Jankowski (qui, en 1995, prononcera un sermon violemment antisémite en présence du président Walesa et d'autres dirigeants de Solidarité). Surveillés par les services secrets de Jaruzelski, nous leur disons notre admiration. Cela fait du bien de les voir rassurés, heureux.

Particulièrement émouvante est la rencontre entre Walesa et Egil Aarvik qui lui dit : « Savez-vous, monsieur Walesa, que votre chèque vous attend encore chez nous ? – Je le sais, répond Walesa. Je n'y pense plus. Que ferais-je de cet argent ici ? » Soudain, il a une idée : « Donnez-le à Elie. Il saura comment l'utiliser. » Aarvik me demande : « Accepteriez-vous son chèque ? » Il n'en est pas question.

Nous nous rendons en pèlerinage à Birkenau et Auschwitz. Pour réciter le kaddish. Et pour y ouvrir symboliquement la conférence de Paris : on ne peut pas réfléchir sur l'avenir sans jeter un regard en arrière, sur le siècle finissant dont Auschwitz servira de monument. Walesa ne dissimule pas son émotion : je suis surpris d'apprendre que c'est sa première visite en ce lieu. Dans ma brève allocution, je m'adresse à lui : « Nous serons les émissaires de Solidarité dans le monde, je vous le promets : mais vous, promettez-nous d'être notre représentant ici pour protéger la mémoire des victimes juives, ainsi que leurs cimetières visibles et invisibles. » Il me le promet. (D'où ma déception, des années plus tard, quand il fera quelques allusions teintées d'antisémitisme pour gagner les élections... Autre déception : dans son second ouvrage autobiographique, il cita mon allocution mais oublia de mentionner ma requête. Et troisième déception : lors du cinquantième anniversaire de la libération d'Auschwitz, il prépare des discours solennels sans même mentionner les Juifs qui y furent assassinés et anéantis.)

Bernie Fischman, administrateur de notre fondation, observe ce jour-là le *Yahrzeit* pour l'un de ses parents. Il récitera le kaddish à la vieille synagogue qui porte le nom du Rabbi Moshe Isserlis (le Remou). Là encore, c'est la première fois que Walesa, catholique fervent, est entré dans un lieu saint juif.

A l'époque je l'ignore encore, je le découvrirai seulement au début des années quatre-vingt-dix : devant les ruines des chambres à gaz et des crématoires où les Juifs hongrois ont été anéantis, une douzaine de croix sont érigées dans la terre et les cendres. Certaines sont collées à des étoiles de David.

Comment expliquer ce sacrilège ? Qui a osé mettre ces symboles chrétiens sur les tombes invisibles de nos Juifs pieux parmi les pieux ? Il paraît que des jeunes Polonais les avaient plantées là comme signe de réconciliation ou d'expiation. Intentions honorables ? Le résultat n'en est pas moins offensant.

Comment expliquer l'insensibilité de l'Église catholique de Pologne ? Et l'indifférence des dirigeants juifs européens et américains, comment la justifier ?

Aucun objet religieux, ni juif ni chrétien, n'a sa place à Birkenau. Ses ruines sont le meilleur symbole de ce que ce camp a accompli et détruit dans l'Histoire.

La conférence s'ouvre le lendemain, dans le salon d'honneur de l'Élysée. Pour moi, la date est significative : le 18 janvier. Jour de l'évacuation d'Auschwitz.

Transmise en direct par TF1, la séance d'ouverture est impressionnante : jamais on n'aura vu tant de lauréats de tant de pays en un même lieu, préoccupés par les mêmes problèmes concernant l'avenir de l'humanité. Qu'est-ce qui les a motivés à venir de si loin, bousculant des emplois du temps sûrement surchargés ? J'en parle à mon aîné Joshua Lederberg. Il est sage, Joshua. Il dit : « Arrivés au sommet, que pouvons-nous encore souhaiter obtenir ? Un prix Nobel ? Nous l'avons déjà. Maintenant il s'agit de servir. »

C'est dans un recueillement respectueux et admiratif que cette extraordinaire assemblée d'intelligences – peut-on parler d'addition d'intelligences ? – écoute le président de la République lui souhaiter la bienvenue et prononcer quelques paroles aimables à mon endroit (à l'époque, nous étions encore proches) :

> … Quand nous avons formé, il y a bientôt deux ans, Elie Wiesel et moi-même, le projet de vous inviter à Paris, nous ne pensions pas vous trouver si nombreux au rendez-vous ; Elie Wiesel est un grand écrivain, de langue française et universaliste, c'est aussi un homme de foi : la sienne est communicative. Il aime soulever les montagnes et, comme on le voit, y réussit. Car il ne se contente pas de manier les concepts, de relier rêves et symboles, il agit sur la réalité. Ainsi sommes-nous passés d'une idée à un projet, puis du projet à l'événement…
>
> … Vous allez réfléchir ensemble aux « menaces et promesses du XXIe siècle »… Qu'avez-vous en commun ? Un titre, peut-être le plus haut dans le domaine qui est le vôtre. Vous êtes, comme on dit, « des Nobel ». C'est une gloire. C'est une charge. Il apporte

> avec lui une sorte d'obligation morale. En témoigne votre présence ici. J'entends par obligation une certaine responsabilité devant la conscience universelle... Vous êtes porteurs d'une espérance immémoriale... mais nous avons appris, à nos dépens, que la science, porteuse de bienfaits à l'humanité, peut aussi susciter le malheur...

C'est l'un de ses discours les plus réussis. Lucidité, style, connaissance : tout y est.

Dans ma réponse, où je réserve quelques phrases à Jacques Attali, je fais écho aux propos du président de la République en leur donnant un éclairage différent, personnel.

> ... Lorsque l'un de nous vous a proposé d'accueillir ce colloque, vous avez, sans hésiter, dit oui. Penseur, écrivain, homme d'action et grand homme d'État, vous partagez nos angoisses ainsi que nos espérances quant aux possibilités de l'homme à déjouer les pièges que ses propres victoires ne cessent de lui poser.
>
> En un sens, c'est un peu le but de notre réunion d'aujourd'hui. L'accélération de l'Histoire étant un fait que nul ne songe plus à contester, il serait intéressant et même utile d'en définir le sens en jetant un regard vers le siècle qui succédera au nôtre. De quoi sera-t-il fait ? Et de quels moyens disposons-nous pour façonner son destin ? Plus précisément : puisqu'il est donné à l'homme d'agir sur l'événement, comment faire pour qu'il le dirige vers le soleil plutôt que vers le gouffre ?
>
> Pour paraphraser Paul Valéry : l'avenir n'étant plus ce qu'il a été, il incombe de l'aborder avec prudence. Trop de bévues ont marqué notre passé qui, pourtant, sur plus d'un plan, inspire orgueil et fierté. La composition de ce colloque en constitue la preuve la plus visible. Tant de savoir et tant de gloire réunis sous le même toit ne risquent-ils pas de porter un coup mortel à ce qui subsiste d'humilité sur la planète ? Est-ce exagérer votre importance que d'affirmer que, depuis l'Antiquité et ses illustres précurseurs, aucun siècle n'a connu l'épanouissement de la science et de l'intelligence comme celui auquel vous avez contribué ? [...]
>
> Victoire sur épidémies et fléaux, découvertes médicales et révolutions technologiques, prolongement de la vie et conquêtes nouvelles du bonheur : en cinquante ans, l'humanité a fait plus de progrès qu'en vingt siècles [...]
>
> Vous êtes censés résoudre tous les problèmes, même ceux qui n'existent pas encore. Comment désarmer en s'armant ? Comment gagner une guerre en la perdant ? Comment concilier les larmes des enfants affamés avec les visées politiques des puissances grandes et petites ? C'est que, de nos jours, tout est lié. La création poétique et la quête de l'identité, les convulsions économiques et la criminalité urbaine, les mystères de la météo et ceux des élec-

> tions : ce n'est pas seulement la Terre, mais aussi l'Histoire qui semblent s'être rétrécies : ce qui se passe en un lieu affecte ceux qui habitent ailleurs [...] Ce qui a motivé notre réunion ici, aujourd'hui : proclamer le principe articulé par nos ancêtres selon lequel l'homme se définit non seulement par sa soif de vérité, mais par son sens de la solidarité, donc de la responsabilité.
> ... Parfois, l'horizon semble s'assombrir, et alors nous nous interrogeons : aurions-nous commis des erreurs quelque part ? Lesquelles ? Au nom de quelle vérité, pour justifier quel mensonge ? A quel moment l'aventure humaine a-t-elle mal tourné ?
> Hier, nous étions quelques-uns à faire un pèlerinage étrange et douloureux, un pèlerinage au bout de la nuit. J'avoue que c'était l'idée de quelqu'un qui, adolescent, en était revenu tout en restant prisonnier des morts. Il tenait à se revoir là-bas, au loin, de l'autre côté. Auschwitz a été évacué le 18 janvier 1945. Coïncidence ? Notre génération traumatisée défie les coïncidences. Tout est signifiant, tout est porteur de symbole [...]
> C'est à Auschwitz que l'aventure a mal tourné. Sa cendre, on la trouve ailleurs aussi. A cause d'elle, notre tâche paraît plus urgente. Il s'agit de sauver l'humanité, ou du moins, notre humanité. Il s'agit de voir, au-delà des abstractions, des êtres humains dont la vie et la dignité sont menacées. Nous sommes tous dans un train qui court vers le précipice ; nous ne pouvons pas changer de train, nous devons donc l'arrêter. Tâche trop complexe, trop difficile ? Il nous est interdit de nous en désister, même si nous ne pouvons l'accomplir. Le propre de l'intelligence, c'est de ne jamais se soumettre.
> Aussi allons-nous affronter des problèmes qui font peur. La faim. L'oppression. La misère. La discrimination raciale, économique et idéologique. Le fanatisme religieux. Le sida. Le terrorisme. La menace nucléaire...
> ... Il suffit d'écouter les bruits des terres proches et lointaines pour mesurer les périls qui guettent une humanité menacée dans sa souveraineté et dans ses rêves. Peut-être saurons-nous miraculeusement transformer ces périls en un commencement de promesse.

De tous les colloques auxquels j'ai participé, celui-ci fut le plus spectaculaire. Et le plus stimulant. Il m'a beaucoup appris. La paix et la justice. Le défi de l'intelligence, et le défi à l'intelligence. La nostalgie du temps perdu et des temps futurs. Devoirs et limites de la science. Le tiers monde et les pays riches. La recherche biologique et les tentations génétiques. Tous ces grands esprits qui font connaissance, deviennent amis, conjuguent leurs talents et leur volonté pour orienter l'Histoire dans une direction salutaire et salvatrice, il faut les voir, au plus haut niveau, s'engager dans des réflexions divergeantes mais communes, discuter ensemble, rire ensemble, écouter la musique de Slava Rostropovitch et son trio, admirer (ou critiquer) le musée des Sciences d'Orsay... On se rend compte alors que la science peut être généreuse, et que l'espoir est permis.

J'observe l'Irlandaise Betty Williams, pétillante et intrépide, qui aborde Henry Kissinger et lui dit à voix haute, pour que tous l'entendent, combien elle le détestait... jadis : « Eh oui, docteur Kissinger, il fut un temps où je vous haïssais, je vous maudissais, partout je disais tout le mal que je pensais de votre politique au Cambodge et au Viêt-nam... Eh bien, je viens de vous écouter. Et je vous demande pardon. »

Kissinger est abasourdi, moi aussi. Il rougit. C'est l'une des rares fois où je le vois trop embarrassé pour répliquer avec humour. Elle l'embrasse sur les deux joues ; soudain timide, il la laisse faire, il reste sans voix. Et moi, comme toujours en pareille occasion, je pense : le désespoir n'est jamais une réponse valable ni l'indifférence une option possible.

Henry Kissinger me remerciera d'avoir insisté pour qu'il participe au colloque. Je l'ai noté : il redoutait les réactions hostiles des scientifiques pacifistes. En vérité, je partageais ses appréhensions. Mais je lui faisais confiance. Je savais qu'il saurait se montrer à la hauteur. Au lieu de lire le discours qu'il avait préparé sur des problèmes géopolitiques, il improvisa une allocution personnelle, une sorte de credo : « Je ne vous parle pas en tant qu'ancien secrétaire d'État, ni en ma qualité de théoricien des sciences politiques ; je m'adresse à vous en tant que Juif qui a perdu vingt-six membres de sa famille à Auschwitz... »

J'aime jouer le rôle de marieur d'âmes.

Dans mon enfance, on manifestait une attitude ambivalente envers le *Shad'han* ou marieur professionnel. On se moquait de lui alors qu'on avait besoin de sa perspicacité. Bien informé, au courant de tout, il savait quand il fallait suggérer à un père, à mots couverts, que sa fille de 17 ans, puisse-t-elle vivre jusqu'à 120 ans, était en âge de le quitter, et qu'il connaissait déjà l'heureux fiancé dont il vantait les vertus dignes d'un grand rabbin et les talents qui valaient toutes les richesses des riches. Pourquoi portait-il, même par temps ensoleillé, un parapluie noir à la Chamberlain ? Sceptique, il devait se dire : on ne sait jamais. Il lui fallait tout prévoir. Comme pour les organisateurs des colloques : il leur faut prévoir toutes les éventualités. Agréables et ennuyeuses.

Le nôtre se déroule bien. En parfaite harmonie. Volonté de connaître, de comprendre, de s'aventurer hors des terrains familiers. Voilà pourquoi des scientifiques préfèrent participer aux débats sur la culture, et inversement. Les questions éternelles, intemporelles, suscitent des échanges courtois mais dramatiques entre optimistes et pessimistes, pragmatistes et utopistes : dire que tous ont raison ? Si l'on contemple le chemin parcouru, on a le droit d'être fier ; et si l'on regarde le chemin qui reste à faire, on a le droit d'être angoissé. Toutes les interventions sont remarquables, et certaines sont éblouissantes. Nous vivons des moments forts, et d'autres qui le sont moins [1].

Malchance ou malheur : en Terre sainte, l'Intifada prend une ampleur tragique ; elle fait des victimes. Ai-je commis une erreur en n'insistant pas plus sur ces événements dans mon discours d'ouverture ? Aurais-je dû plus fermement lancer un appel à la raison ? Seuls trois orateurs font allusion – en termes discrets – aux affrontements violents entre soldats israéliens et adolescents palestiniens. En privé, on m'interroge : « Qu'en pensez-vous ? Que faut-il faire ? » Je suggère la création d'une commission de lauréats qui se rendrait sur le terrain. L'arrivée de dix prix Nobel ne passerait pas inaperçue. Et, sur ma lancée, je propose – toujours en privé – la création d'une association de lauréats qui, en période de crise, enverrait sur les points chauds des commissions *ad hoc* pour aider ou du moins témoigner. La majorité est d'accord ; mais une minorité redoute le pouvoir politique qu'une telle association pourrait acquérir. Faute d'unanimité et de moyens, de moyens surtout, il vaut mieux ne rien entreprendre.

Mais lors des conférences de presse biquotidiennes et des émission télévisées, on nous interroge plus sur l'Intifada que sur nos débats. J'ai rarement ressenti un tel malaise : comment tolérer que des militaires armés pourchassent des gamins, même si ces derniers sont capables et désireux de blesser et de tuer ? D'un autre côté, comment défendre les acteurs et les provocateurs de l'Intifada qui, dans leur excitation, ambitionnent de faire couler le sang juif en Cisjordanie ?

Malgré la prédiction de Yitzhak Rabin (cela ne durera pas), la crise sanglante se prolonge. Combien de victimes, de part et

1. Voir *Promesses et Menaces à l'aube du XXIe siècle*, Éditions Odile Jacob, Paris, 1988.

d'autre, tomberont avant qu'Israéliens et Palestiniens décident de se retrouver autour d'une table plutôt que sur le champ de bataille ? Mais c'est une autre histoire. Revenons au colloque. Qui va se clôturer dans l'après-midi. Cette fois encore, la cérémonie est diffusée en direct à la télévision.

Ambiance de solennité et de fête à l'Élysée. Trompettes et tambours de la Garde républicaine. Les lauréats adorent. En chacun d'eux aussi, un enfant continue de rêver. Pour ma part, j'avoue que je suis satisfait. Il est vrai que rien de concret n'a été décidé, mais la rencontre elle-même demeure un fait positif. Dans mon rapport, je résume les acquis essentiels de nos travaux :

> ... Nous voici donc arrivés au dénouement de cette conférence. Elle s'est ouverte sous le signe de la gratitude ; c'est sous le signe de la reconnaissance qu'elle s'achève. On nous demande : qu'avons-nous appris durant ces quatre jours ? Tout d'abord, nous avons appris à nous connaître, et peut-être à reconnaître les uns dans les autres. Nous avons découvert que, par-delà nos compétences spécialisées, nous avons en commun préoccupations et angoisses, bien sûr, mais aussi engagements et espérances concernant l'avenir de nos enfants.
>
> ... Avons-nous résolu quelques-uns des problèmes qui interpellent notre société ? Leur étendue est aussi vaste que leur complexité. Comment résoudre en quatre jours des énigmes que, en cinquante ans, ou en cinq mille ans, depuis Caïn et Abel, l'humanité n'a pu qu'ignorer ou effleurer ? La fondation Nobel n'a pas encore découvert le secret qui permettrait d'offrir aux lauréats, en même temps que la gloire mondiale, la sagesse universelle...
>
> ... La réussite de cette conférence, nous devons la chercher et la situer dans la conférence elle-même. Le fait qu'elle ait eu lieu est significatif et important.
>
> Or, quel est le but que nous nous sommes fixé ? Identifier les problèmes et les hiérarchiser. Nommer les maux... Les épidémies. La famine. Le fanatisme. Le terrorisme. La torture. La pollution. Le sida. La menace nucléaire. La détresse des enfants battus et abattus loin des yeux des hommes, et peut-être loin des yeux de Dieu Lui-même. Rien qu'à énumérer les problèmes, on frôle le découragement. Mais justement, notre conférence nous empêche de nous décourager. Chacun des participants est la preuve de ce qu'un individu est capable d'entreprendre et de réussir pour le bien d'autrui.

Suivent les conclusions auxquelles nous sommes parvenus, et j'avoue qu'aucune n'est bien originale. Droits de l'homme, priorité à l'éducation, coopération scientifique, encouragement à la recherche en biologie moléculaire, désarmement, aide aux pays en voie de développement… On dira : un amas de clichés. Un éditorialiste évoque ironiquement des leçons de conduite pour écoliers. C'est vrai. En ce sens, nous n'avons pas fait mieux que toutes les autres conférences d'intellectuels. Leurs résolutions sont futiles sinon banales et n'ont jamais eu la moindre influence sur les grands de ce monde, comme chacun sait. Les nôtres le sont aussi.

Prenons comme exemple la seizième – et dernière – conclusion de nos travaux :

> La conférence des lauréats du prix Nobel se réunira de nouveau dans deux ans pour étudier ces problèmes. D'ici là, lorsque l'urgence se fera sentir, plusieurs Nobel se rendront sur place (imagine-t-on cinq prix Nobel de chimie ou de médecine à Bhopal ou à Tchernobyl ?), ou dans tous les lieux où les droits de l'homme sont menacés.

Quatre fois deux ans se sont écoulés depuis et… rien. A plusieurs reprises, j'en ai parlé au président Mitterrand. Je lui rappelais « nos » promesses, nos engagements publics. Chaque fois, il se contentait de répondre : « Ah oui ? » D'ailleurs, ce n'est pas la première promesse publique que le président a choisi de ne pas tenir. Dans son discours lors du colloque de la Sorbonne en 1982, il me chargea d'organiser une conférence internationale sur la haine. Plusieurs réunions de travail avec des chercheurs et des philosophes, dont Emmanuel Levinas, eurent lieu. Puis vint la cohabitation. Tombé à l'eau, le projet stimulant qui était censé combattre la montée du racisme et de la xénophobie en Europe. (Je le ressusciterai avec les séminaires de ma modeste fondation.) Ai-je eu tort de ne pas protester sur-le-champ ?

> Cette nuit encore, en rêve, je verrai mon père. Tout près, là-bas, sous un ciel gris qui n'est pas celui de Jérusalem. Derrière lui, je devine ma petite sœur. Je la devine car mon père a le sourire qu'il réservait à Tsipouka.
> Il me regarde mais ne me voit pas. Je l'appelle ; il ne répond pas. J'essaie de lui parler mais il ne m'entend pas. Soudain il semble tressaillir. Je me retourne et je vois une femme inconnue. Je sais qu'elle est veuve car elle est vêtue de noir. Je lui demande : depuis quand êtes-vous en deuil ? Comme elle reste muette, je prononce

la formule rituelle : Que Dieu vous console avec tous ceux qui pleurent la mort de Sion et de Jérusalem. Je vois ses lèvres qui remuent mais aucun son n'en sort. Je dis : je ne vous entends pas. D'un signe de tête, elle acquiesce : en effet, tu ne m'entends pas. Pourquoi cette douleur qui brusquement m'empoigne ? Je regarde derrière moi pour que mon père vienne à mon secours, mais il n'est plus là.

Tour à tour, il me cache l'horizon et l'illumine.

Et c'est bien ainsi.

L'effet du prix Nobel ? Nadine Gordimer me le confiera : il fournit une sorte d'emploi à plein temps. Et il fait voyager. De tous côtés, les invitations pleuvent. Vous pouvez, si cela vous chante, passer en avion ou en bateau les dix années suivantes, comme invité de tel capitaine d'industrie, de telle université : le monde est à vous, il vous appartient de l'enrichir (selon l'expression de vos bienfaiteurs) ou de le divertir (si vous êtes resté assez lucide pour vous en rendre compte). Quel prestige d'avoir une vedette de cinéma à table ou un prix Nobel sur la liste des orateurs. Cela fait à la fois chic et sérieux. D'emblée, on vous dit : « Vos conditions seront les nôtres. » Voyage en première classe ou sur Concorde. Hôtels luxueux. Honoraires à l'avenant. Fêté mais accaparé, vous n'êtes plus libre de vos mouvements. Couronné pour votre action ou pour votre œuvre, vous n'avez plus le temps de les poursuivre.

J'accepte une leçon au centre Rachi, à Paris. A l'Hôtel de Ville, Jacques Chirac me remet la grande médaille de vermeil. Grâce à Hélène Ahrweiler, recteur des universités, et Jacques Sopelza, président de l'université Paris-I, je suis reçu docteur *honoris causa* par la Sorbonne. Pourquoi le nier ? La cérémonie, en présence de quelques ministres et d'académiciens en habit vert, me touche ; elle me rappelle mes années estudiantines. Chaque matin, je devais choisir : aller à pied de la porte de Saint-Cloud au Quartier latin et me payer un sandwich au fromage, ou prendre le bus et rester affamé. Et voici qu'on me dit à quel point moi, l'étudiant désœuvré et timide, je fais honneur à cette grande et respectable institution qu'est la vieille Sorbonne. Le violoniste Ivry Gitlis joue pour nous sa nouvelle composition. Hélène Ahrweiler est merveilleuse d'intelligence et d'érudition. Elle insiste sur le rapport qui existe entre l'écrivain et le témoin. Moi, je mets l'accent sur la vulnérabilité de l'éducation : comment oublier que les commandants des Einsatzkommandos avaient fait des études supérieures ? Un diplôme universitaire ne constitue pas une garantie de moralité ou d'humanité. Autrement dit : un peu d'humilité ne ferait pas de tort à nos intellectuels.

Sur le plan personnel ou professionnel, je reçois une sérieuse leçon de modestie, et ce sont mes divers éditeurs qui me l'administrent : entre la célébrité et le succès, il y a un pont que je n'ai pas encore franchi, et que je ne franchirai probablement jamais. La preuve : mes livres, vite réédités, se vendent modérément, parfois assez bien, mais pas suffisamment pour, comme on dit, faire un malheur. Le Médicis fut plus fructueux. Contrairement à ce que pensent les envieux, le prix Nobel n'est pas rémunérateur – en tout cas, pas dans mon cas.

Quant à la célébrité… Il m'arrive d'être accosté par une personne souriante qui me dit : « Vous avez l'air d'un homme célèbre : qui êtes-vous ? » Ou bien : « Mon vieux père vous adore. » Ou : « Mon épouse aime vos livres. » Ou encore : « Mes enfants vous admirent. » C'est toujours quelqu'un d'autre qui me lit… Le compliment le plus déroutant que je reçois assez fréquemment : « Vos livres, je les lis le soir, au lit ; je ne peux pas m'endormir autrement. »

Cependant, à défaut de droits d'auteur, le prix Nobel vous apporte un auditoire. Egil Aarvik me l'avait murmuré à l'oreille, le soir du dîner officiel à Oslo : « Dorénavant, vous disposez d'un forum, d'une tribune ; vos paroles ne tomberont pas dans le vide ; je ne vous promets pas qu'on vous entendra, mais on vous écoutera. »

Des invitations continuent à pleuvoir. Lesquelles accepter ? Séminaires, colloques, conférences : on m'en propose sur tous les continents, comme si l'on découvrait soudain que je n'avais pas perdu l'usage de la parole.

Je retourne à Oslo pour honorer Shua Eitinger. Londres, Amsterdam, Vancouver, Bruxelles, Los Angeles, Mexico, Genève, Marseille, Madrid et Toulouse : je n'aime plus me déplacer, je le fais quand même. Je n'aime pas affronter un auditoire, je l'affronte quand même. Le silence protège la sagesse ou la connaissance, à en croire les Maîtres du Talmud. Mais est-ce tellement important d'être toujours sage ? Ou trop souvent silencieux ? Est-ce tellement confortable de rester chez soi ?

Voyage éclair au Brésil. Le philanthrope de Philadelphie David Pincus m'y accompagne. A peine atterri à Sao Paulo, il disparaît. Il fait sa propre enquête sur les enfants malheureux. C'est sa « cause », les enfants. Partout il les cherche, partout il leur fournit du secours. Au Rwanda comme en Bosnie. En quittant le Brésil, il laissera derrière lui une structure – financée par lui – pour les enfants des quartiers pauvres, les *favelas*.

Invitation de la communauté juive d'Australie : allons-y. Nos amis new-yorkais Harriette et Noel Levine nous accompagnent. J'y retrouve Rita qui faisait partie de ma chorale à Versailles. J'y rencontre aussi une femme qui habitait la même rue que moi à Sighet. Elle et son mari m'attirent dans un coin pour me raconter leur « problème » : leur fille va épouser un non-Juif. Celui-ci va se convertir, disent-ils en pleurant, mais… Mais quoi ? Au pied levé, je leur explique les règles de la conversion : un converti devient fils d'Abraham, une convertie fille de Sarah, avec les mêmes devoirs et les mêmes privilèges, comme vous et moi.

David Burger, survivant d'Auschwitz, me raconte ses expériences du camp. Elles méritent qu'il en fasse un livre. Si seulement j'avais le temps de l'y aider… Mon obsession, toujours : faire parler les survivants, les encourager à témoigner, à mettre leurs souvenirs sur le papier…

Avec Elisha, Marion rentre précipitamment à New York où sa sœur aînée vient de mourir.

Et l'histoire continue. Et les voyages aussi.

A part l'Inde, je ne connais guère l'Asie ; ce n'est pas pour la découvrir que je vais au Japon, mais plutôt pour y étudier un phénomène bizarre et inquiétant : la montée de l'antisémitisme. Des ouvrages populaires propagent la haine de tout ce qui est juif. *Les Protocoles des Sages de Sion* et d'autres ouvrages antijuifs figurent sur la liste des best-sellers. Je ne comprends pas : il n'y a presque pas de Juifs dans le pays (pas plus de cinq cents, tous des étrangers), comment expliquer l'antisémitisme qui y sévit ? Dans mes conférences, à Tokyo et Osaka, je m'étonne : « Un antisémitisme sans Juifs ? Au Japon ? Ne savez-vous donc pas que c'est un mal occidental ? Pourquoi l'importez-vous chez vous ? »

Écrivains et universitaires font de leur mieux pour me rassurer ; le Japonais ne hait pas le Juif, bien au contraire : il l'admire ; s'il lit des livres concernant le peuple juif, c'est pour s'imprégner de sa sagesse ; si le fidèle sujet de l'empereur se repaît de propagande antisémite, c'est pour mieux connaître ces Juifs qui, paraît-il, dominent le monde par l'argent qu'ils gagnent, par la solidarité qui les lient les uns aux autres, et par l'influence qu'ils exercent dans la presse et la diplomatie internationales. Le Japonais tient à les connaître pour les imiter ; c'est aussi simple que cela. L'antisémitisme n'a rien à y voir. Pourquoi en parler ? En vérité, je ne suis pas convaincu. Le peuple juif n'est ni plus riche, ni plus intelligent, et sûrement pas plus puissant que les autres peuples. Certains Juifs le sont, d'autres ne le sont pas. En d'autres termes : tous les Juifs ne sont pas puissants, et tous les puissants ne sont pas juifs. Comme toujours, tout est dans la nuance.

Dans l'avion qui, par un matin froid d'octobre, nous emmène de Paris à Kiev, nous avons un *minyan* pour l'office de Sha'hrit. Vêtus du *talit* et le front cerné des téphilines, nous disons nos prières. C'est un jeune hassid de Bratzlav qui officie. Voix mélodieuse, fervente, imprégnée de beauté et de mélancolie. Marion et nos compagnons de voyage, parmi lesquels la maman de Jacques et Bernard Attali, nous observent en silence. Marion ne m'a jamais semblé à ce point prise par un office religieux…

Tout a commencé par une surprenante question. « Aurais-tu envie de visiter Ouman ? me demande un jour Clément Vaturi. J'y vais avec un groupe de hassidim. »

Clément m'a été présenté par son beau-frère, Daniel Morgaine, mon ancien confrère de *France Soir*.

« Tu as dit Ouman ? En Ukraine ? – Oui, répond Clément. Cela te dit quelque chose ? » Si cela me dit quelque chose ? Ce nom fait partie de mon paysage intime et imaginaire. Ouman, c'est la dernière résidence de Rabbi Nahman de Bratzlav, le merveilleux conteur du mouvement fondé par son grand-père, le Besht. C'est là qu'il est enterré.

Sur plus d'un plan, Rabbi Nahman m'est proche et précieux. Il me fait rêver. J'aime tout ce qui le touche, tout ce qui se réfère à sa vie, à son œuvre. J'aime tout ce qui s'imprègne de son univers, les récits de princes égarés et de mendiants exaltés, les contes d'un autre monde, les pensées et les commentaires bibliques, les propos de table… « De mes histoires, faites des prières », disait Rabbi Nahman. Eh bien, nous, de notre côté, nous ferons de ses prières des histoires.

Un vieil autobus délabré nous attend à l'aéroport de Kiev. Le guide est là, le chauffeur non. Le guide court chercher le chauffeur. Maintenant, le chauffeur est là mais pas le guide. On le déniche dans une sorte de bar. Finalement nous sommes tous prêts. En route pour Ouman. Nous y arrivons en fin d'après-midi, après un voyage éreintant à travers champs et villages où paysans et enfants nous observaient d'un regard désabusé.

Nous n'avons rien vu d'Ouman, ce bourg où n'habite plus aucun Juif. Nous y sommes venus dire au Maître défunt notre amour pour son enseignement vivant. Pour nous recueillir et prier sur sa tombe. Pour implorer son intercession – Rabbi Nahman avait promis à ses adeptes : « Quiconque récite des psaumes sur ma tombe [dans un ordre prescrit], je l'aiderai là-haut. »

Il fait nuit déjà. Le vent s'acharne à éteindre les bougies que nous tenons pour éclairer nos psautiers. Leurs flammes résistent. Nos ombres dansent sur le mur auquel est adossée la tombe. Dans la rue, quelques villageois que notre présence ne surprend guère. Ils sont habitués à voir des hassidim de Bratzlav. Surtout à l'époque de Rosh-Hashana. C'était le vœu du Maître : attirer à Ouman autant d'adeptes que possible pour les Grandes Fêtes. Et ils venaient. Même durant l'époque stalinienne, ils passaient illégalement la frontière pour être avec le Rabbi qui, avant de mourir, avait promis à ses disciples que sa flamme brillerait jusqu'à la venue du Messie. Certains furent arrêtés, emprisonnés.

Le rabbin Koenig de Safed, fils du célèbre Rabbi Gedalia, récite les psaumes que nous répétons après lui. Il y a quelque chose de mystérieux dans notre assemblée autour de cette tombe alors qu'en général le culte des morts n'existe pas dans le judaïsme. Et pourtant. Arrive le moment où les adeptes de Rabbi Nahman s'étendent sur la tombe de leur Maître, mort depuis plus de deux siècles. Et moi aussi, je m'y étends. Comme eux, je me recueille. Et, en pensée, j'adresse à Rabbi Nahman mes requêtes secrètes.

Puis un hassid se met à chantonner un air de Bratzlav. Et nous

nous joignons à lui, répétant les paroles du chant tiré d'un psaume du roi David. Nous les répétons avec enthousiasme, les yeux fermés, le cerveau en flammes. Et nous commençons à danser autour de la pierre tombale. Il se fait tard, tant mieux : on prie mieux la nuit. Il fait froid, tant pis. Nous dansons comme dansent les hassidim : la main dans la main, en lançant les bras d'avant en arrière, et la tête de haut en bas. Nous dansons lentement d'abord, puis de plus en plus vite, les yeux fermés et le cœur ouvert, l'âme déchirée telle une blessure profonde et brûlante, nous dansons comme attirés vers les hauteurs des prières qui montent jusqu'au septième ciel, nous dansons comme des fous dont l'être tend vers l'Être, dont la flamme veut se faire incandescente, personne ne pourra nous arrêter, aucune force ne pourra nous museler, nous chantons en pleurant, nous pleurons en chantant et, de loin, de très loin, je crois entendre une voix inconnue mais terriblement familière, et elle raconte des histoires très belles et fort inquiétantes où princes et mendiants se rencontrent dans des forêts enchantées pour se faire mal afin de combattre le mal et la tristesse… Par moments, à bout de force ou de souffle, l'un d'entre nous essaie d'arrêter la danse, ou au moins d'en ralentir le rythme ; nos compagnons se hâtent de le revigorer. Et nous continuons.

C'est à contrecœur que nous prenons congé de Rabbi Nahman. Je savais que je l'aimais, mais j'ignorais que mon attachement venait de telles profondeurs. Bien que hassid de Wizhnitz, je me réclamais de Bratzlav ; mais je ne savais pas qu'il s'agissait d'une véritable passion.

Dans l'autobus, nous sommes silencieux. Le jeune rabbin Gabbaï distribue des amandes et des dattes achetées à Safed. Dans ma bouche, elles ont un goût particulier.

Je songe à Rabbi Nahman et à son voyage rocambolesque en Terre sainte. A peine y avait-il mis pied qu'il éprouva le besoin de s'en arracher pour rentrer chez lui.

Je songe aussi qu'une part de moi est restée à Ouman.

Un autre voyage mémorable bien que d'ordre différent : invités par le docteur Moïse Rosen, grand rabbin de Roumanie, nous venons commémorer le cinquantième anniversaire du pogrom meurtrier de Iasi. Il paraît que le gouvernement roumain tient à cette visite. A l'évidence, on cherche à plaire aux visiteurs étrangers. Nous sommes logés dans l'une des résidences officielles – et luxueuses – de la présidence. Aurel Munteanu, l'ambassadeur permanent de la Roumanie aux Nations unies, nous escorte dans tous nos déplacements. Je lui fais part de mes sentiments d'outrage devant le renouveau de l'antisémitisme, traditionnel dans son pays. Deux hebdomadaires à grand tirage fomentent la haine contre les quinze mille Juifs, des vieillards pour la plupart, qui vivent encore en Roumanie, et contre tous les Juifs du monde qu'ils accusent de tous les péchés imaginables et inimaginables. Tous les clichés y passent. Entre autres, les propagandistes antisémites osent écrire, sans craindre le ridicule, que le but d'Israël serait de coloniser la Roumanie. Je sais, cela n'a pas de sens, mais la Roumanie est un de ces pays où la bêtise, si elle est suffisamment fanatisée, n'a jamais constitué un obstacle sur le chemin de la démagogie politique. Pourtant, ce n'est pas la bêtise des antisémites qui me gêne, j'y suis habitué ; c'est la passivité de ceux qui les laissent faire. De ceux qui ne s'y opposent pas, qui ne les chassent pas de la place publique en leur disant : Pensez-vous vraiment qu'une personne honnête croirait en vos mensonges insensés ? Qu'un homme sensible croirait que les Juifs ont établi des camps de concentration en Roumanie pour y pratiquer le génocide ? Les antisémites le disent pourtant, et ils le répètent. Impunément.

Reçu en audience privée par le président Iliescu et son Premier ministre Petru Roman qui sollicitent notre aide pour la Roumanie, surtout en matière économique, et spécialement à Washington, je leur réponds que je n'en ferai rien. Pourquoi encourager un régime qui tolère la haine ? Je cite la minute de silence que le Sénat a observée à la mémoire du dictateur fasciste Antonescu, la campagne antisémite virulente d'une certaine presse, les déclarations xénophobes de certains chauvinistes... « Mais les enfants affamés, objecte Petru Roman, vous les oubliez ? Même si les adultes sont coupables, pourquoi les châtier, eux ? » Je réponds : « Ne nous rendez pas responsables de leurs épreuves ; c'est vous qui en portez la responsabilité ! Faites taire la haine dans votre pays et le monde entier viendra à leur secours et au vôtre. »

Pourtant le président Iliescu m'a paru sincère. Il ordonna qu'on traduise en justice les rédacteurs et éditorialistes des hebdomadaires antisémites. Il m'invita aussi à l'accompagner à Sighet pour que je lui montre ma ville natale, puis à Rezavlia, la sienne. Rezavlia est un village que je connais de nom, proche de Sighet. Plus tard, je lirai dans la presse que le gouvernement roumain avait décidé de transformer ma maison en musée. Qu'allaient devenir les gens qui y habitaient ? Je leur promis que tant qu'on ne leur proposerait pas de logement convenable, ils resteraient chez eux - ou plutôt chez moi.

Avec Elisha et son cousin Steve, j'ai revu le président Iliescu fin juillet 1995. La situation n'a pas changé. Les journaux antisémites continuent à répandre leur poison. Antonescu redevient de plus en plus populaire. J'essaie de faire comprendre à Iliescu qu'il lui incombe de s'y opposer publiquement, avec vigueur ; c'est important pour la renommée de son pays ; il y va de son honneur. Mais il a peur de heurter trop de citoyens, le président roumain : trop de gens ne voient en Antonescu que le combattant antisoviétique. Je lui dis : Hitler était, lui aussi, antisoviétique. Iliescu promet de trouver l'occasion de s'exprimer. Et de dire tout le mal qu'il pense du maréchal qui, pendant la guerre, fut l'allié d'Hitler.

Trouvera-t-il la force de croire davantage en lui-même ? Je le lui souhaite car je lui fais confiance.

Vienne, 1992 : un happening. Un vrai. Entre soixante et soixante-dix mille jeunes Autrichiens ont convergé sur la place des Héros pour manifester contre le fascisme renaissant dans leur pays. Chanteurs et musiciens de rock, parmi les plus connus, occupent la majeure partie du programme. Je n'aurais jamais cru que j'assisterais, de si bonne grâce, à ce genre de concert dont la quantité de décibels me faisait jusqu'alors fuir.

Quelques mois plus tôt, j'ai reçu une lettre du ministre autrichien de la Culture et de l'Éducation. Il m'invitait à participer à une « journée Elie Wiesel » au cours de laquelle mes livres seraient étudiés dans toutes les écoles. Je répondis : « Merci de votre aimable invitation ; je l'accepte, mais... Je viendrai à Vienne le lendemain du jour où Kurt Waldheim l'aura quittée... » Une explication est-elle nécessaire ? On connaît le passé de l'ancien secrétaire général des Nations unies. Ou plutôt, on connaît ses mensonges sur ses activités pendant son service militaire. Déclaré indésirable aux États-Unis, il fut pratiquement mis au ban des pays civilisés.

Seuls les leaders arabes (et Helmut Kohl, et malheureusement le pape Jean-Paul II) consentirent à lui rendre visite ou à le recevoir.

L'Autriche ayant élu un nouveau président, je peux venir à la rencontre de la jeunesse viennoise. Les organisateurs me fournissent des détails sur la manifestation et sur le lieu où elle se déroulera.

La presse, dans son ensemble, y est favorable. Il est clair que l'Autriche souhaite fermer les regrettables parenthèses ouvertes par Waldheim. Mais pour y parvenir, elle doit rejeter le nationalisme fascisant de Jorg Haider qui, un an plus tôt, a déclaré que la politique du Troisième Reich avait du bon, notamment en matière d'emploi. Politicien démagogique, il semble être la coqueluche des médias. Apparemment, dans une certaine mesure, les Autrichiens, qui n'ont jamais dû ou voulu affronter leur passé (qui est celui de l'Allemagne hitlérienne), s'identifient facilement à son programme xénophobe. Sondages inquiétants : il y a encore des antisémites en Autriche, et leur nombre ne cesse de croître. Un éditorialiste renommé a publié dans *Kronenblatt* (quotidien populiste à grand tirage) un article niant l'existence des chambres à gaz… On me dit que je suis l'objet de menaces de mort… Les démons n'ont pas tous disparu ! D'où le désir des démocrates de frapper un grand coup « pour l'Autriche ». Cette manifestation est pour eux l'occasion rêvée.

Quant au lieu, il est symbolique : c'est là, sur cette place immense, la place des Héros, qu'un demi-million d'Autrichiens sont venus, en 1938, le lendemain de l'Anschluss, saluer Adolf Hitler comme leur Führer bien-aimé. D'ailleurs, me dit-on en souriant de fierté, je prononcerai mon discours depuis le balcon d'où il a lui-même harangué la foule en extase. Perspective tentante, je l'avoue volontiers. Mieux : elle me séduit. Marion se souvient de cette manifestation-là. Elle se rappelle la métamorphose de ses voisins. Elle a vécu ce qu'ils tiennent à effacer aujourd'hui. Elle a entendu les hurlements venant de cette place. Et de ce balcon. Depuis Hitler, nul n'a été autorisé à y apparaître. Bizarrement, je sens son ombre maléfique, je la sens qui enveloppe cette place, cette ville, ce pays. Je la sens si fortement que je ne réciterai pas la prière de Shehekhyanu par laquelle on remercie Dieu « de nous avoir permis de vivre ce jour-là ». L'endroit est encore trop impur.

Mais en bas, sur la place, la jeunesse, unie dans son projet purificateur, mérite le dépassement de la colère. J'ai rédigé un texte, je ne le lis pas. Je préfère improviser :

> Je ne suis pas certain que l'Histoire ait le sens de la justice, mais, ce soir, je suis convaincu qu'elle a le sens de l'humour ! L'orateur qui m'a précédé sur ce balcon, il y a trente-huit ans, avait décidé ma mort, celle de mes parents, de ma famille et de mon peuple… Qui aurait imaginé qu'un écrivain juif lui succéderait ici même pour parler contre la haine ? Notez bien : la foule qui était venue le saluer, en 1938, après l'Anschluss, était plus nombreuse, et sa jubilation plus grande… Rappelez-vous, jeunes gens de Vienne : en ce temps-là, en 1938, vos ancêtres, vos parents et grands-parents, suivant les leçons d'Adolf Hitler, regardaient avec indifférence ou complaisance ces Juifs, dont le père de mon épouse, originaire de Vienne, que l'on obligeait à nettoyer le trottoir avec leurs brosses à dents… Mais aujourd'hui, en clôturant l'ère de mensonge et de déception symbolisée par Kurt Waldheim, il vous est donné d'ouvrir un nouveau chapitre : ouvrez-le sans effacer les précédents, ne courez pas vers l'avenir en tuant la mémoire du passé, apprenez à vivre sans trahir la vérité… Cette vérité, apprenez à l'affronter, à l'assumer…

Incitation à la révolte ? Appel à répudier la génération des parents et des grands-parents. Aujourd'hui on dirait : ingérence dans les affaires intérieures d'un pays. Mais c'est notre droit et notre devoir. L'Autriche a trop longtemps vécu dans l'ambiguïté et, disons-le franchement, dans l'hypocrisie. Il faut qu'elle se secoue. J'ai confiance en sa jeunesse qui le fera pour elle.

CHRONIQUE D'UNE DÉPOSITION

Printemps 1987. Témoigner au procès Barbie, moi ? Jamais de la vie ! Quelle idée ! Je n'ai pas rencontré Klaus Barbie. A l'époque où il terrorisait et torturait ses victimes à Lyon, je me trouvais loin de la France : en Hongrie d'abord, à Auschwitz ensuite. Vraiment, bien que ce procès me passionne et me concerne, bien que je lui accorde une valeur symbolique absolue, je ferais mieux de le suivre à travers les médias, comme observateur, non comme témoin.

Voilà les arguments que j'ai essayé de présenter à Me Alain Jakubowicz qui, au nom de la communauté juive de Lyon, était venu me solliciter. D'autres avocats l'appuyaient. Des amis, à qui je demandai leur avis (Bernard-Henri Lévy, Marc Kravetz), pensaient comme lui : il fallait dire oui. Je demeurais réticent.

« Mais vous êtes tous fous, leur disais-je. Il suffit que l'avocat de la défense me pose certaines questions d'ordre géographique et biographique – "Étiez-vous à Lyon pendant l'Occupation ? Vos parents habitaient-ils en France ?" – pour que ma position devienne intenable... Qu'on laisse les survivants et les victimes déposer, cela doit suffire, cela suffira. »

Mais les avocats des parties civiles, nos amis juifs communs, les spécialistes de l'histoire contemporaine insistaient. Certes, la déposition des victimes est essentielle, mais... « Mais quoi ?! » m'écriais-je. Ils parlaient de contexte, d'ambiance, de témoignages d'intérêt public... Bon, je dus céder. Quand l'intérêt ou l'honneur de la communauté sont en jeu, le Juif que je suis se laisse convaincre.

Restait le problème du calendrier. Me Jakubowicz suggérait que je dépose le 12 juin qui, pour des raisons matérielles, ne me convenait pas. Je préférais le 3 juin, c'est-à-dire la veille de la fête de Shavouot. Me Jakubowicz obtint du président Cerdini que je sois convoqué le premier afin que je puisse rentrer à Paris avant la tombée de la nuit, donc avant le début de la fête.

Me voici donc, pour la première fois de ma vie, témoin au procès d'un individu qui fut l'un des tueurs de mon peuple.

Pendant des semaines, j'ai suivi les débats depuis New York, Chicago et le Japon et je les ai commentés quotidiennement pour France-Inter. J'ai lu journaux et revues, je me suis familiarisé avec les personnages. La sobriété solennelle du président Cerdini, le sourire sarcastique de Barbie, la véhémence haineuse de son avocat, la puissance de conviction des avocats de la partie civile, et puis, et surtout, les témoins, les rescapés, les mères qui s'efforcent de ne pas pleurer, et qui pleurent, les hommes qui, à voix basse, tentent de dire l'angoisse du combattant clandestin, la torture que Barbie et ses acolytes leur faisaient subir. J'admire le courage, l'abnégation des résistants ; j'aime, j'aime de tout mon cœur cette femme qui, encore adolescente, a vu son père se faire fusiller sous ses yeux, comme j'aime les moniteurs et les monitrices qui ont risqué leur vie en essayant de sauver les enfants juifs. Je l'ai dit avant le procès, je le répète : ce procès fera date surtout à cause de ces témoins ; il leur permet de parler, de s'exprimer, de protéger un passé que les uns rejettent et que les autres renient. C'est pour entendre certaines paroles, prononcées sur un certain ton, que ce procès, instrument amplificateur idéal, semble nécessaire.

Après un premier mouvement de dépit, je m'habitue à l'absence de Barbie. Ses victimes, il ne les fera pas taire. Dommage qu'on n'ait pas songé à installer une caméra dans sa cellule : pour qu'il soit confronté à l'image, pour qu'il voie et qu'on le voie. Bien sûr, ça ne serait pas pareil. Moi aussi, j'aurais préféré le voir dans une cellule de verre face à ses victimes d'hier. Mais tant pis. De même qu'autrefois il n'a pas réussi à faire parler ses prisonniers, il n'arrivera pas à les rendre muettes. Même s'il refuse, lui, de les entendre, le monde les écoute.

« Qu'attend-on de moi au procès ? »

Bernard-Henri Lévy, que j'interroge en ami, suit les audiences depuis le premier jour ; il en vit toutes les péripéties. Il me répond qu'on attend de moi un texte ou un message sur la mémoire. « La mémoire et la justice ? » Il n'a pas besoin de réfléchir : « C'est cela, oui, c'est sans doute cela. »

Je me mets au travail. Conscient de la signification du moment, je me propose de dire dans un texte bref et concis ce que, ma vie durant, j'ai tenté de communiquer dans mes écrits : mes appréhensions concernant le langage, mes doutes par rapport à l'éducation et à la culture, mon angoisse devant les devoirs trop lourds que la mémoire impose au survivant.

Entre-temps, je voyage beaucoup. Des conférences un peu partout. Michel Bartélémy de France-Inter m'appelle à Los Angeles et à Hiroshima : il sollicite une sorte de réflexion sur ce temps incertain où le passé vient hanter le présent. Et où le silence des morts vient rejoindre le murmure des rescapés.

Tokyo-Oslo-Paris. Conversation téléphonique avec Me Jakubowicz. J'apprends avec stupeur que tout mon travail n'a servi à rien : la loi interdit au témoin de lire sa déposition. Mais… l'avocat, lui, est autorisé à la lire. Bah, je la remets donc à Marc Kravetz qui la publiera dans *Libération*.

Lyon, le 2 juin. Visite au cardinal Decourtray : fraternel, comme toujours. Visite chez le grand rabbin Klinger : chaleureux, secourable. Rencontre avec Me Jakubowicz. Et avec les Klarsfeld. Visite au mémorial. Les photos. Les enfants, les vieillards, corps émaciés, yeux ouverts sur l'horreur. Ces photos se trouvent dans les musées consacrés à l'Holocauste. Elles devraient se trouver dans tous les musées. Mais qu'ont-elles à voir avec l'art ? Les assassins étaient amateurs d'art.

Au tribunal, la salle est pleine. Comme chaque jour. Visages connus, familiers. Une angoisse obscure m'envahit, comme chaque fois que je suis obligé d'évoquer ce temps-là. Que vais-je dire ? Comment le dire ? Un chant tourne dans ma tête, la prière du Hazzan (l'officiant) qui, durant le service des Grandes Fêtes, se déclare humble devant la tâche qui l'attend : « Fais, Seigneur, que ma langue ne trébuche pas. »

La cour. Le rite. Citation des témoins. Nous nous retirons dans une salle adjacente. En notre absence, le président Cerdini constate que l'accusé n'est pas là. Il dépêche des émissaires pour aller jusque dans sa cellule et l'inviter à venir assister à l'audience. Une vingtaine de minutes passent ; les émissaires reviennent avec leur rapport habituel : l'inculpé refuse.

Debout devant la cour, saisi d'une émotion qui me surprend, je mets ma kippa pour prêter serment. J'aimerais pouvoir dire des choses qui, jusqu'à maintenant, sont restées enfouies en moi. Parler de ma grand-mère : femme admirable, silencieuse, rayonnante de douceur et de bonté. (Je l'ai évoquée au début de ce récit.) Il lui arrivait de passer des jours, des nuits sans desserrer les lèvres… Et si je répétais devant la cour ses litanies silencieuses ? Ou le rire joyeux, heureux, de ma petite sœur dont l'image ne me quitte jamais ? Et si, pour une fois, je révélais tout ce que je ressens chaque fois que je me souviens de ma mère, chaque fois que je la revois se dirigeant vers le carrefour nocturne illuminé par des flammes gigantesques et sombres, si sombres ?

Pour le témoin, voici le dilemme : quel visage éclairer, quel nom mentionner, quel destin inclure dans la mémoire. Parler du rabbin qui se laissa enterrer vivant, mais refusa de violer le Shabbat ? Ou des gamins des ghettos qui, au risque de leur vie, glissaient à travers les trous dans les murs pour rapporter du pain et des pommes de terre à leurs familles affamées ?

Évoquer les jeunes combattants qui, à un contre cent, défendirent le ghetto de Varsovie en flammes pour sauver l'honneur juif ? Ou les Juifs grecs qui préférèrent mourir plutôt que d'être versés dans le Sonderkommando de Birkenau ? Ou les victimes innombrables qui avançaient, comme en transe, vers les fosses communes, à Babi Yar et à Ponàr ? A croire qu'elles quittaient sans regret un monde corrompu par la haine et la lâcheté.

Je ne répéterai pas ici ce que, en une dizaine de minutes, j'ai essayé de dire dans ma déposition. D'ailleurs, je ne m'en souviens pas. Je me souviens seulement d'avoir tenté d'insister sur l'aspect incommunicable de notre expérience. Je me souviens des questions abjectes de l'avocat de la défense qui s'évertuait à déshonorer les États-Unis, la France et Israël en les comparant à l'Allemagne nazie ; je me souviens d'avoir refusé de le regarder (le Talmud interdit de poser les yeux sur le visage d'un impie), je me souviens d'avoir adressé mes réponses au président et non au défenseur de Barbie ; je me souviens des réactions dans le prétoire ; et des regards chaleureux que m'adressaient les anciens déportés, les victimes de Barbie ; et des jeunes gens qui, de tout leur être, brûlaient de capter chaque parole, chaque soupir, chaque murmure venant de cette salle ; je me souviens du soleil qui inondait la ville cet après-midi ; je me souviens de la gare bondée, bruyante ; je me souviens de tout sauf de ce que j'ai pu dire à la cour. Mais je me rappelle le ton que j'ai adopté pour le dire : celui du garçon de 13 ans qui, dans sa petite ville lointaine, lors de sa Bar-mitzvah, récita les paroles prophétiques d'usage avec un sentiment de crainte, en tremblant.

Que voulez-vous, c'est ainsi et je n'y peux rien : tout me ramène à mon enfance ; et aux enfants d'hier ; et à tous les enfants juifs d'Europe dont l'existence semblait, aux yeux de Barbie et de ses complices, incompatible avec la leur.

P.S. Notes désagréables : un article injurieux à force de mauvais goût de Dominique Jamet et une poignée de main cordiale que, en quittant le prétoire à la fin de l'audience, un écrivain juif toujours aimable, toujours courtois, un homme que je connais et que j'aime bien, donna au défenseur de Barbie, Jacques Vergès.

FRANÇOIS MITTERRAND
ET LA MÉMOIRE JUIVE

C'est à Job et à Jack Lang que je dois ma rencontre avec François Mitterrand. Et c'est à cause de René Bousquet que nous nous sommes séparés. La victime de Dieu et de Satan aurait-elle quelque chose à voir avec le futur ministre d'État français ? Apparemment pas, mais patience : dans la Bible comme en politique, tout est lié.

Philippe Nemo – un jeune « nouveau philosophe » de droite qui me reprochera plus tard d'être l'ami du président Mitterrand, lequel, comme chacun sait, a un passé à droite et un avenir à gauche –, Philippe Nemo, donc, a écrit un livre sur le châtiment et la souffrance de Job. Ayant lu mes propres commentaires de l'Écriture, il me propose un entretien pour France-Culture. « Pourquoi parler seulement sur le malheureux Job ? me fait-il remarquer. D'autres personnages bibliques sont tout aussi dignes d'intérêt. » Philippe Nemo se réfère à ma *Célébration biblique* et nous convenons de consacrer une série d'émissions à Abraham et Isaac, Jacob et Moïse... Et ce qu'on imagine dans les contes arrive alors : dans sa voiture, un homme politique d'envergure tourne les boutons de sa radio et entend une bribe d'histoire ancienne concernant Jacob, le plus faible, le plus pâle, le plus maladroit, le plus malléable des patriarches. Nouvelle manière d'aborder la Bible ; il la trouve originale. Et à son goût. Il écoute plusieurs émissions, se procure toutes les cassettes, puis souhaite les offrir à son ami Charles Salzman mais il paraît qu'elles sont épuisées. De l'auteur, il connaissait le livre de témoignage, *Les Juifs du silence*. A-t-il lu mes romans ? Je n'en sais rien.

Pendant la campagne électorale de 1980, Jack Lang, imprésario intellectuel et artistique incomparable, apprend l'intérêt que me porte le candidat socialiste et m'invite à l'un de ses colloques dont le but véritable est d'illustrer l'impact de François Mitterrand à l'étranger.

Je me rends parfaitement compte que cette initiative n'est pas innocente : les élections éclairent ou assombrissent l'horizon politique. En tant que citoyen américain, je ne devrais pas m'y mêler. Mais je joue le jeu.

Première rencontre chez un ami à lui. Amicale, détendue. Quelques paroles échangées, insignifiantes : trop de gens nous entourent. Qu'à cela ne tienne. A la prochaine fois.

La prochaine fois, ce sera à l'Élysée que nous nous reverrons. J'y retournerai souvent.

La victoire de François Mitterrand, je l'ai accueillie comme un acte de justice. Et aussi, pourquoi pas, comme un signe du destin.

Invité à l'investiture, parmi d'autres « amis du président », je suis logé au Bristol, l'hôtel le plus accueillant, le plus chaleureux de Paris. Avec Arthur Miller, Carlos Fuentes et William Styron, je partage l'exubérance des foules.

Arthur Miller, auteur de *Mort d'un commis voyageur*, est venu par erreur, disent les mauvaises langues avides de potins. Le président souhaitait convier Norman Mailer mais un collaborateur a mal compris le nom et cru qu'il s'agissait d'Henry Miller, l'auteur de *Tropique du cancer*. Celui-ci étant décédé l'année précédente, il lui aurait été difficile de répondre à l'invitation de l'Élysée. D'où la conclusion hâtive mais logique du collaborateur zélé : le président avait sans doute pensé à l'ancien mari de Marilyn Monroe, Arthur Miller, heureusement toujours en vie et toujours actif…

Qu'importe ! Partout, c'est l'exaltation. La capitale est en fête, surtout place de la Bastille. On célèbre la rose. On chante, on danse. La victoire socialiste a tourné la tête des militants qui vont jusqu'à huer le président sortant lorsqu'il quitte l'Élysée : manque de tact regrettable, impardonnable.

Où est-on plus heureux : à l'Arc de Triomphe ou au Panthéon ? On est sûrement plus ému au Panthéon où Roger Hanin dirige la cérémonie. Bouleversant, l'air recueilli du chef nouvellement élu, déjà solitaire mais majestueux, devant la crypte de Jean Moulin.

Dehors, il pleut à torrents. Tête nue, le nouveau président écoute, immobile, stoïque, le quatrième mouvement de la *Neuvième Symphonie* de Beethoven, dirigé par Daniel Barenboïm. Croyant bien faire, un futur ministre fait passer un message au jeune maestro : ne pourrait-il pas aller plus vite ? C'est trempé jusqu'à l'os que je rentre à mon hôtel.

Le président souhaite me recevoir le lendemain. Cela me flatte, cela me tente, mais je ne peux pas retarder mon retour : je dois passer le week-end à Yale. Dommage. Ce n'est pas tous les jours qu'on vous déclare officiellement « ami du président ». Mais Yale ne comprendrait pas. Y aura-t-il une prochaine fois ?

Le contact établi, il s'avère solide et fécond. Mitterrand insiste pour me recevoir chaque fois que je suis à Paris. Il me le répète. Et lorsque je lui dis que j'hésite à le déranger, il répond qu'il a toujours du temps pour ses amis. Je le revois en 1982, lors du colloque de la Sorbonne. Il s'étonne et me lance sur un ton de regret : « Vous venez souvent à Paris, mais vous ne m'appelez pas. » Je promets de le faire la prochaine fois. Et je le fais, certain de me heurter à l'un de ces barrages derrière lesquels se cachent les grands et les moins grands de ce monde. Pourquoi gaspillerait-il son temps avec un universitaire et un écrivain comme moi ? Politiquement, en quoi pourrais-je lui être utile ? Surprise : on me répond que le président me recevra.

Intimidé par le personnage autant que par son pouvoir, je dissimule mal mon malaise. A ses questions, je réponds d'abord évasivement. Il me faut du temps pour vaincre mes inhibitions. Mais peu à peu, je me sens libre de parler avec assurance de choses que je connais. Et lui m'impressionne par sa façon d'écouter en souriant, comme s'il était votre semblable.

Il nous arrive de déjeuner ensemble, dans ses appartements privés, à l'Élysée. Occasion de discuter les lois complexes de la Kashrout : pourquoi telle viande est-elle rituellement pure alors que telle autre ne l'est pas ? Pourquoi nous est-il interdit de mélanger des plats de viande aux laitages ? Quelle est la différence entre les commandements bibliques et leur interprétation rabbinique ? Et qu'en est-il de l'immortalité de l'âme ?

Nos rapports s'intensifient. Avec Danielle aussi. Grâcieuse, sincère, elle impressionne et émeut ses interlocuteurs. Elle a des convictions et souhaite les faire partager. Ses activités pour les droits de l'homme lui ont valu admiration et affection. Il arrive au président d'expliquer en souriant son absence à table : « Elle est quelque part… en Amérique latine… ou en Afrique… » Pendant le repas, je suis trop pris par la conversation pour manger. C'est simple : quand le président mange, je parle ; quand il parle, j'écoute. Il s'intéresse à mes activités, à celles de Marion. Il m'invite à l'accompagner en Normandie pour le quarantième anniversaire du Débarquement. Je donnerais beaucoup pour y participer : l'événement a modifié le cours de l'Histoire. Mais le 6 juin 1984 tombe pendant la fête de Shavouot. (Il renouvellera son invitation pour le cinquantenaire et, cette fois, j'y assisterai.) Je lui explique le sens de nos fêtes. Sa curiosité est authentique. Tout ce qui touche à la religion juive – et aux religions, en général – stimule son intérêt. Nous passons parfois des heures à en discuter. Il ferait un excellent professeur d'études religieuses – et de littérature. Il possède à fond les classiques et les modernes. Ses citations sont justes et percutantes. Il se trompe rarement. Même lorsqu'il évoque les textes bibliques, il s'y promène, comme on disait chez nous, comme dans le jardin de ses parents. Jacob l'amuse, Moïse l'intrigue et Jérémie l'agace : « Ce prophète commence par démoraliser son peuple, puis il pleurniche sur sa défaite. » Il le dit « hurleur, très ambitieux, ambigu dans ses relations avec les Babyloniens ». Il se trouve que moi j'aime l'auteur des Lamentations. D'où des discussions interminables auxquelles je propose de mettre un terme en consultant le texte : ainsi parviendrai-je peut-être à réhabiliter à ses yeux l'homme d'Anathoth qui me bouleverse. « Une autre fois », dit le président. Y aura-t-il une autre fois ?

D'habitude, respectant un accord tacite, nous évitons d'aborder la politique intérieure de la France. Une seule fois, il ne put s'en empêcher. C'était au moment où l'affaire des avions renifleurs secouait le pays. Tout au long de notre conversation, il évita de la mentionner. Nous étions déjà à la porte, quand il frappa soudain dans ses mains en s'exclamant : « Quelle histoire, hein ? »

En revanche, nous évoquons souvent la situation en Israël. Son admiration pour David Ben Gourion et l'ancien chef du Palmach, Igal Alon, son respect teinté de réserve pour Menahem Begin, son affection pour Shimon Peres. En désaccord avec la politique d'Yitzhak Shamir qu'il juge extrémiste il remarque cependant que, s'il était israélien, il agirait peut-être comme lui. Il insiste sur le fait qu'il n'a jamais parlé des « Territoires occupés » mais de la Cisjordanie : « occupation » est un mot qui a une connotation spécifique.

Ses visites chez nous, à New York, ont laissé des souvenirs difficilement oubliables.

La première fois, il arrive de Washington où il était en visite d'État chez le président Ronald Reagan. Le président ou le vice-président de la compagnie téléphonique a lui-même appelé pour nous informer qu'on allait installer chez nous une ligne spéciale réservée à l'usage exclusif de notre invité d'honneur. Curieux, j'en demande la raison. On me déclare : pour le relier à la force de frappe de l'armée française. Au cas où... Amusé et inquiet, je fais mettre l'appareil dans la chambre de mon fils encore petit, parmi ses jouets. Et, au président à qui l'on montre l'installation ultra-secrète, je dis, avec tout le respect que je lui dois : si ce téléphone sonne, c'est moi qui vais répondre ; et je dirai : faux numéro. Je ne tiens pas à ce que la troisième guerre mondiale commence de mon appartement. Tout le monde est heureux, sauf... les autres locataires de l'immeuble : les services de sécurité renforcée ont bloqué la rue et immobilisé un des ascenseurs.

Lors de chacune de ses visites, nous invitons des intellectuels – artistes, journalistes, écrivains, universitaires – à faire sa connaissance. Il aime leur compagnie plus que celle des politiciens ou des diplomates et les impressionne par son éloquence et sa vaste culture. On le compare souvent, avec un soupir d'envie, aux autres chefs d'États occidentaux : nul ne conteste sa position privilégiée, sinon dominante, aussi bien en France qu'à l'étranger, dans le domaine culturel.

Nous nous entretenons peu, ou pas du tout, de mes écrits. Question de pudeur ? De délicatesse ? Quand je lui offre un livre récemment paru, la conversation tourne irrévocablement autour de ses implications plutôt que de son thème. Si c'est un roman, nous parlons de l'écriture en général. Un essai sur le Talmud ? Nous commentons sa complexité apparente, son pouvoir de synthèse ainsi que la magie de son style. Un livre sur le hassidisme ? Le sujet l'entraînera dans une analyse comparée de diverses mystiques.

Un soir, il m'invite à dîner. Dans ses appartements privés ? Non. Au restaurant. Lequel ? Il réfléchit un moment et décide : Le Train bleu. Un quart d'heure plus tard, nous y sommes. Deux gardes du corps occupent la table voisine. Je lui demande s'il ne craint pas pour sa sécurité. « Qu'est-ce qui pourrait m'arriver ici ? répond-il. Le terroriste qui prépare un attentat, comment saurait-il où nous sommes, puisque moi-même je l'ignorais il y a une demi-heure ? » Il ne se rendait pas compte, me racontera le ministre de l'Intérieur de l'époque, Pierre Joxe, qu'une vingtaine d'agents de la sécurité rapprochée se trouvaient là parmi les clients. Fataliste, François Mitterrand ?

Je vais peut-être surprendre ceux qui le connaissent mieux et depuis plus longtemps que moi, mais je ne l'ai jamais entendu dire du mal de ses adversaires. Même en pleine campagne électorale, ou durant la première cohabitation, pourtant pénible pour lui, il s'interdisait toute offense contre eux. Certes, il ne se répandait pas en éloges non plus et je sentais qu'il n'aimait pas telle personne, ou telle personnalité, lorsque son visage, de façon abrupte, se refermait. Il savait faire usage de son sens de l'humour parfois acerbe et de son goût pour l'ironie, mais – suis-je de parti pris ? – ses mots d'esprit furent rarement blessants et jamais nocifs. S'il lui arrivait de taquiner en ma présence tel collaborateur ou tel conseiller, c'était toujours avec un sourire, parfois forcé, mais sans intention d'humilier.

Pourtant, je suis suffisamment familiarisé avec sa biographie pour savoir qu'il pouvait être sévère, injuste, voire impitoyable avec quiconque avait le malheur de le contrarier. La contradiction n'était pas à son goût. Si son interlocuteur n'était pas d'accord avec lui, il n'admettait pas qu'il puisse avoir raison. Soit, il n'était pas un saint, loin de là. Il avait des défauts ? Qui n'en a pas ? Ceux dont je suis conscient, comme presque tout le monde, je les lui pardonne. A cette époque, j'ignorais qu'il en avait d'autres…

Je sais qu'il raffolait des potins (politiques et autres), mais il le montrait seulement lorsque nous n'étions pas seuls. Ainsi, il y avait dans son entourage, officiel et privé, certains intellectuels dont il aimait la compagnie car ils savaient le divertir par des histoires drôles concernant des hommes publics.

Sa simplicité – apparente ou profonde – me plaît. Au début de son septennat, il rentrait le soir rue de Bièvres. L'Élysée, m'expliqua-t-il, n'était pour lui qu'un lieu de travail, un bureau pour traiter les affaires d'État.

Son trait le plus attachant ? Pour certains, c'est son intelligence. Pour d'autres, sa ténacité. Pour moi, c'est sa fidélité en amitié. Ses intimes me l'ont assez répété : chez lui, l'amitié prime tout ; elle seule compte. Il n'abandonne jamais un ami, même quand celui-ci se trompe. Cela me plaisait et me touchait. Bien sûr, c'était « avant ».

Dans mes notes, je retrouve les impressions que m'ont laissées nos rencontres. Certes, chaque fois que je franchissais le seuil de son palais, je me souvenais d'où je venais. En quoi un étudiant de la *yeshiva* de Sighet pouvait-il intéresser le premier magistrat de France et l'un des grands de ce monde ? Respectueux et maladroit, je le laissais discourir sans l'interrompre. Même pour nos dialogues – j'y reviendrai plus loin –, je le faisais parler plutôt que de m'exprimer moi-même. J'aimais recueillir ses confidences. Je l'écoutais pour mieux connaître les secrets de la haute politique internationale. Parfois le journaliste en moi me taquinait : toujours à la recherche de scoops, hein ? Non, les scoops ne me disaient plus rien. C'est l'homme qui m'intriguait. Je voyais en lui un symbole vivant de la Résistance ; j'admirais sa droiture et son intégrité. En quittant l'Élysée, j'avais le sentiment d'avoir côtoyé l'un de ces chefs qui agissent sur l'événement ; je me précipitais au Bristol pour tout consigner dans mon journal.

Dieu ? « Je suis agnostique. » Étrange agnostique qui est fasciné par le mysticisme.

Le péril nucléaire ? Il le préoccupe, bien entendu. Question : « Imaginons le scénario suivant : votre téléphone rouge sonne ; il est tard dans la nuit ; un général vous informe que les Soviétiques viennent d'envoyer une fusée nucléaire vers la France ; elle atteindra son but dans sept minutes. Que faites-vous ? Qui appelez-vous d'abord ? Sur quoi vous fonderez-vous pour donner l'ordre de riposter ? » Silence. J'insiste : « Savez-vous maintenant ce que vous feriez alors ? » Il dit tout bas : « Oui, je sais. » Et il enchaîne aussitôt : « Mais je sais aussi que nous devons tout faire pour que cela n'arrive pas. »

Et les Juifs ? Israël occupe une place primordiale dans la philosophie politique de François Mitterrand. Il connaît le pays qui, à ses yeux, appartient plus à l'histoire qu'à la géographie. Israël, pour lui, c'est la terre, la patrie où la Bible et ses personnages continuent de vivre, de s'épanouir et de s'interpeller entre eux. C'est le lieu habité peut-être par Dieu, et sûrement par Abraham, David et Ézéchias.

Le conflit du Moyen-Orient ? La revendication historique des Juifs d'un côté, celle des Arabes de l'autre, la tragédie de deux peuples qui se sont attachés au même sol en grande partie aride. « C'est que, dit Mitterrand, au cours de ces siècles, des Arabes se sont installés là-bas ; c'est donc aussi leur patrie. » D'où la situation « incroyablement confuse » dans laquelle nous vivons aujourd'hui : « Deux peuples, deux Dieux, deux religions, deux prophètes sur la même terre… »

Israël, défi politique ? Pour Mitterrand, il transcende la politique. La politique ne recouvre que le présent, avec une ouverture sur l'avenir ; Israël se définit aussi par son passé. Israël, c'est Jérusalem, et Jérusalem c'est l'indicible. Un jour, rêvant à ce qu'il ferait après la fin de son mandat (il terminait alors son premier septennat), il laisse échapper une sorte de vœu et d'espérance : « J'irai en Israël… A Jérusalem… J'ai envie d'y passer quelque temps… J'aimerais écrire là-bas… C'est un des lieux qui éveillent en moi toute une série d'aspirations. Ce n'est pas le seul, mais c'est peut-être celui qui rassemble le plus d'éléments spirituels, intellectuels, historiques et politiques… » Je lui dis que toute ma vie, en quelque sorte, depuis ma plus tendre enfance, je n'ai fait que chanter Jérusalem, la lumière, la luminosité de Jérusalem. Il répond : « Tout est intensité dans cette région. Pas seulement Jérusalem. On doit s'interroger sur tous ces peuples qui, à travers les siècles et les siècles, ont été brûlés par la foi… Comme si chaque pierre contenait une force, comme s'il y avait des atomes explosifs de caractère religieux… C'est une terre brûlée de passion… »

Qu'est-ce qui le fascine le plus : le peuple, le pays ou l'histoire d'Israël ? Disons : le destin d'Israël. Tout ce qui est juif éveille son attention. L'attitude juive devant la mort ou face à l'étranger. Ce que dit le judaïsme de la souffrance. Le rôle de l'exil dans la tradition. Existe-t-il une éthique spécifiquement juive ? Peut-on être juif en dehors d'Israël, ou contre Israël ? Mieux : peut-on être juif en dehors de la communauté juive ? Qu'est-ce donc exactement qu'être juif ?

Il a ses idées sur toutes ces questions, moi aussi. Souvent elles ne sont pas identiques.

En préparant mes entretiens avec François Mitterrand en 1988-1989, puis pendant l'été 1993, je me proposais de garder pour la fin le thème de la mémoire. Je veux dire, la mémoire par rapport à l'Holocauste. Nous avons souvent parlé de la Seconde Guerre mondiale et même des camps de la mort, mais pas de Vichy et de Pétain. C'était avant l'histoire navrante – et pour moi incompréhensible à l'époque – de la gerbe. Avant la publication du livre de Pierre Péan. Les déportations, les camps d'extermination, le soulèvement du ghetto de Varsovie : il était au courant de tout cela. Par la presse clandestine. Mais Vichy ? Et la complicité des autorités françaises ? Comment comprendre sa modération à l'égard de Vichy ? Et ses silences sur Pétain ? J'espérais que l'ancien résistant me l'expliquerait un jour. J'ignorais encore l'énigme de son propre passé. C'était bien avant l'affaire Bousquet.

Jusqu'en septembre 1994, notre plus grave désaccord porta sur la visite de Yasser Arafat. J'en avais capté les signes avant-coureurs quelques semaines auparavant. Je m'en suis ouvert à un ami israélien (Yossi Ciechanover) qui se hâta d'informer Yitzhak Shamir. Celui-ci refusa d'y croire : « Comment le président Mitterrand peut-il recevoir Arafat, alors qu'il vient de m'accueillir avec beaucoup de chaleur ? » Naïf, Shamir ? Un diplomate plus averti aurait compris que les deux événements étaient liés. Si Mitterrand l'avait si bien accueilli, c'était pour se préparer un alibi en invitant Arafat.

Qui en avait eu l'idée ? Jacques Attali, lors d'un dîner pénible (en présence de son épouse Élisabeth, de Marion et de son éditeur Claude Durand), en revendiqua la paternité. Pour quelle raison ? Pour faire bouger les choses au Moyen-Orient. Pour faire pression sur le gouvernement Shamir. Il fallait sauver Israël malgré lui. C'est que, aux yeux d'Attali, Israël incarne le Livre, autrement dit le triomphe de l'esprit, la puissance de son message éthique. Conséquent avec lui-même, il alla jusqu'à dire que s'il avait à choisir entre l'État d'Israël et le Livre d'Israël, son choix était fait... Par souci de justice et de vérité, je dois préciser que c'était pendant l'Intifada. Selon lui, Israël était en danger de perdre son âme – et moi ma crédibilité, si je ne le dénonçais pas publiquement.

Plus tard, Attali me confia que la visite du chef de l'OLP avait suscité en lui des sentiments mélangés et qu'il l'avait mal vécue. Ce jour-là (qui, par hasard, était le jour du souvenir de l'Holocauste), il avait mis une cravate noire...

Ce qui est certain, c'est que Mitterrand a été encouragé par des intellectuels juifs (et non juifs) à tendre la main à Arafat. On a dû dire au président : puisque des Juifs, américains et autres, rencontrent Arafat, pourquoi continueriez-vous à le boycotter ?

Quant à moi, pour des raisons personnelles et objectives, je n'étais pas d'accord. Je sentais que le président commettait une faute. Elle risquait de nuire à Israël et à la communauté juive, et à lui aussi. Aux journalistes qui vinrent tout de suite recueillir mes réactions à Manhattan, je ne dissimulai point mon chagrin et ma déception : « Que je sache, Arafat ne mérite pas encore d'être reçu à l'Élysée. Il est encore temps d'annuler l'invitation. Si le président juge utile d'intensifier les rapports de la France avec l'OLP, c'est son droit. Que le ministre des Affaires étrangères négocie avec Arafat. Ou le Premier ministre. Mais pas le président de la République... » A travers mes propos pourtant courtois et chaleureux perçait ma désillusion. Je ne me cachais pas la réalité : notre amitié était en jeu. Quelqu'un de Paris me suggéra de venir parler à Mitterrand. Entre amis. Je demandai : « Et si je parviens à convaincre le président, annulera-t-il l'invitation ? » Sa réponse : « Non, il est trop tard. Arafat viendra. » Je restai donc à New York.

Ces lignes, je les écris à la fin de l'année 1995. Entre-temps, la poignée de main Rabin-Arafat a modifié l'image et le rôle du leader palestinien. Ce citoyen de Gaza, ce président de l'Autorité nationale palestinienne, apparaît comme un modéré aux yeux de l'opinion publique. Pour le gouvernement de Shimon Peres, il est le seul interlocuteur valable. Le terroriste d'hier est devenu l'allié d'Israël. Tant mieux. Je soutiens de tout mon cœur leur politique de réconciliation et leurs aspirations à la paix. Cependant, je continue de penser que la visite d'Arafat à l'Élysée était une erreur. Le chef de l'OLP, avec son passé sanglant, avec sa charte qui stipulait l'anéantissement d'Israël, n'en était pas encore digne. Non, il ne méritait pas d'être reçu par le chef de l'État. On m'expliqua que je devais prêter attention à certains détails protocolaires : trois motards au lieu de sept, pas de tapis rouge, l'accueil par un subalterne au lieu du ministre des Affaires étrangères ou du chef du protocole... Mais non : pour une fois, il était question d'image, de symbole, et non pas de détails.

A peine Arafat a-t-il quitté Paris, je reçois un appel de l'Élysée. Le président souhaite me voir. D'urgence. Je laisse tout tomber. Tendu, j'arrive au rendez-vous. Le président tient à m'expliquer sa démarche : « Comprenez-moi donc. Je ne suis pas israélien, je ne suis pas sioniste ; je suis responsable de la politique française qui, elle, doit tenir compte du monde arabe... » Il me raconte son entretien avec Arafat. Celui-ci connaît bien son dossier. Il savait comment toucher son interlocuteur. Il lui fit part de la mort de son frère : on l'enterra, comme un voleur, quelque part en Égypte. Mais Arafat le terroriste ? Il renonce au terrorisme. Et la charte infâme de l'OLP ? Lettre morte. « Caduque ». C'est dans le bureau présidentiel que ce mot a été proposé, étudié, adopté…

Ce que le président Mitterrand ignorait alors (l'a-t-il appris plus tard ?) c'est que, pendant qu'Arafat lui présentait un visage pacifique sinon pacifiste, Farouk Khadoumi, son adjoint, bavardait dans l'antichambre avec des hauts fonctionnaires français et leur déclara dans un ahurissant mouvement de franchise : « Le vieux parle en l'air ; les Palestiniens refusent tout compromis ; nous ne voulons pas une partie de la Palestine ; nous exigeons toute la Palestine. »

Mitterrand continue à penser, et nul n'a le droit d'en douter, que c'est pour le bien d'Israël qu'il a agi. Blessé par les attaques des extrémistes juifs, il répète à plusieurs reprises : « Un jour, on saura qui est le vrai ami d'Israël. » C'est qu'il tient à cette relation privilégiée avec le peuple d'Israël. Il me le répète. N'est-il pas le premier président français à avoir effectué une visite d'État à Jérusalem ? Ne s'est-il pas prononcé, devant la Knesset, pour un État palestinien ? Pourquoi le lui reproche-t-on maintenant ? Il me fait part, en stricte confidence, de certaines actions qu'il a entreprises en faveur de l'État juif depuis 1981. Et lors de la fusillade chez Goldenberg, ne s'est-il pas rendu immédiatement sur les lieux du drame ? Quelques jeunes exaltés l'ont accueilli avec des cris : « Assassin ! » Cette histoire l'afflige autant que moi. Comment pourrait-on concevoir l'idée qu'il n'est pas ou qu'il n'est plus l'ami d'Israël ? Arafat, selon lui, c'est pour le bien d'Israël qu'il l'a invité. Tout en réfutant sa thèse, je ne me sens pas le droit de lui faire un procès d'intention : je sais qu'il pensait bien faire, qu'il est psychologiquement et moralement incapable de nuire à Israël.

Mais Arafat et son passé ? Il lui faisait confiance. Pas totalement, mais assez pour croire en sa sincérité. Aurait-il changé, un peu plus tard, d'attitude à son égard ? Après la chute de Nicolas Ceausescu, c'est bien lui qui s'était étonné en évoquant le dernier et spectaculaire congrès communiste qu'avait réuni le dictateur roumain : « Et dire qu'Arafat y était une sorte d'invité d'honneur… » Il voulait que je le lui explique. Je lui répondis que c'était à lui de l'expliquer.

Pour la visite d'Arafat, il ne m'a pas convaincu, mais je ne l'ai pas jugé. On ne peut juger un homme sur un acte isolé. C'est la totalité de l'être qui compte. Dans cette perspective – nous sommes encore bien avant l'affaire Bousquet –, j'ai continué à déclarer que

François Mitterrand demeurait, parmi les chefs d'État, un ami et un allié fidèle d'Israël et du peuple juif. Comment oublier sa participation à la manifestation qui suivit la profanation du cimetière juif de Carpentras ? Et son second voyage en Israël ? Et sa décision, geste symbolique, de faire du 16 juillet une journée de commémoration nationale pour les victimes de la rafle du Vel d'hiv ? Et ses nombreuses déclarations contre le racisme et l'antisémitisme ?

Mon amitié avec lui m'a valu critiques et récriminations du côté des extrémistes juifs. On m'a posé des questions à ce sujet, et certaines furent dures à entendre. Je les trouvais mal fondées et regrettables.

Regrettables, hideux, les cris injurieux des extrémistes fanatiques rue des Rosiers. Déplorables, honteux, les hurlements offensants pour un homme qui a tant fait pour se rapprocher de la communauté juive.

A Élisabeth Schemla, l'une des meilleures journalistes de Paris, qui, à cette époque-là, me demande pour *Le Nouvel Observateur* si je fais toujours confiance à François Mitterrand, je réponds sans équivoque : « Je ne doute pas qu'en tant qu'homme la survie d'Israël constitue pour lui un impératif. Je ne doute pas un instant de sa loyauté. Lorsque les jeux sont faits, lorsque tous les masques tombent, François Mitterrand est un ami du peuple juif et d'Israël. Sinon, je ne pense pas que nous aurions envie de nous revoir. »

Nous continuons donc à nous voir.

Reste la question : m'a-t-il manipulé ? Notre amitié lui a-t-elle servi d'alibi vis-à-vis de la communauté juive, comme il s'en est servi en m'envoyant, après le coup d'État de Moscou, porter un message de soutien à Gorbatchev ? On le dit, je ne le crois pas.

Août 1991 : avec Marion et Elisha, nous venons passer les deux dernières semaines du mois chez Agnès et Benny Steinmetz puis chez les Safra sur la Côte d'Azur.

C'est en prenant mon petit déjeuner que j'apprends l'arrestation de Mikhaïl Gorbatchev. Nous sommes lundi matin. Finie, la *perestroïka* ? L'Histoire, selon le marxisme-léninisme, serait-elle réversible ? Va-t-on assister à un retour au brejnévisme ? Au stalinisme peut-être ? Nerveux, j'écoute les informations sur toutes les stations. Rumeurs alarmantes : la vie du chef de l'État soviétique serait en danger ; celle de Boris Eltsine aussi. L'inquiétude gagne les capitales occidentales. Insurrection politico-militaire ? Comment savoir à quoi elle aboutira. C'est ainsi : quand Moscou bouge, le monde entier tremble. L'après-midi, on m'appelle de New York : Jack Lang cherche à me joindre de toute urgence. Naturellement, nous discutons de la situation en URSS. Il paraît que le danger est réel : le processus de démocratisation risque d'être perturbé, interrompu, avorté. Inquiet mais, comme toujours, bouillonnant d'idées et débordant d'imagination, le ministre de la Culture souhaite que je vienne à Paris immédiatement. Pour coprésider avec lui un comité international pour la sauvegarde de la démocratie en Union soviétique. D'accord. Nous dressons en hâte une liste de personnalités dont l'adhésion nous semble nécessaire. Nous l'annoncerons demain à la presse. Ensuite, il me propose une seconde tâche : porter à Gorbatchev et Eltsine un message de soutien de la part du président de la République. Pourquoi moi ? Explication logique : Gorbatchev est prix Nobel, je le suis aussi, rien de plus normal qu'un lauréat se porte au secours d'un autre lauréat. Pas besoin de réfléchir ; j'accepte.

Les adversaires politiques du président prétendront plus tard que ces deux initiatives avaient pour objet de rattraper sa bévue télévisée du lundi soir, où il avait semblé insinuer qu'il pouvait s'agir, à Moscou, d'un fait accompli, allant jusqu'à donner lecture d'une lettre qu'il venait de recevoir du chef du complot, le général Ianaïev. Y aurait-il eu manipulation au plus haut niveau ? Le président m'explique qu'il avait, dès le début, songé à suivre une double démarche : d'un côté, il citait les promesses des putschistes (sans les approuver) ; de l'autre, à l'intention de leurs prisonniers ou victimes, il me confiait un message de soutien absolu. Est-ce à dire qu'il a d'abord cru à la possibilité d'une victoire – même provisoire – des putschistes ? Au début, la situation paraissait nébuleuse. « Il fallait rassurer les Français, me déclara François Mitterrand en me confiant ce que je devais dire, en son nom, à Moscou. Il fallait montrer que la France est parée à toutes les éventualités. »

Modestement, j'essaie de l'aider. La conférence de presse, au ministère de la Culture, a attiré un grand nombre de journalistes. Yves Montand, Jorge Semprun, Jack Lang font des déclarations politiques. Indignation et détermination. Leur ton est juste. En quelques phrases, j'explique ma position : « Ne répondons pas par le silence à celui qui a brisé le silence en Union soviétique… »

Je rentre vite sur la Côte pour prendre mes affaires. Elisha et Marion ne sont pas convaincus que mon voyage à Moscou soit raisonnable. Je leur réponds qu'on ne refuse pas pareille mission. Gorbatchev mérite que Mitterrand l'encourage, et Mitterrand mérite que j'accepte de lui servir d'émissaire. Mon fils aime discuter et il sait convaincre, mais, cette fois, il n'insiste pas trop.

Tout en préparant mon sac de voyage, Marion m'interroge sur les aspects pratiques de la mission. Un avion du Glam viendra me chercher le lendemain. « Ton passeport, tu l'as ? » Oui, je l'ai. « Et le visa soviétique ? » Zut, j'ai oublié. « Tu penses qu'on te laissera entrer sans visa ? » Diable, elle a raison. Je me précipite sur le téléphone, j'appelle Jack Lang qui appelle l'Élysée qui appelle l'ambassade soviétique qui, elle, se tait. Il paraît que l'ambassadeur Yuri Dubinin préfère ne pas trop se montrer tant que les choses ne sont pas claires. Ses collaborateurs ? *Idem.* Des heures s'écoulent avant qu'on puisse dénicher un conseiller. Il demande si j'ai déposé une demande de visa au consulat. Question absurde ; il connaît la réponse. Dans ce cas, pas de visa. Heureusement que les fax existent déjà. Mais les photos ? Nous cherchons en urgence un photographe, le trouvons. Mais le conseiller de l'ambassade soviétique m'informe que seul Moscou peut délivrer le visa. Et que cela prendra du temps. Combien ? Quelques jours au moins. A l'Élysée, on s'énerve et l'on me dit de partir sans visa. Je sursaute : sans visa ? Le réfugié en moi proteste : jamais, vous m'entendez, jamais ! Même muni d'un visa tout ce qu'il y a de régulier, je tremble devant un contrôle douanier, vous me voyez débarquer à Moscou (à Moscou !) sans le tampon miraculeux d'un obscur employé du consulat ? Et le goulag, c'est quoi ? Un produit de l'imagination de Soljenitsyne ? A l'Élysée, on me rassure : avec un avion du Glam, il n'y a rien à craindre ; rien ne peut m'arriver. Mais je ne suis pas un héros, et mon cœur me dit de ne pas céder, de ne pas m'exposer à des risques stupides. Cependant j'ai honte d'avouer ma lâcheté et m'envole donc pour Moscou sans visa.

D'autant qu'on m'informe que je ne voyagerai pas seul. Jean Lecanuet et Michel Vauzelle doivent m'accompagner. Leur situation est plus confortable que la mienne : leurs visas les attendent à l'arrivée. Le premier représente le Sénat, le second l'Assemblée nationale. Quant à moi, je suis censé transmettre le message du président. A condition que je ne sois pas refoulé ou emprisonné, cela s'entend.

A l'atterrissage, je me rends enfin à l'évidence : mes craintes étaient vaines. Malgré l'heure tardive, un impressionnant comité d'accueil vient nous saluer. L'ambassadeur de France nous fait un rapport sur les événements : le coup a échoué ; le retour de Gorbatchev aura lieu dès le lendemain. Nous passerons le reste de la nuit à la résidence de l'ambassade. Confort, courtoisie, amabilité. Malgré la soudaineté de notre visite, tout semble minutieusement préparé : comme si l'on s'y était attendu depuis longtemps. Demain, avec un peu de chance et de persuasion, nous aurons la possibilité de remplir notre mission.

Un collaborateur de l'ambassadeur a déjà pris contact avec l'équipe d'Eltsine et un haut fonctionnaire du Kremlin. Au plus haut niveau, on est donc au courant de notre visite et de son but.

Un conseiller s'occupe des formalités. Simples comme le bonsoir en russe. En fait, inexistantes. Je n'ose pas murmurer que je n'ai pas de visa ; d'ailleurs, personne ne me le demande. Je ne me souviens même pas que quelqu'un soit allé jusqu'à ouvrir mon passeport.

Le matin, on nous emmène à la « maison blanche », le parlement russe où, nous dit-on, Eltsine nous recevra avec tous les honneurs dus à notre rang.

Dans la capitale, que nous traversons à toute allure, tout a l'air normal. En dehors du quartier où nous nous rendons, tout semble paisible, endormi. Tranquille. Mais où est donc l'ambiance révolutionnaire dont parlent les médias ? Paris en 1968 était plus turbulent. Çà et là, des femmes font la queue devant un magasin. Des taxis circulent sur les artères principales. *Business as usual*, dit-on aux États-Unis. Une matinée comme les autres. On ne dirait pas que la ville est en train de basculer ou de vivre une crise et une épreuve « historiques ». Elle ne vit rien d'exceptionnel.

On ne perçoit l'agitation qu'autour du parlement. Beaucoup de soldats désœuvrés. Beaucoup de jeunes. On se croirait au Quartier latin, autour de Daniel Cohn-Bendit et des soixante-huitards. Des cercles se sont formés : on discute, on refait le monde, on réinvente l'homme.

Le parlement est en session. Salle bondée : les députés n'ont pas fermé l'œil depuis le début du putsch. Sur plusieurs bancs, des jeunes « révolutionnaires » se sont assoupis. Faute de place dans les galeries, on nous pousse parmi les députés. Eltsine est sur l'estrade, assistant à un débat houleux. J'ignore de quoi il s'agit, tout en me faisant la réflexion que je pourrais voter, comme mes voisins députés, en utilisant l'un des trois boutons placés devant moi. Heureusement, je retrouve Slava Rostropovitch qui me résume les propos (passionnés mais inintéressants) des représentants du peuple...

On attend l'arrivée de Gorbatchev, mais après plusieurs fausses alertes, on renonce. D'ailleurs Eltsine s'en va aussi. Dehors, une manifestation. Sur le balcon, une dizaine d'orateurs fougueux haranguent la foule qui ne cesse de grossir et d'applaudir.

Soudain, j'aperçois Édouard Chevardnadzé. Boudé et boudeur, il se tient à l'écart de la foule et de ses meneurs. Isolé, solitaire, il semble distant, méditatif. Le courageux ministre des Affaires étrangères de la *perestroïka* ne compte presque plus. Comme s'il était absent. Un *has been*, diraient les Américains qui, pragmatiques mais méchants, aiment les mots autant que les faits. Lorsque nos regards se croisent, nous nous élançons d'un même mouvement pour nous étreindre. Il nous invite, les deux parlementaires français et moi, chez lui au début de l'après-midi. Je lui dis : « Je vous ai observé tout à l'heure. Vous sembliez triste, mélancolique. Pourquoi ? Après tout, les choses s'arrangent. Le coup a échoué, la *perestroïka* est sauvée. Gorbatchev est au pouvoir. La liberté a triomphé, la démocratie est victorieuse. Vous devriez être heureux. » Il reconnaît qu'il n'est pas heureux. Comment le serait-il ? Tout va mal dans le pays. C'est l'éclatement. La misère. Si l'Occident ne l'aide pas, ce sera la famine. Et alors, il faudra s'attendre à tout. Même au pire ? Au pire, oui. Nous lui demandons pourquoi il en veut à Gorbatchev qu'il vient de critiquer dans une interview d'une ahurissante franchise. Oui, il lui en veut. Il n'aurait pas dû aller en vacances en Crimée. Il aurait dû prévoir le coup, prendre des mesures. Il y a sans doute d'autres raisons qu'il préfère taire. Pour l'égayer un peu, je lui demande avant de le quitter : « Vais-je devoir un jour vous appeler Monsieur le Président ? – Jamais, répond-il en riant. J'ai vu ce que vaut le pouvoir ; je n'en veux plus. »

Son accession à la présidence de sa Géorgie natale m'a agréablement confirmé la conviction populaire selon laquelle un homme politique ne doit jamais employer le mot jamais.

La conférence de presse de Gorbatchev, la première depuis son retour de Crimée, est tumultueuse. Son récit émouvant. On l'écoute sans oser respirer. On est pris par son courage. Il raconte la trahison de ses camarades, le sentiment d'isolement qui fut le sien et celui de ses proches. La cassette vidéo confiée à un homme dévoué. L'un des deux hommes les plus puissants du globe coupé du monde extérieur : est-ce concevable ? N'était la loyauté d'un petit groupe de gardes du corps, il aurait basculé dans la défaite. Pourquoi a-t-il cru nécessaire de défendre le communisme ? On sent la déception dans la salle. On l'écoute encore, mais différemment. Se doute-t-il que, pour lui, c'est le commencement de la fin ?

L'ambassadeur de France nous conduit auprès de lui. Mitraillette au poing, trois cordons de sécurité protègent le revenant. Il a le visage creusé par la fatigue, l'insomnie et peut-être l'amertume. Trop ému par le personnage, je n'entends pas ce que Michel Vauzelle et Jean Lecanuet lui disent, ni ce qu'il leur répond. Un étudiant français ou russe sert de traducteur. Moi, il me remercie d'être venu de si loin. Je lui transmets le message de Mitterrand. Puis j'ajoute combien je suis content d'être venu. De si loin. En tant que Juif, je lui dois bien cela : n'est-ce pas lui qui a permis aux « Juifs du silence » de partir en Israël ? Il se peut que je me trompe, mais je crois que ses yeux se remplissent de larmes. Il se ressaisit et me dit : « Je sais qui vous êtes, mais j'ignorais combien vous êtes influent… » Devant mon air étonné, il explique en souriant : « Il faut que vous soyez quelqu'un de très important pour que le président Mitterrand m'appelle trois fois aujourd'hui, toujours à votre sujet… » Sur le moment, j'ai envie de lui répondre : « Pourtant je suis le même homme qui, pendant des années, vous a écrit des lettres et des lettres en faveur de Chtcharanski, Sakharov, Slepak et Nudel… le même homme qui, pendant des années, vous implora de vous prononcer personnellement, et de préférence à la télévision, contre l'antisémitisme qui sévit encore dans votre pays… Toutes ces lettres sont restées sans réponse… » Mais ce n'est pas le moment. Il est trop blessé. Nous aurons d'autres occasions d'en parler.

Dans l'avion qui nous ramène en France, j'essaie de méditer sur ce que je viens de voir et de vivre. Le populisme d'Eltsine. La passivité des Moscovites. L'émotion de Gorbatchev. C'est surtout lui, l'objet de mes réflexions. J'ai rarement vu un homme aussi désabusé ; et aussi solitaire. Il pensait avoir des amis ; presque tous l'ont trahi. Des camarades ; presque tous l'ont abandonné. Des collaborateurs ; presque tous l'ont renié. De plus, il pensait détenir un grand pouvoir ; il n'en a plus que l'illusion et le souvenir. Et sa religion, le communisme, a fait faillite. Que lui reste-t-il ? Des décombres ?

De retour à Paris, je démontre mon entière ignorance en matière de politique étrangère en faisant mon rapport au président Mitterrand : Gorbatchev n'est pas fini, lui dis-je avec certitude. Il se ressaisira. Et Eltsine ? s'enquiert le président. Eltsine ? Aucune chance ! Telle est ma réponse.

Et Mitterrand ? Il reste au pouvoir, mais le peuple le traite mal. Chute dramatique dans les sondages. Son propre parti semble lui tourner le dos. J'entends encore certains dirigeants socialistes dire : « Avant, il nous aidait ; maintenant il nous gêne. » D'autres renchérissent : « Avant, c'était lui la solution ; à présent, il est le problème. » Et ceux qui vont même plus loin : « Si nous perdons, c'est de sa faute. »

Injuste, tout cela. Et décevant, pour ne pas employer un mot plus fort. Peu d'hommes peuvent se vanter d'avoir sa vision du monde. Mais il semble que les dieux l'ont abandonné. En termes bibliques, on dirait : « La grâce s'est retirée de lui. » Auparavant, on allait jusqu'à aimer ses travers, et maintenant on le blâme même pour ses vertus.

En 1988, Jack Lang, toujours lui, eut l'idée de proposer au président Mitterrand la création d'un organisme intellectuel international dont le but serait d'explorer les grands thèmes sociaux et culturels qui se présentent à l'homme en cette fin de siècle. Le président donna son accord. Laure Adler d'abord, Bernard Latarget ensuite, conseillers aux affaires culturelles à l'Élysée, avec un représentant du ministère de la Culture, devaient nous apporter le concours du gouvernement. Ainsi naquit l'Académie universelle de cultures. Parmi ses membres, on trouve des noms prestigieux du monde littéraire, artistique et scientifique. Dix prix Nobel, des vedettes de cinéma, des romanciers, enseignants, musiciens, architectes : chacun dans son domaine occupe une place à part. Au programme : réunions, prix annuels, bourses diverses.

Naturellement, les choses traînèrent. L'inauguration – au Louvre, pas moins – par le président de la République eut lieu quelques mois avant les élections législatives. Résultat : promesses et engagements, au niveau ministériel, ne furent pas respectés. Le budget annuel de 6 millions de francs reste un objectif sinon un rêve. Et pourtant. L'académie fonctionne. Son premier colloque, tenu dans le grand amphithéâtre de la Sorbonne, traitait du problème de « L'intervention ». A Sienne, invitée par la Ville, l'académie discuta de « L'intolérance ». Ce qu'elle fait, elle le fait bien. Elle pourrait faire mieux – à condition qu'on lui en fournisse les moyens.

Certes, François Mitterrand aurait pu intervenir pour débloquer les fonds, même en période de cohabitation. D'autant que le projet lui tenait à cœur. Je lui en avais parlé à plusieurs reprises. Chaque fois, il me répondait qu'il allait en toucher un mot au Premier ministre et au ministre de la Culture. La dernière fois, il me dit simplement : « Que voulez-vous, je n'ai plus le pouvoir que j'avais… »

Je ne l'avais jamais vu aussi pathétique.

C'était en 1994.

Reste le jugement de l'Histoire.

Jusqu'à l'affaire Bousquet, j'ai cru qu'il lui serait favorable. Depuis, je ne le crois plus. Je le dis avec tristesse. Désormais, chaque fois que l'on prononcera le nom de l'organisateur de la rafle du Vel d'hiv, René Bousquet, un autre nom viendra immédiatement à l'esprit : celui de son ami, le président Mitterrand.

L'affaire Bousquet éclata en septembre 1994 comme un coup de tonnerre annonçant l'angoisse des Grandes Fêtes juives de Rosh-Hashana.

Je me trouvais à Paris pour le lancement de *Tous les Fleuves vont à la mer*. Invité par France-Inter pour son journal de 13 heures, attendant mon tour, j'entends quelqu'un parler de Pétain et de Mitterrand. On me dit : c'est Pierre Péan. L'homme est modéré et sympathique, mais son propos me dérange. Comment peut-il prononcer les noms de Mitterrand et de Pétain dans le même souffle ? Je l'écoute sans me rendre compte qu'il sera, lui, la cause tangible de mon éloignement du président de la République.

Avant même de me précipiter sur *Une jeunesse française* [1], je subis le matraquage des médias où les révélations de Péan prennent une ampleur qui n'est pas loin de me rappeler les premières phases du Watergate.

Ma première réaction ? La stupeur. Je ne crois pas ce que je lis. Je refuse de croire qu'un homme comme François Mitterrand ait pu dissimuler son passé vichyste couronné par la francisque, nouer des contacts intimes avec d'anciens cagoulards et devenir l'ami de René Bousquet, le policier français qui, toujours entouré des responsables SS et de la Gestapo, avait organisé la déportation des Juifs français. Non, tout cela ne cadre pas avec l'homme dont je croyais bien connaître la personnalité et la vie.

Certes, des rumeurs malveillantes me parvenaient de temps en temps. Pas toujours en clair. Parfois, on se contentait d'ébaucher un petit sourire significatif, de laisser une phrase en suspens. Comme tout le monde, je mettais ces potins sur le compte de la propagande de ses ennemis de droite. Je me disais : que va-t-on encore inventer pour lui nuire ? Fidèle à l'enseignement éthique du Talmud, je rejetais ces propos diffamatoires, je refusais de les discuter. Telle est la loi rabbinique : il est interdit non seulement de répandre des calomnies, mais même de les écouter.

Le livre de Péan, c'était autre chose. Ce ne sont pas des calomnies. Devant ses révélations, et celles qu'elles entraînent, mon attitude devient intenable : comment puis-je défendre l'homme politique qui fait l'éloge de René Bousquet, autrefois accusé et inculpé de crimes contre l'humanité ? Il le trouve « sympathique » et le voyait « avec plaisir » ! Est-ce tout ce qu'il pouvait dire de l'ancien complice des SS ? A Nicole Leibowitz-Boulanger, du *Nouvel Observateur*, j'avoue que je me sens chagriné et blessé. Je le répète à la télévision. Et aux lecteurs qui viennent m'écouter à Nancy et à Lille. Mais je refuse d'aller plus loin. J'ai l'habitude de ne pas me joindre à la meute, d'autant que l'homme est malade, gravement malade. Néanmoins, la réaction du public est hostile. Çà et là, on me déclare ne pas comprendre que j'aie pu être l'ami de l'ami de Bousquet. Je réponds : « Le président m'honore de son amitié ; il mérite que j'entende ses explications. Le plus tôt possible. » Mais les Grandes Fêtes juives approchent, je dois rentrer aux États-Unis pour Rosh-Hashana.

1. Fayard, Paris, 1994.

C'est à New York que je recueille les répercussions de l'interview télévisée que Mitterrand accorde à Jean-Pierre Elkabbach. Je partage le choc et l'outrage qu'exprime la presse française. Certains commentaires sont offensants, mais ne viennent-ils pas de ceux-là mêmes qui, jusqu'alors, lui vouaient affection et fidélité ? Partout j'entends des réflexions désabusées. Quoi, est-il donc concevable que cet homme intelligent, averti et informé n'ait pas eu connaissance des lois antijuives de Vichy ? Les spoliations, les persécutions, les arrestations, les rafles, est-ce possible qu'il les ait ignorées ? Et le Vel d'hiv, il n'en a donc rien su, lui qui aime être au courant de tout ? Et s'il savait, peut-on imaginer qu'il soit resté indifférent, ce qui serait mille fois pire ? Cette histoire, je la vis mal. Elle s'envenime de jour en jour. Abandonné par de nombreux alliés politiques et amis personnels, François Mitterrand se cabre au lieu de faire face, comme une proche collaboratrice, me dit-on, lui en fit la suggestion, s'attirant la foudre du président. Le jour même, la collaboratrice en question lui remit sa démission – que le président refusa. Quand va-t-il donc comprendre ce qui lui arrive ?

J'appelle Anne Lauvergeon qui a succédé à Attali comme sherpa du président. Gracieuse, discrète, superbement intelligente, Anne. Et efficace, de surcroît. Elle sait la profondeur de mon désarroi et apprécie ma retenue. Rendez-vous est pris avec le président pour la semaine de Soukkot.

Accueil amical, comme avant, appuyé d'une nuance d'affection. Visage marqué par la maladie. Regard traversé par des lueurs sombres. Voix tendue, brisée. Fatigué, le président me parle du traitement qu'on lui fait subir. Je me demande comment je vais pouvoir lui poser des questions qui vont sûrement lui faire mal. Mais je n'ai pas le choix. Comme entrée en matière, je lui cite une parole de Rabbi Nahman de Bratzlav, déjà rapportée dans mon premier volume de Mémoires : « Le monde se trompe sur deux choses. Tout d'abord, il se trompe en pensant qu'un grand homme est incapable de commettre des erreurs ; ensuite, il se trompe en pensant qu'une fois l'erreur commise, le grand homme cesse d'être grand. » Je crois lui avoir tendu une bonne perche, mais il refuse de la saisir. Il me dit carrément qu'il n'a commis aucune erreur. Aucune ? Aucune. Donc, ni remords ni regrets. Les lois antijuives de Vichy ? Pas au courant. Mais, fonctionnaire de Vichy, n'a-t-il pas dû remplir un questionnaire où il devait déclarer qu'il n'était pas juif ? Il n'était pas fonctionnaire mais contractuel. La différence ? Précisément, il n'avait pas à remplir ce questionnaire. Bref, rien à se reprocher. Mais Bousquet ? Comment a-t-il pu entretenir des rapports d'amitié avec le haut fonctionnaire de Vichy, l'associé des chefs SS Heydrich et Oberg, qui organisa la déportation des Juifs français vers Auschwitz ? Avec un haussement d'épaules, il répond que, quand il fit sa connaissance, Bousquet était déjà réhabilité par la justice et très bien introduit dans le tout-Paris de la finance ; il y avait, dans son entourage, des personnalités juives fort connues et respectées. Comment pouvait-il, lui, douter de son innocence ? En outre, ils n'étaient pas amis. La preuve : ils se sont vus douze fois seulement. Et ils ne se sont jamais tutoyés. Comme j'insiste sur l'aspect bizarre de leur relation, il finit par admettre qu'il aurait peut-être dû se montrer « plus vigilant ». Je lui suggère de profiter d'une prochaine interview à la télévision pour déclarer : « J'étais jeune et inexpérimenté ; quand on est jeune, on fait des choses pas trop intelligentes ; mais depuis, j'ai fait autre chose aussi. » Qu'il le dise et le public tournera la page. Il refuse. Je lui dis : « Même Dieu reconnaît s'être trompé ; lisez le Livre de la Genèse. Mais vous, vous ne vous êtes jamais trompé ? » Alors, je lui propose de nous revoir pour enregistrer une conversation approfondie. Pour aller jusqu'au bout du sujet. Il m'est indispensable de comprendre. Nous la publierons quelque part. Le président est d'accord mais me demande de lui adresser mes questions par écrit.

Après une heure et demie d'entretien, il m'accompagne à la porte, plus chaleureux que d'habitude. Devine-t-il que nous ne nous reverrons plus ? Le cœur lourd, je reste quelque temps dans le bureau d'Anne Lauvergeon avant d'aller à l'aéroport. Je lui dis combien je suis mécontent de l'entretien : pourquoi n'ai-je pas réussi à percer l'opacité dont le président enveloppe son passé ? Comment un homme de son intelligence et de sa sensibilité ne voit-il pas que, sur le plan personnel, notre amitié est en danger ? Je lui dis ma conviction que cette affaire laissera une tache noire sur le passage de Mitterrand dans l'Histoire ; son goût de l'ambiguïté lui nuit. Je lui rapporte ma suggestion d'un entretien enregistré.

Mes questions – sur Vichy et Pétain, la gerbe et Bousquet, sa collaboration à une revue antisémite et la francisque –, je les lui envoie par fax afin qu'elle les remette au président. Les a-t-il lues ?

Certainement. Sa réaction : négative. Est-il déçu de ne pas trouver en moi un défenseur ? Sans doute. De toute façon, il ne pense pas avoir à se justifier. Autrement dit : il ne donnera pas suite à mon fax. Il n'y aura pas de nouvel entretien. Plus de dialogue. Dommage, mais tant pis.

Je suis déçu. Parfois, je me dis que le mot n'est pas assez fort.

Car soudain je comprends qu'il y a une cohérence et une logique dans la trajectoire politique de François Mitterrand. Son refus d'enquêter sur le passé nazi de certains Français et de les traduire en justice, sa coutume de faire secrètement déposer tous les ans une gerbe sur la tombe de Pétain, ses liens avec d'anciens cagoulards et autres collaborateurs, sa volonté de dissimuler cette partie de sa vie, son habitude même de s'entourer de Juifs : tout cela doit pouvoir s'expliquer.

Je n'arrive pas à croire que le personnage ait pu ou voulu me leurrer, que j'aie pu être dupe et victime de son génie de la manipulation. Je me dis qu'il doit y avoir une autre explication. Me la fournira-t-il, ne serait-ce que pour achever la rédaction de nos entretiens que l'éditrice Odile Jacob brûle de publier ?

Vieux projet qui viendra se greffer, en y laissant un nouveau goût désagréable, sur l'affaire Vichy-Pétain-Bousquet.

Un livre de dialogues avec François Mitterrand ? C'est Jack Lang qui en a eu l'idée dès 1985 et le président l'a acceptée. Lang profite de la préparation du colloque des prix Nobel, deux ans plus tard, pour la relancer avec plus de vigueur. A-t-il des arrière-pensées liées aux élections présidentielles de mai ? Peut-être, mais je ne vois pas en quoi un tel livre pourrait être utile au candidat socialiste. Le vote juif ? Il lui est acquis d'avance. Et puis un livre, un livre à deux voix de surcroît, ne s'écrit pas en trois mois. Et Jack Lang connaît ma réticence à intervenir dans la politique intérieure française. Bref, le projet ne me tente pas, comme si je pressentais qu'il deviendra pour moi la source de nombreux ennuis. Quant au président, il donne du temps au temps. Les mois passent. Il ne semble pas pressé – et moi non plus.

Seul Jack Lang est impatient : « Ces dialogues, il faut les faire, ils traînent depuis trop longtemps déjà. » Il finit par l'emporter : dans l'excitation du colloque qui se tiendra fin janvier 1988, je me mets au travail. L'idée serait de faire dialoguer deux hommes liés par l'amitié mais que tout semble séparer : l'origine ethnique, la condition sociale, l'éducation religieuse. Ce sera un livre d'entretiens librement menés. Des conversations sur des thèmes généraux, intemporels. Après quelques semaines de réflexion, je dresse la table des matières : le pouvoir, l'amitié, la guerre, l'enfance, la mort, Dieu, la Bible, Israël, la foi, l'écriture. Attali l'approuve. Le président aussi. Alors, on commence ? Pourquoi pas. Premier sujet : l'enfance, bien sûr. Comparer la sienne à la mienne. L'enfance d'un chef qui a accédé au sommet du pouvoir et celle d'un écrivain juif qui ne réussira jamais à s'arracher à sa *yeshiva.*

Deux ingénieurs ou techniciens du son s'affairent derrière un paravent. Et là, incident aussi ridicule qu'embarrassant, le magnétophone refuse de coopérer. La France, nation moderne, développée, grande puissance nucléaire et spatiale, serait incapable de fournir à son président un magnétophone qui marche ? Par chance, Jacques Attali est présent – une présence qui me vaudra plus tard, en 1993, pas mal de tristesse et de maux de tête. Mais je m'en félicite lors de ce premier entretien. Attali se rend utile : puisqu'on ne peut plus se fier à la technique, il prendra en notes les propos du président, sinon les miens, hiérarchie oblige. Mais j'ai une bonne mémoire, moi. Et puis, pour les entretiens suivants, le magnétophone sera réparé.

Nos conversations, chacune d'une heure ou d'une heure et demie, se déroulent dans une ambiance amicale. Je pose des questions, le président répond. Autrement dit, ce n'est pas un vrai dialogue. Le président parle parce que je le fais parler. Lui ne m'interroge que rarement. Par conséquent, je me sens mal à l'aise dans ce rôle d'interviewer que j'ai abandonné depuis longtemps.

Certes, je pourrais être plus provocant, mais ma timidité innée m'en empêche. Et aussi le respect que j'éprouve pour mon interlocuteur. Je n'ose pas insister sur les points qu'il préfère éviter. Je m'écarte des terrains minés. Je ne touche pas aux sujets embarrassants. Pas encore. Je me dis que, de toute façon, ce n'est qu'un brouillon. J'aurai l'occasion de le retravailler, et lui aussi. Alors il sera temps de le pousser dans ses retranchements. Rien ne presse. Son mandat vient d'être renouvelé. Sept ans c'est long, plus long que l'éternité.

En général, il se montre ouvert et se livre sans difficulté. J'aime ce qu'il me dit sur son enfance : « Je n'avais pas d'amis de mon âge. » Sur son adolescence : « J'allais d'émerveillement en émerveillement. » Sur ses parents : « Des gens très disponibles. Ils ne parlaient pas. Mon père disait qu'on n'apprend rien par la parole, mais par l'exemple. » Sur sa mère qui, voyageant dans un train avec des antidreyfusards, entendit des propos antisémites : « Peu à peu, les yeux de ma mère s'agrandissaient de surprise. » Sur sa découverte de l'étranger qu'on regarde avec curiosité et qui « était reçu dans un cercle interne avec effraction ». Sévère avec De Gaulle, sceptique à l'égard de Mendès France. Ses auteurs préférés : Barrès, Chardonne.

Souvent, il trouve aisément les réponses qui lui conviennent. Parfois, il souhaite que je répète mes questions en avouant qu'il ne comprend pas. Alors, plutôt que de me lancer dans des explications, je change de sujet. La difficulté principale, c'est l'emploi du temps, le sien naturellement, mais également le mien puisque j'habite New York et enseigne à Boston. Des mois peuvent s'écouler entre deux rendez-vous et, plus d'une fois, j'en arrive à penser que le projet est abandonné, mais nous le reprenons vaille que vaille. Sept thèmes sur dix sont traités. Trois nous attendent encore. Ensuite, nous reprendrons le tout. Nous avons le temps.

Les entretiens exigent un effort de concentration de ma part. De la sienne, moins. Nous sommes rarement dérangés par le téléphone. Il semble attentif mais détendu et, lorsqu'il m'accompagne à la porte, il reste amical et courtois. Il s'enquiert sur les études d'Elisha, envoie ses amitiés à Marion et me demande de revenir chaque fois que je serai de passage à Paris : « Vous êtes toujours le bienvenu dans cette maison qui est la vôtre. » Je reviens, mais il est de moins en moins question du livre. Baisse d'intérêt de part et d'autre ? Peut-être le président souhaite-t-il simplement attendre la fin de son second mandat.

Mais ni lui ni moi ne pouvions prévoir l'incident *Verbatim* provoqué par notre ami commun.

Lorsque je pense à Jacques Attali, je me sens gagné par la mélancolie. Je regrette les années de notre complicité. Je croyais en notre amitié. Elle me semblait belle, fructueuse. Habile, pétri de mille dons, il adorait sa position dans le centre névralgique de la vie politique française et internationale. Comment faisait-il pour être en tant d'endroits à la fois ? Et être mêlé à tant de projets ? Il savait tant de choses sur tant de sujets. Ma confiance en lui était entière. Elle fut réciproque. Il me racontait sa vie passée et ses expériences à l'Élysée, ses défis, ses combats, ses rêves d'homme et ses ambitions d'écrivain. Il n'hésitait pas à me faire part de la complexité de ses rapports avec le président. Il avait compris que je sais garder un secret. Qu'est-ce qui a gâché notre belle amitié ?

J'étais au courant de son projet de Journal – de 1981 à 1986 – dont je ne connaissais pas encore le titre. Quant à lui, il savait que j'écrivais mes Mémoires. Je lui avais même raconté au téléphone (il était déjà à la tête de la BERD, à Londres) que j'envisageais d'y parler de mes entretiens avec le président et des difficultés qu'ils soulevaient. Mais l'idée qu'Attali puisse se servir desdits entretiens – et plutôt largement – ne me vint pas une seconde à l'esprit, et d'autant moins que le premier tome de son Journal devait s'arrêter en 1986, longtemps avant le début de mes entretiens avec le président.

Lorsque *Verbatim* paraît, en fanfare, ce qui est compréhensible, Marion et moi séjournons en Europe. De passage à Paris, nous rencontrons Odile Jacob qui nous demande si nous avons lu l'article que *Le Nouvel Observateur* consacre à Attali. « Vous y figurez », ajoute-t-elle. Nous le lisons donc et y retrouvons un Jacques plutôt sympathique, maîtrisant l'art d'intéresser, d'intriguer. Le papier reproduit en italiques quelques extraits attribués au président et qui me semblent familiers. Bah, je lirai le livre pour éclaircir le mystère.

A Venise, nous assistons à la session de clôture de l'Institut international de la presse lorsque, de New York, on nous apprend qu'Odile Jacob cherche désespérément à nous contacter. Elle est hors d'elle : « Je viens de lire *Verbatim*... Vos entretiens avec le président y sont repris... C'est effarant... scandaleux... pas permis... » Elle nous envoie par courrier spécial un dossier de 95 pages... Photocopies d'extraits de *Verbatim* comparés à ceux de notre manuscrit...

Car il existe bel et bien un manuscrit de mes sept entretiens avec François Mitterrand. Il s'agit de la transcription faite par les services de l'Élysée, et notamment par le secrétariat même d'Attali, de sept chapitres encore inachevés. Un exemplaire est entre les mains d'Odile Jacob que le président avait choisie comme éditrice des actes du colloque Nobel et chez qui il a décidé de publier nos conversations. De mon côté, je pensais qu'il souhaiterait les voir paraître plutôt chez Claude Durand (Fayard), puisqu'il était l'ami d'Attali, alors que, personnellement, j'hésitais entre Le Seuil et Grasset. Mais le président trancha en faveur d'Odile Jacob et c'est avec son accord que j'ai remis à celle-ci copie du manuscrit. Jacques Attali a dû l'ignorer ou l'oublier.

Minutieusement préparé par Odile Jacob, le dossier est accablant. Ahuris, blessés, Marion et moi l'étudions pendant des heures. Nous l'emportons à Oslo où, invités par le président du Parlement, nous assistons à la fête nationale norvégienne, la plus belle du monde : ce sont les enfants qui la célèbrent, et qu'on célèbre. Nous sommes le dimanche 16 mai. Je téléphone à Jacques Attali, à son domicile parisien. Par chance, il est chez lui. Je lui dis : « Il faut que je te montre quelque chose... C'est urgent, urgentissime... Si je pouvais sauter dans un avion, je le ferais ; je ne le peux pas. Mais toi, viens ici. Je suis au Grand Hôtel. Il s'agit de quelque chose de grave et qui te concerne... » Il ne comprend pas ou feint de ne pas comprendre. Il veut savoir de quoi il s'agit : de la santé du président, de la sécurité nationale ? J'insiste : « Ce n'est pas un sujet qu'on peut traiter au téléphone... Crois-moi : il justifie ton déplacement... » S'il était venu, nous aurions tout arrangé entre nous. J'en suis profondément persuadé. Mais, pour des raisons que j'ignore, il n'accepta pas mon invitation. Plus tard, il me dira ne pas s'en souvenir.

Cette histoire lui a fait mal et m'a fait mal. J'en parlerai peut-être dans un autre contexte.

Le livre d'entretiens, je n'y crois plus. D'ailleurs, depuis l'affaire Bousquet, je n'ai plus rencontré le président. Odile Jacob se démène, comme elle seule sait le faire, pour que le projet ne meure pas, mais de mon côté, puisque le président n'a pas jugé utile de répondre à mes questions écrites sur Bousquet et Vichy, j'y tiens moins. En moi-même, je sais qu'entre François Mitterrand et moi les choses ne sont plus ce qu'elles étaient.

Ses proches me disent maintenant qu'il est fâché avec moi parce que j'ai osé le critiquer à la télévision, toujours à propos de l'affaire Bousquet. Selon lui, la loi de l'amitié exigeait que je sois son défenseur. Mais en optant pour l'amitié avec Bousquet, n'avait-il pas violé et sacrifié la nôtre ? N'a-t-il pas fait son choix en recevant Bousquet chez lui – peut-être le même jour que moi ? J'aurais donc serré la main qui a serré celle de l'associé des tueurs SS...

Bref, je n'ai plus le feu sacré. Et notre livre semble heureusement renvoyé aux temps messianiques.

D'où ma surprise lorsque Odile Jacob m'appelle en mars 1995 : la maladie du président s'aggrave, me dit-elle, et il souhaite que le livre sorte. Vite. Je laisse échapper un cri d'étonnement : « Qu'il sorte ? Tel quel ? Mais il est inachevé ! Nous étions censés le retravailler ! Ce n'est qu'un brouillon ! Et puis, il n'a pas répondu à mes questions sur Vichy et Bousquet ! Imaginez-vous que je puisse, moi, cosigner un ouvrage avec lui sans les soulever ? » Odile comprend. Elle me rappelle : le président comprend aussi. Il me prie de lui renvoyer les questions. Comme je suis loin de New York, je rédige une nouvelle liste que je fais parvenir à Odile par fax. Ses réponses, c'est à l'éditrice qu'il les expédie. « Ni regrets ni remords », au sujet de son passé. Déjà en septembre, lors de notre dernière rencontre, il s'enfermait dans ce rôle d'homme infaillible. Trop fier, trop sûr de son jugement sur lui-même pour reconnaître que l'erreur est humaine. Ses collaborateurs me l'ont souvent répété : il est incapable de dire « Je n'aurais pas dû faire ceci ou cela ».

Alors, comment le toucher ? Comment lui parler sans le blesser, l'écouter sans lui manifester mon désaccord et ma déception ? Je suis allé plusieurs fois à Paris, sans l'appeler : je ne tiens plus à le voir, et lui non plus. Dressé entre nous, le fantôme ténébreux et charmeur de Bousquet élimine toute possibilité de contact direct. Nous étions trop proches pour ne pas nous réfugier maintenant dans l'éloignement. Tout se passe par l'intermédiaire d'Odile Jacob. Obstinée dans son idée de vouloir faire paraître le livre avant les élections, elle réussit à le faire imprimer en moins d'une semaine. Elle réussit également, plusieurs jours *après* la publication du livre, à nous faire échanger quelques propos anodins et courtois au téléphone. Je dis au président qu'il a fait du bon travail. Sous-entendu : lui, pas moi. En effet, je ne suis pas fier de ma contribution. J'aurais eu besoin d'un mois au moins pour corriger et étoffer mon propre texte : j'aurais aimé répondre à ses réponses.

Le titre a été choisi par François Mitterrand. Pour ma part, je l'aurais préféré plus sobre, plus discret. Et plus vrai. Mémoire à deux voix ? La mienne, on l'entend à peine. D'ailleurs, j'ai l'impression que le président aussi considère ce livre non comme un travail à deux, mais comme un écrit dont il serait l'unique auteur. Autrement, l'aurait-il dédié à une certaine Lucia sans m'en informer au préalable, ne fût-ce que par courtoisie ?

Des journalistes m'appellent. Je m'esquive devant la plupart. Pour mémoire, je réponds à Annette Levy-Willard de *Libération* et à *Info-Matin.* Je suis prudent et respectueux, je ne tiens pas à faire de la peine à un homme malade. Mais en même temps, je veux que l'on connaisse ma décision de garder mes distances avec un projet qui m'était devenu étranger.

La situation empire avec l'entretien que le président accorde à Bernard Pivot. Lorsque celui-ci l'interroge sur ce que, dans le livre, je dis de ses rapports avec l'ancien chef de la police, il lui coupe pratiquement la parole : « Remarquez que c'est moi qui ai insisté... J'ai dit à Elie Wiesel : si vous ne m'interrogez pas sur Bousquet, il n'y aura pas de livre ! »

J'ai dû attendre que l'émission soit diffusée à New York pour en prendre connaissance. Marion l'a enregistrée et j'avoue que j'ai dû la regarder cinq ou six fois, tant j'étais ahuri par la déclaration du président. J'ai rarement eu autant de difficulté à maîtriser ma déception et mon emportement. Sous le choc, j'ai rédigé plusieurs projets de lettre. Trop durs, ils trouvèrent le chemin de mon tiroir.

Le 23 avril 1995, j'ai faxé à François Mitterrand – toujours par l'entremise d'Anne Lauvergeon – une version plus tempérée :

> Monsieur le Président,
>
> Je viens enfin de voir le « Bouillon de culture » du 14 avril que TV5 a diffusé sur une chaîne américaine, ce soir.
> Je ne voudrais pas vous faire de la peine. Mais dans votre prestation, par ailleurs émouvante et éblouissante, la partie concernant nos entretiens me trouble et me chagrine. Vous dites que c'est vous qui avez insisté personnellement auprès de moi pour que des questions sur Bousquet soient incluses dans le livre, qu'autrement vous n'auriez pas consenti à ce qu'il paraisse. Or, depuis septembre dernier jusqu'au jour même de la publication du livre, nous ne nous sommes pas parlé.
> L'impression créée par vos propos est qu'il vous a fallu me forcer la main pour que je vous pose des question sur Bousquet. Et pourtant. Ne suis-je pas venu spécialement de New York, en septembre justement, pour vous parler de ce sujet ? Et surtout pour vous écouter ? Ne vous ai-je pas envoyé, ainsi que convenu, quelques jours après notre rencontre, mes questions, deux pages de questions, auxquelles

> vous n'avez pas jugé utile de répondre ? Pensez-vous, monsieur le Président, que j'aurais accepté, moi, de publier ce livre sans notre échange sur Bousquet ? J'ai demandé à Anne Lauvergeon de vous le dire : il s'agit d'un sujet qui, pour moi, est douloureux et grave.
> J'aimerais comprendre. Je vous en prie, monsieur le Président : éclairez-moi.

Pas de réponse du président. Je demande à Anne Lauvergeon : dois-je attendre ? Elle se renseigne. La réponse est négative. Je me dis : « Ce salaud de Bousquet ! En plus de ses crimes contre mon peuple, il a réussi à rompre une amitié entre deux hommes qui, chacun à sa façon, y tenait. »

Je prends ma plume et j'écris :

> Monsieur le Président,
>
> Cette lettre est la dernière que vous recevrez de moi. Je l'écris à contrecœur et avec tristesse. Elle marque la fin d'une amitié qui, durant quatorze années, a fait partie de ma vie.
> Vous êtes malade, vous souffrez. Peut-être ai-je tort d'ajouter à votre peine. Mais, par respect pour l'homme que j'ai admiré, et parce que je crois que lui mentir serait vous trahir, il m'incombe de vous exposer les raisons de ma décision.

Suit une explication de trois pages… que je n'enverrai pas. D'autres brouillons connaîtront le même sort. Là-dessus, le *New York Times* me demande un papier sur François Mitterrand et son dérapage. Je reprends ma plume :

> Ces lignes, je regrette de devoir les écrire. Je regrette surtout de devoir les écrire maintenant, alors que l'homme dont il est question ici est vieux, gravement malade et à la fin de sa carrière politique. Je ne peux pas, je ne peux plus me taire. Le silence, dans ma tradition, signifie approbation.

Suit un article de quatre pages… que je fourre dans mon tiroir. Au rédacteur du *New York Times*, je dis : je ne *peux* pas faire mal à un homme si gravement malade. Je donne la même réponse au patron d'une grande revue parisienne. Je ne dis pas que je n'en ai pas envie. Le fait que François Mitterrand n'ait pas cru bon de me répondre me tracasse, mais je préfère avaler la couleuvre. Et attendre ce volume pour dire ce que j'ai sur le cœur.

Pourtant, cette fois Anne s'est trompée. La réponse a fini par arriver. Avec deux mois de retard. Dire qu'elle m'a stupéfié serait ce que les Anglais appellent *« the understatement of the year »*. Voici ce que m'explique en substance François Mitterrand : il reconnaît avoir reçu les questions concernant René Bousquet que je souhaitais voir traitées dans le livre « encore éventuel » que nous devions écrire ensemble et dont il avait achevé, seul, la rédaction. Mais, lorsque lui fut soumis le manuscrit prêt pour l'impression, notre « dialogue sur Bousquet » n'y figurait pas. Cette omission devait être réparée – et c'est ce qu'il avait expliqué à Bernard Pivot.

Eh bien là, il n'y a plus d'ambiguïté. Il n'y a que contradiction et, je regrette de devoir le constater, déformation des faits. Chez Pivot, il a dit que c'est à moi, personnellement, qu'il avait ordonné d'inclure les questions sur Bousquet. Dans sa lettre, ce n'est plus à moi mais auprès d'Odile Jacob qu'il l'avait exigé. Et puis, il y avait le ton, les jeux de physionomie, les gestes que l'on voyait sur l'écran ; la missive, elle, est sèche, abrupte. Entre les deux, il y a un fossé au fond duquel on bute sur une vérité pauvre et desséchée. Je n'ai pas répondu à sa réponse. A quoi bon lui répéter mes arguments ? Apparemment, il refuse de comprendre. Peut-être en est-il incapable.

Est-ce donc la fin, la rupture ? Je le crains. D'autant qu'il y a eu, en mai, un autre événement, reçu par moi et les miens comme un affront : le discours de Berlin. François Mitterrand y fait l'éloge de l'Allemagne, non seulement d'aujourd'hui, mais de toujours. Donc, du Troisième Reich aussi. Devant un Helmut Kohl rayonnant de fierté sinon de bonheur, il chante la gloire de l'armée allemande d'hier, donc de l'armée hitlérienne. Il déclare que peu lui importe l'uniforme des soldats allemands, ou même les idées qui habitaient leur esprit… « Ils étaient courageux… », voilà ce qui comptait, voilà ce qui compte pour lui. (Le lendemain, à Moscou, il comparera le courage du soldat russe à celui du soldat allemand, et la souffrance du peuple russe à celle du peuple allemand !) Comment expliquer ce genre de réductionnisme ? L'uniforme lui importe donc si peu ? A-t-il oublié que les policiers de la Gestapo portaient eux aussi l'uniforme ? Et que, eux aussi, certaines idées habitaient leur esprit ? Qu'est-ce qui lui a pris de blanchir ainsi, dans son avant-dernier discours officiel, la soldatesque allemande ? Désir de provoquer, de plaire à ses hôtes, de mettre l'accent sur l'importance de la réconciliation dans sa philosophie politique ? Son plaidoyer pour la paix et la réconciliation enthousiasme les uns et choque les autres. Amical, l'éloge de Jean d'Ormesson. Magnifique et courageuse, l'analyse de François Schlosser dans *Le Nouvel Observateur* sur les crimes de la Wehrmacht dont le courage a été célébré par le président sortant de la République française. Terrible, le dessin, dans *Le Monde*, montrant un gros Eltsine dominant un petit Mitterrand, le priant de dire quelque chose de gentil sur le courage du soldat russe en Tchétchénie. Graves, les commentaires des spécialistes.

En fait, j'aurais pu être présent à ses côtés dans les deux capitales. Il m'a invité, par l'entremise de ses collaborateurs, à l'accompagner. Une place m'était réservée dans son Concorde et dans les hôtels. J'ai refusé. Je ne le regrette pas. Au contraire, je crois avoir bien agi. Si j'avais été présent à Berlin, j'aurais quitté la salle au milieu de son discours.

Cependant, bien que je me sois éloigné de lui et de son univers, j'ai mal pour cet homme. Ce n'est pas ainsi que j'avais imaginé sa sortie de mon existence.

Le 8 janvier 1996, je me trouve dans le Sud des États-Unis où, tous les ans, je visite une petite université locale. A 6 heures du matin, le téléphone sonne dans ma chambre. « J'ai une triste nouvelle à t'annoncer, me dit Elisha. Ton ami Mitterrand est mort. » Comment le sait-il ? On l'a réveillé. Vingt journalistes ont déjà appelé de Paris.

Je sens le silence qui lentement entre en moi et y dépose une tristesse familière. Toute une tranche de ma vie réapparaît devant mes yeux. La place que Mitterrand occupe dans mon Livre d'amitié s'étend sur de nombreux chapitres. Voyages, découvertes, réunions. Moments étoilés, images inondées de lumière, épisodes pittoresques. J'ai connu mon ami dans sa gloire, je l'ai connu malade. Comment est-il entré dans la mort ? Je l'imagine dans sa petite chambre austère, monacale, seul avec son médecin, seul avec son passé. Aurait-il choisi l'ascèse de la solitude avant de s'y enfoncer pour toute éternité ? Se serait-il finalement réconcilié avec Dieu au moment de quitter Sa création ? La religion qu'il repoussait l'a pourtant toujours attiré. Le sacré le fascinait à la fois comme défi et comme abri. Et si, à sa manière, il était un fou de Dieu en se voulant conquérant de l'Histoire ?

Je ne réponds pas à la plupart des demandes d'interviews. A quoi bon ajouter au déluge verbal qui déferle sur la France ? A Christine Pouget, de l'Agence France-Presse, je déclare qu'après la mort d'un homme la tradition juive recommande de n'en dire que du bien : celle de François Mitterrand m'attriste. Pour *Paris Match*, j'écris un article dans le même sens. Je ne parle que de la bonne période. Elle me rappelle les premiers souvenirs de notre amitié, quand il faisait vibrer et rêver ceux qui l'aimait. Aussi n'ai-je pas l'intention de parler de René Bousquet, ni de Vichy, non, je n'évoquerai pas la dernière année de sa vie... Le Talmud ne dit-il pas que la mort efface tous les péchés ?

Mais alors, qu'advient-il de la mémoire ?

La télévision et la presse rapportent l'émotion qui a gagné la France. Elle est sincère et profonde. C'est normal : cet homme a laissé sa marque sur son époque, tout le monde est d'accord là-dessus. Certains vantent son esprit européen, d'autres son génie politique, d'autres encore n'oublieront jamais sa passion pour la liberté de l'homme.

Émouvantes, les scènes populaires. Les foules muettes. Les larmes, les roses, les souvenirs : les Français se seraient reconnus en lui jusque dans ses ambiguïtés. Les obsèques à Jarnac. Le recueillement des habitants. La messe solennelle à Notre-Dame. Ainsi la fin rejoignit le commencement.

Lucide jusqu'au bout, souverain en tout mais victime de son corps, il a donc librement choisi l'heure de s'en affranchir. En appelant la mort, il l'a, à sa manière, vaincue. Le dernier mot de son Livre, c'est lui qui l'a écrit.

A quoi pensait-il en se séparant des ombres vivantes avant d'aller rejoindre celles qui l'ont précédé ? Au grand jeu qu'il avait joué ? Était-ce un jeu ? A-t-il revécu, comme on dit, toute sa vie en cet ultime instant ?

Je me penche sur mes carnets. Combien de fois avons-nous parlé de ce qui nous attend après ? Le paradis, l'enfer, le Jugement dernier, l'apocalypse. Il voulait savoir. Quoi, la vie d'un être se réduirait-elle à un mouvement de paupières ? Mais alors, que reste-t-il de ce qu'il a reçu et de ce qu'il a donné ?

TROIS SUICIDES

Benno Werzberger en Israël, Tadeus Borowski en Pologne, Paul Celan à Paris, Bruno Bettelheim aux États-Unis : de tous les êtres composant la communauté en voie de disparition des survivants de l'Holocauste, les écrivains ont connu une tragédie supplémentaire : désespérant du pouvoir de la parole écrite, certains ont choisi le silence.

Celui de la mort.

Est-ce parce que, gardiens de la mémoire, ils se sentaient incompris, mal aimés, exilés du temps présent, coupables d'avoir failli à la tâche ? Redoutaient-ils d'avoir trop parlé – ou pas assez ? Devant les drames qui déchirent la société, s'avouaient-ils vaincus sinon inutiles ?

J'en ai connu, bien connu, trois.

Leurs derniers gestes continuent à me hanter.

Primo Levi parlant des « experts » de l'Holocauste : « Ce sont des voleurs du Temps ; ils s'infiltrent par les trous des serrures et interstices, et prennent nos souvenirs sans laisser de trace. »

Pourquoi Primo, mon ami Primo, s'est-il jeté du haut d'un escalier, lui dont les ouvrages venaient enfin de secouer l'indifférence du public, même hors d'Italie ?

Depuis notre rencontre à Milan, au cours des années soixante-dix, nous étions liés. En fait, il s'agissait pour nous de retrouvailles. Après quelques recoupements, nous comprîmes que nous nous étions déjà « fréquentés ». Là-bas. A Buna. J'avais passé un certain temps dans sa baraque. Je l'avais vu sans le voir ; il m'avait croisé sans m'apercevoir. Les différences sociales existaient même là-bas.

Par-delà les frontières, nous avancions maintenant côte à côte tout en restant attachés à ceux qui nous avaient abandonnés. Était-ce lui ou moi qui disait : « Peut-être suis-je mort sans le savoir ? » Était-ce moi ou lui qui répondait : « Peut-être sommes-nous les rêves que font les morts ? » Comme lui, je pensais que notre expérience nous isolait : les vivants d'aujourd'hui ou de demain ne la comprendront jamais.

Notre regard intérieur voyait le même univers. Les sélections, les kommandos, les « appels » dans le vent glacial, la pendaison du petit « résistant » condamné ; oui, il s'en souvenait comme moi. Parfois il m'interrogeait sur une phrase à moi qu'il avait lue quelque part ; je lui disais que j'interprétais mal mes écrits. Je commente mieux les siens.

Pourquoi la mort, Primo ? Pour nous dire quelle vérité sur la vie de quel être ?

Voulait-il courir jusqu'au bout de sa pensée, de ses souvenirs ? Entrer dans la mort pour de vrai ? Je ne sais plus pourquoi, mais je l'ai appelé peu avant sa mort. Prémonition soudaine ? Sa voix me semble pâteuse, lourde. « Ça ne va pas, dit-il sur un ton lent. Ça ne va pas du tout. – Qu'est-ce qui ne va pas, Primo ? – Oh, le monde, le monde va mal. » Et il ne sait pas ce qu'il est venu chercher dans un monde qui va si mal. « Tu as des ennuis, Primo ? » Non, il n'a pas d'ennuis. D'ailleurs, il ignore ce que c'est que d'avoir des ennuis. En Italie, on le lit, on l'admire, on l'honore, mais ça va mal. Nous parlons des amis communs, de ses projets, de son fils Renzo ; je lui suggère de venir passer quelques jours avec moi à New York, il ne répond pas non, il ne dit pas oui, il répond à côté, comme s'il était déjà ailleurs, derrière d'autres enceintes. Pour lui remonter le moral, je lui raconte le succès que ses ouvrages remportent sur les campus américains. Pour le faire sourire, je lui dis que son parcours diffère du mien : on le glorifie après l'avoir négligé. Pas de réaction. « Tu es là, Primo ? Tu m'entends ? » Oui, il m'entend, mais il n'est plus là.

Un romancier américain publia un article qui choqua pas mal de monde autour de moi. Il disait que les amis de Primo auraient dû le pousser à se faire soigner. Une bonne thérapie l'aurait guéri. Banalisation typique : voilà le mal existentiel, la blessure incandescente de l'âme et de la vie réduits à une dépression nerveuse fréquente chez les écrivains bloqués dans leur inspiration ou chez les hommes d'un certain âge.

Existe-t-il une autre explication ? Si oui, elle a à voir avec l'attitude de l'écrivain concentrationnaire envers la mémoire et ses fonctions, l'écriture et ses pièges, le langage et ses limites. Tel le malheureux messager de Kafka, il se rend compte que son message n'a pas été reçu ni transmis. Pire : il l'a été, et rien n'a changé. Il n'a produit aucun effet sur la société ni sur la nature humaine. Tout se passe comme si l'homme avait oublié les morts dont il était le messager. Comme s'il avait égaré leur ultime testament.

Certes, nous avions nos désaccords. A ma manière, je suis croyant ; lui se déclarait athée. Je persiste à vouloir œuvrer à l'intérieur de notre tradition, lui s'en tenait à l'écart. Je ne partageais pas ses tendances ultra-gauchistes, comme il se distanciait, lui, de mon attachement à Israël. Et puis je le trouvais trop sévère à l'égard des survivants : là notre désaccord était total ; il les culpabilisait trop. Sa théorie de « la zone grise » où chaque détenu était coupable un peu ou beaucoup, directement ou indirectement, sûrement potentiellement coupable, simplement pour avoir survécu, eh bien, elle me paraît simpliste et injuste. En relativisant leur innocence, il relativisait la culpabilité des tueurs. Quoi, croyait-il vraiment que les victimes auraient pu, en d'autres circonstances devenir bourreaux ? Les criminels seuls sont coupables, lui disais-je ; leurs victimes ne le sont pas. Quoi, tenir les victimes pour des bourreaux potentiels ? C'est « potentiellement » les comparer aux tortionnaires ; c'est dire que tout le monde était bourreau. Par conséquent, les tueurs n'étaient pas vraiment coupables, sauf d'avoir été des bourreaux réels, des bourreaux vrais, alors que leurs victimes n'étaient que des bourreaux ou des complices théoriques, imaginaires.

Primo me rappelle le conseil que Karl Jaspers aurait donné à Hannah Arendt : se méfier de « la fausse innocence des victimes ». De quelle fausse innocence parle-t-il ? De celle des enfants, des malades, des vieillards ? Les adolescents n'étaient pas coupables, ni les rabbins, ni les prêtres, ni les hommes et les femmes affaiblis, décharnés, qui subissaient les coups sans les rendre. Dire que chacun aurait pu devenir tortionnaire, c'est inculper le monde entier. C'est comparer les « privilégiés » aux « musulmans ». C'est punir des innocents qui ont été suffisamment punis.

A mon avis, Primo se sentait coupable par rapport au présent plus qu'au passé : tous les écrivains concentrationnaires sont habités par le même sentiment de remords et d'impuissance. Peut-être se disent-ils que si les choses vont si mal, c'est leur faute : ils n'ont pas su trouver le langage approprié pour communiquer, ils n'ont pas réussi à agir sur le destin de leurs contemporains.

Depuis le premier jour jusqu'au dernier, j'ai senti son désespoir. « C'est pire qu'hier, pire que jamais », me répétait-il. Que voulait-il dire par là ? Que parler d'hier était pire que de l'avoir vécu ? Que de le vivre encore ? Que pour le survivant rien n'est plus désespérant que de se savoir inutile ? Que le récit de son passé ne parvient pas à servir de leçon ? Est-ce pour cela qu'il retourna au pays des morts, puisque les vivants ne l'écoutaient pas ?

Il s'est tué parce qu'il n'en pouvait plus.

Et il m'arrive de lui chuchoter : tu n'aurais pas dû, Primo... Pas ça, pas ça... La mort n'est jamais une solution, tu le sais bien...

Pourtant, tout au fond de moi-même, je le comprends. Je lui dois bien cela.

Jerzy Kosinsky : la première critique de son *Oiseau bariolé*, c'est moi qui l'ai écrite. Pour le *New York Times*. Pauvre Jerzy qui savait si bien divertir et si mal vivre. Incompris de son vivant, le comprendra-t-on mieux après son suicide ?

Il m'a appelé. Célibataire, j'habitais encore Riverside Drive. Jeune, Jerzy est nerveux, impatient, aimant briller et dérouter. Je lui pose deux questions : le livre relève-t-il du domaine du vécu ou de l'imaginaire ? Et puis : est-il juif ou non ? « Non que cela fasse une différence, dis-je. Mais j'aimerais le savoir puisque votre personnage est présenté comme tzigane. Et le mot "Juif" n'est presque pas mentionné dans le récit. » Il répond oui à la première question et non à la seconde. « Quoi ? Vous avez vécu toutes ces atrocités et vous n'êtes même pas juif ? » Dans ce cas, il mérite plus ; j'ajoute quelques compliments à mon papier. Critique élogieuse qui me vaut des lettres d'insultes de quelques Juifs polonais ; j'ai eu tort, selon eux, de me montrer si chaleureux envers ce Juif honteux... Ils l'ont connu en Pologne... Son livre ne serait qu'un amas d'élucubrations fantaisistes... Je refuse de les croire : Juif honteux, Jerzy ? Impossible ! Menteur, lui ? Inconcevable ! Je l'appelle : « J'ai besoin de vous revoir. » « Aha !, est sa réponse, ils vous ont contacté. – Qui, "ils" ? » Ses ennemis. Qui sont ses ennemis ? Pourquoi en aurait-il ? De toute façon, une conversation s'impose. Je l'invite à déjeuner. De nouveau, je lui pose la question : « Êtes-vous juif ? » Il répond comme la première fois. « Alors, pourquoi ces Juifs disent-ils que... » Ils sont ses ennemis... Discussion qui se prolonge pendant des semaines, sinon des mois... Lorsque le roman paraît en France, Piotr Rawicz en parle dans *Le Monde*. Je l'interroge : « Jerzy est-il juif ? » Bien sûr qu'il est juif, répond Piotr. « Il te l'a dit ? » Non, il ne le lui a pas dit. Au contraire : il le nie. « Mais, alors comment le sais-tu ? » Je le sais, dit Piotr. « Pourquoi cache-t-il son origine juive ? Demande-le-lui. » Piotr le lui demande ; il maintient sa position. Piotr veut savoir s'il est circoncis. Jerzy refuse de répondre. Ce n'est que lorsque Piotr le menace d'appeler quelques copains pour l'aider à le déshabiller qu'il reconnaît son origine juive.

Lorsque son second roman paraît, j'en rends compte dans le *Forverts*. Je dis que le roman est bon mais que l'auteur est étrange ; j'explique son comportement bizarre comme une tentative d'élaborer une philosophie de l'ambiguïté. Jerzy se fâche ; il envoie une lettre au journal et menace d'engager des poursuites judiciaires si je ne me rétracte pas. D'après lui, il n'a jamais nié son judaïsme. Je publie sa lettre suivie de ma réponse : j'ai la lettre de Piotr et d'autres preuves, s'il insiste, je suis prêt à les reproduire. J'ajoute que je m'attendais à plus de gratitude de sa part. Silence. Ni procès ni rien. Quelques mois plus tard, coup de téléphone : Jerzy veut me voir. Tout de suite. J'exige des excuses avant de le recevoir. Il me les présente. Je reprends notre dialogue. « Pourquoi avez-vous menti sur votre judéité ? La guerre est finie, Jerzy. Les Juifs n'ont plus besoin de se cacher, ni de se munir de faux documents... » Il dit qu'il ne sait pas ce qui lui est arrivé. Qu'il était dans la lune. Et puis, c'était mieux ainsi. Pour la Pologne et les Polonais, c'était mieux. Une tragédie juive écrite par un auteur juif les aurait laissés froids, tandis que si c'est un non-Juif qui est persécuté, et si c'est un non-Juif qui raconte ses souffrances, c'est autre chose... Arthur Gelb, du *Times*, croit que c'était par peur qu'il se comportait bizarrement : peur des antisémites. Peur des persécutions.

Finie la brouille. Jerzy a retrouvé ses racines. Et son identité. Et mon affection.

D'autres ont été plus sévères que moi. Un long article dans *Village Voice* l'a traité d'imposteur. Une biographie récente cherche à le démythifier : ayant traversé la guerre avec ses parents, il n'aurait donc pas vécu les expériences atroces de *L'Oiseau bariolé*, n'aurait pas écrit ses livres tout seul...

La nouvelle de son suicide – à la manière de Bruno Bettelheim – m'a bouleversé. Ce jouisseur était donc malheureux. Plus malheureux même que ses personnages loufoques ou tragiques.

Piotr Rawicz : mon camarade, mon compagnon. Pourquoi s'est-il retiré du monde des vivants ? Je le revois : voûté, regard désespéré et ironique, mais esprit lucide, terriblement lucide. *Le Sang du ciel* restera comme l'un des chefs-d'œuvre de l'époque. Dans le texte que je lui consacre (dans le *New Leader*), j'écris :

> Ce n'est qu'en sanglotant ou en blasphémant que l'on peut écrire sur la mort d'une communauté juive trahie par le ciel et la terre. Piotr Rawicz a fait son choix. Son livre est un cri, non un écho ; un défi, non un acte de soumission. Debout devant la tombe remplie de cadavres, il ne récite pas le kaddish ; il ne verse pas de larmes…

Au lecteur, je dis :

> Tu auras besoin de courage et de force pour lire ce roman. Mais lis-le et tu comprendras que la tragédie de Boris [le personnage central du roman] n'a pas commencé avec lui. Tu comprendras aussi que, après Auschwitz, il n'y a plus rien à comprendre, car la raison elle-même s'est noyée dans le sang du ciel.

Je me souviens de nos longues flâneries dans Paris, à la recherche de chercheurs perdus, de son pessimisme si lucide et gai qu'il s'en fallait de peu qu'il me rende fou d'optimisme. Ses monologues, je me rappelle ses monologues murmurés où la réflexion philosophique (les Ghitas et Lao Tseu, Spinoza et Wittgenstein) refusait de céder à l'humour, et inversement. Pour lui, tout touchait à la métaphysique, même la dérision. Il aimait évoquer l'Allemagne telle qu'il l'avait connue jadis et telle qu'il la redécouvrait : la capitale fragmentée l'attirait ; il y voyait une énorme farce fantasmagorique. Berlin et ses intellectuels mal engagés ou bien dégagés, Berlin et ses snobs difficilement supportables, Berlin et ses faux ou vrais aristocrates devenus vrais ou faux cyniques, ses espions dangereux et ridicules, Berlin et ses femmes agréables, voluptueuses et tellement faciles.

Durant nos dîners, dans un petit restaurant du Quartier latin, il évoquait le ghetto de Lemberg avec ses savants et ses mendiants romantiques ; parfois il racontait ses expériences dans le camp de Leitmerintz. Qu'est-ce qui l'a sauvé de la mort ? Il attribuait une grande part de sa chance à ses connaissances des langues allemandes et ukrainiennes. On le prenait pour un chrétien. Pourtant il restait plus que souvent en compagnie de prisonniers juifs. « Et la peur, Piotr ? lui demandai-je. Comment l'as-tu vécue là-bas ? – Oh, elle me faisait rire », me répondit-il. Et sans attendre ma réaction, il expliqua : « Tout cela n'était qu'une farce, une farce à l'échelle cosmique. » Je lui rappelai le conte de Rabbi Nahman de Bratzlav où un prince égaré entend le rire, la nuit, un rire d'ailleurs, d'un autre monde. Piotr hocha la tête : Rabbi Nahman, il connaissait.

Il connaissait beaucoup de choses, mon ami Piotr.

Il m'arrivait de l'emmener à des services religieux. Nous avons passé un Kippour ensemble dans une petite synagogue improvisée près de la place de la République. Le lendemain, il évoqua devant moi les Grandes Fêtes à Lvov. Il essaya de faire de l'humour sans y parvenir. Le Kippour était le seul jour où il se montrait incapable de rire.

Pourquoi s'est-il donné la mort, lui qui pouvait encore tant donner à la vie ?

Une balle de fusil dans la bouche a mis fin à un singulier destin qui rit comme lui.

Je revois Piotr et un nœud se forme dans ma poitrine. Écrivain, ethnologue, anthropologue, essayiste et poète, il méritait la gloire et sûrement le bonheur (dans la mesure où ils vont ensemble) autant que d'autres, plus que d'autres. Pourquoi s'est-il retiré de la vie, alors qu'il contribuait à l'élever en la rendant plus drôle ? Était-ce la maladie puis la mort d'Anna, son épouse et sa complice ? Craignait-il la solitude ? La déchéance peut-être ?

Je le revois. Souvent sans le sou mais d'allure élégante, toujours généreux. Terriblement occupé mais disponible. Désespéré mais jouisseur. Inoubliables, nos dîners. Interminables aussi. Il adorait parler et il parlait avec la clarté d'un scientifique. Accent russe prononcé, langue française pédante, sourires tour à tour mélancoliques et sarcastiques, s'apitoyant sur les arrivistes, célébrant les humbles, les débutants, les ignorés. Ses expériences concentrationnaires, ses souvenirs d'enfance à Lvov, les a-t-il écrits quelque part ? Où les chercher ? A qui les a-t-il confiés ? Enterré, le passé ? Disons codé.

Il buvait beaucoup, fumait beaucoup, riait et aimait beaucoup. Pourquoi n'écrivait-il pas plus ? Oh si, protestait-il vigoureusement, il écrivait, il écrivait beaucoup, mais dans sa tête. (Felipe Alfao, l'auteur espagnol de *Locos*, me tenait les mêmes propos.) Pour qui écrivait-il donc ? Il haussait les épaules : « Viens, me dit-il une fois, je vais te montrer. » Il m'emmena dans sa petite chambre où l'on ne pouvait pas faire un pas sans bousculer livres et revues en désordre. Il me montra des manuscrits, me fit lire quelques pages : des poèmes mystiques. Pourtant il se disait agnostique. Peut-on être à la fois mystique et mécréant, prophète et hérétique ? « Pourquoi », dit-il, est un mot que Dieu a donné à l'homme par mégarde. Dieu est Dieu, peut-on affirmer que Dieu ne croit pas en Lui-même ? Ou qu'Il ne croit en personne d'autre ?

Pourquoi choisit-il le suicide ? Quel message nous a-t-il laissé en desserrant ses lèvres pour recevoir la mort ?

COMPRENDRE

Avec les années, cela devient inévitable, mes activités extra-littéraires et universitaires m'accaparent trop et prennent trop de mon temps.

Comment m'en tenir à mon horaire habituel et consacrer quatre heures par jour à l'écriture qui reste, pour moi, une obligation prioritaire ? Je saisis chaque instant de liberté et m'impose une discipline plus rigoureuse. L'Ecclésiaste ne croit pas aux livres, mais moi je m'y accroche. Le jour où je cesserai d'écrire, que serai-je ? J'ai encore tant d'histoires à raconter, tant de sujets à explorer, tant de personnages à inventer ou à révéler. C'est toujours la même angoisse qui me tourmente : malgré les livres que j'ai écrits, je n'ai pas encore commencé. Mais alors, pourquoi les ai-je écrits ? Pour comprendre autant que pour me faire comprendre.

Dans l'admirable récit, dans la Aggadah, de la soirée de Pessah qui raconte l'exode d'Égypte et qui incite les enfants à questionner leurs aînés, nous lisons :

> Loué soit le Seigneur, loué soit-Il,
> Voici les quatre fils dont parle la Torah :
> l'un est sage, l'autre impie,
> le troisième incapable de comprendre la question,
> tandis que le quatrième ne la connaît même pas.

Dans un ouvrage (illustré par Mark Podwal), je rappelais les commentaires traditionnels de ce passage. Puis, un soir, je me suis demandé : pourquoi le texte évoque-t-il quatre fils seulement ? N'y en a-t-il pas d'autres ? Si, il y en a un cinquième : celui qui n'est pas revenu. Je lui ouvre les portes de la mémoire en l'incorporant dans mon roman *Le Cinquième Fils*.

C'est l'histoire d'une existence manquée, d'une vengeance ratée, d'une vérité humaine et divine mutilée. Elle raconte le destin tragique de la famille Tamiroff. Reuven, le père, survivant du ghetto de Davarowsk se bat avec le fantôme de l'Ange, ce tueur SS qui tourmenta et extermina des Juifs comme pour prouver le triomphe du mal. La mère, sombrant dans une sorte de folie bienfaisante, est ailleurs, enfermée dans l'oubli. Et Ariel, leur fils unique, cherche à les comprendre, et surtout à comprendre les raisons qui les ont conduits à lui donner vie.

Ils habitent Brooklyn, parmi les hassidim. Reuven est bibliothécaire ; « il bavarde avec Homère et Saül, Jérémie et Virgile » mais son auteur préféré est Paritus le Borgne dont les *Méditations obliques* ont grandement influencé la philosophie médiévale. Autour d'eux, un cercle d'illuminés. Bontchek qui se souvient de tout, Simha le Ténébreux qui se dit marchand d'ombres. Originaires de Davarowsk, ils se réunissent régulièrement pour évoquer leur passé commun. Et le fils là-dedans ? Lentement, il découvre ce passé et s'en imprègne. La vie d'avant avec ses illusions, le ghetto et ses nuits d'attente. Les scènes d'horreur où l'Ange revêt le masque d'un dieu sanguinaire, allié et serviteur de la mort…

De même que je m'interdis d'imaginer ce qui s'est passé à l'intérieur des chambres à gaz, ne faisant que suivre du regard les vivants qui y entraient pour mourir étouffés, je m'efforce de voir les massacres des Juifs à Babi Yar, Ponàr, Romboli et Kolomey. Où est la différence ? Je n'en sais rien. Mais je tiens à être là, ne serait-ce qu'en imagination, parmi ceux qui disent le kaddish pour leurs morts et pour eux-mêmes. Souvent je contemple les photographies prises par des Allemands, les photographies qui montrent les processions d'hommes et de femmes se dirigeant vers la fosse commune. A quoi pensent-ils ? Que dit l'enfant à son grand-père au visage recueilli ? Chroniques et documents sont quasi unanimes sur la passivité des condamnés. Un officier SS, membre des Einsatzgruppen, avoue quelque part qu'il en devenait fou : il ne comprenait pas ces gens qui se laissaient fusiller – par lui et ses soldats – sans manifester la moindre résistance. Un Juif, en s'allongeant au bord de la fosse, demanda aux Allemands : « C'est comme ça qu'il faut faire ? » Calel Perechodnik, policier juif du ghetto d'Otwock, pas loin de Varsovie, décrit dans son témoignage que des hommes et des femmes auraient pu s'enfuir mais préféraient attendre calmement – oui, calmement – les balles « libératrices ». Je n'oublierai jamais l'épisode d'un groupe de Juifs évadés qu'un policier polonais découvre par hasard dans un champ ; il commence à les tuer l'un après l'autre mais doit s'interrompre faute de cartouches. Il envoie un gamin chercher des munitions. Le voilà donc désarmé, face à des Juifs qui peuvent se jeter sur lui et le rendre inoffensif. Au lieu de cela, ils attendent le retour du gamin. Et la reprise du massacre.

Comment comprendre pareille résignation, à pareille échelle ? Il se peut que ces Juifs malheureux, abandonnés par tous sauf par la mort, en aient eu assez de se cacher, de fuir, d'espérer, de vivre dans cette saloperie de monde où des êtres humains assassinaient des enfants juifs innocents sans ressentir le moindre remords, la moindre blessure.

Combien de Juifs ont-ils été ainsi massacrés par les SS, avec l'appui logistique de la Wehrmacht ? Un million ? Plus ? Les Einsatzgruppen faisaient des concours : c'était à qui tuerait le plus grand nombre de Juifs par semaine. On a retrouvé leurs rapports statistiques.

Dans *Le Mendiant de Jérusalem*, j'avais déjà raconté la disparition d'une communauté. Le « dialogue » entre l'officier SS et le dernier talmudiste qu'il ne réussit pas à tuer : « Tu penses pouvoir témoigner ? Mais nul ne te croira ; tu crois posséder la vérité ? Mais c'est la vérité d'un fou. »

Dans *Le Cinquième Fils*, je reprends ce thème. Et Ariel écoute. L'affrontement entre l'Ange et Reuven Tamiroff. Le sadisme des tortionnaires, la souffrance des victimes. Le désespoir. La mort dans le ghetto du premier Ariel, son frère dont il a hérité le nom. Et l'âme là-dedans ? Et Dieu ? Tout est dans la mémoire.

Comme dans mes autres romans, j'essaie à nouveau d'approfondir les relations père-fils. Mais ici, le drame du fils est double, car il est lié à un frère mort. Si Ariel n'avait pas été assassiné, le deuxième fils des Tamiroff aurait peut-être vécu mais il aurait porté un autre nom. Et la justice là-dedans ? Et la vengeance ?

Ariel finira par tenter d'écrire une nouvelle page dans le livre de son père. Il se rendra en Allemagne pour affronter l'Ange, devenu Richard Lander, un grand industriel respectable et influent dans le monde politico-financier. Et pour le châtier. Mais il ne le tuera pas.

Le récit comporte de nombreuses lettres écrites par Reuven à son fils. Mais quand il dit « Sais-tu que je te regarde, j'aimerais tant t'écouter », à qui s'adresse-t-il ? Au mort ou au vivant ?

Je songe aux enfants de Job, ceux qu'il reçut en récompense après l'épreuve que Dieu et Satan lui avaient fait subir. Que pensèrent-ils des problèmes qui hantaient leurs parents ? Et de leurs frères et sœurs innocents sacrifiés parce que, là-haut, on avait douté de la piété de Job ? Essayèrent-ils de savoir qui étaient leurs aînés ? C'est avec eux que Job et son épouse auraient vécu heureux si Satan et Dieu n'avaient pas fait leur pari.

Et l'espoir là-dedans ? Et les projets de la vie ?

A la fin du récit, Ariel écrit :

> Cela fait des années, des siècles que j'attends. J'ai attendu pour retrouver mon père. J'ai attendu pour rencontrer mon frère. J'ai essayé de vivre leurs vies en les assumant. J'ai dit « je » à leur place.
> Tour à tour je me suis pris pour l'un, pour l'autre. Certes, nous avons eu nos différends, nos querelles, nos conflits ; mais les distances se sont muées en liens renouvelés. Maintenant, plus qu'avant, mon amour pour mon père est entier : comme s'il était mon fils ; et comme si j'étais le sien, celui qu'il a perdu là-bas, au loin.
> Triste bilan : j'ai remué ciel et terre, j'ai risqué la chute et la démence en interrogeant les souvenirs des vivants et les rêves des morts afin de vivre la vie des êtres qui, proches et lointains, continuent à me hanter : mais quand, oui, quand commencerai-je enfin à vivre ma vie à moi ?

Rien d'étonnant à ce que tant d'enfants de survivants se reconnaissent dans ce récit.

Dans ma pièce *Le Procès de Shamgorod*, parue en 1979, je fais revenir Job pour entendre sa protestation. La foi en Dieu fait-elle toujours, irrévocablement, honneur à Dieu ? Autrement dit, le fanatisme religieux est-il toujours le chemin menant à Dieu, donc voulu par Lui ?

La pièce fut jouée au théâtre Montansier à Versailles (dans une mise en scène intelligente et délicate de Marie-Odile Grinwald), à San Miato en Italie, en Allemagne, en Scandinavie et dans plusieurs villes aux États-Unis.

L'action se situe le soir de Pourim de l'an 1649, dans un petit village perdu d'Europe centrale. Trois comédiens ambulants s'installent à l'auberge pour divertir la communauté juive, conformément à la coutume. Mais il n'y a plus de Juifs à Shamgorod : ils ont été récemment massacrés au cours d'un pogrom. Les seuls survivants sont l'aubergiste, Bérish, et sa fille. Les comédiens joueront malgré cela une farce dont le sujet leur est imposé par l'aubergiste : un procès contre Dieu où lui-même se désigne comme procureur. Ne manque que l'avocat de la défense. Si bien que l'un des comédiens se lamente :

> Quelle misère, quelle misère… Dans le vaste monde, d'est en ouest, du sud au nord, il n'y a personne – personne – pour prendre la défense du Seigneur !

Ses deux complices approuvent :

> C'est comme ça, frère. Personne pour témoigner de Sa justice… Personne pour chanter Sa grâce, Sa gloire…

Le premier poursuit :

> Dans toute la création, de royaume en royaume, de nation en nation, il n'y a personne pour justifier les voies de Dieu ? Personne pour expliquer Sa parole ? Personne pour L'aimer malgré tout, et L'aimer assez pour plaider Sa cause ? Dans l'immensité de l'univers il n'y a donc personne pour se ranger de Son côté ? Personne ?

A ce moment-là, un mystérieux étranger que nul n'a aperçu, déclare :

> Si. Moi.

Ainsi un procès en règle aura lieu. Bérish accuse Dieu d'hostilité, de cruauté et d'indifférence :

> Ou bien Il n'aime pas son peuple élu, ou bien Il s'en moque… De deux choses l'une, Il sait ce qui nous arrive, ou bien Il l'ignore. Dans les deux cas, Il est coupable !

Et, à l'avocat qui exige des preuves, il répond :

> Regardez-nous bien : nous sommes les derniers Juifs que vous pouvez encore voir dans Shamgorod. Les autres sont invisibles. Absents. Morts. Regardez-nous, vous dis-je, et vous vous souviendrez des absents ; regardez-nous, et votre conviction sera faite.

L'avocat :

> Je vous regarde, et je vois des êtres vivants, bien nourris, pas mal vêtus, pas trop malheureux...

Et, cette fois encore, il exige des faits. Bérish est gagné par la colère :

> Combien de fois dois-je vous le répéter ? Le premier fait, vous l'avez devant vous, autour de vous. Shamgorod. Shamgorod avait une communauté juive avant... une vie juive, une chaleur juive. Une mélodie juive dans chaque rue, dans chaque bicoque. Allez les chercher maintenant. Shamgorod est muet. Son silence, c'est un fait ça, non ?

Le procureur avance ses arguments avec conviction, mais l'avocat les repousse avec talent et piété :

> Que savez-vous de Dieu pour en parler avec tant d'assurance et même d'arrogance ? Vous Lui tournez le dos, puis vous Le décrivez. Pourquoi Lui tournez-vous le dos ? A cause d'un pogrom ? Combien de fois nos ancêtres n'ont-ils pas dû pleurer le trépas de leurs proches et la ruine de leur foyer ; et pourtant ils répétaient, des siècles durant, que Dieu est juste. Sommes-nous plus méritants qu'eux ? Plus intelligents ? Plus sages ou plus pieux que les rabbins de Mayence et de York ? Plus vertueux que les rêveurs de Worms, les Justes de Prague, les mystiques de Salonique ? [...] Le massacre de Shamgorod pèserait-il plus lourd que l'incendie du Saint des Saints ? Le pillage de vos demeures était-il un crime plus abject, une abomination plus grande que la mise à sac de la cité divine ? [...] Qui êtes-vous donc pour vouloir inculper, ou même interroger, le Créateur de l'univers ?

Eh oui, l'avocat de la défense connaît son métier. Froid, son raisonnement ? Sa passion pour Dieu ne l'est pas. Si bien que, vers la fin de la pièce, les comédiens et l'aubergiste sont convaincus qu'il est un saint ou un Juste déguisé ; que sa voix est entendue au ciel ; et ils se mettent à le supplier de faire quelque chose, de dire quelque chose pour les sauver du pogrom nouveau dont on entend déjà les signes avant-coureurs, les cris de la meute haineuse, l'église qui sonne le glas...Mais l'avocat est tout sauf un saint. Ce n'est pas parce qu'il défend Dieu et même la foi en Dieu qu'il est un homme de foi, un homme de charité ; en fait, il est... il est l'ennemi de Dieu et des hommes... Son fanatisme le démasque : c'est le diable.

Je parlerai du fanatisme plus tard : je le combattrai pendant des années, partout où il apparaît. Qu'il soit religieux ou politique, c'est lui le véritable danger qui menace le siècle prochain : ceux qui le sèment aujourd'hui provoqueront la catastrophe demain.

Cependant, je travaille sur un nouveau projet de roman. Je ne peux rien faire si je n'ai pas un roman en chantier. Coutume ou superstition ? Je ne remets jamais un roman à mon éditeur avant que j'en aie commencé un nouveau.

Les romans me prennent plus de temps que les essais. Pourquoi suis-je, consciemment ou non, plus prudent dans l'imaginaire ? Tout d'abord, je dois m'assurer que le roman auquel je travaille ne s'échappe pas pour courir vers les ténèbres de l'Holocauste : la tentation serait trop grande et trop facile. Combien de fois dois-je le répéter ? La fiction et Auschwitz sont incompatibles. On ne peut évoquer Auschwitz en mêlant fantaisie et témoignage. Aussi m'est-il arrivé d'écrire un roman sur d'autres sujets uniquement pour éviter le thème que je m'interdis.

Donc, en écrivant, je « vois » constamment le Maharal de Prague et le Golem qu'il a créé pour qu'il vienne au secours de Juifs menacés. Le romancier fait-il autre chose en donnant vie à des mots pour en faire des êtres « vivants », bien qu'il les charge de missions différentes ? Parfois j'ai peur de mes propres personnages : que ferais-je s'ils se libéraient de leur rôle pour me répudier ou pour m'entraîner avec eux vers des hauteurs vertigineuses ou des abîmes habités par des fantômes ? De qui, de quel écrivain ai-je subi l'influence en travaillant sur mes œuvres de fiction ? Je ne saurais le dire. Certes, les grands classiques que j'ai découverts dans ma jeunesse en France restent présents. Stendhal et Dostoïevski, Franz Kafka et Thomas Mann, Axel Munthe et Nikos Kazantzakis, Charles Dickens et Joseph Conrad, Albert Camus et François Mauriac. L'un m'a appris l'art de libérer le verbe en le poussant vers le délire, l'autre m'a montré comment le retenir en lui imposant des règles et des limites immuables. On peut tout faire avec les mots, sauf les réduire en esclavage. Pour certains, le langage est un outil, pour d'autres un véhicule, pour d'autres encore un chant qui s'élève vers des cieux invisibles. Mutiler le langage, c'est une manière de détruire l'homme qui s'en sert pour comprendre l'univers.

Mais un roman ne vit pas seulement de mots ; il existe aussi grâce au silence qui l'habite. Je l'ai sans doute dit quelque part, je le répète : la qualité d'un roman se mesure non pas au poids de ses mots, mais à celui de son silence.

Or, le silence, comme la folie, c'est dans les contes kabbalistiques que je les ai cherchés.

Je prépare *Le Crépuscule au loin*. Un roman sur la folie. Des personnages qui se prennent pour Abraham et Isaac. Et le Messie.

Je fais revenir Pedro de *La Ville de la chance*. Quelqu'un cherche à le noircir aux yeux de son ami qui, ici, s'appelle Raphaël. Ils se cherchent, s'appellent, s'interpellent par-delà l'espace, par-delà la raison. Qu'est-ce qui les sauvera, qu'est-ce qui sauvera leur amitié, sinon la mémoire ? Mais un danger les guette. Où se trouve-t-il ? Dans le doute, dans la folie ? Comment fait-on pour cerner la démence ? Où se situe-t-elle par rapport à l'homme, et par rapport à Dieu ?

J'aborde le phénomène déroutant des cultes. Qu'ont-ils pour attirer tant de jeunes, prêts à tout sacrifier pour y être admis ? Est-ce l'autorité qui leur manque, est-ce l'étrangeté qui les fascine ?

Qui est plus dangereux : le fanatique ou l'ignorant ? Le séducteur ou sa proie ?

Qui est plus fou : le tueur ou sa victime ? Qu'est-ce qui rend fou l'être humain : vouloir comprendre ou refuser de comprendre l'attrait que le crépuscule exerce sur lui, sur nous qui aimons le mystère plus que la clarté ?

Comme pour mes romans précédents, j'ai tout fait pour éliminer de *L'Oublié* toute référence autobiographique. Je ne me reconnais dans aucun de ses personnages. Fehérfalu n'est pas Sighet et Elhanan Rosenbaum n'a pas franchi le seuil de l'univers concentrationnaire.

Comme thème principal, j'ai choisi l'effrayante maladie d'Alzheimer. Mais le paysage reste immuable : orphelin de mère, Malkiel Rosenbaum assiste au déclin mental de son père Elhanan, rescapé mélancolique des ghettos et thérapeute à la retraite.

Existe-t-il un mal pire que celui d'Alzheimer ? C'est un cancer de l'identité, de la mémoire de l'être. Dans le roman, je le compare à un livre dont on arrache les pages, l'une après l'autre, jusqu'à la dernière ; ne reste que la couverture.

Elhanan en est atteint. Lui qui a tant de choses à communiquer constate un beau matin qu'il s'en souvient de moins en moins. Le bourg natal à l'ombre des Carpates, l'enfance d'un hassid, le départ, la mission secrète, les « brigades juives de travail » incorporées à l'armée hongroise, les partisans des forêts, le retour dans le ghetto désert, les camps pour Personnes déplacées en Allemagne, la rencontre avec Talia – si belle et si miraculeuse – et l'amour, l'émigration illégale pour la Palestine, la bataille pour la vieille ville de Jérusalem… Des événements et des épisodes que lui seul a vécus, dont lui seul possède la clé : disparaîtront-ils tous avec lui, dans les ténèbres de l'âme ? Tourmenté et étreint par une angoisse inconnue, il compose cette prière :

> Dieu d'Abraham, d'Isaac et de Jacob, n'oublie pas leur fils qui se réclame d'eux.
> Tu sais bien, Toi, source de toute mémoire, qu'oublier c'est abandonner, oublier c'est répudier ; ne m'abandonne pas, Dieu de mes pères, puisque je ne T'ai jamais répudié.
> Dieu d'Israël, ne repousse pas un fils d'Israël qui, de tout son cœur, de toute son âme, se veut rattaché à l'Histoire.
> Dieu et Roi de l'univers, ne m'exile pas de cet univers. Enfant, j'ai appris à Te vénérer, à T'aimer, à T'obéir ; aide-moi à ne pas oublier l'enfant que je fus.
> Adolescent, j'ai répété les litanies des martyrs de Mainz et de York ; ne les efface pas de ma mémoire, Toi qui n'effaces rien de la Tienne.
> Adulte, j'ai appris à respecter la volonté de nos morts ; empêche que j'oublie ce que j'ai appris.
> Dieu de mes ancêtres, fais que le lien qui m'attache à eux demeure solide et entier.
> Toi qui as choisi de résider à Jérusalem, fais que je n'oublie pas Jérusalem. Toi qui accompagnes Ton peuple dans sa dispersion, fais que je m'en souvienne.
> Dieu d'Auschwitz, comprends que je dois me souvenir d'Auschwitz. Et que je dois Te le rappeler. Dieu de Treblinka, fais que l'évocation de ce nom continue à me faire trembler. Dieu de Belzec,

> laisse-moi pleurer sur les victimes de Belzec. Toi qui partages notre souffrance, Toi qui participes à notre attente, ne m'éloigne pas de ceux qui T'ont invité dans leur cœur et dans leur demeure.
> Toi qui prévois l'avenir des hommes, aide-moi à ne pas me détacher de mon passé.
> Dieu de justice, sois juste envers moi. Dieu de charité, sois bon avec moi. Dieu de miséricorde, ne me précipite pas dans le *Kaf Hakela*, cet abîme où toute vie, toute espérance et toute lumière sont recouvertes d'oubli. Dieu de vérité, rappelle-Toi que, sans la mémoire, la vérité devient mensonge car elle ne prend que le masque de la vérité. Rappelle-Toi que c'est par la mémoire que l'homme est capable de revenir aux sources de sa nostalgie pour Ta présence.
> Rappelle-Toi, Dieu de l'Histoire, que Tu as créé l'homme pour qu'il se souvienne. Tu m'as mis au monde, Tu m'as épargné au temps des périls et de la mort pour que je témoigne ; or, quel témoin serai-je sans ma mémoire ?
> Sache, Dieu, que je ne veux pas T'oublier. Je ne veux rien oublier. Ni les morts ni les vivants. Ni les voix ni les silences. Je ne veux pas oublier les moments de plénitude qui ont enrichi mon existence, ni les heures de détresse qui m'ont désespéré.
> Même si Tu m'oublies, Dieu, moi je refuse de T'oublier.

Pourtant il oubliera : le mal dont il souffre est irrémédiable. Mais grâce à son fils Malkiel et à Tamar, la jeune femme que celui-ci aime, une solution est trouvée : tous les trois procéderont à une transfusion de la mémoire de même que, dans d'autres cas, on soigne des malades par une transfusion de sang. A la fin, Maltiel se souviendra même d'un épisode que son père avait refoulé en lui-même.

Célébration talmudique est, à sa manière, une célébration de la mémoire. Comme pour les contes hassidiques, c'est en souriant que j'écris sur les Sages et leurs disciples d'il y a deux mille ans. Tous me passionnent, de tous je me considère comme l'élève. Du vieux Shammaï, j'apprends la rigueur envers soi-même ; de Hillel l'Ancien, je reçois le conseil de modération envers autrui. J'aime le romantisme de Rabbi Akiba et l'inflexibilité de Rabbi Shimon bar Yohai. Mais qu'en est-il d'Elisha ben Abouya, considéré comme renégat ? Serais-je son élève aussi ? Je répéterai la parole de Rabbi Méïr : on peut savourer le jus d'un fruit tout en jetant sa pelure.

Talmud signifie étude. Étudier le Talmud, c'est étudier l'étude. Autrement dit : on n'arrête jamais l'étude du Talmud. Si la Torah n'a pas de commencement, le Talmud n'a pas de fin. Depuis deux mille ans, il nous est donné d'y ajouter un commentaire, une ouverture, une hypothèse.

Le Talmud ou la beauté du dialogue. Le Talmud tout entier n'est que cela : une série de dialogues entre Sages et disciples. Certains sont séparés par des siècles ; pourtant, en les étudiant, on a l'impression qu'ils sont assis à la même table et se regardent dans les yeux pour se mieux comprendre.

Combien de penseurs savent-ils que Talmud signifie aussi tolérance ? La minorité a toujours voix au chapitre ; elle réclame et mérite le même respect que son adversaire ; ses positions sont retenues au même titre que celles de la majorité.

Et puis, existe-t-il un autre texte religieux où les Maîtres anciens interrogent Dieu sur Sa façon d'agir dans l'Histoire ? Bien sûr, ils le font avec respect, mais leurs arguments n'en sont pas moins forts ni moins osés.

Étudier le Talmud, c'est le célébrer. C'est aussi être au contact d'une mémoire où la mort seule est muette.

Et maintenant ?

Un nouveau projet de roman me préoccupe, me travaille, prend forme… Beaucoup de notes, pages pleines de repères… Excès d'angoisse…

ANATOMIE DE LA HAINE

La fondation pour l'Humanité que Marion et moi avons créée fin 1986 organise, depuis le colloque des prix Nobel en 1988, des conférences internationales ayant pour thème unique « L'anatomie de la haine ».

Un groupe d'amis dévoués nous épaule : Norman Braman de Miami, Yossi Ciechanover d'Israël, Bernard Fischman, Bill Flynn, Billie Ivry et Tom Moran de New York, David Pincus de Philadelphie, Mark Podwal de New York, Raphael Recanati d'Israël, Howard Sobel de New York, Sigmund Strochlitz de New London, Arnold Thaler et Steve Willis de Chicago... Je ne saurai jamais les remercier assez pour l'aide qu'ils apportent à nos projets. Howard et Bernie, tous deux avocats, s'occupent de l'aspect juridique de nos efforts, Mark – dermatologue éminent et dessinateur doué – des questions artistiques, Sigmund du financement et Arnold, aux côtés de Marion, de tout ce qui touche aux problèmes d'organisation.

La haine : mot clé, mot réceptacle, mot véhicule. Il décrit les passions souvent contradictoires et toujours maléfiques qui ont déchiré et ravagé le XXe siècle. Le XXe siècle seulement ? En vérité, ce mot contient et illustre toute la mémoire de la cruauté et de la souffrance humaines. Caïn détesta son frère et le tua : ainsi la première mort de l'Histoire fut-elle un meurtre. Depuis, la haine et la mort ne cessent de sévir.

Haine raciale, tribale, religieuse, ancestrale, nationale, sociale, ethnique, politique, économique, idéologique : à elle seule, elle représente l'échec inexorable de l'homme, son échec absolu. S'il existe un domaine où la société ne peut se vanter d'avoir fait le moindre progrès, c'est bien celui-là. Il suffit de peu de choses pour que des êtres humains, à titre collectif ou individuel, du jour au lendemain, se dressent tels des fauves les uns contre les autres, instincts mis à nus, dans un état d'exaltation délétère, chargés d'hostilité et avides de férocité. Une décision, un simple mot, et une famille ou une communauté se noiera dans le sang ou périra dans les flammes.

Pourquoi tant de violence et de haine ? Pourquoi la haine ? Comment est-elle conçue, transmise, fécondée, fabriquée, nourrie ?

Face à la montée inquiétante, implacable, de l'intolérance et du fanatisme sur plus d'un continent, il nous incombe de démasquer le péril. En le nommant. En l'affrontant.

A notre niveau, avec les moyens dont nous disposons, nous le combattons. Moi-même, dans mes écrits aussi bien que par mon action dans le cadre des séminaires organisés par notre fondation en Amérique, au Moyen-Orient et en Europe.

A l'université de Boston (qui célébra récemment son cent cinquantième anniversaire), nous explorâmes surtout l'aspect religieux de la haine. Le révérend Krister Stendhal de Stockholm (doyen de la faculté de théologie de Harvard), le rabbin Yitz Greenberg (ancien chef du département d'études judaïques de City College) et le professeur Mohamed Arkun (de la Sorbonne), ainsi qu'une vingtaine de savants et chercheurs participèrent à ce colloque. Longues séances instructives, passionnées et tolérantes, présidées par le savant humaniste David Hambourg (président de la célèbre fondation Carnegie-Mellon). Avec le recul, je me rends compte de certaines lacunes de ce colloque : nous aurions dû inviter des représentants d'autres religions. Du bouddhisme par exemple, ou du shintoïsme. En effet, dans les milieux œcuméniques, on a tellement l'habitude d'examiner les heurts traditionnels entre les trois religions monothéistes qu'on en oublie facilement toutes les autres.

Comment expliquer la séduction que le fanatisme exerce encore de nos jours sur tant d'intellectuels ? Et comment faire pour immuniser les religions contre sa force d'attraction ? Car, dès lors qu'elle est traversée de courants absolutistes, la religion devient à son tour agressive, au même titre que les nations qui bafouent, par la force de l'idéologie ou des armes, le droit à la sécurité et au bonheur de leurs voisins ou de leurs propres citoyens.

Guerres entre les races, les religions, les idéologies politiques, les intérêts économiques : elles ont en commun la foi du fanatique en la puissance morale que lui fournit sa supériorité matérielle.

Le fanatisme est dangereux non seulement pour le laïc qui le combat, mais aussi pour le croyant qu'il fascine. Le fanatique inspire et respire la peur : elle est l'unique lien qui l'attache à autrui et à Dieu. Craignant le doute, il le met hors la loi. Dictateur intellectuel ou théocratique, il prétend être en possession d'une vérité unique et éternelle. Demandez à en discuter et il en prend ombrage. Les questions, il ne les accepte que si lui seul a le droit d'y répondre. C'est bien simple : le fanatique aime les réponses tandis que son adversaire tolérant privilégie les questions.

Depuis les origines de l'Histoire, seuls les hommes souffrent du fanatisme et de la haine, et eux seuls peuvent les endiguer. Les hommes seuls en sont à la fois capables et coupables.

La dernière décennie de ce siècle, qui est aussi celle du millénaire, s'annonçait plutôt bien. Un courant contagieux de liberté, ou de soif de liberté, traversa des nations opprimées. On avait l'impression que la société tenait à se purger des fantômes et des démons que la violence des dictatures avait fait vivre et agir sous le nazisme et le communisme. Du coup, on avançait vers le XXIe siècle la tête haute, confiants, anticipant un destin rayonnant au visage d'allié plutôt que de vengeur.

Puis vint le matin des désenchantements. La joie n'aura donc duré qu'un été ? Victime, elle aussi, du fanatisme ?

Posons à nouveau la question : qu'est-ce que le fanatisme ? Comment le cerner ? A quel point précis une conviction devient-elle intégriste ou fondamentaliste ?

Une idée dégénère en postulat fanatique au moment où elle exclut celles qui la contestent. En niant l'indépendance épanouissante des idées ou des croyances, le fanatisme religieux ou politique les prive de leur pouvoir d'agir, ainsi que de leur droit de vivre. On se heurte à son poing fermé dans toutes les religions monothéistes. Ainsi l'intégrisme catholique vaut celui des protestants qui vaut celui des musulmans qui vaut celui des juifs. Sous toutes ses formes, il me répugne. Quiconque déclare qu'il connaît mieux que d'autres le chemin menant à Dieu, je m'en détourne. S'il essaie de m'y conduire sous la contrainte, je lui résiste.

Est-ce à dire que j'évite le débat avec lui ? C'est lui qui se dérobe au vrai débat, au dialogue humain. Il est persuadé qu'il n'a pas besoin de se battre pour gagner, qu'il a vaincu avant d'entendre la première parole. Pour lui, adepte du monologue, tout échange est une aberration. Son discours est monolithique, fermé au doute et à l'hésitation, hostile aux influences extérieures. Il s'écoute lui-même pour ne pas vous entendre. A la limite, il évolue dans un univers réducteur privé de diversité ; il y vit seul avec lui-même ; il devient l'objet de sa propre passion.

Car le fanatique est un zélateur, un exalté, un fou de la foi. C'est de lui que parle Nietzsche en disant que ce n'est pas le doute mais la certitude qui rend fou. Aveuglé par la passion, il fait de la beauté divine une laideur humaine. Pour lui et par lui, la nostalgie de Dieu dégénère en un désir irrésistible de haïr. Il usurpe la place de Dieu dans la création. Il se prend pour Dieu. Comme Dieu, il œuvre pour que tout homme soit fait à son image, mais en miniature. Il veut que tout le monde lui ressemble, mais en restant plus petit, humble et humilié, au pied de son trône. Convaincu d'être l'unique possesseur du sens de l'existence, il bâillonne ou tue l'autre pour ne pas être interpellé par sa quête. Et finalement, le religieux fanatisé verra en Dieu non pas son juge et son roi, mais son prisonnier.

Ne nous leurrons pas, le fanatisme n'est pas exclusivement d'essence religieuse. Le fanatisme laïc n'est pas moins vil. Le fanatique antireligieux est quelquefois plus éloquent, mais pas moins méchant que son adversaire. L'un comme l'autre tendent à voir en autrui non un sujet de fierté, mais un objet de mépris.

Cancer pernicieux, le fanatisme mine les promesses des hommes et les accable de malédictions. Car le fanatique est infatigable parce que jamais satisfait. Il cherche à conquérir toujours plus de pouvoir, et il y consacre son action sans relâche : on ne hait pas dans l'abstrait ; un fanatique peut nourrir sa haine théoriquement, mais il en tirera vite les applications pratiques – il n'aura de cesse de transformer un pays en geôle. Effrayé par la liberté de l'autre, le fanatique ne se sent libre et vivant que lorsque l'autre ne l'est pas. Plus les prisons sont remplies, plus sa liberté s'épanouit. Aussi le fanatique fera-t-il l'impossible pour empêcher l'autre de s'assumer en rêvant, en aimant, en réfléchissant. Son but ? Emprisonner la pensée de l'autre. Paralyser l'imaginaire de l'autre. Pour le fanatique, l'autre devrait vivre emmuré dans le présent seulement : sans souvenir et sans espoir.

Le but de nos colloques ? Combattre le fanatisme qui est la

principale composante de la haine, et réciproquement. Plus précisément : tous les fanatiques ne sont pas haineux ; mais tous les haineux sont fanatiques. Leur démarche mène inexorablement à la destruction de l'Être dans l'être. Lorsqu'ils surgissent, il est déjà trop tard.

Autrefois, je disais et je répétais que l'opposé de l'amour n'est pas la haine mais l'indifférence. Ici, la réciproque ne joue pas. L'opposé de la haine n'est pas l'amour, ni même l'indifférence ; l'opposé de la haine est la haine. Rempart puissant et infranchissable, elle bloque toute intrusion. En d'autres termes : rien de bon, rien de grand, rien de vivant ne peut naître de la haine. Elle nie toute possibilité de métamorphose ou de dépassement. La haine n'engendre que la haine. Il est urgent et impératif de la vaincre avant d'apercevoir les pas pesants de son ombre néfaste. Comment y parvient-on ? En s'attaquant à son masque visible ; celui du fanatisme.

Combattre le fanatisme, c'est dénoncer l'humiliation de l'autre. C'est célébrer la liberté de l'autre – la liberté de tous les autres. C'est, en fin de compte, libérer l'homme des chaînes humiliantes que le fanatique lui fait porter. C'est ouvrir les prisons et rendre aux hommes, aux femmes, et à Dieu Lui-même la liberté dont le fanatique les a privés.

Pendant nos séances, nous recourons souvent à la psychologie. A Boston, Leo (Shua) Eitinger, de l'université d'Oslo, explore l'absence de haine chez les victimes, et Robert Jay Lifton, professeur de psychiatrie à l'université de New York, étudie le pouvoir de la haine, mais aussi de l'apathie éthique, chez les bourreaux. Celui-ci reprend un thème que nous avons tenté d'explorer depuis des années : pire que la haine est l'absence de haine chez le tueur. Les gens des Einsatzgruppen massacrèrent mille et mille enfants juifs sans même les haïr.

Et Dieu dans tout cela ?

Robert McAfee Brown, le plus éminent des théologiens protestants, Harry James Cargas, l'audacieux penseur catholique, l'essayiste John Roth apportent leurs contributions au débat théologique. Existerait-il un Dieu de la haine ? Les prophètes énumèrent ce que le Seigneur déteste. Mais est-il concevable qu'Il en vienne à haïr sa création ?

A l'université de Haïfa, c'est l'aspect pédagogique de la haine qui suscite l'intérêt du colloque. A partir de quel âge peut-on détecter la naissance de la haine chez l'enfant ? On discute les propos d'un psychiatre qui, à Boston, avait suggéré que l'enfant serait incapable de haïr avant l'âge de 3 ans. Autrement dit, la haine est quelque chose qui s'apprend, qui s'acquiert. Mais alors, se désapprend-elle aussi ?

Quelques moments difficiles : au même colloque de Haïfa, le grand romancier A.B. Yeoshoua, selon ses habitudes provocatrices, joue un peu trop sur sa corde israélo-centriste. Selon lui, la Diaspora devrait s'autoliquider. En Grande-Bretagne, il avait déjà lancé un appel à la communauté juive : venez nous rejoindre en Israël, sinon faites-moi plaisir, cessez donc d'être juifs. Après le Nobel, tenant compte de mes travaux et activités en faveur d'Israël et du peuple juif, il m'écrivit une lettre dans laquelle il daigna m'accorder – en riant, naturellement – un *hétér*, sorte de dérogation, à titre purement personnel, m'autorisant à rester là où j'habite... Comment expliquer pareille fermeture d'esprit chez un écrivain doué, généreux, inspiré et que j'aime bien ?

En revanche, les dialogues avec les participants musulmans ne provoquent guère de gêne. Un cadi, des journalistes, des enseignants et des étudiants arabes prennent part aux débats. Ils sont prêts à écouter autant qu'à s'exprimer dans une atmosphère de totale liberté, je dirais presque de camaraderie. De tous les bords, on perçoit le même désir : celui de rechercher la voie royale, la voie de l'espérance humaine. Et tout cela se passe en 1990, donc bien avant que le processus de paix ne s'engage entre Israéliens et Palestiniens.

A la réception, offerte en l'honneur de la conférence, dans une magnifique maison druze, un groupe de journalistes arabes de la vieille ville de Jérusalem m'abordent (une jeune femme belle et gracieuse, son mari au visage ouvert, leurs collaborateurs). Ils souhaitent enregistrer un entretien pour la télévision et des revues en langue arabe. Ils sont au courant, me disent-ils, de mes activités dans le domaine des droits de l'homme et m'en félicitent. Mais.., Je devine ce qui va suivre : « Pourquoi êtes-vous prêt à écouter tous ceux qui souffrent, sauf nous ? Pourquoi refusez-vous de nous entendre ? » Ils ont parlé sans haine ni colère. Comme s'ils avaient tenu à élucider un problème purement philosophique. S'attendent-ils à ce que je me justifie à leurs yeux ? Même pas. Comme s'il s'agissait, chez eux, de simple curiosité intellectuelle. Ils ne m'en veulent pas, ne me font aucun reproche. Je leur dois ma sincérité ;

ce n'est pas la première fois que je m'y accroche : « Ne croyez surtout pas que je suis sourd ou indifférent à ce que vous subissez ; je vous écoute et je vous entends. Mais puisque vous dites que vous connaissez la nature et l'orientation de mon témoignage, vous connaissez donc mon attachement à Israël. Or, vous ne pouvez pas le nier, pour des raisons valables ou non, Israël vit dans la peur, dans la peur que vous lui inspirez. Aidez-moi à dissiper cette peur et je vous promets que mes amis et moi ferons tout notre possible pour mieux vous entendre et vous faire entendre autour de nous. » Contrairement à leurs défenseurs israéliens, ils relèvent le défi. Entre nous, l'entente est encourageante.

Le colloque suivant se tient en août 1990 à Oslo. Le thème : « Anatomie de la haine et résolution de conflits ». En d'autres termes : la haine ethnique et le combat contre ceux qui la propagent. Précédent historique, le comité Nobel lui-même en est le co-organisateur. Le gouvernement norvégien, comme toujours à la hauteur, met à notre disposition son appareil et ses moyens. Tout fonctionne à merveille. Miraculeusement, sans faille. Billets d'avion, hôtels, restaurants, programmes, transports en ville, traductions simultanées, relations avec la presse (plus de quatre cents journalistes sont accrédités et assurent une couverture internationale digne d'une rencontre de chefs d'États) : dirigée par Geird Grundig du ministère des Affaires étrangères, Lundenstadt de l'institut Nobel et le grand rabbin Michael Melchior, l'opération fonctionne comme un mouvement d'horlogerie suisse contrôlé par le Japon et habillé par un joaillier français. Chaque invité (même s'il n'est que professeur ou chercheur sans passeport diplomatique) est pris en charge, dès sa descente d'avion, par un membre du comité d'accueil et un officiel du gouvernement. Contrôle de passeport ? Inexistant. Inspection de la douane ? Invisibles, les douaniers. Chaque arrivant a le sentiment d'être la vedette de la conférence. Il faut reconnaître que la liste de participants est impressionnante. François Mitterrand, Vaclav Havel, Nelson Mandela, le président lituanien Vytautas Landsbergis, le président du Parlement norvégien Jo Benkow, Jimmy Carter, le grand économiste J.K. Galbraith (de Harvard), Connor Cruize O'Brian (de Londres), le ministre de la Santé israélien Ehud Olmert, le rédacteur en chef d'un quotidien arabe de Jérusalem Hanna Seniore, l'écrivain cubain Armando Valladares, Günter Grass et György Konrad, les journalistes Herbert Pundik (de *Politiken* de Copenhague), Abe Rosenthal et Arthur Gelb (tous deux du *New York Times*)… En tout : une cinquantaine d'hommes politiques, d'intellectuels, de savants, d'éducateurs, de psychiatres, venus du Japon et d'Inde, du Salvador et de Moscou, de Berlin et de Tunis pour chercher ensemble une réponse à la haine qui continue à hanter et à affliger les nations.

Du côté artistique, c'est Marion qui, à la tête d'une équipe spéciale, a pris en main la préparation minutieuse et subtile du concert qui, traditionnellement, représente le point lumineux de nos colloques. Audrey Hepburn, toujours fine et gracieuse, et Gregory Peck au port grave et noble, présentent le spectacle. L'orchestre est dirigé par Lucas Foss. Au programme musical : le flûtiste James Galloway, la chanteuse Flicka von Staden, et le chanteur Simon Estes.

Toutes les séances sont plénières. Gidske Andersen (qui a succédé provisoirement à Egil Aarvik à la tête du comité Nobel) et moi-même les présidons. Plus autoritaire et moins sentimentale que moi, elle intervient là où je me montre timide : elle interrompt l'orateur qui, ne respectant pas le signal donné par un feu rouge, a dépassé son temps de parole. Presque tous les orateurs obéissent au signal lumineux, comme Jimmy Carter et François Mitterrand. Mais pas Elena Bonner. L'épouse têtue et courageuse d'Andreï Sakharov se considère libre, toujours. Libre de parler comme elle veut, quand elle veut et aussi longtemps que cela lui plaît. Or notre règlement lui déplaît. Elle se fâche. Dommage. Je suis content que ce soit Gidske qui fasse respecter la discipline.

Scène émouvante : Jacques Moreillon, de la Croix-Rouge internationale, traite de la situation au Moyen-Orient. Il dit avoir peur pour l'âme d'Israël… Le vénérable talmudiste Ephraïm Urbach lui répond : « Chaque fois que j'entends que l'on veut sauver l'âme juive, je suis pris d'appréhension… » Et, avec érudition et fermeté, il cite des exemples du passé proche et lointain. Le lendemain, Jacques Moreillon présentera ses excuses en public.

Une autre scène, pas moins émouvante : Leon Wessels, membre du gouvernement sud-africain, s'adresse à Nelson Mandela : « Nelson, je suis né avec l'Apartheid ; tout ce que je souhaite maintenant c'est assister à ses obsèques. » Les deux hommes engagent un dialogue qui aboutira au processus de démocratisation dans leur pays.

Et François Mitterrand qui charme tout le monde avec sa simplicité ; il s'assied au milieu d'intellectuels, certains connus et d'autres qui le sont moins, et qui n'ont ni son rang ni son pouvoir.

Et Vaclav Havel qui raconte qu'il n'a jamais éprouvé de haine, pas même envers ses geôliers.

Et les enfants tchèques qu'il a emmenés dans son avion pour chanter – magnifiquement – au concert.

Et Nadine Gordimer qui n'a pas encore reçu le prix Nobel, mais qui dénonce le racisme avec la force de conviction d'un futur lauréat.

Et John Galbraith qui démontre que l'humour aussi peut résoudre les conflits humains.

La conférence s'achève par la rédaction d'un « Appel d'Oslo » que nous avons souhaité solennel et tourné vers l'avenir. Le voici :

> Aux hommes et aux femmes, de toutes les origines, de toutes les nations, de toutes les confessions, nous lançons cet appel à unir leur élan afin de combattre la haine qui menace notre humanité.
> Fléau millénaire, aux sources sombres et insondables, la haine ignore frontières et murailles, ethnies et religions, systèmes politiques et classes sociales : œuvre des hommes, Dieu Lui-même ne peut l'arrêter. Aucun peuple ne peut se considérer comme épargné par son poison, ni aucune communauté comme épargnée de ses flèches. Aveugle et aveuglante, la haine est le soleil noir qui, sous un ciel de cendres, frappe et tue ceux qui oublient la grandeur et la promesse dont ils sont porteurs.
> La haine est implacable pour quiconque ne cherche pas à la freiner. Elle est meurtrière pour quiconque n'essaie pas de la désarmer. Parents, dites à vos enfants que la haine est la mutilation de leur avenir. Enseignants, dites à vos élèves que la haine nie les triomphes possibles qu'engendrent culture et civilisation. Gouvernants, dites à vos électeurs que la haine est, à tous les niveaux, le mur à abattre. Dites à tous ceux qui vous écoutent que seule la haine peut naître de la haine.
> Haïr, c'est nier l'humanité d'autrui, c'est le diminuer. C'est limiter notre horizon en réduisant celui d'autrui. C'est voir en notre prochain, puis en nous-mêmes, non pas un sujet de fierté, mais un objet de mépris et de peur.
> Haïr, c'est choisir la facilité simpliste et réductionniste. C'est creuser un fossé où celui qui hait et sa victime tomberont tels des pantins cassés. Haïr, c'est allumer l'incendie de la guerre où les enfants deviennent orphelins et les vieillards fous de douleur et de remords.
> En religion, la haine cache la face de Dieu. En politique, elle détruit la liberté des hommes. Dans le domaine des sciences, la haine se met inévitablement au service de la mort. En littérature, elle

> déforme la vérité, dénature le sens de l'Histoire et recouvre la beauté même d'une couche épaisse de sang et de laideur.
> Voilà ce que, au seuil du XXIe siècle, il nous incombe de dire aux hommes et aux femmes pour qui l'avenir devrait être le visage souriant et ensoleillé de nos enfants : la haine est l'ennemi. Pernicieuse, sournoise, si l'on ne fait rien, elle glissera dans le langage comme dans le regard pour perturber les rapports d'homme à homme, d'un peuple à l'autre, d'une communauté à l'autre, d'une ethnie à l'autre. Si l'on ne fait rien, nous ne léguerons au siècle à venir qu'un message de haine et de mépris traduit par le racisme, le fanatisme, la xénophobie et l'antisémitisme.
> Entendre cet appel ne signifie pas seulement que nous sommes résolus à nous opposer à la haine abrutissante et violente qui déferle encore sur la société ; signer cet appel, c'est affirmer surtout notre certitude que l'homme est assez fort et suffisamment noble pour l'écarter, et qu'il est digne d'en être vainqueur.

Certains signent cet appel sans le lire, d'autres le jugent trop philosophique ou pas assez, d'autres encore le déclarent insatisfaisant car y manque toute référence aux aspirations féministes.

Comme nombre de documents du même genre, celui-ci trouvera peut-être sa place dans les archives. Et encore, je n'en suis pas persuadé.

Et après ? Ce n'est pas ce qui importe. L'important c'est que, une fois de plus, des liens se sont forgés pour combattre la haine qui, elle aussi, réussit à galvaniser des passions et des volontés à travers le monde.

Parfois, on me demande : à quoi cela sert-il de réunir sous le même toit ces grandes figures des sciences sociales et humaines, de la philosophie et de la littérature ? Quel profit l'humanité tire-t-elle de voir (presque) toujours les mêmes experts autour de la même table, se disant (presque) la même chose ? Aucun, tranchent les sceptiques. Beaucoup, répondent les naïfs. Mais il s'agit d'être sceptique et naïf tout à la fois. Il s'agit surtout de ne pas tomber dans le cynisme. « A quoi ça sert ? » est une question valable à condition de ne pas y répondre avant même de l'avoir posée. Comme pour d'autres essais en matière sociale, tout dépend de ce que l'on attend de ces colloques. Si l'on en attend trop, on sera déçu. Moi, je ne le suis pas. Je me contente de peu. De quelques miracles modestes, quotidiens. Une poignée de main qui rapproche deux adversaires, deux étrangers : cela me suffit. Une parole sincère, une pensée authentique qui fait réfléchir, qui incite l'esprit à s'ouvrir, à accepter, puis à fleurir : cela me suffit.

Que des efforts gratuits et stériles existent, je veux bien en convenir ; mais ils ne sont jamais inutiles. Qu'ils aboutissent fréquemment à un échec, cela est indiscutable. Mais un échec vaut mieux que le vide.

Prenons la conférence de Moscou, organisée en décembre 1991 par la fondation et l'hebdomadaire *Ogonyok* : pareille à celle des lauréats du Nobel à Paris, elle n'apporta aucun résultat concret. Ni Gorbatchev ni Schmidt, par exemple, ne purent engager leurs pays dans une politique plus humaine, plus équitable, plus généreuse. Schmidt avait depuis longtemps quitté le pouvoir et Gorbatchev allait bientôt le perdre. Et pourtant.

Écouter Adam Michnik, de Solidarité, plaider la cause du Nagora-Karabach, Abe Rosenthal dénoncer le totalitarisme policier du KGB, François Léotard faire un exposé sur la politique et la haine, c'était participer à une entreprise dominée par un besoin de fraternité qui fait l'honneur des intellectuels et des politiques.

Pour la séance d'ouverture, l'ancien chancelier allemand Helmut Schmidt et Alexandre Iakovlev, bras droit de Gorbatchev, avaient été invités à comparer leurs souvenirs de la Seconde Guerre mondiale.

Pourquoi ces deux-là ? Parce que Schmidt fut lieutenant dans le corps de blindés qui s'avança jusqu'aux faubourgs de Moscou. Quant à Iakovlev, il combattit, comme lieutenant lui aussi, mais dans l'Armée rouge qui défendait sa patrie contre l'envahisseur. « Comment était-ce pour l'un et pour l'autre ? Qu'avez-vous éprouvé l'un pour l'autre ? leur demandions-nous. La haine jouait-elle un rôle dans vos motivations respectives ? » Je crois que c'était leur première rencontre. Schmidt évoqua son adolescence, sa jeunesse : il n'avait pas adhéré au parti nazi parce que l'un de ses parents ou grands-parents était juif. Par courtoisie, nul ne lui demanda s'il n'avait pas voulu ou pas pu devenir nazi, autrement dit : s'il avait été maître de sa décision ou si elle lui avait été imposée par le parti hitlérien. Comme Iakovlev, il préféra parler idéologie, doctrine politique et de l'avenir en général.

Un moment fort fut l'intervention du général Oleg Kalouguine. Il présenta dans toute leur brutalité les méthodes et les objectifs du système du KGB. Comme il s'exprimait en spécialiste, sur un ton froid, quasi scientifique, l'auditoire prêta attention à chaque mot, à chaque inflexion de sa voix. De tous côtés, les questions fusèrent : était-il vrai que le KGB fomentait l'antisémitisme à l'étranger ? (Oui.) Que le KGB avait tenu – et tenait encore – Mikhaïl Gorbatchev ? Et si oui, par quels moyens ? (Réponse vague.) Que savait-il de Raoul Wallenberg ? (Pas plus que nous.) Comment le KGB fonctionnait-il aux États-Unis ? L'explosion, c'est Abe Rosenthal qui la provoqua. « Quand un général du KGB apparaît devant un groupe d'intellectuels, il se doit d'être clair et franc. » Qu'avait-il fait auparavant, sous la dictature communiste, dans l'exercice de ses fonctions ? Sans le dire ouvertement, Abe tenait à savoir si le général avait commis des crimes et, si oui, lesquels. Kalouguine essaya d'éluder les questions et finit par se fâcher : « Tout de même, je ne suis pas ici devant un tribunal ! » Et Abe de rétorquer : « Quand un général du KGB se trouve devant un groupe comme le nôtre, nous sommes ses juges. »

Hormis cet incident, les séances se déroulèrent dans une ambiance de total respect d'autrui. Pas d'interruption, ni d'interpellation, ni même de commentaire offensant. Comme lors des conférences précédentes, des liens se nouèrent.

J'ignore si, conséquence de nos débats, la haine diminue ou recule dans le monde ; mais je sais que, à Moscou même, l'amitié venait de remporter quelques victoires, non sur la haine mais sur l'indifférence.

C'est à cette occasion que j'ai pu revoir Gorbatchev.

Dans la capitale, on sentait venir la crise. Les relations entre Gorbatchev et Eltsine se dégradaient d'heure en heure. Le bruit courut que, faisant fi du protocole, Boris Eltsine avait d'un simple appel téléphonique limogé Édouard Chevardnadzé de son ancien (et nouveau) poste de ministre des Affaires étrangères. Venu accueillir le secrétaire d'État américain James Baker, il ne put accéder au salon d'honneur : la police d'Eltsine lui intima l'ordre de faire demi-tour. Moscou bruissait de rumeurs. On parlait d'un nouveau coup de force, provoqué cette fois par Eltsine.

Gorbatchev viendrait-il au colloque ? Il nous l'avait promis, mais jusqu'à la dernière séance nous fûmes dans l'incertitude. Finalement, on nous fit savoir que le président de l'URSS tiendrait sa parole et qu'il nous invitait au Kremlin. Tous ? Non, pas tous. Dix « délégués ». Mais nous étions une quarantaine ! On nous dit que la salle n'était pas assez grande. Arthur Gelb et Abe Rosenthal,

Vitaly Korotich et d'autres participants me conseillèrent d'accepter : une rencontre à dix valait mieux que pas de rencontre. Je m'inclinai, tout en déclarant que moi, je resterais à l'hôtel. Les fonctionnaires soviétiques essayèrent de me faire changer d'avis mais, n'étant pas diplomate, bêtement, je m'entêtai comme un gamin : ou bien nous y allions tous, ou bien je me joignais aux « indésirables ». Et finalement, nous y sommes tous allés.

Gorbatchev nous salue d'un air affable. Dans son allocution de bienvenue, il parle surtout de ses succès politiques. Et littéraires. Donc commerciaux. Son livre sur la *perestroïka* s'est bien vendu : cinq millions d'exemplaires à travers le monde. Il lui a rapporté, en un an, 800 000 dollars. Cela signifie que, malgré tout, son message est passé. Dans ma réponse, pour atténuer la tension qui pèse sur nous tous, je lui pose trois questions :

Premièrement : pourquoi est-ce que chaque fois que je vous rencontre, c'est toujours dans une atmosphère de drame ? (Il sourit.)

Deuxièmement : vous êtes écrivain, moi aussi ; vous êtes prix Nobel, moi aussi. Pourquoi êtes-vous un best-seller, et moi non ? (Il a enfin ri.)

Troisièmement : vous avez d'abord été président puis vous avez reçu le prix Nobel. Est-ce qu'on pourrait imaginer pour moi la même trajectoire mais en sens inverse ? (Là, il rit plus fort et dit : « Je ne vous le conseille pas. »)

Je passe aux sujets qui nous préoccupent : la haine ethnique, le fanatisme religieux, la menace nucléaire, l'avenir du régime, les relations avec Israël, l'antisémitisme… Je ne lui cache pas que j'ai rencontré des Juifs de Leningrad, de Kiev et d'ailleurs, qui vivent dans l'angoisse. Il s'efforce de nous rassurer. Ses réponses sont franches, il les veut sans fard. Israël ? Il est heureux d'avoir rétabli les relations diplomatiques avec l'État juif. Le Pamiat et l'antisémitisme ? La situation s'est améliorée depuis deux ans…

Nous fûmes les derniers visiteurs étrangers qu'il reçut au Kremlin en tant que président de l'URSS.

Je le verrai une troisième fois, six mois plus tard, à Haïfa, où il venait d'obtenir un prix humanitaire d'un institut scientifique. L'ambassadeur soviétique devait y prendre la parole mais il se fit excuser, sur l'ordre de Boris Eltsine, nous laissa-t-on entendre.

Redevenu simple citoyen, sans rang ni titre, Gorbatchev ne

représentait plus rien, sinon sa vision d'un monde libéré. *Sic transit gloria mundi.* Il me fit penser à Winston Churchill après sa défaite électorale en 1945. Mais si Churchill était un grand orateur, on ne pouvait en dire autant de Gorbatchev. Churchill avait sauvé le monde du danger fasciste. Gorbatchev l'avait-il sauvé du péril communiste ? L'Histoire jugera. En relisant ces notes, en 1996, je pense à la résurgence du Parti communiste en Russie et en d'autres pays d'Europe centrale… Quand même, en voyant le successeur de Staline, Khrouchtchev et Brejnev au milieu de drapeaux israéliens flottant dans le crépuscule, debout sur la scène, au garde-à-vous, pendant qu'on chantait la *Hatikva*, la foule ne pouvait pas ne pas sentir le souffle de l'Histoire. D'abord étonné puis visiblement heureux de me revoir, il tomba dans mes bras et m'embrassa sur les deux joues. A Raïssa qui ne comprenait pas, il expliqua : « Le dernier visiteur au Kremlin, tu te souviens ? C'est lui. »

D'autres colloques ont eu lieu.

Printemps 1992 : New York est en pleine crise raciale avec des émeutes à Crown Heights (Brooklyn) quand le gouverneur de l'État de New York, Mario Cuomo, nous écrit : « Vous faites des colloques sur la haine partout sauf dans notre ville… Croyez-vous vraiment que nous n'en avons pas besoin, que nos problèmes interethniques sont tous résolus ? »

Un séminaire est organisé pour l'automne. Son titre : « Sauver nos enfants ». Les sauver de la haine, naturellement. Nous disposons de trop peu de temps pour le préparer ? Marion, qui dirige la fondation, et son bras droit administratif Arnold Thaler travaillent d'arrache-pied avec l'état-major du gouverneur. Des listes sont dressées, des invitations lancées. Il est impératif que toutes les sphères de la communauté soient représentées. Juifs, chrétiens, Noirs, Hispaniques ; sociologues, pédagogues, philosophes, psychologues, psychiatres, journalistes.

Deux séances plénières introduisent les réunions des commissions. Tout s'annonce bien, tout va à merveille. Puis, c'est l'explosion.

Un individu fait irruption dans la salle où sont abordés les problèmes de l'éducation et des médias. Il proteste contre la non-représentation des homosexuels. Il a tort : le président new-yorkais de l'Association des homosexuels est membre à part entière du colloque. Pour l'intrus, cela ne suffit pas. Il exige qu'un homosexuel fasse partie de toutes les commissions. Le président de l'université de Boston, John Silber, lui répond avec un calme qui ne lui est pas habituel : comment sait-il qui, autour de la table, est homosexuel et qui ne l'est pas ? Et si tous l'étaient mais sans l'afficher ? Je n'ai pas assisté à l'incident, mais tous les participants que j'interroge sont du même avis : John Silber n'a jamais élevé sa voix. Cependant l'intrus continue de s'agiter dans les couloirs et, le lendemain, le président de son association déclare en séance plénière qu'il se voit obligé de quitter le colloque.

Un journal de Long Island rapporte l'incident en le gonflant outre mesure. De leur côté, les quotidiens bostoniens, qui ne manquent pas une occasion d'attaquer Silber, reprennent l'information en la commentant, négativement bien sûr. Finalement l'ombudsman (sorte de médiateur-juge) du respectable *Boston Globe* devra visionner la cassette vidéo de la séance pour donner publiquement raison à John Silber.

Juin 1995 : nouvelle conférence internationale, consacrée aux jeunes et intitulée « Les dirigeants de demain ». Cette fois, des jeunes, face aux « dirigeants d'aujourd'hui », participent aux débats qui se déroulent à Venise, dans le palais de la fondation Chini.

Trente adolescents – âgés de 15 à 19 ans – représentent les camps opposés de certains points brûlants de la planète. Du Moyen-Orient : Israéliens, Égyptiens, Jordaniens, Palestiniens. Des catholiques et des protestants irlandais. Venant de l'ex-Yougoslavie, des Croates, des Serbes et des Bosniaques. D'autres sont originaires de divers pays d'Afrique.

En peu de temps, les frontières disparaissent. Camaraderie émouvante. Un jeune Noir américain qui a déjà été emprisonné dix-sept fois évoque ses expériences, tous lui manifestent leur compréhension. Israéliens et Palestiniens établissent des liens, font front commun. Lorsqu'un jeune Bosniaque exige de Mme Hillary Clinton – en direct, par satellite – des promesses pour son peuple et son pays, le groupe entier lui donne son appui.

Yossi Beilin, vice-ministre israélien, le négociateur secret d'Oslo, Ouri Lubrani, le légendaire sauveur de communautés juives lointaines, et Izso Rager, le maire de Beersheba, dialoguent avec l'ambassadeur jordanien à Rome et l'ambassadeur palestinien à Londres.

D'anciens terroristes irlandais sont assis, pour la première fois, à la même tribune que leurs ennemis d'hier. Le juge sud-africain Richard Goldstone, procureur des Nations unies chargé des crimes contre l'humanité, parle avec émotion des rapports entre justice et mémoire. John Silber, pédagogue superbe, s'étend sur le rôle de l'éducation. Bernard Kouchner plaide pour l'intervention là où l'humanité est bafouée. Suzanne Agnelli, ministre des Affaires étrangères d'Italie, s'étend sur les problèmes que pose le pouvoir face à la conscience individuelle.

Et les jeunes nous regardent comme nous les regardons ; et ils nous écoutent comme nous les écoutons.

Au bout d'une semaine, ils sont liés, comme on dit, pour toujours.

A peine rentrés à New York, nous nous lançons dans les préparatifs du prochain colloque qui aura lieu en novembre à Hiroshima qui a pour thème « L'avenir de l'espérance ».

La conférence s'ouvre par une soirée musicale dans la salle des concerts du grand quotidien *Asahi Shimbun* en présence de l'empereur et de l'impératrice.

Hiroshima : la mémoire de demain ? Dix prix Nobel de sciences, de littérature et de la paix, un ancien Premier ministre japonais, Takota Doï, la présidente du Parlement japonais, l'ancien secrétaire d'État Larry Eagleburger, Jack Lang, l'écrivain péruvien Mario Vargas Llosa, des spécialistes du nucléaire, des économistes, des grands journalistes : c'est avec acharnement et passion que tous participent aux débats qui commencent à 8 heures du matin et s'achèvent tard dans la soirée. En ce lieu, nos préoccupations semblent urgentes.

Après tout, l'avenir de l'espérance est le nôtre.

Mais la Yougoslavie nous rappelle à la réalité.

LE DESTIN DE SARAJEVO

Cela a commencé en 1991 : Dubrovnik et ses ruines, Sarajevo et son destin. Une vague de violence et d'hostilité meurtrière déferle sur l'ancienne Yougoslavie éclatée. La démocratie n'a pas su y instaurer une ère de bonheur parmi ses ethnies différentes et hostiles. Au contraire, elle n'a fait que libérer la haine. Constat déroutant : sous Tito, les différentes communautés vivaient apparemment en paix. La dictature, disons « à visage humain », seraitelle plus bénéfique que la démocratie ? S'agissant de la Yougoslavie, on pourrait le penser, moi je ne le crois pas : rien ne peut ni ne doit se substituer à un régime fondé sur la liberté.

Bombardements de villes, assassinats de civils, enfants massacrés : cela n'arrêtera donc jamais ? Le XXe siècle ne sera-t-il qu'un itinéraire sanglant allant de Sarajevo à Sarajevo ?

Dubrovnik : enfouie sous les décombres. D'autres villes suivront. Foyers abandonnés, familles déracinées, mères hagardes, vieillards épuisés, tous en fuite, poussés par une terreur ancestrale.

Que faire, ciel, que faire ?

C'est où, la Bosnie ? A qui appartient-elle ? Et la Krajina, où se situe-t-elle ? D'autres noms surgissent dans l'actualité : Banja Luka, Srebrenica, Tuzla. Où trouve-t-on sur la carte les cinq cités assiégées ?

Ministres et diplomates vous confient maintenant leurs remords : « On n'aurait pas dû reconnaître ces États. » On me l'a dit à l'Élysée, confirmé à la Maison-Blanche. Tous sont d'accord pour blâmer Helmut Kohl, le chancelier allemand. C'est lui qui, le premier, a reconnu l'indépendance de la Croatie. C'est lui qui, aussitôt après, a exercé une incessante pression sur ses alliés occidentaux pour qu'ils soutiennent sa politique. Ensuite, la Slovénie, la Serbie et la Bosnie n'ont fait qu'imiter la Croatie.

Mais la Bosnie est loin de nos soucis, trop loin pour que l'on s'attarde sur son sort. Y aller ? Comment s'y prendre ? Au nom de qui et pour y faire quoi ? Et voilà la Bosnie abandonnée. Trahie. Évacuée de nos préoccupations. Plus tard, en août 1995, la Serbie croate le sera à son tour.

Et le temps passe.

Je me sens coupable : dès 1988, nous aurions dû surmonter les difficultés d'ordre financier et créer une association des lauréats du prix Nobel. Elle aurait pu intervenir en Bosnie. Donner l'alarme. Sauver quelques enfants, consoler leurs mères. Apporter un soutien humain et moral aux victimes. Témoigner en leur nom.

Et le temps passe.

Mon implication personnelle date de juillet 1992, lorsque je reçois un appel d'Israël Singer et Elan Steinberg, directeurs du Congrès juif mondial. Ils me donnent lecture d'une lettre de Dobrica Cosic, le président de la République fédérale yougoslave. Il paraît que celui-ci a écrit à Boutros Boutros-Ghali, le secrétaire général des Nations unies, en lui demandant de me nommer à la tête d'une commission internationale pour enquêter sur la situation dans les camps de prisonniers bosniaques en Serbie.

La presse du monde entier parle de ces camps, et les images télévisées soulèvent l'indignation. Humiliations systématiques, viols, arrestations arbitraires, déportations, « purification ethnique », exécutions sommaires : de tous côtés, ce sont les Serbes qu'on accuse. Certains n'hésitent pas à employer les termes « camps de concentration », « génocide » et... même « Auschwitz ». Moi non. Je l'ai affirmé plus d'une fois : Auschwitz fut incomparable et le demeurera.

Que pourrait accomplir là-bas un individu qui ne possède aucun pouvoir et ne représente personne ? Mais d'un autre côté, a-t-on le droit de rester neutre, de se tenir à l'écart, de garder le silence ?

Après maintes délibérations avec les officiels du Département d'État et des Nations unies (où Boutros-Ghali dit n'avoir pas reçu la lettre du président yougoslave), Singer, Steinberg et moi-même décidons de rencontrer à Londres le président Cosic et les autres leaders de l'ancienne Yougoslavie qui doivent participer à une conférence internationale : Slobodan Milosevic (Serbie), Radovan Karadjic (Bosnie serbe), Alija Izetbegovic (Bosnie). Sera exclu de la liste le président croate Franjo Tudjman, auteur d'un ouvrage antisémite et négationniste que, pour des raisons évidentes, je ne souhaite pas rencontrer.

Les quatre leaders insistent pour que nous nous rendions dans leurs pays. Nous exigeons des garanties, une totale liberté de mouvement et d'action : aller n'importe où et rencontrer n'importe qui à n'importe quel moment. Et les camps ? Cosic, Milosevic et Karadjic protestent avec véhémence. C'est la faute des médias, disent-ils. Donc, il n'y pas eu d'atrocités, pas de viols ? Oh, çà et là quelques incidents malheureux, c'est tout. Comme nous manifestons notre scepticisme, Cosic convoque Karadjic et lui lance un appel, en notre présence et en notre « honneur », pour que soient fermés tous les camps sur son territoire. Karadjic s'y engage. Par écrit : j'ai sa lettre signée. Pourquoi ne pas l'annoncer officiellement à la conférence internationale ? Soit, ils le feront.

De tous, Cosic me paraît le plus ouvert. Le plus compréhensif, le plus humain. Romancier de 73 ans, il fait bonne impression. Suis-je trop crédule ? Je me dis que si les informations sur les atrocités serbes sont vraies, lui n'y est peut-être pour rien. Il se peut qu'on lui cache des choses.

Ses adversaires m'envoient pamphlets et articles pour prouver sa part de responsabilité dans la « purification ethnique ». Ses amis me fournissent le même genre de documents sur Alija Izetbegovic et son projet de grande république islamique en ex-Yougoslavie : les propagandistes de tous bords ne restent pas les mains croisées.

Entre-temps, la violence continue de sévir là-bas. Et la promesse de Cosic ? Et l'engagement de Karadjic ? Caducs, comme on dit. En novembre, Ted Koppel (le présentateur du célèbre programme « Nightline » sur ABC) leur consacre deux émissions. Reportage hallucinant de David Marash. Images insoutenables, interviews et témoignages qui font mal. Invité par Ted à les commenter, je dis l'horreur que les images suscitent et l'impuissance que j'éprouve.

C'est alors que je décide de m'y rendre.

Ma crainte principale : me faire manipuler par tel ou tel camp. Il ne faut à aucun prix devenir un instrument de propagande entre leurs mains. Cosic me communique ses assurances sur ce point. Autre souci : pas de dîners, de cocktails, de réceptions ; nous ne venons pas savourer les spécialités sans doute délicieuses de la cuisine yougoslave, mais voir les prisonniers, parler aux victimes. La réponse de Belgrade : d'accord. Ai-je raison de me fier à

Cosic ? C'est lui qui, pratiquement, est mon hôte. C'est lui qui envoie à Genève quatre avions pour emmener à Belgrade plusieurs membres de la fondation ainsi que des journalistes de la presse écrite et de la télévision : Abe Rosenthal, Marc Kravetz, David Marash et d'autres. (Un journaliste italien est du voyage : ses sympathies et tendances proserbes le rendent suspect aux yeux de certains correspondants basés à Belgrade où il a prétendu être mon représentant.)

A peine avons-nous atterri, j'avertis les journalistes locaux : que nul n'essaie de se servir de cette visite ; nous ne venons que dans le seul but de découvrir la vérité et de la raconter. Au palais de la présidence, nouvelle conférence de presse avec le président Cosic. Je tiens à répéter mes demandes : qu'on n'essaie pas de nous utiliser à des fins de propagande… Cosic : « Tout ce que nous souhaitons, c'est que vous puissiez connaître la vérité. »

Il me prend par le bras et je pense qu'il va m'accompagner jusqu'à la sortie. Faux. Il me conduit dans un somptueux salon où un grand dîner nous attend. Comment dissimuler ma déception et ma colère ? J'avais exigé, dès le début, que ne figurent au programme ni déjeuners, ni dîners, ni réceptions et cocktails sans lesquels, paraît-il, la vie diplomatique serait dépourvue d'attrait. Mais je ne suis pas diplomate. A peine assis en face du président, je demande la parole. Pas pour porter un toast, mais pour faire une brève déclaration : « Je suis juif et nous sommes vendredi soir ; ma place n'est pas ici mais à la synagogue… » Je serre des mains et je sors, suivi de toute la délégation.

Détruite durant l'Occupation et récemment restaurée, la synagogue est pauvrement fréquentée. Il y a eu de nombreux départs pour Israël et la communauté se désagrège. Le grand rabbin, un vieillard faible et triste, officie d'une voix sourde : il me rappelle le rabbin de Moscou dans les années soixante, qui a vécu dans la peur.

Dîner de Shabbat agréable, ambiance allègre. Prières, discours, propos de table. Et la guerre ? On l'évoque, bien sûr, mais en termes abstraits. Une femme d'une quarantaine d'années, intelligente : « Vous devez nous aider. » Qui nous ? les Juifs ? « Non, les Serbes. Nous sommes les Juifs de la fin de ce siècle, reprend-elle. On nous diffame, on nous accable, on nous présente comme des monstres… » A Sarajevo, un Juif nous dira : « Vous devez nous aider. » Nous, qui ? les Juifs ? Non. « Les Bosniaques. Nous sommes les martyrs de ce temps. On nous persécute, on nous massacre, et l'humanité refuse d'intervenir. » Eh oui, le patriotisme juif, ça existe.

Collectionneur de Shabbats, je range celui-ci dans ma mémoire.

Le lendemain, à l'ambassade des États-Unis, on me traduit les articles parus dans la presse locale. Je m'attendais à ce qu'elle soit tendancieuse, mais pas mensongère. Je suis scandalisé par sa manière grossière de présenter notre visite comme ayant pour but principal d'aider la Yougoslavie fédérale, c'est-à-dire la Serbie, à améliorer son image internationale. Plus d'une fois, je protesterai publiquement. En vain.

Ce n'est pas tout : malgré notre accord, je trouve au programme un déjeuner chez le maire, un autre chez le ministre untel, une réception chez tel autre : comment les annuler tous sans créer un incident ? Ils sont annulés, et tant pis pour la susceptibilité des hauts fonctionnaires chargés de l'Information.

Autre sujet de friction, plus grave : il paraît qu'il serait compliqué, difficile et dangereux de se rendre à Sarajevo et de visiter les camps de prisonniers. On nous dit, on nous répète, qu'il est nécessaire d'obtenir maintes autorisations de vol des Nations unies. Question de couloirs aériens, de conditions de sécurité... J'appelle le général (français) Philippe Morillon à Sarajevo, le général (indien) Nambier à Zagreb. Les heures passent, l'énervement grandit. On nous emmène visiter un musée local qui montre les atrocités commises par les Croates (pendant l'Occupation) et les musulmans (tout récemment). Le guide désigne le cadavre d'un homme abattu ; à ma gauche, une femme en noir éclate en pleurs : c'est sa veuve. Un autre homme poignardé : ses orphelins, derrière moi, sanglotent. Et puis, des enfants. Des enfants assassinés, nous lançant l'innocence de leur mort à la figure comme pour marquer la mort de notre innocence. Cette visite a-t-elle pour but de nous émouvoir ? Nous sommes bouleversés. De nous conditionner peut-être ? De nous « expliquer » le pourquoi de certains « dérapages » du côté serbe ? Là, l'opération me semble moins réussie. Expliquer la haine, c'est trop facile. A vouloir trop l'expliquer, on risque de la justifier.

La visite des camps, finirons-nous par l'obtenir ?

Impression de duplicité, de manœuvres dilatoires : les choses traînent un peu trop. Comme si l'on essayait de nous empêcher d'aller là où nous pourrions découvrir des vérités désagréables. Mais la promesse du président Cosic nous accordant une totale liberté de mouvement ? Message aux officiels : si nous ne décollons pas dans l'heure qui vient, nous rentrons chez nous. Du coup, toutes les entraves sont levées : deux heures plus tard, nous embarquons. En route pour Banja Luka. Cosic nous a promis de fermer le camp que nous visiterons.

Le sinistre camp de Maniaca est plongé dans les ténèbres. A 17 heures, sur un arrière-fond de neige blanchâtre, il fait déjà nuit dans toutes les baraques où trois mille prisonniers sont enfermés. L'infirmerie seule est illuminée.

Six cents ombres allongées. Le commandant du camp, Bozidar Popovic, lance des ordres pour les faire bouger. Sa lampe électrique éclaire des visages. Au hasard, j'en choisis une quinzaine. Ils me suivront à l'infirmerie. Je souhaite m'entretenir avec eux en privé, loin des regards et des oreilles de leurs gardiens. Auparavant, j'exige du commandant une promesse solennelle : que rien de mal ne leur arrive. Même s'ils se plaignent, même s'ils disent des choses qui ne lui plairont pas. Il me donne sa parole. Un vrai professionnel, le commandant Popovic, me disent les correspondants étrangers basés à Belgrade. Autoritaire, sévère en matière de discipline, il crie, il hurle, mais il n'est pas méchant. Pourquoi est-il si affable, si respectueux avec moi ? L'explication vient par hasard au cours de l'entretien : il me prend pour Simon Wiesenthal qu'il admire.

Les prisonniers nous racontent que la nourriture n'est pas trop mauvaise, les conditions générales pas trop pénibles. Certes, ils souffrent du froid (la température peut atteindre 35ºC en dessous de zéro) et de l'enfermement, mais dans l'ensemble leur vie est moins insupportable qu'au début… De quoi se plaignent-ils ? De ne pas être en contact avec leurs proches. D'être coupés du monde extérieur. De vivre à l'écart, en marge des événements, en êtres superflus. Et de vivre dans l'incertitude, ne sachant jamais ce que le lendemain leur apportera.

Un jeune Allemand se trouve parmi eux. Blond, mince, droit. Les Serbes l'ont fait prisonnier. Quoi ? Prisonnier, lui ? Prisonnier de guerre ? En quoi cette guerre le concerne-t-elle ? « Oh, je ne suis pas venu me battre, répond-il en haussant les épaules, mais pour écrire un livre. » Un livre sur quoi ? « Mais sur la guerre, naturellement. » Et c'est pour cela que les Serbes l'ont arrêté ? « C'est que… ils m'ont attrapé un kalachnikov à la main. » Ahuri, je m'écrie : « C'est avec un kalachnikov que vous alliez écrire un livre ? La plume n'est-elle plus à la mode ? »

Visages éteints, résignés, comme vidés de force vitale. Face à eux, nous nous sentons fautifs. Nous sommes des êtres différents. Des hommes libres. Comment les aider ? Comment leur exprimer notre solidarité ? En ce lieu, solidarité est un bien joli mot. Joli mais creux.

En les quittant, nous leur promettons de ne pas les oublier. Toujours ça de gagné ? Pour le prisonnier, il est important de savoir qu'on pense à lui.

Conséquence de notre visite : le camp sera fermé et les prisonniers seront libérés. Tous ? Environ cinq cents ne seront pas remis aux autorités de la Croix-Rouge internationale. Disparus ? Envoyés dans un camp disciplinaire.

Pire : il paraît que le groupe avec lequel nous avons parlé dans l'infirmerie a été puni et transféré dans un camp encore plus dur, encore plus rigoureux : celui de Batkovic.

Déception, colère, outrage : et les promesses non tenues ? Et les engagements rompus ? Et la parole d'honneur du commandant Popovic ? Les hommes que nous sommes venus aider et encourager se retrouvent dans une situation pire qu'avant. Dans ces conditions, comment continuer notre mission humanitaire si, au bout du compte, ce sont les victimes qui en paient le prix ?

Sarajevo : tragédie incarnée dans une ville, parmi les villes les plus tristes, les plus désolées, les plus dévastées du monde. Autrefois, me dit-on, elle faisait partie des plus belles, des plus paisibles.

On dirait une ville allemande en 1945. Ruines et décombres. Maisons béantes, hantées. Ici et là, des hommes, des femmes, des enfants ramassent du bois sous la neige et le ramènent chez eux, l'air renfermé.

C'est le général Philippe Morillon qui nous accueille. Visage d'ascète ou de professeur, ce guerrier de la paix est l'honneur de la France et des Nations unies. Son comportement à Srebrenica lui vaudra l'admiration générale.

Il me raconte Sarajevo. La vie et la terreur à Sarajevo. La faim. La mort.

Comment les habitants vivent-ils dans cette ville assiégée ? Même loin de Sniper Alley, on risque à tout moment d'être touché par une balle perdue. Et pourtant. Aux heures d'accalmie, des gens marchent droit, presque normalement, bien que le regard balaie le sol. Ils semblent n'aller nulle part. Les écoles sont fermées, les magasins aussi. « Le pire, nous dit-on, c'est qu'à Sarajevo la vie semble sans but. On se lève, on sort, on rentre, on parle, on répond, et c'est toujours pour rien. »

A la prison Victor-Bubanj, dans des cellules hautes et étroites peintes à la chaux, nous voyons une vingtaine de détenus. Debout, le front bas, humbles, humiliés, ils attendent d'être interrogés. Nom, âge, lieu de naissance, profession : ils répondent sans lever la tête. Derrière nous, les gardiens et les officiels commentent leurs réponses. Tous ont été arrêtés légalement, nous disent-ils. Tous seront traduits devant la justice. Du doigt, ils indiquent un « criminel inculpé pour crimes de guerre et génocide ». Je le reconnais : sa photo a été publiée dans le *New York Times* quelques semaines auparavant. Il s'appelle Borislav Herak. Passé aux aveux, il a reconnu avoir assassiné trente-cinq hommes et violé treize femmes, tous musulmans. Ses actes soulèvent le cœur, mais pourquoi les qualifier de génocide ? (Il sera condamné à mort et exécuté.)

C'est le président Alija Izetbegovic qui nous sert de guide dans cette capitale fantôme où les visiteurs ne circulent qu'en véhicules blindés. A un certain endroit, il nous montre un petit square et remarque : « C'est ici que Gavrilo Princip a tiré sur l'archiduc François-Ferdinand en 1914 ; ce fut la première balle de la Première Guerre mondiale. » Et dire qu'une troisième guerre européenne sinon mondiale risque d'être déclenchée dans cette même ville…

Courageux, ce président. Ses gardes du corps essaient de freiner son enthousiasme. Il marche avec nous à visage découvert, peu protégé, indifférent aux risques. Se rend-il compte que nous formons des cibles parfaites pour les tireurs embusqués d'en face ? Abe Rosenthal le lui fait remarquer et nous regagnons vite nos véhicules.

(Est-ce dans un reportage publié par *Yedioth Ahronoth* que j'ai vu une photo le montrant avec des membres des divisions SS sous le règne des Oustachis ? Était-ce un faux ?)

Continuons notre visite guidée.

Voici la Bibliothèque nationale. Ou ce qu'il en reste. Murs troués de balles et d'obus. Sur plusieurs étages, des traces sombres laissées par les flammes : l'immeuble a dû brûler assez longtemps.

Dans le salon de la présidence, un homme très brun, le visage tourmenté, s'est tourné vers moi : « Je suis écrivain. Il paraît que vous allez rendre visite à quelqu'un qui se prend lui aussi pour un écrivain. Demandez-lui donc pourquoi il a incendié la belle bibliothèque de Sarajevo ? » Je le lui promis.

Assis en face Radovan Karadjic, le maître de la Bosnie serbe, je lui demande pourquoi il a incendié la bibliothèque... Rouge d'indignation, il se met à me « démontrer » que c'est faux, archifaux, que ce sont les musulmans qui l'ont incendiée pour pouvoir l'en accuser, lui... Je discute : la bibliothèque, je l'ai vue il y a une heure... J'ai vu les murs... les traces de l'artillerie... C'est du dehors que l'immeuble a été attaqué... Karadjic refuse de céder. Il me dit que je ne comprends rien à ces choses-là, et il doit avoir raison : comme artilleur, je suis nul...

Coupable, Karadjic ? Sûrement. Et son commandant en chef, le général Ratko Mladic ? Sans nul doute. Est-ce à dire que ses adversaires, les Bosniaques et les Croates, sont tous innocents ? Dans cette guerre, la première victime n'est pas seulement la vérité mais aussi l'innocence. Ici, nul n'est innocent. Mais certains sont plus coupables que les autres.

Et pourtant. Sarajevo fut, pendant cinq siècles au moins, un exemple d'harmonie urbaine. La compréhension régnait entre juifs, chrétiens et musulmans. Aucun incident racial, ethnique ou religieux ne troublait leur entente. Qu'est-ce qui a provoqué le changement, la rupture ? Ici, comme ailleurs, la haine s'avère la plus forte. Que faire, comment faire pour l'arrêter ?

Avant de quitter Belgrade, je me rends comme convenu chez le président Cosic et nous passons plusieurs heures à procéder à un tour d'horizon. Je lui fais part de mes impressions négatives. J'essaie de le convaincre de mettre un terme à la politique de terreur contre les Bosniaques. Lui s'efforce de me faire admettre le principe de la séparation ethnique : « En tant que Juif, vous devez comprendre que certaines communautés ne peuvent pas vivre ensemble. Tôt ou tard, cela arrivera en Israël aussi. » Ce que disent de lui ses adversaires est donc vrai : il était *pour* l'expulsion, volontaire ou sous la contrainte, des musulmans. J'essaie de lui expliquer qu'il se trompe sur les Juifs : nous avons coexisté avec tant de peuples pendant tant de siècles. A tous mes arguments, il oppose les siens, insistant sur le fait que le temps est venu pour nous d'être réalistes. A la fin, je lui donne ce conseil : pour le Nouvel An, il fera sans doute un discours à la nation ; pourquoi n'en profiterait-il pas pour donner l'ordre à l'armée serbe de fermer tous les camps ? « On me désobéira, répond-il. » Je lui objecte : « Mais au moins vous aurez droit à quelques lignes dans les livres d'histoire. D'ailleurs, je ne pense pas que vous risquez grand-chose. Nul n'osera s'attaquer à vous. Vous serez le héros du jour. Le monde entier vous applaudira. Vous aurez le soutien de tous les hommes libres. » Il me promet d'y réfléchir. Manque de courage, de conviction peut-être ? Il n'a rien dit. Et ses opposants l'ont quand même remplacé. Par son ennemi Milosevic.

Et la guerre continue dans cette partie des Balkans. Les vainqueurs serbes du début ont à leur tour été vaincus. Les dieux de la guerre se détournant des uns pour favoriser les autres, les Croates sont passés à l'offensive et les Serbes se sont retrouvés victimes de la « purification ethnique ». Les unités de l'ONU n'y pouvaient rien : la puissance de la mort est supérieure.

Sentiment de frustration, sensation d'impuissance, d'inutilité.

Jour après jour, des hommes s'entre-tuent, nuit après nuit des hommes tombent. Et partout ce sont les enfants qui désespèrent. C'est ainsi, toujours : des adultes se font la guerre et ce sont les enfants qui en souffrent. Que faire ? Intervenir ? Comment ? Par les armes ? Faire la guerre à la guerre ? Le débat divise l'Amérique. Interrompant mon discours lors de l'inauguration du musée de l'Holocauste, je me tourne vers le président Bill Clinton et je lui dis : « Il faut faire quelque chose, n'importe quoi, pour arrêter l'effusion de sang là-bas. » Il est ému, il me le confiera personnellement. Mon appel répond à une attente dans le pays ; il est repris dans les journaux. On le cite à la radio, à la télévision. Je n'ai pas dit que j'étais favorable à une intervention militaire, mais c'est ainsi qu'on interprète mes propos. Charles Krauthammer, éditorialiste de l'hebdomadaire *Time*, me le reproche. Un Juif, dit-il, ne devrait pas se mêler de la guerre des Balkans. Et, à l'en croire, je n'aurais pas dû lancer mon appel du « lieu sacré » qu'est le musée de l'Holocauste. Pas d'accord, monsieur Krauthammer. Premièrement, aucun musée n'est sacré. Deuxièmement, quand des hommes meurent, quand des innocents subissent viols et tortures, quand des villes se transforment en cimetières, les Juifs n'ont pas le droit de se taire.

Avec le secrétaire d'État Larry Eagleburger, nous discutons en 1992 de la nécessité d'établir un tribunal international pour juger les crimes contre l'humanité. Qui sait ? Il découragera peut-être tel leader, tel officier, tel assassin en uniforme. C'est que, pour ce genre de crime, il n'existe pas de prescription, pas de droit d'asile. Dans ce domaine, un criminel risque l'arrestation n'importe où, n'importe quand. Le Département d'État défend le projet, mais l'Europe se vautre dans ses hésitations. Puis elle finit par s'aligner. Nous dressons une première liste. Karadjic et Mladic y figurent. Ils sont toujours en liberté.

Comme on dit ici : allez comprendre.

Nous sommes début août 1995. « *It's over* », me dit un journaliste américain. « C'est fini », renchérit un diplomate français. Plus rien à faire. Sarajevo est perdu. Et la Bosnie aussi. Tout ce qu'il me reste à ajouter ce matin c'est que, comme avec la Tchécoslovaquie en 1938, les grands de ce monde ont trahi une nation dont l'indépendance avait été reconnue sur le plan international. Pour la Bosnie meurtrie et martyrisée, et à notre honte à tous, la page sera bientôt tournée.

Et pourtant. Il faut continuer. Toutes les organisations humanitaires en sont conscientes. Il est interdit de se résigner. Les criminels, eux, ne se résignent jamais.

Regardons autour de nous. On dirait que l'Histoire n'a rien retenu de ses propres leçons. La tragédie de la Somalie ne se limite pas à la Somalie. La honte née de la guerre en Bosnie se propage au-delà des frontières de l'ex-Yougoslavie. Les rapports de l'UNICEF révèlent qu'un enfant meurt de faim ou de maladie à chaque instant de la journée ou de la nuit. Et l'Inde, cette grande terre dominée par la spiritualité, va-t-elle renvoyer ses démons vengeurs dans leurs abris ? Et que se passe-t-il vraiment dans l'inconscient collectif de l'ancienne Union soviétique ? Qu'est-ce qui remplacera le communisme égalitaire ? Comment faire taire la haine qui oppose les Azéris aux Arméniens, les Roumains aux Hongrois, les nantis aux dépossédés ? La montée du racisme en Europe de l'Est, de la xénophobie en Allemagne, du fanatisme au Moyen-Orient, et de l'antisémitisme un peu partout. Le troisième millénaire approche et il sera accueilli dans la peur. Le sang coule et le monde ne change pas. Veilleur, où en est la nuit ?

Je relis ces notes début 1996. Combien d'avatars l'ex-Yougoslavie a-t-elle traversés depuis l'an dernier ? Combien de cessez-le-feu et d'armistices ont-ils été signés et trahis ? Pourtant, le siège de Sarajevo est levé. Et celui de Srebrenica. Est-ce dû à la lassitude de tous les côtés ? A la décision du président Clinton d'envoyer vingt mille soldats américains pour préserver les accords de paix signés, grâce aux efforts de Richard Holbrooke, dans la petite ville de Dayton dans l'Ohio ? Aux bataillons de l'OTAN et de la Russie qui sont, eux aussi, prêts à prendre leurs responsabilités ? Avec un peu de chance, les choses et les esprits resteront calmes.

A La Haye, le Tribunal international fait parler de lui. Ses émissaires ont fait du bon travail. Ils ont trouvé les fosses communes, déterré les cadavres défigurés. Des témoins ont déposé contre les criminels de guerre en les nommant. Des mandats d'arrêt internationaux ont été lancés contre Radovan Karadjic et le général Ratko Mladic. Dans quelle mesure le président serbe Slobodan Milosevic est-il personnellement impliqué ? L'enquête continue. Les coupables seront-ils appréhendés, jugés et condamnés ? Espérons-le. L'avenir de la paix en cette région en dépend.

ET POURTANT

Et pourtant. Il faut miser sur l'avenir. Pour sauver la vie d'un seul enfant, nul effort n'est superflu. Faire sourire un vieillard fatigué, fatigué de marcher et de peiner, c'est accomplir une tâche essentielle. Combattre l'injustice et le malheur, ne serait-ce que pour un seul instant, pour une seule victime, c'est inventer une nouvelle raison d'espérer.

Oh, je sais : il n'est pas toujours facile ni intéressant d'espérer. L'espoir peut devenir un piège dont les victimes sont aussi malheureuses que celles du désespoir. Je me suis heurté à cette difficulté en écrivant *L'Oublié*. Je n'arrivais pas à l'achever : je ne voulais pas laisser mon jeune héros Malkiel, le fils d'Elhanan, acculé à un désespoir sans issue. Dans tous mes romans, j'essaie d'ouvrir, du moins de suggérer, une voie non vers le salut (est-ce qu'il existe ?) mais vers la rencontre : avec l'autre et avec soi-même. Dans *L'Oublié*, le vieux héros dépossédé de sa mémoire et conscient de ce mal incurable ne peut plus espérer aucun contact humain. Qui donc réussira à le faire sourire une fois encore ? Je ne trouvais pas de solution au problème et gardai plusieurs mois le manuscrit dans un tiroir. Puis, un matin, très tôt, j'entendis des bruits venant de la chambre de mon fils, alors jeune lycéen : il avait du mal à se rendormir ou à se lever. Et la solution s'imposa soudain : je devais procéder à une transfusion de mémoire ; à mesure que celle d'Elhanan baisserait, celle de Malkiel s'enrichirait.

Il arrive un âge où l'on s'attache à un mot plus qu'à un autre. Maintenant, j'aime ce mot « transfusion ».

> La nuit dernière, j'ai revu mon père en songe. Je le revois de plus en plus souvent. Et, avant de m'endormir, je ne sais plus si je dois redouter ou espérer son apparition. Chaque fois, je me réveille en sursaut, un poids obscur sur ma poitrine.
> Je lui ai lu certaines de mes pages, surtout celles que je n'ai pas encore écrites, et que je n'écrirai jamais. M'écoutait-il ? Moi, je l'écoutais, et pourtant il ne disait rien. Serait-ce que j'écoutais mal ? Il se peut que de tout ce que j'ai écrit ou cru écrire, ce sont les mots qui exprimaient son silence qui resteront.

Je rêve aussi à ma mère, à ma petite sœur. Je pleure dans mon sommeil. Je cherche à connaître leurs derniers instants. Hilda les a accompagnées quelques pas plus loin que moi. Parfois, j'ai envie de l'interroger là-dessus. Je n'ose pas. Nous nous parlons toutes les semaines, mais de choses actuelles seulement. De son fils Sidney, de ses petits-enfants. Pourtant, j'aimerais connaître ses expériences dans le camp. Je n'ose pas le lui demander. C'était pareil avec Béa. Je sais qu'elles étaient ensemble à Kauferingen, pas loin de Dachau. Quand ont-elles quitté Birkenau ? Quelles cruautés les Allemands leur ont-ils fait subir ? Hilda : « La nuit, notre dernière nuit à Auschwitz, je me la rappelle. Cette nuit-là, on a envoyé en transport 1 200 femmes. Nues. Oui, nues. Béa et moi faisions partie du convoi. Je m'en souviens. Je me souviens même de la date. Dans le wagon, une femme très pieuse a remarqué : “C'est Tisha b'Av, le neuvième jour du mois d'Av, le plus triste de l'année.” » Et avant ? et ensuite ? Ah, cette pudeur qui me rend muet. Ni avec Béa ni avec Hilda, nous n'avons évoqué nos parents ou notre maison. Peur d'éclater en larmes ?

Je sais que Hilda, comme Béa jusqu'à sa mort, pense tout le temps au paysage d'autrefois. Moi aussi, j'y pense sans cesse.

Dans mon bureau, vous ne trouverez aucune médaille, aucun diplôme. Mais, au-dessus de la table où je travaille, une seule photographie est suspendue. Elle montre la maison de mes parents à Sighet. Dès que je lève mon regard, c'est elle que je vois. Et elle semble me dire : « N'oublie pas d'où tu viens. »

Je viens d'avoir 68 ans. Il est temps de dresser un nouveau bilan. J'ai traversé un siècle à la fois plus violent et plus prometteur que tous les autres. L'homme ne s'y est jamais découvert si vulnérable, ni si généreux. Confronté à deux mystères également puissants, celui du bien et celui du mal, il doute de son avenir, et de l'avenir du genre humain qu'il pourrait anéantir d'un geste. Vivre dans l'attente ? L'attente de quoi ? Le Juif en moi attend la rédemption. Et, en attendant le Messie, il se souvient de ses ennemis. Que vaut mon passé, que pèse ma vie ? J'ai mené des combats, j'en ai gagné quelques-uns, peu nombreux, trop peu pour en tirer fierté et assurance ; je ne pense pas m'arrêter. Je dérange quand j'élève la voix, j'agace quand je l'étouffe. Des gens, des gens bien aussi, me donnent souvent l'impression que je leur dois quelque chose. Je ne leur en veux pas. Certains comprennent ma démarche, d'autres ne comprendront jamais. Je continue à apprendre – donc à prendre – et à rendre, à tendre la main, à tout commencer et à recommencer lors de chaque rencontre. J'ai dit des mots, j'en ai gardé d'autres pour la prochaine tentative, l'histoire qui attend, et qui attendra toujours, d'être racontée. J'ai beaucoup lu, étudié, voyagé, écrit, j'ai beaucoup témoigné. En ai-je fait trop ? Je ne me relis pas, je n'en ai guère besoin. Quand j'ai envie de me relire, c'est toujours une page inédite que j'extrais de mon tiroir secret.

Et je me dis : même si je tiens compte de mes récits et romans, essais et études, analyses et réminiscences, je sais que je n'ai encore rien accompli.

Aide-moi, père.

Jadis, *là-bas*, loin des vivants, nous nous répétions : si, par la grâce de Dieu ou du hasard, nous nous en sortons, nous consacrerons chaque heure, chaque moment de notre existence à dénoncer par le verbe et l'action le cynisme facile et le silence mensonger des hommes à l'égard des victimes passées ou futures.

Convaincus que le monde dit libre ne connaissait rien du royaume maudit et maléfique où régnait la mort, nous nous encouragions les uns les autres : celui parmi nous qui survivra devra témoigner pour tous ; il parlera en notre nom ; en notre nom, il réclamera justice ; en tant que notre porte-parole, il fera en sorte que notre mémoire envahisse celle de l'humanité. Il ne fera rien d'autre. Ses jours et ses nuits, il les consacrera à raconter. Sa vie tout entière, il en fera une arme puissante de notre mémoire collective ; grâce à lui, elle ne sera pas étouffée.

L'avouerai-je ? Je ne faisais pas exception. Il m'arrivait, après la libération, de m'imaginer en messager. Porteur d'un seul message : non à l'oubli. D'un seul thème : la vie et la mort de ces communautés que la nuit avait englouties pour les recracher vers un ciel en flammes. D'un seul but, d'une seule obsession : les sauver d'une seconde mort. Je ne savais pas que j'étais comme le bouffon de Kierkegaard : il criait « Au feu ! », et les gens pensaient qu'il riait.

Je me voyais parcourant la Terre, allant de ville en ville, de pays en pays, tel le fou des contes de Rabbi Nahman, rappelant aux hommes ce dont ils sont capables, en bien et en mal, attirant leur regard sur les fantômes innombrables entassés autour de nous et en nous.

Puis je me suis arrêté de courir, ou disons que j'ai ralenti le rythme de mes pas. J'étudie, j'enseigne, je dirige mes élèves vers leur carrière, je dis oui, je dis non, j'observe les passants pour deviner leurs secrets, je suis heureux, je suis triste, bref : j'essaie de ne pas mourir avant de mourir. Avec Marion, nous avons fondé un foyer ; nous avons vu grandir notre Elisha qui nous emplit de fierté et de bonheur ; nous avons essayé de faire des choses utiles.

Marion, ma femme, mon alliée, ma confidente ; c'est elle qui, souvent, m'empêche de commettre des bêtises. C'est à elle que je dois la sagesse de pouvoir suivre un certain chemin. Et elle est restée jeune, tandis que moi je ne le suis plus.

Les enfants de Hilda, à Natanya en Israël, se portent bien. Oren et Orli ont fini leur service militaire. La fille de Béa, Sarah, est mère de cinq enfants. Steve et Itzhaka attendent leur premier. J'ai assisté à leur mariage. En conduisant Steve à la *houpa*, j'étais heureux et triste. J'ai dansé avec le jeune marié jusqu'au vertige.

La lignée de Sarah et Shlomo Wiesel ne s'est pas éteinte.

En 1970, j'avais rapporté mon intention de mettre fin à mes témoignages. Je disais :

> ... Il fallait raconter. En dépit des risques, en dépit des malentendus. Il fallait raconter pour nos enfants. Pour qu'ils sachent d'où ils viennent. Et quel héritage nous leur léguons. Le passé emporté par

> les nuages, il fallait le ramener et ramener les nuages. Les morts, il fallait les regarder, les regarder encore, pour les apaiser et les conjurer, peut-être pour chercher auprès d'eux, par-delà le paradoxe et l'absurde, un indice, un début de promesse.
> Mais à partir de maintenant, ce sera différent. Qu'on le veuille ou non, un quart de siècle marque un tournant. Une coupure. Désormais, on parlera autrement de l'Holocauste. Ou l'on n'en parlera pas du tout, du moins pas avant longtemps. D'autres exploits, d'autres explorations exercent déjà leur attrait sur la nouvelle génération. L'ère de la Lune s'ouvre au moment où s'achève, récalcitrante, celle d'Auschwitz.
> Or on connaît déjà la face secrète, obscure de celle-là, alors qu'on ne connaîtra jamais tout à fait la face ténébreuse de l'autre. L'homme concentrationnaire s'efforcera de sceller sa mémoire, le témoin se promet de ne plus l'appeler à la barre. Fini l'inventaire. les fantômes devront se faire une raison. Bientôt il n'y aura plus personne pour en parler, personne pour écouter[1].

Inventaire pessimiste ? J'y croyais. J'avais sincèrement décidé de ne plus « en » parler.

Et aujourd'hui ? Ceux qui sont nés à la date où ce texte fut écrit ont maintenant 25 ans. La plupart ont la vie devant eux.

Faut-il leur parler ?

De qui ? De quoi ?

De mon passé ? Faire en sorte qu'il ne devienne pas leur avenir ?

Mais les résistances ? Et les offenses ? Les cyniques ? Arriveront-ils mieux que les négationnistes à nous faire taire ? Et moi qui rêvais de chanter la mémoire et l'amitié dans un monde privé de l'une comme de l'autre.

Je vois mon père, il n'est pas dans mon rêve. Je le vois et il m'aide à ne pas tomber dans les pièges quotidiens que la société nous tend souvent, soit en nous faisant du bien, soit en nous faisant mal.

Je le vois, et cela me permet de comprendre ce qui est essentiel et ce qui est futile.

Je vois ma mère et je sais que son sourire vaut plus que tous les honneurs du monde.

Je vois ma petite sœur au visage rayonnant de pureté et je me dis que les gens sont bêtes quand ils se prennent au sérieux.

1. *Entre deux soleils*, Éditions du Seuil, Paris, 1970.

« Souviens-toi », nous commande le Livre. Dans la tradition qui est mienne, la mémoire n'isole point les êtres. Au contraire, elle rattache les uns aux autres, et tous ensemble aux origines de leur histoire commune. C'est parce que je me souviens d'où je viens que je me sens proche de ceux que je rencontre sur ma route. C'est parce que l'homme est capable de transformer son fardeau en promesse qu'il peut pleinement les vivre. Voilà pourquoi être sans passé est pire qu'être privé d'avenir. Que serait notre civilisation si on la dépouillait de sa mémoire ? La mémoire est plus qu'une somme d'images et de paroles, de cris et de gestes, elle est même plus qu'une identité individuelle ou communautaire ; elle est le lien qui nous rattache au mystère du commencement, ce point nébuleux où la mémoire des hommes se reflète dans celle de Dieu.

Voilà pourquoi nous nous obstinons à déposer.

Et à nos critiques, à ceux qui se permettent de nous juger, quel que soit leur mobile ou leur argument, j'allais dire et répéter : « Laissez-nous donc en paix ; nous ne vous devons rien. Vous n'avez rien fait pour nous, alors que nous avions besoin d'amitié ou, au moins, de compréhension, cessez donc de nous accabler. Laissez-nous parler à nos morts, puisqu'ils vous dérangent, vous qui êtes vivants. Laissez-nous parler comme nous le voulons, et aussi longtemps que nous le désirons. Les rescapés se sont arrangés sans vous, ils vivront loin de vous. Puisque vous ne faites pas partie de leur univers, ne les entraînez pas dans le vôtre. »

Voilà ce que je m'étais promis, dans mes moments de dépression, de dire à tous ceux pour qui nous sommes des intrus.

Et pourtant. Des générations après, j'admets avoir des doutes ; ai-je manqué à mon engagement ? J'ai écrit, j'ai écrit des livres mais, à quelques exceptions près, ils traitent d'autre chose. Je l'ai dit : j'ai écrit sur des sujets variés pour ne pas évoquer le seul qui importe et qui soit porteur de sens.

Pendant longtemps, j'ai essayé de comprendre pourquoi.

Commençons par les raisons superficielles : je craignais d'en parler mal ou, ce qui serait pire, pour de mauvaises raisons. Je craignais de me servir du thème au lieu de le servir. Je redoutais les tentations, les déceptions. Je me contentais de dire que l'on ne peut pas dire.

Comme la plupart de mes camarades, j'essayais d'inventer des raisons de vivre. Et une nouvelle vision de l'homme dans ce monde en folie. Et un nouveau langage. Un langage premier dont le but exclusif serait de décrire ce qui échappe à l'écriture, de crier sans ouvrir la bouche, de m'adresser aux morts puisqu'ils ne pouvaient plus s'adresser à nous.

En juillet 1995, je reviens dans notre ville. Pour quelques heures. Je parle de vous à deux jeunes visiteurs qui portent ton nom, père. Je leur montre la chambre de leurs grands-parents. Je me promène avec eux dans la cour, dans le petit jardin où Tsipouka aimait jouer avec les rayons de soleil qui donnaient à ses cheveux un éclat doré. Je la vois et, comme toujours quand je songe à elle, mes yeux s'emplissent de larmes. Je dois faire un effort surhumain pour cacher mon visage, pour me cacher dans mon visage.

Devant la maison de grand-mère Nissel, nous nous arrêtons. Fermée, la fenêtre où, autrefois, elle attendait un petit écolier pour lui offrir, le vendredi, un pain tressé. Devant Tsipouka, elle souriait. Et ma petite sœur lui rendait son sourire. Je voudrais tant pouvoir raconter la grand-mère avec son fichu noir sur la tête. Et la petite fille aux cheveux d'or... Impossible de desceller mes lèvres. J'entends les battements de mon cœur. J'ai peur d'une crise cardiaque. Serais-je revenu à Sighet pour y mourir ?

Là, c'est le cimetière. Elisha, Steve, entrons. Allumons une bougie sur la tombe du *Yétev Lév*. Puisse-t-il intercéder en votre faveur.

Quel calme ici.

Je compte y revenir une fois encore. Avec Hilda. Et Sidney. Et ses enfants.

Et là, vous voyez, c'était le Héder. Mes Maîtres. Mes amis. Allumer des bougies pour eux aussi ? Ils n'ont pas de tombes.

Et là, en face de chez nous, le Béit Hamidrash du Borsher Rabbi. Quelques minutes de marche jusqu'aux bains rituels : j'y venais tous les matins. La *yeshiva*, plus loin, près de la demeure du grand rabbin.

A mes deux jeunes compagnons, merveilleux de tendresse, je veux dire quelque chose sans y parvenir : des larmes m'étouffent. Discrets, ils restent en arrière.

Dans l'unique synagogue de la ville, pauvre et délabrée, nous prions ensemble. Assis sur un banc face à l'arche sainte vide, nous ouvrons un livre poussiéreux qui traîne sur un pupitre et étudions une page sur les lois du deuil. Sommes-nous ici les derniers Juifs à nous plonger dans l'étude de textes sacrés ?

A la gare, nous restons silencieux un long moment. C'est ici, ici même, que prit fin la vie juive de Sighet. Emportée dans la fumée du train.

Et des cheminées.

Birkenau. Elisha et Steve, le fils de Béa. Comment leur dire ce que personne n'a pu me dire à moi ? Leur silence se joint au mien. Il n'y a plus rien à dire, il ne faut surtout rien dire. La rampe. Les cris. Les hurlements. La nuit. Le dernier regard sur Tsipouka. Pleure-t-elle ? Que dit-elle à sa maman ? Et votre grand-mère, que lui répond-elle ? Sans doute essaie-t-elle de la rassurer. N'aie pas peur, petite fille. N'aie plus peur.

L'ai-je dit à voix haute aux deux Shlomo que j'aime de toute mon âme ? Voilà, c'est ici que l'arbre d'une vieille famille juive a été scié. Calciné, l'arbre dont les racines touchent celles de Rachi et du roi David.

Mais ses branches refusent de se dessécher.

Nous cherchons Buna ou Auschwitz III, mais avons des difficultés à le trouver. Disparue, la dernière trace de ce camp. Une petite plaque cachée quelque part, c'est tout. Un prêtre nous désigne des maisons, des immeubles proches : « C'est là. » Si près ? Oui, le camp était si près. Comment le sait-il ? Il habite la rue qui lui était adjacente. De sa fenêtre, il pouvait tout voir. Tout ? Oui, tout. Les « appels » ? Oui, les « appels » aussi. Et les « exercices », les punitions. Et les pendaisons ? Aussi. Et cela ne le gênait pas de manger le matin, de dormir la nuit ? Le prêtre hausse les épaules. A mes jeunes compagnons visiblement tourmentés, je veux dire quelque chose sur ce que leur grand-père a subi à quelques pas d'ici, mais je ne dis rien.

A Buchenwald, c'est pareil. Le « grand camp » est resté presque intact. Comme musée. A notre guide, je demande : où est le « petit camp » ? Il nous emmène dans un bois : « C'est là. » Beaucoup d'arbres. La brousse. C'est tout ? Oui, c'est tout ce qui reste de l'enfer où seuls les Juifs, évacués d'Auschwitz, souffraient et mouraient. Pas même une plaque pour interpeller le visiteur égaré.

Je m'appuie contre un arbre. Je suis seul. Je ferme les yeux et cherche mon père.

Des images remontent en moi et brouillent ma vue. L'arrivée, la nuit. Les hurlements. L'eau froide. L'immense baraque. On y étouffait. Mon père malade. Mon père humilié à ses propres yeux. Son délire. Sa douleur. Mon père mourant. Mon père mort.

Et ici, la nature. Paisible, indifférente sous la pluie ou la neige. Belle au printemps, grise à l'automne. L'Ange de la mort est parti sans laisser de traces.

Séquelle de la tragédie : d'un côté sa déjudaïsation, de l'autre sa disparition.

L'oubli serait-il plus obstiné que la mémoire ? Comment fait-on pour lutter contre la volonté de tout effacer ?

Pourquoi Dieu créa-t-Il l'obscurité ? Pour se cacher de Ses créatures. Est-ce pour cela que Giordano Bruno disait que la lumière est l'obscurité de Dieu ?

Et la mémoire dans tout cela ?

Et les morts ?

> Eh oui, les morts. Grand-père reb Dodye et ses chants. Grand-mère Nissel et son fichu noir. Ma mère et ses yeux, mon père et sa voix. Ne m'en veux pas, Tsipouka. Ne m'en veux pas de t'avoir laissée partir dans la nuit.
> Dans mes rêves, je te vois. Je te vois en m'endormant, je te devine en me réveillant.
> Tu es triste, et je ne sais plus exactement pourquoi. Je te regarde et je pleure. Je pleure en pensant que tu me vois, puis je cesse de pleurer sans savoir pourquoi.
> Quand le saurai-je ?

De tous côtés, on me dit d'arrêter, de me détourner du passé, de miser sur l'avenir après l'avoir interpellé. On me suggère de ne plus revenir en arrière, de sortir de *là-bas*, de changer de registre, de me pencher sur d'autres thèmes. Cela suffit, me dit-on. Tu en as assez fait, que d'autres prennent la relève. Qu'ils se fassent insulter, eux. Les insinuations, lâches et viles, t'ont fait mal, avoue-le. Tu as le droit au repos.

Faut-il les écouter, père, dis ?

> C'est toi que j'écoute. C'est toi que je veux écouter puisqu'ils refusent de t'entendre. Libre à eux de ricaner ou de hurler, je par-

lerai quand même. Aussi longtemps que le souffle ne me quittera pas, il fera respirer les paroles qui n'appartiennent qu'à toi. Je n'ai pas le droit d'ouvrir un cahier dont tu serais absent.

Le temps presse, les jours raccourcissent. « Ouvre-nous une porte, dit une prière de l'office de Neilah, avant la fin du Kippour, ouvre-nous une porte à l'heure où toutes les portes se ferment, car le crépuscule va tomber. »

Il approche et je sens qu'il va bientôt m'emporter dans ses mystérieux replis. Je sais qu'il me déposera devant toi, peut-être dans tes bras. Toi, à ton tour, tu me conduiras auprès des nôtres. Ils sont nombreux là-bas, père, ceux que j'ai connus et aimés. Dans mes rêves, je perçois ta présence et la leur. Grand-père Dodye et grand-mère Nissel. Et maman. Et ma petite sœur aux cheveux d'or et au sourire innocent. Et Béa. Et tous les oncles, toutes les tantes, tous les cousins, tous les amis. Je sais quand vous êtes là. Je sais que lorsque je rejoindrai vos rangs, vous me parlerez enfin.

Pour l'instant je ne fais qu'écouter.

Tout a été dit et tout reste à dire.

... Tout en écrivant ces mots, je contemple la photographie de ma maison ; elle est toujours devant moi, lourde et fermée sous le poids de l'obscurité.

Eh oui, j'aimerais retourner une dernière fois à Sighet. Pour y écrire les dernières pages. Pour y évoquer, une dernière fois, mes nuits de rêves et sans rêve, mes promenades matinales, mes flâneries, mes passions interdites, mes ambitions enfantines, j'aimerais y réciter des prières oubliées.

J'aimerais me tenir à la fenêtre, chez moi, et observer les passants, les paysans bourrus, les écoliers persifleurs, j'aimerais suivre du regard le cortège muet des revenants.

Je n'ai pas peur de souffrir en silence du matin au soir, je ne crains pas de m'éteindre seul dans un lieu inconnu.

Je n'ai pas peur de perdre pied, ni de retrouver le temps de l'exil.

Comme Elhanan, dans *L'Oublié*, j'ai peur d'oublier.

J'ai peur d'oublier le sourire éblouissant et triste de ma petite sœur, la voix si douce de ma mère. J'ai peur d'oublier le regard de mon père, les chants de mon grand-père reb Dodye, la piété de ma grand-mère Nissel.

Je lis, je relis ce que j'ai écrit, ce que d'autres ont écrit. Et Dieu dans tout cela ? Je bute, dans le Livre des Lamentations, sur trois mots déchirants – c'est le prophète qui les adresse au Seigneur :

« *Haragta lo khamalta* – Tu as tué, Tu n'as pas eu pitié. » Ou bien : « Tu as tué sans épargner. » Auparavant, le prophète dit au Seigneur : « Dans ta colère, Tu t'es caché et Tu nous as poursuivis. » Pourquoi, Dieu ? Pourquoi ? J'ai peur de ne pas savoir, j'ai peur de savoir la réponse. Mais plus que tout, je tremble à l'idée que ma mémoire pourrait se vider, que je pourrais oublier les raisons qui m'ont permis de poser un pas devant l'autre, un mot après l'autre, de célébrer le droit des enfants de vivre dans un monde sans menace, d'accueillir la nuit et son mystère sans s'inquiéter de ses ombres maléfiques.

J'ai peur de connaître la fin avant même d'avoir commencé.

Quand commencerai-je, père ?

J'ai envie de chanter, chanter le bonheur et la sérénité, je désire aimer, faire rire, accompagner le solitaire sur son chemin qui n'aboutit nulle part : je veux poursuivre l'œuvre commencée par Dieu dans le cœur des hommes.

Comment chanter, maman, comment chanter les chants que ton père à toi, grand-père Dodye, nous a appris le soir de Rosh-Hashana ?

Comment peut-on encore aimer dans cette vie, alors que toi, Tsipouka, ma sœur si douce dont l'ennemi a volé l'avenir, tu es entrée dans la mort toute petite, toute frêle, tout innocente ?

J'ai encore tant de questions à poser, père. Tant de portes à ouvrir, tant de secrets à découvrir.

Aurai-je le temps ?

A qui le temps appartient-il ? Existe-t-il plus d'un temps ? Dans la liturgie, oui. Mais dans la vie ?

Je ne sais pas, père. Il y a tant de choses que je ne sais plus.

De l'autre pièce, ou est-ce de l'autre côté de la nuit, une voix douce me tire de ma rêverie :

« Tu m'as appelé, père ? »

Je lui réponds :

« Oui, mon fils. Je t'ai appelé. »

Et pour moi, cela est suffisant.

GLOSSAIRE

Aggadah	Commentaires, aphorismes, légendes du Talmud.
Ahavat-Israël	L'amour, l'attachement pour Israël.
Aliya	La « montée » vers Jérusalem. Par extension, mouvement encourageant l'immigration en Israël.
Amidah	La principale prière quotidienne.
Aufruf	Privilège qui permet au marié d'être appelé à la *bimah* pour lire un passage de la Torah.
Bar-mitzvah	Cérémonie par laquelle se terminent les études religieuses des enfants à 13 ans.
Béit Hamidrash	Maison d'étude et de prière.
Bimah	Dans la synagogue, tribune où sont lus les textes sacrés.
B'nai B'rith	Organisme d'entraide de la communauté juive américaine.
Genizah	Pièce où sont placés manuscrits, livres saints et objets de culte inutilisables.
Hagannah	Organisation paramilitaire d'autodéfense.
Halakha	La loi rabbinique.
Hassid *(plur.* ***hassidim****)*	Homme fervent. Disciple du mouvement fondé par le Baal Shem Tov et influencé par la Kabbale.
Havdalah	Cérémonie de séparation marquant la fin du Shabbat.
Héder	École religieuse élémentaire.
Irgoun	Mouvement nationaliste juif en lutte contre l'occupation anglaise en Israël.
Kaddish	Le chant des morts.
Kasher	Nourriture rituellement pure.
Kippa	Calotte.

Kippour	Jour du Grand Pardon.
Kol Nidré	Prière ouvrant l'office du soir de Yom Kippour.
Marranes	Juifs d'Espagne contraints, au XIVe siècle, de se convertir au catholicisme.
Mezouza	Rouleau de parchemin sur lequel sont calligraphiés des extraits de la Bible. Il est enfermé dans une boîte fixée au montant de la porte.
Minha	Office de l'après-midi.
Minyan	Quorum de dix hommes nécessaire pour l'office.
Mishna	Recueil de lois et de décisions rabbiniques.
Mitzvah	Commandement divin.
Moussaf	Cérémonie succédant à l'office principal.
Neilah	Ensemble de prières sur lesquelles s'achève l'office de Yom Kippour.
Palmach	Troupe d'élite de la Hagannah recrutée dans les kibboutzim.
Pessah	La Pâque juive.
Pourim	Fête donnant lieu à jeux, échanges de cadeaux et saynètes comiques, commémorant la victoire des Juifs perses sur leur ennemi, Haman.
Rosh-Hashana	Nouvel An juif.
Rosh-yeshiva	Directeur d'une académie rabbinique.
Séder	Rituel que chaque famille juive respecte le soir de Pessah.
Séfer-Torah	Les rouleaux sacrés. Parchemin sur lequel sont recopiés les cinq livres du Pentateuque.
Sha'hrit	Office du matin.
Shavouot	La Pentecôte juive.
Shivah	Période de deuil de sept jours suivant l'enterrement.
Shofar	Corne utilisée le jour de Rosh-Hashana et de Yom Kippour.
Shtetl	Bourgade juive.
Shtibel	Lieu de prière des hassidim.
Shtreimel	Chapeau de fourrure à large bord.
Sidur	Livre de prières.
Simhat-Torah	Fête célébrant la fin du cycle annuel de la lecture de la Torah.
Soukkot	Fête des Tabernacles.
Talit	Châle rituel pour la prière.
Talmud	Recueil des enseignements et commentaires rabbiniques.

Téphilines Étuis en cuir contenant quatre extraits de la Bible portés sur l'avant-bras gauche et le front pendant l'office du matin.

Tisha b'Av Jour de jeûne en mémoire de la destruction du Temple.

Torah Ensemble des lois mosaïques figurant dans le Pentateuque et, par extension, dans la Bible.

Tsahal L'armée israélienne.

Yad Vashem Mémorial de la Shoah, à Jérusalem.

Yahrzeit Date anniversaire de la mort d'un parent.

Yeshiva *(plur.* ***yeshivot****)* École talmudique.

Yizkor Office célébré à la mémoire des disparus.

TABLE

DU MÊME AUTEUR

AUX MÊMES ÉDITIONS

L'Aube
récit, 1960
coll. « Points », nº P 179

Le Jour
roman, 1961

La Ville de la chance
roman, 1962
prix Rivarol, 1964

Les Portes de la forêt
roman, 1964
coll. « Points Roman », nº 216

Les Juifs du silence
témoignage, 1966

Le Mendiant de Jérusalem
roman, prix Médicis, 1968
coll. « Points Roman », nº 128

Zalmen ou la Folie de Dieu
théâtre, 1968

Entre deux soleils
essais et récits, 1970

Célébration hassidique
portraits et légendes, 1972
coll. « Points Sagesses », nº 3

Le Serment de Kolvillag
roman, 1973

Célébration biblique
portraits et légendes, 1975

Un Juif aujourd'hui
récits, essais, dialogues, 1977

Le Procès de Shamgorod
théâtre, 1979

Le Testament d'un poète juif assassiné
roman, 1980, prix Livre Inter, 1980
prix des Bibliothécaires, 1981
coll. « Points », nº P 135

Contre la mélancolie
Célébration hassidique II, 1981

Paroles d'étranger
textes, contes, dialogues, 1982
coll. « Points Essais », nº 159

Silences et Mémoire d'hommes
essais, histoires, dialogues, 1989

L'Oublié
roman, 1989
coll. « Points Roman », nº 428

Célébration talmudique
portraits et légendes, 1991

Célébrations
édition reliée, 1994

Tous les fleuves vont à la mer
Mémoires I, 1994
coll. « Points », nº P 284

CHEZ D'AUTRES ÉDITEURS

La Nuit
témoignage
Éditions de Minuit, 1958

Ani Maamin
Un chant perdu et retrouvé
cantate
édition bilingue
Random House, 1973

Le Cinquième Fils
roman
grand prix du Roman de la Ville de Paris
Éditions Grasset, 1983

Signes d'exode
essais, histoires, dialogues
Éditions Grasset, 1985

Job ou Dieu dans la tempête
en collaboration avec Josy Eisenberg
Éditions Fayard-Verdier, 1986

Discours d'Oslo
Éditions Grasset, 1987

Le Crépuscule au loin
roman
Éditions Grasset, 1987

Mémoire à deux voix
avec François Mitterrand
Éditions Odile Jacob, 1995

RÉALISATION : IGS CHARENTE-PHOTOGRAVURE À L'ISLE-D'ESPAGNAC (16340)
IMPRESSION : BUSSIÈRE CAMEDAN IMPRIMERIES À SAINT-AMAND (CHER)
DÉPÔT LÉGAL : OCTOBRE 1996. N° 29642 (1/2107)